GUOJI SHANGSHI
ZHONGCAI LILUN YU SHIWU

国际商事仲裁理论与实务

徐伟功　编著

华中科技大学出版社
http://www.hustp.com
中国·武汉

内 容 简 介

国际商事仲裁是解决国际商事争议的一种主要方法。本书从理论与实务两个方面，阐述了国际商事仲裁的基本原理与最新发展。其主要内容包括：国际商事仲裁概述、仲裁协议及其拟定、国际商事仲裁适用的法律与规则、国际商事仲裁的司法监督、国际商事仲裁庭、国际商事仲裁的程序、国际商事仲裁的裁决及其撤销、国际商事仲裁裁决的承认与执行等。本书结构合理、内容丰富，不仅可以作为各类高校法学本科国际商事仲裁法的教材，而且可作为法学研究生及国际商事仲裁实务者的业务参考书。

图书在版编目(CIP)数据

国际商事仲裁理论与实务/徐伟功编著.—武汉:华中科技大学出版社,2017.11(2024.8重印)
ISBN 978-7-5680-2677-2

Ⅰ.①国… Ⅱ.①徐… Ⅲ.①国际商事仲裁 Ⅳ.①D997.4

中国版本图书馆 CIP 数据核字(2017)第 068079 号

国际商事仲裁理论与实务 　　　　　　　　　　　　　　徐伟功　编著
Guoji Shangshi Zhongcai Lilun yu Shiwu

策划编辑：彭中军
责任编辑：张　琳
责任校对：祝　菲
封面设计：孢　子
责任监印：朱　玢

出版发行：华中科技大学出版社(中国·武汉)　　电话：(027)81321913
　　　　　武汉市东湖新技术开发区华工科技园　　邮编：430223
录　　排：华中科技大学惠友文印中心
印　　刷：武汉邮科印务有限公司
开　　本：710mm×1000mm　1/16
印　　张：28.25
字　　数：502 千字
版　　次：2024 年 8 月第 1 版第 2 次印刷
定　　价：69.00 元

本书若有印装质量问题，请向出版社营销中心调换
全国免费服务热线：400-6679-118　　竭诚为您服务
版权所有　侵权必究

作者简介

徐伟功 中南财经政法大学教授、博士生导师;武汉大学法学学士、法学博士,中南财经政法大学法学硕士、西方经济学博士后;澳大利亚悉尼大学访问学者(2001—2002年)、美国匹兹堡大学访问学者(2010—2011年)、加州大学戴维斯分校访问学者(2015—2017年);中国国际法学会理事、中国国际私法学会常务理事、湖北省国际法研究会常务理事、湖北省法学会仲裁法研究会常务理事;武汉仲裁委员会、青岛仲裁委员会仲裁员。

前言

随着对外开放的深入,我国国际商事交流日益频繁,出现了诸多的商事争议。在国际商事交往中,商人们一般倾向于选择国际商事仲裁解决他们之间的争议。与其他国际商事争议的解决方法相比,国际商事仲裁具有程序灵活、速度快、费用经济、专业性强以及独立公正等优势,并逐步成为解决国际商事争议的一种有效方法。我国商人在对外商事交往过程中,往往会忽视商事争议解决方法,尤其缺乏对国际商事仲裁的重视。无论是在前期合同谈判过程中仲裁协议的拟定,还是在国际商事仲裁过程中的程序运用,以及国际商事仲裁裁决后的承认与执行的申请,由于我国商人对国际商事仲裁缺乏必要的认识,导致了种种问题,仲裁协议拟订不当、仲裁程序运用不合理,使得在商事争议的解决中处于不利与被动地位,无法很好地维护自身的正当权益。为了提高我国企业对外商事交流的竞争力,有必要重视对国际商事仲裁的宣传与研究。一方面,需要重视法学教育中国际商事仲裁法课程的教学;另一方面,需要普及与推广国际商事仲裁的基本知识。这是本书写作的主要目的。

基于以上两个目的,本书在结构安排与内容选择上兼顾了国际商事仲裁的基本原理与实际运用。在结构安排上,本书以国际商事仲裁程序推进为中心。在阐述国际商事仲裁的含义、特征、性质、优势、分类、制度结构以及主要仲裁机构的基础上,分别阐述了仲裁协议、仲裁协议的拟定、适用的法律与规则、司法监督、仲裁庭的组成、仲裁程序、仲裁裁决、裁决的撤销以及裁决的承认与执行等。需要说明的是,与大多数关于国际商事仲裁的图书不同,本书将国际商事仲裁适用的法律与规则以及司法监督放在全书的前面介绍。之所以作出如此安排,是因为这两部分的内容在仲裁程序开始阶段就可能涉及。在内容选择上,本书突出全面性与实用性,不仅涉及国际商事仲裁的方方面面,而且突出了实务方面的内容。与大多数同类图书相比,一方面将仲裁规则、仲裁程序适用的法律、仲裁实体问题适用的法律以及其他所适用的法律,有机地结合在一起,以意思自治原则为分析线索,综合进行阐述。另一方面,增加了仲裁协议拟定的内容。仲裁协议是国际商事仲裁的基石。正确拟定仲裁协议,可以有效地促进商事争议的解决,维护当事人的合法权益。增加此内容旨在指导我国企业正确拟定仲裁协议,促进争议合理的解决。

希望本书的出版,对我国国际商事仲裁的交流以及实践具有指导作用,促进我国商事仲裁事业的发展。

编　者

二〇一七年十一月

目录

1 国际商事仲裁概述 /1
  1.1 为什么选择国际商事仲裁 /1
  1.2 什么是国际商事仲裁 /2
  1.3 国际商事仲裁的特征 /6
  1.4 国际商事仲裁的性质 /10
  1.5 国际商事仲裁的优势与局限 /13
  1.6 国际商事仲裁的制度结构 /17
  1.7 机构仲裁与临时仲裁 /20
  1.8 主要仲裁机构 /22
  1.9 与国家有关的仲裁 /29
  1.10 其他争议解决方法 /31
  1.11 结论 /34

2 仲裁协议 /35
  2.1 仲裁协议概述 /35
  2.2 仲裁协议的法律效力 /40
  2.3 仲裁条款独立性原则 /46
  2.4 仲裁协议的有效性 /57
  2.5 仲裁协议效力的扩张 /71
  2.6 结论 /76

3 仲裁协议的拟定 /78
  3.1 仲裁协议的拟定概述 /78
  3.2 仲裁协议拟定的基本内容 /82
  3.3 仲裁协议的拟定附加内容 /85

3.4 仲裁机构的示范仲裁条款 /93
3.5 结论 /114

4 国际商事仲裁适用的法律与规则 /115
4.1 法律与规则的重要性 /115
4.2 非当地化理论 /118
4.3 当事人选择的法律 /124
4.4 当事人没有选择法律的情况 /147
4.5 仲裁员适用法律的义务 /157
4.6 结论 /158

5 国际商事仲裁的司法监督 /159
5.1 国际商事仲裁司法监督概述 /160
5.2 国际商事仲裁管辖权的司法监督 /167
5.3 国际商事仲裁程序的司法监督 /177
5.4 结论 /190

6 国际商事仲裁庭 /191
6.1 国际商事仲裁员的选择 /191
6.2 仲裁员的异议与更换 /215
6.3 仲裁员的独立与公正 /222
6.4 仲裁员的权利与义务 /232
6.5 成本和花费 /237
6.6 结论 /237

7 国际商事仲裁的程序 /239
7.1 国际商事仲裁程序的主要步骤 /240
7.2 国际商事仲裁送达 /265
7.3 合并审理和加入仲裁 /272
7.4 国际商事仲裁保密性 /277
7.5 结论 /280

8 国际商事仲裁的裁决 /281
8.1 概述 /281
8.2 裁决书的形式与内容 /291
8.3 裁决书的更正、解释与补充 /302
8.4 结论 /305

9 国际商事仲裁裁决的撤销 /306

9.1 概述 /306
9.2 国际商事仲裁裁决撤销理由 /308
9.3 撤销裁决申请的期限 /319
9.4 仲裁裁决撤销的后果 /321
9.5 不予执行仲裁裁决 /324
9.6 中国内地商事仲裁裁决监督的双轨制 /325
9.7 结论 /328

10 国际商事仲裁裁决的承认与执行 /329

10.1 国际商事仲裁裁决的证明 /329
10.2 《纽约公约》的适用范围、执行的原则、程序与推定义务 /331
10.3 异议权的放弃 /336
10.4 拒绝承认和执行仲裁裁决的理由 /337
10.5 延缓执行裁决 /353
10.6 仲裁裁决承认的时效 /354
10.7 结论 /354

附录 /356

附录A 《承认及执行外国仲裁裁决公约》(1958年) /356
附录B 《国际商事仲裁示范法》(2006年) /360
附录C 《中华人民共和国仲裁法》(1994年) /374
附录D 《联合国国际贸易法委员会仲裁规则》(2010年) /382
附录E 《中国国际经济贸易仲裁委员会仲裁规则》(2015年) /399
附录F 《武汉仲裁委员会仲裁规则》(2015年) /420

后记 /440

1

国际商事仲裁概述

人类从产生起,就有各种各样的争议。当今社会是充满争议的社会,政治、经济、文化、军事等争议不断。从某种意义上来讲,争议是人类发展的动力之一。人类的发展就是不断寻求争议解决方法的过程。不同的争议,其解决方法可能不同。不同的解决方法,其侧重点也不同。在国际商事交往中,商人们倾向选择国际商事仲裁来解决他们之间的争议。

1.1 为什么选择国际商事仲裁

国际商事争议的解决方法是多种多样的,主要有替代争议解决方法(Alternative Dispute Resolution,简称 ADR)、国际商事仲裁和国际民商事诉讼。替代争议解决方法主要有协商、调停、斡旋、调解、微型审判等。这些方法本质上属于自力救济,其所形成的解决方案不具备强制执行力,完全取决于当事人的诚信、善意合作的程度。道义力量是其基础。所以替代争议解决方法的适用范围有限,不能完全取代国际商事仲裁以及国际民商事诉讼。国际民事诉讼以国家强权为后盾,有较为完备的组织与程序,具有权威性与强制力。但是以国际民事诉讼方式解决国际民商事争议存在难以克服的障碍,因为主权因素的影响,域外文书送达与取证非常复杂,判决难以得到其他国家法院的承认与执行。另外,为了达到公正处理国际民商事案件的目的,各国诉讼制度均采用多级审判制度,在一定程度上影响了案件审理的效率。国际商事仲裁由于具有当事人自治,仲裁员独立、中立,仲裁,程序较为灵活,速度较为快捷,费用较为经济及司法适当支持等特点,所以具有不少其他争议解决方法所不具有的优势。同时,大多数国家是 1958 年《承认及执行外国仲裁裁决公约》(以下简称《纽约公约》)的成员国,外国仲裁裁决往往能够得到成员国的承认与执行。因此,国际商事交往中的当事人在缔结合同时或在争议发生后,常常选择仲裁,较少诉诸司法诉讼。实践证明,国际商事仲裁作为一种行之有效的解决国际商事争议的方法,已被广泛用于解决国际商事交往中的各种争议。①

1.2 什么是国际商事仲裁

一般而言,根据仲裁制度适用领域的不同,可以将仲裁分为国际仲裁、国内仲裁以及国际商事仲裁。国际商事仲裁与国际仲裁的根本区别在于它是商事的,而国际仲裁属于国际法(国际公法)研究的范畴,主要解决国际法主体,尤其是国家之间的关于国际法上的争端。国际商事仲裁与国内仲裁的根本区别在于它是国际的,而国内仲裁属于国内程序法的研究范围,主要解决一国国内的经贸、劳动等争议。

1.2.1 什么是商事

只有商事争议才能提交仲裁。国际商事仲裁中的可仲裁性问题,影响到仲裁协议的有效性以及仲裁裁决的承认与执行问题。国际社会以及各国对于商事的概念理解不一,但一般倾向做出广义的解释。

1958年《纽约公约》第1条第3款规定:任何国家得于签署、批准或加入本公约时,或于本公约第10条通知推广适用时,本交互原则声明该国适用本公约,以承认及执行在另一缔约国领土内作成之裁决为限。任何国家亦得声明,该国唯于争议起于法律关系,不论其为契约性质与否,而依提出声明国家之国内法认为系属商事关系者,始适用本公约。该条即是所谓的商事保留条款,其并没有对商事和商事法律关系做出界定,而留给各缔约国的国内法解决。也就是说,根据1958年《纽约公约》,在该公约缔约国内申请承认与执行一项外国国籍商事仲裁裁决时,必须查明该缔约国国内法对商事的定义。该项争议,如果该缔约国国内法认定为商事关系,即使不属于商事合同关系(如侵权关系),也属于公约的范围,可以依据公约进行承认与执行;如果该缔约国国内法不认为是商事关系,承认与执行该项仲裁裁决的申请将会遭到拒绝。

联合国国际贸易法委员会在起草《联合国国际贸易法委员会国际商事仲裁示范法》(以下简称《示范法》。该《示范法》于1985年起草,2006年进行了

---

① 赵健著:《国际商事仲裁的司法监督》,法律出版社2000年版,总序第1-2页。

修订。)的过程中,对于什么是商事难以达成一致意见,无法形成正式条文,只好对"商事"一词做出了注释性说明:对"商事"一词应做出广义解释,使其包括不论是契约性或非契约性的一切商事性质的关系所引起的事项。商事性质的关系包括但不限于下列交易:供应或交换货物或服务的任何贸易交易;销售协议;商事代表或代理;保理;租赁;建造工厂;咨询;工程;使用许可;投资;筹资;银行;保险;开发协议或特许;合营和其他形式的工业或商业合作;空中、海上、铁路或公路的客货载运。①

大多数国家的国际商事仲裁实践,如美国、法国等,一般情况下对"商事"做出了广义的解释。在中国,法律对于什么是商事并没有做出明文的规定。1994年《中华人民共和国仲裁法》(以下简称1994年《仲裁法》)第2条以及第3条从正反两个方面对于争议事项的可仲裁性做出了原则性的规定。第2条规定了平等主体的公民、法人和其他组织之间发生的合同纠纷和其他财产权益纠纷,可以仲裁。第3条规定了婚姻、收养、监护、扶养、继承纠纷以及依法应当由行政机关处理的行政争议不能仲裁。1987年最高人民法院关于执行我国加入的1958年《纽约公约》的通知中说明,根据我国加入该公约时所作的商事保留声明,我国仅对按照我国法律属于契约性和非契约性商事法律关系所引起的争议适用该公约。所谓"契约性和非契约性商事法律关系",具体是指由于合同、侵权或者根据有关法律规定而产生的经济上的权利义务关系,例如货物买卖、财产租赁、工程承包、加工承揽、技术转让、合资经营、合作经营、勘探开发自然资源、保险、信贷、劳务、代理、咨询服务和海上、民用航空、铁路、公路的客货运输以及产品责任、环境污染、海上事故和所有权争议等,但不包括外国投资者与东道国政府之间的争端。明显地,中国关于"商事"也是采用一种较为广义的解释。

1.2.2 什么是国际

在商事仲裁中,区分国际商事仲裁与国内商事仲裁有重要的意义。国际商事仲裁的实践表明,在争议的可仲裁性、仲裁的承认与执行、仲裁的司法监督等方面,其所执行的标准比国内商事仲裁要宽松。认定国际商事仲裁的国际性主要有实质性连结因素标准和争议性质标准。

---

① See http://www.uncitral.org/uncitral/zh/uncitral_texts/arbitration/1985Model_arbitration.html,2016年6月2日访问。

1.2.2.1 实质性连结因素标准

如果仲裁地点及当事人的国籍、住所或居所、法人注册地、公司管理中心地等连结因素具有国际性,就会被视为国际商事仲裁。因为这类标准通常与某一特定地域相联系,又被称为地理标准。英国 1996 年《仲裁法》第 85 条第 2 款规定,如果仲裁在英国进行,而且订立仲裁协议时,当事人都是英国国民或其惯常居所都在英国,或者作为法人团体当事人的组建地或中心管理地都在英国,所订立的仲裁协议属国内仲裁协议。按照该法律规定,如果仲裁在英国国外进行,或者订立仲裁协议时,当事人一方或双方不是英国国民或其惯常居所不在英国,或者作为法人团体当事人的组建地或中心管理地不在英国,对英国而言,所订立的仲裁协议不属于国内仲裁协议,而是属于国际仲裁协议。① 1961 年《欧洲国际商事仲裁公约》(以下简称《欧洲公约》)第 1 条第 1 款第(1)项亦采用该标准,即本公约适用于自然人或法人为解决其相互间在国际贸易中发生的争议而缔结的仲裁协议,但以签订协议时,该自然人或法人的惯常居所地或所在地在各缔约国家中为限。

实质性连结因素标准具体明确,但未免简单粗浅,不能全面涵盖国际商事的多样性,于是出现了以争议的国际性质作为认定仲裁国际性的标准。

1.2.2.2 争议性质标准

如果争议涉及国际商事利益,则该仲裁视为国际仲裁。1998 年《国际商会仲裁规则》第 1 条第 1 款将仲裁院的职责规定为"以仲裁方式解决国际性商务争议"。② 1981 年《法国民事诉讼法典》第 1492 条规定:凡涉及国际商事利益的仲裁是国际仲裁。这一标准可以适应复杂的国际经济活动的需要,但是它不像实质性连结因素标准那样具体明确。在实践中,当需要判断仲裁的性质时,仍要考虑当事人国籍、法人的营业地、合同的订立地和履行地、主要财产所在地等连结因素,只不过除此之外还应从解决角度对争议是否涉及国际商业利益进行评价,以便确定仲裁的性质。按照这一标准,尽管仲裁是在一国境内进行的,若牵涉国际商业利益,也可能被认定为国际商事仲裁。③

实质性连结因素标准模式僵化,争议性质标准又不确定。1985 年联合国国际贸易法委员会《示范法》将以上两种标准相结合,提供了更为广义的国际

---

① 韩健著:《现代国际商事仲裁法的理论与实践》,法律出版社 2000 年版,第 5 页。
② 但是 2012 年《国际商会仲裁规则》对于国际商事仲裁并没有做出明确的定义。
③ 陈治东著:《国际商事仲裁法》,法律出版社 1998 年版,第 15 页。

商事仲裁概念。其在第 1 条适用范围第(3)款中规定,有下列情形之一的,仲裁为国际仲裁:(a)仲裁协议的各方当事人在缔结协议时,其营业地点位于不同的国家;或(b)下列地点之一位于各方当事人营业地所在国以外:(i)仲裁协议中确定的或根据仲裁协议而确定的仲裁地点;(ii)履行商事关系的大部分义务的任何地点或与争议事项关系最密切的地点;或(c)双方当事人明确同意,仲裁协议的标的与一个以上的国家有关。第(4)款规定,就本条第(3)款而言:(a)一方当事人有一个以上营业地点的,营业地点为与仲裁协议最密切的营业地点;(b)一方当事人没有营业地点的,以其惯常住所为准。这一规定将国际仲裁扩及:(1)营业地在不同国家的当事人之间的争议的仲裁;(2)仲裁地和当事人各方的营业地位于不同国家的仲裁;(3)主要义务履行地和当事人各方营业地位于不同国家的仲裁;(4)与争议标的关系密切的地点和当事人各方营业地位于不同国家的仲裁;(5)当事人各方明确同意仲裁标的与一个以上国家有关的仲裁。而且,这一规定显示出按照当事人的合意来确定什么是国际仲裁的倾向,大大丰富了"涉外"或"国际"的内涵。可以说,该《示范法》的规定反映了涉外仲裁或者国际商事仲裁实践对"涉外"或"国际"含义有扩大解释的趋势。①

  我国 1994 年《仲裁法》对何谓涉外仲裁没有做出明确规定。2012 年《最高人民法院关于适用〈中华人民共和国涉外民事关系法律适用法〉若干问题的解释(一)》第 1 条规定,民事关系具有下列情形之一的,人民法院可以认定为涉外民事关系:(1)当事人一方或双方是外国公民、外国法人或者其他组织、无国籍人;(2)当事人一方或双方的经常居所地在中华人民共和国领域外;(3)标的物在中华人民共和国领域外;(4)产生、变更或者消灭民事关系的法律事实发生在中华人民共和国领域外;(5)可以认定为涉外民事关系的其他情形。之前,1988 年最高人民法院《关于贯彻执行〈中华人民共和国民法通则〉若干问题的意见(试行)》第 178 条规定:凡民事关系的一方或者双方当事人是外国人、无国籍人、外国法人的;民事关系的标的物在外国领域内的;产生、变更或者消灭民事权利义务关系的法律事实发生在外国的,均为涉外民事关系。此外,1992 年《最高人民法院关于适用〈中华人民共和国民事诉讼法〉若干问题的意见》第 304 条从程序法的角度对如何认定"涉外民事案件"做出了明确规定,该条规定,当事人一方或双方是外国人、无国籍人、外国企业或组织,或者当事人之间民事法律关系的设立、变更、终止的法律事实发生在外国,或者诉讼标的物在外国的民事案件,为涉外民事案件。2015 年《最

---

① 黄进、宋连斌、徐前权著:《仲裁法学》,中国政法大学出版社 2008 年版,第 169 页。

人民法院关于适用〈中华人民共和国民事诉讼法〉的解释》取代了1992年的司法解释,其对于涉外民事案件的认定与2012年《最高人民法院关于适用〈中华人民共和国涉外民事关系法律适用法〉若干问题的解释(一)》第1条规定是一致的,即其第522条规定,有下列情形之一,人民法院可以认定为涉外民事案件:(1)当事人一方或者双方是外国人、无国籍人、外国企业或者组织的;(2)当事人一方或者双方的经常居所地在中华人民共和国领域外的;(3)标的物在中华人民共和国领域外的;(4)产生、变更或者消灭民事关系的法律事实发生在中华人民共和国领域外的;(5)可以认定为涉外民事案件的其他情形。从上述规定来看,最高人民法院所认定的涉外民事关系作广义理解,即主体、客体和内容三个因素至少有一个与中国内地之外的法域有联系。只不过,在2012年《最高人民法院关于适用〈中华人民共和国涉外民事关系法律适用法〉若干问题的解释(一)》与2015年《最高人民法院关于适用〈中华人民共和国民事诉讼法〉的解释》中增加了主体经常居所地的认定标准以及规定了一个兜底条款。必须注意的是,以上司法解释的规定主要是针对涉外民事关系而言的。但是在中国国际商事仲裁实践中,可以借鉴以上司法解释的判断标准来进行国际商事仲裁的国际性问题的判断。中国国际经济贸易仲裁委员会(以下简称CIETAC)2015年《仲裁规则》第3条规定:(1)仲裁委员会根据当事人的约定受理契约性或非契约性的经济贸易等争议案件。(2)前款所述案件包括:①国际或涉外争议案件;②涉及中国香港特别行政区、澳门特别行政区及台湾地区的争议案件;③国内争议案件。其显然是采用了争议的国际性质标准。

据此,国际商事仲裁是指当事人各方将他们之间发生的具有国际性的或者涉外性的商事争议,根据争议双方当事人达成的仲裁协议自愿提交给中立的第三方裁决,该裁决对双方当事人有拘束力的争议解决方法。

1.3 国际商事仲裁的特征

国际商事仲裁与国际民事诉讼以及其他国际商事争议解决方法相比较,具有以下几个方面的特征。

1.3.1 自愿性

国际商事仲裁以当事人的自愿为根本,当事人的同意授予了仲裁员(仲裁庭)解决国际商事争议的权力基础。当事人的同意同时也限制了仲裁员

(仲裁庭)的权力,因为其也仅仅在双方当事人协议的范围内解决争议。作为独立的第三方,仲裁庭审理当事人争议的权力,并非基于强制的法定管辖,而是来自争议双方自愿的授权。仲裁员(仲裁庭)也被期望适用当事人所选择的仲裁规则、仲裁程序法以及解决争议的实体法。通常,双方当事人在他们之间的商业合同中,订立仲裁条款,以书面形式表示同意将未来发生的任何争议提交仲裁。即使当事人在他们之间的商业合同中没有达成仲裁条款,其仍然可以在争议发生后达成仲裁协议书,表示愿意将争议提交仲裁解决。如果不存在仲裁协议,或者仲裁协议无效,当事人就不能将争议交付仲裁,仲裁庭就无权受理争议案件。

1.3.2 自治性

当事人意思自治原则是整个国际商事仲裁赖以存在的基石。在国际商事仲裁中,当事人的自治性表现在以下几个方面:①双方当事人可以选择仲裁机构和仲裁的组织形式。双方当事人可以选择常设性或临时性的仲裁机构。在常设性的仲裁机构中,当事人可以选择国际性仲裁机构,也可以选择国内仲裁机构,还可以选择专业性仲裁机构。②双方当事人可以选择仲裁地点。在临时仲裁中,当事人基于便利、中立等因素的考虑,可以选择任意的仲裁地点。在机构仲裁中,除非该仲裁机构强制性规定仲裁地点,当事人可以选择仲裁机构所在地以外的地点作为仲裁地。③双方当事人可以选择审理案件的仲裁员。无论是常设机构仲裁还是临时仲裁,当事人可以按照约定的仲裁规则选择一名或多名仲裁员组成仲裁庭审理案件。④双方当事人可以选择仲裁审理的程序。当事人可以对仲裁申请的提出、仲裁员的指定、仲裁庭的组成、仲裁审理以及仲裁裁决的作出等程序问题进行约定。⑤双方当事人可以选择仲裁适用的法律。在不违反有关强制性规定的前提下,当事人可以选择仲裁协议适用的法律、仲裁程序法及处理仲裁争议的实体法。此外,仲裁庭也享有一定的自治权,例如仲裁庭可以决定自身的管辖权。在当事人没有选择的情况下,决定仲裁地点、仲裁协议适用的法律、仲裁程序法、仲裁实体法,有权做出临时措施与仲裁裁决等。

1.3.3 民间性

国际商事仲裁以民间性为基础。在常设机构仲裁中,仲裁机构不同于以国家强制力作为后盾的法院,其均属于非官方的民间机构。通常情况下,国际商事仲裁机构附设于各国国际商会组织或者其他民间团体。处理案件的仲裁员不属于任何政府阶层。与法官相比,其在处理案件时,较少考虑到公共政策或者公共利益中的任何问题。当事人将他们之间的争议提交给他们选择的仲裁员进行处理,仲裁员的主要职责就是解决当事人之间的争议。同时,与法官不同,仲裁员倾向于考虑双方当事人以及他们之间的相互影响。仲裁员是双方当事人选择的,当然希望能够再次被选择为仲裁员。这就促使仲裁员在处理国际商事争议中保持中立态度,考虑周全,公正无私,合理地处理案件。

参与解决当事人之间国际商事争议的仲裁员大多数是律师、法学教授或者工商界专家等民间人士。仅仅某些机构吸纳少量的政府官员或者现任法官担任仲裁员,但他们在履行仲裁员职责时并不代表官方。在一些工业领域中,建筑设计师、工程师等技术人员的专业技能促使他们被选择为仲裁员。当有三名仲裁员的时候,通常情况下,由每一方当事人选择一名仲裁员,然后由双方当事人选择的仲裁员共同推选第三方仲裁员,作为首席仲裁员。仲裁员一般被期望在处理案件时能够独立与公正。如果有证据表明仲裁员不是独立与公正的,他们将在仲裁机构或法院受到异议。[①]

1.3.4 终局性

国际商事仲裁大多采取一裁终局,仲裁庭一旦做出裁决后,当事人不能就相同的事实,再向其他仲裁机构提起仲裁或向法院提起诉讼。当事人之所以选择国际商事仲裁,其中一个原因就是仲裁裁决具有终局性和约束力。尽管有些国家,例如英国,允许当事人在有限的情况下提起上诉。[②] 但在绝大多数情况下,一方当事人仅仅可在仲裁程序有缺陷时提出异议。一方当事人可以在仲裁裁决做出国家(仲裁地国家)寻求撤销仲裁裁决的救济,然而,多数仲裁法规定撤销仲裁裁决的理由是非常有限的。例如,违反正当程序、仲裁员超越权限(仲裁员对仲裁协议未曾提到或者不包括在仲裁协议范围之内的事项做出了裁决),或者裁决内含有对仲裁范围以外事项的决定。

仲裁庭一旦做出裁决,败诉方当事人一般自愿地履行仲裁裁决。如果败诉方不履行,胜诉方可以在败诉方当事人有财产地方且具有管辖权的法院提

[①] Margaret L. Moses, The Principles and Practice of International Commercial Arbitration, Cambridge University Press, 2008, p.2.

[②] 例如,英国1996年《仲裁法》第69条第1款规定:除非当事人另有约定,仲裁程序的一方当事人(经通知其他当事人和仲裁庭)可就仲裁程序中所做出的裁决中存在的法律问题向法院提起上诉。当事人约定仲裁庭作出的裁决无须附具理由的,应视为约定排除法院根据本条所具有的管辖权。

1 国际商事仲裁概述

出裁决的承认与执行。在承认与执行的法院,败诉方当事人仍然可以提出仲裁裁决的异议。败诉方当事人提出异议的理由同样是有限的,一般情况下,不能对裁决所依据的法律与事实提出异议,即使仲裁员适用错误的法律以及对事实做出错误的判断,该项裁决仍然可以得到承认与执行。仲裁裁决一经得到有管辖权的法院承认,该项裁决通常被视为与法院判决具有同样的法律效果,并且得到法院的执行。①

1.3.5 灵活性

国际商事仲裁不像国际民事诉讼,受到各种各样严格的法律规范的约束,其不必要拘泥于任何法定形式。如《联合国国际贸易法委员会仲裁规则》第17条第1款规定:在不违反本规则的情况下,仲裁庭可以其认为适当的方式进行仲裁,但须平等对待各方当事人,并在仲裁程序适当阶段给予每一方当事人陈述案情的合理机会。仲裁庭行使裁量权时,程序的进行应避免不必要延迟和费用,并为解决当事人争议提供公平有效的程序。仲裁庭可以根据双方当事人达成的一致意见,对仲裁申请的提出、仲裁申请的受理、仲裁的预备步骤、开庭日期的确定、审理方式等方面进行简化,减少烦琐的程序步骤,节约仲裁时间和成本。在仲裁过程中,双方当事人可以在任何时候进行和解,也可以由仲裁庭在双方当事人同意的前提条件下主持进行调解,并可以根据调解达成的和解协议的内容做出裁决,使双方当事人合意达成的结果具有可强制执行力。

1.3.6 专业性

国际商事仲裁所涉及的案件一般是与经济、贸易、运输、保险、海事、投资、工程等有关的争议案件。在一些专业性很强的案件中,当事人可以选择该领域的专家为仲裁员,为快速、正确、合理地解决争议提供了专业保证。在常设机构仲裁中,仲裁机构一般都吸纳各行各业的专业人员作为仲裁员。在临时仲裁中,双方当事人可以对仲裁员的条件做出约定。如此就保证仲裁的审理质量。

---

① Margaret L. Moses, The Principles and Practice of International Commercial Arbitration, Cambridge University Press, 2008, p. 3.

1.3.7 强制性

国际商事仲裁与替代争议解决方法不同。如前所述,替代争议解决方法本质上属于自力救济,其所形成的解决方案不具备强制执行力,完全取决于当事人的诚信、善意合作的程度。道义力量是其基础。尽管国际商事仲裁机构是民间性质的组织,不是国家司法机构,但基于各国支持仲裁的态度,各国立法与司法实践都明确确认仲裁庭所做出的裁决具有和法院判决同等的强制执行效力。如果一方当事人不按照事先约定自觉履行仲裁裁决,另一方当事人可以向有管辖权的法院提出强制执行的申请,要求强制执行该项仲裁裁决。由于大多数国家是《纽约公约》的成员国,与国际民事诉讼相比较而言,国际商事仲裁裁决更容易得到其他国家的承认与执行,这也是商人们选择国际商事仲裁的主要原因之一。

1.3.8 保密性

国际商事仲裁一般不公开审理案件,除非当事人约定要求公开审理。仲裁庭审理案件过程中,一般不允许当事人及其代理人之外的人旁听仲裁审理,除非当事人同意。当事人提起的国际商事仲裁的仲裁申请、程序的进展情况、仲裁庭开庭审理案件,均不得在各种新闻媒体中披露,裁决结果也不公布。双方当事人也承担保密的义务,不能向第三人或社会公众披露任何与国际商事仲裁有关的信息。特别在一些国际商事仲裁中,涉及当事人的商业秘密,或者当事人不愿公开其商业纠纷时,保密性尤为重要。

1.4 国际商事仲裁的性质

关于国际商事仲裁的性质众说纷纭,至今没有一种被普遍接受的统一观点,概括起来,对于国际商事仲裁的性质主要有四种观点。

1.4.1 司法权理论

司法权理论(Jurisdictional Theory)认为,国家对其管辖范围内进行的所有仲裁都具有监督和管理的权力。虽然仲裁源于当事人之间的协议,但在仲裁协议的效力、仲裁员的权力、仲裁员的审理行为以及仲裁裁决的执行方面,其权威都取决于有关国家的法律。同时,裁判权是一种国家主权,只有国家才能行使这种权力,如果没有仲裁地国家的授权,仲裁员就不能行使通常只能由法官才能行使的权力。① 仲裁员的地位犹如法院的法官,从本国法律中取得裁判权,其所做出的裁决与法院判决相同。

司法权理论主要有判决理论和代表理论两个分支。判决理论认为仲裁员的任务是判案,所做出的裁决是行使司法权的产物。代表理论认为仲裁是国家出于公共利益需要,授权仲裁员在其领域内行使部分国家独有的判案的司法权力,仲裁员的权威来源于其履行职责地的国家,是仲裁员代行判案职责的必然结果。②

司法权理论的根据是,判案通常是由国家设立的法院实施的一种主权职能,当事人只能在仲裁地法明示允许或默示接受的范围内提交仲裁。③ 司法权理论重视仲裁地法的作用,认识到国家司法权的支持对国际商事仲裁的重要性。但是,司法权理论忽视仲裁协议在国际商事仲裁中的地位,忽视了国际商事仲裁的民间性和自治性,一定程度上阻碍了国际商事仲裁的发展。

1.4.2 契约理论

契约理论(Contractual Theory)强调仲裁的契约性,认为仲裁协议是整个国际商事仲裁的基础,仲裁员的权力不是来源于法律或者司法当局,而是来源于当事人的授权。仲裁的根本特征是当事人的自愿,当事人的同意授予仲裁员解决国际商事争议的权力基础,同时限制了仲裁员的权力。当事人不仅有权自主选择仲裁机构和仲裁地点,而且有权选择仲裁规则、仲裁协议所适用的法律、仲裁程序所适用的法律以及仲裁实体问题所适用的法律,还有权选择仲裁员。

契约理论又可以分为传统契约理论和现代契约理论。传统契约理论认为仲裁是一种合同性质的关系,裁决是仲裁员作为当事人的代理人所订立的或完成的合同。④ 该派学者认为裁决是与其紧密相连的仲裁协议的产物,并与它组成同一个合同体,从而有着契约性。离开仲裁协议,裁决什么都不是。而裁决是当事人假仲裁员之手制定的约束自己的协议,其以当事人的意志为

---

① 黄进、宋连斌、徐前权著:《仲裁法学》,中国政法大学出版社 2008 年版,第 7 页。
② 宋连斌著:《国际商事仲裁管辖权研究》,法律出版社 2000 年版,第 11-12 页。
③ 韩健著:《现代国际商事仲裁法的理论与实践》,法律出版社 2000 年版,第 35 页。
④ A. Samuel, Jurisdiction Problems in International Commercial Arbitration: A study of Belgian, Dutch, English, French, Swedish, U. S. and West German Law, Schulthess, 1989, p.33.

基础。仲裁员不是法官,不行使任何国家权力,其权力的唯一依据是当事人无须国家干预的那部分意志。[①] 现代契约理论认为仲裁员不是当事人的代理人,仲裁本质上是私人机制,当事人的合意是仲裁的基础,当订立作为主合同一部分的仲裁协议时,当事人便确立了他们认为更具优越性的有关仲裁的各项权利,裁决是合同关系的直接后果。[②]

契约理论是以当事人的同意为理论基础,牢牢抓住了现代国际商事仲裁契约性的本质特征。无论从国际商事仲裁的起源来看,还是从国际商事仲裁的实践来看,契约性都贯穿于国际商事仲裁的始终。

1.4.3 混合理论

混合理论(Mixed or Hybrid Theory)试图协调司法权理论和契约理论的矛盾,认为国际商事仲裁的性质兼具司法和契约的双重性质。仲裁裁决介于判决和合同之间,仲裁员不履行公共职能,但判决也明显不是合同。一方面,仲裁源于私人契约;另一方面,仲裁又不能超越法律制度之外,仲裁协议的有效性和仲裁的可执行性最终取决于有关法院的裁定。因此,仲裁兼有司法性和契约性。[③] 混合理论在中国司法实践中表现为准司法理论,认为国际商事仲裁是一种自愿解决争议的准司法方法。一方面,仲裁庭只有根据当事人的仲裁协议才取得审理案件的管辖权;另一方面,国际商事仲裁离不开有关国家的司法监督与支持,尤其是在一方当事人不自愿履行仲裁裁决时,另一方当事人可以请求法院强制执行该项仲裁裁决。

混合理论是以司法权理论与契约理论可以相协调为基础,认为仲裁是一种"自由的司法制度"。所谓"自由",是因为仲裁庭的设立和权限取决于当事人之间的决定;所谓"司法",是因为仲裁程序一般都要遵守仲裁地国法,仲裁裁决的可执行性及仲裁裁决的承认与执行也属于法院的权限范围。[④]

混合理论具有一定的合理性,看到了国际商事仲裁的司法因素和契约因素。但是,其没有很好地解决法院对国际商事仲裁干预与仲裁协议之间的关系问题。

[①] 宋连斌著:《国际商事仲裁管辖权研究》,法律出版社2000年版,第14页。
[②] 韩健著:《现代国际商事仲裁法的理论与实践》,法律出版社2000年版,第37页。
[③] 黄进、宋连斌、徐前权著:《仲裁法学》,中国政法大学出版社2008年版,第10页。
[④] 韩健著:《现代国际商事仲裁法的理论与实践》,法律出版社2000年版,第39页。

1.4.4 自治理论

自治理论(Autonomous Theory)试图以全新的角度看待仲裁,把商事仲裁的发展归结于商人们注重实效的结果,是商人们根据实际需要发展而来的,而后才得到法律的认可。该理论认为,只有考查仲裁的效用和目的,才能确定仲裁的真实性质。不能把仲裁直接分为司法的或契约的,仲裁也不是一种混合制度,而是在司法性和契约性这两种构成之外形成了一种自治体系。确定该体系的性质不应参照合同或司法体系,而应根据仲裁的目的以及不愿诉诸国家法院的当事人所作出的保证或许诺,对仲裁的法律权威进行论证。[1]

自治理论以商业实际需要为理论基础,认为国际商事仲裁是独立于国家司法体系之外的自治体系。自治理论强调了国际商事仲裁的目的和功能,注重国际商事仲裁的发展趋势,对推动国际商事仲裁的理论发展具有积极作用。但是自治理论完全承认国际商事仲裁是一种自治体系,实际上是承认国际商事的非内国化,当事人具有控制仲裁的无限意思自治。这与当今国际商事仲裁实践不相符。[2]

中国学者对于仲裁性质的认识并不一致,也存在以上不同的观点,没有任何一种观点在中国占主流地位。目前有学者认为,以上的观点都有可取之处,也存在不同程度的片面性。他们认为,与其将仲裁的性质简单理解为司法性、契约性或自治性,不如全面地将其视为兼具契约性、自治性、民间性和准司法性的一种争议解决方式。[3]

1.5 国际商事仲裁的优势与局限

1.5.1 国际商事仲裁的优势

国际商事仲裁的优势与国际商事仲裁的特征密切相关,也与选择国际商事仲裁的原因相关联。国际商事仲裁的优势是确实存在的。经验性研究表明,当事人选择国际商事仲裁的缘由主要有以下几个方面。①仲裁庭的中立

---

[1] 韩健著:《现代国际商事仲裁法的理论与实践》,法律出版社 2000 年版,第 39-40 页。
[2] 邓瑞平等著:《国际商事仲裁法学》,法律出版社 2010 年版,第 20 页。
[3] 黄进、宋连斌、徐前权著:《仲裁法学》,中国政法大学出版社 2008 年版,第 12 页。

性。与国际商事诉讼相比较而言,国际民事诉讼中的法院或多或少与一方当事人具有某种联系。即使是协议选择法院,一般情况下,各国法律规定双方当事人选择的法院必须与案件存在某种联系。如果处理国际商事争议的法院与某一方当事人存在某种联系,另一方当事人自然会担忧法院处理案件的公正性。即使不存在这种担忧,也会担心法院有某种倾向。在国际商事仲裁中,双方当事人可以选择与双方当事人毫无关系的仲裁机构处理他们之间的国际商事争议,他们也可以选择与双方当事人毫无联系的地点作为仲裁地。在仲裁庭的组成方面,无论是独任仲裁员组成的仲裁庭,还是多数仲裁员组成的仲裁庭,对独任仲裁员或首席仲裁员的独立性和公正性的要求是相当高的。②一般情况下能够得到执行。在国际社会实践中,当事人除了运用协商、调解等替代争议解决方法外,主要采取国际民事诉讼或国际商事仲裁的方法。在国际民事诉讼中,如果法院的判决需要在外国承认与执行,限于法院地国家与执行地国家没有司法协助条约以及国家主权观点,判决往往成为一纸空文。即便法院做出了判决,当事人之间的争议也没有在真正意义上得到解决。同样的争议如果求助于国际商事仲裁,情况可能不一样。1958年《纽约公约》是专门关于仲裁裁决的承认与执行公约,截至2016年2月共有156个成员国家和地区,涵盖了所有国际经济交往上的重要国家和地区。因为在《纽约公约》下,一项仲裁裁决比一国法院的判决在国际上更加容易得到承认与执行,法院根据《纽约公约》一般都会承认与执行一项仲裁裁决。法院仅仅在仲裁庭严重违反程序或损害仲裁程序的完整性等问题上,才能拒绝对仲裁的承认与执行。①依据国际商事仲裁实践,《纽约公约》一般被认为是倾向仲裁裁决的履行,大多数法院在适用《纽约公约》中拒绝承认与执行一项仲裁裁决的理由时,都采取了限制性的解释,使绝大多数仲裁裁决能够得到承认与执行。③保密性。国际商事仲裁的特征之一就是其保密性,具有仲裁程序和仲裁结果的保密性能力。在国际商事仲裁中,对案件不公开审理与裁决是国际商事仲裁的原则,主要仲裁机构的仲裁规则都规定了保密性原则,其适用范围甚至可以扩展到证人或专家证人。许多企业之所以需要保密性程序,是因为它们不想披露企业的商业信息和企业的运转情况,或者所涉争议的类型不宜披露,或者不想将争议潜在的否定结果进行公开。同时,其还明显地有利于当事人保护自己的商业秘密,也有利于当事人在有限的范围内平和地解决争议,为未来的合作留下可能性。

　　除此之外,国际商事仲裁还有专业性、灵活自主性、确定性以及费用低

---

① 《纽约公约》第5条,具体内容参见以后章节的讨论。

1 国际商事仲裁概述

廉、速度快捷等优势。国际商事仲裁可能会涉及较为复杂的法律问题和技术问题,仲裁员不像法院法官相对固定,当事人可以选择特殊专业领域中的专家作为仲裁员;当事人的同意是国际商事仲裁的基础,当事人可以选择仲裁员,选择仲裁的程序法、仲裁规则、仲裁地点,甚至可以选择仲裁实体法,仲裁庭可以在当事人同意的情况下不依据法律只依据公平原则或者惯例处理争议,以及决定是否和解等。国际商事仲裁充分尊重当事人的意思自治。当事人在仲裁程序中可以起到支配的作用,具有相当大的自主性和灵活性;国际商事仲裁的管辖权是确定的,争议发生之后,当事人可以明确向有关仲裁机构提起仲裁或根据仲裁协议组成临时仲裁庭。就这点而言,其比国际民事诉讼更加具有优势。在国际民事诉讼中,除非当事人订立有法院选择条款,否则在当事人诉讼之前无法知晓对方当事人将向何国法院提起诉讼。因为在国际民事诉讼中存在着管辖权的冲突问题,当事人在争议发生后,会根据自身的利益,选择对其最有利的法院进行诉讼,往往会出现一事两诉等现象,不利于争议的解决,也不利于判决的承认与执行,这在国际商事仲裁中是不会存在的。在过去,常常提及国际商事仲裁有费用低廉和速度快捷的优势,现在许多企业并不认为此优势存在。由于国际商事仲裁数量增多以及标的上涨,当事人越来越多地将诉讼策略合并到国际商事仲裁中,这些策略或措施必然导致费用的上涨以及案件审理的延迟,增强了仲裁程序对抗性的性质。尽管仲裁在许多方面越来越类似于诉讼,但当事人认为国际商事仲裁值得他们付出费用,因为国际商事仲裁仍然提供了其他争议解决方法所没有的不可比拟的优势。

1.5.2 国际商事仲裁的局限

从不同的角度上来看,国际商事仲裁的某些优势也是国际商事仲裁的局限。国际商事仲裁的局限主要体现在以下几个方面:①国际商事仲裁的一裁终局,可以快捷地处理案件,节约时间成本,是国际商事仲裁的优势。但是如果仲裁员所做出的裁决在认定事实和适用法律方面存在着明显的错误,因当事人缺乏提起上诉的能力,这可能挫伤一方当事人的积极性。基于此,有些当事人在仲裁协议中明确表明根据仲裁裁决认定的事实和所适用的法律有权提起司法上诉。例如,根据《美国联邦仲裁法案》是否有权允许当事人提起上诉,联邦巡回法院的态度不一。②国际商事仲裁庭(仲裁员)没有强制性权力。如果当事人没有按照仲裁庭的要求去做,尽管仲裁庭可以做出不利于一方当事人的推断,但没有能力做出惩罚迫使当事人按照要求去做。仲裁庭也不能强制证人出庭作证,甚至一些国家不允许仲裁庭自行采取临时措施(保全措施)。所以,当此种命令的权力是必要时,当事人或仲裁庭不得不向法院寻求支持。如果仲裁地的仲裁法不尽如人意,或者实践中法官对仲裁不是很支持,仲裁庭为了避免裁决被撤销或不予执行,在处理案件时会异常谨慎,仲裁机构的秘书处在管理案件程序时趋于保守,使本来以灵活见长的仲裁实际上变得僵化,以至有些仲裁员或仲裁机构认为程序是国际商事仲裁的生命线。① ③国际商事仲裁的自主性往往也会被一些当事人所利用,达到拖延案件审理、逃避责任的目的。非善意利用程序权利,从而形成程序侵权,而仲裁机构乃至仲裁庭对此难以采取强有力的对策。这种情况从仲裁程序一开始就可能出现。例如在指定仲裁员阶段,当事人故意指定仲裁机构很难联系的、高龄的或其他特殊情况的仲裁员,甚至几次指定仲裁员。这样,仅仅组庭的时间就可能耗费几个月。② 其他阶段同样可以利用程序规则的缺陷,达到拖延时间的目的,使得对方当事人与仲裁秘书处疲于奔命,造成仲裁效率低下。④在多方争议的案件中,仲裁庭通常没有权力要求所有当事人参加仲裁。由于仲裁庭的管辖权是基于当事人之间的仲裁协议,如果一方当事人没有同意进行仲裁,仲裁庭通常不能要求非当事人参与仲裁。仲裁庭通常也没有权力将不同当事人相类似的请求合并仲裁,即使对于所有相关当事人来说是有效率的。仲裁制度一般没有类似于诉讼上的第三人制度,从而不能一揽子解决所有争议。尤其是在连环销售合同中,如果某一环节合同当事人订立有仲裁协议,其他环节当事人没有订立仲裁协议,尽管其他环节可能存在利害关系,仲裁庭也只能解决该环节中的争议。这样相关联的争议或提起仲裁,或向法院提起诉讼,也可能导致相互矛盾的裁决或判决。例如,在中国仲裁司法实践中,江苏省物资集团轻工纺织总公司诉(香港)裕亿集团有限公司、(加拿大)太子发展有限公司上诉案件中,尽管当事人提出案件涉及第三人,但是中华人民共和国最高人民法院还是认为仲裁协议有效。在仲裁庭不能追究第三人责任的情况下,仲裁当事人只能向法院对第三人提起诉讼,以维护自己的权利。如此,造成了解决争议的时间成本、经济成本的提升。③ ⑤仲裁的质量一定程度上取决于仲裁员的素质。高素质的仲裁员可以合理控制仲裁的全部过程,增强当事人以仲裁方式解决争议的信心。但是仲裁员名册缺乏性别和种族的多样性,尽管一些仲裁机构和相关组织努力扩大仲裁员的范围,但是从整体而言,这种状况变化不大。

---

① 宋连斌著:《国际商事仲裁管辖权研究》,法律出版社 2000 年版,第 28 页。
② 宋连斌著:《国际商事仲裁管辖权研究》,法律出版社 2000 年版,第 25 页。
③ 《中华人民共和国最高人民法院公报》,1998 年第 3 期,第 109-110 页。

1 国际商事仲裁概述

1.6 国际商事仲裁的制度结构

国际商事仲裁的制度结构包括仲裁协议、仲裁规则、国内法、国际商事仲裁实践以及国际商事仲裁条约,形成了一个倒金字塔的结构形式。这些支配仲裁程序的规则、法律、准则将在以后章节进行详细论述,这里只作一个概览。

1.6.1 仲裁协议

在国际商事仲裁中,仲裁协议属于制度结构中最为基础也最为重要的部分。仲裁协议是当事人将他们之间现已发生或将来发生的商事争议提交仲裁的意思表示。其对当事人争议解决方式起到了重要的影响作用,当事人之间如果订立有商事仲裁协议,他们只能将争议提交仲裁解决。如果没有仲裁协议或者仲裁协议无效,就不能提交仲裁,后面所有的结构层次就变得无关。基于此,仲裁协议是国际商事仲裁的基石,是引起国际商事仲裁的前提。

1.6.2 仲裁规则

在当事人仲裁协议之上是仲裁规则。仲裁规则是商事机构和有关当事人在进行具体商事仲裁活动时所必须遵守的程序规则。[①] 仲裁规则是当事人直接或间接制定的文件。其内容主要包括:仲裁管辖、仲裁组织、仲裁的申请与答辩、仲裁庭的组成、审理程序、仲裁裁决等内容。根据当事人的仲裁协议,每一个特定案件的仲裁规则可能不一样。通常仲裁规则包含这样的条款"除非当事人另有书面同意外",其意味着仲裁规则不具有强制性。仲裁规则不是法律规范,只是处理当事人之间争议的程序规则,对当事人之间具有直接的效力。仲裁规则一般情况下由当事人确定,当事人可以通过仲裁协议明确规定进行仲裁所遵守的程序规则,或者援引某一现成的仲裁规则。目前主要的仲裁机构都制定有自己的仲裁规则。联合国国际贸易法委员会为了给临时仲裁提供仲裁规则的方便,特别制定了《联合国国际贸易法委员会仲裁规则》(2010年修订)。其实在机构仲裁中,当事人有时也会选择该仲裁规则作为他们之间的仲裁规则。在机构仲裁中,由于仲裁机构都有自己特色的仲

---

① 谢石松主编:《商事仲裁法学》,高等教育出版社2003年版,第78页。

裁规则,一般都是由各仲裁机构来确定仲裁规则。有些仲裁机构甚至明确规定,选择该仲裁机构仲裁,只能适用该仲裁机构的仲裁规则。中国涉外仲裁机构,一般都要求适用自己的仲裁规则,虽然允许当事人进行选择,但必须征得该仲裁机构的同意。当然,更多的是仲裁机构规定,允许当事人选择其他的仲裁规则,只有在当事人没有明确选择仲裁规则的情况下,才适用自身的仲裁规则。

1.6.3 国内法

这里的国内法是一个体系,包括仲裁地的仲裁法及处理案件争议的实体法。这些可能是不同国家的法律。仲裁程序一般是按照当事人选择的仲裁规则进行,但不能违背仲裁地的仲裁法的强制性规定。仲裁法的适用还遵循了当事人意思自治原则,只有在当事人没有选择仲裁法的情况下,一般适用仲裁地法。尽管某些国家仲裁实践出现非国内化仲裁,但仲裁地法还是具有重要的地位。截至2016年6月,有71个国家101个法域在国际商事仲裁中根据1985年《贸易法委员会国际商事仲裁示范法》(以下简称《示范法》)(2006年修订)颁布了立法。《示范法》对仲裁协议、仲裁庭的组成、仲裁庭的管辖权、仲裁程序的进行、仲裁裁决的作出及裁决的承认与执行等,做出了较为系统而明确的规定。《示范法》并不与各种仲裁规则相冲突,而是相互协调。因而,《示范法》也有许多除外条款,即除非当事人另有书面同意外。如果当事人选择的仲裁规则不同于《示范法》的程序和规则,通常情况下,仲裁规则将得到适用。仲裁实体法首先适用当事人选择的法律,这也是国际私法中意思自治原则的体现。当事人选择的实体法将用来解释合同、决定争议的事实、合同的履行、合同的订立及其他实体问题。如果当事人没有选择仲裁实体法,仲裁庭将决定其所适用的实体法。

1.6.4 国际商事仲裁实践

国际商事仲裁实践在国际商事仲裁中具有一定的协调统一的作用。国际商事仲裁实践被运用到仲裁的各个方面,其中一些已被编撰为附加规则或指南,例如国际律师协会(International Bar Association)编撰的《国际律师协会关于国际商事仲裁的取证规则》(IBA Rules on the Taking of Evidence in International Commercial Arbitration)以及《道德规则》(Rules of Ethics),其还提供了《国际仲裁中的利益冲突指南》(Guidelines on Conflicts of Interest in International Arbitration)。另外,联合国国际贸易法委员会1996年做出了《贸易法委员会关于安排仲裁程序的说明》(简称《说明》)。《说明》对仲裁庭在仲裁程序期间希望做出决定的事项清单提供了说明,旨在为仲裁执业人员提供帮助,包括就仲裁规则、仲裁使用的语言和仲裁地点以及与保密有关的问题作出决定。除此以外,还涉及诸如庭审的实施、取证以及对裁决的备案或下达可能提出的要求等。案文不具约束力,但可以在临时仲裁和机构仲裁中使用。尽管《说明》对当事人和仲裁庭没有附加任何义务或责任,但其潜在地对仲裁实践的统一做出了贡献。

仲裁员和当事人可以同意一些国际商事仲裁实践将被遵循,或者仲裁员可以仅仅适用它们作为指南。国际商事仲裁实践一般由不同的国际组织所编撰,并被国际商事仲裁界作为良好的实践所知晓与共享。国际商事仲裁员是一个较小的团体,他们的商事仲裁活动推动了国际商事仲裁实践的发展与丰富,促进了国际商事仲裁程序相关核心制度的建立。

1.6.5　国际商事仲裁条约

国际商事仲裁条约是促进国际商事仲裁发展至关重要的因素。在所有相关的国际条约中,对于大多数国际商事仲裁来讲,1958 年《纽约公约》是最重要的,也是最有影响力的。《纽约公约》主要规定了缔约国应当承认当事人之间订立的书面仲裁协议的效力,以及承认与执行据此协议做出的仲裁裁决。该公约自实施以来,截至 2016 年 2 月,已成为当今世界上适用最普遍的国际公约之一。

除了《纽约公约》之外,《解决国家与他国国民之间投资争议公约》、《欧洲国际商事公约》以及《美洲国家国际商事仲裁公约》,也是比较重要的普遍性或区域性国际条约。

《解决国家与他国国民之间投资争议公约》由世界银行于 1965 年主持制定,1966 年开始生效。公约建立了一套解决国家政府与外国投资者之间的争议的制度,并在世界银行总部华盛顿设立了解决投资争议国际中心(International Center for Settlement of Investment Dispute,简称 ICSID),因此该公约又被称为 ICSID 公约。

《欧洲国际商事公约》由联合国欧洲经济委员会于 1961 年主持制定,1964 年生效。公约适用于两个不同的、在缔约国境内没有惯常居所或住所地的自然人或法人所签订的仲裁协议和仲裁条款,而且适用于因这一仲裁协议而发生的仲裁程序和仲裁裁决。在缔约国之间,《欧洲国际商事公约》是《纽约公约》的补充。

《美洲国家国际商事仲裁公约》由美洲国家组织于 1975 年主持制定,1976

年生效。因为该公约是在巴拿马城召开的国际私法特别会议上通过的,所以又被称为《巴拿马公约》。有14个南美洲和中美洲国家以及美国、墨西哥共计16个国家批准或加入该公约。该公约对仲裁裁决的有效性、仲裁员的选任、仲裁程序规则、仲裁裁决的执行等做出了规定,公约在目的与效果上类似于《纽约公约》,使仲裁解决商事争议在拉丁美洲国家得到更好的接受与推广。

如上所述,国际商事仲裁的制度结构包括仲裁协议、仲裁规则、国内法、国际商事仲裁实践以及国际商事仲裁条约。尽管当事人具有实质性的意思自治控制仲裁程序,但国内法以及国际法(国际条约)对国际商事仲裁程序做出了加强与补充,以确保程序的公平与效率,实现程序的功能。

1.7 机构仲裁与临时仲裁

国际商事仲裁根据不同的标准有着不同的分类。以一方当事人是否为国家,可以将之分为一方当事人是国家的仲裁和非国家当事人之间的仲裁。例如,1965年《解决国家与他国国民之间投资争议公约》,就是一方当事人是国家的仲裁,其设立的解决投资争议国际中心就是为了通过仲裁方式解决国家与外国投资者之间由于在东道国投资而产生的法律争议。非国家当事人之间的仲裁是国际商事仲裁中最为普遍的,解决发生于商人或公司之间的商事争议。以仲裁庭是否必须依据法律做出裁决为标准,可以将国际商事仲裁分为友好仲裁(Amiable Composition)和依法仲裁(Arbitration by Law)。友好仲裁是指仲裁庭依当事人的授权,不根据严格的法律规定,而按照它所认为的公允及善良原则和商业惯例对纠纷进行裁决。是否进行友好仲裁将完全取决于当事人的意愿。如果未经双方当事人授权,就不得进行友好仲裁。另外,友好仲裁要受仲裁地法(Lex Arbitri)的公共政策和强制性规定的限制。在中国,1994年《仲裁法》明确规定,仲裁应当根据事实,符合法律规定,公平合理地解决纠纷。也就是说,中国是不承认友好仲裁的。依法仲裁是指仲裁庭必须依据一定的法律对纠纷进行裁决。根据仲裁地点的不同,可以将国际商事仲裁分为本国仲裁和外国仲裁。本国仲裁是指仲裁地点在本国国内的国际商事仲裁;外国仲裁是指仲裁地点在本国以外的国际商事仲裁。其区分的法律意义在于各国对本国仲裁和外国仲裁在承认与执行程序上的司法监督程度不同和司法监督体制不同。

除了以上的分类,国际商事仲裁中最重要的分类是以商事机构的组织形式为标准分为机构仲裁（Institutional Arbitration）和临时仲裁（Ad Hoc Arbitration）。

1.7.1 机构仲裁

机构仲裁是当事人根据仲裁协议，将他们之间的纠纷提交给某一常设机构进行的仲裁。常设仲裁机构是固定性的组织，有自己的组织章程和仲裁规则，拥有自己的办事机构和行政管理制度。常设仲裁机构一般都有供选定用的仲裁员名单。常设仲裁机构的作用主要是从事仲裁的行政管理和组织工作。[①] 目前，根据1994年《仲裁法》第18条的规定，将仲裁协议是否约定或明确约定了仲裁机构，作为认定仲裁协议有效的标准之一，说明了在中国进行的仲裁应都是机构仲裁。当事人如果没有约定仲裁机构或者约定不明的，仲裁协议无效。

对于机构仲裁而言，其优势在于仲裁机构履行了重要的行政管理职能，确保仲裁员能够以适当的方式得到任命，仲裁程序以合理的形式得到运行，费用得到预先支付，能够确保程序上的严密性和实用性，使仲裁案件的质量得到保证。从当事人角度来看，当事人选择机构仲裁，主要是因为仲裁机构提供了各种便利与服务，例如提供经过实践检验的并且制定完整的仲裁规则，提供仲裁员名册，费用比较确定。从仲裁员的角度来看，仲裁员不必处理费用问题以及其他服务问题，而是集中精力处理当事人之间的争议，保证案件的质量。另外，机构仲裁的另一优势就是易于得到承认与执行，尤其是那些著名的仲裁机构所做出的裁决，在国际社会和各国法院具有很高的可信度，促使败诉一方不对仲裁裁决提出异议。

从另一角度看，机构仲裁的优势也可以说是其缺点。例如，仲裁机构履行了重要的行政管理职能是其优势，但是仲裁机构本身的组织架构及长期在行政管理事务中，仲裁机构逐步出现了官僚化的趋势，出现了仲裁程序僵化，审理程序灵活性的缺乏，案件审理期限较长，甚至少数案件出现严重的延迟，运行的成本不断提高等情况。

1.7.2 临时仲裁

临时仲裁又称特别仲裁、临时性仲裁，是指不要常设机构的协助，当事人根据仲裁协议，将争议交给临时组成的仲裁庭进行审理并做出裁决的仲裁。

---

① 韩健著：《现代国际商事仲裁法的理论与实践》，法律出版社2000年版，第29页。

仲裁结束,仲裁庭就自行解散。在临时仲裁中,仲裁程序的每一个环节都由双方当事人保持完全的控制。中国1994年《仲裁法》在有关仲裁协议效力的条款中(第18条),将仲裁协议是否约定或明确约定了仲裁机构,作为认定仲裁协议有效的标准之一。也就是说,中国现行法律制度不允许临时仲裁。

对于临时仲裁,由于没有行政管理机构,当事人不必支付行政管理机构的费用,只需要支付仲裁员的仲裁费用及其他相关费用,给双方当事人节省了一定的费用。一般而言,临时仲裁的仲裁员的费用不需要预付,这样也增强了当事人对仲裁的信赖,这是临时仲裁的一个优势。另外,在临时仲裁中,当事人有更多的机会起草仲裁程序规则,以符合当事人自身的需要及特殊种类案件的需要。临时仲裁充分尊重当事人的意思自治,他们可以自己起草仲裁规则,也可以选择《联合国国际贸易法委员会仲裁规则》作为他们之间的仲裁规则。同时,临时仲裁给予当事人更多的选择性与灵活性。当事人可以对仲裁庭的组成、仲裁地点、仲裁程序、适用的法律做出自己的选择。仲裁庭依据当事人意思自治原则做出的裁决,具有更多的透明度,更容易得到执行。仲裁庭无须按照仲裁程序审理案件,也不必遵照既定的仲裁规则处理争议,可以根据当事人协商的结果,缩短日程,提高了案件审理的效率。此外,一方当事人是国家时,常常会适用临时仲裁。

临时仲裁的缺点也是明显的。由于临时仲裁是以双方当事人的合作为前提条件。如果双方当事人没有充分合作的诚信,临时仲裁就无法顺利进行下去。如果双方当事人致力于精心设计程序的障碍,尤其是在一方当事人不愿意进行仲裁时,仲裁庭就无法成立,仲裁便失去继续进行的基础。没有仲裁机构,当事人可能寻求法院的帮助,将案件转移到法院进行处理。所以,国际商事仲裁实践中,以机构仲裁为主,临时仲裁为辅。对于案件复杂、标的额较大的案件,采取机构仲裁更为妥当。对于案件比较简单,法律关系比较明确,权利义务比较清晰,或者对于一方当事人是国家的仲裁,特别需要仲裁的灵活性,采取临时仲裁更为恰当。

1.8　主要仲裁机构

随着国际经济贸易的发展,国际商事仲裁也得到了快速的发展与扩张。例如,在中国,涉外仲裁委员会可以由中国国际商会组织设立。中国的涉外仲裁机构主要有中国国际经济贸易仲裁委员会和中国海事仲裁委员会。

1996年后,中国国内仲裁委员会与涉外仲裁委员会的职能开始融合,现在已经没有原则上的区别。一些国内仲裁委员会也可以受理涉外仲裁案件,例如武汉仲裁委员会已经设立了武汉仲裁委员会国际仲裁院。在美国,仲裁协会创立了争议解决的国际中心(International Center for Dispute Resolution,简称 ICDR),该国际中心作为美国仲裁协会解决争议的一个国际分支,专门处理国际商事争议案件。21世纪以来,随着现代科学技术的发展和国际经济交往的频繁,国际商事争议解决的方式日趋协调统一。随着越来越多的国家加入《纽约公约》,仲裁作为解决国际商事争议的方法,受到了极大的关注。而商事仲裁机构制度,也由最初的为了解决某一特定争议而设立的临时仲裁庭解决该特定争议,一旦裁决做出,该仲裁庭(机构)即行解散的制度,逐步地发展成为专门设立的常设仲裁机构制度。① 许多仲裁机构修改它们的仲裁规则,促使仲裁规则符合现代化发展的要求,赋予国际商事仲裁友好型的形式,并且提高仲裁机构处理特定问题的能力,减少法院的监督与帮助。例如,美国争议解决的国际中心增加了一条紧急措施的规则,以加强仲裁机构对紧急救济的需要做出快速反应的能力,甚至在仲裁庭组庭以前都可以做出。如果紧急救济在早期阶段得不到解决,当事人只好寻求法院的帮助。②

国际商事仲裁机构各具特色,在费用、行政管理方式和质量方面都有区别。许多当事人喜欢选择历史悠久、具有良好信誉的国际商事仲裁机构,即使这些机构在费用方面可能比其他仲裁机构更高。当事人选择国际商事仲裁机构,考虑的因素是多种多样的,例如仲裁机构的方便、中立性、声誉、经验、仲裁规则的完备、专业性等。下面简单介绍中国当事人经常选择的几个主要国际商事仲裁机构。

1.8.1 国际商会国际仲裁院

国际商会国际仲裁院(The International Chamber of Commerce International Court of Arbitration,简称 ICC 国际仲裁院)是一个著名的和最有声望的仲裁机构,于1922年成立于巴黎。ICC 国际仲裁院不是法院,也不隶属于任何国家,其是一个自治机构,独立行使行政管理职能,其主要职责是确保该院仲裁规则和调解规则的实施,对仲裁庭的工作实施监督。ICC 国际仲裁院在行使其职权时,完全独立于国际商会及其他相关机构。仲裁院委员

---

① 赵秀文著:《国际商事仲裁现代化研究》,法律出版社2010年版,第20页。
② ICDR Rules of Arbitration, Article 37, Emergency Measures of Protection, See http://www.adr.org/sp.asp? id=28144.

会由院长、副院长、成员及候补成员组成,具体工作由秘书处协助。基于其良好的声望,国际商事关系中的中国当事人,在外方当事人要求选择非中国商事仲裁机构进行仲裁时,多数会选择在国际商会国际仲裁院进行仲裁。国际商会国际仲裁院现行的仲裁规则是2012年1月1日生效的仲裁规则,即《2012年仲裁规则》。

国际商会国际仲裁院作为一个常设仲裁机构,具有以下两个独有的特征。

其一,审理范围书制度。仲裁庭在收到秘书处转来的案卷后,即应根据书面材料或会同当事人,并按照当事人最近提交的文件,拟定一份文件界定其审理范围。根据国际商会国际仲裁院《2012年仲裁规则》第23条第1款的规定,审理事项应当包括:①各方当事人及在仲裁中代表当事人的任何人士的名称全称、基本情况、地址和其他联系信息;②在仲裁过程中的通知或通信可送达的地址;③当事人各自的请求和所请求的救济摘要,连同任何已量化的请求的数额,以及对任何其他请求可能得出的金额估值;④待决事项清单,但仲裁庭认为不适宜的除外;⑤每一位仲裁员的姓名全名、地址和其他联系信息;⑥仲裁地;⑦可适用的程序规则的详细说明;当事人授权仲裁庭充当友好调解人或以公平合理原则作出裁决的,应予注明。

其二,裁决书草案的审阅制度。仲裁院被赋予审阅裁决书的权利。根据《2012年仲裁规则》第33条规定,仲裁庭应在签署裁决书之前,将其草案提交仲裁院。仲裁院可以对裁决书的形式进行修改,并且在不影响仲裁庭自主决定权的前提下,提醒仲裁庭注意实体问题。裁决书形式未经仲裁院批准,仲裁庭不得作出裁决。

1.8.2 英国伦敦国际仲裁院

英国伦敦国际仲裁院(The London Court of International Arbitration,简称LCIA),成立于1892年,是世界上成立最早的常设仲裁机构,原名为伦敦仲裁院(LCA),1981年起改用现名。该机构采取有限责任公司形式,由董事会管理其活动。仲裁院对商事交易的争议提供全面的服务,现行的仲裁规则于2014年10月1日起开始实施。伦敦国际仲裁院在国际上享有很高的声望,特别是海事案件,大多诉诸该仲裁院。伦敦国际仲裁院对选聘仲裁员的标准方面强调专业知识,对是否接受法律教育或是否为法律专家不十分注重。由于受到英国司法至上主义的影响,法院对仲裁干预较多,伦敦国际仲裁院受案数量曾一度下滑。为了加强其国际仲裁中心的地位,1996年英国颁布新的仲裁法,改变了过去过度干预的政策,强化自由仲裁政策,最近,伦敦国际仲裁院受案数量有所回升。中国是海运大国,在国际海事海商关系中,大多当事人选择伦敦国际仲裁院作为解决其相互之间将来可能发生的海事海商法律争议的仲裁机构。

1.8.3 瑞典斯德哥尔摩商会仲裁院

瑞典斯德哥尔摩商会仲裁院(The Arbitration Institute of Stockholm Chamber of Commerce,简称 SCC 仲裁院),成立于 1917 年,总部设在瑞典首都斯德哥尔摩。瑞典斯德哥尔摩商会仲裁院是附属于瑞典斯德哥尔摩商会,但又独立于商会的一个仲裁机构。其现行仲裁规则于 2010 年 1 月 1 日起实施。由于瑞典政治上处于中立地位,国际社会普遍认为该院是解决东西方贸易争议的一个理想的机构。该仲裁院的宗旨是:根据仲裁院本身的商事仲裁规则或仲裁院采用的其他仲裁规则协助解决国内或国际商事法律争议;由仲裁院决定,协助以部分或全部不同于仲裁院规则规定的方式进行仲裁程序;提供关于根据仲裁院规则解决商事法律争议的咨询和指令;提供关于仲裁和调解事宜的信息;提供有关仲裁事务的咨询等。随着国际经济贸易的不断发展,该仲裁院的声誉在不断提高,加上其仲裁庭所做出的裁决在世界范围内得到了广泛的承认与执行,国际商事关系中的中国当事人,在外方当事人要求选择非中国商事仲裁机构进行仲裁时,大多选择在瑞典斯德哥尔摩商会仲裁院进行仲裁。

1.8.4 美国仲裁协会国际争议解决中心

美国仲裁协会(American Arbitration Association,简称 AAA),成立于 1926 年,是一个独立的、非政府性、非营利性的民间组织。总部设在纽约,并在美国其他主要城市设有分会。协会为了适应国际商事仲裁快速发展的需要,于 1996 年在纽约设立了国际争议解决中心(International Center for Dispute Resolution,简称 ICDR)。同时,该中心在其他国家或地区设立办公室:2001 年的爱尔兰都柏林、2006 年的墨西哥城、2006 年的新加坡。在墨西哥城,与墨西哥国家商会调解和仲裁委员会(Mediation and Arbitration Commission of the Mexico City National Chamber of Commerce,简称 CANACO)签订合作协议。在新加坡,与新加坡国际仲裁中心达成合作,建立争议解决中心,促进了新加坡成为亚洲仲裁中心。美国仲裁协会国际争议解决中心至少与 40 多个国家仲裁机构达成了合作协议,同中国涉外仲裁机构也建立了业务联系。美国仲裁协会的宗旨是:进行有关仲裁研究,完善仲裁技术和程序,进一步发展仲裁科学,提供仲裁便利。由于仲裁自由主义政策的影响,加上完备的服务设施,美国仲裁协会的受案数量近几年来成倍增长,成为世界上最大的民间仲裁机构之一。现行的国际仲裁规则是2014年6月1日生效的《美国仲裁协会国际仲裁规则》。随着中美当事人之间的商事交往日益频繁,他们之间的商事争议选择美国仲裁协会国际争议解决中心的机会越来越多。

1.8.5 新加坡国际仲裁中心

新加坡国际仲裁中心(Singapore International Arbitration Center,简称SIAC),成立于1990年。其是依据新加坡共和国公司法成立的担保有限公司。该中心的宗旨是:为国际和国内的商事法律争议进行仲裁和调解提供服务;促进仲裁和调解在解决法律争议中的广泛应用;培养一批熟知国际商事仲裁法律和实务的仲裁员和专家。新加坡国际仲裁中心可以受理来自国际和国内的商事法律争议案件,但主要解决建筑工程、航运、银行和保险方面的争议。现行有效的仲裁规则是2016年8月1日起生效的《新加坡国际仲裁中心仲裁规则》。由于中国与新加坡之间有着很深的历史渊源和密切的商事往来,中国与新加坡两国当事人选择新加坡国际仲裁中心作为处理他们之间商事法律争议的仲裁机构不在少数。

1.8.6 瑞士苏黎世商会仲裁院

瑞士苏黎世商会仲裁院(Court of Arbitration of the Zurich Chamber of Commerce,简称ZCC仲裁院),成立于1911年,是瑞士苏黎世商会下设的常设仲裁机构。瑞士苏黎世商会仲裁院受理在瑞士境内的商事仲裁案件和当事人提交的国际商事仲裁案件。现行的国际仲裁规则于2012年6月起生效。瑞士苏黎世商会仲裁院非常重视调解的作用,制定有《瑞士苏黎世商会仲裁院调解与仲裁规则》,除规定独立进行的调解程序外,仲裁庭还可以在庭审的适当阶段进行调解,并设法促成当事人和解。由于瑞士是永久中立国,所以瑞士苏黎世商会仲裁院的裁决比较容易得到有关国家和当事人的接受,其受理的案件不断增加,仲裁业务也不断发展,逐步成为国际商事仲裁的重要中心之一。在涉及中国当事人的有关国际商事关系中,有相当一部分选择了瑞士苏黎世商会仲裁院作为仲裁解决有关商事争议的国际商事仲裁机构。

1.8.7 中国国际经济贸易仲裁委员会

中国国际经济贸易仲裁委员会(China International Economic and Trade Arbitration Commission,英文简称CIETAC,中文简称贸仲),亦称中国国

际商会仲裁院(The Court of Arbitration of China Chamber of International Commerce,简称 CCOIC 仲裁院),成立于 1956 年,是世界上主要的常设商事仲裁机构之一。当时名称为对外贸易仲裁委员会,1980 年改名为对外经济贸易仲裁委员会,1988 年改名为中国国际经济贸易仲裁委员会,2000 年同时启用中国国际商会仲裁院的名称。现行有效的仲裁规则是 2015 年 1 月 1 日起施行的《中国国际经济贸易仲裁委员会仲裁规则》。中国国际经济贸易仲裁委员会设在北京,并在深圳、上海、天津和重庆分别设有华南分会、上海分会、天津国际经济金融仲裁中心(天津分会)和西南分会。应香港特区政府的请求,中央人民政府决定支持香港发展成为亚洲区域仲裁中心,2012 年 9 月贸仲委在香港设立分支机构——贸仲委香港仲裁中心。贸仲委香港仲裁中心作为贸仲委在香港的分支机构,在香港办理仲裁案件,提供仲裁咨询和培训。贸仲委及其分会是统一的仲裁委员会,适用同一部《仲裁规则》和同一个《仲裁员名册》。根据仲裁业务发展的需要,以及就近为当事人提供仲裁咨询和程序便利的需要,贸仲委先后设立了 29 个地方和行业办事处。为满足当事人的行业仲裁需要,贸仲委在国内首家推出独具特色的行业争议解决服务,为不同行业的当事人提供适合其行业需要的仲裁法律服务,如粮食行业争议、商业行业争议、工程建设争议、金融争议以及羊毛争议解决服务等;此外,贸仲委还为当事人提供域名争议解决服务,积极探索电子商务的网上争议解决。针对快速解决电子商务纠纷及其他经济贸易争议的需要,于 2009 年 5 月 1 日推出《网上仲裁规则》。该规则在普通程序之外根据案件争议金额大小分别规定了简易程序和快速程序,以真正适应在网上快速解决经济纠纷的需要。50 多年来,贸仲委以其仲裁实践和理论活动为中国《仲裁法》的制定和中国仲裁事业的发展做出了突出贡献。贸仲委还与世界上主要仲裁机构保持着友好合作关系,以其独立、公正和高效在国内外享有盛誉。①

1.8.8 中国海事仲裁委员会

中国海事仲裁委员会(China Maritime Arbitration Commission,简称 CMAC),成立于 1959 年,原名中国国际经济贸易促进委员会海事仲裁委员会,1988 年改名为中国海事仲裁委员会,是中国唯一的处理海事海商法律争议的仲裁机构。总部设在北京,在大连、上海、广州、天津、宁波、青岛等地设立办事处。中国海事仲裁委员会宗旨是:以仲裁的方式,独立、公正地解决海

---

① See http://www.cietac.org.cn/AboutUS/AboutUS.shtml,2016 年 6 月 1 日访问。

事、海商、物流争议及其他契约性或非契约性争议,以保护当事人的合法权益,促进国际国内经济贸易和物流的发展。现行仲裁规则是2015年1月1日起施行的《中国海事仲裁委员会仲裁规则》。中国海事仲裁委员会自成立以来,一直以独立、公正、快速、高效的工作作风,审理了大量的海事仲裁案件,维护了中外当事人的正当权益,在国际海事仲裁领域赢得了较好的信誉。[①]

1.8.9 香港国际仲裁中心

香港国际仲裁中心(Hong Kong International Arbitration Center,简称HKIAC),成立于1985年,是根据中国香港地区《公司条例》成立的非营利性的法团担保有限公司。香港国际仲裁中心由理事会负责管理。理事会由具有不同国籍并且具有不同专长和经验的商人及专业人员组成。该中心的日常工作由秘书长和秘书处人员处理。中心受理香港地区的本地案件和国际商事仲裁案件,但分别适用不同的仲裁规则。中心现行有效的仲裁规则是2013年11月1日起生效的《香港国际仲裁中心机构仲裁规则》。尽管香港国际仲裁中心成立时间较晚,但由于香港是国际金融大都市,并具有独特的地理位置,现已发展成为亚洲地区具有较大影响的国际商事仲裁中心。在中国内地与香港地区当事人之间的商事关系,以及中国内地与其他国家的当事人之间的商事关系中,考虑到香港地区独特的地理位置及其他因素,当事人也会选择香港国际仲裁中心作为处理他们之间国际商事仲裁争议的商事仲裁机构。

1.8.10 武汉仲裁委员会国际仲裁院

武汉仲裁委员会国际仲裁院(Wuhan Arbitration Commission International Court of Arbitration),成立于2005年。其主要的职能是:受理和审理国际商事仲裁案件,同时开展国际商事仲裁方面的合作与交流,开展国际商事仲裁理论与实务研究,发展、联络、管理国际商事仲裁专家及仲裁员队伍,为中外当事人提供独立、公平、高效的仲裁服务。武汉仲裁委员会国际仲裁院自成立以来,到目前为止,共受理国际仲裁案件近百件,受理的案件涉及投资、建设工程、租赁、买卖等多个方面,涉及美国、英国、法国、德国、印度等国家及中国香港地区和台湾地区。武汉仲裁委员会国际仲裁院以优质的服务赢得了当事人和仲裁员的一致好评,成为中国华中地区可独立受理国际

---

① See http://www.cmac.org.cn/file/02.,2016年6月1日访问。

仲裁案件的仲裁机构之一。现行的仲裁规则是2015年5月1日起施行的《武汉仲裁委员会仲裁规则》,国际商事仲裁规则涵盖于该仲裁规则之中。武汉作为中国中部城市,有九省通衢之美誉。现在不少中国中部地区的当事人在对外交往中,选择该国际仲裁院作为处理他们之间争议的国际商事仲裁机构。该国际仲裁院的业务也逐步扩展到全国范围,并与新加坡国际仲裁中心等仲裁机构建立了友好合作关系。①

1.9 与国家有关的仲裁

1.9.1 解决投资争议国际中心的仲裁

解决投资争议国际中心(International Center for Settlement of Investment Dispute,简称ICSID),根据1965年《解决国家与他国国民之间投资争议公约》(简称《华盛顿公约》)设立。《华盛顿公约》目的是依照公约的规定,为解决各缔约国和其他缔约国国民之间的投资争端提供调解和仲裁的便利,以增进相互信任的气氛,促进私人投资的跨国流动。公约考虑到应排除投资者本国政府的介入,使投资争端的解决非政治化。解决投资争议国际中心不直接承担调解和仲裁工作,只是为解决国际投资争端提供方便与设施。中心设有行政理事会、秘书处、调停人小组和仲裁人小组等机构。根据《公约》规定,中心解决的争议必须是:其一,争议的一方当事人是公约的缔约国或其指派到中心的任何下属单位或机构,另一方当事人必须是另一缔约国的国民;其二,提交中心管辖的争议的性质必须是因直接投资而产生的任何法律争议;其三,争议须经争议双方书面共同同意提交给中心解决。中心的仲裁独立于任何程序,对其他任何程序具有排他的效力,排除任何其他补救办法、国内法院的管辖以及外交保护权。任何产生的裁决不能在任何国家法院上诉,对于裁决异议,在解决投资争议国际中心规则下,将由三位仲裁员组成的临时委员会进行审查。如果仲裁裁决的全部或部分被临时委员会撤销,可以将此争议重新提交一个新的仲裁庭审理。一个金钱裁决如同该国家法院的终局判决一样,得到该缔约国的强制执行。中国是该公约的缔约国,基于

---

① See http://www.whac.org.cn.,2016年6月1日访问。

加入公约时所作的声明,中国也承认解决投资争议国际中心的仲裁管辖权,如果发生有关外国的投资者与中国国家之间的投资法律争议,或者是中国投资者与有关外国国家之间的投资法律争议,基于他们之间所达成的仲裁协议,可以提交中心仲裁解决。

1.9.2 常设仲裁法院的仲裁

常设仲裁法院(The Permanent Court of Arbitration,简称 PCA),依据1899年海牙公约而设立,坐落在海牙,提供各种各样的仲裁、和解以及事实调查服务。经过修订的1907年海牙公约确定了常设仲裁法院的目的:为便利将不能用外交方法解决的国际争议立即提交仲裁起见,各缔约国承允保留第一次和平会议所设立的常设仲裁法院。依照公约,常设仲裁法院下设一个事务局作为秘书处;一个常设行政理事会,由各国驻海牙的外交代表组成;主席由荷兰外交大臣担任;一份仲裁员名单,由成员国各选4名精通国际法的人士构成。常设仲裁法院以处理国家之间或国家实体之间的争议,包括来源于各种条约的争议而闻名。然而,国际商事仲裁也可以由常设仲裁法院进行。常设仲裁法院对《联合国国际贸易法委员会仲裁规则》的发展起到了重要的作用。在临时仲裁情况下,双方当事人没有就仲裁员的指定,或者指定机构达成一致,任何一方当事人可以请求常设仲裁法院的秘书长进行指定。① 此外,商事仲裁国际委员会(International Council for Commercial Arbitration,简称ICCA)设在海牙和平宫常设仲裁法院的房屋内。ICCA 出版商事仲裁年刊、国际商事仲裁年刊以及 ICCA 大会文件,这些都是仲裁案件、法律和实践以及该领域学者论文的重要来源。②

1.9.3 国际商事仲裁中的国家豁免

在与国家有关的仲裁中,特别是国家与非国家当事人的自然人、法人或其他实体签订有仲裁协议的情况下,当双方当事人发生争议,自然人、法人或其他实体依据仲裁协议对国家提出仲裁申请时,国家是否可以根据国家豁免理论,要求免除仲裁管辖或执行豁免。

国家豁免(state immunity),又称主权豁免(sovereign immunity),是指一

---

① 《联合国国际贸易法委员会仲裁规则》第6条第1款规定:除非各方当事人已就选择指定机构达成约定,否则一方当事人可随时提名一个或数个机构或个人,包括海牙常设仲裁法院秘书长,由其中之一担任指定机构。

② See http://www.pca-cpa.org/showpage.asp? pag_id=363,2016年6月1日访问。

1 国际商事仲裁概述

个国家不受另一个国家管辖。从司法上说,是指不得对一个国家起诉或对其财产加以扣押或执行。① 在豁免的立法和国家实践中,主要有绝对豁免理论和限制豁免理论。限制豁免理论被西方主要资本主义国家所采纳,存在着扩大适用的趋势。在限制豁免的适用标准上,主要有商业行为标准、行为性质标准及行为目的标准。在国际民事诉讼中,国家豁免是可以放弃的。所谓国家豁免的放弃,是指一国对其特定行为不援引管辖豁免,表示愿意服从另一国法院的管辖。豁免的放弃有明示放弃和默示放弃两种方式。如果国家或公法人与私人签订有仲裁协议,是否表明国家放弃管辖豁免?国际商事仲裁理论与实务普遍认为:公法人在缔结仲裁协议后便不得援引本国法律的规定对其同意提交仲裁的事实提出异议,即便是国家本身也不应在国有化争议中依本国法单方取消与外国私人投资者之间的仲裁协议。② 也就是说,只要国家与自然人、法人或其他组织已就特定的法律关系订立了仲裁协议,不管该法律关系是契约性的还是非契约性的,就视为国家已经放弃了豁免。该豁免的放弃不仅包括仲裁管辖的放弃,而且包括执行仲裁裁决和为执行仲裁裁决所采取的查封、扣押等保全措施的豁免的放弃。③ 签订仲裁协议就被视为默示放弃了仲裁的管辖豁免。

1.10 其他争议解决方法

除了国际民事诉讼和国际商事仲裁外,还有其他一些争议解决方法,可以用来解决国际商事争议。这些方法通常不具有法律约束力,而且可以与国际商事仲裁结合使用。例如,一般情况下,国际商事仲裁双方当事人在订立争议解决条款时,他们首先试图协商解决他们之间的争议。如果协商不成,可以进行调解。如果调解也不成功,然后他们将进行有约束力的国际商事仲裁。这些方法就是所谓的替代争议解决方法。替代争议解决方法这一概念起源于美国,但是各国学者对于替代争议解决方法理解并不一致。一般而言,在美国,替代争议解决方法被理解为除诉讼外的其他所有争议的解决方法,也包括仲裁制度。在欧洲及其他许多国家,替代争议解决方法被理解为

---

① 《中国大百科全书》,中国大百科全书出版社1984年版,第600页。
② Marc Blessing, The New International Arbitration Law in Switzerland, Journal of International Arbitration, Vol. 5, 1988, pp. 28-29.
③ 韩健著:《现代国际商事仲裁法的理论与实践》,法律出版社2000年版,第505页。

是除诉讼与仲裁以外的其他争议解决方法。有些替代争议解决方法没有约束力,例如调解、和解等,有些替代争议解决方法具有约束力,例如专家评判和最后要约仲裁。替代争议解决方法是多种多样的,包括调解、调停、中立评估、专家评判、微型审判及最后要约仲裁等。

1.10.1 调解

调解(mediation)是在第三方协助下进行的、当事人自主协商性的纠纷解决活动。[1] 调解以当事人自愿为基础,在中立的第三方协助下进行,而且不具有约束力。一个仲裁机构可以与制定仲裁规则一样来制定调解规则。中立第三人,即调解人,将通过努力让双方当事人理解对方当事人的基本观点,将私下会见各方当事人,听取他们各自的观点,强调当事人之间的共同利益,试图帮助他们达成一致的处理意见。

调解具有保密性。在当事人选择的调解规则中,通常有保密性条款,即在调解阶段,任何一方当事人所表达的观点、意见、陈述的事实以及所做出的任何让步,都不能用于争议解决的下一个阶段,无论是诉讼还是仲裁。如果调解规则没有规定,当事人必须达成书面协议,约定任何在调解阶段所披露的事实及观点,不能用于后一阶段,除非所披露的文件并非专门用于调解。

调解可以在争议解决的任何阶段进行。如果当事人在诉讼或在仲裁的某一阶段,自愿要求进行调解解决争议,可以得到法院或仲裁庭的帮助,由适当的人员作为调解员。当协商走入了死胡同,并且双方当事人确实希望争议得到和解,调解同样可以适用于合同协商阶段。此时,调解人作为中立第三方,促使双方当事人相互理解以及调和双方当事人的利益。一般而言,调解是基于利益的程序,而仲裁是基于权利的程序。[2]

1.10.2 调停

调停(conciliation)和上面所述的调解在本质上没有什么区别,通常情况下两者是互相通用的。严格说来,调停与调解从技术上还是有区别的。一般而言,调解的职责是帮助当事人寻求和达成商定的和解,为当事人协商提供便利与协助。而调停则更进一步,调停人在听取双方当事人不同的观点后,提出其所认为具有公平的建议性争议解决方案。如果双方当事人没有接受,

---

[1] 范愉著:《非诉讼程序(ADR)教程》,中国人民大学出版社2002年版,第150页。
[2] Margaret L. Moses, The Principles and Practice of International Commercial Arbitration, Cambridge University Press, 2008, p.14.

1 国际商事仲裁概述

或者该建议没有能够解决争议,调停人可以提出另一建议方案。

1.10.3 中立评估

中立评估(neutral evaluation)是一种重要的派生形式,双方当事人可以同意由一名专家或专家组组成中立人。中立人听取双方当事人的意见,然后提出有关事实问题、法律问题或技术问题,并预测纠纷的解决结果,以此鼓励当事人实现和解。通常情况下,中立人的建议不具有约束力。在美国,中立评估程序由加利福尼亚北区联邦地区法院于1985年首先引进法院,主要目的是为当事人就实体问题进行沟通提供途径,提供非正式的、低成本的发现程序,促使当事人尽早就纠纷进行评估,从而达成和解。①

1.10.4 专家评判

专家评判(expert determination)主要运用到仲裁中涉及高科技的问题,双方当事人选择涉及争议领域的一名专家,该专家依据其专业知识为当事人提供解决争议的方案。通常情况下,专家评判是具有约束力的。当然,当事人也可以同意,专家的评判意见不具有约束力。②

1.10.5 微型审判

微型审判(mini-trials)是一种预测性程序,其目的在于通过当事人告知其在诉讼中所具有的优势和劣势,并预测可能的裁判结果,从而促使当事人同意和解。③ 许多仲裁机构都有微型审判规则。在微型审判中,通常"法庭"(tribunal or panel)由三人组成,其中一位是中立的第三人,其余两位是涉及争议的双方当事人各自委派的高级行政官员。中立的第三者在评估方面提供法律帮助,并可以应要求告知可能的诉讼结果。双方当事人各自委派的一名高级行政官员,必须是在公司里具有很高的地位,具有做出决定的权威,具有处理实体争议的直接权力。同时高级行政官员必须不是卷入争议的公司雇员,不是争议发生的直接当事人。微型审判通常持续一到两天,文件交换比较有限,各方提出各自最理想的情况,最后由"法庭"促使达成解决方案。

---

① W. Brazil, Special Master in Complex Case: Extending the Judiciary or Reshaping Adjudiction? University of Chicago Law Review, No.53, 1950, p.408.

② Margaret L. Moses, The Principles and Practice of International Commercial Arbitration, Cambridge University Press, 2008, p.14.

③ 范愉主编:《ADR原理与实务》,厦门大学出版社2002年版,第119页。

微型审判程序一般是保密的,期间所披露的内容不能用于随后的诉讼或仲裁中。

1.10.6 最后要约仲裁

最后要约仲裁(last offer arbitration),有时也称为棒球仲裁(baseball arbitration),主要是因为其广泛运用于美国职业棒球大联盟(Major League Baseball)运动员工资纠纷。最后要约仲裁主要运用了博弈论思想,在仲裁范围内,让双方当事人的对于全部涉及案件的金钱总额相互靠拢。[①] 仲裁当事人每一方表明他认为仲裁裁决的最好数额,仲裁员仅有能力在两种方案中或两种数额中二者选一,所以,每一方当事人都要考虑到对方的建议,相互进行博弈。也就是说,每一方当事人的出价要尽量合理可行,否则仲裁员会接受对方的出价。如果一方当事人出价过于极端,另一方当事人的建议将得到选择。最后要约仲裁的目的就是要抵消仲裁员做出折中性裁决的倾向。最后要约仲裁除了运用在美国职业棒球大联盟运动员工资纠纷外,还运用在公共部门的集体性交易场合。美国一些州还强制性规定特定公共部门的集体性交易场合必须采用最后要约仲裁。[②]

1.11 结 论

国际商事争议的解决方法是多种多样的,每一种争议的解决方法都有其优势与不足。国际商事仲裁之所以被广泛运用,主要因为其被认为是解决国际争议极具效率的解决方法。一般而言,国际商事仲裁是指当事人各方将他们之间发生的、具有国际性的或者涉外性的商事争议,根据争议双方当事人达成的仲裁协议自愿提交给中立的第三方裁决、该裁决对双方当事人有拘束力的争议解决方法。其具有自愿性、自治性、民间性、终局性、灵活性、专业性、强制性、保密性等特征。国际商事仲裁是兼具契约性、自治性、民间性和准司法性的一种争议解决方法,形成了仲裁协议、仲裁规则、国内法、国际商事仲裁实践、国际商事仲裁条约的制度结构形式。在国际商事仲裁中,机构仲裁与临时仲裁的分类具有重要实践意义。

---

① 徐伟功著:《冲突法的博弈分析》,北京大学出版社 2011 年版,第 22—30 页。
② 王生长著:《仲裁与调解相结合的理论与实务》,法律出版社 2001 年版,第 78 页。

2

仲 裁 协 议

仲裁协议是国际商事仲裁的基石,是国际商事仲裁当事人提请国际商事仲裁的依据,也是仲裁庭(仲裁员)或仲裁机构对当事人之间案件取得管辖权的前提。当双方当事人同意适用国际商事仲裁解决他们之间的争议时,就意味着当事人放弃了使用国家法院处理他们之间争议的权利。相反,其同意构成了他们之间的争议将通过任何法院制度之外争议解决的私人制度。所以,仲裁协议表明当事人放弃了司法解决争议的权力,并创立了国际商事仲裁解决争议的权力。当事人达成的仲裁协议,可以选择仲裁规则、仲裁程序、仲裁地点、仲裁语言以及仲裁所适用的法律。当事人选择仲裁员解决争议是基于仲裁员在该争议领域具有专门的知识。当事人仲裁协议一方面赋予了仲裁庭(仲裁员)解决争议的权力;另一方面同时也限制了仲裁庭(仲裁员)解决争议的权力范围。从本质上来看,当事人创立了争议解决的私人制度。

2.1 仲裁协议概述

2.1.1 什么是仲裁协议

目前国际社会各主要国家立法、国际条约以及国际商事仲裁规则尚未对仲裁协议做出完全统一而又比较完善的定义。[1]

英国 1996 年《仲裁法》第 6 条规定:(1)仲裁协议是指将现在或将来之争议(无论其为契约性与否)提交仲裁的协议。(2)在协议中援引书面形式的仲裁条款或包含仲裁条款的文件,构成仲裁协议,只要该援引旨在使上述条款成为协议的一部分。

---

[1] 谢石松主编:《商事仲裁法学》,高等教育出版社 2003 年版,第 108 页。

1998年《德国民事诉讼法典》第1029条规定：(1)仲裁协议是当事人达成的将他们之间已产生或可能产生的、关于特定的关系(无论是契约性还是非契约性)的所有或某些争议提交仲裁的协议。(2)仲裁协议可以单独的协议形式(即单独仲裁协议)或合同条款的形式(仲裁条款)约定。

中国1994年《仲裁法》第16条规定：仲裁协议包括合同订立中的仲裁条款和以其他书面方式在纠纷发生前或纠纷发生后达成的请求仲裁的协议。

1958年《纽约公约》第2条第1、2款规定：当事人以书面协定承允彼此间所发生或可能发生之一切或任何争议，如关涉可以仲裁解决事项之确定法律关系，不论为契约性质与否，应提交仲裁时，各缔约国应承认此项协定。称"书面协定"者，谓当事人签订或在互换函电中所载明之契约仲裁条款或仲裁协定。

1985年联合国国际贸易法委员会《示范法》(2006年修订)第7条规定了两个备选案文。备选案文一规定了仲裁协议的定义和形式：(1)仲裁协议是指当事人同意将他们之间一项确定的契约性或非契约性的法律关系中已经发生或可能发生的一切争议或某些争议交付仲裁的协议。仲裁协议可以采取合同中的仲裁条款形式或单独的协议形式。(2)仲裁协议应为书面形式。(3)仲裁协议的内容以任何形式记录下来的，无论该仲裁协议或合同是以口头方式、行为方式还是其他方式订立的，即为书面形式。(4)电子通信所含信息可以调取以备日后查用的，即满足了仲裁协议的书面形式要求；电子通信是指当事人以数据电文形式发出的任何通信；数据电文是指经由电子手段、磁化手段、光学手段或类似手段生成、发送、接收或储存的信息，这些手段包括但不限于电子数据交换、电子邮件、电报、电传或传真。(5)仲裁协议如载于相互往来的索赔声明和抗辩声明中，且一方当事人声称有协议而另一方当事人不予否认的，即为书面协议。(6)在合同中提及载有仲裁条款的任何文件的，只要此种提及可使该仲裁条款成为该合同一部分，即构成书面形式的仲裁协议。备选案文二规定了仲裁协议的定义：当事人同意将其之间一项确定的契约性或非契约性的法律关系中已经发生或可能发生的一切争议或某些争议交付仲裁的协议。

1998年《荷兰仲裁协会仲裁规则》第1条规定：仲裁协议是指当事人约定各方同意将他们之间的契约性或非契约性的特定法律关系上已经发生或可能发生的一切或某些争端提交仲裁的协议。

2015年《中国国际经济贸易仲裁委员会仲裁规则》第5条规定了仲裁协议。(1)仲裁协议指当事人在合同中订明的仲裁条款或以其他方式达成的提交仲裁的书面协议。(2)仲裁协议应当采取书面形式。书面形式包括合同书、信件、电报、电传、传真、电子数据交换和电子邮件等可以有形地表现所载内容的形式。在仲裁申请书和仲裁答辩书的交换中,一方当事人声称有仲裁协议而另一方当事人不做否认表示的,视为存在书面仲裁协议。(3)仲裁协议的适用法对仲裁协议的形式及效力另有规定的,从其规定。(4)合同中的仲裁条款应视为与合同其他条款分离的、独立存在的条款,附属于合同的仲裁协议也应视为与合同其他条款分离的、独立存在的一个部分;合同的变更、解除、终止、转让、失效、无效、未生效、被撤销以及成立与否,均不影响仲裁条款或仲裁协议的效力。

2015年5月1日施行的《武汉仲裁委员会仲裁规则》第8条专门规定了仲裁协议的定义和形式。(1)仲裁协议是指当事人同意将可能发生或已经发生的民商事争议提交仲裁的协议。仲裁协议包括合同中订立的仲裁条款或者当事人以其他书面形式订立的仲裁协议。(2)仲裁协议应当采取书面形式。书面形式包括但不限于合同书、信件和数据电文(包括电传、传真、电子数据交换和电子邮件)等可以有形地表现所载内容的形式。(3)在仲裁申请书和答辩书的交换中,一方当事人声称有仲裁协议而另一方当事人不作否认表示的,视为存在书面仲裁协议。(4)当事人在合同中援引其他载有仲裁条款的书面文件解决有关的争议,且该文件构成合同的必要组成部分,视为存在书面仲裁协议。

从上述规定可以看出,各国的国际商事仲裁法与实务对仲裁协议的事项与形式等问题有着不同的认识和理解,很难达成被普遍认同的仲裁协议的定义。但是,对于仲裁协议具有以下的共识。

第一,仲裁协议是双方当事人一致真实的意思表示。当事人之间的一致同意是提交仲裁的基本要素。没有当事人之间的一致同意,就无所谓仲裁。如果当事人之间不存在仲裁协议或者仲裁协议无效,则任何一方当事人都不能强迫对方进行仲裁,仲裁机构或仲裁庭也不得进行强制仲裁,做出裁决。第二,仲裁协议是当事人之间自愿达成的一种协议,具有契约性与自治性。第三,仲裁协议的形式主要有仲裁条款、仲裁协议书和其他形式的仲裁协议。第四,仲裁协议一般要求书面形式。但是对于书面形式的要求严格程度不一致。由于科学技术的发展,各国仲裁立法及仲裁实践对于书面形式的要求趋于宽松。第五,仲裁协议所规定提交仲裁的事项属于契约性或非契约性的特定法律关系,其中特定法律关系是指那些具有权利义务内容的社会关系,它可以是契约性的,也可以是非契约性的。尽管各国对于商事法律关系的理解不一,但还是倾向对商事做出广义的解释。第六,仲裁协议主要规定当事人在争议方式上的权利与义务,而不是规定当事人实体上的权利与义务。当所约定的争议发生之后,当事人享有向仲裁机构申请仲裁或提请临时仲裁的权利,并承担不向法院起诉的义务,而且当事人之间的权利与义务具有同一性。第七,已经发生或可能发生的一切争议或某些争议均可以交付仲裁,即现有争议和将来争议都可以提交仲裁。

根据以上分析,1985 年联合国国际贸易法委员会《示范法》(2006 年修订)对仲裁的定义具有普遍意义,可以将仲裁协议定义为:当事人同意将他们之间一项确定的契约性或非契约性的法律关系中已经发生或可能发生的一切争议或某些争议交付仲裁的协议。为了更好地认识仲裁协议的本质,还可以对仲裁协议做出最简约的表述:仲裁协议是指当事人自愿将他们之间业已发生或将来可能发生的特定争议交付仲裁解决的共同意思表示。[①] 尽管该定义不够全面,但是抓住了仲裁协议的核心内容,包含仲裁协议最基本的要素,即当事人一致同意将争议提交仲裁。这种合意是当事人之间就提交仲裁事项达成的合同,它充分体现了当事人意思自治原则和协议的契约本质。[②]

一般而言,国际商事仲裁协议与仲裁协议的定义并无太大区别,上述1985 年联合国国际贸易法委员会《示范法》(2006 年修订)第 7 条对仲裁协议的定义就是国际商事仲裁的定义。国际商事仲裁协议的概念除了具有仲裁协议的定义一般特性外,还具有国际性质以及商事性质。对于国际商事仲裁的国际性质和商事性质已在 1.2 节中做出了详细说明。

2.1.2 仲裁协议的类型

根据国际商事仲裁协议书面形式的不同标准,可将其分为仲裁条款、仲裁协议书和其他形式的仲裁协议。

2.1.2.1 仲裁条款

仲裁条款(arbitration clause)是指当事人在合同中规定的将以后可能发生的争议提交仲裁的条款。仲裁条款是仲裁协议最常见、也是最重要的形式。仲裁条款一般属于事先条款,其订立于纠纷发生之前,作为主合同的争议解决条款而存在。仲裁条款与主合同的其他条款有着不同的性质和效力。主合同的其他条款主要涉及当事人实体上的权利与义务问题,仲裁条款涉及争议的解决方式问题。19 世纪初,许多国家只允许把现有争议提交仲裁,并不允许把将来可能发生而实际上还未发生的争议提交仲裁。但现在,大多数

[①] 黄进、宋连斌、徐前权著:《仲裁法学》,中国政法大学出版社 2008 年版,第 72 页。
[②] 刘晓红著:《国际商事仲裁协议的法理与实证》,商务印书馆 2005 年版,第 4 页。

2 仲裁协议

国家仲裁立法以及仲裁实践都认为将来争议可以提交仲裁。把将来争议提交仲裁,特别是在国际商业合同中订立仲裁条款明确把将来争议提交仲裁,已成为国际上最常用的一种仲裁协议的形式。① 由于仲裁条款订立在争议发生前,当事人不可能完全预料到将来发生争议的情形,甚至将来会不会发生争议,且文本上只是合同的一个条款,不可能鸿篇巨制,所以一般情况下,仲裁条款都比较简短。② 虽然仲裁条款非常重要,关系到当事人争议的解决,但是基于友好考虑,双方当事人往往不会对仲裁条款作详细周全的考虑,这就可能导致争议发生时管辖权问题产生异议。解决这个问题有两种途径:一是直接引用标准合同中的仲裁条款;二是使用所选定的常设仲裁机构的示范仲裁条款。大多数的仲裁机构均提供示范仲裁条款。这些仲裁条款可以减少当事人在管辖权方面的争议。③

2.1.2.2 仲裁协议书

仲裁协议书(submission agreement)是指在争议发生前或发生后,双方当事人在自愿的基础上订立的独立于商事合同的一种书面协议。仲裁协议书在形式上是独立的契约。如前所述,早期许多国家只允许把现有争议提交仲裁,所以仲裁协议书只能适用于已发生的争议。但现在,并非如此绝对,仲裁协议书也可以在争议发生前订立,或作为仲裁条款的补充或修订,或作为单独争议解决协议(尤其运用到临时仲裁中)而存在。通常来说,仲裁协议书内容较为详尽,可以按具体情况拟定仲裁协议,并在仲裁协议书中就如何解决争议做出规定。一般而言,争议发生后再就现有争议订立仲裁协议书,往往因为案情复杂,利害关系明显,争议当事人双方反而不易达成一致意见。因此,在争议发生后再行订立仲裁协议书的做法已不多见。

2.1.2.3 其他形式的仲裁协议

其他形式的仲裁协议主要是指是双方当事人在双方来往的信函、电传、电报、传真和其他书面材料中所包含的商事仲裁协议。在国际商事交往中,随着科学技术的发展,地理位置相距甚远的当事人可以通过函电等形式达成仲裁协议,免除当事人为共同签订一份仲裁协议而发生的交通与经济上的不便。例如,1958 年《纽约公约》规定的互换函电方式。再例如,1985 年联合国

---

① 韩健著:《现代国际商事仲裁法的理论与实践》,法律出版社 2000 年版,第 43-45 页。
② 黄进、宋连斌、徐前权著:《仲裁法学》,中国政法大学出版社 2008 年版,第 74 页。
③ 林一飞著:《国际商事仲裁法律与实务》,中信出版社 2005 年版,第 73 页。

国际贸易法委员会《示范法》(2006年修订)第7条备选案文一中规定的电子通信方式、数据电文方式(包括但不限于电子数据交换、电子邮件、电报、电传或传真)、相互往来的索赔声明和抗辩声明方式以及在合同中提及载有仲裁条款的任何文件的方式。2005年《最高人民法院关于适用〈中华人民共和国仲裁法〉若干问题的解释》(以下简称2005年《仲裁法的解释》)第1条规定:仲裁法第十六条规定的其他书面形式的仲裁协议,包括以合同书、信件和数据电文(包括电报、电传、传真、电子数据交换和电子邮件)等形式达成的请求仲裁的协议。2015年《中国国际经济贸易仲裁委员会仲裁规则》第5条也规定了仲裁协议除仲裁条款外,还包括以其他方式达成的提交仲裁的书面协议,书面形式包括合同书、信件、电报、电传、传真、电子数据交换和电子邮件等可以有形地表现所载内容的形式。这种仲裁协议与前两类仲裁协议的不同之处主要在于,它一般不集中表现在一个合同文本或一份单独的协议书中,而是分散在当事人之间多次相互来往的文件中。

2.2 仲裁协议的法律效力

如前所述,仲裁协议是指当事人自愿将他们之间业已发生或将来可能发生的特定争议交付仲裁解决的共同意思表示。仲裁协议一方面具有合同的法律特征和效力,与合同一样,其效力应得到国家的法律认可。否则,除非仲裁协议的当事人均能自动履行协议,仲裁协议的法律效力将成为"无源之水,无本之木"。[1] 另一方面,仲裁协议又不是一般的合同,不是为了解决当事人之间实体上的权利义务,而是专门为了解决当事人之间争议而订立的协议。仲裁协议的法律效力不仅约束签订该协议的双方当事人,而且为仲裁机构或仲裁庭创设了权利与义务,排除了法院对仲裁协议所约定争议的管辖权。所以,仲裁协议并不像一般的合同效力来源于一国合同法的授权,受合同法律制度的保护。[2] 其效力来源于专门的仲裁法律制度的规定,包括国内仲裁法律制度以及各国之间缔结的国际商事仲裁条约的规定。

---

[1] 韩健著:《现代国际商事仲裁法的理论与实践》,法律出版社2000年版,第46页。
[2] 刘晓红著:《国际商事仲裁协议的法理与实证》,商务印书馆2005年版,第23页。

2.2.1 对当事人的法律效力

有效的仲裁协议对当事人产生了直接的法律效力,任何一方当事人都有义务将争议提交仲裁解决。当事人丧失了就特定争议向法院提起诉讼的权利,承担不得向法院起诉的义务,除非双方当事人又另外达成协议不提交仲裁。如果一方当事人违反仲裁协议规定的这一义务而向法院起诉,另一方当事人有权依据仲裁协议请求法院终止诉讼程序,并将争议交由仲裁解决。双方当事人通过仲裁协议放弃了向法院提起诉讼的固有权利,是被法律所允许的。一旦当事人在仲裁协议中同意将有关争议提交仲裁解决,并承认仲裁机构有做出裁决的权力,仲裁协议就使当事人承担了履行仲裁庭所做出裁决的义务,除非该裁决经有关国家的法院裁定无效或被撤销。① 各国仲裁立法、仲裁司法实践以及有关国际条约都明确规定了仲裁协议对当事人的这一法律效力。例如,中国1994年《仲裁法》第5条规定:当事人达成仲裁协议,一方向人民法院起诉的,人民法院不予受理,但仲裁协议无效的除外。1958年《纽约公约》亦在第2条第3款中做出了类似的规定,即当事人就诉讼事项订有本条所称之协定者,缔约国法院受理诉讼时应依当事人一造之请求,命当事人提交仲裁,但前述协定经法院认定无效、失效或不能实行者不在此限。

仲裁协议通常会规定,当争议发生后,双方当事人首先进行协商解决,或者首先通过调解、调停等其他ADR方式解决,协商不成或其他方式不能解决的,提交仲裁解决。这里就出现了一个问题,协商或其他ADR方式是不是当事人提交仲裁的前置程序?在仲裁实践中常常会遇到此类问题。一般情况是当事人在合同中约定,争议发生后,双方当事人应进行协商,协商不成,提交仲裁。但是在争议发生后,一方当事人未经过协商而直接提交仲裁,另一方当事人(被申请人)往往会提出异议,认为双方应首先进行协商,只有在协商不成的情况下才能提交仲裁;如果没有进行充分协商,申请人是不能提交仲裁的。被申请人的异议往往在仲裁庭中得不到支持,因为协商不仅包括对实体的协商,而且包括对程序的协商。如果一方当事人根本无协商的意愿,则双方当事人无法就协商的程序达成一致,也无法强迫当事人进行协商。协商程序并不是具有强制力的程序,也不是提交仲裁必须进行的前置程序。如果规定仲裁协议的同时规定了其他ADR方式,情况亦是如此。ADR方式也是一种无约束力程序。不过,随着法院司法理念的变化、ADR方式的流行,有

---

① 韩健著:《现代国际商事仲裁法的理论与实践》,法律出版社2000年版,第46-47页。

些国家在这种情况下,可能会要求先进行 ADR 方式。英国在诉讼中已有法官要求当事人先进行 ADR 程序的案例。但仲裁庭能否在国际仲裁中做出应先进行 ADR 程序的决定仍存疑。① 一些仲裁法对于本地仲裁则规定,如果存在先进行 ADR 的约定,仲裁庭可以要求当事人先进行 ADR 程序,如中国澳门核准仲裁制度。②

2.2.2 对仲裁机构或仲裁庭的法律效力

首先,仲裁协议是仲裁机构或仲裁庭对争议案件行使仲裁管辖权的依据。所有仲裁机构在受理当事人的仲裁请求时,第一步就是要审查申请人所提交的仲裁文件中是否包含仲裁协议,并进行初步审查。如果当事人没有提供存在仲裁协议的初步证据,任何仲裁机构将不会受理案件。也就是说,如果没有仲裁协议或者仲裁协议无效,当事人无权将争议提交仲裁解决,仲裁机构或仲裁庭将无权受理或裁决有关争议。任何一方当事人有权以不存在仲裁协议或仲裁协议无效为理由,对仲裁机构或仲裁庭的仲裁管辖权提出异议。例如,中国 1994 年《仲裁法》第 4 条对此做出了明确的规定:当事人采用仲裁方式解决纠纷,应当双方自愿,达成仲裁协议。没有仲裁协议,一方申请仲裁的,仲裁委员会不予受理。

其次,仲裁协议对仲裁机构或仲裁庭的法律效力还表现在限制其审理争议的范围。仲裁机构或仲裁庭只能在仲裁协议约定的范围内审理争议。在仲裁实践中,当事人订立仲裁协议时一般都做出了较为宽泛的规定,通常规定"凡因本合同引起的或与本合同有关的任何争议应提交仲裁解决",这就表明了当事人通过该仲裁协议确定了仲裁的范围。当事人所有的仲裁请求必须是在仲裁协议所规定的范围内,不得超越仲裁协议所规定的范围。仲裁庭所做出的裁决事项也必须限于该范围。各国仲裁法一般都规定,如果仲裁裁决的事项不属于仲裁协议的范围,或超越仲裁协议的范围,或不属于可以依法仲裁解决的事项,法院可以依据一方当事人的申请全部或部分撤销裁决;或者在一方当事人申请承认与执行裁决时,依法拒绝承认与执行该项裁决。例如,中国 1994 年《仲裁法》第 58 条第(二)项规定,当事人提出证据证明裁决

---

① 林一飞著:《国际商事仲裁法律与实务》,中信出版社 2005 年版,第 66 页。
② 第 23 条第(4)至(7)款规定:四、如订立应在仲裁之前进行调解,仲裁庭应要求原诉人出示曾召集该调解之证据。五、如未作出此召集,仲裁应中止有关程序最多三十日,以便原诉人展开召集该调解之必要工作。六、如原诉人在上款所指程序中止期间内,不召集调解,仲裁程序将不予进行,且原诉人应负担设立仲裁庭之所有费用。七、如原诉人证实曾召集调解,即使有关召集因不可归责于原诉人之原因而未实现,仲裁程序仍继续进行。

的事项不属于仲裁协议范围或者仲裁委员会无权仲裁的,可以向仲裁委员会所在地的中级人民法院申请撤销裁决。1958年《纽约公约》第5条第1款(丙)项规定:若被申请执行仲裁裁决之一方当事人举证证明"裁决所处理之争议非为交付仲裁之标的或不在其条款之列,或裁决载有关于交付仲裁范围以外事项之决定者",缔约国法院可以拒绝承认和执行该裁决。

最后,仲裁协议对仲裁机构或仲裁庭的法律效力还表现在,仲裁协议可以确定仲裁庭是否具有决定自身管辖权的权力。仲裁庭所拥有的决定自身管辖权的权力,被称为管辖权/管辖权原则。该原则起源于德国,现被众多国家以及国际商事仲裁实践所采纳。1985年联合国国际贸易法委员会《示范法》(2006年修订)第16条第1款对该原则作了明确规定,仲裁庭可以对其管辖权,包括对关于仲裁协议的存在或效力的任何意义做出裁定。其第3款还规定,仲裁庭可以对有关仲裁庭没有管辖权的抗辩,作为一个初步问题裁定或在实体裁决中裁定。即使发生要求撤销有关管辖权裁决的诉讼,仲裁庭仍然可以继续进行仲裁程序和做出裁决。《联合国国际贸易法委员会仲裁规则》(2010年最新修订)第23条也做出了同样的规定。

2.2.3 对法院的法律效力

仲裁协议对法院的法律效力主要表现为排除法院的管辖权。如果当事人就特定争议事项订有仲裁协议,法院则不应受理此项争议。如果法院已经受理,当对方当事人提出异议时,法院应终止诉讼,将争议交由仲裁解决。这是仲裁协议的法律效力所产生的主要的、也是最直接的效果之一。这种效果不仅能排除法院的一般的司法管辖权,而且能排除其专属管辖权。① 我国有学者将此种效力称为仲裁协议的消极效力。②

仲裁协议排除法院的司法管辖权得到了各国仲裁立法、仲裁实践以及国际商事仲裁条约的认可。例如,1998年德国仲裁法规定:就仲裁协议的标的向法院提起诉讼,如被告在对争议实体予以聆听前提出异议,则法院应以不可受理为由驳回起诉,除非法院认定仲裁协议是绝对或相对无效或者不可执行。中国1994年《仲裁法》第5条也规定:当事人达成仲裁协议,一方向人民法院起诉的,人民法院不予受理,但仲裁协议无效的除外。1958年《纽约公约》亦在第2条第3款中做出了类似的规定,即当事人就诉讼事项订有本条所称之协定者,缔约国法院受理诉讼时应依当事人一造之请求,命当事人提交

---

① 谢石松主编:《商事仲裁法学》,高等教育出版社2003年版,第152页。
② 邓瑞平等著:《国际商事仲裁法学》,法律出版社2010年版,第94页。

仲裁,但前述协定经法院认定无效、失效或不能实行者不在此限。1985年联合国国际贸易法委员会《示范法》(2006年修订)第8条第1款也规定:就仲裁协议的标的向法院提起诉讼时,一方当事人在不迟于其就实体提出第一次申述时要求仲裁的,法院应让当事人诉诸仲裁,除非法院认定仲裁协议无效、不能实行或不能履行。各国和国际社会的立法表明,仲裁协议排除法院的司法管辖权得到了立法上的保障,但是其排除并不是绝对的,法院仍然对仲裁协议的无效、失效或不能实行具有审查和裁判的权力。如果法院认定仲裁协议不存在、无效、失效或不能实行,法院即对案件享有司法管辖权。

另外,即使存在有效的仲裁协议,当事人也可以约定解除仲裁协议。一旦当事人共同约定解除仲裁协议,当事人就可以向有管辖权的法院进行起诉,法院亦有权受理该项争议。仲裁权利是可以放弃的,即一方当事人提起诉讼,而另一方当事人未提出异议或未适当提出异议,并继续进行诉讼的,视为放弃仲裁的权利。中国《仲裁法》第26条规定:当事人达成仲裁协议,一方向人民法院起诉未声明有仲裁协议,人民法院受理后,另一方在首次开庭前提交仲裁协议的,人民法院应当驳回起诉,但仲裁协议无效的除外;另一方在首次开庭前未对人民法院受理该案提出异议的,视为放弃仲裁协议,人民法院应当继续审理。其他国家的仲裁法也有类似的规定。一般地,当事人放弃权利的标准以首次开庭或对实体争议进行审理前为准。如果当事人未在此前提出异议,则法院认定当事人放弃仲裁协议。当事人放弃或视为放弃仲裁协议的后果是法院可以继续行使其管辖权。[①]

2.2.4 对仲裁裁决的法律效力

有效的仲裁协议是仲裁裁决具有法律约束力的基础。没有仲裁协议,或者仲裁协议无效,仲裁败诉一方可以提出申请撤销仲裁裁决,或者申请不予执行。同时,有效的仲裁协议是仲裁裁决得到外国的承认与执行的前提。

1985年联合国国际贸易法委员会《示范法》(2006年修订)第34条规定了仲裁裁决撤销的情况,其中第2款第(a)(i)项规定,只要提出申请的当事一方提出证据证明,仲裁协议的当事人有某种无行为能力情形;或者根据各方当事人所同意遵守的法律或在未指明法律的情况下根据本国法律,该协议是无效的,仲裁裁决可以被规定的法院撤销。《示范法》的规定表明了无效的仲裁协议是可以被法院撤销的。仲裁协议无效主要表现为仲裁协议当事人无

---

① 林一飞著:《国际商事仲裁法律与实务》,中信出版社2005年版,第64页。

2 仲裁协议

行为能力,也就是说无行为能力的当事人所签订的仲裁协议无效。另外,根据有关国家的法律,认定仲裁协议无效。关于仲裁协议的准据法,《示范法》首先适用了当事人意思自治原则,适用当事人所选择的法律。在当事人没有选择的情况下,根据本国的法律。通常情况下,本国法律也就是仲裁地的法律,两者是一致的。中国《仲裁法》第58条规定,当事人提出证据证明裁决有下列情形之一的,可以向仲裁委员会所在地的中级人民法院申请撤销裁决:(一)没有仲裁协议的;……该条规定仅仅规定了没有仲裁协议的情况,对于仲裁协议无效的情况没有做出具体明确的规定。为了解决该问题,2005年《仲裁法的解释》第18条专门规定了,仲裁法第58条第1款第1项规定的"没有仲裁协议"是指当事人没有达成仲裁协议。仲裁协议被认定无效或者被撤销的,视为没有仲裁协议。通过2005年的司法解释,可以申请撤销仲裁裁决的就包括了没有仲裁协议和仲裁协议无效或被撤销等情形。在仲裁实践中,可能会出现这种情况:当事人在仲裁审理过程中没有提出仲裁协议效力的异议,但是在仲裁裁决作出后,为了拖延仲裁裁决的执行,故意以仲裁协议无效为理由,向法院提出申请撤销仲裁裁决。对此,2005年《仲裁法的解释》第27条规定:当事人在仲裁程序中未对仲裁协议的效力提出异议,在仲裁裁决作出后以仲裁协议无效为由主张撤销仲裁裁决或者提出不予执行抗辩的,人民法院不予支持。

一项有效的仲裁协议是执行仲裁裁决的依据。仲裁裁决的执行包括当事人自动履行和法院强制执行仲裁裁决。在当事人自动履行的情况下,仲裁协议的存在是不言而喻的。如果一方当事人拒不履行仲裁裁决,他方当事人可向有关国家的法院申请强制执行该裁决。在向法院提出强制执行仲裁裁决的情况下,当事人除了应向法院提供仲裁裁决书外,还必须提供据以作出裁决的有效的仲裁协议。例如1958年《纽约公约》第4条第1款规定,声请承认及执行之一造,为取得前条所称之承认及执行,应于声请时提具:(甲)原裁决之正本或其正式副本;(乙)第二条所称协定之原本或其正式副本。中国《仲裁法》第62条也规定:当事人应当履行裁决。一方当事人不履行的,另一方当事人可以依照民事诉讼法的有关规定向人民法院申请执行。受申请的人民法院应当执行。

此外,如果不存在有效的仲裁协议或仲裁协议无效,法院就会以此为由撤销仲裁裁决或裁定不予执行有关仲裁裁决。例如,1958年《纽约公约》第5条第1款规定,裁决唯有于受裁决援用之一造向声请承认及执行地之主管机关提具证据证明有下列情形之一时,始得依该造之请求,拒予承认及执行:(甲)第二条所称协定之当事人依对其适用之法律有某种无行为能力情形者,或该项协定依当事人作为协定准据之法律系属无效,或未指明以何法律为准时,依裁决地所在国法律系属无效者;……也就是说,如果仲裁协议无效,可以构成受理申请承认与执行仲裁裁决的法院拒绝执行该裁决的理由。根据中国《仲裁法》和《民事诉讼法》的相关规定,一方当事人提出证据证明仲裁裁决具有无仲裁协议的情形的,可以向人民法院申请撤销裁决,人民法院经组成合议庭审查核实不存在仲裁协议的,应当裁定撤销仲裁裁决;被申请人提出证据证明仲裁裁决具有无仲裁条款或没有达成书面仲裁协议的情形的,经人民法院组成合议庭审查核实,裁定不予执行。[①]

2.3 仲裁条款独立性原则

仲裁协议主要包括仲裁协议书和仲裁条款。仲裁协议书是单独关于争议解决的文件,其本身就是一种契约,对其效力应该根据商事仲裁立法中规定的仲裁协议的有效要件进行判断,不需要考虑该仲裁协议与当事人所订立的商事合同之间的关系。单独的仲裁协议书的效力是完全脱离商事合同而独立存在的。而仲裁条款是双方当事人在签订有关商事合同或契约时,在该合同或契约中订立的将可能发生的商事争议提交仲裁解决的条款,其从属于主合同的一项条款。这就涉及仲裁条款与主合同中其他条款的关系问题。如果主合同变更、无效、撤销、终止,仲裁条款是否仍然有效?是否可以被执行?这就是仲裁条款独立性的问题。现代国际商事仲裁的发展表明,仲裁条款与合同的其他条款是可分离的,是脱离主合同而独立存在的。主合同的变更、无效、撤销和终止不影响仲裁条款的效力。

2.3.1 仲裁条款独立性理论的含义

仲裁条款独立性理论,又称仲裁条款自治性理论(doctrine of arbitration clause autonomy)、仲裁条款分离性理论(separability of arbitration clause)、仲裁条款分割性理论(severability of arbitration clause)。它是20世纪中后期产生并发展起来的关于仲裁协议有效性的理论,已经得到世界各国的广泛

---

① 《中华人民共和国仲裁法》第58条第1款第1项、第2款和第63条;《中华人民共和国民事诉讼法》第237条第1项、第274条第1项。

2　仲裁协议

接受和采纳,成为现代仲裁的重要理论和实践。①

无论仲裁协议独立性理论如何表述,其基本内涵是一致的:合同中的仲裁条款与主合同是可分离的,尽管其作为主合同的一个条款,依附于主合同,但由于其本身的独特性,作为解决合同争议的条款,是可以与合同的其他条款相分离而独立存在的。仲裁条款具有相对独立性,其有效性不受主合同有效性的影响。即使主合同无效、撤销、终止或者变更,甚至主合同不存在,也不影响仲裁条款的效力。仲裁庭仍然可以依据该仲裁协议取得管辖权,并在仲裁条款所确定的提交仲裁解决的事项范围内,解决当事人之间的商事争议。例如,一方当事人依据商事合同中的仲裁条款提交仲裁解决争议,即使另一方当事人提出合同已经被终止,或从不存在,或者无效,也不能剥夺仲裁庭或仲裁员的管辖权,因为仲裁条款是与主合同相分离的,不受到主合同有效性影响。

2.3.2　仲裁条款独立性原则的历史演进

仲裁条款独立性原则是在仲裁实践中逐步确立的。起初,仲裁条款被认为是主合同不可分割的组成部分,不具有相对独立性,如果主合同无效,主合同中的仲裁条款也没有效力。从合同法原理来看,一般认为主从合同存在着制约关系,从合同依附于主合同,以主合同的存在为前提条件。如果主合同变更、终止、无效或者不存在,属于从合同的仲裁条款原则上也随着主合同变更或消灭。主合同无效,仲裁条款也无效。那么,无论是对含有仲裁条款之主合同最初是否存在或有效的争议,或者是对仲裁条款本身是否存在和有效的争议,还是对主合同在最初缔结时有效,以后由于不法行为引起的合同无效或仲裁条款无效的争议,均须由法院解决,而不能由仲裁机构解决。② 在1942年美国 Kulukundis Shipping Co. v. Amtorg Trading Corp. ③一案中,法院认为,仲裁条款是属于合同整体的组成部分。在1968年 Brown v. Gilligan, Will & Co. ④一案中,法院认为,既然仲裁条款是所谓合同不可分割的组成部分,那么,如果合同存在的话,关于当事人是否同意仲裁条款的问题需要法院首先进行明确。其他一些国家也存在同样的观点。例如,印度法院在1960年案件中认为,仲裁条款伴随着原始合同而死亡,这是逻辑的结果。

---

① 赵健著:《国际商事仲裁的司法监督》,法律出版社2000年版,第76页。
② 刘想树:《仲裁条款的独立性问题》,《现代法学》2002年第3期。
③ 126 F. 2d 978, 985 (2d Cir. 1942).
④ 287 F. Supp. 766, 769 (S.D.N.Y. 1968).

既然仲裁条款是合同的组成部分,其在合同外是无法存在的。[①] 1988年上海市高级人民法院在中国技术进出口公司(下称中技公司)诉瑞士工业资源公司侵权损害赔偿上诉案的判决中认为,上诉人利用合同形式进行欺诈,已经超出了履行合同的范围,不仅破坏了合同,而且构成了侵权。双方当事人的纠纷,已非合同权利义务的争议,而是侵权损害赔偿纠纷。被上诉人有权向法院提起侵权之诉,而不受双方当事人订立的仲裁条款的约束。法院处理此案件的依据也就是以"主合同自始无效,合同中的仲裁条款无效"为基础的。

随着仲裁事业的发展,法院诉讼与仲裁的关系从早先的敌对关系转变为支持仲裁。早先的观点受到国际商会的强烈的批判,认为传统的观点已经阻碍了仲裁的发展,甚至会导致整个仲裁制度失去其存在的价值和基础。无论是各国的立法还是仲裁机构的仲裁规则,都抛弃了传统的观点,建立了仲裁条款独立性原则。在美国该理论一般称为仲裁条款分离性理论、仲裁条款分割性理论,在欧洲大陆国家及中国一般称为仲裁条款独立性理论、仲裁条款自治性理论。无论冠以何种名称,其实质是一致的,即合同中的仲裁条款应视为与合同其他条款分离的、独立存在的条款,附属于合同的仲裁协议也应视为与合同其他条款分离的、独立存在的一个部分;合同的变更、解除、终止、转让、失效、无效、未生效、被撤销及成立与否,均不影响仲裁条款或仲裁协议的效力。

2.3.3 仲裁条款独立性原则的理论依据

学者认为仲裁条款独立性原则的理论依据主要有以下几个方面。

2.3.3.1 仲裁条款独立性是仲裁事业发展的基础

仲裁制度起源于商人们的实际需要。早先,国家对于仲裁制度的发展采取敌对的态度,认为仲裁侵害了国家解决争议的司法权力。但是,由于仲裁制度本身的优势以及国家司法权力观念的转变,各国转变了态度,从开始的敌对、不支持仲裁到支持仲裁制度的发展,纷纷将仲裁制度纳入国家法律调整的范围,从立法上大力支持仲裁制度的发展。仲裁制度成为与民事诉讼并行的解决当事人民事争议的两种主要方法与手段。与民事诉讼中法院管辖权由国家赋予不同,仲裁庭的管辖权来源于当事人之间的合意,当事人的合意是通过仲裁协议表现出来的。如果当事人之间没有仲裁协议或者仲裁协

---

① Union of India v. Kishorilal Gupta & Bros., (1960) 1 SCR 493, 508 (Indian S. Ct.).

议无效,当事人也就无法将争议提交仲裁。从某种程度上说,仲裁协议是整个仲裁制度的基石。当今仲裁制度的发展表明,机构仲裁成为仲裁发展的主要方式。在机构仲裁中,大多数当事人采取在主合同中订立仲裁条款方式进行约定。如果仲裁条款相对于主合同而言,不具有独立性,那么仲裁程序就很难启动。也就是说,如果当事人的争议涉及合同的变更、解除、终止或者无效等问题,仲裁条款又不独立,那么这些问题只能交由法院进行处理。另外,如果一方当事人想阻止仲裁程序的进行,只要其提出对合同效力的质疑就可以了,这对当事人来说是非常容易的事情。将仲裁庭的管辖权建立于合同本身的效力上,而合同的有效与否则必须依赖于法院的判断,这样就失去了仲裁存在的基础。反之,实行仲裁条款独立性理论,则使仲裁机构的管辖权基础易于确定,从而有利于仲裁制度健康发展。①

2.3.3.2 仲裁条款独立性是意思自治原则的体现

意思自治原则贯穿于整个仲裁制度的始终。一方面没有当事人提交仲裁解决他们之间争议的意思表示,也无所谓仲裁。但是,从另一方面来说,如果当事人在订立合同时将合同有关或者产生于合同的一切争议交于仲裁解决,这就说明了当事人愿意以仲裁方式解决他们之间的可能发生的一切争议,排除了其他的争议的解决方式(当然,仲裁可以与其他 ADR 争议解决方式结合起来解决争议,将在第 3 章仲裁协议的拟定中具体介绍)。当事人在拟定仲裁条款时,将可能发生争议的范围规定得比较宽泛,当然也包括合同的效力问题。例如,英国伦敦国际仲裁院推荐的仲裁示范条款就是:凡产生于本合同或与本合同相关的任何争议,包括有关合同的存在、效力或终止任何问题,均应按照英国伦敦国际仲裁院仲裁规则,提交仲裁并由仲裁最终解决,此规则被认为引用合并到该条款中。……该示范条款特别强调了包括有关合同的存在、效力或终止任何问题。如果当事人不希望仲裁庭对合同效力争议问题进行审理,必须在仲裁条款中明确表明。因此,如果将仲裁条款的效力依附于主合同的效力,由于主合同无效或失效而必然导致仲裁条款无效,从而排除仲裁庭的管辖权,是违背当事人真实意思的,构成了对私法领域中的意思自治原则的否定。而仲裁条款独立说主张仲裁条款的效力不依赖于主合同,只要仲裁条款本身有效,仲裁机构即享有管辖权。如此充分尊重当事人将其争议提交仲裁的意愿,因而符合当事人意思自治这一私法领域中的

---

① 刘想树:《仲裁条款的独立性问题》,《现代法学》2002 年第 3 期。

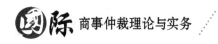

最基本原则。①

2.3.3.3 仲裁条款独立性是仲裁条款作用的必然

仲裁条款与其他合同条款具有不同的性质和作用。合同中的其他条款大多是关于当事人实体权利与义务的规定,主要规定价款、质量、数量、运输、技术标准以及违反合同的违约责任等。而仲裁条款则是争议解决条款,主要目的是为将来可能发生产生于合同或与合同相关的任何争议提供争议的解决方法,即根据争议双方当事人达成的仲裁条款自愿提交给中立的第三方裁决,该裁决对双方当事人有拘束力的争议解决方法。合同中的其他条款属于实体性的条款,仲裁条款属于争议解决条款,即程序性的条款,两者具有不同的性质。如果仲裁条款依附于主合同,那么主合同被认定无效、失效、终止时,即意味着仲裁条款也是没有效力的,当事人之间的争议无法通过仲裁来解决,仲裁条款也就无法发挥其应有的作用。其实,仲裁条款是为了解决当事人争议而存在的,当事人之间的争议当然也包括合同的存在、效力或终止等问题。从这个意义上来说,仲裁条款独立性是仲裁条款作用的必然。

2.3.3.4 仲裁条款独立性是仲裁价值实现的保证

商事仲裁是商人们为了快速解决争议而设计出来的一种制度。现代仲裁制度起源于欧洲中世纪。中世纪的欧洲,随着商品经济的进一步发展,城邦之间的贸易往来日趋频繁,商事纠纷也随之增加,商事仲裁作为解决纠纷的有效手段逐步得到发展与完善,成为解决商事纠纷的重要方式。公元11世纪,由于地中海北部沿岸一带,海上交通比较发达,商品经济有了相当的发展。地中海北部意大利各城邦国家之间的商品交换活动日益频繁,逐渐产生了专门用来调整商事关系的商人习惯法,而商事仲裁是其中一项极为重要的内容。在发生商事争议时,商人们通常都会选择中间人,采用较为简单的形式和程序,依照公平合理的原则来处理。② 在实践中,纠纷双方是在自愿的情况下,共同委托双方都信赖、德高望重、办事公道、熟悉情况的第三人对纠纷进行居间裁判。所以,仲裁具有程序灵活、时间较快等优势。仲裁具体制度的设计也都是围绕着提高效率、降低交易成本而进行的,例如一裁终局制度,这是仲裁的主要价值所在。正如国内学者认为:如果商事交易中的一方当事人可以通过声称主合同无效因而合同中的仲裁条款无效,以此达到阻碍另一

---

① 刘想树:《仲裁条款的独立性问题》,《现代法学》2002年第3期。
② 谢石松主编:《商事仲裁法学》,高等教育出版社2003年版,第15页。

方当事人提起的仲裁程序,剥夺仲裁机构管辖权之目的,解除其参与仲裁的义务;或者如果仲裁条款的效力从属于主合同的效力,为解决主合同的争议,则首先必须求助于法院确认主合同的效力从而确认仲裁条款之效力,然后在此基础决定仲裁机构是否享有管辖权,那么就会导致争议难以解决,或者拖延争议解决时间,加大交易成本,使仲裁制度的快速、经济等优越性丧失殆尽。相反,实行仲裁条款独立性理论,使仲裁机构不必求助于司法程序的确认而径直享有对争议案件的管辖权,使争议快捷地得到解决,从而使仲裁制度的快速、经济价值得到充分实现。①

2.3.4 仲裁条款独立性原则的立法与实践

仲裁条款独立性原则现在被国际条约、国内立法、仲裁机构的仲裁规则以及国际商事仲裁实践所普遍接受,并被视为国际商事仲裁法中一项普遍的原则。尽管仲裁条款独立性原则在具体适用中有一些不同,但其还是一直被强调,几乎没有被质疑过。

2.3.4.1 国际条约中的规定

1923 年 9 月 24 日在日内瓦签订的《关于仲裁条款的日内瓦议定书》(The Geneva Protocol on Arbitration Clauses)是世界上第一个关于国际商事仲裁的国际条约。尽管该议定书没有明确地阐明仲裁条款的独立性原则,但是在其规定的条文中隐含地认为仲裁协议从某些方面与当事人签订的实体合同是有区别的,为仲裁条款独立性原则的产生提供了思想的源头。其第 4 条第 1 款规定:合于第一条规定的当事人所签订的合同,其中包括关于现有或者将来的争议的仲裁协议,而这个协议依照第一条的规定为有效并且可予实行,各缔约国的法院在受理关于上述合同的争议的时候,根据任何一方当事人的请求,应当命令双方当事人提请仲裁员决定。(英文文本为:The tribunals of the Contracting Parties on being seized of a dispute regarding a contract made between persons to whom Article 1 applies and including an Arbitration Agreement whether referring to present or future differences which is valid in virtue of the said article and capable of being carried into effect, shall refer the parties on the application of either of them to the decision of the arbitrators.)分析上述条文的内容,可以看出该条款实质性区

---

① 刘想树:《仲裁条款的独立性问题》,《现代法学》2002 年第 3 期。

别了"合同"与"仲裁协议",并对仲裁协议的有效性与实行进行单独的规定。1923年9月26日在日内瓦签订的《关于执行外国仲裁裁决的日内瓦公约》(The Geneva Convention on the Execution of Foreign Arbitration)也有相类似的规定。1958年《纽约公约》同样没有明确规定需要适用仲裁条款独立性原则。与《关于仲裁条款的日内瓦议定书》一样,1958年《纽约公约》第2条以及第5条第1款隐含地认为仲裁协议是与当事人签订的合同相分离的,并提出仲裁协议适用的实体规则。1961年《欧洲国际商事公约》与《纽约公约》第2条一样,其第1条第2款第(a)项假设了仲裁协议是独立于当事人之间的合同。进一步,其第5条承认了仲裁协议的独立性,即第5条第3款规定:管辖权有问题的仲裁员,有权继续进行仲裁,并对自己的管辖权作出决定,并能决定仲裁协议或者包括此协议在内的合同是否存在或有无效力,但应受仲裁地法所规定的以后的司法监督。1965年《解决国家与他国国民之间投资争议公约》没有规定仲裁条款独立性原则,但是在解决投资争议国际中心(International Center for Settlement of Investment Dispute,简称ICSID)的仲裁裁决中,一直主张仲裁条款独立性原则。另外,尽管1985年联合国国际贸易法委员会《示范法》(2006年修订)不是国际条约,但是作为国际组织制定的示范法,具有一定的示范意义,被许多国家接受为国内法,对于仲裁条款独立性原则的确立具有重要的影响作用。其第16条第1款规定:仲裁庭可以对其管辖权,包括对关于仲裁协议的存在或效力的任何异议作出裁定。为此目的,构成合同一部分的仲裁条款应当视为独立于合同其他条款的一项协议。仲裁庭作出关于合同无效的决定,在法律上不导致仲裁条款无效。

2.3.4.2 国内立法和仲裁规则中的规定

如前所述,截至2016年6月,有71个国家101个法域在国际商事仲裁中根据1985年联合国国际贸易法委员会《示范法》(2006年修订)颁布了立法。也就是说这些国家的仲裁立法是完全依照《示范法》的规定,接受了仲裁条款独立性原则。英国1996年《仲裁法》第7条规定:除非当事人另有约定,不能因为一个协议的无效、不存在或已经失效,而将该协议一部分的仲裁条款视为无效、不存在或已经失效。该协议应被视为可分割的协议。德国采纳了1985年联合国国际贸易法委员会《示范法》关于仲裁条款独立性的规定,其1998年《民事诉讼法典》第1040条第1款规定:仲裁庭可以对其管辖权和与此相关的仲裁协议的存在及其效力作出裁定。为此,构成合同一部分的仲裁条款应当被视为一项独立于合同其他条款的协议。1988年《瑞士联邦国际私法法规》第178条第3款规定:对仲裁协议的有效性不得以主合同可能无效或仲裁协议是针对尚未发生的争议为理由而提出异议。中国1994年《仲裁法》第19条规定：仲裁协议独立存在，合同的变更、解除、终止或者无效，不影响仲裁协议的效力。仲裁庭有权确认合同的效力。

除了国内立法规定之外，国际上著名的仲裁机构及国内的仲裁机构的仲裁规则也纷纷确立和强调了仲裁条款独立性原则。2012年《国际商会仲裁规则》第6条第9款规定：除非另有约定，否则，只要仲裁庭认为仲裁协议有效，仲裁庭不因任何合同不存在或合同无效的主张，而停止对案件的管辖权。即使合同可能不存在或者无效，仲裁庭仍继续享有管辖权，以决定当事人各自的权利并对其请求和抗辩作出裁定。2014年《美国仲裁协会国际仲裁规则》第19条第1、2款规定：(1)仲裁庭有权就其管辖权做出裁定，包括对仲裁协议的存在、范围或效力提出的任何异议，或有关仲裁中的所有请求、反请求和抵消是否可在同一仲裁程序中进行仲裁。(2)仲裁庭有权决定包含仲裁条款的合同的存在或效力。仲裁条款应视为独立于合同其他条款的协议。仲裁庭判定合同无效的决定本身不足以构成仲裁条款无效的理由。2012年瑞士苏黎世商会仲裁院《瑞士国际仲裁规则》第21条第1、2款规定：(1)仲裁庭有权对任何针对其管辖权的异议作出决定，该等异议也包括对仲裁条款或单独仲裁协议的存在或效力提出的异议。(2)仲裁庭有权对包含仲裁条款之合同的存在或效力作出决定。为本规则第21条之目的，规定仲裁采用本规则并构成该合同组成部分的仲裁条款应被视为独立于合同其他条款的一项协议。仲裁庭作出该合同无效的决定并不使仲裁条款当然归于无效。2015年《中国国际经济贸易仲裁委员会仲裁规则》第5条第4款规定：合同中的仲裁条款应视为与合同其他条款分离的、独立存在的条款，附属于合同的仲裁协议也应视为与合同其他条款分离的、独立存在的一个部分；合同的变更、解除、终止、转让、失效、无效、未生效、被撤销及成立与否，均不影响仲裁条款或仲裁协议的效力。2015年《武汉仲裁委员会仲裁规则》第9条规定：仲裁协议独立存在，其效力应当单独判断，无论合同是否成立、变更、解除、终止、无效、失效、未生效、被撤销，均不影响仲裁协议的效力。

2.3.4.3 国际商事仲裁的实践

仲裁条款独立性原则在国际商事仲裁的司法实践中得到广泛的运用。英国早在20世纪中前期就采取了广泛的仲裁条款分离性的推定。早在1942年，英国上议院在 Heyman v. Darwins Ltd.①一案中指出，国际商事仲裁条款

---

① [1942] AC 356, 366 (House of Lords).

可以独立于他们所签订的合同,无论是合同终止还是合同无效或失效。英国在 1981 年的 Bremer Vulkan Schiffbau und Maschinenfabrrik v. S. India Shipping Corp. Ltd.①、1991 年的 Paul Smith Ltd v. H & S Int'l Holdings Inc.②、2007 年的 Fiona Trust & Holding Corp. v. Privalov③ 等一系列案件中重申了仲裁条款独立性原则。德国在 20 世纪初期,法院就接受了仲裁条款独立性原则。在 1904 年 5 月 18 日德国法院的判决中指出,作为一般规则,法院认为仲裁条款具有独立性,独立于合同而存在。④ 1933 年,瑞士法院在 Tobler v. Justizkommission des Kantons Schwyz⑤一案中指出,主合同的无效并不导致其所包含的仲裁条款无效。1967 年,美国最高法院在 Prima Paint v. Conklin Mfg Co.⑥一案中认为,除非当事人有相反的意思表示,仲裁条款是与包含仲裁条款的主合同相分离的。尽管法院给予当事人相反意见的可能性,法院还是得出了结论,认为仲裁协议是与主合同相分离的。法院在判决强调美国 1926 年《联邦仲裁法案》的目的是:当合同当事人选择仲裁解决他们之间的争议时,应该促使仲裁程序快速进行,而不是延迟或阻碍仲裁程序。法院解释到:作为联邦法的原则,仲裁条款是与包含它的合同相分离的。如果当事人并未断言仲裁协议本身是由于欺诈而订立的,那么,一项广泛的仲裁条款将可以作为对以欺诈作手段所签订的合同争议进行仲裁的依据。法国法院最近几十年在考虑仲裁协议的法律适用和合同实质有效性问题的法律适用时,强调仲裁条款的独立性原则。在 1963 年 Gosset v. Carapelli⑦一案中,法国最高上诉法院明确采纳了仲裁条款独立性原则。在该案件中,法院指出,仲裁条款独立于当事人之间合同,无论是直接包含在主合同里还是合同所指引,仲裁条款的存在和效力完全取决于当事人的意愿。在日本,下级法院很早就承认仲裁条款独立性原则。在 1975 年 Kokusan Kinzoku Kogyo v. Guard-Life Corp.⑧一案中,日本最高法院赞同了仲裁条款独立性原则,认为仲裁协议通常订立在主合同里,但是其与主合同相分离并且独立地进行判断其效力。除非当事人之间另有约定外,主合同订立的瑕疵并不影

---

① [1981] AC 909 (House of Lords).
② [1991] 2 Lloyd's Rep. 127 (QB) (English High Ct.).
③ [2007] UKHL 40 (House of Lords).
④ Judgment of 18 May 1904, 58 RGZ 151, 155 (German Reichsgericht).
⑤ DFT 59 I 177, 179(Swiss Federal Tribunal).
⑥ 388 U. S. 395
⑦ Judgment of 7 May 1963, Ets Raymond Gosset v. Carapelli, JCP G 1963, II 13,405(French Court de cassation civ. Le).
⑧ Judgment of 15 July 1975, IV Y. B. Comm Arb. 115, 122.

响仲裁协议的效力。瑞士早在1931年的判决中就支持主合同的无效并不影响仲裁协议。在随后1933年,瑞士法院进一步强调该原则。印度、澳大利亚、西班牙、新西兰、新加坡、比利时、荷兰、意大利、葡萄牙、土耳其等国家在《示范法》的影响下,也都接受了仲裁条款独立性原则。另外,著名仲裁机构的仲裁裁决也都承认仲裁条款独立性原则。例如,1959年的国际商会国际仲裁院第1024号裁决根据国际商会仲裁规则指出,被诉方声称主合同的无效或不存在,并不导致仲裁员无权审理案件。1968年的第1526号裁决明确接受了仲裁协议的独立性原则,该裁决认为,无论是分别订立的还是包含在它所适用的法律文件中的仲裁协议总是显示其完全的法律自主性,这一自主性使其免受法律文件一旦失效时的不利影响。此后国际商会国际仲裁院的大量案例均确认了仲裁条款的独立性原则。①

2.3.5 仲裁条款独立性原则的体现

尽管各国的立法和仲裁实践都承认了仲裁条款独立性原则,但其表述及具体的表现有细微的区别。英国立法主要是在合同无效、不存在和失效三个方面;中国立法则是在合同的变更、解除、终止或者无效等方面。国内的仲裁规则一般规定比较宽泛,例如,2015年《中国国际经济贸易仲裁委员会仲裁规则》体现在合同的变更、解除、终止、转让、失效、无效、未生效、被撤销及成立与否等方面。一般说来,仲裁条款独立性原则体现在合同不成立、合同终止、合同无效、合同变更、合同转让等方面。

2.3.5.1 合同不成立

合同不成立,也就是当事人之间不存在合同。合同不成立的原因可能是多方面的,或由于当事人就合同的主要条款没有达成合意,或由于不符合合同要式要求。有观点认为,既然合同都不存在,也就无所谓仲裁条款。这种观点不值得推敲,如果当事人没有对合同的主要条款达成一致,但是对仲裁条款达成一致;或者包括仲裁条款等主要条款达成一致,但是不符合合同的要式要求,在这几种情况下,仲裁条款都是独立于主合同而存在的。所以,在合同不成立的情况下,只要仲裁条款达成了一致,仲裁条款就具有独立性,发挥解决当事人之间争议的作用与功能。

---

① 刘想树:《仲裁条款的独立性问题》,《现代法学》2002年第3期。

2.3.5.2 合同终止

合同终止包括因合同履行而终止及当事人解除合同而终止。合同解除包括双方合意解除和单方依约定或依法律规定解除。如果双方当事人合意解除合同,一般不会产生争议,仲裁条款也就随着合同的解除而解除。也有特别的情况,双方当事人都同意解除合同,但是希望仲裁庭解决他们之间具体的争议,此时仲裁条款不因为双方当事人解除合同而失去效力,其具有独立性。如果一方当事人根据法律规定或者合同约定单方解除合同,由此而引起的争议,不影响仲裁条款的独立性。

2.3.5.3 合同无效

合同无效不等于仲裁条款无效,尽管合同无效的情形与仲裁条款无效的情形有相同的方面,两者应该独立进行认定。例如,我国 1999 年《合同法》第 52 条规定合同无效的五种情形:(1)一方以欺诈、胁迫的手段订立合同,损害国家利益;(2)恶意串通,损害国家、集体或者第三人利益;(3)以合法形式掩盖非法目的;(4)损害社会公共利益;(5)违反法律、行政法规的强制性规定。《合同法》第 54 条规定合同变更或者撤销的情形,即下列合同,当事人一方有权请求人民法院或者仲裁机构变更或者撤销:(1)因重大误解订立的;(2)在订立合同时显失公平的。一方以欺诈、胁迫的手段或者乘人之危,使对方在违背真实意思的情况下订立的合同,受损害方有权请求人民法院或者仲裁机构变更或者撤销。当事人请求变更的,人民法院或者仲裁机构不得撤销。合同无效的情形还包括合同主体不适格、未能满足合同约定的生效要件等其他方面。我国《合同法》还特别强调了合同的无效并不影响合同争议解决条款的效力,即《合同法》第 57 条的规定,合同无效、被撤销或者终止的,不影响合同中独立存在的有关解决争议方法的条款的效力。关于仲裁条款的效力问题,我国《仲裁法》第 17 条作出了明确的规定,即有下列情形之一,仲裁协议无效:(1)约定的仲裁事项超出法律规定的仲裁范围的;(2)无民事行为能力人或者限制民事行为能力人订立的仲裁协议;(3)一方采取胁迫手段,迫使对方订立仲裁协议的。

2.3.5.4 合同变更

当事人订立合同后,可以协商一致变更合同。对于合同变更后的仲裁条款的效力问题,要具体问题具体分析。如果当事人仅仅变更合同实质性的条款,并没有变更合同中的仲裁条款,此时,仲裁条款具有独立性,不因为合同的变更而失去其效力。如果当事人变更合同中的仲裁条款,原仲裁条款失去效力,由变更后的仲裁条款约束双方当事人,当事人可以根据变更后的仲裁条款提起仲裁请求。如果当事人变更争议解决的方式,原有仲裁条款失效,由变更后的争议解决方式解决当事人之间的纠纷。所以,无论合同变更与否,仲裁条款都独立于主合同而存在,其效力取决于当事人的意思表示,与合同的变更没有必然的联系。

2.3.5.5 合同转让

合同转让是指合同主体的变更,包括合同权利的转让、合同义务的转让及合同权利义务的概括转让。无论哪种转让,关于仲裁条款是否跟随主合同一同转让的问题,主要取决于当事人与受让人之间的态度。也就是说,仲裁条款的有效性问题需要单独进行判断,不因主合同的转让而受到影响。除非当事人和受让人有相反的意思表示,实践中仲裁条款随着主合同的转让而转让。所以,仲裁条款的效力问题主要是根据合同转让时当事人与受让人对仲裁条款的意思表示,而不是取决于合同是否转让,仲裁条款具有独立性。

2.4　仲裁协议的有效性

仲裁协议是国际商事仲裁的基石。只有存在有效的仲裁协议,当事人才能将争议交由仲裁进行解决。当事人根据仲裁协议将他们之间的争议提交仲裁后,仲裁庭取得了处理当事人之间争议的管辖权。仲裁是当事人意思自治的产物,意思自治贯穿于整个仲裁的始终。所以,为了证实当事人之间存在提交仲裁处理他们之间争议的意思表示一致,许多国家的国内立法及一些国际公约,要求仲裁协议必须采取书面形式,甚至在某些特定的情况下,还要求双方当事人对仲裁协议进行签署。在国际商事仲裁实践中,对于仲裁协议有效性提出质疑主要表现在一方当事人提请仲裁,而另一方当事人不愿意提交仲裁,希望将争议交由法院处理。该当事人往往会声称他们之间没有签署仲裁协议或者不存在仲裁协议。如此,就会出现仲裁协议的有效性问题。尽管1958年《纽约公约》是关于仲裁裁决的承认与执行公约,公约的第2条就是关于仲裁协议的有效性问题,即:(1)当事人以书面协定承允彼此间所发生或可能发生之一切或任何争议,如关涉可以仲裁解决事项之确定法律关系,不论为契约性质与否,应提交仲裁时,各缔约国应承认此项协定。(2)称"书面协定"者,谓当事人所签订或在互换函电中所载明之契约仲裁条款或仲裁协定。(3)当事人就诉讼事项订有本条所称之协定者,缔约国法院受理诉讼时应依当事人一造之请求,命当事人提交仲裁,但前述协定经法院认定无效、失效或不能实行者不在此限。

根据该条的规定,如果当事人之间存在书面的仲裁协议,包括合同中的仲裁条款和仲裁协议书,而且当事人提交仲裁解决的争议是可以由仲裁解决的,具有确定的法律关系,那么法院就必须根据一方当事人的请求停止诉讼,将争议提交仲裁机构进行解决,除非法院认定仲裁协议是无效、失效或者不能实行的。所以,公约认为一项有效的仲裁协议必须采取书面形式、仲裁事项具有可仲裁性以及存在确定的法律关系。除此之外,当事人之间订立仲裁协议必须具有行为能力。关于当事人的行为能力问题,本书将在第4章"国际商事仲裁适用的法律与规则"进行具体阐述。

2.4.1 书面要求

与其他类型的合同一样,仲裁协议需要一定的形式。随着科学技术的发展,在一般的民商事领域中的合同或者契约中,形式越来越宽松,允许口头形式或者通过电子邮件、传真、数据交换等形式订立。但是在国际商事仲裁领域中,大多数的国际公约及国内立法都要求仲裁协议必须采取书面形式,否则仲裁协议可能会被认定无效。书面或书面形式的要求,以及与此相关联的签署的需要或者书面交换的需要,被国际商事仲裁法及国际商事仲裁实践所普遍接受。

2.4.1.1 书面要求的立法规定

在国际商事仲裁国内立法中,除了少数国家没有对仲裁协议书面形式作出强制性要求外,大多数国家都具体规定仲裁协议书面形式的要求。当然,各国对书面形式的理解可能是不一致的。英国1996年《仲裁法》第5条规定了仲裁协议的书面形式。其第2款对书面形式进行了解释,即下列为书面协议:(a)协议以书面形式达成(无论当事人签署与否);(b)协议以书面交换通信方式达成;或者(c)协议以书面证据证实。紧接着该条第3、4、5、6款还规定了特殊情况下的被视为书面形式的情形,即:第3款中如当事人非以书面形式同意援引某书面条款,则达成书面协议。第4款中如非以书面达成之协议由协议当事人授权的一方当事人或第三方予以记录,该协议被证明具备书面形式。第5款中仲裁或诉讼之交换文件中,一方当事人宣称存在非书面形式的协议,且对方当事人在其答复中不作反对,该文件交换构成具有宣称效力的

2 仲裁协议

书面协议。第6款中本编所指之书面或书写形式包括其得以记录之任何形式。英国1996年《仲裁法》的这些规定,采取了对书面形式要求非常宽泛的观点,允许书面文件作为证据证明仲裁协议的存在。正如某些学者评论到:1996年的《仲裁法》第5条达到了书面被定义为口头的效果。① 1988年《瑞士联邦国际私法法规》第178条也规定:关于仲裁协议的形式,如果以电报、电传、传真或其他任何其他通信方式,其内容可以作为证据的书面形式作成,仲裁协议应为有效。德国1998年《民事诉讼法》第1031条也同样规定仲裁协议需要以书面形式。我国1994年《仲裁法》第16条规定:仲裁协议包括合同中订立的仲裁条款和以其他书面方式在纠纷发生前或者纠纷发生后达成的请求仲裁的协议。在国际立法层面上,1958年的《纽约公约》及1975年《美洲国家国际商事仲裁公约》也对仲裁协议书面要求作出了规定。1985年联合国国际贸易法委员会制定的《示范法》(2006年修订)尽管不是国内立法,也不属于实际意义上的国际立法,但是其被许多国家立法不同程度所接受。其第7条备选方案一,明确表明了仲裁协议应为书面形式,并对什么是书面形式作出了具体的规定。

但是,也有少数国家目前放弃了仲裁协议的书面要求。在联合国国际贸易法委员会2006年修订的《示范法》第7条关于仲裁协议的定义中,其备选方案二就没有对仲裁协议要求任何形式,只是简单对仲裁协议作出如下的定义,即仲裁协议是指当事人同意将其之间一项确定的契约性或非契约性的法律关系中已经发生或可能发生的一切争议或某些争议交付仲裁的协议。尽管废弃仲裁协议书面形式要求的国家比较少,但目前在逐步增多。这些国家立法认为不管是口头还是书面,仲裁协议都是有效的,书面只是证明仲裁协议存在的手段。这些国家和地区包括法国、瑞典、新西兰、苏格兰、新加坡和中国香港地区。1981年法国《民事诉讼法》放弃了国际仲裁协议所有的形式要求,在2011年关于法国仲裁立法的修订中(法国《民事诉讼法》第1507条)再次强调,仲裁协议不受任何形式要求的限制。

国际商事仲裁协议采取书面形式有其特殊的原因。其一,仲裁协议在国际商事仲裁中起到举足轻重的作用,是仲裁机构或者仲裁庭取得管辖权的依据,没有仲裁协议,也就无所谓国际商事仲裁后续的程序。其二,仲裁协议不仅对当事人具有法律效力,而且对仲裁机构、法院同样具有法律效力。同时,一项有效的仲裁协议也是仲裁裁决得以承认与执行的法律前提。其三,要求

---

① Landau, The Effect of the New Arbitration Act on Institutional Arbitration, 13 (4) J. Int'l Arb. 113, 122 (1996).

当事人采取书面形式的仲裁协议,不仅有利于证明当事人之间存在提交仲裁解决他们之间争议的共同意思表示,也有利于仲裁裁决顺利地被承认与执行。采取书面的仲裁协议具有所谓的证据功能,能够证明当事人之间的仲裁意愿,同时警示当事人慎重对待仲裁协议。另外,1958年的《纽约公约》要求仲裁协议必须采取书面形式,如果当事人想让仲裁裁决得到其他缔约国的承认与执行,也不得不考虑采取书面仲裁协议的形式。

特别强调的是,区别两种类型的形式要求非常重要。其一,直接与仲裁协议有效性相关的形式要求,即如果形式要求没有达到,仲裁协议是无效的;其二,为了适用国际商事仲裁公约或国内仲裁规定,而需要满足的形式上的要求。如果这些形式上的要求没有满足,就不能适用相关的国际条约或者国内立法,但是仲裁协议在其他国内立法中或者根据普通法原理,可能是有效的。例如,如果一项仲裁协议,根据仲裁地的法律规定是有效的,但是其在《纽约公约》的框架下并不一定是有效的,仲裁庭根据该仲裁协议所作出的仲裁裁决并不一定得到承认与执行。因为尽管仲裁协议满足了仲裁地国家法律关于形式的要求,但可能不满足《纽约公约》的要求,被认为没有采取书面形式,从而排除了执行的可能。鉴于《纽约公约》在国际商事仲裁中的重要地位,下面分析《纽约公约》中的具体规定及对其严格要求仲裁协议书面形式的扩大运用。

2.4.1.2 《纽约公约》的书面要求

《纽约公约》第2条规定了仲裁协议的书面形式要求,但是在国际商事仲裁实践中对于该条的具体运用产生了争议,各国法院对于第2条在具体运用中也有一些分歧。《纽约公约》第2条的具体内容为:(1)当事人以书面协定承允彼此间所发生或可能发生之一切或任何争议,如关涉可以仲裁解决事项之确定法律关系,不论为契约性质与否,应提交仲裁时,各缔约国应承认此项协定。(2)称"书面协定"者,谓当事人所签订或在互换函电中所载明之契约仲裁条款或仲裁协定。(3)当事人就诉讼事项订有本条所称之协定者,缔约国法院受理诉讼时应依当事人一造之请求,命当事人提交仲裁,但前述协定经法院认定无效、失效或不能实行者不在此限。"(为了便于对照,英文版本如下:Article Ⅱ 1. Each Contracting State shall recognize an agreement in writing under which the parties undertake to submit to arbitration all or any differences which have arisen or which may arise between them in respect of a defined legal relationship, whether contractual or not, concerning a subject matter capable of settlement by arbitration. 2. The term "agreement in writing" shall include an arbitral clause in a contract or an arbitration agreement, signed by the parties or contained in an exchange of letters or telegrams. 3. The court of a Contracting State, when seized of an action in a matter in respect of which the parties have made an agreement within the meaning of this article, shall, at the request of one of the parties, refer the parties to arbitration, unless it finds that the said agreement is null and void, inoperative or incapable of being performed.)

《纽约公约》第2条第1款首先限制了公约的适用范围,公约缔约国仅对书面协定给予承认,仅仅书面协定是有效的。根据联合国国际贸易法委员会提供的《纽约公约》的中文本,其第2款的表述是:称"书面协定"者,谓当事人所签订或在互换函电中所载明之契约仲裁条款或仲裁协定。其表述不能明显与清晰地看出公约对于仲裁协定的确切要求,英文版本才能更加清晰地看出:第一,公约所要求的书面协定包括两类,既可以是来自于合同内的仲裁条款,也可以是单独提起的仲裁协议书;第二,需要双方签署或者由当事人互换函电中进行载明。也就是说,《纽约公约》的要求是非常严格的,不仅要求当事人之间的仲裁协议需要采取书面形式,而且要求由双方当事人进行签署或者在互换函电中所载明。这些签署且(或)在互换函电中载明的要求,不仅排除了口头仲裁协议,而且排除了由书面证明存在的口头仲裁协议或默示的仲裁协议以及没有签署的书面合同中的仲裁条款。所以,在《纽约公约》第2条第2款的语言环境下,当事人之间的协议不仅要求书面记录,而且要求签署且(或)在互换函电中载明。当然,在具体解读第2款中(尤其是英文版本中)存在着不同的理解。英文版本第2款前半段是 The term "agreement in writing" shall include an arbitral clause in a contract or an arbitration agreement。这个比较容易理解。但后半段是 signed by the parties or contained in an exchange of letters or telegrams。对此内容的解释存在不少疑问:第一,当事人的签署(signed by the parties)仅仅是针对单独的仲裁协议书,还是包括在合同中的仲裁条款和单独的仲裁协议书全部呢?如果包括内置合同中的仲裁条款,是否要求当事人对仲裁条款进行单独签署呢?第二,签署是否也包括那些交换的书信和电报呢?

由于《纽约公约》对以上问题并没有明确的解释,造成在国际商事仲裁实务中不同的理解。例如,美国第五巡回上诉法院只对单独的仲裁协议书要求有签名,而内置于合同中的仲裁条款则不需要。而美国第二和第三巡回上诉法院则认为两者都需要有当事人的签名。① 对于互换函电是否需要签署,多数国家法院认为当事人通过互换函电的方式,就已经表达他们之间提交仲裁的意图,也就没有必要要求当事人进行签署。另外,如果当事人在双方签署的合同中规定了仲裁条款,是否需要当事人还对仲裁条款进行签署呢? 一般认为,只要当事人对合同进行了签署,也就表明了当事人对仲裁条款进行了签署。

《纽约公约》旨在通过对书面形式的要求,避免各国对仲裁协议的形式要求宽松不一而产生冲突,有利于仲裁裁决的承认与执行。但《纽约公约》毕竟签订于20世纪50年代,其在随后的适用中逐步落后于时代的发展要求。随着现代通信技术的发展及国际商事活动的复杂化,《纽约公约》的上述规定越来越显现出僵硬性和局限性,其对于仲裁协议严格的书面要求不利于国际商事仲裁的发展。例如,双方当事人通过电话方式达成口头的一致,一方当事人发送了书面确认函,该书面确认函包含有仲裁条款,并且由该当事人进行了签署。而另一方当事人表示同意并着手履行合同,但并没有发送书面签署的回执单给另一方当事人。大多数法院会确认当事人之间的合同已经成立,仲裁条款也会被认为是有效的。但是,在这种情况下就不符合《纽约公约》关于双方签署的严格要求,该仲裁协议在《纽约公约》的前提下是不能被执行的。另外,《纽约公约》仅仅限定在书信及电报两种通信手段,并没有涵盖电子数据交换等其他通信手段,显然是与现代通信手段的发展不相符的。

2.4.1.3 联合国国际贸易法委员会的解释

《纽约公约》对于仲裁协议的书面要求一般应理解为对于仲裁协议形式的最高要求。在具体的国际商事仲裁实务中,法院并不总是以《纽约公约》的第2条来取代本国法律的规定。即使法院在适用《纽约公约》时,对其适用的解释仍然受到国内立法的影响。例如,法院可能会认为公约的规定存在歧义或公约的规定不明确,或者认为公约的规定已经不符合时代发展的要求,所以法院会根据本国的仲裁法律或者根据联合国国际贸易法委员会制定的《示范法》第7条的相关规定对公约的第2条第2款进行解释。尽管法院运用《示范法》或者国内法律对仲裁协议的形式进行了扩大性解释,使得仲裁协议的书面形式范围变得更加宽松,不仅仅局限于当事人之间的来往书信和电报,也包括现代通信发展出现新的手段与方法。但是,仍然有不少法院认为某些

---

① Margaret L Moses, The Principles and Practice of International Commercial Arbitration, Cambridge University Press, 2008, p. 21.

2 仲裁协议

仲裁协议达不到公约第 2 条第 2 款所规定的严格要求,拒绝当事人提出的仲裁裁决承认与执行的请求。而且,由于不同国家的法院在适用公约第 2 条第 2 款时,会作出不同的解释,势必导致对公约适用不统一的情况,造成对公约适用上的混乱与困难。当然,修订落后于时代发展的公约是最好的做法。但是,修订工作是比较艰难的一项工作。一方面,提出能够让所有缔约国都能接受的修正案从而达到适用公约的一致性,是非常困难和复杂的;另一方面,还可能会出现部分国家同意修正案,部分国家不同意,也会造成适用和解释公约的不统一。目前,为了增进各国法院在适用公约的共识,减少分歧,鼓励法院对公约第 2 条第 2 款采取灵活的解释,联合国国际贸易法委员会在 1999 年起就开始考虑如何解释"现实情况下《纽约公约》的真正含义"。其认为可以通过以下两种合适的方法进行:(1)通过宣言的方式对《纽约公约》进行解释,该宣言应该能够充分反映现代通信技术的发展以及各国对仲裁协议的形式要求的广泛理解,并且能够尽可能地适用各国的法律;(2)重新修订《示范法》第 7 条的规定。这两项工作是相互关联的。联合国国际贸易法委员会在 2006 年已经完成了对《示范法》的修订工作,并且通过了适用公约第 2 条第 2 款及第 7 条第 1 款解释的建议稿。

联合国国际贸易法委员会于 2006 年 7 月 7 日通过了《关于 1958 年 6 月 10 日在纽约制定的〈承认及执行外国仲裁裁决公约〉第 2 条第 2 款和第 7 条第 1 款的解释的建议(2006 年)》(以下简称《建议》),其具体案文如下。

《建议》由贸易法委员会于 2006 年 7 月 7 日通过,其制定意在承认电子商务日益得到广泛使用及所颁布的一些国内立法和判例法在仲裁协议的形式要求、仲裁程序和执行仲裁裁决方面比《纽约公约》更为有利。

《建议》鼓励各国适用《纽约公约》第 2 条第 2 款中"认识到其中所述情形并非详尽无遗"。此外,《建议》还鼓励各国通过《贸易法委员会国际商事仲裁示范法》经修订的第 7 条。经修订的第 7 条的两个备选案文为承认及执行仲裁裁决建立的机制比《纽约公约》下提供的这种机制更为有利。根据《纽约公约》第 7 条第 1 款所载的"更为有利的法律规定",《建议》明确指出,应当允许任何利害关系方运用在寻求在一国依赖一仲裁协议的情况下根据该国的法律或条约而可能享有的权利,寻求该仲裁协议的有效性获得承认。[1]

该《建议》和修改后的《示范法》第 7 条对仲裁协议书面形式要求的规定是一致的。《建议》认为《纽约公约》第 2 条第 2 款并非详尽无遗的,除了《纽约公

---

[1] See http://www.uncitral.org/uncitral/zh/uncitral_texts/arbitration/2006recommendation.html,2016 年 6 月 10 日访问。

约》中规定的形式外,还可以增加一些在电子商务广泛运用及国内立法和判例中获得承认的书面形式,要求法院不要过于僵硬地适用第 2 条的书面要求。除了对《纽约公约》第 2 条第 2 款提出建议外,联合国国际贸易法委员会还对适用《纽约公约》第 7 条第 1 款作出建议。《纽约公约》第 7 条第 1 款规定如下:本公约之规定不影响缔约国间所订关于承认及执行仲裁裁决之多边或双边协定之效力,亦不剥夺任何利害关系人可依援引裁决地所在国之法律或条约所认许之方式,在其许可范围内,援用仲裁裁决之任何权利。该条款可以被理解为一种便利权条款,一方当事人可以根据该条款利用裁决地所在国的法律或条约所认可的方式,适用更为有利的法律规定,从而使得仲裁裁决执行更为容易。这原本只适用于仲裁裁决的部分,经过联合国国际贸易法委员会的解释,就扩大适用于仲裁协议了。

如果第 7 条第 1 款不仅仅局限于仲裁裁决,还可以扩展到仲裁协议,就给当事人提供了一个更为有利的途径执行仲裁协议,寻求在一国依赖一仲裁协议的情况下根据该国的法律或条约而可能享有的权利,寻求该仲裁协议的有效性获得承认。也就是说,当事人可以得到任何内国法比公约更能使仲裁协议获得执行的有利的法律保护。根据这一解释,仲裁协议的书面要求就大大宽松于《纽约公约》的规定,就与国际商事的发展与电子商务的要求相适应了,法院也就不必严格执行《纽约公约》中的书面要求了,为联合国国际贸易法委员会修订其 1985 年制定的《示范法》打下了基础,允许接受《示范法》的国家在仲裁协议书面要求方面适用新的法规。《示范法》第 7 条的规定使得仲裁协议符合内国仲裁法的书面要求更加保持其有效性,仲裁协议更加容易获得执行,不用担心仲裁协议因不符合《纽约公约》书面形式的严格要求而被拒绝承认与执行。

2.4.1.4 《示范法》第 7 条规定

联合国国际贸易法委员会为了使《示范法》更加与国际贸易实践相吻合,对其第 7 条进行了修订。如前所述,目前有 71 个国家 101 个法域完全接受或基本接受了《示范法》,使得《示范法》的规定得到了广泛适用,并对其他国家的仲裁立法及国际商事仲裁实践提供了一个有效的指引。联合国国际贸易法委员会对《示范法》第 7 条提供了两个备选案文。

备选案文一:
第 7 条 仲裁协议的定义和形式
(经由委员会 2006 年第三十九届会议通过)
(1)仲裁协议是指当事人同意将他们之间一项确定的契约性或非契约性

2 仲裁协议

的法律关系中已经发生或可能发生的一切争议或某些争议交付仲裁的协议。仲裁协议可以采取合同中的仲裁条款形式或单独的协议形式。

(2)仲裁协议应为书面形式。

(3)仲裁协议的内容以任何形式记录下来的,即为书面形式,无论该仲裁协议或合同是以口头方式、行为方式还是其他方式订立的。

(4)电子通信所含信息可以调取以备日后查用的,即满足了仲裁协议的书面形式要求。电子通信是指当事人以数据电文方式发出的任何通信;数据电文是指经由电子手段、磁化手段、光学手段或类似手段生成、发送、接收或储存的信息,这些手段包括但不限于电子数据交换、电子邮件、电报、电传或传真。

(5)仲裁协议如载于相互往来的索赔声明和抗辩声明中,且一方当事人声称有协议而另一方当事人不予否认的,即为书面协议。

(6)在合同中提及载有仲裁条款的任何文件的,只要此种提及可使该仲裁条款成为该合同一部分,即构成书面形式的仲裁协议。

备选案文二:

第7条 仲裁协议的定义

(经由委员会2006年第三十九届会议通过)

仲裁协议是指当事人同意将其之间一项确定的契约性或非契约性的法律关系中已经发生或可能发生的一切争议或某些争议交付仲裁的协议。

《示范法》第7条备选案文一的标题是"仲裁协议的定义和形式",对仲裁协议的定义和形式都作出了规定,要求仲裁协议为书面形式,并对书面形式作出了说明。备选案文二的标题是"仲裁协议的定义",从定义中看出其对于仲裁协议并不要求书面形式,也就是说可以采取任何法律认可的形式,包括能够被证明存在仲裁协议的口头形式。无论是案文一还是案文二,对于仲裁协议的形式规定都是比较灵活的。

根据案文一的第3款的规定,所谓的书面形式是指"仲裁协议的内容以任何形式记录下来的",即仲裁协议或合同是以口头方式、行为方式还是其他方式订立的。该条款没有对签署作出要求。也就是说,只要有关于仲裁协议的记录,仲裁协议就是有效力的。通过删减签名的要求,该条款将导致许多法院拒绝执行仲裁协议的形式原因给消除掉了。现在,假设执行国家同时适用了《示范法》该条以及联合国国际贸易法委员会对《纽约公约》第7条第1款的解释的《建议》,那么一份未经签署的包含仲裁条款的合同或者一份未签名的仲裁协议书都会在《纽约公约》的前提下获得执行。例如,在当事人之间是通过电话达成包含仲裁条款的合同中,如果一方当事人发出确认函,即使另一方当事人只是装运货物,而没有回复书面文件,在该条款的前提下,已经记录在案的确认函就能满足该条款规定的书面形式要求。所以,该条款可以在某些特殊情况下承认默示仲裁协议的效力。

该条的第4、5、6款是对特殊情况下仲裁协议书面形式的认定。第4款主要规定了以现代通信技术及网络技术通信方式,包括在某些国家可能达不到书面要求的一些现代通信方式达成的仲裁协议书面形式的认定问题。该条款提出只要电子通信所含信息可以调取以备日后查用的,即满足了仲裁协议的书面形式要求,并对电子通信以数据电文作出了定义。关于电子通信的定义与《联合国国际合同使用电子通信公约》(2005年通过,2013年生效)相一致。关于数据电文的解释也和联合国国际贸易法委员会《电子商务示范法》(1996年通过)中的定义相同。1958年《纽约公约》对于书面形式要求,由于受到时代的限制,仅仅提供了交换的书信和电报。但是,在当今社会,其他通信方式同样可以签订合同,例如电子邮件及数据交换等。大多数国家法院都愿意接受现代的电子通信方式,也有少数法院拒绝这些新的方式。通过该条款规定的书面形式,并使其与《联合国国际合同使用电子通信公约》和《电子商务示范法》中的规定相统一,试图建立一个受到国际社会广泛认可的书面解释,使《示范法》中的规定与国际社会的普遍实践相吻合。第5款属于一种比较特殊的仲裁协议的书面形式,即仲裁协议载于相互往来的索赔声明和抗辩声明中,且一方当事人声称有协议而另一方当事人不予否认。这就避免了当事人在已经承认有仲裁协议之后仍然采用技术上的抗辩。第6款属于被合同引置的仲裁条款。在现代国际贸易中,无论是当事人直接签订的合同,还是互换函电形式订立的合同,经常出现在合同中引置其他文件记载作为合同内容的一部分,而其他文件记载中包含仲裁条款。例如,引置合同的背面条款、引置独立的标准合同条款等。第6款仅仅要求提及可使该仲裁条款成为该合同一部分,即构成书面形式的仲裁协议。至于引置的明确程度,《示范法》并没有明确规定,各国的国内立法也有不同的规定。在一般情况下,引置仲裁条款应该可以达到使当事人通过合理的注意认识到该条款的存在并加以同意的程度。

对于案文二,从另一个角度将仲裁协议定义为当事人同意将其之间一项确定的契约性或非契约性的法律关系中已经发生或可能发生的一切争议或某些争议交付仲裁的协议。如果一国适用了"无需书面形式"的案文二,在《纽约公约》的前提下,该国的法院需要承认口头订立的仲裁协议,并假定该法院将《纽约公约》第7条第1款中的"更方便的权利"适用于该仲裁协议。

2.4.1.5 《联合国国际合同使用电子通信公约》

《联合国国际合同使用电子通信公约》(以下简称《电子通信公约》)由联合国于2005年11月23日通过,2011年3月1日生效。其旨在确保以电子方式订立的合同和往来的其他通信的效力和可执行性与传统的纸面合同和通信相同,从而促进在国际贸易中使用电子通信。联合国国际贸易法委员会试图利用该公约来促使其他不符合现代要求的公约提高它们的标准。联合国国际贸易法委员会在说明该公约为什么具有重要意义时,认为得到广泛采用的国际贸易法条约,如《承认及执行外国仲裁裁决公约》(《纽约公约》)和《联合国国际货物销售合同公约》(《销售公约》),载有某些形式要求,可能会妨碍电子通信的广泛使用。《电子通信公约》是一部授权条约,其作用是通过确立电子形式和书面形式之间的等同性而消除形式上的障碍。

《联合国国际合同使用电子通信公约》第20条第1款规定:根据其他国际公约进行的通信往来本公约的规定适用于与订立或履行本公约缔约国已加入或可能加入的下列任何国际公约所适用的合同有关的电子通信的使用:《承认及执行外国仲裁裁决公约》(1958年6月10日,纽约);《国际货物销售时效期限公约》(1974年6月14日,纽约)及其议定书(1980年4月11日,维也纳);《联合国国际货物销售合同公约》(1980年4月11日,维也纳);《联合国国际贸易运输港站经营人赔偿责任公约》(1991年4月19日,维也纳);《联合国独立担保和备用信用证公约》(1995年12月11日,纽约);《联合国国际贸易应收款转让公约》(2001年12月12日,纽约)。

根据该条款的规定,除非缔约国对本条进行了保留,公约适用于已经加入1958年《纽约公约》的缔约国。秘书处在对该条的解释中指出,贸易法委员会为了消除现行国际文书中可能消除妨碍电子商务的法律障碍而开展的工作的目标之一,是提出可避免修订各个国际公约的解决办法。《电子通信公约》第20条旨在为消除秘书处在上述调查中发现的现行国际文书中妨碍电子商务的某些法律障碍提供一种可能的共同解决办法。在与其他国际公约所涵盖的合同有关的电子通信方面,公约的预期效果不仅是对其他各处使用的术语进行解释,而且是提出一些实质性规则,允许这些其他公约在电子环境下有效发挥作用。但第20条的目的并不是要对其第1款列入的和未列入的任何国际公约、条约或协定进行正式修订,也不是要对任何其他国际公约、条约或协定作出权威性解释。《电子通信公约》条文对于与其他国际公约、条约或协定所涵盖的合同有关的电子通信的适用,起初仅限于第20条第1款所列的某个公约所涵盖的合同。不过,在许多法律制度中,仅根据第1条就可以将公约适用于在任何其他国际公约所涵盖的合同范围内使用的电子通信,而不必在第20条中具体提及管辖此类合同的公约。因此,联合国国际贸易法委员会一直在试图研究出一种广泛的解决方法,使国内法院能够将以前的公约适用到现代的案例中。法院可以使用《电子通信公约》中的"书面"要求来替代《纽约公约》中的"书面"要求,因为《电子通信公约》提供的对电子商务的解释可以满足书面形式的要求。如若一国不是《电子通信公约》的缔约国,法院仍然可以将其中的规定视为指南,或者参考《国际商事仲裁示范法》、《电子商务示范法》,以上三者都可以作为参考。秘书处认为国际上对电子通信方式可以作为书面形式已经达成了广泛的共识。这些不同的文件都表明了联合国国际贸易法委员会试图让《关于1958年6月10日在纽约制定的〈承认及执行外国仲裁裁决公约〉第2条第2款和第7条第1款的解释的建议(2006年)》中的书面要求能够反映真实的交易需要并使国际范围内的理解更为统一。

2.4.2 确定的法律关系

在《纽约公约》第2条规定的前提下,双方当事人之间的争议必须是"确定的法律关系,不论为契约性质与否。"也就是说,双方当事人之间的争议不仅为契约性的法律关系,而且包括非契约性的法律关系。国际商事仲裁实践表明,尽管大多数仲裁案件是契约性质的,也有一些是非契约性质的,如侵权性质。当事人在拟定仲裁协议时要尽量小心谨慎,使自己起草的仲裁协议不仅要包括合同的法律关系,而且要包括侵权或者不正当交易等的法律关系,尽量使仲裁协议包括的法律关系宽泛。所以,当事人起草仲裁条款不能仅仅局限于合同关系而引起的争议,还要包括产生于合同的其他一些争议。所以,仲裁机构的示范仲裁条款都是进行如下表述:凡产生于本合同或与本合同相关的任何争议,包括有关合同的存在、效力或终止任何问题。在通常情况下,一方当事人基于侵权或不正当交易所提请的诉求,即使不是由于合同引发的,也都会与合同有关。可以假设如下的案例:供应商与经销商签订了一份含有广泛性的仲裁条款的国际经销协议。供应商试图终止该国际经销协议。在经销商不知情的情况下,供应商雇佣了经销商的一些重要员工并开了一家新的经销公司。经销协议在数月间不会终结。在此期间,那些重要的员工还是会为经销商的公司工作,但是他们会要求他们的客户在新公司开始运营后去新公司消费。与这起不正当交易相关的争议可以在一份较为宽泛的仲裁条款下提起仲裁。争议并非是因合同而起,因为在合同中没有条文规定供应商不能雇佣经销商的关键员工或者鼓励他们挖掘经销商的客户。这种类型的行为在大部分法域中都是非法的,而一条禁止非法行为的条文一般不会在合同中出现。因为当事人间的关系和基于公平或不公平交易行为的共同责任不是由合同法律所调整的,争议并非因合同而引起。不过,侵权行为确实与合同有关。只要仲裁条款中加入"争议因合同而起或与合同相关",当事人便可以将双方因合同而引起的争议提交仲裁。尽管,因不公平交易而起的争议不属于合同争议,但是在《纽约公约》的前提下,仲裁协议还是能获得执行,因为仲裁条款足够宽泛能够涵盖这类由其他法律调整的法律关系。①

2.4.3 争议的可仲裁性

争议的可仲裁性就是当事人之间的争议可以通过仲裁来解决。哪些争议可以仲裁,哪些争议不可以仲裁与一国的公共秩序限制相关联。每个国家可以根据本国的经济和社会政策来决定争议是否可以通过仲裁进行解决。换句话说,争议的可仲裁性就是国家对于仲裁范围的限制。各国在其仲裁立法中都是根据自身的情况,采取一些确定的标准规定可以进行仲裁的范围。一般来说,各国对于传统领域中的无论是契约性质还是非契约性质的商事争议规定都可以进行仲裁。例如,1958年《纽约公约》第1条第3款规定只有商事关系才能适用该公约,但是《纽约公约》并没有明确什么样的商事关系适用公约的规定,而只是交由"提出声明国家之国内法"来进行确认。通常而言,国际贸易比较多、仲裁制度比较发达以及对仲裁制度比较支持的国家规定可以仲裁的范围比较宽泛,对可以仲裁事项的设定比较有弹性。但是从国际商事仲裁的发展趋势来看,各国还是努力支持国际商事仲裁事业的发展的,对于商事关系尽量采取广义上的理解。尽管《示范法》也没有明确什么是商事关系,但是对《示范法》的注释性的说明还是为我们指明了方向,即对"商事"一词应作广义解释,使其包括不论是契约性或非契约性的一切商事性质的关系所引起的事项。商事性质的关系包括但不限于下列交易:供应或交换货物或服务的任何贸易交易;销售协议;商事代表或代理;保理;租赁;建造工厂;咨询;工程;使用许可;投资;筹资;银行;保险;开发协议或特许;合营和其他形式的工业或商业合作;空中、海上、铁路或公路的客货载运。② 我国在加入1958年《纽约公约》所作的商事保留声明也是进行了广义上的理解,即所谓"契约性和非契约性商事法律关系",具体是指由于合同、侵权或者根据有关

---

① Margaret L. Moses, The Principles and Practice of International Commercial Arbitration, Cambridge University Press, 2008, p.30.

② See http://www.uncitral.org/uncitral/zh/uncitral_texts/arbitration/1985Model_arbitration.html,2016年5月12日访问。

法律规定而产生的经济上的权利义务关系,例如,货物买卖、财产租赁、工程承包、加工承揽、技术转让、合资经营、合作经营、勘探开发自然资源、保险、信贷、劳务、代理、咨询服务,海上、民用航空、铁路、公路的客货运输以及产品责任、环境污染、海上事故和所有权争议等,但不包括外国投资者与东道国政府之间的争端。通常情况下,以下事项一般不能通过仲裁进行解决:有关刑事犯罪的事项;与婚姻家庭、儿童收养和人身关系等有关的事项;有关竞争法和反托拉斯法规定的事项;有关破产和行政法处理的事项;某些知识产权方面的事项。例如,在专利法方面,相关专利的有效性也不能仲裁,因为这类问题通常由当地的管理机构或法院认定。当然,如果是有关取得专利执照的协议而引起的纠纷,通常是可以仲裁的,因为这些争议本质上属于契约性质。

在国际商事仲裁中,可仲裁性问题具有重要的意义:其一,只有可以提交仲裁进行解决争议的仲裁协议才具有有效性。双方当事人约定提交仲裁的争议违背有关国家仲裁法的规定,就会导致该仲裁协议无效。其二,只有争议具有可仲裁性,仲裁庭才具有仲裁管辖权,取得处理争议的仲裁权限。争议不具有可仲裁性,仲裁庭则没有管辖权。其三,争议事项的可仲裁性也是仲裁裁决得到有关国家承认与执行的前提。《纽约公约》对此也作出了明确的规定。

随着国际商事仲裁事业的发展,某些国家在国际商事仲裁的立法与实践中,突破了传统领域中关于契约或非契约争议可仲裁性的认识,逐步渗透到传统认为不可仲裁性的领域中。美国在判例法中的发展最具有特色,其在判例法中扩大了可仲裁性事项的范围,具体包括不当得利领域、反不正当竞争和反垄断领域、知识产权领域、破产领域、证券领域等某些事项。美国等国家突破传统领域可仲裁性的做法,体现了对国际商事仲裁支持的态度和鼓励精神,在一定程度上扩大可仲裁性的事项范围,促使当事人充分利用仲裁这一纠纷解决机制,节约了司法资源,推动了国际商事仲裁的发展。不过,我们应该对此保持谨慎的态度,毕竟可仲裁性问题与一国的公共秩序密切相关。

2.4.4 无效、失效或不能实行

根据《纽约公约》的规定,对于有效的仲裁协议必须具备书面形式、确定的法律关系及可以提交仲裁进行解决的事项。仲裁当事人可以从以上方面进行抗辩仲裁性协议的有效性。《纽约公约》第2条第3款还特别强调:当事人就诉讼事项订有本条所称之协定者,缔约国法院受理诉讼时应依当事人一造之请求,命当事人提交仲裁,但前述协定经法院认定无效、失效或不能实行者不在此限。尽管"无效、失效或不能实行"与该条第1、2的规定看起来有些

重叠,但是在法院具体适用时还是有必要进行区分。

根据《纽约公约》的规定,无效的仲裁协议由缔约国的法院进行认定,至于缔约国的法院依据什么法律进行认定,《纽约公约》第5条第1款甲项规定:第2条所称协定之当事人依对其适用之法律有某种无行为能力情形者,或该项协定依当事人作为协定准据之法律系属无效,或未指明以何法律为准时,依裁决地所在国法律系属无效者。仲裁协议无效的原因有多方面,首先,《纽约公约》规定当事人没有缔约能力导致仲裁协议的无效。至于当事人的缔约能力所适用的法律,公约并没有具体规定,仅仅只规定"依对其适用之法律"。所以法院在确定当事人的缔约能力时,通常情况下是依据该国国际私法规定的冲突规范所指引国家的实体法来进行确认。其次,公约还规定依当事人作为协定准据之法律,或未指明以何法律为准时,依裁决地所在国法律来确定当事人之间仲裁协议的效力。一般仲裁协议无效情形可能包括:因欺诈、胁迫、虚假陈述、不当影响或者放弃而导致失去真实的合意而无效,也可能一份仲裁协议因条款的用语过于模糊、当事人的意图无法明确而被认定为无效。

如果仲裁协议不能实行,其也是不可仲裁及无效的。例如,在某些案件中,当事人在合同中既规定了仲裁条款,又规定了当事人首先进行诉讼的表示,使得争议解决条款重叠,出现了矛盾的语言,表明当事人试图提起诉讼,也希望进行仲裁,导致仲裁条款不能实行。另外,如果双方当事人已经在协议中选好了仲裁员,而仲裁员在争议期间已经过世或者不能仲裁,那么仲裁协议也会失去效力。特别地,如果因为政治剧变,导致仲裁地不再合适,那么仲裁协议也缺乏仲裁可能了。如果仲裁协议本身太过模糊,难以理解或者自相矛盾,这也会导致仲裁不能进行。①

2.5 仲裁协议效力的扩张

2.5.1 仲裁协议效力扩张概述

无论是《纽约公约》还是《示范法》,抑或大多数国家的仲裁立法,基本上都要求仲裁协议是书面形式,而《纽约公约》还特别要求仲裁协议必须经过双

---

① Margaret L. Moses, The Principles and Practice of International Commercial Arbitration, Cambridge University Press, 2008, pp. 32-33.

方当事人签署。国际商事仲裁得以产生的基础就是当事人的意思自治,当事人同意将他们之间的争议提交仲裁进行解决。如果没有当事人之间一致的意思表示,就无法进行仲裁。《纽约公约》关于书面和签署的规定,如果从狭义上进行理解,也表明了如果一方当事人没有在仲裁协议上签字,就不受仲裁协议的约束。因为仲裁协议相对性是当事人意思自治的必然要求,只有仲裁协议的当事人才承担仲裁协议所规定的义务和享有其规定的权利,受到一份有效仲裁裁决的约束。

但是,从20世纪70年代以来,随着新型争议的不断增多,各国不断革新仲裁立法,支持并鼓励仲裁的发展,逐步承认在某些特定的情况下仲裁协议对未签字的当事人具有约束力,要求未签字一方当事人接受仲裁。国内有学者类比美国的长臂管辖权,将其形象地形容为"长臂的仲裁协议"。[1] 仲裁协议对未签字人的效力主要体现在两个方面:(1)仲裁协议缺乏书面或签署等形式要件情况时,对未签署当事人的效力问题;(2)仲裁协议对特定的第三方产生的效力问题。前者的表现形式为我们在关于"仲裁协议的书面形式要求"部分做了详细论述,尽管《纽约公约》作出了严格的规定,但是随着客观情况的变化,联合国国际贸易法委员会通过《解释》、修订《示范法》及通过《电子商务示范法》和《通信公约》等工作,逐步解决了因缺乏一方当事人签署的仲裁协议对当事人的效力问题。对于第二种情况,具体包括:(1)提单及提单的转让;(2)法人的合并、分立和终止;(3)代位求偿;(4)代理或者代表所签订含有仲裁条款的合同;(5)债权或股权转让;(6)母公司与子公司所签订的含有仲裁条款的合同。在这些情况下,合同的效力问题不再是主要问题,问题的焦点在于一个没有签订合同的第三方是否能被要求接受仲裁。在上述情况中,仲裁协议对未签字的第三人具有约束力,已经被国际商事仲裁实践及理论所论证,也为某些国家的法院所确认。但是,国内外学者们对其理论依据还有一些争议,并没有确立统一的理论。美国在司法实践中提出了种种理论,主要有代理公司理论、法人人格否定理论、禁反言理论、分配论、债务更新论、第三方受益论、协议条款论、法律继承论、代位求偿论、公司集团理论等。[2] 以上理论在某些案件中构成了法院分析和考虑仲裁协议对未签字第三方约束力的理论基础。这些理论在某些方面相互重叠,以下只分析禁反言原则、揭开公司面纱理论及合同相对性原则的例外。

---

[1] 赵健:《长臂的仲裁协议:论仲裁协议对未签字人的效力》,《北京仲裁》2005年第4期。
[2] Thomson-CSF v. American Arb. Ass'n, 64 F. 3d 773, 776 (2d Cir, 1995).

2.5.2 禁反言原则

禁反言原则由英国大法官丹宁(Lord Denning)确立,是英美普通法系的一项法律原则。禁反言原则被经常运用在英美法中,但在大陆法系中却很少被运用。该原则主要是为了阻止一方当事人利用相互矛盾的语言或行动来主张自己对他人的权利,其本质就是禁止当事人违背自己先前的承诺而对另一方当事人的权利造成损害。通俗地说,就是要求当事人要言行一致,不能出尔反尔,一方当事人不能根据合同在享受权利和利益的同时而躲避其应当承担的义务和责任。

禁反言原则主要建立在联系理论及直接获利理论上。在美国国际商事仲裁的实践中,一般认为禁反言原则或者相互联系原则是允许未签字的一方当事人寻求仲裁协议解决争议或者认为仲裁协议对未签字的一方当事人具有约束力。如果未签字的一方当事人作为合同的一方从合同中主张诉求或者行使权利,而该合同包含仲裁条款,那么未签字一方当事人将因禁反言原则不能拒绝合同中的仲裁条款。也就是说,如果未签字的第三方明显地接受合同并从合同中获得利益,那么他将受到合同中仲裁条款的约束。同样,如果一方在法院诉讼过程中,主张合同存在仲裁条款,其不能在其他程序中违反禁反言原则,拒绝受到该仲裁条款的约束。在 Tepper Realty Co. v. Mosaic Title Co. 一案中,美国法院写到:简言之,原告不能具有两种不同做法,其不能一方面依赖合同获取利益,而另一方面忽视合同对其不利的规定。①

通过禁反言原则使得仲裁条款对未签字一方产生约束力,但是对于该原则的运用还是有些争议,不能无限地扩大运用。美国判例法中对其运用也只是在比较特殊的情形下,而且在具体运用过程中或通过依据相互联系理论或依据利益理论来说明禁反言原则。尽管如此,禁反言原则在国际商事仲裁领域中的运用还是值得我们重视的。

2.5.3 揭开公司面纱理论

揭开公司面纱理论(lifting the corporate veil),又称刺破公司面纱理论(piercing lifting the corporate veil),或者公司法人人格否定理论(disregard of corporate personality),或者第二个我原则(alter ego doctrine),德文表述为 Durchgriff,法文表述为 levée du voile social,是指公司的独立人格和股东

---

① 259 F. Supp. 688,692 (S. D. N. Y. 1966).

有限责任被公司背后的股东滥用时,就具体法律关系中的特定事实,否定公司独立的法人机能,将公司与其背后的股东视为一体并追究其共同的连带法律责任,以保护公司债权人或其他相关利害关系群体的利益及社会共同利益,实现公平、正义的一种法律措施。① 揭开公司面纱理论,抑或法人人格否定理论,是公司人格独立理论的例外。公司制度的价值就是公司人格的独立,股东仅仅在其出资的范围内承担有限责任,这是公司法律制度的基本原则。但是,由于公司集团内部控制因素的存在,如果子公司丧失了自己的独立的意志,为母公司所控制,成为母公司的"代理人"、"工具"、"傀儡",就有必要揭开子公司的法人面纱,债权人可以直接追究母公司的责任。②

许多国家在适用揭开公司面纱理论时是非常谨慎的。在英国,揭开公司面纱理论主要运用在公司架构的目的是为了逃避强制性的法律责任或逃避履行第三方合法的法律权利等情形。英国适用该理论的标准一般需要公司存在通过利用公司的结构形式进行欺诈行为或其他不当行为以逃避或隐藏其法律责任。同样,瑞士法院认为,揭开公司面纱理论只是在例外的情况下适用,主要是欺诈以及滥用权利。美国法院则在分析仲裁协议对未签字人的效力时,更加愿意适用揭开公司面纱理论。即使在美国,建立适用揭开公司面纱的标准也是比较困难的。一般而言,主要有:(1)母公司与子公司在资产、事务乃至人员的过度混合;(2)母公司对子公司的充分控制;(3)母公司对子公司的不当行为。③ 也就是说,在母公司充分控制子公司的日常事务的特定情况下,法院可以揭开公司的面纱。如何判断母公司对子公司的控制或统治,美国不同的法院考虑的因素是不同的。在 Bridas S. A. P. I. C.④一案中,Bridas S. A. P. I. C. 是一家阿根廷的公司,通过仲裁获得了土库曼斯坦政府及其控股公司 Turkmeneft 公司赔付 4.95 亿美元的赔款的裁决。Bridas S. A. P. I. C. 与 Turkmeneft 签订了一份含有仲裁条款的风险投资协议,仲裁庭认为尽管土库曼斯坦政府是未签约第三方,但也应该受到仲裁协议的约束。这份针对 Turkmeneft 和土库曼斯坦的裁决被美国联邦地区法院所确认。在上诉中,美国联邦第五巡回法院认为在代理理论、禁反言理论或第三方受益人理论下,法院无法发现土库曼斯坦政府受仲裁协议的约束,但是建议下级法

---

① 朱慈蕴著:《公司法人格否认法理研究》,法律出版社 1998 年版,第 76 页。
② 赵健:《长臂的仲裁协议:论仲裁协议对未签字人的效力》,《北京仲裁》2005 年第 4 期。
③ 赵健:《长臂的仲裁协议:论仲裁协议对未签字人的效力》,《北京仲裁》2005 年第 4 期。
④ 447 F. 3d at 416, 418.

院进一步审查土库曼斯坦政府是否是 Turkmeneft 第二个自我,下级法院被要求考虑的因素有:(1)母公司和子公司有共同的股权;(2)母公司和子公司有共同的董事及行政领导人;(3)母公司和子公司有共同的商业部门;(4)母公司和子公司有统一的财务报告;(5)母公司提供给子公司经费;(6)母公司注册成立子公司;(7)子公司有相对独立的资本进行运行;(8)母公司负担子公司的工资费用和其他费用;(9)子公司除了母公司给予的商业行为外无其他商业行为;(10)母公司把子公司的财产当做自己的财产使用;(11)两公司日常的运行从不分开独立;(12)子公司不按照公司运行规则运行;(13)子公司董事是否为了母公司主要和独立的利益;(14)是否是控股公司保证其他支付和债务;(15)是否有所谓的统治者通过长臂管辖来处理主导地位的公司。以上并不是考虑的全部因素。因为其是国家的实体,联邦上诉法院希望联邦地区法院将注意力集中在政府代理机构是否有政府的第二个自我的所经常分析的因素,以确定是否给予主权豁免,这些因素包括:(1)政府法规和判例法是否把实体作为政府部门;(2)实体资金的来源;(3)实体的自治权程度;(4)实体主要处理州内业务还是跨州业务;(5)实体能否有权以自己的名义起诉或者应诉;(6)是否有权持有和使用财产。

在回顾了所有这些因素后,联邦地区法院总结出结论,政府并没有对 Turkmeneft 公司完全行使或广泛行使控制,从而政府不是 Turkmeneft 公司的第二个自我。联邦第五巡回法院不同意地区法院的分析,并提出了相反的判决,授权执行该仲裁判决。上诉法院考虑到 Turkmeneft 公司的资金不足,并且政府做出的许多令合资企业无法达到的目标,是这两个公司无法分开的足够证据。法院指出:尽管一些迹象表明有分离的可能,但实际上政府的出口禁令是 Bridas S. A. P. I. C. 不再是合资企业。政府就如一个母公司一样运用权力剥夺了 Bridas S. A. P. I. C. 在合同中的法律救济,并且故意制造出一个附属公司来阻碍债权人,这是一种典型的揭开公司面纱理论。

尽管揭开公司面纱理论在国际商事仲裁中的运用还没有统一的标准,但有学者认为:允许债权人根据其与子公司之间的仲裁条款直接向母公司追偿,在理论上既合理可行,在实践上也是有益的。首先,这时子公司与债权人之间如果存在仲裁条款,一般而言,母公司不可能不知情;其次,债权人是根据债权人与子公司之间订立的合同主张其在合同上的权利;最后,在实践中,债权人往往将母公司与子公司共同列为被告,假如债权人向子公司追偿须进行仲裁,向母公司索赔则须通过诉讼解决,债权人在法院与仲裁两个战场作战,不仅对债权人造成诸多不便,而且给作为债务人的母公司和子公司更多的逃脱债务的便利。同时易使法院与仲裁庭作出歧异或者矛盾的判决和裁决,这对保障债权人的合法权益,降低解决纠纷的社会成本、提高解决纠纷的效率,乃至维护法律的尊严都是极为不利的。①

2.5.4 合同相对性原则的例外

合同相对性原则是合同法上的一项基本原则。根据该原则,合同仅仅对订立合同的双方当事人具有约束力,只有合同的当事人才能基于合同向对方提出请求,或者根据合同的约定或法律规定的争议解决方式,解决当事人之间的争议。合同对第三人既不创设权利,也不设定义务,第三人不能主张合同上的权利。

随着实践的发展,该原则出现某些例外,例如利他合同。在利他合同中,当事人可以约定债务人可以向第三人直接给付,第三人享有向债务人请求给付的权利,除非第三人不愿意享受利益。此外,一些国家立法与司法实践进一步扩大合同对第三人的效力,债务人除对债权人具有义务外,其对与债权人有特殊关系特定范围内的人负有保护的义务。例如在消费者合同中,产品的制造商或销售商对与合同无关系的使用人或实际占有人负有保证、注意义务。如果债务人违反此义务,该第三人可以要求债务人就其产生于此的损失进行赔偿。在第三人根据合同要求赔偿时,如果合同里订立有仲裁条款,第三人可以运用该仲裁条款,提起相关的仲裁请求。②

2.6 结 论

仲裁协议是国际商事仲裁的基石,是当事人提请国际商事仲裁的依据,是仲裁庭对当事人之间案件取得管辖权的前提,是排除法院管辖的根据,也是法院承认与执行仲裁裁决的基础。合同中的仲裁条款应视为与合同其他条款分离的、独立存在的条款,附属于合同的仲裁协议也应视为与合同其他条款分离的、独立存在的一个部分;合同的变更、解除、终止、转让、失效、无效、未生效、被撤销及成立与否,均不影响仲裁条款或仲裁协议的效力。根据

---

① 赵健:《长臂的仲裁协议:论仲裁协议对未签字人的效力》,《北京仲裁》2005 年第 4 期。
② 赵健:《长臂的仲裁协议:论仲裁协议对未签字人的效力》,《北京仲裁》2005 年第 4 期。

《纽约公约》的规定,一项有效的仲裁协议必须采取书面形式、仲裁事项具有可仲裁性及存在确定的法律关系,而且没有被法院认定为无效、失效或不能实行。从 20 世纪 70 年代以来,仲裁协议的效力在某些特定的情况下逐步扩张到对未签字的当事人。对于仲裁协议效力的扩张的理论依据,学者们提出了禁反言原则、揭开公司面纱理论、合同相对性原则的例外等。

3

仲裁协议的拟定

3.1 仲裁协议的拟定概述

如前所述,仲裁协议是国际商事仲裁的基石。仲裁协议的拟定不仅涉及仲裁庭取得当事人之间案件的管辖权,而且涉及当事人许多仲裁程序上的权利。如果是机构仲裁,当事人可以在机构仲裁规则允许的范围内为自己约定适合的仲裁程序。如果是临时仲裁,当事人更要具体约定仲裁程序中的各种事项,以免出现仲裁庭在仲裁审理过程中的异议与拖延。当事人如果约定了毫无争议、符合争议自身要求的仲裁协议,不仅有利于仲裁庭迅速解决争议,而且有利于当事人之间自觉履行仲裁庭所做出的裁决或者能够顺利得到法院的承认与执行。当事人拟定的仲裁协议,根据不同的情况,可繁可简。目前,大多数仲裁是采取机构仲裁的形式。由于国际上大多数仲裁机构都有比较完备的仲裁规则,当事人在签订合同草拟争议解决条款时,可以将仲裁机构的仲裁规则合并到该争议的解决条款中。即使当事人在仲裁条款中,没有明确指出适用具体的仲裁规则,但是绝大多数仲裁机构的仲裁规则认为当事人一旦选择了该仲裁机构解决他们之间的争议,如果没有特别的说明,也就选择了该仲裁机构的仲裁规则。尽管如此,当事人在拟定仲裁条款仍然需要十分谨慎。一般而言,仲裁条款的约定包括争议的范围、仲裁员的选定、仲裁语言、仲裁地以及仲裁所适用的法律。当然,仲裁当事人为了明确仲裁双方当事人具体的权利与义务,也可以增加诸如证据规则、临时措施、技术专家、前置程序、加速程序、费用负担、仲裁保密以及扩大司法审查范围等方面的规定。如果案件涉及多方当事人、关联合同以及一方当事人是主权国家的,也可以明确规定多方当事人、关联合同仲裁以及国家豁免的放弃等方面的规定。

经验表明,目前国际商事仲裁主要是机构仲裁,当事人一般不会在合同之外达成专门的仲裁协议书。最为普遍的做法就是在签订合同时,规定了合

3 仲裁协议的拟定

同的争议解决条款。如果当事人采取国际商事仲裁解决合同的争议,主要是在合同中拟定仲裁条款。本章的重点也主要集中在仲裁条款的拟定上。

3.1.1 重视仲裁条款的拟定

在国际贸易合同谈判中,中国当事人往往比较重视合同中实质条款的制定,即注重货物的数量、价款、质量、保险、运输等条款的制定,容易忽视合同争议解决条款的拟定,尤其会忽视仲裁条款的拟定。在现实中,其原因是多方面的。或是由于中国当事人没有意识到合同争议条款,包括仲裁条款的重要性;或是中国当事人基于双方当事人良好的合作关系,认为不会发生争议;或是由于合同谈判过程艰难,合同实质条款好不容易达成一致,当事人此时就没有足够的精力和财力就仲裁条款进行更多的谈判;或是由于合同实质条款谈判的艰难,当事人不愿意因仲裁条款的分歧,破坏整个合同的签订;或是由于受中国传统文化"和为贵"思想的影响,认为在合同中对争议条款的谈判有损双方当事人的合作关系;也可能由于在合同谈判中,当事人聘请的律师大多是注重实体法的专业律师,他们对仲裁程序或者仲裁条款的重要性没有足够的认识和了解,也没有花费时间与精力对仲裁条款进行调查与研究,对仲裁条款进行磋商。但是,一旦合同发生了争议,当事人往往处于被动地位,较难打赢官司,即使有时打赢了官司,其判决也很难得到其他国家法院的承认与执行。这就需要我国的外贸企业在合同谈判中,注重国际贸易合同争议条款的制定,以维护自身的正当利益。

3.1.2 谨慎拟定仲裁条款

国际商事仲裁构建了有别于法院解决民事争议的纠纷解决机制。如前所述,国际商事仲裁具有一裁终局、保密性、公正性、快捷性及管辖权恒定性等特点,在仲裁程序中,当事人具有相当的灵活性和程序性的权利。除了仲裁规则规定的权利外,当事人还可以在仲裁规则允许的范围内为自己量身定做适当的仲裁程序。当事人所要做的就是在拟定的仲裁条款中做出明确的约定。为了保障国际商事仲裁发挥其解决纠纷的功能,当事人在拟定仲裁协议(仲裁条款)时要十分谨慎。规范有效的仲裁条款对当事人之间争议公平、高效、成功地解决起到尤为重要的作用。令人遗憾的是,在仲裁实践中,由于当事人或其代理人没有重视仲裁条款的拟定,往往会导致有缺陷的仲裁条款。一般而言,有缺陷的仲裁条款主要由于当事人的疏忽,使得仲裁条款存在某个方面的瑕疵。如果存在严重的缺陷,将会导致仲裁条款的无效。即使某些有微小瑕疵的仲裁条款,不会当然导致仲裁条款的无效,但也会产生仲裁条款在程序及含义等问题的争议。在仲裁实践中,例如当事人在合同中约定,如果合同或与合同有关的争议一方当事人到对方当事人所在地仲裁机构仲裁,这样的仲裁条款含义就比较模糊、模棱两可。如果对方当事人所在地有两个以上的仲裁机构,那么就无法确定具体的仲裁机构了。还例如,当事人在仲裁条款中约定的仲裁机构名称是错误的,就可能导致仲裁条款的无效;还有的当事人在仲裁条款中选择了特定的仲裁员,但是在仲裁开始时仲裁员已经死亡;还有当事人可能约定双重争议解决条款,也就是说既规定了当事人之间发生的争议交由某一仲裁机构解决,同时又约定当事人之间的争议交由法院进行处理。如此等等,都是具有一定缺陷的仲裁条款。在某些情况下,即使仲裁条款没有缺陷,但是一方当事人故意利用仲裁条款设置障碍,以达到阻止仲裁程序顺利的开展。例如,当事人故意在仲裁条款中约定特定资格的仲裁员,但是这种特定资格的仲裁员非常少见,一旦发生争议,无法顺利选择仲裁员,导致仲裁程序的无限拖延。所以,这些仲裁条款也无法有效地保障当事人的利益,提高争议解决的效率。

仲裁协议的拟定是非常复杂的。一般而言,当事人如果签订仲裁协议书,针对将要发生的或者已经发生的争议,仲裁协议书就会比较复杂而全面。在国际商事仲裁实践中,其主要还是采取在合同中规定仲裁条款的方式,该仲裁条款一般是比较简练的。甚至,有些当事人直接参考其所选择的仲裁机构的示范仲裁条款作为模板,减少因不当导致仲裁条款无效的可能性。至于是否采取繁简不一的仲裁条款,要根据交易的类型、合同的特点以及纠纷的可能性等不同情况而定。仲裁条款应该包括哪些因素以及如何避免缺陷的仲裁条款,是本章分析的重点。

3.1.3 拟定仲裁条款的基本要求

对于不同的国际商事仲裁类型,拟定仲裁条款或仲裁协议书的基本要求是不一样的。如果是机构仲裁,拟定简短的仲裁条款是较为明智的,不需要拟定详尽复杂的仲裁条款。几乎每一个仲裁机构都会提供当事人选择适用的简明仲裁条款范本。仲裁机构提供的范本是经过长期仲裁实践的检验,这些示范条款简洁明确,不会产生异议。如果当事人在国际贸易等合同签订过程中,对国际商事仲裁程序没有特殊的要求,选择当事人争议解决的仲裁机构的示范仲裁条款就足够了。一方面,当事人或其代理人可以节省大量的谈判时间和谈判成本,集中精力着重合同实质条款的谈判;另一方面,采用示范仲裁条款,可以避免因拟定仲裁条款不当出现有缺陷的仲裁条款的现象,以

3 仲裁协议的拟定

及导致仲裁条款无效的情况。而且,对于仲裁机构来说,机构的主管人员对于示范仲裁条款比较熟悉,在受理案件时容易作出判断。如果当事人选择临时仲裁,由于临时仲裁不像机构仲裁,有专门的仲裁规则规定仲裁程序的进行,当事人就有必要对仲裁条款(仲裁协议书)作出更为详细的规定,作出更多的特殊规定。例如,关于仲裁员的选择问题。在机构仲裁中,如果当事人没有规定仲裁员的选择方法,那么就按照该机构仲裁规则规定仲裁员的选择方法进行。但是在临时仲裁中,如果当事人没有在仲裁条款或仲裁协议书中对于仲裁员的选择达成一致,就有可能会由法院来任命仲裁员。由于在临时仲裁中没有机构仲裁所谓的仲裁规则,当事人如果事事都做出详细规定,可能会影响实体事项合同签订的进程,所以在许多临时仲裁中当事人会选择联合国《贸易法委员会仲裁规则》(以下简称《规则》)。根据《贸易法委员会仲裁规则》第1条第1款规定:凡各方当事人同意,一项确定的法律关系不论是合同性还是非合同性的,彼此之间与此有关的争议应根据《贸易法委员会仲裁规则》提交仲裁的,此类争议均应按照本《规则》进行解决,但须服从各方当事人可能协议对本《规则》作出的修改。也就是说,当事人可以选择该《规则》作为基本的规定,当然也可以根据交易的特殊以及争议解决的要求对该《规则》中的有关规定进行适当的修改,以达到更加符合当事人解决争议的要求。

无论是临时仲裁还是机构仲裁,仲裁协议的书面形式很重要。根据1958年《纽约公约》第2条的规定如下。(1)当事人以书面协定承允彼此间所发生或可能发生之一切或任何争议,如关涉可以仲裁解决事项之确定法律关系,不论为契约性质与否,应提交仲裁时,各缔约国应承认此项协定。(2)称"书面协定"者,谓当事人所签订或在互换函电中所载明之契约仲裁条款或仲裁协定。……也就是说,只有具有书面的仲裁协议,仲裁裁决才能在《纽约公约》下得到承认与执行。从目前情况看,许多国家仲裁法都要求仲裁协议采取书面形式,大多数仲裁机构的仲裁规则也要求仲裁协议采取书面形式。当然《纽约公约》规定的书面形式要求在当今互联网时代,显得比较严格与不适应时代发展的需要。联合国国际贸易法委员会在修订其《示范法》时,尽量对书面形式作出宽松的解释与规定,甚至可以对书面形式不作出要求。2006年通过的案文中采取了选择性的做法。备选案文一要求仲裁协议应为书面形式。备选案文二没有规定仲裁协议的形式要求,也就是说可以允许书面形式外的其他形式。但是从国际商事仲裁实践来看,当事人还是采取书面形式为好,这不仅有利于减少当事人之间的异议,而且为在《纽约公约》下仲裁裁决能够得到承认与执行建立前提条件。

当事人选择机构仲裁的,最好在仲裁协议中使用仲裁机构提供的示范仲裁条款。每个机构都为当事人提供了仲裁示范条款。我们将在本章第3.4节专门介绍世界上著名的仲裁机构的仲裁示范条款。其中,英国伦敦国际仲裁院的仲裁条款是一个典型的且较公正的仲裁示范条款:

凡产生于本合同或与本合同相关的任何争议,包括有关合同的存在、效力或终止任何问题,均应按照英国伦敦国际仲裁院仲裁规则,提交仲裁并由仲裁最终解决,此规则被认为引用合并到该条款中。

仲裁员人数应为[一名/三名]。

仲裁地或仲裁法律地应为[城市和/或国家]。

仲裁程序应当使用的语言为[   ]。

本合同应当受[   ]实体法所管辖。

当事人选择适用示范条款,仲裁机构一般能保证该条款得到实施,并且按照条款的规定进行仲裁。所以,在国际商事仲裁实践中,当事人选择仲裁示范条款就足够了。当事人所选择的仲裁机构将根据其仲裁规则来决定仲裁庭的组成以及仲裁程序的开展等相关问题。不过,当事人在拟定仲裁条款时要特别小心仲裁范围的问题。一般情况下,拟定的仲裁条款的范围应该尽可能包括将要产生的所有争议。在实践中,关于合同所引起的纠纷主要包括合同本身的纠纷(合同的存在、效力或终止等问题)以及由合同引起的侵权问题。如果当事人仅仅规定合同的纠纷提交仲裁,那么就有可能将由合同引起的侵权纠纷排除在仲裁之外了。这是大多数当事人不愿意看到的,即由于仲裁条款中对于提交仲裁的争议范围规定过于狭窄而导致仲裁不能覆盖当事人的多种诉求,以至于当事人不得不对同一案件中的某些争议提交法院进行诉讼解决,造成当事人司法资源的浪费。所以,仲裁示范条款一般都作出这样的规定,即"凡产生于本合同或与本合同相关的任何争议",如此就将所有的争议包含在条款中了。

3.2 仲裁协议拟定的基本内容

通常情况下,仲裁机构的示范仲裁条款中包含的基本内容有仲裁员的选定、仲裁地的确定、仲裁语言的使用以及仲裁中合同适用的法律等方面。

3.2.1 仲裁员的选定

仲裁员的选定主要有三个方面的问题：仲裁员的人数、仲裁员的选择方法以及仲裁员的资格。关于仲裁员人数问题，或者说仲裁庭的组成问题，大多数仲裁机构的仲裁规则采取奇数仲裁员的做法，即采取一名仲裁员或三名仲裁员组成仲裁庭。例如，在前述英国伦敦国际仲裁院的示范仲裁条款中由当事人选择一名仲裁员还是三名仲裁员。当事人之间是选择一名仲裁员还是三名仲裁员，需要考虑交易的复杂程度、争议发生的可能性、争议发生可能涉及的价值，甚至要考虑仲裁机构仲裁规则的规定以及仲裁员的费用等问题。通常情况下，仲裁机构的仲裁规则大多会规定加速仲裁程序或者简易仲裁程序。也就是说，如果案件比较简单、争议金额不大，可以采取一名仲裁员组成仲裁庭。其优势在于当事人所支付仲裁员的费用相对要低些，能够更好地协调当事人与仲裁员关于仲裁程序的安排与推进。仲裁员不用花时间与其他仲裁员进行协商，不用就不同观点进行讨论，仲裁庭的审理与仲裁裁决的作出相对快捷，效率更高。当然，如果是比较复杂、争议金额较高的仲裁案件，当事人还是比较倾向采取三名仲裁员来组成仲裁庭。尽管选择三名仲裁员的费用比选择一名仲裁员的费用要高，组织三名仲裁员与当事人参与仲裁程序的难度比组织一名仲裁员要难，但是当案件所涉及的标的额较大，当事人往往会认为选择三名仲裁员组成仲裁庭会更为放心，可以避免整个案件完全取决于一名仲裁员的风险。三名仲裁员各自发表意见也往往要好于一名仲裁员决定所有问题，三名仲裁员组成的仲裁庭更能提出被当事人所接受的合理性解决方案。尤其在国际商事仲裁中，双方当事人文化背景差异、法律制度各异以及语言的不同，选择三名仲裁员组成仲裁庭，当事人可以指定一名仲裁员，其指定的仲裁员一般情况是与自己具有相同的文化、法律背景，这样就会增强当事人对仲裁庭的信心。至于仲裁员的选择方法，仲裁机构的示范条款一般没有作出规定，具体选择仲裁员的方法由该机构仲裁规则进行规定。通常的做法，对于三名仲裁员组成的仲裁庭，各方当事人各自指定一名仲裁员，第三名仲裁员由双方当事人共同指定，或者由当事人指定的两名仲裁员共同推选第三名仲裁员为首席仲裁员。各仲裁机构关于仲裁员选择方法可能会不同，也有的仲裁机构设立了仲裁员名册制度，当事人可以在名册里选择仲裁员。当事人也有可能因为合同的特殊性或者贸易的特定领域，会对仲裁员提出特别的任职资格要求，如特殊领域的专家、掌握特殊语言的要求、特定经验的要求等。需要提醒当事人的是，如果在仲裁条款中对仲裁员提出越详细的资格要求，越有可能导致根本没有符合全部条件的仲裁员，最终导致仲裁程序无法进行。当事人也要特别注意,也有可能对方当事人故意提出仲裁员任职的苛刻条件,其目的可能就是为了阻碍仲裁程序的顺利进行或导致仲裁程序无法开展。

3.2.2 仲裁地的确定

仲裁地或者仲裁法律地的确定具有非常重要的法律意义。一方面,其对于仲裁的法律适用起到关键的作用。如果当事人没有选择仲裁程序所要适用的法律,一般情况下,各国都规定适用仲裁地的仲裁法。即使当事人选择适用非仲裁地的仲裁法,但仲裁程序也不能违反仲裁地仲裁法中强制性规定。在国际商事仲裁实践中,双方当事人往往不愿意选择对方当事人所在地作为仲裁地进行仲裁,通常的做法就是选择中立的、与交易双方没有任何联系的第三方作为仲裁地。如此当事人就会在与交易无关联的中立地方进行仲裁。这里需要提醒的是,仲裁地或者仲裁法律地与仲裁开庭地并不是完全等同的概念。仲裁地或者仲裁法律地与仲裁开庭所在地常常是一致的,但有时仲裁地在某个国家的城市,但开庭地可能在另一个国家的城市。所以,明确仲裁地具有法律上的意义,不仅涉及刚才所说的法律适用问题,而且涉及仲裁的国籍问题。当事人所选择的仲裁地是1958年《纽约公约》的成员国所在地,因为许多国家声明其只承认与执行《纽约公约》成员国所作出的仲裁裁决。如果当事人选择的仲裁地所在的国家不是《纽约公约》的成员国,而仲裁裁决需要到败诉方财产所在地《纽约公约》成员国申请承认与执行,那么仲裁裁决往往得不到承认与执行。当然,仲裁开庭地应该选择交通便利、基础设备齐全、通信发达、经济稳定、社会安全、允许自由旅游的国家。

3.2.3 仲裁语言的使用

就国内仲裁而言,当事人一般会使用该国的通用语言,不会考虑到仲裁程序所使用的语言问题。但对于国际商事仲裁而言,由于双方当事人可能使用不同的语言文字,当事人有必要在仲裁条款中约定仲裁所使用的语言。通常情况下,合同所使用的语言一般就是仲裁程序所使用的语言。如果当事人没有选择仲裁程序的语言,仲裁庭可以决定所使用的语言。当然,当事人对于仲裁语言的选择大多情况下无法满足双方当事人的所有要求。如果使用一方当事人的语言,必然会导致另一方当事人花费额外的费用对文件材料进行翻译。

3.2.4 仲裁合同适用的法律

以上关于仲裁员的人数、仲裁地以及仲裁所使用的语言,仲裁机构的仲裁示范条款一般都作出了规定。但是对于合同的法律适用问题,有的示范仲裁条款作出规定,有的没有作出规定。仲裁所适用的法律不仅仅只是合同的法律适用问题,还包括仲裁程序的法律适用、仲裁协议的法律适用问题。当事人如果对这些方面都进行约定,就为仲裁庭确定所适用的法律带来了方便。合同所适用的法律属于实质问题所适用的法律,也就是决定当事人具体权利与义务的法律,解决当事人之间实质纠纷所适用的法律。其并不是必须规定在仲裁条款中,但是当事人进行了约定,可以避免当事人之间关于适用法律的争论,防止在仲裁中引起不必要的争议。

3.3 仲裁协议的拟定附加内容

上述是拟定仲裁条款四个方面的基本内容。如果当事人根据合同自身的特殊性,可以协商基本条款之外的一些附加条款,例如,证据规则、临时措施、技术专家、仲裁保密、司法审查、多方当事人、关联合同等。如果合同一方当事人是国家的,还可以规定关于国家豁免放弃等。当事人设定附加条款必须十分谨慎,其委托的律师必须熟悉当事人选择的仲裁规则或当事人没有选择仲裁规则时其所选择仲裁机构的仲裁规则。如果仲裁规则已经具体规定了有关内容,当事人没有必要再在附加条款中进行规定。如果当事人需要改变仲裁规则中的某些规定,必须是仲裁规则允许更改的部分内容。有些仲裁机构的仲裁规则并不总是允许当事人改变仲裁规则,有些仲裁规则中强制性的规定,当事人是不能修改的,除非仲裁规则允许"当事人另有约定除外"。

3.3.1 证据规则

世界各个国家的证据规则迥异。在国际商事仲裁中,仲裁员可能来自不同法系的国家,他们对自己法系的证据规则最为熟悉。如何在仲裁规则中协调不同法系的证据规则,同时又要保持仲裁庭的灵活性,难度是非常巨大的。所以,大多数仲裁机构的仲裁规则都没有详细规定证据规则。当事人在仲裁协议中附加证据规则条款可能会导致仲裁条款出现缺陷的风险。目前,最为简便的做法就是采取拿来主义,可以根据国际律师协会(International Bar association)编撰的《国际律师协会关于国际商事仲裁的取证规则》(IBA Rules on the Taking of Evidence in International Commercial Arbitration)为基础,形成附加条款,避免导致缺陷仲裁协议的潜在风险。这一做法也得到了国际商会国际仲裁院等一些著名仲裁机构的肯定。国际律师协会编撰的《国际律师协会关于国际商事仲裁的取证规则》是由来自不同法系的法学专家、国际商事仲裁的实务人员进行编撰的,将大陆法系与英美法系两大法系的取证规则较好地融合在一起,让当事人能够明确仲裁庭如何进行取证,指导仲裁庭如何处理文件证据、证人证言和专家证据等。在国际商事仲裁实践中,执业律师更倾向于把国际律师协会的证据规则作为一种指导准则,而不在当事人的仲裁协议中作出具体规定。如果当事人想要比国际律师协会规定的规则更多的证据披露形式,就必须在仲裁条款中作出详细的约定。这里必须提醒的是,采取更多的证据披露,必然会给当事人增加费用并导致仲裁程序的延长,所以当事人对此的约定一定要根据自身的实际情况以及合同的特色进行。

3.3.2 临时措施

当事人也可能会考虑在仲裁条款中规定临时措施,其目的主要是防止证据灭失或者财产被转移,导致仲裁裁决无法执行的情况。各国仲裁法对于临时措施的规定不尽相同,但是近几年来,仲裁机构也越来越重视临时措施的规定,纷纷在最新修改的仲裁规则中规定详尽的临时措施制度以及紧急仲裁庭(员)制度。这些规定都反映了当今临时措施制度的新发展。例如,美国仲裁协会国际争议解决中心2014年6月1日才生效的《国际仲裁规则》第6条规定了紧急保护措施,具体如下。

(1) 当事人在仲裁庭组成之前可申请紧急保护措施,应书面通知仲裁管理人及其他各方其所申请的保护措施的性质、需要采取紧急措施的理由,以及申请方有权获得相应紧急保护的理由。紧急保护措施申请应与仲裁通知同时提交,或在仲裁通知之后提交。申请通知可以通过电子邮件或本规则第10条允许的其他方式提交,但必须包含一份声明确认其他各方已被通知或已采取合理的步骤通知所有当事人的解释。

(2) 在收到本规则第6(1)条所述的通知后1个工作日内,仲裁管理人应指定一名应急仲裁员。在接受指定前,该应急仲裁员应依照本规则第13条的规定向仲裁管理人披露任何可能对仲裁员的公正性或独立性引起合理怀疑的情形。任何对选定该应急仲裁员的异议,必须在收到仲裁管理人通知指定该应急仲裁员及披露事项后1个工作日内提出。

3 仲裁协议的拟定

(3) 应急仲裁员应尽快,且在任何情形下不迟于接受指定后 2 个工作日内,提出审理紧急保护措施申请的时间表。该时间表应给予各方当事人合理的陈述机会,并可通过电话、视频、提交书面文件或其他适当方式进行,作为开庭审理的变通。应急仲裁员应拥有本规则第 19 条规定的仲裁庭的权力,包括有权就其管辖权作出决定,并有权解决任何就本条的适用所产生的争议。

(4) 应急仲裁员应有权裁定采取其认为必要的临时性或保护性措施,包括禁令和财产保护或保全措施。任何前述措施可以通过临时裁决或决定的形式作出。无论何种形式,应急仲裁员应附具理由。应急仲裁员可以根据适当理由修改或取消其作出的临时裁决或决定。临时裁决或决定应与依照本规则第 24 条做出的临时措施具有同等效力,且一经做出就对当事人产生拘束力。当事人应遵照临时裁决或决定采取措施,不得迟延。

(5) 仲裁庭组成后应急仲裁员将不再行使权力。仲裁庭一经组成,仲裁庭可重新考虑、修改或取消由应急仲裁员作出的关于紧急措施的临时裁决或决定。应急仲裁员不得成为仲裁庭的成员,除非当事人另有约定。

(6) 任何就紧急措施作出的临时裁决或决定,可以要求申请该救济的当事人提供适当担保为条件。

(7) 由一方当事人向司法机关提出的临时措施申请不应被认为与本规则第 6 条或仲裁协议不符,也不得被认为是对仲裁权利的放弃。

(8) 因提出紧急保护措施而产生的费用的承担,应由应急仲裁员处理,但仲裁庭有权对有关费用的承担作出最终决定。

由于仲裁规则对于临时措施的规定越来越完善,当事人也就没有太大的必要再在仲裁条款中规定临时措施的问题了。

3.3.3 技术专家

在国际商会国际仲裁院的示范仲裁条款中还涉及专家委员会的问题。例如,仲裁可作为专家委员会或者争议解决委员会的后备方案。此外,意欲提请国际商会仲裁的当事人可能还希望规定,如果在仲裁进行过程中需要专家意见,则由国际商会国际 ADR 中心提议一名专家。也就是说,当事人可以在仲裁条款中约定如果发生关于技术问题的争议,可以提交技术专家解决。至于技术专家的决定是否具有约束力,当事人可以在仲裁条款中做出明确的约定。如果技术专家的决定不具有约束力,当事人可以进一步约定通过仲裁进行解决。例如,当事人认为需要国际商会国际 ADR 中心的专家对技术、金融和合同问题提供协助,但是技术专家的意见不具有约束力,可以进行如下的约定。

合同第 X 条有关的纠纷,根据国际商会的专家规则,当事人同意提交专家程序,由国际商会国际 ADR 中心提议一名专家提出专家意见。如果经过专家程序之后争议仍不能解决,专家组将会发出通知终止专家程序,仍根据国际商会的仲裁规则由一名或三名仲裁员根据之前选择的规则进行仲裁。

3.3.4 前置程序

仲裁并不是解决当事人之间争议单独唯一的方法。当事人可以将仲裁与其他争议解决方法,尤其是 ADR 争议解决方法结合起来,用不同的手段与方法尽可能合理、公正、高效率、低成本地解决当事人之间的争议。在拟定仲裁条款时,双方当事人可以同意约定一些前置程序,例如,协商程序、调解程序、专家程序等,组成多元争议解决条款。当事人根据自身的需要,可以约定不同的前置程序,主要有:①协商+仲裁;②协商+调解+仲裁;③调解+仲裁;④专家程序+仲裁。在仲裁实践中,一些从业者担心这些前置程序会变成拖延时间的工具,成为礼貌的陷阱。例如,如果当事人采取了协商+调解+仲裁多元争议解决条款,当发生纠纷时,当事人首先通过协商来解决争议。如果当事人协商没有成功,就将进行调解,如果调解没有成功,最后进行仲裁并作出有约束力的裁决。但某些争议发生后,如果当事人之间的关系已经破裂,一方当事人或双方当事人根本没有兴趣进行协商或调解,就会引起一个非常重要的问题:是否必须进行协商、调解的前置程序?能否不先进行协商和调解,直接进行仲裁?在仲裁实践中,协商、调解的前置程序的实施取决于当事人的态度。如果一方当事人直接提起了仲裁申请,而没有与对方当事人协商,也就表明了该当事人不愿意与对方协商。对方提出以必须先行协商来否定仲裁,一般不会得到仲裁庭的支持。因为协商也好、调解也好是需要得到双方的同意认可的,一方当事人提请仲裁就表明其不愿意协商与调解的态度,说明了协商或调解不成功,可以提起仲裁。当然,仲裁庭在仲裁过程中,可尽量促使双方当事人尽可能地进行协商与调解。为了避免前置程序引起不必要的争议,当事人在拟定条款时可以明确规定"协商、调解不成的或者不愿协商、调解的,当事人均可提交仲裁进行解决。"

3.3.5 加速程序

如果当事人希望争议能够更快地得到解决,可以在仲裁条款中约定加速程序。仲裁之所以被商人们所青睐,其中一个主要的原因就是仲裁的快捷。但是,由于仲裁机构越来越重视程序正义,仲裁程序的规定越来越制度化和僵硬化，也有诉讼化的倾向，影响到仲裁的效率。当然，现在许多仲裁机构都致力于如何提高仲裁效率，设计出仲裁简易程序以及小额标的仲裁程序等。对于简易仲裁程序一般都是以仲裁的标的额为依据的，但是如果当事人认为他们之间的争议，尽管标的额超过仲裁规则的规定数额，也可以约定适用简易程序。例如，2015年《中国国际经济贸易仲裁委员会仲裁规则》第56条规定了简易程序的适用。(1)除非当事人另有约定，凡争议金额不超过人民币500万元，或争议金额超过人民币500万元，但经一方当事人书面申请并征得另一方当事人书面同意的，或双方当事人约定适用简易程序的，适用简易程序。(2)没有争议金额或争议金额不明确的，由仲裁委员会根据案件的复杂程度、涉及利益的大小以及其他有关因素综合考虑决定是否适用简易程序。其中就有一种情形，即争议金额超过人民币500万元的但双方当事人约定适用简易程序的。所以，当事人可以根据交易的实际情况，约定加速程序的规定，一般可以作出这样的约定：双方一致同意，如发生争议提交××仲裁机构适用该机构现行仲裁规则的简易程序进行仲裁。当然，也可以直接约定由一名仲裁员按照当事人约定的简易程序进行，甚至可以约定争议的解决不需要开庭审理，直接进行书面审理。

3.3.6 费用负担

国际商事仲裁争议解决机制具有相当大的灵活性，当事人可以在仲裁条款中增加证据披露或者其他的庭审活动，这些都不可避免地产生额外的律师费用和其他一些费用。为了减少当事人之间关于费用分摊的纠纷，当事人应该明确约定仲裁费用（包括仲裁案件受理费用、处置费用、仲裁员费用、鉴定费用等）、聘请律师的费用以及其他一些费用的分摊原则与方法，约定仲裁员是否具有自由裁量权决定仲裁费用以及律师费用的分摊，是否由败诉方承担所有的仲裁费和胜诉方的律师费，是否按照仲裁请求的支持程度承担相应比例的仲裁费用，是否各自承担自己的费用，包括律师费用等。

3.3.7 仲裁保密

保密性原则是仲裁的优势，仲裁许多制度的设计就是基于仲裁的保密性原则。例如，仲裁不公开审理制度、仲裁裁决不能公开等。但是，仲裁保密性原则与现代上市公司信息公开原则存在冲突，仲裁保密的义务主体有哪些，上市公司作为当事人公开仲裁的程度是什么，可能不同的仲裁规则有着不同的规定。一些仲裁规则仅仅规定仲裁员、当事人是保密性的义务主体，而不涉及证人、专家。证人与专家并不受保密性约束,除非单独签订保密协议。即使当事人之间存在保密协议,也可能因为涉及法庭诉讼而被推翻。尽管如此,保密条款至少能够抑制当事人随意谈论仲裁过程与仲裁结果。如果当事人很在意对仲裁过程和结果的保密性,但是所选的仲裁机构规则中又没有关于保密的条款,可以考虑下面美国商事仲裁机构推荐的条款:除非法律另有规定,任何一方当事人或仲裁员都要对仲裁、仲裁内容和仲裁结果保密,除非双方当事人之间存在书面的事前同意书。此条款也规定,可以通过当事人与之签订书面的保密协议来要求代表一方当事人的事实证人和专家证人遵守保密义务。

3.3.8 司法审查

在一些国家的立法与司法实践中,当事人不仅通过仲裁协议对仲裁过程中的相关事宜作出约定,而且出现对法院的司法审查范围进行约定的情况。对司法审查的范围进行约定,存在两种模式:一是对司法审查范围进行协议扩大;二是相关当事人依据法律规定协议排除法院的司法审查。关于司法审查范围的约定,可能与仲裁地国家的法律相冲突,都将面临仲裁协议无效或仲裁裁决无效的风险。例如,法国法律不允许当事人约定扩大司法审查的范围,巴黎上诉法院就曾因为当事人在仲裁协议中约定可以对仲裁员的仲裁裁决提起上诉,而宣告一项国际仲裁裁决无效。美国巡回法庭对于是否执行当事人在仲裁协议中约定的扩大司法审查有不同的做法,联邦巡回上诉法院在"《联邦仲裁法案》所规定的对仲裁裁决进行确认、撤销或更改的司法审查方式是否是排他的"这个问题上产生了分歧。巡回法庭的这种分歧最终由最高法院在 Hall Street Assoc. v. Mattel 案中得到解决。支持仲裁的政策认为有限的司法审查是维持仲裁快速直接地解决纠纷这一主要优点所必需的。因此,最高法院认为当事人在仲裁条款或仲裁协议中要求扩大对仲裁裁决司法审查的约定不可执行。[①]

协议排除司法审查,是指仲裁协议的当事人在仲裁协议中约定,仲裁裁决作出后,任何一方当事人不得向任何国家法院申请撤销,即当事人在他们的仲裁协议中共同约定排除任何国家法院(包括裁决地法院和裁决适用的法律国家法院)撤销仲裁裁决的权力。[②] 国家通过立法明确规定当事人可以通过排除协议排除法院司法监督的做法并不多见,目前采取这种立法例的国家

[①] 552 U.S. 576.
[②] 赵秀文:《国际仲裁中的排除协议及其适用》,《法学》2009 年第 9 期。

3 仲裁协议的拟定

主要有瑞士、比利时、瑞典以及突尼斯。1988年《瑞士联邦国际私法法规》第192条第1款规定:如果双方当事人在瑞士既无住所也无惯常居所或营业所,则得通过仲裁协议中的明示声明或事后达成的书面协议,排除一切撤销仲裁裁决的程序;双方当事人也得仅仅依据第190条第2款所列的一种或数种理由而排除撤销仲裁裁决的程序。①新修订的《比利时司法典》第1717条第4款也作了类似的规定。瑞士虽然在国际仲裁立法赋予当事人放弃对仲裁裁决提出异议的可能性,但是在实践中,自《瑞士联邦国际私法法规》颁布以来的将近十年多的时间里,这个规定只是一纸空文,并未在实践中得以实施。直到2005年2月4日,瑞士联邦最高法院作出了一个里程碑似的裁定,从而界定了第192条适用的范围。② 在这个案件中,双方当事人在仲裁协议中约定:仲裁庭作出的任何裁决或者决定必须遵循《联合国国际贸易法委员会仲裁规则》,并且对双方当事人产生终局的约束力,在能够有效排除的范围内,双方当事人排除对于任何裁决的所有上诉的权利。在回顾了以往关于该事项的做法后,法院认为案件当事人缔结的排除协议符合《瑞士联邦国际私法法规》第192条第1款规定的条件,因为法院所列出的标准就是必须清楚地、毫无疑问地显示当事人放弃任何上诉权利的合意。认可了这种排除协议的有效性,驳回了撤销仲裁裁决的申请。

3.3.9 多方当事人

在一些案件中,纠纷可能涉及多方当事人,例如,在合伙合同、合资企业合同、合作企业合同中,当事人可能有数个。在这种情况下,所有的当事人都包含在一个合同中,只需要拟定一个仲裁条款就可以了。此时的表述不能采用双方当事人的说法,而是采用各方当事人的表述。当申请人或被申请人为两个或两个以上当事人,就会出现多方当事人一方指定仲裁员的问题。如果多方当事人能够达成选定仲裁员的一致意见,就不会存在问题。但是,在仲裁实践中,仍然会出现多方当事人无法就指定仲裁员达成一致意见的情况,造成仲裁程序的延迟。为了避免多方当事人无法就选定仲裁员达成一致而产生纠纷造成迟延或者对一方不利的情况,当事人可以在仲裁条款中约定多

---

① 第190条第2款规定的是申请撤销仲裁裁决的五种情况:①独任仲裁员指定不当或仲裁庭组成不当;②仲裁庭错误行使或拒绝行使管辖权;③仲裁庭的决定超出了向它提交的问题范围,或裁决未能就某一请求事项作出裁定;④当事人平等原则或陈述意见的权利未得到维护;⑤裁决违反公共秩序。

② 陈静:《浅析瑞士国际仲裁中的排除协议》,《仲裁研究》2009年第1期。

方当事人选定仲裁员的方法,一般采取由仲裁机构秘书处负责人指定的做法。例如,北京仲裁委员会就建议如下:如申请人或被申请人为两个或两个以上当事人,且该两个或两个以上当事人在规定期限内无法就选定仲裁员达成一致的,则仲裁庭全体仲裁员均应由北京仲裁委员会主任指定。在国际商会国际仲裁院处理的 Siemens AG v. Dutco 一案中就发生了这一问题,当事人代表对于选择仲裁员不能达成一致,最终由国际商会国际仲裁院指定了仲裁员。但是,申请人能够指定其想要的仲裁员而被申请人不能指定其想要的仲裁员,这或许对一方当事人不公平。国际商会目前修改了仲裁规则,如果当事人一方不能确定仲裁员,那么仲裁机构将同时指定双方的仲裁员。国际商会国际仲裁院 2012 年《仲裁规则》第 12 条第(6)款、第(7)款、第(8)款作出了规定,即:(6)如果存在多方申请人或多方被申请人,且争议由三人仲裁庭审理,则应由多方申请人共同提名一名仲裁员,由多方被申请人共同提名一名仲裁员,以供按照第 13 条的规定进行确认;(7)如果追加仲裁当事人,且争议由三人仲裁庭审理,追加当事人可与申请人或被申请人一起提名仲裁员,以供按照第 13 条的规定进行确认;(8)如果不能按照第 12 条第(6)款或第(7)款共同提名仲裁员,且各当事人之间不能就仲裁庭的组成方式达成一致意见,则由仲裁院任命仲裁庭全部成员并指定其中一人担任首席仲裁员。在这种情况下,仲裁院可以自主选择其认为适当的任何人担任仲裁员,并在其认为适当的时候适用第 13 条的规定。如果当事人已经选择了特别仲裁程序,或选择的仲裁机构的规则当中没有处理这种问题的规定,当事人应该考虑在仲裁协议中起草一个条款:在所有当事人之间不存在协议时,由一个中立的第三方来任命所有的仲裁员。

3.3.10 关联合同

有时当事人之间的交易会涉及多份合同,主要有两种基本的情形:①长期合作的双方当事人在一项总的交易下,延续签订的若干合同;②就同一项交易,涉及不同当事人之间的若干合同。例如,在建筑项目中,业主与主承包商之间的合同,主承包商与分承包商之间的合同,分承包商与下一级分承包商之间的合同。如果将这些合同分割采取不同的纠纷解决机制,可能会导致相互矛盾的解决方案。为了避免割裂管辖、便于更好地查明事实以及整体性解决纠纷,当事人可以通过专门的仲裁协议作出统一安排,在所有的合同中都明确规定仲裁条款,所有这些条款联合组成一个纠纷解决程序。当事人可以在仲裁条款中如此约定(北京仲裁委员会的推荐条款):因本框架协议项下交易所涉合同引起的或者与本框架协议项下交易所涉合同有关的所有纠纷,

3 仲裁协议的拟定

不论合同订立日期早于或晚于本框架协议所签订的日期,均提交××仲裁机构依照其现行仲裁规则进行仲裁。当然,如能够确定所涉及的具体合同分别是哪几份,则可在仲裁协议中更为明确清晰地列出。

3.3.11 国家豁免的放弃

如1.9.3所述,在与国家有关的仲裁中,特别是国家与非国家当事人的自然人、法人或其他实体签订有仲裁协议的情况下,当双方当事人发生争议,自然人、法人或其他实体依据仲裁协议对国家提出仲裁申请时,就会涉及国家主权豁免的问题,包括免除仲裁管辖或执行豁免的问题。一般而言,如果一个国家在合同中同意将他们之间发生的纠纷提交仲裁,那么这个协议一般可以被认为该国家放弃了国家豁免,所以此时国家要受到仲裁所适用规则和法律的约束。另外,即使非国家当事人在仲裁中胜诉,在其要求执行仲裁裁决时,国家当事人仍然可以主张执行豁免。基于此,非国家当事人与国家当事人或政府机构签订仲裁协议时,可以劝说国家主体、政府机构同意放弃国家豁免,包括仲裁管辖豁免以及执行豁免,这不失为一种明智的做法。

3.4 仲裁机构的示范仲裁条款

为了避免当事人拟定的仲裁条款因为瑕疵导致其无效,仲裁机构一般都拟定有示范仲裁条款,合同双方当事人可以直接将其作为合同中的仲裁条款,也可以进行适当的修改或补充将其作为合同中的争议解决条款。下面列举国内外一些著名国际商事仲裁机构的中英文示范仲裁条款以及其他与仲裁合并争议解决示范条款,以方便当事人在选择国际商事仲裁解决争议时拟定仲裁条款或其他混合争议解决条款。

3.4.1 国际商会国际仲裁院的示范仲裁条款

国际商会推荐意欲将争议提交国际商会仲裁的当事人在其合同中使用以下标准条款:

凡产生于本合同或与本合同相关的一切争议,均应按照国际商会仲裁规则,由依据该规则指定的一名或数名仲裁员终局解决。

All disputes arising out of or in connection with the present contract shall be finally settled under the Rules of Arbitration of the International Chamber of Commerce by one or more arbitrators appointed in accordance with the said Rules.

当事人可以自由调整该条款,以适应具体情况。例如,考虑到国际商会仲裁规则中含有偏好采用独任仲裁员的假设,当事人可能希望约定仲裁员人数。此外,当事人还可能希望约定仲裁地点和仲裁语言以及案件实体问题所适用的法律。国际商会仲裁规则并不限制当事人自由选择仲裁地点和仲裁语言或合同所适用的法律。在调整该条款时务须谨慎,避免发生歧义的风险。条款中不明确的措辞会导致不确定性和延误,并且可能妨碍甚至危害到争议解决的进程。当事人还应当将可能影响该条款在适用法律下执行力的任何因素考虑在内。这些因素包括在仲裁地点以及预期执行地可能存在的任何强制性要求。

因为国际商会国际仲裁院在上述的标准仲裁条款中包含采用国际商会紧急仲裁员规则,如果当事人希望排除紧急仲裁员规定的适用,应当在上述条款中加入"紧急仲裁员规定不予适用"以明确排除适用,即:

凡产生于本合同或与本合同相关的一切争议,均应按照国际商会仲裁规则,由依据该规则指定的一名或数名仲裁员终局解决;紧急仲裁员规定不予适用。

All disputes arising out of or in connection with the present contract shall be finally settled under the Rules of Arbitration of the International Chamber of Commerce by one or more arbitrators appointed in accordance with the said Rules. The Emergency Arbitrator Provisions shall not apply.

原则上,当事人务必总是确保仲裁条款是书面的,并且是用谨慎、清晰语言且没有任何异议起草的。仲裁条款的草拟应符合特定的情形。标准仲裁条款可根据不同的情况作出修改。

(1) 应考虑国内法的要求以及双方当事人可能存在的任何其他特别需求。双方当事人应该特别地审视仲裁地以及潜在的裁决执行地任何强行性的要求。例如,如果当事人希望他们之间的争议由国际商会在中国内地进行,那么他们必须谨慎地在仲裁条款中明确提及国际商会国际仲裁院。为此,可以采取以下的语言进行表达。

凡产生于本合同或与本合同相关的一切争议,均应提交国际商会国际仲裁院并按照国际商会仲裁规则,由依据该规则指定的一名或数名仲裁员终局解决。

All disputes arising out of or in connection with the present contract shall be submitted to the International Court of Arbitration of the International Chamber of Commerce and shall be finally settled under the Rules of Arbitration of the International Chamber of Commerce by one or more arbitrators appointed in accordance with the said Rules.

如此,就符合中国1994年《仲裁法》第18条的关于明确约定仲裁机构的要求,避免引起不必要的歧义与争议。

(2) 如果合同或者商事交易涉及两个以上的当事人,就应该作出特别的安排和处理。

(3) 在争议解决条款中,当事人也可以将仲裁条款以及国际商会提供其他争议解决方法进行合并规定。这样多层次的争议解决条款可以有助于促进争议的处理以及减少时间和争议解决成本。一般情况下,仲裁可以与仲裁前公断程序(Pre-arbitral referee procedure)、调解(Mediation)、专家委员会(Expertise)、争端解决委员会(Dispute Boards)和其他任何形式的替代争议解决方法相结合。

国际商会仲裁可以作为一个平台,在通过其他方式(如调解)尝试和解后,最终裁决一项争议。如果当事人希望在其合同中纳入一个将国际商会仲裁和国际商会调解相结合的多重争议解决条款,则应当参考与国际商会调解规则相关的标准条款。其他的服务组合亦属可能。例如,仲裁可作为专家委员会或者争议解决委员会的后备方案。此外,意欲提请国际商会仲裁的当事人可能还希望规定,如果在仲裁进行过程中需要专家意见,则由国际商会国际 ADR 中心提议一名专家。

希望采用国际商会调解规则下的程序解决争议的当事人,应考虑选择以下条款之一,这些条款涵盖了不同情况和需求。当事人可以自由调整所选条款,以适应其具体情况。例如,当事人选择除调解外的和解程序。此外,当事人还可以约定调解及/或仲裁程序的语言和地点。

每一条款下的注解旨在帮助当事人选择最符合其具体要求的条款。在任何情况下,起草该条款务须谨慎,以避免发生歧义。措辞不明确会导致不确定性和延误,并可能妨碍甚至危害争议解决的进程。当事人在将任何该等条款纳入其合同中时,应考虑任何可能影响该等条款在适用法律下的可执行性的因素。

国际商会提供了有权选择适用国际商会调解规则的示范条款,即:在不影响任何其他程序的前提下,当事人可随时选择按照国际商会调解规则解决产生于本合同或与本合同有关的一切争议。

通过将本条款纳入合同,当事人确认可随时适用国际商会调解规则下的程序。本条款不构成当事人必须做任何事情的承诺,纳入本条款意在提醒当事人可随时适用调解程序或其他和解程序的可能性。此外,本条款可作为一方当事人向另一方当事人建议调解的基础。一方或多方当事人亦可在此过程中向国际商会 ADR 国际中心寻求协助。

国际商会还提供了有义务考虑国际商会调解规则的示范条款,即:对于产生于本合同或与本合同有关的一切争议,当事人同意首先进行商讨并考虑适用国际商会调解规则解决争议。

本条款比前一条款更进一步,要求当事人在产生争议时进行商讨并一同考虑适用国际商会调解规则下的程序解决争议。一方或多方当事人亦可在此过程中向国际商会 ADR 国际中心寻求协助。

3.4.2 英国伦敦国际仲裁院的示范仲裁条款

英国伦敦国际仲裁院建议的未来争议的示范仲裁条款如下:

凡产生于本合同或与本合同相关的任何争议,包括有关合同的存在、效力或终止任何问题,均应按照英国伦敦国际仲裁院仲裁规则,提交仲裁并由仲裁最终解决,此规则被认为引用合并到该条款中。

仲裁员人数应为[一名/三名]。

仲裁地或仲裁法律地应为[城市和/或国家]。

仲裁程序应当使用的语言为[   ]。

本合同应当受[   ]实体法所管辖。

Any dispute arising out of or in connection with this contract, including any question regarding its existence, validity or termination, shall be referred to and finally resolved by arbitration under the LCIA Rules, which Rules are deemed to be incorporated by reference into this clause.

The number of arbitrators shall be [one/three].

The seat, or legal place, of arbitration shall be [City and/or Country].

The language to be used in the arbitral proceedings shall be [   ].

The governing law of the contract shall be the substantive law of [   ].

英国伦敦国际仲裁院建议的现有争议的示范仲裁条款如下:

双方当事人之间业已存在的关于[   ]的争议,双方当事人特此同意该项争议应按照英国伦敦国际仲裁院仲裁规则,提交仲裁并由仲裁最终解决。提交仲裁并由仲裁最终解决,此规则被认为引用合并到该条款中。

仲裁员人数应为[一名/三名]。

3 仲裁协议的拟定

仲裁地或仲裁法律地应为[城市和/或国家]。

仲裁程序应当使用的语言为[　　]。

本合同管辖的法律[是/应当是][　　]实体法。

A dispute having arisen between the parties concerning [　　], the parties hereby agree that the dispute shall be referred to and finally resolved by arbitration under the LCIA Rules, which Rules are deemed to be incorporated by reference into this clause.

The number of arbitrators shall be [one/three].

The seat, or legal place, of arbitration shall be [City and/or Country].

The language to be used in the arbitral proceedings shall be [　　].

The governing law of the contract [is/shall be] the substantive law of [　　].

此外,英国伦敦国际仲裁院还提供了调解以及调解与仲裁相结合的示范条款。

如果仅仅是调解,示范条款如下:

倘若产生于本合同或与本合同相关的争议,包括有关合同的存在、效力或终止任何问题,双方当事人应依据英国伦敦国际仲裁院调解规则,寻求和解,此规则被认为引用合并到该条款中。

In the event of a dispute arising out of or relating to this contract, including any question regarding its existence, validity or termination, the parties shall seek settlement of that dispute by mediation in accordance with the LCIA Mediation Rules, which Rules are deemed to be incorporated by reference into this clause.

如果调解与仲裁相结合,示范条款如下:

倘若产生于本合同或与本合同相关的争议,包括有关合同的存在、效力或终止任何问题,双方当事人应依据英国伦敦国际仲裁院调解规则,首先寻求和解,此规则被认为引用合并到该条款中。

如果争议从开始调解[　　]天内没有通过调解解决,或者在此延长期限内双方当事人用书面形式同意争议应按照英国伦敦国际仲裁院仲裁规则,提交仲裁并由仲裁最终解决,此规则被认为引用合并到该条款中。

调解和仲裁应当使用的语言为[　　]。

合同必须适用[　　]的实体法。

在任何依据本条款开始的仲裁:

(ⅰ)仲裁员人数应为[一名/三名]。

（ⅱ）仲裁地或仲裁法律地应为[城市和/或国家]。

In the event of a dispute arising out of or relating to this contract, including any question regarding its existence, validity or termination, the parties shall first seek settlement of that dispute by mediation in accordance with the LCIA Mediation Rules, which Rules are deemed to be incorporated by reference into this clause.

If the dispute is not settled by mediation within [　　] days of the commencement of the mediation, or such further period as the parties shall agree in writing, the dispute shall be referred to and finally resolved by arbitration under the LCIA Rules, which Rules are deemed to be incorporated by reference into this clause.

The language to be used in the mediation and in the arbitration shall be [　　].

The governing law of the contract shall be the substantive law of [　　].

In any arbitration commenced pursuant to this clause,

（ⅰ）the number of arbitrators shall be [one/three]; and

（ⅱ）the seat, or legal place, of arbitration shall be [City and/or Country].

3.4.3 瑞典斯德哥尔摩商会仲裁院的示范仲裁条款

瑞典斯德哥尔摩商会仲裁院推荐意欲将争议提交该仲裁院适用一般仲裁规则的仲裁当事人在其合同中使用以下标准条款：

任何因本合同而产生的或与本合同有关的争议、纠纷或索赔，或者有关违约、终止合同或合同无效的争议，均应当根据斯德哥尔摩商会仲裁院仲裁规则通过仲裁的方式最终予以解决。

同时还建议补充如下。

仲裁庭应当由[　　]名仲裁员/一名独任仲裁员组成。

仲裁地应为[　　]。

仲裁程序应当使用的语言为[　　]。

本合同应当受[　　]实体法所管辖。

Any dispute, controversy or claim arising out of or in connection with this contract, or the breach, termination or invalidity thereof, shall be finally settled by arbitration in accordance with the Arbitration Rules of the Arbitration Institute of the Stockholm Chamber of Commerce.

Recommended additions:

The arbitral tribunal shall be composed of [　　] arbitrators/a sole arbitrator.

The seat of arbitration shall be [　　].

The language to be used in the arbitral proceedings shall be [　　].

This contract shall be governed by the substantive law of [　　].

瑞典斯德哥尔摩商会仲裁院推荐意欲将争议提交该仲裁院适用快速仲裁规则的仲裁当事人在其合同中使用以下标准条款：

任何因本合同而产生的或与本合同有关的争议、纠纷或索赔，或者有关违约、终止合同或合同无效的争议，均应当根据斯德哥尔摩商会仲裁院快速仲裁规则通过仲裁的方式最终予以解决。

同时还建议补充如下。

仲裁地应为[　　]。

仲裁程序应当使用的语言为[　　]。

本合同应当受[　　]实体法所管辖。

Any dispute, controversy or claim arising out of or in connection with this contract, or the breach, termination or invalidity thereof, shall be finally settled by arbitration in accordance with the Rules for Expedited Arbitrations of the Arbitration Institute of the Stockholm Chamber of Commerce.

Recommended additions:

The seat of arbitration shall be [　　].

The language to be used in the arbitral proceedings shall be [　　].

This contract shall be governed by the substantive law of [　　].

瑞典斯德哥尔摩商会仲裁院推荐意欲将争议提交该仲裁院适用混合条款——快速仲裁规则作为首选的仲裁当事人在其合同中使用以下标准条款：

任何因本合同而产生的或与本合同有关的争议、纠纷或索赔，或者有关违约、终止合同或合同无效的争议，均应当通过斯德哥尔摩商会仲裁院所提供管理的仲裁方式最终予以解决。

应适用快速仲裁规则，除非仲裁院考虑到案件的复杂程度、争议金额以及其他情形而决定应适用仲裁规则。在后种情形下，仲裁院还应决定仲裁庭是由一名或三名仲裁员组成。

同时还建议补充如下。

仲裁地应为[　　]。

仲裁程序应当使用的语言为[   ]。

本合同应当受[   ]实体法所管辖。

Any dispute, controversy or claim arising out of or in connection with this contract, or the breach, termination or invalidity thereof, shall be finally settled by arbitration administered by the Arbitration Institute of the Stockholm Chamber of Commerce (the SCC).

The Rules for Expedited Arbitrations shall apply, unless the SCC in its discretion determines, taking into account the complexity of the case, the amount in dispute and other circumstances, that the Arbitration Rules shall apply. In the latter case, the SCC shall also decide whether the Arbitral Tribunal shall be composed of one or three arbitrators.

Recommended additions:

The seat of arbitration shall be [   ].

The language to be used in the arbitral proceedings shall be [   ].

This contract shall be governed by the substantive law of [   ].

瑞典斯德哥尔摩商会仲裁院推荐意欲将争议提交该仲裁院适用混合条款——基于争议金额的仲裁当事人在其合同中使用以下标准条款：

任何因本合同而产生的或与本合同有关的争议、纠纷或索赔，或者有关违约、终止合同或合同无效的争议，均应当通过斯德哥尔摩商会仲裁院所提供管理的仲裁方式最终予以解决。

争议金额不超过100 000欧元时适用快速仲裁规则。争议金额超过100 000欧元时适用仲裁规则。争议金额超过100 000欧元但不超过1 000 000欧元时仲裁庭应由一名仲裁员组成。争议金额超过1 000 000欧元时，仲裁庭应由三名仲裁员组成。争议金额包括仲裁申请书中的索赔以及答复中的反请求。

同时还建议补充如下：

仲裁地应为[   ]。

仲裁程序应当使用的语言为[   ]。

本合同应当受[   ]实体法所管辖。

Any dispute, controversy or claim arising out of or in connection with this contract, or the breach, termination or invalidity thereof, shall be finally settled by arbitration administered by the Arbitration Institute of the Stockholm Chamber of Commerce (the SCC).

The Rules for Expedited Arbitrations shall apply where the amount in dispute does not exceed EUR 100 000. Where the amount in dispute exceeds

3 仲裁协议的拟定

EUR 100 000 the Arbitration Rules shall apply. The Arbitral Tribunal shall be composed of a sole arbitrator where the amount in dispute exceeds EUR 100 000 but not EUR 1,000,000. Where the amount in dispute exceeds EUR 1,000,000, the Arbitral Tribunal shall be composed of three arbitrators. The amount in dispute includes the claims made in the Request for Arbitration and any counterclaim made in the Answer to the Request for Arbitration.

Recommended additions:
The seat of arbitration shall be [   ].
The language to be used in the arbitral proceedings shall be [   ].
This contract shall be governed by the substantive law of [   ].

瑞典斯德哥尔摩商会仲裁院推荐意欲将争议运用该仲裁院调解规则的当事人在其合同中使用以下标准条款:

除非一方反对,任何因本合同而产生的或与本合同有关的争议、纠纷或索赔,或者有关违约、终止合同或合同无效的争议,均应当根据斯德哥尔摩商会仲裁院调解规则进行调解。

Any dispute, controversy or claim arising out of or in connection with this contract, or the breach, termination or invalidity thereof, shall be referred to Mediation in accordance with the Mediation Rules of the Arbitration Institute of the Stockholm Chamber of Commerce, unless one of the parties objects.

瑞典斯德哥尔摩商会仲裁院推荐意欲将争议混合运用该仲裁院调解规则和其他争议解决方式的当事人在其合同中使用以下标准条款:

除非一方反对,任何因本合同而产生的或与本合同有关的争议、纠纷或索赔,或者有关违约、终止合同或合同无效的争议,均应当首先根据斯德哥尔摩商会仲裁院调解规则进行调解。

如果一方反对进行调解或调解终止,争议应当[   ]最终予以解决。

使用该示范条款时,应插入下列选项中的某一项:(1)根据斯德哥尔摩商会仲裁院仲裁规则通过仲裁的方式。(2)根据斯德哥尔摩商会仲裁院快速仲裁规则通过仲裁的方式。(3)通过提交斯德哥尔摩商会仲裁院(SCC)仲裁的方式,应适用快速仲裁规则,除非仲裁院考虑到案件的复杂程度、争议金额以及其他情形而决定应适用斯德哥尔摩商会仲裁院仲裁规则。在后种情形下,仲裁院还应决定仲裁庭是由一名或三名仲裁员组成。(4)提交任一有管辖权的法院。

Any dispute, controversy or claim arising out of or in connection with this contract, or the breach, termination or invalidity thereof, shall first be referred to Mediation in accordance with the Mediation Rules of the Arbitration Institute of the Stockholm Chamber of Commerce, unless one of the parties objects.

If one of the parties objects to Mediation or if the Mediation is terminated, the dispute shall be finally resolved [   ].

When using the model clause, one of the options below should be inserted: (1) by arbitration in accordance with the Arbitration Rules of the Arbitration Institute of the Stockholm Chamber of Commerce. (2) by arbitration in accordance with the Rules for Expedited Arbitrations of the Arbitration Institute of the Stockholm Chamber of Commerce. (3) by arbitration at the Arbitration Institute of the Stockholm Chamber of Commerce (the SCC). The Rules for Expedited Arbitrations shall apply, unless the SCC, taking into account the complexity of the case, the amount in dispute and other circumstances, determines that the Arbitration Rules of the Arbitration Institute of the Stockholm Chamber of Commerce shall apply. In the latter case, the SCC shall also decide whether the tribunal shall be composed of one or three arbitrators. (4)in any court of competent jurisdiction.

3.4.4　联合国国际贸易法委员会建议的示范仲裁条款

联合国国际贸易法委员会为了促进国际商事仲裁的发展,起草了《示范法》以及《仲裁规则》,同时也提供了根据《联合国国际贸易法委员会仲裁规则》仲裁解决争议的合同中的示范仲裁条款,即:

任何争议、争执或请求,凡由于本合同而引起的或与之有关的,或由于本合同的违反、终止或无效而引起的或与之有关的,均应按照《联合国国际贸易法委员会仲裁规则》仲裁解决。

各方当事人应当考虑增列:

(1) 指定机构应为[　　](机构名称或人名);

(2) 仲裁员人数应为[　　](一名或三名);

(3) 仲裁地应为[　　](城市和国家);

(4) 仲裁程序中使用的语言应为[　　]。

可考虑增列的放弃声明:如果当事人希望排除可能根据适用法律对仲裁

3 仲裁协议的拟定

裁决提出的追诉,可以考虑加上一则条文,大意如下文所提议,但须考虑到此种排除条文的效力和条件取决于适用法律。即:

各方当事人放弃其就一项裁决向任何法院或其他主管机构提起任何形式追诉的权利,但根据适用法律放弃无效的除外。

Any dispute, controversy or claim arising out of or relating to this contract, or the breach, termination or invalidity thereof, shall be settled by arbitration in accordance with the UNCITRAL Arbitration Rules.

Parties should consider adding:

(1) The appointing authority shall be [ ] (name of institution or person);

(2) The number of arbitrators shall be [ ] (one or three);

(3) The place of arbitration shall be [ ] (town and country);

(4) The language to be used in the arbitral proceedings shall be [ ].

Possible waiver statement: If the parties wish to exclude recourse against the arbitral award that may be available under the applicable law, they may consider adding a provision to that effect as suggested below, considering, however, that the effectiveness and conditions of such an exclusion depend on the applicable law.

The parties hereby waive their right to any form of recourse against an award to any court or other competent authority, insofar as such waiver can validly be made under the applicable law.

3.4.5 新加坡国际仲裁中心的示范仲裁条款

新加坡国际仲裁中心建议的一般性示范仲裁条款,即:

凡产生于本合同或与本合同相关的任何争议,包括有关合同的存在、效力或终止任何问题,均应按照现行有效的新加坡国际仲裁中心仲裁规则,提交仲裁并由仲裁最终解决,此规则被认为引用合并到该条款中。

仲裁地应为[新加坡]。*

仲裁庭应由[ ]**名仲裁员组成。

仲裁应当使用的语言为[ ]。

本合同是受[ ]***法所管辖。

说明:

*当事人必须明确指定他们所选择的仲裁地。如果当事人希望选择一个仲裁地替换新加坡,请置换"[新加坡]"为所选择的城市和国家。(例如,

"[城市,国家]"。

＊＊声明为奇数,一个或者三个。

＊＊＊声明为国家或者管辖区域。

Any dispute arising out of or in connection with this contract, including any question regarding its existence, validity or termination, shall be referred to and finally resolved by arbitration administered by the Singapore International Arbitration Centre (SIAC) in accordance with the Arbitration Rules of the Singapore International Arbitration Centre (SIAC Rules) for the time being in force, which rules are deemed to be incorporated by reference in this clause.

The seat of the arbitration shall be [Singapore]. ＊

The Tribunal shall consist of [   ] ＊＊ arbitrator(s).

The language of the arbitration shall be [   ].

This contract is governed by the laws of [   ]. ＊＊＊

Notes：

＊ Parties should specify the seat of arbitration of their choice. If the parties wish to select an alternative seat to Singapore, please replace "[Singapore]" with the city and country of choice (e.g., "[City, Country]").

＊＊ State an odd number. Either state one or state three.

＊＊＊ State the country or jurisdiction.

为了加速仲裁,新加坡国际仲裁中心也提供了加速仲裁的示范仲裁条款,即：

凡产生于本合同或与本合同相关的任何争议,包括有关合同的存在、效力或终止任何问题,均应按照现行有效的新加坡国际仲裁中心仲裁规则,提交仲裁并由仲裁最终解决,此规则被认为引用合并到该条款中。

双方当事人同意根据本条款开始的仲裁应按照新加坡国际仲裁中心仲裁规则第5条第2款加速仲裁程序进行。

仲裁地应为[新加坡]。

仲裁庭应由一名仲裁员组成。

仲裁应当使用的语言为[   ]。

本合同是受[   ]法所管辖。

其对于仲裁地以及合同法律适用的说明与上述一致。

Any dispute arising out of or in connection with this contract, including any question regarding its existence, validity or termination, shall be referred to and finally resolved by arbitration administered by the Singapore International Arbitration Centre (SIAC) in accordance with the Arbitration Rules of the Singapore International Arbitration Centre (SIAC Rules) for the time being in force, which rules are deemed to be incorporated by reference in this clause.

The parties agree that any arbitration commenced pursuant to this clause shall be conducted in accordance with the Expedited Procedure set out in Rule 5.2 of the SIAC Rules.

The seat of the arbitration shall be [Singapore].

The Tribunal shall consist of one arbitrator.

The language of the arbitration shall be [   ].

This contract is governed by the laws of [   ].

3.4.6　瑞士苏黎世商会仲裁院的示范仲裁条款

瑞士苏黎世商会仲裁院推荐意欲将争议提交该仲裁院的仲裁当事人在其合同中使用以下标准条款。

基于本合同产生的或者与本合同有关的任何纠纷、争议或权利主张，包括涉及合同有效、无效、违约或合同终止的事项，均应根据提交仲裁申请时有效的瑞士商会仲裁院的瑞士国际仲裁规则以仲裁方式加以解决。

仲裁员应为[　　]（一名、三名、一名或三名）。

仲裁地应为[　　]（瑞士城市，除非当事人约定仲裁地为瑞士以外的其他国家城市）。

仲裁程序应以[　　]语言（请填入选定语言）进行。

Any dispute, controversy, or claim arising out of, or in relation to, this contract, including the validity, invalidity, breach, or termination thereof, shall be resolved by arbitration in accordance with the Swiss Rules of International Arbitration of the Swiss Chambers' Arbitration Institution in force on the date on which the Notice of Arbitration is submitted in accordance with these Rules.

The number of arbitrators shall be [   ] (one, three, one or three);

The seat of the arbitration shall be [   ] (name of city in Switzerland, unless the parties agree on a city in another country);

The arbitral proceedings shall be conducted in [   ] (insert desired language).

3.4.7 中国国际经济贸易仲裁委员会的示范仲裁条款

中国国际经济贸易仲裁委员会分别提供了在总会或分会进行仲裁的示范条款。

凡因本合同引起的或与本合同有关的任何争议,均应提交中国国际经济贸易仲裁委员会,按照申请仲裁时该会现行有效的仲裁规则进行仲裁。仲裁裁决是终局的,对双方均有约束力。

Any dispute arising from or in connection with this Contract shall be submitted to China International Economic and Trade Arbitration Commission (CIETAC) for arbitration which shall be conducted in accordance with the CIETAC's arbitration rules in effect at the time of applying for arbitration. The arbitral award is final and binding upon both parties.

凡因本合同引起的或与本合同有关的任何争议,均应提交中国国际经济贸易仲裁委员会_____分会(仲裁中心),按照仲裁申请时中国国际经济贸易仲裁委员会现行有效的仲裁规则进行仲裁。仲裁裁决是终局的,对双方均有约束力。

Any dispute arising from or in connection with this Contract shall be submitted to China International Economic and Trade Arbitration Commission (CIETAC) _____ Sub-Commission (Arbitration Center) for arbitration which shall be conducted in accordance with the CIETAC's arbitration rules in effect at the time of applying for arbitration. The arbitral award is final and binding upon both parties.

3.4.8 中国海事仲裁委员会的示范仲裁条款

中国海事仲裁委员会分别提供了在中国海事仲裁委员会以及其渔业争议中心、物流争议解决中心的示范仲裁条款。

一般示范仲裁条款如下:

凡因本合同引起的或与本合同有关的任何争议,均应提交中国海事仲裁委员会,按照申请仲裁时该会现行有效的仲裁规则进行仲裁。仲裁裁决是终局的,对双方均有约束力。

Any dispute arising from or in connection with this contract shall be submitted to China Maritime Arbitration Commission for arbitration which shall be conducted in accordance with the commission's arbitration rules in effect at the time of applying for arbitration. The arbitral award is final and binding upon both parties.

中国海事仲裁委员渔业争议中心的示范仲裁条款如下：

凡因本事项/本合同有关的任何争议，均应提交中国海事仲裁委员会渔业争议解决中心，按照中国海事仲裁委员会仲裁规则关于渔业争议案件的特别规定进行仲裁。仲裁裁决是终局的，对双方均有约束力。

Any dispute arising from or in connection with this matter/this contract shall be submitted to China Maritime Arbitration Commission Fishery Dispute Resolution Center for arbitration which shall be conducted in accordance with the Special Provisions on Fishery Disputes Cases of CMAC Arbitration Rules of applying for arbitration. The arbitral award is final and binding upon both parties.

中国海事仲裁委员物流争议解决中心的示范仲裁条款如下：

若出现争议，双方应友好协商解决，协商不成时，提交中国海事仲裁委员会在其物流争议解决中心，按照申请仲裁时该会现行的仲裁规则进行仲裁。仲裁裁决是终局的，对双方均有约束力。

In case of disputes, the parties should settle them through amicable consultation; when such attempt fails, they shall then be submitted to China Maritime Arbitration Commission for arbitration, which shall be conducted at the Logistics Dispute Resolution Center in accordance with the Commission's arbitration rules current at the time of applying for arbitration. The arbitral award is final and binding upon both parties.

当事人也可以在实践中采用下面简明仲裁条款：

若有争议，提交中国海事仲裁委员会仲裁解决。

In case of disputes, they shall be submitted to China Maritime Arbitration Commission for arbitration.

3.4.9 香港国际仲裁中心的示范仲裁条款

香港国际仲裁中心分别提供了《香港国际仲裁中心机构仲裁规则》下的仲裁、由香港国际仲裁中心按照《联合国国际贸易法委员会仲裁规则》管理的仲裁、《联合国国际贸易法委员会仲裁规则》下的临时仲裁以及本地仲裁的示范仲裁条款。

就《香港国际仲裁中心机构仲裁规则》下的仲裁,其建议条款如下:

凡因本合同所引起的或与之相关的任何争议、纠纷、分歧或索赔,包括合同的存在、效力、解释、履行、违反或终止,或因本合同引起的或与之相关的任何非合同性争议,均应提交由香港国际仲裁中心管理的机构仲裁,并按照提交仲裁通知时有效的《香港国际仲裁中心机构仲裁规则》最终解决。

本仲裁条款适用的法律为[　　](香港法)。

仲裁地应为[　　](香港)。

仲裁员人数为[　　]名(一名或三名)。仲裁程序应按照(选择语言)来进行。

Any dispute, controversy, difference or claim arising out of or relating to this contract, including the existence, validity, interpretation, performance, breach or termination thereof or any dispute regarding non-contractual obligations arising out of or relating to it shall be referred to and finally resolved by arbitration administered by the Hong Kong International Arbitration Centre (HKIAC) under the HKIAC Administered Arbitration Rules in force when the Notice of Arbitration is submitted.

The law of this arbitration clause shall be [　　] (Hong Kong law).

The seat of arbitration shall be [　　] (Hong Kong).

The number of arbitrators shall be [　　] (one or three). The arbitration proceedings shall be conducted in [　　] (insert language).

对于选择性条款,香港国际仲裁中心作出了说明:对于法律选择条款以及仲裁地条款,香港国际仲裁中心认为,尤其在主合同实体法和仲裁地法律不同的情况下,当事人应当增加此条款。仲裁条款的准据法可能管辖的事宜包括仲裁条款的形成、存在、范围、有效性、合法性、解释、终止、效力、可执行性以及仲裁条款当事人的资格。其不得取代适用于主合同的实体法律。对于仲裁员人数以及仲裁使用语言条款,其认为可约定也可不约定。

若争议已发生,而当事人间既无仲裁条款,亦未事先订立仲裁协议,当事人希望依《香港国际仲裁中心机构仲裁规则》通过仲裁解决争议的,香港国际仲裁中心建议可约定如下:

以下签字各方,同意将因(简单描述已出现或可能引起的争议、纠纷、分歧或索赔的合同)引起的或与之相关的任何争议、纠纷、分歧或索赔(包括任何有关非合同性义务的争议),提交香港国际仲裁中心,按照《香港国际仲裁中心机构仲裁规则》进行机构仲裁。

本仲裁协议适用的法律为[　　](香港法)。

3 仲裁协议的拟定

仲裁地应为[　　](香港)。

仲裁员人数为[　　]名(一名或三名)。仲裁程序应按照(选择语言)来进行。

签字:_____(申请人)

签字:_____(被申请人)

日期:_____

We, the undersigned, agree to refer to arbitration administered by the Hong Kong International Arbitration Centre (HKIAC) under the HKIAC Administered Arbitration Rules any dispute, controversy, difference or claim (including any dispute regarding non-contractual obligations) arising out of or relating to: (Brief description of contract under which disputes, controversies, differences or claims have arisen or may arise).

The law of this arbitration agreement shall be [　　] (Hong Kong law).

The seat of arbitration shall be [　　] (Hong Kong).

The number of arbitrators shall be [　　] (one or three). The arbitration proceedings shall be conducted in [　　] (insert language).

Signed:_____(Claimant)

Signed:_____(Respondent)

Date:_____

对于选择性条款,其观点与上述建议仲裁条款一致。

就由香港国际仲裁中心按照《联合国贸易法委员会仲裁规则》管理的仲裁,其建议条款如下:

凡因本合同所引起的或与之相关的任何争议、纠纷、分歧或索赔,包括合同的存在、效力、解释、履行、违反或终止,或因本合同引起的或与之相关的任何非合同性争议,均应提交由香港国际仲裁中心管理的机构仲裁,并按照提交仲裁通知时有效的并经《香港国际仲裁中心国际仲裁管理程序》修订的《联合国国际贸易法委员会仲裁规则》最终解决。

本仲裁条款适用的法律为[　　](香港法)。

仲裁地应为[　　](香港)。

仲裁员人数为[　　]名(一名或三名)。仲裁程序应按照(选择语言)来进行。

就按照《联合国贸易法委员会仲裁规则》下的临时仲裁,其建议条款如下:

凡因本合同所引起的或与之相关的任何争议、纠纷、分歧或索赔,包括合同的存在、效力、解释、履行、违反或终止,或因本合同引起的或与之相关的任何非合同性争议,均应提交按照提交仲裁通知时有效的《联合国国际贸易法委员会的仲裁规则》进行的仲裁最终解决。

本仲裁条款适用的法律为[　　](香港法)。

指定仲裁员的机构为[　　](香港国际仲裁中心)。

仲裁地应为[　　](香港)。

仲裁员人数为[　　]名(一名或三名)。仲裁程序应按照(选择语言)来进行。

Any dispute, controversy, difference or claim arising out of or relating to this contract, including the existence, validity, interpretation, performance, breach or termination thereof or any dispute regarding non-contractual obligations arising out of or relating to it shall be referred to and finally resolved by arbitration under the UNCITRAL Arbitration Rules in force when the Notice of Arbitration is submitted.

The law of this arbitration clause shall be [　　] (Hong Kong law).

The appointing authority shall be [　　] (Hong Kong International Arbitration Centre).

The place of arbitration shall be [　　] (Hong Kong).

The number of arbitrators shall be [　　] (one or three). The arbitration proceedings shall be conducted in [　　] (insert language).

就本地仲裁,其建议条款如下:

凡因本合同所引起的或与之相关的任何争议或纠纷均应提交香港国际仲裁中心,按照其《本地仲裁规则》进行仲裁。

Any dispute or difference arising out of or in connection with this contract shall be referred to and determined by arbitration at Hong Kong International Arbitration Centre and in accordance with its Domestic Arbitration Rules.

3.4.10　上海国际仲裁中心的示范仲裁条款

上海国际仲裁中心的示范仲裁条款分为一般示范仲裁条款、涉自贸区的示范仲裁条款以及航空争议的示范仲裁条款,分别如下:

凡因本合同引起的或与本合同有关的任何争议,均应提交上海国际经济贸易仲裁委员会/上海国际仲裁中心进行仲裁。

Any dispute arising from or in connection with this Contract shall be submitted to Shanghai International Economic and Trade Arbitration Commission/ Shanghai International Arbitration Center for arbitration.

凡因本合同引起的或与本合同有关的任何争议,均应提交上海国际经济贸易仲裁委员会/上海国际仲裁中心仲裁,仲裁在中国(上海)自由贸易试验区仲裁院进行。

Any dispute arising from or in connection with this Contract shall be submitted to Shanghai International Economic and Trade Arbitration Commission/Shanghai International Arbitration Center for arbitration. The arbitration shall be held in The China (Shanghai) Pilot Free Trade Zone Court of Arbitration.

凡因本合同引起的或与本合同有关的任何争议,均应提交上海国际经济贸易仲裁委员会/上海国际仲裁中心仲裁,仲裁在上海国际航空仲裁院进行。

Any dispute arising from or in connection with this Contract shall be submitted to Shanghai International Economic and Trade Arbitration Commission/Shanghai International Arbitration Center for arbitration. The arbitration shall be held in The Shanghai International Aviation Court of Arbitration.

在上述仲裁条款的基础上,当事人还可以附加约定:仲裁地、开庭地、仲裁语言、法律适用、仲裁员国籍、仲裁庭组成方式等。

3.4.11 华南国际经济贸易仲裁委员会(深圳国际仲裁院)的示范仲裁条款

华南国际经济贸易仲裁委员会(深圳国际仲裁院)建议的示范仲裁条款如下:

凡因本合同引起的或与本合同有关的任何争议,均应提交华南国际经济贸易仲裁委员会仲裁。

Any dispute arising from or in connection with this contract shall be submitted to South China International Economic and Trade Arbitration Commission (SCIA) for arbitration.

或者是:

凡因本合同引起的或与本合同有关的任何争议,均应提交深圳国际仲裁院仲裁。

Any dispute arising from or in connection with this contract shall be submitted to Shenzhen Court of International Arbitration (SCIA) for arbitration.

其还建议当事人可以根据需要在仲裁条款/协议中附加约定下列事项。(1)费用的承担,比如约定败诉方应承担为解决本争议而产生的合理费用,包括但不限于仲裁费和律师费。(2)仲裁地及/或开庭地点,比如约定开庭地点在_____(深圳、广州、东莞、中山、惠州、珠海、汕头、长沙、南宁、厦门、海口、北京、上海、香港等)。(3)仲裁语言,比如约定仲裁语言为英文。(4)仲裁员人数,通常为一名或三名。(5)仲裁员国籍。(6)适用简易程序等,为加快仲裁程序的进行,可以对适用普通程序的案件约定适用简易程序。

此外,华南国际经济贸易仲裁委员会(深圳国际仲裁院)还提供了如下几款调解与仲裁相结合的示范条款。

对于争议发生前的调解与仲裁相结合的示范条款,华南国际经济贸易仲裁委员会(深圳国际仲裁院)提供了两种不同的版本。

凡因本合同所引起的或与本合同有关的任何争议,各方同意提交华南国际经济贸易仲裁委员会调解中心进行调解。调解成功的,各方同意将和解协议提交华南国际经济贸易仲裁委员会,请求依照仲裁规则根据和解协议的内容制作成裁决书。一方当事人不愿调解或调解不成的,应提交华南国际经济贸易仲裁委员会进行仲裁。

Any dispute arising from or in connection with this Contract shall be submitted to South China International Economic and Trade Arbitration Commission Mediation Center for mediation. If the mediation is successful, the parties agree to submit the settlement agreement to SCIA to request that an arbitral award be rendered in accordance with the Arbitration Rules and based on the terms of the settlement agreement. If any party is unwilling to mediate or the mediation fails, the dispute shall be referred to SCIA for arbitration.

凡因本合同所引起的或与本合同有关的任何争议,各方同意提交华南国际经济贸易仲裁委员会调解中心进行调解。一方当事人不愿调解或调解不成的,应提交华南国际经济贸易仲裁委员会进行仲裁。

Any dispute arising from or in connection with this Contract shall be submitted to South China International Economic and Trade Arbitration Commission Mediation Center for mediation. If any party is unwilling to mediate or the mediation fails, the dispute shall be referred to SCIA for arbitration.

上述两种不同的版本区别就在于前一个示范条款对调解成功并根据和

解协议的内容制作成裁决书作出了具体规定。

对于争议发生后的调解与仲裁相结合的示范条款以及依照和解协议内容作出裁决的示范条款,华南国际经济贸易仲裁委员会(深圳国际仲裁院)建议如下。

对于本争议,各方同意提交华南国际经济贸易仲裁委员会调解中心进行调解。一方当事人不愿调解或调解不成的,应提交华南国际经济贸易仲裁委员会进行仲裁。

Each party agrees to submit the dispute to South China International Economic and Trade Arbitration Commission Mediation Center for mediation. If any party is unwilling to mediate or the mediation fails, the dispute shall be referred to SCIA for arbitration.

双方同意,任何一方均有权将本和解协议提交华南国际经济贸易仲裁委员会,请求依照仲裁规则按照和解协议的内容作出裁决。仲裁裁决是终局的,对双方当事人均有约束力。

Both parties agree that any party may submit the settlement agreement to the South China International Economic and Trade Arbitration Commission and request for rendering an arbitral award in accordance with the terms of the settlement agreement pursuant to the Arbitration Rules. The arbitral award is final and binding upon both parties.

3.4.12 国内其他一些著名仲裁机构的示范仲裁条款

武汉仲裁委员会建议的示范仲裁条款如下。

因本合同引起的或与本合同有关的争议,双方同意提交武汉仲裁委员会,按申请仲裁时该会现行有效的仲裁规则进行仲裁。仲裁裁决是终局的,对双方均有约束力。

北京仲裁委员会建议的示范仲裁条款如下。

因本合同引起的或与本合同有关的任何争议,均提请北京仲裁委员会/北京国际仲裁中心按照其仲裁规则进行仲裁。仲裁裁决是终局的,对双方均有约束力。

对于国际商事仲裁,其示范仲裁条款如下。

因本合同引起的或与本合同有关的任何争议,均提请北京仲裁委员会按照该会现行仲裁规则进行仲裁。仲裁地在北京,仲裁裁决是终局的,对双方均有约束力。

All disputes arising from or in connection with this contract shall be submitted to Beijing Arbitration Commission for arbitration in accordance with its rules of arbitration in effect at the time of applying for arbitration. The seat of arbitration shall be Beijing. The arbitral award is final and binding upon both parties.

广州仲裁委员会建议的示范仲裁条款如下:

因本合同引起的或与本合同有关的争议,均提请中国广州仲裁委员会按照该会仲裁规则进行仲裁,仲裁裁决是终局的,对双方均有约束力。

3.5 结 论

如何拟定仲裁协议(仲裁条款)是当事人在合同中谈判的一个重要问题。当事人拟定仲裁协议(仲裁条款)具有高度的自治权,他们可以决定争议的解决方式、纠纷解决的范围以及纠纷解决的程序。尽管当事人在拟定仲裁协议(仲裁条款)时具有实质的自治权,但是他们在起草仲裁条款时应当特别谨慎,避免仲裁协议违反仲裁地国家仲裁法强制性的规定,避免违背当事人所选择仲裁机构的仲裁规则的规定。仲裁协议(仲裁条款)必须清晰、明确、无歧义,不能模糊、不确定,以免导致仲裁协议无效。一个拟定良好的仲裁协议,对于有效解决国际商事交往中产生的纠纷起着重要的作用,能够促使当事人提起的仲裁顺利进行,甚至会减少当事人诉诸法庭的冲动。仲裁机构在长期的仲裁实践中,总结出提供给当事人使用仲裁示范条款,可以减少当事人拟定有缺陷仲裁协议的风险。

4

国际商事仲裁适用的法律与规则

国际商事仲裁适用的法律是多样性的,既有关于当事人缔约能力的法律适用、可仲裁性的法律适用、仲裁协议的法律适用,又有仲裁实体问题的法律适用。除了当事人缔约能力外,当事人的意思自治在法律适用中具有重要的地位。在当事人没有选择仲裁所适用的法律情况下,对于仲裁程序方面的法律适用,仲裁地的仲裁法起到关键的作用。在仲裁实体法律适用中,仲裁员的自由裁量权还是比较大的,他们可以适用现代商人法来处理当事人之间的实体争议。除了各种各样适用的法律外,仲裁程序的推动主要还是由当事人所选择的仲裁规则来进行的。

4.1 法律与规则的重要性

在国际商事仲裁中,仲裁员适用法律处理相关的争议与法院法官在处理国际民商事案件中适用法律,有类似的地方,也有不同的方面。类似的地方是仲裁员与法官一样,在处理仲裁实体问题时,必须适用适当的法律来进行。无论是国际商事仲裁还是国际民商事诉讼,在处理实体问题时,都注重当事人意思自治原则的运用,允许当事人协议选择法律处理他们之间将要发生或者已经发生的纠纷。不同的方面主要有以下几点。其一,国际商事仲裁所适用的法律问题的范围远远广于法院的诉讼。在国际商事仲裁中,仲裁员不仅仅考虑仲裁实体问题的法律适用,而且还要考虑仲裁协议的法律适用以及仲裁程序的法律适用,甚至还要考虑仲裁协议有效性中当事人缔约能力的法律适用和当事人之间提交仲裁事项的可仲裁性的法律适用。而法院在处理国际私法的案件时,仅仅是考虑案件实体问题的法律适用。对于诉讼程序问题,根据国际私法的基本原则,程序问题适用法院地法。也就是说法院一般不可能考虑到适用外国程序法的可能性,只能适用本国的程序法。其二,仲裁员在选择法律的过程中,具有比法官更大的自由裁量权。一般情况下,法院在处理国际私法案件时,适用本国的国际私法(冲突法)立法中的冲突规范,寻找可能适用的法律。仲裁员可以不需要适用任何的冲突规范的指引,直接适用其认为适当的某个国家实体法或所谓的商人法处理当事人之间的争议,甚至仲裁员可以在当事人同意的前提条件下,不适用任何的实体法,按照其所认为的公允及善良原则和商业惯例对纠纷进行裁决,这就是友好仲裁。其三,在国际商事仲裁的发展过程中,出现了所谓的国际商事仲裁非当地化理论,或称为非国内化理论。其基本的观点就是建立不受仲裁地国家约束的仲裁法,或者任何特定国家的国内法支配和约束的仲裁体系。尽管该理论遭到大量的批判,但还是有一些国际商事仲裁的实践采纳了非当地化理论。也就是说,国际商事仲裁过程,其可以不适用仲裁地或特定国家的仲裁程序法。这是在法院处理国际民事诉讼案件中绝对不可能出现的,法院必须适用该国的民事诉讼法,包括国际民事诉讼法的规定,这是国家主权原则的体现。其四,在国际商事仲裁中,其仲裁程序的进行主要是根据双方当事人约定的仲裁规则进行,当然在没有规定的情况下可以适用仲裁地国家的仲裁法。当事人约定的仲裁规则不能违反仲裁地国家仲裁法中强制性的规定。在机构仲裁中,大多数仲裁机构都有自己独具特色的仲裁规则,而且仲裁机构非常重视仲裁规则的起草与制定工作。机构的仲裁规则随着国际商事仲裁的发展,越来越完善与成熟。另外,仲裁机构修改仲裁规则比国家立法机关修改诉讼法来得容易,可以根据国际商事仲裁的现代发展要求,不断更新与完善,适应时代的发展要求。所以,在国际商事仲裁中,仲裁规则在仲裁程序的推进中起到非常重要的作用。

在具体的国际商事仲裁案件中,法律的重要性也是不一样的。在一些仲裁案件中,主要是关于事实的争议,仲裁员主要的责任在于查明相关的事实,并将案件的事实适用于具体的合同。也有一些案件主要是关于技术性问题,此时当事人选择一个专业技术人员比选择法律专家处理争议问题更为合适,因为专业技术人员更懂得处理技术上的纠纷,而法律专家则只对于法律问题更加内行。如果争议主要是关于法律方面的争议,法律专家的重要性就不言而喻了。在适用法律过程中,当事人的意思自治是仲裁的一个重要因素,然而当事人之间的合同以及他们之间的争议都不可能处在法律的真空中。有时,适用的法律是比较复杂的,可能适用到不同层次的法律与仲裁规则,也有可能涉及不同国家的法律。在当事人选择的法律中,通常情况下,可能是一方当事人所在地国家的法律,也有可能选择某一重要的国际公约。例如,在国际货物销售合同方面,当事人会通常选择 1980 年的《联合国国际货物销售合同公约》(简称 CISG)。在国际商事仲裁实践中,除非当事人选择了仲裁程

4 国际商事仲裁适用的法律与规则

序适用的法律,否则一般适用仲裁地的仲裁程序的法律。其实,在整个仲裁程序的推进过程中,仲裁规则起到具体的作用,仲裁规则与仲裁程序法相比较而言,对仲裁程序的规定更加具体与详尽。仲裁机构一般会根据国际商事仲裁的发展,逐步完善自己的仲裁规则。

仲裁规则是如何进行仲裁程序的规则,而仲裁程序通常指自仲裁协议的一方当事人提请仲裁至裁决作出期间有关仲裁机构、仲裁员、仲裁庭、申请人、被申请人和证人、鉴定人、代理人等其他仲裁参与人进行仲裁活动的程序。这些程序规则一般包括仲裁案件的受理、仲裁庭的组成、仲裁受理、仲裁证据的确认、临时性保全措施的采取、裁决适用的法律、仲裁适用的语言、裁决的作出等事项的规则。① 在仲裁实践中,根据仲裁规则制定者的不同,仲裁规则可以分为常设仲裁机构仲裁规则和临时仲裁机构仲裁规则。

近些年来,国际上各大仲裁机构明显加快了仲裁规则的修订频率,而且各主要仲裁机构之间相互竞争、相互借鉴,重视1976年《联合国国际贸易法委员会仲裁规则》(2010年已经修订,笔者注)及1985年联合国《国际商事仲裁示范法》(2006年已经修订,笔者注)的作用,也是明显的态势,一个大型仲裁机构对此若视而不见,必将萎缩成为一个地方性的仲裁机构,而且还未必是一个好的仲裁机构,错过大形势很可能意味着与仲裁的共同规律失之交臂。各大仲裁机构为了保持相对的竞争优势,往往也是"一家修改规则,各家快速跟进"。真可谓世界潮流浩浩荡荡,顺之则昌逆之则亡。② 21世纪以来,我国各大仲裁机构也纷纷修改仲裁规则。

仲裁规则与仲裁法既有联系,又有区别。仲裁规则与仲裁法都规范如何通过仲裁的方法解决当事人之间的争议。从这个意义上说,两者是一致的。但仲裁规则毕竟不能等同于仲裁法,两者的性质是完全不同的。

首先,仲裁规则不具有国家立法的性质,而仲裁法是典型的国家立法。在商事仲裁实践中,当事人通常选择适用其仲裁机构仲裁规则。根据许多仲裁机构仲裁规则的规定,即使当事人选择了某特定的仲裁规则,他们也可以通过约定的方式对此即将适用的规则进行修订。具体体现在一些仲裁规则的措辞上,即是"除非当事人之间另有约定"。也就是说,如果当事人约定适用某一仲裁机构的仲裁规则,同时又在此规则的基础上作了另有约定,应当首先适用当事人之间的特别约定,只有在没有约定或者约定不明的情况下,

---

① 赵秀文:《论仲裁规则的适用与国际商事仲裁协议有效性的认定》,《北京仲裁》2006年第4期。

② 宋连斌:《中国仲裁的国际化、本土化与民间化——基于2004年〈北京仲裁委员会仲裁规则〉的个案研究》,《暨南学报(哲学社会科学版)》2006年第5期。

适用该仲裁规则。因此,就仲裁规则的本质来说,具有契约性质,即仲裁规则是由当事人选择适用的,当事人对于其选择适用的仲裁规则,可以作出一定的修订。① 据此,仲裁规则无普遍适用效力和强制力,其仅适用于特定的仲裁案件,适用于受理案件的仲裁机构,适用于选定的仲裁员,适用于当事人以及其他仲裁参与人。而仲裁法则普遍适用于一国之内的一切仲裁案件,对该国进行的仲裁具有法律上的约束力。所以,一国的仲裁机构的仲裁规则不得与该国的仲裁法相抵触,即当事人约定或者仲裁规则的规定与应当适用的仲裁法律法规发生冲突时,仲裁规则或者当事人的约定不能对抗法律规定。

其次,仲裁规则是在仲裁法的基础上,结合各仲裁机构的具体情况制定出来的,既是对仲裁法的细化,也是对仲裁法的发展和补充。实际上,仲裁法没有也不可能将仲裁程序的各个方面都作出详尽的规定。作为法律层面的仲裁法就像其他众多法律一样,不可能是面面俱到的,而只能是"粗线条"的,仲裁实践中所面临的许多现实问题,特别是具体仲裁程序,便只能在相对细化的仲裁规则中予以规定。②

4.2　非当地化理论

4.2.1　非当地化理论的含义

在国际商事仲裁中,如果当事人没有选择仲裁程序的法律,仲裁程序由仲裁地法进行支配,是被普遍接受的原则。一些学者指出,根据本国冲突规范的规定,在当事人没有约定的情况下,仲裁程序适用仲裁地法。当事人既然约定了仲裁地,一般也可能将适用仲裁地的仲裁法。③ 这些观点通常称为属地理论(territoriality theory),或所在地理论(the seat of theory),其目的是由仲裁地的国家对其领域范围内的国际商事仲裁进行有效的控制和监督。

20世纪80年代以来,在国际商事仲裁理论与实务中,出现了非当地化理论(delocalization),或非国内化理论(denationalization)。该理论试图建立一

---

① 赵秀文:《论仲裁规则的性质及其与仲裁法之间的关系》,《河北法学》2008年第6期。
② 张彦军:《仲裁规则的法律地位与制定权探讨》,《商业时代》2011年第27期。
③ Denis Tallon, The Law Applied by Arbitration Tribunals. Vol. 2, in Source of the Law of International Trade, 1964, p159.

4 国际商事仲裁适用的法律与规则

个不受仲裁地法支配,甚至不受任何国家支配国际商事仲裁程序的理论体系,否定仲裁地国家仲裁法的地位,认为仲裁可以独立于仲裁地法进行,裁决同样不依照仲裁地法进行,这样的裁决一般称为"浮动的裁决",也可以得到其他国家的承认与执行。

国际商事仲裁的非当地化理论的提出与本书第1章所阐述的仲裁自治理论密切相关。其一方面强调了仲裁当事人意思自治原则,将该原则赋予至高无上的地位,认为国际商事仲裁是一个自治的体系。当事人可以根据自己的意愿控制仲裁的进程,没有必要受到仲裁地仲裁法的干预或任何特定国家仲裁法的支配。另一方面强调了国际商事仲裁的发展是商人们根据实际需要而产生的,其产生之初就是商人们为了解决他们之间争议,排除国家法律支配、注重实效的结果。另外,由于科学技术的发展,目前出现了一些新型的仲裁。例如,国际体育仲裁以及在线仲裁,仲裁地或具有极大的偶然性,与案件没有必然的联系,或仲裁地无法进行确认,难以适用仲裁地的仲裁法。

4.2.2 支持非当地化理论的观点

学者们在批判所在地理论的基础上,提出了支持非当地化理论的种种理由,主要有以下几个方面。

(1) 仲裁地选择的偶然性。在国际商事仲裁中,当事人选择某一地方为仲裁地,并不表明该地与争议有某种联系。当事人的选择可能基于中立的考虑,双方当事人在该地都没有商业利益;或当事人的选择基于交通便利、通信发达、基础条件比较好等因素。当事人选择仲裁地并不意味当事人希望适用该仲裁地的仲裁法。通常情况下,当事人一般不会考虑到仲裁地的选择可能带来的影响。甚至在有的情况下,当事人根本就没有考虑仲裁地的问题,只是基于某一仲裁机构的良好信誉或者其他原因选择该仲裁机构,当事人对于仲裁地的法律意义可能并不了解。所以,适用具有一定偶然性的仲裁地的仲裁法来约束当事人之间的仲裁程序并不合理,甚至可能因当地法律以及司法系统的独特性阻碍了国际商事仲裁有效地进行。适用与当事人之间的商业交易可能没有任何实质联系、没有任何政策利益的仲裁地的仲裁法,显然是不合理的。

(2) 意思自治是仲裁的基础。在国际商事仲裁中,当事人意思自治原则贯穿于仲裁程序的始终。没有当事人的意思自治,仲裁程序无法进行。当事人将他们之间的争议交由仲裁庭来解决,就是希望建立一种解决争议的自治体系,不希望仲裁地的仲裁法过多干预当事人之间的纠纷解决。特别值得注意的是,一旦一方当事人不愿意履行仲裁裁决,其可能会利用仲裁地的法律,向法院提出申请撤销仲裁裁决,就有可能因仲裁地法院的撤销导致整个仲裁程序失去意义,浪费了当事人的时间和资源。

(3) 仲裁的效力以及仲裁裁决的效力并不仅仅来源于仲裁地国家的法律。根据所在地理论,仲裁裁决的效力来源于仲裁地国家的法律,如果仲裁所在地国家根据当事人的申请撤销了该项裁决,其他国家基于该理由可以拒绝承认与执行。但是在国际商事仲裁实践中出现了即使仲裁裁决被仲裁地国家的法院撤销,却仍然可以得到执行地国家的承认与执行的情况。也就是说,一国有权根据本国的法律规定决定在其领土范围内法律效力行为的性质。尽管某项法律行为被其他国家所否定,该国仍然可以赋予其法律效力。所以,仲裁裁决的效力实际意义上是由裁决执行地法律所赋予的。该理论认为不应该有两个法律体系进行监督仲裁程序,即仲裁地的法律体系和裁决执行地的法律体系,而应该只由裁决执行地法律决定裁决的效力。

(4) 国际商事仲裁制度在各国发展的不均衡。虽然联合国国际贸易法委员会作出了巨大的努力,推动了国际商事仲裁统一化的发展,但是各国国际商事仲裁制度仍然有比较大的差异。这些现象在一定程度上阻碍了国际商事仲裁的发展,造成仲裁地国家的法律与裁决执行地国家对于同一仲裁法律规定不一致。进一步而言,目前各国仲裁的立法多注重国内仲裁的立法,注重国内仲裁程序的制定,往往将国际商事仲裁规定在仲裁法中作为特别的章节。适用仲裁地的仲裁法,对于国际商事仲裁方面也可能存在适用上的困难。

(5) 当事人选择仲裁解决他们之间的争议,很大程度上是基于对仲裁员业务能力和道德素养的信任。当事人在选择仲裁员时,可能选择不是仲裁地所属国家的仲裁员。特别是在三名仲裁员组成的仲裁庭中,双方当事人往往各自选择自己国家的仲裁员,而仲裁地往往在第三方中立的国家,在此情况下,仲裁员往往不熟悉仲裁地的仲裁法。其实,仲裁法往往是关于仲裁程序的规定,当事人完全可以进行约定,仲裁员也可以根据案件的特殊情况制定适合案件的仲裁程序规定。另外,在机构仲裁中,仲裁机构都有比较完善的仲裁规则,也没有必要适用仲裁地的仲裁法。[①]

4.2.3 反对非当地化理论的观点

非当地化理论的提出遭到不少学者的批评,主要观点有如下几点。

(1) 任何仲裁都发生在一个特定的领域,并受到该地法律的支配,这是该

---

① Margaret L. Moses, The Principles and Practice of International Commercial Arbitration, Cambridge University Press, 2008, p.56.

4 国际商事仲裁适用的法律与规则

国司法主权的要求与必然。司法管辖权是国家主权的体现,很少有国家主动放弃对发生在该国仲裁的司法管辖权。如果仲裁地国家不对其领域发生的仲裁进行法律控制,仲裁当事人基于自身的考虑,也难以到该国进行仲裁。脱离仲裁地国家仲裁法的适用,是根本不现实的。比利时的立法就是典型的例子。① 比利时为了采用非当地化理论,在1985年通过了立法(《比利时司法典》第1717条第4款),其规定如果在比利时进行的仲裁双方当事人,不是比利时的公民并且在比利时没有商业活动,将不允许向比利时法院申请撤销仲裁裁决,也就是比利时对该仲裁裁决没有司法审查权。立法者如此立法的目的主要是为了促进当事人选择比利时进行仲裁,增加比利时仲裁案件的数量。但事与愿违,这一规定产生了相反的法律效果,不仅没有给比利时带来仲裁数量的增加,反而当事人因比利时没有对仲裁裁决的司法审查,竭力避免到比利时进行案件仲裁。1998年比利时修改了该条款的规定,规定与比利时没有联系的当事人可以协议选择排除法院对仲裁裁决的司法审查权,即排除比利时法院对仲裁裁决的撤销权,否则法院可以接受当事人的撤销仲裁裁决的申请。比利时的经验表明,完全排除仲裁地的仲裁法及排除仲裁地法院的司法监督,是根本不可行的。在当事人的思想里,任何法律原则不可能存在于真空中,将仲裁程序置于不受任何法律支配及排除仲裁于仲裁地国家的司法制度之外,对当事人是难以接受的。尽管目前有些国家在立法中有非当地化倾向,但都没有完全排除该国的司法管辖权。例如,1988年的《瑞士联邦国际私法法规》第182条规定,当事人可直接规定或通过援引仲裁规则的方式决定仲裁程序,他们也可约定使仲裁程序服从于某一程序法;当事人未规定程序的,仲裁员在必要的范围内,可直接或通过援引其法律或仲裁规则的方式确定程序。瑞士的规定与1998年比利时的法律相类似,并没有否定仲裁地的仲裁法,只是赋予当事人排除仲裁法适用的意思自治。

(2)非当地化理论排除了仲裁地司法监督,在国际商事仲裁实践中也是不现实的。当事人约定的仲裁协议可能存在某些缺陷或者不充分,需要得到仲裁地法院的帮助,以便更好地进行仲裁。如果采取非当地化理论,仲裁地的法律将无法适用并起到补充空白和弥补缺陷的作用。在某些情况下,当事人也需要得到仲裁地法院的支持。例如,关于仲裁员的指定、更换;中间措施的实施,包括证据保全、财产保全以及行为保全等措施的实施;实施仲裁规则。完全脱离仲裁地的法律监督与支持,仲裁程序是难以顺利进行的。

---

① Margaret L. Moses, The Principles and Practice of International Commercial Arbitration, Cambridge University Press, 2008, p.57.

(3) 如果非国内仲裁存在严重违反仲裁程序的情形,如违反仲裁的正当程序、仲裁员的腐败以及仲裁欺诈等,受到损害的一方当事人有权为了保护自己,在仲裁地法院提出撤销裁决的请求,该权利不能因为适用非当地化理论而排除,除非当事人自己约定放弃此项权利。同时,对于非当地化理论下的"浮动裁决",目前国际社会也无普遍承认其效力的实践。根据1958年《纽约公约》第5条的规定,一国拒绝承认与执行仲裁裁决的理由主要包括:仲裁协议之当事人依对其适用之法律有某种无行为能力情形者,或该项协定依当事人作为协定准据之法律系属无效,或未指明以何法律为准时,依裁决地所在国法律系属无效者;受裁决援用之一造未接获关于指派仲裁员或仲裁程序之适当通知,或因他故,致未能申辩者;裁决所处理之争议非为交付仲裁之标的或不在其条款之列,或裁决载有关于交付仲裁范围以外事项之决定者,但交付仲裁事项之决定可与未交付仲裁之事项划分时,裁决中关于交付仲裁事项之决定部分得予承认及执行;仲裁机关之组成或仲裁程序与各造间之协议不符,或无协议而与仲裁地所在国法律不符者;裁决对各造尚无拘束力,或业经裁决地所在国或裁决所依据法律之国家之主管机关撤销或停止执行者;依该国法律,争议事项系不能以仲裁解决者;承认或执行裁决有违该国公共政策者。在这些理由中有部分是要求符合仲裁地国家的法律规定。"浮动裁决"能否在《纽约公约》下得到承认与执行,也是难以解决的一个现实问题。所以,非内国化裁决的有效性以及"浮动裁决"的承认与执行问题是非当地化理论中难以解决的一个难题。

4.2.4 非当地化理论的运用

国际商事仲裁的实践以及比利时的经验证明,所在地理论仍然是目前的主流观点,当事人对非当地化的仲裁完全不感兴趣,对非当地化的仲裁具有一定程度上的戒备心理。当事人更加愿意在仲裁地法院监督下进行仲裁,因为当事人更容易接受仲裁地法律支配下的仲裁,此种方法更易于理解和运用。但是非当地化理论还是在现代某些特定的仲裁领域中得到了发展。例如,在体育仲裁和在线仲裁中,仲裁地法律就无法起到作用。

4.2.4.1 体育仲裁

1983年,国际奥林匹克运动委员会决定成立体育仲裁院(Court of Arbitration for Sports,简称CAS),并通过其仲裁规则。1984年体育仲裁院正式开始运作,总部设立在瑞士洛桑。其目的旨在为体育以及与体育有关的争议提供仲裁解决机制,包括体育商业赞助合同有关的仲裁、运动员组织对

4 国际商事仲裁适用的法律与规则

运动员的惩罚行为的仲裁以及体育运动员对抗运动员组织的不公平对待的仲裁、运动员国籍的仲裁、兴奋剂案件的仲裁等。体育仲裁院可以为不同的体育赛事提供仲裁,包括国际奥林匹克运动会。根据《解决与体育有关的争议的工作机构规约》的规定,所有提交体育仲裁院的仲裁案件,其仲裁程序法适用瑞士的法律。也就是说,无论体育仲裁的听证会在什么地方举行(如在国际奥林匹克运动会中,听证会往往设立在运动会的比赛举行地),但是仲裁地永远都是瑞士洛桑。体育仲裁院规定仲裁地统一为瑞士洛桑,仲裁程序适用瑞士的仲裁法,其目的是为了避免在不同地方举行听证会导致适用不同的仲裁程序法所带来的冲突与矛盾。这种做法在某种程度上类似于非当地化仲裁,不受到事实仲裁地的仲裁程序法的约束。如果当事人想提出撤销仲裁裁决的请求,必须在瑞士法院提出。因此,仲裁地在某种意义上是虚拟的,实际上仲裁的听证会并不是总在瑞士进行。

4.2.4.2 在线仲裁

随着互联网以及电子商务的发展,在国际商事仲裁领域中出现了所谓的在线纠纷解决机制(online dispute resolution,简称 ODR)。ODR 在 eBay 和其他大量的互联网交易中得到一些运用,例如,在 eBay 中涉及 Square Trade 的用户运用一种网络调停的模式来帮助解决纠纷。国内某些网络平台运营商(如淘宝),也都有某种形式的 ODR 争议解决方法。在线仲裁是在线纠纷解决机制的一种主要争议解决方法。对于什么是在线仲裁,目前还没有统一的认识。通常情况下,在线仲裁的仲裁程序应该全部或其主要环节在网络上进行,是对传统国际商事仲裁的一种突破。① 当然在线仲裁也没有脱离传统商事仲裁的本质特征,与传统商事仲裁在物理空间进行不同,其是在虚拟空间上进行。那么针对传统商事仲裁中地理定位的一些因素,在在线仲裁中就难以适用。尤其是关于仲裁地的确定是非常困难的。非当地化理论在在线仲裁中得到某种程度上的体现。在在线仲裁中,因为难以确立仲裁地,一般都是提供在线服务的仲裁机构制定相关的仲裁程序规则。在线仲裁的裁决一般能够得到当事人自动履行,例如,Disputes.org、WIPO 和 the National Arbitration Forum(ICANN 最先认可的提供在线仲裁服务的三个机构)在线仲裁的域名争议案,其裁决不需要求助于国家法院,因为 ICANN UDRP 和 UDRP 服务提供者补充规则是自执行的,域名注册机构与注册者之间必须达

---

① 钟丽:《在线仲裁的界定及其仲裁地问题探讨》,《社会科学》2002 年第 3 期。

成协议。在这种情况下,显然不需要确定仲裁地。① 尽管有以上的做法,但是在线仲裁与非当地化仲裁一样,需要仲裁地的法院的支持、帮助与监督,如临时措施的实施、裁决的撤销,特别在当事人不自觉履行裁决时,另一方当事人可以请求法院执行。对于在线仲裁地的确定主要是由在线仲裁当事人之间约定,当事人没有约定的情况下,由仲裁员根据实际情况认定。某些提供在线仲裁的机构规定在线仲裁的仲裁地为机构所在地。例如,香港国际仲裁中心的电子交易仲裁规则规定,听证会可以通过视频连接、电话或在线(通过电子邮件或者其他电子或计算机交流)形式设立,如果当事人同意或者仲裁员认为有必要,与人身有关的仲裁也是允许在线仲裁的。对于仲裁地的认定问题,香港的规则和 CAS 的体育仲裁规则基本一致。根据电子交易仲裁规则,每个仲裁的仲裁地都是香港特别行政区(SAR)。

对于体育仲裁以及某些在线仲裁中,仲裁地与实际意义上的仲裁地可能是不一致的。相对于听证举行的地方,仲裁地是规则意义上的。真正仲裁地的仲裁法律并不适用于这些案件,对于仲裁裁决的撤销必须在规则制订的法院进行。其实,无论是体育仲裁也好,还是在线仲裁也好,仅仅是在一定程度上支持了非当地化理论。无论如何,体育仲裁与在线仲裁还是离不开仲裁地的仲裁法的支持与监督,尽管其仲裁地难以确立。所以,从目前国际商事仲裁的实践来看,所在地理论(领土原则、属地理论)还是占主导地位,仲裁地的法律仍然是调整仲裁程序的主要法律来源。但是,我们不能否定国际商事仲裁存在非当地化的倾向,其在不断寻找方法变得更加国际化和非本地化。

4.3 当事人选择的法律

当事人意思自治原则不仅是国际私法中被普遍接受的原则,而且被广泛地运用到国际商事仲裁中,适用于当事人之间的仲裁协议、仲裁程序、可仲裁性问题,也适用于仲裁实体问题,甚至可以适用于确定当事人的行为能力。可以说,当事人的意思自治原则贯穿于整个仲裁的始终。

4.3.1 当事人意思自治原则的产生

意思自治原则最早是为了反对法律适用上的封建属地主义而提出的,是

---

① 钟丽:《在线仲裁的界定及其仲裁地问题探讨》,《社会科学》2002 年第 3 期。

4 国际商事仲裁适用的法律与规则

资本主义商品经济发展的必然产物,是资本主义自由竞争的需要在法律上的反映。当事人意思自治原则是契约自由与私法自治在法律适用领域里的必然反映,成为"契约自由皇冠上一颗璀璨的明珠"。作为一种法律精神或法律思想,意思自治原则起源于罗马法。从某种意义上讲,一部罗马法史,可以说就是一部意思自治(抑或契约自由)思想由不成熟到比较成熟的生成史。① 但真正意义上提出国际私法上的意思自治原则的是法国学者杜摩林。在杜摩林之前,后期注释法学派代表人物诺忽斯·柯迪乌斯(Rochus Curtius)认为,合同之所以适用行为地法,是因为当事人同意适用该法,这就为当事人可以选择另外一种法律开辟了道路。② 杜摩林在其思想基础上,明确提出了当事人意思自治原则。16世纪的法国一方面处于封建割据状态,各省立法极不统一,习惯法仍占重要地位;另一方面资本主义工商业有了相当的发展,经常导致发生习惯法在适用上相互冲突的现象。针对这一现象,杜摩林在名著《巴黎习惯法评述》中指出:对合同应适用双方当事人都愿意让该合同受其支配的那种习惯法;如果当事人没有明确选择哪个习惯法,则应推断其默示的选择法的意思。③ 法学学者巴迪福认为,杜摩林的理论在合同准据法的确定上迈出了决定性的一步。④ 17世纪以后,荷兰法则区别说(亦称荷兰国际礼让说)的代表人物胡伯(Huber)在《论罗马法与现行法》中指出:合同形式和内容都应该适用缔约地法,但当事人另有表示除外。胡伯的观点表明合同仍然要适用客观标志——合同缔结地法律,而当事人自主选择的法律原则作为合同关系法律适用的例外,这是其与先辈学者之间的一个重要区别。⑤ 此后的学者,例如德国学者萨维尼(Savigny)、美国学者斯托里(Story)、意大利学者孟西尼(Mancini)都表示支持意思自治原则。尤其是孟西尼将意思自治原则上升到国际私法基本原则的地位。孟西尼在其《国籍乃国际法基础》的专题演讲中,提出了被后人概括为三大原则的观点:国籍原则——本国法原则,即一个人无论走到哪里都应服从其本国法律的支配。因此,法院在审理涉外民事案件时,应尽可能地适用当事人的本国法;意思自治原则——自由原则,即应该尊重人的自由,有关债权的法律关系,应适用当事人选择的法律;主权原则——公共秩序原则,即一国旨在维护公共秩序的法律应适用于该国领域内

---

① 蒋先福著:《契约文明:法治文明的源与流》,上海人民出版社1999年版,第95页。
② [法]巴迪福著:《国际私法各论》,曾陈明汝译,正中书局1979年版,第277页。
③ 《中国大百科全书·法学》,中国大百科全书出版社1984年版,第464页,韩德培先生撰写的"契约的准据法"词条。
④ 王军、陈洪武著:《国际商事合同的法律适用》,中国对外经济贸易出版社1991年版,第46页。
⑤ 肖永平、胡永庆:《法律选择中的当事人意思自治》,《法律科学》1997年第5期。

的一切人,不管他是本国人还是外国人。① 与胡伯将当事人自主选择的法律作为合同关系法律适用的例外不同,孟西尼旗帜鲜明地将当事人意思自治原则上升到合同法律适用基本原则的地位,全面支持当事人选择合同准据法。孟西尼之所以将意思自治原则上升为基本原则,与其所提出的理论基础有关。孟西尼赞成将法律分为公法与私法,认为私法是为私人的利益而制定。在私法中,关于身份、亲属与亲等及法定继承等方面的规定,是为个人所必需的部分,在解决法律冲突时应适用本国法原则。而涉及个人的财产及其享用和合同等方面的规定,它们属于私法中的自愿部分,个人完全有自由处置的权利,因而在确定这些问题准据法时当事人有自由选择的权利。② 如此,孟西尼将私法自治作为当事人意思自治的理论基础,对当事人意思自治给予了全面和最高的评价。

意思自治原则得到国际私法学者的支持,但是在司法实践上和立法上并没有立即得到呼应。就连享誉全球的《法国民法典》只是对民法上的契约自由(意思自治原则)进行了回应,该法规定:"契约为一种合意。"(第1101条);契约有效的首要条件是"当事人的同意"(第1108条),同时指出"依法成立的契约,在缔结的当事人间有相当于法律的效力"(第1134条)。该法是把当事人订立的契约视为法律,赋予法律效力,尊重了当事人的意思自治权。但是,对于国际私法上的意思自治原则却付之阙如。其实民法实体法上的意思自治原则走向国际私法法律选择中的意思自治原则还是有一定距离的,需要解决国家立法权分配的问题。美国学者比尔(Beale)和法学学者巴迪福都表达了相类似的观点:承认国际私法上的意思自治原则意味着把只有国家立法机关才能行使的立法权赋予合同当事人。比尔在其《冲突法论》中指出:允许当事人行使选择支配其合同的法律的权利,使当事人双方成了立法机构。巴迪福认为,反对适用自主选择法律的基本理由,就是不应由当事人选择支配他们的合同关系的法律,而应由法律本身去决定哪些人、哪些物、哪些行为和哪些事实由法律支配。③ 随着资本主义经济的发展、自由主义哲学思潮的兴起、私法自治理论的强调,比尔和巴迪福的观点并没有说服力,没有阻止当事人意思自治原则的发展,该原则在国际私法司法实践中率先得到运用与承认。1760年,英国曼斯菲尔德勋爵(Lord Mansfild)在罗宾逊诉布兰德(Robinson v. Bland)一案,发表了具有里程碑意义的意见,认为一般规则是这样的,在合

---

① [德]马丁·沃尔夫著:《国际私法》,李浩培等译,法律出版社1988年版,第61-64页。
② 肖永平、胡永庆:《法律选择中的当事人意思自治》,《法律科学》1997年第5期。
③ 肖永平、胡永庆:《法律选择中的当事人意思自治》,《法律科学》1997年第5期。

4 国际商事仲裁适用的法律与规则

同的解释和履行问题上,具有主导地位的是合同缔结地法而不是法院地法,但这一规则有一例外,就是当事人在缔约时自愿适用另一国的法律,就不予适用。① 在 1865 年的佩尼舒勒及东方航运公司诉香德案(P. & O. Steam Navigation Co. v. Shand)进一步确立了意思自治原则在合同领域的支配地位。② 1865 年《意大利民法典》是世界上第一部采纳国际私法意思自治理论的民法典。此后的 1978 年奥地利《关于国际私法的联邦法》、1987 年瑞士《关于国际私法的联邦法》等国家立法,1978 年《海牙代理公约》、1980 年《罗马合同公约》以及 1986 年《海牙合同法律适用公约》等国际立法,都无一例外地接受了意思自治原则,并作为合同法律适用的首要原则。20 世纪后期以来,国际私法上的意思自治原则在立法上毫无争议地得到了全面的接受并逐渐扩展到国际商事仲裁领域。

4.3.2 当事人意思自治原则在国际商事仲裁中的适用

4.3.2.1 调整仲裁程序的法律

讨论调整仲裁程序的法律往往是比较复杂以及令人困惑的。这里涉及仲裁程序法、仲裁程序以及仲裁地的立法和支配仲裁协议法律等概念。首先要明确什么是程序法。目前对于什么是程序法还没有统一的认识,不管是国际商事仲裁公约,还是仲裁立法都没有对程序法进行明确的定义。在国际私法中,我们也探讨程序法与实体法的划分问题,程序法处理程序方面的问题,实体法处理实体方面的问题。但是如何划分程序问题以及实体问题,是非常困难的。对于程序问题与实体问题的划分,各国并无统一的标准,法院都是依照自身的标准进行判断。一般来说,欧洲大陆学者普遍认为当事人间的关系,特别是他们相互间的义务,适用实体法,而法院对于当事人和第三人(证人等)的权利、义务则是程序的一部分。③ 英美学者普遍的看法是,那些会在实质上影响案件结果(materially affect the outcome of a case)的所有争议都被归类为实质性的。而关于诉讼的日常例行规则(house rules of litigation),即案件中对其结果影响甚小的方面,则属于程序问题。④ 同样,仲裁裁决、司

---

① Morris, The Conflict of Laws, 3rd ed., Stevens and Stones, 1984, p.267.
② Peter North and J. J. Fawcett, Cheshire & North's Private International Law, Butterworths, 13th ed., 1999, p.534.
③ 马丁·沃尔夫著:《国际私法》,李浩培、汤宗舜译,法律出版社 1988 年版,第 338 页。
④ 韩德培、韩健著:《美国国际私法(冲突法)导论》,法律出版社 1994 年版,第 237 页。

法决定以及学者对于仲裁程序有着不同的认识,有的认为仲裁地的仲裁法所调整的事项均属于仲裁程序法问题,有的认为仲裁程序仅仅是仲裁内部的程序问题。我们认为仲裁程序问题应该从广义的角度进行理解,既包括仲裁内部的程序问题,又包括仲裁外部的程序问题。仲裁内部程序问题主要是指仲裁庭审理仲裁案件中的程序性问题,主要包括仲裁程序公正的标准、仲裁审理的时间安排、仲裁保密性等一些问题。仲裁外部程序问题主要是指仲裁与法院的关系以及仲裁地的法律关系问题,例如法院对于仲裁员的任命、废除与更换等。

国际商事仲裁程序的法律适用在不断的发展变化之中,传统观点是仲裁地的法律强制性适用于仲裁程序问题,现代观点是当事人可以协议选择仲裁程序的法律。必须强调的是,当事人协议选择合同所适用的法律、协议选择仲裁协议所适用的法律不能等同于当事人协议选择仲裁程序所适用的法律。也就是说,当事人协议选择合同所适用的法律,并不意味当事人选择该法律适用于仲裁程序。传统的强制性地域主义的方法毫无疑问在某些方面被抛弃。现代各国基本上都承认当事人意思自治原则,即当事人可以选择程序法支配仲裁程序。当事人既可以选择仲裁地的法律,也可以选择其他国家的法律。但是,在国际商事仲裁实务中,一般不建议当事人协议选择非仲裁地的法律。如果当事人选择了非仲裁地的法律,可能会给当事人的仲裁程序引起不必要的复杂、不确定性以及风险。正因为如此,国际商事仲裁当事人很少在他们的合同中或仲裁条款中明确表示选择仲裁程序所适用的法律。贸易法委员会秘书处关于 2006 年修正的 1985 年《国际商事仲裁示范法》的解释说明第 14 部分解释道:之所以通过关于示范法大多数条款的地域标准,是为了达到确定性起见以及有鉴于下列事实。在大多数法律制度中,仲裁地是决定国内法可否适用的唯一标准,在国内法允许当事人选择仲裁发生地以外的国家的程序法情况下,以往经验表明,当事人难得利用这一可能性。附带而言,示范法的颁布减少了当事人选择"国外"法律的任何必要性,因为在指定仲裁程序规则方面,示范法给予当事人广泛的自由。在 2004 年 Karaha Bodas Co., LLC v. Perusahaan Pertambangan Minyak Dan Gas Bumi Negara[1] 一案中指出,一项协议中规定仲裁地点将在一个国家,而仲裁程序将由另一个国家仲裁法支配,这是"例外的"、"全然不知晓的"、一个"纯粹学术的发明"、"理论大于现实的"。

尽管在国际商事仲裁实务中,当事人较少选择仲裁程序的法律,但是某

---

[1] 364 F. 3d 274, 291 (5th Cir. 2004).

些国际公约以及国内立法还是在一定程度上承认当事人选择仲裁程序法的自由。1958年《纽约公约》第5条第1款第(戊)项规定,裁决对各造尚无拘束力,或业经裁决地所在国或裁决所依据法律之国家之主管机关撤销或停止执行者。根据该条款规定,裁决依据裁决地所在国或所依据的法律的被撤销的,可以拒绝承认与执行。所依据法律的英文表述为 under the law,这里的法律指向是仲裁程序法。该规定隐含地承认当事人可以选择仲裁地以外的仲裁程序法支配仲裁的程序。1988年《瑞士联邦国际私法法规》第182条规定,当事人可以依照仲裁机构的规则或者直接协商决定所适用的仲裁程序。如果当事人没有选择仲裁程序的,则由仲裁庭来决定。仲裁庭依公平原则解决争议。《法国民事诉讼法典》第1509条也作出了类似的规定。尽管这些国家承认当事人选择仲裁程序法的自由,但还是有一定的限制,即仲裁程序不能违背仲裁地仲裁法中强制性的规定。1958年《纽约公约》第2条第3款,即当事人就诉讼事项订有本条所称之协定者,缔约国法院受理诉讼时应依当事人一造之请求,命当事人提交仲裁,但前述协定经法院认定无效、失效或不能实行者不在此限,以及第5条第1款第(丁)项,即仲裁机关之组成或仲裁程序与各造间之协议不符,或无协议而与仲裁地所在国法律不符者,都可以解释对当事人选择仲裁程序法的一种限制。

4.3.2.2 调整仲裁程序的规则

当事人可以选择调整仲裁程序的规则。由于仲裁地法对于程序性的要求并不都是强制性的,无论是在临时仲裁还是机构仲裁中,当事人选择的仲裁规则将会占主导地位的。当事人对仲裁规则的约定本质上属于契约性,是当事人协商一致的结果,是当事人意思自治的表现。当事人选择的仲裁规则构成当事人仲裁协议的组成部分,成为约束当事人的行为规范。当然当事人的选择不能违反有关国家,特别是仲裁地国家仲裁法的强制性规定。在有的仲裁规则中还特别强调这点,例如2014年《美国仲裁协会国际仲裁规则》第1条第2款规定:仲裁程序应受本规则管辖,但是当本规则的任何规定与仲裁程序所适用的任何法律条款相抵触、且当事人不得规避该法律条款时,则以该法律条款为准。

在国际商事仲裁实务中,主要有临时仲裁与机构仲裁。对于临时仲裁,当事人应当约定所适用的仲裁规则。由于仲裁规则是非常复杂的,一般情况下当事人不可能自己制定完善的规则,主要是借用其他仲裁机构的仲裁规则或《联合国国际贸易法委员会仲裁规则》(2010年最新修订)。此种约定将借用的仲裁规则构成了仲裁协议的组成部分。对于机构仲裁,一般仲裁机构都会制定完善的并富于本机构特色的仲裁规则。在国际商事仲裁实务中,当事人选择仲裁规则主要有以下几种情况。

(1) 在仲裁协议中明确选择该仲裁机构现行的仲裁规则。不少仲裁机构的示范仲裁条款也明确当事人选择本机构的仲裁规则,例如中国国际经济贸易仲裁委员会的示范仲裁条款:凡因本合同引起的或与本合同有关的任何争议,均应提交中国国际经济贸易仲裁委员会,按照申请仲裁时该会现行有效的仲裁规则进行仲裁。仲裁裁决是终局的,对双方均有约束力。

(2) 当事人在仲裁协议中仅仅约定了仲裁机构,并没有约定具体适用的仲裁规则。一般情况下,当事人约定某一仲裁机构解决他们之间的争议,间接表明了他们将适用该仲裁机构的仲裁规则。这也被大多数仲裁机构的仲裁规则所认可。例如,2014年《美国仲裁协会国际仲裁规则》第1条第1款规定:当事人同意按照本《国际仲裁规则》(《规则》)仲裁解决争议的,或者约定由国际争议解决中心(ICDR)或美国仲裁协会(AAA)进行国际争议的仲裁但未指定特定规则,则仲裁程序应按照仲裁开始之日有效的本规则进行,并遵从当事人以书面做出的修改。ICDR为本规则管理人。再例如,2013年《新加坡国际仲裁中心仲裁规则》第1条第1款规定,凡当事人约定将其争端提交新加坡国际仲裁中心仲裁的,当事人应被视为同意仲裁按照本规则进行与管理,如果任何这些规则与当事双方不能背离仲裁适用法律的强制性规定相冲突,以该条款规定为准。2015年《中国国际经济贸易仲裁委员会仲裁规则》第4条第2款规定:当事人约定将争议提交仲裁委员会仲裁的,视为同意按照本规则进行仲裁。

(3) 当事人在仲裁协议中约定了仲裁机构,也约定了该仲裁机构的仲裁规则,但是该仲裁规则作出了某些方面的修改。例如,前述的2014年《美国仲裁协会国际仲裁规则》第1条第1款中的"遵从当事人以书面作出的修改"的规定。再例如,2015年《中国国际经济贸易仲裁委员会仲裁规则》第4条第3款前段规定:当事人约定将争议提交仲裁委员会仲裁但对本规则有关内容进行变更或约定适用其他仲裁规则的,从其约定,但其约定无法实施或与仲裁程序适用法强制性规定相抵触者除外。2013年《新加坡国际仲裁中心仲裁规则》也在多数地方明确了当事人约定除外的情形。

(4) 当事人在仲裁协议中约定了仲裁机构,但是没有约定该仲裁机构的仲裁规则,而是约定其他仲裁规则。这种约定是否可行,要特别关注约定仲裁机构仲裁规则的规定。目前有一些仲裁机构的仲裁规则允许这种约定,例如,2015年《中国国际经济贸易仲裁委员会仲裁规则》第4条第3款后段规定:当事人约定适用其他仲裁规则的,由仲裁委员会履行相应的管理职责。

2015年《武汉仲裁委员会仲裁规则》第3条第2款也作出了同样的规定。

(5) 当事人在仲裁协议中仅仅约定了某仲裁机构的仲裁规则，没有约定该仲裁机构。一般而言，在国际商事仲裁领域中，一些著名仲裁机构的仲裁示范条款都没有要求当事人明确约定仲裁机构，仅仅是要求当事人明确约定该仲裁机构的仲裁规则，就表明当事人愿意由该仲裁机构处理他们之间的纠纷，该仲裁机构取得仲裁管辖权。例如，国际商会国际仲裁院推荐的示范仲裁条款就是如此规定：凡产生于本合同或与本合同相关的一切争议，均应按照国际商会仲裁规则，由依据该规则指定的一名或数名仲裁员终局解决。同样，新加坡国际仲裁中心建议的一般性示范仲裁条款规定：凡产生于本合同或与本合同相关的任何争议，包括有关合同的存在、效力或终止任何问题，均应按照现行有效的新加坡国际仲裁中心仲裁规则，提交仲裁并由仲裁最终解决，此规则被认为引用合并到该条款中。如果是在中国大陆以外的地方进行仲裁，以上的约定毫无问题，约定了某仲裁机构的仲裁规则，也就表明由该仲裁机构处理当事人之间的纠纷。但是，如果国际商事仲裁在中国大陆进行，以上的约定还是存在一定的问题。

我国1994年《仲裁法》第16条规定，仲裁协议包括合同中订立的仲裁条款和以其他书面方式在纠纷发生前或者纠纷发生后达成的请求仲裁的协议。仲裁协议应当具有下列内容：①请求仲裁的意思表示；②仲裁事项；③选定的仲裁委员会。根据该条款规定，当事人的仲裁协议（包括仲裁条款中）必须明确约定仲裁机构，否则仲裁协议（仲裁条款）的效力会受到质疑。所以，在国际商事仲裁实务中，如果仲裁在中国内地进行，我们还是希望当事人在仲裁协议书或仲裁条款中明确约定仲裁机构，以免引起不必要的争议。我国在仲裁司法实践中也是比较混乱的，1996年5月16日最高人民法院《关于厦门维哥木制品有限公司与台湾富源企业有限公司购销合同纠纷管辖权异议案的复函》（法函[1996]78号）认为，双方当事人在其合同中约定了以国际商会仲裁为准，按照国际商会仲裁规则第8条规定：双方当事人约定提交国际商会仲裁时，则应视为事实上接受本规则。国际商会仲裁院是执行国际商会仲裁规则的唯一仲裁机构。故双方当事人合同中的仲裁条款实际约定了由国际商会仲裁院依据国际商会仲裁规则对本案当事人的合同纠纷进行仲裁。2004年7月8日最高人民法院《关于德国旭普林国际有限责任公司与无锡沃可通用工程橡胶有限公司申请确认仲裁协议效力一案的请示的复函》（[2003]民四他字第23号）认为，当事人在合同中约定了仲裁条款"Arbitration: ICC Rules, Shanghai shall apply"，根据我国仲裁法的有关规定，有效的仲裁条款应当同时具备仲裁的意思表示、仲裁的事项和明确的仲裁机构三个方面的内容。本案所涉仲裁条款从字面上看,虽然有明确的仲裁的意思表示、仲裁规则和仲裁地点,但并没有明确指出仲裁机构。因此,应当认定该仲裁条款无效。2009年3月20日最高人民法院《关于夏新电子股份有限公司与比利时产品有限公司确认经销协议仲裁条款效力的请示的复函》([2009]民四他字第5号)认为,申请人夏新电子股份有限公司与被申请人比利时产品有限公司在《经销协议》第11条k)项的仲裁条款中约定:产生于本协议的任何争议应根据《国际商会仲裁规则》由仲裁最终解决,仲裁地点应在厦门和布鲁塞尔之间转换。仲裁裁决应为终局并对双方均有约束力,而执行裁决的判决可以由有权管辖的任何法院提出。本案被申请人比利时产品有限公司为比利时法人,应当根据涉外案件法律适用原则确定准据法。本案《经销协议》第11条i)项关于适用中国法律的约定,是对解决合同纠纷所适用的实体法的约定,不包括程序法和冲突规范。由于本案仲裁条款约定仲裁地点包括中国厦门,故应当以中国法律作为认定本案仲裁条款效力的准据法。本案仲裁条款虽然约定应当依据《国际商会仲裁规则》进行仲裁,但是该条款没有明确约定仲裁机构。国际商会标准仲裁条款中建议在以中国大陆为仲裁地点的仲裁,当事人应当在仲裁条款中援引国际商会仲裁院条款,但是本案当事人未选择使用该标准仲裁条款。根据《国际商会仲裁规则》不能够确定仲裁机构,且双方在争议发生后,也未就仲裁机构达成新的补充协议,故应根据《最高人民法院关于适用〈中华人民共和国仲裁法〉若干问题的解释》第4的规定,认定本案仲裁条款中仲裁机构约定不明确。根据《中华人民共和国仲裁法》第18条的规定,本案仲裁条款为无效条款。

我国仲裁机构为了避免以上仲裁协议被认定无效的情况,一般都在仲裁规则中规定约定该仲裁机构的仲裁规则,视为选择了该仲裁机构。例如,2015年《中国国际经济贸易仲裁委员会仲裁规则》第4条第4款规定:当事人约定按照本规则进行仲裁但未约定仲裁机构的,视为同意将争议提交仲裁委员会仲裁。2015年《武汉仲裁委员会仲裁规则》第3条第3款也作出了同样的规定:当事人约定按本规则进行仲裁但未约定仲裁机构的,视为当事人同意将争议提交本会仲裁。但是,仲裁机构的这种规定是否违反了我国的仲裁法,还有待于进一步商榷。

(6)当事人在仲裁协议中约定了仲裁机构,也约定了该仲裁机构的专业仲裁规则,但是他们之间的争议不属于专业仲裁规则适用的范围。一般而言,这种情况下视为当事人没有约定仲裁规则,应该与上述第(2)种情况类似,适用该仲裁机构的一般仲裁规则。例如,2015年《中国国际经济贸易仲裁委员会仲裁规则》第4条第5款规定:当事人约定适用仲裁委员会专业仲裁规

4 国际商事仲裁适用的法律与规则

则的,从其约定,但其争议不属于该专业仲裁规则适用范围的,适用本规则。

4.3.2.3 调整仲裁协议的法律

当事人可以选择适用仲裁协议的法律。当事人意思自治原则在仲裁协议中的运用被国际条约以及国内立法所认可。例如,我国 2010 年《涉外民事关系法律适用法》第 18 条规定,当事人可以协议选择仲裁协议适用的法律。当事人没有选择的,适用仲裁机构所在地法律或者仲裁地法律。

国际商事仲裁协议与合同既有区别,又有联系。一方面国际商事仲裁协议本质上属于一种契约,适用当事人意思自治原则。另一方面,仲裁协议与国际商事合同不同,仅仅规定当事人之间争议的解决方法,而国际商事合同则规定了当事人之间的具体权利与义务关系。仲裁协议的法律适用既不同于合同的法律适用,又不同于仲裁程序的法律适用,因为其与仲裁程序的法律适用有着本质的区别。仲裁程序法调整的是关于仲裁程序推进的事项,例如仲裁员的任命、仲裁员的撤销与更换、仲裁员的回避、开庭审理、仲裁证据、中间措施的发布、仲裁裁决的作出以及仲裁裁决异议等事项。而仲裁协议所适用的法律则调整仲裁协议的实质有效性、仲裁协议的形式、仲裁协议的解释、仲裁协议当事人的能力以及可仲裁性等事项。同时,仲裁协议的法律适用也不同于国际商事合同的法律适用。合同的法律适用目的旨在处理当事人之间权利义务方面的纠纷,是案件是非曲直的法律依据,对案件最终结果具有重要的影响作用。而仲裁协议适用的法律旨在决定仲裁协议的有效性,决定案件能否进行仲裁。我们既不能简单地将仲裁协议的法律适用归入到仲裁程序的法律中,又不能简单地认为合同适用的法律类推适用于国际商事仲裁协议中。所以,仲裁协议的法律适用是独立于仲裁程序、合同法律适用的一个独立的法律适用问题;其一方面有类似于合同的契约性质;另一方面有类似于仲裁程序方面的特点。所以,国际商事仲裁协议的法律适用,是一个兼具实体性质和程序性质的问题,既会受涉外合同法律适用"分割论"方法及其规则的影响,又会受国际私法中有关程序问题法律适用的一般原则制约,形成与其二元特性相对应的规则体系。在这些规则中,"场所支配行为原则即行为地法与意思自治原则即当事人选择的法律"之间的矛盾和对抗、妥协与兼容得以凸现。在一定意义上讲,国际商事仲裁协议的法律适用就是国家的属地主权与私法自治斗争与协调的结果。①

在国际商事仲裁实务中,尤其是在合同中规定仲裁条款的情况下,当事

---

① 刘想树:《论国际商事仲裁协议的法律适用》,《中央政法管理干部学院学》2001 年第 2 期。

人一般不会专门规定仲裁条款适用的法律。在国际商事仲裁的著名机构的示范条款中通常也不会对仲裁条款所适用的法律作出选择,例如,瑞典斯德哥尔摩商会仲裁院推荐意欲将争议提交该仲裁院适用一般仲裁规则的仲裁当事人在其合同中使用的标准条款中,建议当事人对合同适用的实体法作出选择。这里就会产生以下问题:如果当事人仅仅对合同所适用的法律作出选择,能否表明当事人也对仲裁协议所适用的法律作出选择,简单地说,合同的准据法能否约束仲裁协议;另外,针对合同的强制性法律规定是否也约束仲裁协议;还有当事人选择的法律能否约束仲裁协议中所有的问题,或仅仅约束仲裁协议实质有效性问题。

对于前两个问题,其实就是仲裁条款与主合同的关系问题。对此学者们的观点也不一致。但是从国际商事仲裁的实践以及发展来看,仲裁协议的法律适用不能等同于合同的法律适用。在第2章详细阐述了仲裁条款的独立性原则,该原则现在已经被国际商事仲裁的公约、国内立法以及仲裁机构的仲裁所普遍接受,表明了仲裁协议与主合同是相互分离的,具有相对的独立性,即使主合同被认定无效、失效、终止时,也不意味着仲裁条款没有效力。所以,当事人对于主合同所选择的法律并不当然适用于仲裁协议。同理,对于适用于合同的关于当事人之间权利义务的强制性法律规定,也不适用于仲裁协议。我国2010年《涉外民事关系法律适用法》的规定也表明将仲裁协议的法律适用与合同的法律适用相分离。在该法里,对于当事人选择合同所适用的法律规定在第41条中,而在第18条单独规定了仲裁协议的法律适用,其首要原则就是当事人意思自治原则。不过,需要说明的是,当事人对于合同所选择适用的法律,有可能也是仲裁协议所适用的法律,二者可能会重合。但是,这种重合不是仲裁协议适用合同准据法的结果,而是适用各自法律适用规则的结果。

对于后一个问题,就是仲裁协议法律适用的整体论与分割论的问题。整体论与分割论是借用合同法律适用的概念,其核心问题主要是解决仲裁协议中的所有问题是作为一个整体,统一适用一个法律进行调整,还是将其分割成不同的法律问题,分别确定这些不同问题的准据法。无论是当事人选择仲裁协议所适用的法律,还是适用仲裁法的原则,都会涉及该问题。整体论的主要观点与论证是与合同一样的,其旨在强调仲裁协议的内部和谐与整体一致性,避免仲裁协议各个方面适用不同法律所带来的复杂性与矛盾性,提高法律适用的效率性与相对稳定性。在实践中,当事人很少就仲裁协议各个问题分别进行选择不同的法律,整体论在某种意义上也是尊重了当事人的意思自治。分割论则与整体论相反,将仲裁协议分割成仲裁协议的形式、仲裁协

4　国际商事仲裁适用的法律与规则

议的内容、仲裁协议的实质有效性、仲裁协议的解释、仲裁协议当事人的能力以及可仲裁性等方面,分别确定各自的准据法,其目的在于保证仲裁协议法律适用的合理性与准确性,重视仲裁协议法律适用的复杂性与特殊性。无论是整体论也好,还是分割论也好,两者都有其合理的一面以及不足的一面,只是在法律适用所强调的侧重点不同而已。但是,从目前的国际、国内以及国际商事仲裁实务来看,分割理论占上风,具有一定的优势。例如,1958 年《纽约公约》第 5 条对当事人行为能力、仲裁协议本身、争议事项可仲裁性等的法律适用问题分别加以规定。我国在 2010 年《涉外民事关系法律适用法》中的规定似乎是采取整体论的观点,但仔细分析该部法律的架构,其实我国的立法也是采取分割理论的。在该部法律中,第 18 条规定了仲裁协议的法律适用问题,但在第 12 条和第 14 条分别规定了自然人的行为能力的法律适用以及法人能力的法律适用。从这个意义上来说,我国关于仲裁协议的法律适用是将仲裁协议分割成当事人能力的法律适用和仲裁协议除当事人能力外其他问题的法律适用两大方面。分割论虽然被普遍接受,但是对于仲裁协议分割到什么程度,学者们的观点以及立法上的规定还是有差异的。例如,美国学者 Gary B. Born 认为仲裁协议法律适用中所涉及的问题包括:①仲裁协议的形式有效性;②仲裁协议当事人的能力;③仲裁协议当事人代表人的权力;④仲裁协议的成立与存在;⑤仲裁协议的实质有效性和合法性;⑥不可仲裁性或客观可仲裁性;⑦当事人达成仲裁协议的身份;⑧仲裁协议的效果;⑨仲裁协议执行的方法;⑩仲裁协议的解释;⑪仲裁协议的终止与失效;⑫仲裁协议的转让;⑬仲裁权的放弃。[①] 在国际商事仲裁实践中,一般将仲裁协议主要分割成仲裁协议的实质有效性、可仲裁性、仲裁协议的形式有效性、仲裁协议当事人的能力等。根据有关国家的立法,除当事人的能力外,其他都可以适用当事人所选择的法律。例如,瑞典仲裁法规定,关于仲裁协议的有效性,除当事人的行为能力适用当事人属人法外,其他方面的问题应该首先适用当事人选择的法律。国际商事仲裁公约也作出同样的规定。例如,1958 年《纽约公约》第 5 条第 1 款(甲)项规定,第 2 条所称协定之当事人依对其适用之法律有某种无行为能力情形者,或该项协定依当事人作为协定准据之法律系属无效,或未指明以何法律为准时,依裁决地所在国法律系属无效者。1961 年《欧洲国际商事仲裁公约》第 6 条第 2 款规定,缔约国的法院在作出关于仲裁协议是否存在或有效的决定时,应从各方面审查这一协议的有效性。关于双方当

---

① Gary B. Born, International Commercial Arbitration (Volume I International Arbitration Agreements), Wolters Kluwer, 2ed, 2014, p489.

事人的能力,根据适用于他们的法律,至于其他问题,则应:①根据当事人的仲裁协议所依据的法律;②如未就此点确定时,根据裁决地国家的法律;③如无当事人的仲裁协议所依据的法律,而在向法院提出问题时,还不能确定将在哪一国作出裁决,就根据受理争议的法院的冲突规则所决定的法律。如果按照法院地国家的法律,该争议是不能通过仲裁解决的,法院也可拒绝承认仲裁协议。1975年《美洲国家国际商事仲裁公约》第5条第1款第1项规定,协议双方当事人依所适用的法律是无能力人,或依照当事人自愿遵守的法律,协议是无效的,或者在这种法律未规定时,依裁决地的国家的法律,协议是无效的。除了以上的国际公约规定外,被大多数国家采纳的联合国国际贸易法委员会制定的《示范法》第34条关于仲裁裁决的撤销,其第2款第(a)(i)项规定,第7条所指仲裁协议的当事人有某种无行为能力情形;或者根据各方当事人所同意遵守的法律或在未指明法律的情况下根据本国法律,该协议是无效的。第36条是关于仲裁裁决的拒绝承认或执行的理由,其第1款第(a)(i)项规定作了同样的规定。

仲裁协议法律适用主要发生在两个阶段:第一个阶段是确定仲裁庭管辖权的阶段,主要由仲裁庭来适用相关的法律进行确认,但也可能出现当事人向内国法院申请强制执行仲裁协议,由法院适用相关的法律进行确认;第二个阶段是在仲裁裁决的执行阶段,失利的一方当事人提出对仲裁裁决的抗辩。一般情况下,当事人有两次抗辩的机会,其首先可以向仲裁裁决地法院提出撤销仲裁裁决的申请;其次可以向仲裁裁决执行地的法院提出拒绝承认与执行仲裁裁决的抗辩。无论是在什么阶段,也无论是在法院还是仲裁机构提出,仲裁协议的法律适用首先适用当事人协议选择的法律。但是,对于当事人没有选择仲裁协议所适用的法律,不同机构所适用的方法是不同的,法院则是要根据本国的国际私法(冲突法)规定的冲突规范进行指引,一般是适用仲裁地法或裁决地法或裁决申请撤销所在地法律。仲裁庭并没有适用有关国家冲突规则的义务,其可能根据仲裁规则的规定或根据其他方法进行确定。

仲裁协议的法律适用是非常复杂的,其一,仲裁协议的不同方面可能具有不同的法律适用原则,例如,关于仲裁协议当事人的能力问题一般不适用当事人选择的法律,主要适用属人法进行解决;其二,不同的机构面对相同的法律问题,也可能采取不同的法律适用原则;其三,仲裁协议的法律适用问题与主合同的法律适用,尤其是在当事人选择合同实体法的情况下,有剪不断的联系;其四,如果当事人没有选择仲裁协议调整的法律时,情况变得更加复杂;其五,在临时仲裁与机构仲裁中,也有可能有不同的法律适用方法。不管如何复杂,首先还是要探究当事人的意思表示,适用当事人选择的法律。但是在国际商事仲裁实践中,当事人很少单独对仲裁协议约定所适用的法律,几乎所有著名的国际商事仲裁机构推荐的示范仲裁条款都没有包含仲裁协议法律选择条款。所以,对于仲裁协议的法律适用问题仲裁地法起到重要的作用。我们在4.4.3节中还会具体分析仲裁协议在当事人没有选择法律情况下的法律适用问题,包括仲裁协议的实质有效性问题、可仲裁性问题、仲裁协议的形式有效性问题以及仲裁协议当事人的能力问题。

4.3.2.4 支配合同的法律

支配合同的法律,即国际商事仲裁适用的实体法,是指仲裁庭据以作出裁决的支配仲裁案件争议的实体法律,是确定争议双方当事人权利义务、判定争议是非曲直的主要法律依据,对争议的最终裁决结果具有决定性的意义。① 在国际商事仲裁中,对于实体问题的法律适用,基本上与法院确定国际合同的法律适用相类似。然而,由于国际商事仲裁的民间性与自治性,仲裁实体法的确定与法院确定国际合同的法律适用仍有着许多不同的地方。一般来说,如果当事人选择了仲裁实体法,仲裁庭将尊重当事人的选择,适用当事人选择的法律;在当事人未作法律选择时,仲裁庭可适用仲裁地国的冲突规则、仲裁员本国的冲突规则或仲裁员认为适当的其他冲突规则,来确定仲裁适用的实体法。此外,仲裁员还可不援引任何冲突规则,而直接适用他认为适当的实体法规则。

当事人意思自治原则是国际私法中被普遍接受的原则之一,同时也被广泛地用来指导国际商事仲裁员确定应适用于国际商事合同的法律。国际公约如1961年《关于国际商事仲裁的欧洲公约》、1965年《解决国家与他国国民之间投资争议的公约》和机构仲裁规则如《国际商会国际仲裁院仲裁规则》,都普遍采用当事人意思自治原则。但各国对当事人选择仲裁实体法的时间、方式和限制的规定有所不同。

1. 当事人选择仲裁实体法的时间

当事人在最初订立合同、协议以仲裁作为解决争议的方式时,可以自由选择解决他们之间争议的法律。对于当事人在订立合同、发生争议以后能否选择仲裁实体法,学者有不同的看法:一种观点认为当事人在发生争议后不能选择仲裁实体法。如果当事人在争议发生后仍可选择仲裁实体法,那就意味着当事人在这时可使其争议所依从的法律不同于订立合同时支配合同的

---

① 戚燕方:《仲裁实体法初析——兼论非国内规则的适用》,《中外法学》1998年第2期。

法律,则对当事人依合同进行的诸多活动将可能作出不同的解释,其活动也将会因解释不同而具有完全不同的效力;[①]另一种观点认为当事人可以在争议发生之后另外选择仲裁实体法。如果当事人在订立合同时未作法律选择,当事人之间的合同关系依然存在法律上的依据,那就是本应支配合同关系的法律。因此,当事人并不是一定要在订立合同之前确定支配他们权利义务的法律。即使合同订立之后,当事人依然有权选择法律,或改变已经选择的法律。因为当事人在法律规定的限度之内,有权依协议变更合同,也有权依协议解除合同,既然如此,他们就有权通过变更支配合同的法律达到变更或解除合同的目的。[②] 当事人意思自治的精神决定了当事人可以延迟作出法律选择或改变原有的法律选择。从各国的立法来看,多数国家允许当事人在合同订立之后对原来支配合同的法律进行变更。在仲裁实践中,一般认为,当事人在将争议提交仲裁时或在仲裁过程中就仲裁实体法作出选择,其目的是为了选择支配其间关系的法律规则,为仲裁员选择评判是非曲直的准则,那么,仲裁员就应该尊重当事人的选择,即使当事人对原已作出的法律选择作出更改,仲裁庭、仲裁员也都应尊重当事人更改原有选择的意愿。

2. 当事人选择仲裁实体法的方式

当事人选择法律的方式有明示选择和默示选择。明示选择方式已得到各国的普遍接受。但对默示选择方式,各国的态度不一致。[③] 在国际商事仲裁实践中,仲裁员通过案件的相关情况或合同所使用的语言来判定当事人默示选择的情况是非常罕见的,而大多采用的是依据当事人选择的仲裁地来推定当事人意图适用仲裁地国法。这一推定来源于拉丁格言"选择法院即选择法律"。这种方法在国际商事仲裁实践中曾得到长期和普遍的采用。随着时代的发展,它逐渐暴露出不合理和不正确的一面:第一,当事人之所以选择某仲裁机构仲裁,是因为或出于便利或出于中立或出于信赖的考虑,并不意味当事人同意或期望适用仲裁地国法律解决争议;第二,若仲裁地不是由当事人指定而是由仲裁员指定的,则仲裁地可能与争议没有多大联系,也不能反映当事人的意图;第三,仲裁可能在不同地点举行,或在仲裁过程中变更仲裁地点,这样就难以确定当事人默示法律选择的意图。由此,对默示选择法律的推定就失去了其理论依据与实践的支持。尽管如此,仍然有一些国家如美国承认默示选择方式。

---

① 韩德培主编:《国际私法新论》,武汉大学出版社 1997 年版,第 743 页。
② 肖永平著:《中国冲突法立法问题研究》,武汉大学出版社 1996 年版,第 287-288 页。
③ 刘仁山:《"意思自治原则"在国际商事合同法律适用中的适用限制》,《武汉大学学报》1996 年第 4 期。

4 国际商事仲裁适用的法律与规则

3. 当事人选择仲裁实体法的范围

在合同的法律适用中,目前各国的立法基本上都规定当事人选择法律的范围没有什么限制,既可以选择国内法,又可以选择国际条约;既可以是与当事人有一定联系的某一国内法,又可以是与双方当事人没有任何联系的第三国法律;既可以是具有法律效力的法律,又可以是商业习惯、一般法律原则。

当事人可以选择某一国内法支配合同的订立和实质有效性以及任何由合同引起或相关的争议。当事人可以选择与一方具有实质性联系的法律,通常是一方当事人的国内法。但是选择与一方当事人有联系的国内法,往往在合同的谈判中是比较困难的。如果当事人无法就选择其中当事一方的国内法达成一致,另一可行的方法就是选择与当事人双方没有联系的中立的第三国法律。选择中立第三国法律的优势在于该国与双方当事人没有联系,当事人或基于该国的法律比较完备,容易被双方当事人所接受。从目前的立法趋势来看,充分尊重当事人的意思自治成为合同法律适用的基本原则,各国国际私法一般允许当事人选择没有联系的法律来支配合同。这种做法也被大多数国际公约所接受。当然,当事人意思自治受到强行法和国家公共政策的限制。在有些情况下,当事人也可以选择国际条约作为合同的准据法,特别是合同涉及国际货物买卖方面,当事人有时会选择1980年《联合国国际货物销售合同公约》作为合同的准据法。但是,当事人选择该公约时,应该选择国内法来适用公约没有涵盖的领域。例如,合同的效力问题或合同对货物所有权的影响问题,公约没有作出规定,而是留待国内法进行解决。

如果当事人对国内法或国际法的选择未达成一致,或者不愿意进行选择,一般也允许当事人选择商人法来支配他们之间的合同。例如,他们可以选择国际法的一般法律原则、国际商事合同通则、国际贸易术语解释通则等。在海事、海商领域可以选择《海牙规则》、《汉堡规则》等。特别是在国家作为主体的双方或一方的合同,他们通常会作出如此选择。

当事人也可以指示仲裁庭基于内心的公平以及合理解决争议的原则进行仲裁,可以不必依据任何法律的规定。这种做法可以说是当事人双方同意对适用法律不做选择的结果,或者说选择仲裁员的内心公正作为处理合同的依据。这就是所谓的友好仲裁。大多数国家法律和仲裁规则都允许友好仲裁,但是必须得到当事人双方的同意和明确授权于仲裁员。例如,联合国国际贸易法委员会制定的《示范法》第28条第3款规定,仲裁庭只有在各方当事人明示授权的情况下,才应当依照公平善意原则或作为友好仲裁员作出决定。而根据我国1994年《仲裁法》第7条的规定,即仲裁应当根据事实,符合法律规定,公平合理地解决纠纷,可以推断出我国原则上不承认友好仲裁。

但是在仲裁实务中,仲裁机构还是有类似友好仲裁的实践,即双方当事人可以要求仲裁员作出裁决而具名裁决的理由。

当事人一般在决定支配他们合同的法律时有很多选择。如果是简单、明晰的,将促进仲裁程序的顺利开展以及节约仲裁成本,否则将会给当事人造成司法资源的浪费,增加仲裁的时间与成本,或引起仲裁不必要的复杂性。如果当事人没有选择法律或选择法律不明确,将会由仲裁庭(仲裁员)判断所适用的法律。

4. 当事人选择仲裁实体法的限制

一般来说,当事人选择仲裁实体法往往要受到三方面的限制:①公共秩序的限制。即当事人选择仲裁实体法不得违反法院地国的公共秩序和强制性法律,当事人的选择只能在特定国家的任意法范围内进行。如《法国民法典》第6条规定:个人不得以特别的约定违反法国有关公共秩序与善良风俗的法律。这是各国普遍的做法。②善意与合法的限制。即当事人的选择必须"善意和合法",不得有规避法律和合谋欺诈的意图。这是当事人选择仲裁实体法的一般要求。③与合同有实际联系的限制。就国际合同的法律选择而言,不少国家主张,为了防止当事人规避法律,当事人只能选择与合同有一定联系的国家的法律,如果他们所选择的法律与合同没有联系,就必须如同当事人未选择法律一样来探求合同的准据法。但也有一些国家,如英国、瑞典、荷兰、奥地利等国,允许合同当事人选择与合同无客观联系的法律,只需当事人所选择的法律是善意合法的。在国际商事仲裁中,各国一般对此没有加以严格限制,当事人常常选择与争议没有联系的某一国家的法律作为仲裁实体法。因为:第一,在国际商事仲裁中,既然允许当事人作出法律选择,那么某国是否与争议有客观联系并不是当事人选择仲裁实体法时唯一考虑的因素和依据。在当事人基于其他考虑作出法律选择后,必然排除了与争议有客观联系国家法律的适用。这是法律选择的正常结果;第二,在国际商事仲裁中,双方当事人可能因不了解对方国家的法律担心在将来处于不利地位,都不愿适用对方国家的法律,他们认为适用某一个与合同没有任何联系的第三国法律,对双方来说都是公平的;第三,在很多情况下,当事人选择某一法律,仅仅是因为该国法律体系发达、完备,并为许多国家的商人和律师所熟悉。在奥地利、瑞士、比利时、德国等国内立法中,都没有对当事人选择仲裁实体法施加这种限制,英美国家法院亦允许当事人选择与合同毫无实际联系国家的法律。国际商会在许多仲裁裁决中也都允许当事人选择的仲裁实体法可与合同无联系。

5．中国的立法与实践

我国意思自治原则的运用不仅在适用领域进行大规模的扩张，而且在适用条件上采取了放松的做法。我国2010年《涉外民事关系法律适用法》第3条对意思自治原则只做出了宣示性规定，即当事人依照法律规定可以明示选择涉外民事关系适用的法律。而对于意思自治原则适用的条件没有做出具体明确的规定，尽管2007年《规定》对这些问题做出了具体规定，但是其规定只是对合同领域具有约束力，并不当然适用于非合同的其他领域，所以有必要对这些问题做出总的司法解释。

关于当事人选择法律的范围，2013年《解释（一）》并没有正面回答这一问题，而是在第7条做出了否定的规定，一方当事人以双方协议选择的法律与系争的涉外民事关系没有实际联系为由主张选择无效的，人民法院不予支持。明确放弃"实质性联系"标准，符合国际社会的立法趋势。所谓"实质性联系"标准，就是当事人协议选择的法律必须与案件之间存在实质性联系，不能选择一个与案件毫无关联国家的法律。"实质性联系"标准在20世纪中叶以前得到了欧美主要国家和大多数学者的广泛支持。① 实质性联系的限制越来越受到学者的强烈批判。我们认为，应该允许当事人选择与合同没有任何客观联系的法律。第一，现代社会是契约型社会，个人可以自由订立协定而为自己创设权利和义务，是自己的立法者。既然个人有处理实体权利义务的权利，他们也有完全处理他们争议选择法律的权利。有实质性联系，一般都是与法律关系一方当事人有一定的联系。如果规定只能选择有实质性联系的法律，必然在实践中，导致双方当事人选择法律的障碍，因为双方当事人往往都不愿意以对方国家的法律作为法律关系的准据法。选择与案件没有联系的法律，能更好地被双方当事人所接受。第二，当事人选择与案件没有联系的第三国法律，可能是基于该第三国法律比较完善和比较合理，能够更好、更公平地处理双方当事人的案件。第三，如果内国法律明确规定禁止当事人选择与合同没有实质性联系的国家的法律，必然会导致本国当事人所订立的此类法律选择的协议因这种强制性规定而归于无效，从而影响到外国当事人在选择交易伙伴时考虑此类规定，必然会影响和削弱有此类规定的国家和企业的竞争力，最终影响该国的经济利益。② 沃尔夫（Wolff）就明智地主张，允许自由选择任何法律有利于促进跨国商业往来，借"实质性联系"标准限制法律选择往往效果不佳，单单同其他国际合同的经济联系便足以使一份合同具有

---

① 许庆坤：《论国际合同中当事人意思自治的限度》，《清华法学》2008年第6期。
② 肖永平、胡永庆：《法律选择中的当事人意思自治》，《法律科学》1997年第5期。

适用他国法的合理性。① 2013 年《解释(一)》第 7 条的规定是针对 2010 年《涉外民事关系法律适用法》分则所有关于意思自治原则运用的规定,对于完全意思自治原则的运用领域是没有歧义的。但是,对于有限意思自治原则的运用领域,如夫妻财产关系、协议离婚和知识产权侵权、产品责任等,如果当事人选择了法律规定范围之外的法律,这种选择是无效的。也就是说,在这些领域本身就要求当事人选择与法律关系有实质性联系的法律,不会出现 2013 年《解释(一)》一方当事人以双方协议选择的法律与系争的涉外民事关系没有实际联系为由主张选择无效的情形,而是由法院直接认定因违反《涉外民事关系法律适用法》有关的规定而无效。

  对于当事人选择的法律是否包含国际条约问题,2010 年《涉外民事关系法律适用法》并没有直接回答该问题,只是在第 9 条规定:涉外民事关系适用的外国法律,不包括该国的法律适用法。也就是说,《涉外民事关系法律适用法》允许外国实体法的适用,只是排除了外国的法律适用法。2007 年《规定》第 1 条则明确规定涉外民事或商事合同应适用的法律,是指有关国家或地区的实体法,不包括冲突法和程序法。我国的立法以及司法解释并没有规定未参加的民商事公约不能作为当事人选择的法律。对此,我国 2013 年《解释(一)》第 9 条规定:当事人在合同中援引尚未对中华人民共和国生效的国际条约的,人民法院可以根据该国际条约的内容确定当事人之间的权利义务,但违反中华人民共和国社会公共利益或中华人民共和国法律、行政法规强制性规定的除外。当事人在合同中援引尚未对中华人民共和国生效的国际条约是属于当事人意思自治原则的运用。将未对中华人民共和国生效的国际条约作为当事人选择的合同准据法,还是将未对中华人民共和国生效的国际条约作为当事人约定合同条款的一部分,该司法解释规定比较模糊,没有给出明确的答案。对于该条司法解释如何理解,有学者认为:把此类国际条约视为构成当事人之间合同的组成部分,据以确定当事人之间的权利义务,更为合理,这样也可以解决如何对待当事人援引一些不具有拘束力的国际示范法、统一规则等产生的问题。同时,由于国际条约的复杂性,也不能将条约内容简单地等同于当事人之间的合同内容。对我国生效的国际条约,我国往往会通过声明保留排除对我国可能会产生不利影响的条款的适用。而对我国尚未生效的国际条约,很可能存在这方面的问题,在我们不将该国际条约作为外国法律对待的情况下,可以排除外国法适用的公共秩序保留条款不能发

---

① M. Wolff, Private International Law, 2nd ed., Clarendon Press, 1950, p.420. 转引自许庆坤:《论国际合同中当事人意思自治的限度》,《清华法学》2008 年第 6 期。

4 国际商事仲裁适用的法律与规则

生作用。因此,还应当增加对违反我国社会公共利益的情形的限制性规定。①
我们认为,从逻辑上说,《涉外民事关系法律适用法》第3条规定当事人依照法律规定可以明示选择涉外民事关系适用的法律,这里的法律不仅包括一个国家或地区的法律,也应该包括国际条约(对我国生效的国际条约和未生效的国际条约)。对我国生效的国际条约,当事人进行选择是法律规定的应有之意。对我国未生效的国际条约,只要不与我国的公共秩序相违背,就允许当事人进行选择。不管我们对该司法解释如何理解,有一点值得指出的是,我国对当事人选择法律范围的规定是比较宽松的,符合意思自治原则运用发展的趋势。

关于当事人选择法律的方式,2010年《涉外民事关系法律适用法》第3条规定当事人依照法律规定可以明示选择涉外民事关系适用的法律,也就是说我国并未承认默示选择方式。所谓明示方式选择法律,就是双方当事人采取书面或口头等明确的方式对适用法律做出选择。随着科学技术发展,书面形式出现了新的发展,书面形式不仅包括合同书、往来信函、电报、电传、传真,而且还包括电子数据交换和电子邮件等可以有形地表现所载内容的形式。在实践中,往往会出现含有法律选择条款的书面文件当事人并没有共同签署的情况。另外,电子数据交换和电子邮件等书面形式如何认定问题,都需要我们进一步澄清。所以,2013年《解释(一)》并没有解释"明示"的具体含义,这不能不说是一种遗憾。另外,司法实践中存在一种特殊的情况,当事人并没有以书面或者口头等明确的方式对适用法律做出选择,但在诉讼中,各方当事人均援引相同国家的法律且均未对法律适用问题提出异议。在这种情况下,一般认定当事人已经就涉外民事关系应当适用的法律做出了选择。2013年《解释(一)》第8条第2款对此做出了明确的规定,即,各方当事人援引相同国家的法律且未提出法律适用异议的,人民法院可以认定当事人已经就涉外民事关系适用的法律做出了选择。该款规定与2007年《规定》第4条第2款的规定是一致的。对于该款是明示法律选择方式,还是默示法律选择方式,国内学者有不同的看法。我们认为,该款是明示法律选择方式的规定。一般意义上,明示方式是采取书面或口头方式。其实,明示方式也可以通过双方当事人行为来明确,只要双方当事人选择法律的行为是一致的,就表明了双方当事人明确选择法律了,即是2013年《解释(一)》第8条第2款规定的情形。将其看做是明示法律选择方式,同样可以解决2013年《解释(一)》第8

---

① 高晓力:《最高人民法院关于适用〈中华人民共和国涉外民事关系法律适用法〉若干问题的解释(一)解读》,《法律适用》2013年第3期。

条第 2 款规定的情形与 2010 年《涉外民事关系法律适用法》第 3 条明示方式选择法律规定的关系。否则，就会出现相互矛盾的规定的现象。对于我国是否承认或有限度地承认当事人默示选择法律的方式问题，我们认为当事人默示选择法律不容易判定，在司法实践中，默示选择法律往往成为法院法官的推断，事实上违背了当事人的意思自治。在我国现阶段，还是不承认当事人默示选择法律的方式为宜。

关于法律选择的时间，2013 年《解释（一）》第 8 条第 1 款规定，当事人在一审法庭辩论终结前协议选择或者变更选择适用的法律的，人民法院应予准许。该款规定有两层含义：一是当事人在一审法庭辩论终结前都可以做出法律选择；二是当事人有权在一审法庭辩论终结前变更法律选择。这一规定与 2007 年《规定》第 4 条第 1 款的规定是一致的。选择一审法庭辩论终结前是合理的，因为此时法院并没有就实质问题做出判决，此时当事人可以选择法律，法官将根据当事人所选择的法律做出判决，并没有对法官审理案件的进程造成实质性的影响。如果允许当事人在一审法庭辩论终结后，还能进行法律选择，那么就会给当事人拖延案件的审理带来机会，况且法官此时已经进入了实质性审理，并对适用的法律做出了决定，更改所适用的法律，必然造成司法资源的浪费。另外，当事人在一审法庭辩论终结前变更法律选择，是当事人意思的充分体现。我们允许当事人选择法律，就必然允许当事人更改法律，两者的精神是一致的，更符合意思自治的本意。沃尔夫和诺斯（North）也赞成当事人事后选择法律的，并有权对原有的法律选择做出变更。[①] 有学者认为，我国应进一步放宽当事人选择法律的时间限制，主要理由是欧盟《罗马条例Ⅰ》的"统一规则"中没有对当事人选择或变更法律的时间做出任何限制，而是允许当事人在任何时候做出法律选择，同样，1988 年《瑞士联邦国际私法法规》第 116 条第 3 款也规定当事人随时都可以选择法律或对其做出修正。于是得出我国应进一步放宽当事人选择法律的时间限制的结论。[②] 我们认为，这种观点是值得商榷的。欧盟《罗马条例Ⅰ》以及 1988 年《瑞士联邦国际私法法规》等立法的规定与我国的相关规定并不冲突或矛盾。在西方法律文化背景下，所谓的任何时候（at any time），是指法院未就实质问题做出判断前的任何时候，而不能错误理解为整个诉讼的任何时候。在西方法律文化背景下，规定当事人随时都可以选择法律，是没有任何问题的。但是，在我国的法律文化背景下，如此规定就存在问题了。

[①] P. North, Essays in Private International Law, Clarendon, 1993, pp.55-56.
[②] 凡启兵：《〈罗马条例Ⅰ〉研究》，中南财经政法大学 2013 年博士学位论文，第 159 页。

4 国际商事仲裁适用的法律与规则

关于选择法律的限制,我国立法与司法解释对国际私法上意思自治原则运用的限制是多方面的。第一,2013 年《解释(一)》第 6 条做出了一般性的限制,即中华人民共和国法律没有明确规定当事人可以选择涉外民事关系适用的法律,当事人选择适用法律的,人民法院应认定该选择无效。也就是说当事人只有在法律明确规定运用意思自治原则的领域选择法律,其他领域一概不能选择;第二,2013 年《解释(一)》第 9 条做出了对当事人在合同中援引尚未对中华人民共和国生效的国际条约所做出的限制,即不能违反中华人民共和国社会公共利益或中华人民共和国法律、行政法规强制性规定。此外,对于意思自治原则的限制主要体现在直接适用的法、政策导向和保护弱者权益原则三个方面。

其一,通过直接适用的法对意思自治原则做出了限制。[①] 一般来说,国际私法上所讲的"直接适用的法",通常是指为实现国家重大社会经济利益制定的直接适用于涉外民商事关系的具有强制效力的实体法律规范。[②] 也就是说,各国意欲直接适用于涉外民商事关系的国内实体法。我国 2010 年《涉外民事关系法律适用法》第 4 条做出了明确规定,即中华人民共和国法律对涉外民事关系有强制性规定的,直接适用该强制性规定。该条只是针对本国直接适用的法做出规定,对外国直接适用的法没有做出回答。直接适用的法直接基于实体法本身的内容以及其实现的目的进行考量,根本不顾及当事人的自由与意思自治,即使当事人做出了选择,他们的选择是无效的。但是,直接适用的法的外部界限是模糊的,还没有学者明确提出"直接适用的法"的准确范围。为了说明直接适用的法的外部边界,2013 年《解释(一)》第 10 条规定:有下列情形之一,涉及中华人民共和国社会公共利益、当事人不能通过约定排除适用、无需通过冲突规范指引而直接适用于涉外民事关系的法律、行政法规的规定,人民法院应当认定为涉外民事关系法律适用法第四条规定的强制性规定:(一)涉及劳动者权益保护的;(二)涉及食品或公共卫生安全的;(三)涉及环境安全的;(四)涉及外汇管制等金融安全的;(五)涉及反垄断、反倾销的;(六)应当认定为强制性规定的其他情形。正如最高人民法院民四庭负责人就《关于适用〈中华人民共和国涉外民事关系法律适用法〉若干问题的解释(一)》答记者问说道:"强制性法律,一般是指本国法律中明确规定某类法律关系应直接适用某法律规定,不允许当事人选择,当事人不能通过约定排除适用,法院在审理案件过程中也不必通过本国冲突规则的指引而予以直

---

① 刘仁山:《"直接适用的法"在我国的适用及完善建议》,《法商研究》2013 年第 3 期。
② 刘仁山:《"直接适用的法"在我国的适用及完善建议》,《法商研究》2013 年第 3 期。

接适用的法律。强制性法律一定包含了本国社会公共利益的考量。……例如,反垄断法、外汇管制法、外贸管制法、价格法、社会保障法、消费者权益保护法等,一般旨在保护本国经济秩序或对某类利益进行特殊保护,这些领域的法律对涉外民事关系有重大影响。司法解释第10条结合上述情况,除对何为我国法律的强制性规定进行了一般性描述外,还以不完全列举的方式解决可操作性问题,列举排序是根据法律与民生的相关程度进行的。"[1]尽管我们对司法解释以法律与民生的相关程度进行列举的正当性持怀疑态度,但毕竟表明我国的立法及其司法解释从这一方面限制了当事人意思自治原则的运用。

其二,通过政策导向对意思自治原则做出了限制。通过政策导向对某些特殊合同限制其适用当事人意思自治原则,与直接适用的法的做法有异曲同工之处,只不过前者直接规定具体的某些合同不适用当事人意思自治原则,而后者并没有明确的范围。2007年《规定》第8条对此做出具体规定,即在中华人民共和国领域内履行的下列合同,适用中华人民共和国法律:(1)中外合资经营企业合同;(2)中外合作经营企业合同;(3)中外合作勘探、开发自然资源合同;(4)中外合资经营企业、中外合作经营企业、外商独资企业股份转让合同;(5)外国自然人、法人或者其他组织承包经营在中华人民共和国领域内设立的中外合资经营企业、中外合作经营企业的合同;(6)外国自然人、法人或者其他组织购买中华人民共和国领域内的非外商投资企业股东的股权的合同;(7)外国自然人、法人或者其他组织认购中华人民共和国领域内的非外商投资有限责任公司或者股份有限公司增资的合同;(8)外国自然人、法人或者其他组织购买中华人民共和国领域内的非外商投资企业资产的合同;(9)中华人民共和国法律、行政法规规定应适用中华人民共和国法律的其他合同。该规定仍然是采取列举的方式,前三类合同在以前的立法和司法解释就做出了明确规定,2007年《规定》又增加了五种合同,最后采取兜底条款的规定,以避免挂一漏万。纵观以上的合同,都是涉及我国经济发展的某些重要合同,限制当事人意思自治原则是国家干预主义的应有之意。

其三,通过保护弱者权益原则对意思自治原则做出了限制。"从契约到身份"运动中的身份含义是确定强势主体与弱势主体的新身份,更加注重了对于弱者地位的保护。我们就不难理解各国立法中对于弱者权益保护,并限制意思自治原则的规定了。其实,对弱者权益保护,限制当事人意思自治原

---

[1] 最高人民法院民四庭负责人就《关于适用〈中华人民共和国涉外民事关系法律适用法〉若干问题的解释(一)》答记者问,最高人民法院网站(www.court.gov.cn),2013-01-06,16:23:00,2016年6月18日访问。

4 国际商事仲裁适用的法律与规则

则,是为了将弱者的地位提升到与强者同等的地位,实现真正意义上的私法自治与契约自由。也就是说,通过国家干预的方式,进而实现当事人的实质正义。弱者权益保护原则的运用,并不是对意思自治原则的偏离,恰恰是体现和加强意思自治原则的精神。我国立法适用弱者保护原则限制意思自治原则主要体现在消费者合同与劳动合同。2010年《涉外民事关系法律适用法》第42条规定,消费者合同,适用消费者经常居所地法律;消费者选择适用商品、服务提供地法律或者经营者在消费者经常居所地没有从事相关经营活动的,适用商品、服务提供地法律。该条赋予了消费者单方法律选择权,消费者可以在律师帮助下,做出合理的判断,选择能够更好维护自己权益的法律。而在劳动合同则直接规定适用劳动者工作地法律,一般而言,劳动者工作所在地也是劳动者生活中心所在地,适用劳动者工作所在地法律,应该能够更好保护劳动者的权益。2010年《涉外民事关系法律适用法》第43条对此做出了具体规定,即劳动合同,适用劳动者工作地法律;难以确定劳动者工作地的,适用用人单位主营业地法律。劳务派遣,可以适用劳务派出地法律。如何对消费者合同与劳动合同法律适用进行规定,国际社会上主要有四种立法模式。第一种是直接规定单一的连结点,排除当事人的法律选择。我国2010年《涉外民事关系法律适用法》第43条的规定就是采用这种做法。但是这种单一法律的规定并不一定对弱者有利。第二种是在特定连结点范围内允许双方当事人选择法律,例如1987年瑞士《关于国际私法的联邦法》第121条的规定,但是当事人选择的法律并不一定对弱者有利。第三种要求当事人的选择不得排除有关强行法给予的最低限度保护,例如1978年奥地利《关于国际私法的联邦法》第41条的规定,但是其存在衡量保护程度高低的难题。第四种是赋予弱者一方法律的选择权,如2010年《涉外民事关系法律适用法》第42条的规定,但是其存在消费者如何通过律师帮助选择对其最有利法律的问题。不管采取何种方式,对弱者权益的保护必然对当事人意思自治原则做出某种程度的限制。

4.4 当事人没有选择法律的情况

4.4.1 仲裁员在当事人没有选择仲裁地或法律的一般做法

斯蒂芬·邦德(Stephen Bond)对1987年以及1989年两年选择国际商会

进行仲裁的仲裁协议进行调查,发现当事人明确选择特定的城市或国家进行仲裁的,1987 年占总数的 57%,1989 年占总数的 68%;选择特定法律的 1987 年占总数的 75%,1989 年占总数的 66%。[①] 尽管这是早些年的数据调查,但是也说明了当事人在拟定仲裁协议时,还是有不少当事人对选择仲裁所适用的法律没有给予足够的重视,没有在仲裁协议中明确仲裁地点或仲裁实体的法律适用。如果当事人没有选择的,可能会由法院或仲裁机构进行确认。

如果当事人没有选择仲裁地,在机构仲裁中,一般由仲裁机构作出选择。例如,2012 年《国际商会仲裁规则》第 18 条第 1 款规定:仲裁地由仲裁院确定,但当事人另有约定者除外。2014 年《美国仲裁协会国际仲裁规则》第 17 条第 1 款规定:如果当事人未在仲裁管理人规定的期限内就仲裁地达成一致,仲裁管理人可以初步确定仲裁地,但仲裁庭有权在其组成后 45 天内最后确定。伦敦国际仲裁院、斯德哥尔摩商会以及世界知识产权组织等基本上都规定由仲裁机构进行确定仲裁地。2015 年《中国国际经济贸易仲裁委员会仲裁规则》规定略有不同,其第 7 条第 1 款和第 2 款规定:(1)当事人对仲裁地有约定的,从其约定。(2)当事人对仲裁地未作约定或约定不明的,以管理案件的仲裁委员会或其分会/仲裁中心所在地为仲裁地;仲裁委员会也可视案件的具体情形确定其他地点为仲裁地。如果双方当事人同意临时仲裁,并选择了《联合国国际贸易法委员会仲裁规则》,则按该规则处理。根据该规则第 18 条规定,各方当事人未事先约定仲裁地的,仲裁庭应根据案情确定仲裁地。联合国国际贸易法委员会制定的《示范法》第 20 条第 1 款也作出同样的规定,即当事各方可以自由地就仲裁地点达成协议。如未达成此种协议,仲裁地点应由仲裁庭确定,但应考虑到案件的情况,包括当事各方的方便。鉴于仲裁地在国际商事仲裁中的作用,其不仅仅是关于仲裁进行地的问题,而且关乎适用仲裁地的法律支配仲裁程序、仲裁协议的有效性以及可仲裁性等,所以当事人在订立仲裁协议时,都要谨慎地对待仲裁地,一般不要将仲裁地的确定留给仲裁庭。仲裁庭所确认的仲裁地并不一定是当事人意欲选择的仲裁地。

如果当事人没有选择支配合同的法律,一般是由仲裁员根据当事人选择的仲裁规则进行认定。但是即使仲裁规则对于当事人没有选择支配合同法律的情况下作出规定,其都给予了仲裁员极大的自由裁量权。仲裁员决定合同应适用的法律可以采取多种方法。例如,《示范法》第 28 条第 2 款、第 3 款以及第 4 款规定:当事人没有指定任何适用法律的,仲裁庭应当适用其认为适

[①] Stephen Bond, How to Draft an Arbitration Clause (Revisited), Toward A Science of International Arbitration, Drahozal & Naimark, eds., 2005, p. 74.

4 国际商事仲裁适用的法律与规则

用的法律冲突规范所确定的法律。仲裁庭只有在各方当事人明示授权的情况下,才应当依照公平善意原则或作为友好仲裁员作出决定。在任何情况下,仲裁庭都应当按照合同条款并考虑到适用于该项交易的贸易惯例作出决定。而《联合国国际贸易法委员会仲裁规则》第 35 条第 1 款仅仅规定,各方当事人未作此项指定的,仲裁庭应适用其认为适当的法律。其第 3 款也规定了所有案件中,仲裁庭均应按照所订立的合同条款作出裁决,并应考虑到适用于有关交易的任何商业惯例。其他大多数仲裁机构的仲裁规则与《示范法》规定不同,并没有要求仲裁庭提及适用冲突规范去援引所适用的法律,主要规定当双方没有指定支配的法律时,仲裁庭应适用其认为最适当的法律或法律规则。仲裁员不只考虑法律,还要考虑贸易惯例。所以,仲裁员决定合同适用法律的方法主要有:(1)依据某国冲突法规定的冲突规范援引所适用的法律,这种方法一般被称为间接方法;(2)依据其认为适当的法律,这种方法一般被称为直接方法。关于间接方法与直接方法的运用,将在 4.4.4 中具体阐述。

4.4.2 仲裁程序

如果当事人没有选择仲裁程序的法律,一般适用仲裁地的法律来支配仲裁程序。其实,在国际商事仲裁实务中,当事人一般不会专门选择仲裁程序所适用的法律,而且当事人如果选择了仲裁地以外的法律,会给当事人带来不必要的麻烦与冲突。适用仲裁地法是所在地理论的必然,其受到了非当地化理论的冲击。但国际商事仲裁的发展表明,所在地理论仍然具有旺盛的生命力。前面论述反对非当地化的理论从而论证了所在地理论的必要性。学者在论述适用所在地理论的理由主要有方便原则、国家主权原则以及最密切联系原则,认为适用仲裁地的仲裁法无论对于仲裁员,还是对于当事人来说都具有极大的方便,同时仲裁地也是仲裁最密切联系的地方,并体现对仲裁地国家主权的尊重。适用仲裁地的法律做法被国际立法、国内立法以及国际商事仲裁时间所普遍承认。在 1993 年 Union of India v. McDonnell Douglas Corp. 一案中,法院阐述到:如果当事人对仲裁程序所支配的法律没有作出明示的选择,那么法院将考虑他们是否作出默示的选择。在这种情况下,当事人同意仲裁地点的事实,将强烈地暗示他们必须选择仲裁地的法律支配仲裁程序。这样做的原因实质上是一种常识。当事人通过选择仲裁地,创设了仲裁与该国的一个紧密的联系。有理由从他们的选择得出,他们将某些重要的事项交由该国的相关法律处理,即这些法律将适用于在该国有关的仲裁行为。

4.4.3 仲裁协议

如前所述,目前对于仲裁协议的法律适用主要采取了分割理论。在当事人没有选择仲裁协议适用法律的情况下,主要涉及仲裁协议当事人的能力、仲裁协议的形式有效性、仲裁协议的实质有效性以及可仲裁性的法律适用问题。对于仲裁协议的形式有效性问题,一般各国都规定书面形式,在当事人没有选择适用的法律情况下,一般适用仲裁地法。但是,国际社会也出现一种趋势,即"宁愿使其无效,不如使之有效",多规定只要符合某一国法律对仲裁协议的形式规定,仲裁协议就是有效的。对于可仲裁性问题以及仲裁协议实质有效性问题,在当事人没有选择法律的情况下,目前普遍做法是适用仲裁地法。对于可仲裁性问题,仲裁员也应该考虑事项在执行地法院的管辖范围是否可仲裁。仲裁员一般不愿因争议在执行地国家不可仲裁而拒绝仲裁。毕竟在很多情况下,一旦裁定作出,双方自愿履行仲裁裁决。此外,如果财产分布在多个国家,裁决可能会被多个国家执行。然而,只有争议在所有相关管辖范围都不可仲裁,裁决才有可能面临挑战。在多数情况下,如果争议在仲裁地可仲裁,那么仲裁庭承担在执行地管辖范围不可执行的风险很有可能是合理的。

订立仲裁协议的当事人是否具有缔约能力问题,与其他仲裁适用的法律和规则有较大的区别。无论在仲裁协议的法律适用、仲裁程序的法律适用,还是仲裁实体问题的法律适用中,都允许当事人协议选择所适用的法律,充分尊重当事人的意思自治原则。但是,对于当事人的缔约能力问题的法律适用,一般不适用当事人所选择的法律。《纽约公约》第5条第1款甲项规定,第二条所称协定之当事人依对其适用之法律有某种无行为能力情形者,或该项协定依当事人作为协定准据之法律系属无效,或未指明以何法律为准时,依裁决地所在国法律系属无效者。什么是对其适用的法律,《纽约公约》并没有作出明确的规定,其将当事人的行为能力法律适用问题留待国内法进行解决。《纽约公约》的规定不属于实际意义上的冲突规范。

仲裁协议的当事人主要是自然人和法人,国家在一定程度上也可以成为仲裁协议的当事人。如果国家为仲裁协议的当事人,就涉及国家及其财产的豁免问题。对于该问题,我们在第1章9.3节中作出了较为详细的阐述,认为只要国家与自然人、法人或其他组织已就特定的法律关系订立了仲裁协议,不管该法律关系是契约性的还是非契约性的,就视为国家已经放弃了豁免。该豁免的放弃不仅包括仲裁管辖的放弃,还包括执行仲裁裁决和为执行仲裁

4 国际商事仲裁适用的法律与规则

裁决所采取的查封、扣押等保全措施的豁免的放弃。① 签订仲裁协议就被视为默示放弃了仲裁的管辖豁免。

对于自然人行为能力的法律适用,各国一般依当事人属人法解决,即依当事人的本国法或住所地法。对于无国籍人的行为能力,一般依其住所地法,住所地不能确定的,依居所地法;居所地也不能确定的,依其现在所在地法。一般情况下,自然人只要依属人法具有行为能力,无论在哪里都应被认为有行为能力;反之,如依属人法为无行为能力,无论在哪里都应被认为无行为能力。以属人法作为自然人的行为能力准据法,对于保护欠缺行为能力的人来说,是很合适的。

然而,严格适用属人法有时会损害内国的利益。随着国际经济贸易的发展,为了稳定国际民商事法律关系,保护相对人或善意第三人特别是本国当事人不致因不明对方属人法的规定而蒙受损失,许多国家在运用这一原则时,都对此作了一定的限制。即在立法上规定,除原则上适用属人法外,对在本国国内为与经贸有关的法律行为,作为例外而多适用行为地法。我国2010年《涉外民事关系法律适用法》第12条也是采取了属人法为主,兼采行为地法的做法,在属人法中则是采取了经常居所地作为连结点,即自然人的民事行为能力,适用经常居所地法律。自然人从事民事活动,依照经常居所地法律为无民事行为能力,依照行为地法律为有民事行为能力的,适用行为地法律,但涉及婚姻家庭、继承的除外。

解决法人权利能力和行为能力的法律冲突问题,国际上通行的做法是依法人属人法的规定,即依法人的国籍或住所所属国的法律的规定。但是各国对法人的国籍、法人的住所地确定有不同的标准。因此,各国在适用法人属人法解决法人的权利能力和行为能力的法律冲突的准据法并不相同。有的以法人主营业地所在国法为法人属人法(如奥地利、波兰等);有的以法人登记地国法为法人属人法(如原苏联、匈牙利等);有的以管理中心地法为法人属人法(如土耳其、埃及等)。我国2010年《涉外民事关系法律适用法》第14条则规定,法人及其分支机构的民事权利能力、民事行为能力、组织机构、股东权利义务等事项,适用登记地法律。法人的主营业地与登记地不一致的,可以适用主营业地法律。法人的经常居所地,为其主营业地。

应该指出的是,外国法人在内国从事民事活动,其权利能力和行为能力的法律冲突一般依法人属人法解决。但这并不表明外国法人在内国可以不受限制地享受任何权利和进行任何活动,外国法人在内国的活动的范围还常

---

① 韩健著:《现代国际商事仲裁法的理论与实践》,法律出版社2000年版,第505页。

常受到内国法的支配和制约,外国法人只能在内国法所许可的范围内从事民商事活动。超出范围,即使依法人本国法可以享有的,在内国还是不享有;反之,依法人本国法不享有的,但在内国可以享有。即外国法人在内国的活动,其在内国的权利能力、行为能力的范围,必须重叠适用其本国法和内国法,受到内国法和本国法的双重限制和制约。

4.4.4 合同

4.4.4.1 依冲突规则确定仲裁实体法

在当事人未选择仲裁实体法时,仲裁员确定仲裁实体法有两种方法:一是依冲突规则确定仲裁实体法;二是根据案件情况直接确定仲裁实体法。仲裁员在运用第一种方法确定仲裁实体法时,与法官不同,可以在多种冲突规则之间进行选择。仲裁员通常选择的冲突规则有仲裁地国冲突规则、其认为最为适当或可适用的冲突规则、最密切联系国家的冲突规则。

1. 适用仲裁地国冲突规则

传统观点认为,在当事人未作法律选择的场合,仲裁员应当适用仲裁地国的冲突规则确定仲裁实体法,这种观点是国际商事仲裁"领域理论"(territorial theory)或"司法权理论"(jurisdictional theory)的主张者所提出的。仲裁地国冲突规则在国际商事仲裁实践中曾得到广泛适用,其优点就在于具有统一性和可预见性,并尊重了当事人的意愿。但这种方法受到了两方面的批评。其一,仲裁地国作为确定可适用的冲突规则的连结因素不一定具有合理性。因为无论是当事人选择的仲裁地还是仲裁员指定的仲裁地,多是出于中立或便利的考虑,往往具有一定的偶然性,仲裁地的选择与仲裁地的冲突规则之间并不存在任何联系,仲裁地与合同并不一定有某种主观或客观的必然联系。这样,基于一个带有偶然因素的仲裁地国冲突规则来确定仲裁实体法,必然也具有一定的偶然性。其二,适用仲裁地国冲突规则存在着许多技术性困难。如在多个国家进行仲裁的,或通过信函方式进行仲裁的,或在网上进行仲裁的,则仲裁地难以确定。仲裁地发生变更,是否影响仲裁实体法的适用,也是个问题。所有这些问题使这一方法的可预性和统一性的优点无法体现出来,因此该传统方法在实践中逐渐被摒弃。

2. 适用仲裁员认为适当或可适用的冲突规则

大多数学者主张,在当事人未作法律选择的情况下,应赋予仲裁员广泛的自由裁量权,由仲裁员选出其认为适当的或可适用的冲突规则来决定仲裁实体法。这一方法被《欧洲公约》所支持,一些机构仲裁规则也采纳了这种主

4 国际商事仲裁适用的法律与规则

张。一般情况下,可适用的冲突规则主要有以下几种。

(1) 仲裁地国冲突规则。虽然仲裁员并没有义务适用仲裁地法,但并不排除仲裁员可根据案件的实际情况认定仲裁地国的冲突规则是可适用的冲突规则。在国际商会的仲裁案件中,仲裁员曾多次适用仲裁地国冲突规则决定仲裁的实体法。

(2) 仲裁员本国的冲突规则。首先,仲裁员对本国的法律较为熟悉,仲裁员也不可避免地带有这种倾向,适用其本国的冲突规则对仲裁员来讲是方便的,使得仲裁任务简单化了。但是,"仲裁员的本国"是一个不确定问题,是仲裁员的国籍国,还是仲裁员的住所或居所或惯常居所所在地国;其次,将仲裁员对法律所具有的知识能力作为解决争议的因素来考虑是不适当的;再次,仲裁员的本国与争议可能并没有实际或重要联系。而且,仲裁庭的仲裁员国籍不同或者独任仲裁员临时被撤换,还会带来一系列技术问题。所以在仲裁实践中,很少出现仲裁员因熟悉其属人法而适用其本国冲突规则来确定仲裁实体法的情况。

(3) 裁决执行地国家的冲突规则。为保证仲裁的有效性,有学者主张适用仲裁裁决承认与执行地国的冲突规则。因为,若仲裁员适用以其他方式确定的仲裁实体法作出裁决,有可能被申请承认和执行地国的法院拒绝。这一主张也缺乏合理依据:首先,根据《纽约公约》的规定,各缔约国对公共秩序的解释是非常严格的,一般不会引用公共秩序条款拒绝承认和执行仲裁裁决。也就是说各缔约国对仲裁庭适用的冲突规则并不审查,是否适用了执行地国冲突法规则,并不影响裁决的可执行性;其次,在裁决作出以前,仲裁员很难预见裁决将在何国申请承认与执行,并且裁决的执行可能涉及两个或两个以上的国家,适用被申请承认和执行裁决地国的冲突规则就变得不确定了。

(4) 国际私法公约中的冲突规则。一些仲裁规则并未限制仲裁员必须选择适用某一特定国家冲突法,所以仲裁员可以援用国际条约中的统一冲突规则。在国际商事仲裁实践中,亦有这方面的仲裁案例。

(5) 国际私法的一般冲突规则。在仲裁实践中,有的仲裁员并不援引任何特定国家的冲突规则,而是援引国际私法的一般冲突规则。由于各国国际私法仍具有很大的差异,被普遍接受的冲突规则数量极少,所以用此种方法确定仲裁实体法的案例并不多。但随着国际私法统一化运动的发展,国际私法一般冲突规则将逐渐增多,适用国际私法的一般原则也将逐渐增多。

3. 适用最密切联系国家的冲突规则

最密切联系原则是20世纪50年代逐渐兴起的一项国际私法原则,各国均不同程度地接受了该原则。在国际商事仲裁中,当事人未作法律选择,可以适用与争议有最密切联系国家的冲突规则确定仲裁实体法。虽然最密切联系原则在确定实体法方面取得了相当大的成功,但在国际商事仲裁中,用最密切联系国家的冲突规则来确定仲裁实体法仍没有人们所想象的那么重要。因为,仲裁员在选择冲突规则时,本来就具有很大的自由裁量权,没有必要再用最密切联系原则扩大仲裁员的自由裁量权。目前仅有1988年《瑞士联邦国际私法法规》有这方面的规定。

4.4.4.2 直接确定仲裁实体法

在当事人未作法律选择时,传统的方法是依冲突规则确定仲裁实体法,这种方法仍然是当今仲裁庭确定仲裁实体法的主要方法。但这种方法赋予了仲裁员选择冲突规则的广泛的自由裁量权,导致仲裁结果的确定性和可预见性难以实现。于是,有学者认为与其赋予仲裁庭自由适用冲突规则确定实体法的权利,还不如赋予仲裁庭直接确定仲裁实体法的自由裁量权,以保证仲裁实体法的合理性和正当性。这种"直接适用的方法"为众多学者所接受,有关国家的仲裁实践、仲裁立法、机构仲裁规则以及国际条约也都反映了这一方法,并成为当代国际商事仲裁法律适用理论的发展趋势之一。

仲裁员直接确定仲裁实体法,他所考虑的不仅包括国内实体法,而且还会考虑到有关的国际法、一般法律原则和现代商人法。

1. 直接适用国内法的实体规则

仲裁员直接适用国内法的实体规则,主要有如下两种方法。一是比较的方法。即对与争议有联系国家的实体法规则进行分析比较,若发现其实体规则没有什么不同,且适用结果完全相同,仲裁员便可直接适用这些实体法规则,但这种方法只能适用于各国实体法规则"虚假冲突"的有限场合。例如,在一起德国人与瑞士人之间的买卖合同纠纷中,双方曾就适用瑞士法还是德国法争执不已,后来,仲裁员没有适用任何冲突规则,而是适用两国法律中的共同规定作出裁决,因为两国法就债权均有类似的规定与解释。[①] 二是最密切联系方法。当与争议有联系的数个国家的实体法规则内容不同,即仲裁员面临的法律冲突是真正的法律冲突,最常用的方法就是最密切联系方法,仲裁员通过对与争议有关联的诸多因素加以分析,确定其中与案件有最密切联系的国家的法律,直接适用于解决争议实体问题。例如,在一桩许可证协议纠纷中,美、法两国当事人对所适用的法律意见不同,但国际商会仲裁院的仲裁裁决认定:因协议是在法国执行的,且当事人之间的争议是在巴黎进行仲

---

① ICC,Award,No.2172,1974.

4 国际商事仲裁适用的法律与规则

裁的,故合同与法国有最密切联系。①

一些学者担心仲裁员运用最密切联系原则时,拥有很大的自由裁量权,使得案件失去了可预见性和结果的确定性,在实践中很可能导致仲裁员的主观任意专断。我们认为,为了保证裁决的公正性和有效性,牺牲法律适用的确定性和结果的可预见性是完全值得的。另外,仲裁员享有广泛的自由裁量权,并不意味着他可以恣意妄为,其仍要受到诸如道德等方面的约束,加上各国仲裁员一般具有较高的专业水平,在决定实体法律适用时都相当谨慎。故在实践中仲裁员专断选择法律的可能性极小。

2. 适用相关国际法的规定

国际法主要是调整国家与国家之间关系的法律,对于私人之间缔结的商事合同一般是不能适用的。但随着国家干预经济活动的情况越来越普遍,国家可作为国际私法主体从事民事活动,于是出现所谓的国家契约。国家契约又称特许协议,指资源国政府为了开发本国自然资源,同外国投资者在一定期间、指定地区内,投资从事资源勘探、开发、生产,或公用事业大项目建设,经国家给予特许或批准,所签订的法律协议。② 为了维护投资关系的稳定性,投资者常常要求这类合同受国际法支配。对于这种要求,作为东道国的发展中国家是难以接受的。东道国为了维护本国利益,一般都主张此类合同适用本国的法律。但为了引进外国的先进技术设备、吸收外资,促进本国经济的发展,不得不作出让步,同意适用相关国际法规则。

3. 一般法律原则

在国际合同的法律选择条款中,当事人常常援引一般法律原则,单独或与其他法律体系合并适用于合同。③ 在不同国家的自然人、法人之间签订的普通商事合同中,援用一般法律原则的比较少,但在国家作为当事人一方的国家契约中,当事人选择适用一般法律原则的比较多见,尤其是在石油合同中。例如1951年石油开发有限公司诉阿布扎比案(Petroleum Development Ltd. v. The Sheikh of Abu Dhabi)等石油仲裁案,就是依一般法律原则作出裁决。这类一般法律原则,主要有条约必须信守原则、既得权保护原则、充分补偿原则等。

一般法律原则在国际商事仲裁中的适用,是客观存在的事实。但一般法律原则一般不能作为一个独立的法律体系适用于国际商事仲裁。一般法律

---

① ICC, Award, No. 1082, Doc. No. 410/744, June 15, 1960.
② 姚梅镇主编:《国际经济法概论》,武汉大学出版社1989年版,第400-401页。
③ 一般法律原则至今没有统一的解释。《国际法院规约》第38条第1款(寅)项规定:一般法律原则为文明各国所承认者,作为国际法院裁判应依据的法律渊源之一。

原则含义抽象,数量有限,不足以解决现代复杂的商事争议,它只能与其他法律体系,尤其是与国内法律体系合并适用。其主要功能是弥补法律适用中的空缺,在特定场合纠正国内法所产生的不公平后果。①

4. 现代商人法

20世纪五六十年代,随着国际贸易的迅猛发展,在国际商事仲裁实践中,人们越来越多地谈论商人法的适用问题。为了与欧洲中世纪商人法相区别,学者冠之以"现代商人法"或"新商事习惯法",或称之为"国际贸易法"、"国际商法"、"国际合同法"、"跨国法"等。关于现代商人法的概念,学者的表述不一,一般把它界定为"从事国际商事交易的人们普遍遵守的原则和规则"。具体来说,则是指"二战"以后,一些学者因不满国际贸易合同受制于内容彼此相异的各主权国家国内法的状况,而积极寻求的一种适用于日益发展变化着的国际贸易关系,并且能够反映国际贸易活动特征的法律制度。②

现代商人法的形式主要有国际条约、国际贸易惯例、标准格式合同等形式,如1980年《联合国国际货物买卖合同公约》、1924年《海牙规则》、1968年《维斯比规则》、1978年《汉堡规则》、《国际贸易术语解释通则》以及各类标准合同。也就是说,商人法所体现的各项基本原则,均可表现在国内法、国际公约、国际惯例、示范法以及国际组织制订的有关文件中。所以,人们泛指现代商人法时,它是笼统的,当它表现为具体规定时,它又是明确的。在适用现代商人法问题上,各国的立法与实践不一。归纳起来,主要有两种态度。一是以法国为代表,允许当事人选择商人法,而不参照任何国内法。如1981年《法国民事诉讼法典》第1496条规定,仲裁员必须按当事人选择的法律规则判案。如果当事人没有作出选择,仲裁员依其认为适当的法律规则判案。在所有情况下,仲裁员都应考虑到贸易惯例。二是以美国为代表,将商人法与某一国内法体系结合起来适用。如《美国统一商法典》第205条规定,贸易惯例予协定(合同)以特定的含义,对协定(合同)条件加以补充或限制。在我国的立法与司法及仲裁实践上,应该说是允许适用商人法的。我国《合同法》第126条规定,允许当事人选择合同所适用的法律。当然这里的法律也包括商人法。我国《民法通则》第142条第3款规定:中华人民共和国法律和中华人民共和国缔结或者参加的国际条约没有规定的,可以适用国际惯例。这里国际惯例即是商人法。我国的《海商法》、《民用航空法》、《票据法》以及《中国国际经济贸易仲裁委员会仲裁规则》也都有相类似的规定。

---

① 朱克鹏著:《国际商事仲裁的法律适用》,法律出版社1999年版,第184页。
② 徐国建:《现代商人法论》,《中国社会科学》1993年第3期。

4 国际商事仲裁适用的法律与规则

在现代国际商事的交往中,由于科学技术进步,交通及通信工具的迅猛发展,以及电子计算机的广泛应用,调整国际商事交易的法律规范也在许多方面日趋协调和统一。所以,现代商人法在国际商事仲裁中的广泛适用是大势所趋。

4.5 仲裁员适用法律的义务

国际商事仲裁为当事人提供商事争议解决的私人机制。在国际商事仲裁的发展早期,存在这样的一个信念,仲裁员的义务仅仅是为了解决争议,实现正义,仲裁员没有必要必须适用法律。但是在当今,仲裁员一直被期望适用法律处理当事人之间的纠纷。国际商事仲裁的经验性表明,当事人在拟定仲裁条款时很少明确赋予仲裁员依据公允及善良原则处理争议或友好仲裁的权利。在国际商事仲裁中,仲裁员比法院有更多的灵活性去适用法律,而且仲裁员也确知他们适用错误的法律所作出的裁决往往很难被撤销。如此,当仲裁员认为严格适用法律会导致不公平的情况,其更愿意提供符合他们认为正义标准的裁决,而不是依据法律作出不合理的裁决。仲裁员在仲裁实务中有时会遇到该种情况,常常会感慨如果严格依据法律裁决会导致合法不合理的结果。反之,则会出现合理不合法的局面。这就会产生这样的命题:仲裁员适用法律的义务是什么?仲裁庭能否提供给当事人需要的裁决?仲裁员是严格适用法律还是基于公平原则处理案件?当事人提交他们之间的争议,期望当事人依据法律进行,特别是在他们选择法律的情况下。当事人希望争议的解决具有可预见性以及确定性,他们相信只有适用法律才能具有确定性。尽管仲裁裁决一般不能因为仲裁庭适用法律的错误而导致撤销,但是如果仲裁裁决违背了公共秩序或该项仲裁裁决超出仲裁员的权限范围,其仍然受到挑战。所以,仲裁员应该避免出现这些问题,承担尽其所能提供可执行的仲裁裁决的义务。仲裁的目的是定纷止争,其最终是通过一个可执行的裁决得以实现。所以,一些仲裁机构的仲裁规则都特别强调了仲裁员的此项义务。例如,2014 年《伦敦国际仲裁院仲裁规则》第 32 条第 2 款规定,伦敦国际仲裁院、仲裁庭以及当事人尽一切努力确保裁决能够在仲裁地得到合法地承认与执行。① 2012年《国际商会仲裁规则》第41条也规定,对于本仲裁规则没有明确规定的任何事项,仲裁院和仲裁庭都应当根据本仲裁规则的精神办理,并应尽一切努力确保裁决能够依法执行。当然,仲裁员不能担保一份可执行的裁决,并且裁决不能被执行时不承担责任。尽管如此,双方当事人期望他们选择的仲裁员有能力提供一份能够执行的裁决。如果仲裁员不明白什么应该做、什么不应该做而使裁决无效,他不太可能再次被选为仲裁员。为了提供一份可执行的裁决,仲裁员必须明白,裁决要想避免无效或者执行异议的命运,它必须符合形式要求并且不能违背公共政策。因此,裁决必须符合仲裁地法和其他相关的强行法。

  为了防止裁决被仲裁地认定无效,必须确保仲裁协议是有效的,并且事项应该是可仲裁的。符合仲裁地的法律对摆脱被无效命运至关重要。如果仲裁协议在仲裁地法律下无效,裁决可能会在执行地被拒绝执行。因此,仲裁员在决定支配仲裁协议法律的时候应该十分谨慎。同时,仲裁庭也有义务适用仲裁地的强行法。尽管仲裁庭不可能被期望考虑每个可能执行地当地的特殊规定,然而它应当考虑对执行有重大影响的国际公约,尤其应当意识到《纽约公约》的要求,因为很多国家是该公约的成员国。仲裁庭应当仔细进行仲裁程序并精心做出裁决,不要为《纽约公约》下的拒绝执行提供合理依据。

4.6 结　　论

  国际商事仲裁适用的法律与规则是非常复杂的,其主要包括仲裁程序的法律适用、仲裁协议的法律适用以及仲裁实体问题的法律适用等三大领域。在这些法律适用中,当事人的意思自治原则作为选择法律的基本原则,也就是说首先适用当事人选择的法律。在当事人没有选择法律的情况下,仲裁程序以及仲裁协议一般适用仲裁地的法律,而对于合同,目前主要采取直接方法进行确定合同所适用的法律,即仲裁员可以不通过冲突规则的指引,直接适用某一实体法处理当事人之间的争议。无论如何,仲裁员在处理这些问题时,保持谨慎的态度,努力作出在仲裁地,甚至在可预见的执行地,可以执行的仲裁裁决。

---

  ① 32.2 For all matters not expressly provided in the Arbitration Agreement, the LCIA Court, the LCIA, the Registrar, the Arbitral Tribunal and each of the parties shall act at all times in good faith, respecting the spirit of the Arbitration Agreement, and shall make every reasonable effort to ensure that any award is legally recognized and enforceable at the arbitral seat.

5

国际商事仲裁的司法监督

在国际商事仲裁中,法院与仲裁庭、当事人之间的关系非常微妙。从仲裁庭角度而言,一方面,他们在大多数情况下不希望法院干预仲裁,毕竟国际商事仲裁本质上属于民间争议解决的方法,法院的干预越少越好。另一方面,因为国际商事仲裁的民间性质,其不具有法院一样的强制力,强制当事人做某事的权力。尽管仲裁庭享有对当事人施加消极后果的某些权力,例如可以在一方当事人没有出示文件证据时作出对其不利的推论。但是仲裁庭无法如法院一样,可以对不履行义务的当事人施加罚款、监禁等一些强制性措施,也无法对非仲裁当事人强制要求加入仲裁,更不可能强制不履行仲裁裁决一方当事人履行裁决。从法院角度而言,一方面,可以利用其具有的国家强制力,支持仲裁的发展,促进仲裁庭顺利开展仲裁程序,例如对于仲裁员无法选择时的任命、发布与执行中间措施、仲裁协议效力的认定等。另一方面,法院也希望保持一定的控制力,保证民间争议解决的仲裁体系符合公正的最低标准,防止仲裁成为一个腐败行为和缺乏正当程序的体系。从当事人角度而言,他们在某些情况下需要法院的帮助,尤其在仲裁程序缺乏正当性时或对方当事人不履行某项特定的仲裁义务时,当事人一般不会放弃向法院求助的机会,除非他们自愿放弃。例如,当事人会请求法院认定仲裁协议的效力,请求法院在仲裁进行时停止诉讼程序,或者请求法院发布强制仲裁命令。另外,当事人也会请求法院认定仲裁庭的管辖权,请求对有利益冲突的仲裁员的回避。在临时仲裁中,如果当事人在指定仲裁员上不能取得一致的意见,同时他们没有指定一个任命机构,那么他们就会请求法院任命仲裁员。一方当事人有时会在仲裁庭成立之前请求法院采取紧急救济措施,让对方当事人在仲裁期间维持现状。当事人还可以请求法院撤销仲裁裁决或强制执行仲裁裁决。以上的关系问题,从法院角度来说,就是国际商事仲裁的司法监督问题,也即商事仲裁与法院的关系问题,是商事仲裁一个重要的理论与实践问题。法院与仲裁的关系大致经历了法院不干预、法院过度干预与控制,到现在的适度监督三个历史发展阶段。由于国际商事仲裁独特的法律特征,一方面商事仲裁当事人不希望法院过度地干预他们之间的商事仲裁,另一方面也需要法院对商事仲裁予以监督与支持。目前,商事仲裁与法院的关系,不是仲裁要不要法院监督的问题,而是要什么样的监督的问题。①

从国际商事仲裁的过程来看,主要包括对仲裁管辖权的监督、对仲裁过程的监督和对仲裁裁决的监督。一般来说,前两个方面更多体现了法院对仲裁的帮助与支持,后一方面更多体现了法院对仲裁的控制与管理,主要包括对国际商事仲裁裁决的承认与执行、国际商事仲裁裁决的撤销或不予执行等方面的监督。本章仅阐述仲裁管辖权的监督、仲裁过程的监督两个问题,对于仲裁裁决的承认与执行、裁决的撤销或不予执行问题本书将在第9章与第10章具体展开论述。

5.1 国际商事仲裁司法监督概述

5.1.1 国际商事仲裁司法监督的概念

在国际商事仲裁领域中,"司法监督"在不同的情况下有不同的表述,有的称之为"法院干预"(court intervention),有的称之为"法院协助和监督"(court assistance and supervision),②有的称之为"司法审查"(judicial review),③甚至还有的直接称之为"司法帮助"(judicial assistance)。④ 由此可以看出,国际商事仲裁司法监督主要有狭义与广义两种不同的认识。狭义的观点认为司法监督专指法院对仲裁的审查和控制;广义的观点认为司法监督不仅包括法院对仲裁的审查和控制,还包括法院对仲裁的支持与协助,即法院的监督,既有积极肯定的一面,又有消极否定的一面。⑤ 一般而言,法院对仲裁的支持,包括但不限于:认定仲裁协议的效力、确定仲裁管辖权、指定或

---

① 赵健著:《国际商事仲裁的司法监督》,法律出版社2000年版,前言第1页。

② Andreas Bucher, Court Intervention in Arbitration, in Richard B. Lillich & Charles N. Brower ed., International Arbitration in the 21st Century: Towards "Judicialization" and Uniformity? Transnational Publishers, Inc. 1994, p29.

③ [英]施米托夫著,赵秀文译:《国际贸易法文选》,中国大百科全书出版社1993年版,第675页。

④ Margaret L. Moses, The principles and Practice of International Commercial Arbitration, chapter five is "Judicial Assistance for Arbitration", Cambridge University Press, 2008, p84.

⑤ 赵健著:《国际商事仲裁的司法监督》,法律出版社2000年版,第1页。

5 国际商事仲裁的司法监督

撤换仲裁员、采取中间措施如财产保全和证据保全、承认和执行仲裁裁决;法院对仲裁的监督,主要表现为撤销仲裁裁决、拒绝承认和执行仲裁裁决等。① 尽管将商事仲裁司法监督区分为法院对仲裁的支持和法院对仲裁的监督两类,但在实践中难以清晰地分开,在很多情况下,两种融合在一起,监督中有支持,支持中有监督,都是为了保证国际商事仲裁和国际商事仲裁制度的完善和健康发展。

本书所指的国际商事仲裁的司法监督是一种广义的概念,即是指一国法院依据其国内法律或有关国际公约的规定,对国际商事仲裁程序中有关仲裁协议、仲裁庭的组成、仲裁的审理和裁决程序,以及仲裁裁决的执行等事项进行审查,以决定是否给予支持和协助的行为。②

5.1.2 国际商事仲裁司法监督的必要性

国际商事仲裁作为一种商事争议的解决方法,具有高度的自主性、灵活性以及快捷便利的特点。但是,当事人的意思自治并不是毫无限制的,其订立的仲裁协议必须符合法律的规定,商事仲裁程序的进行必须合法,一方当事人不自动履行时,国际商事仲裁裁决必须由法院进行强制执行。这些都体现了法院对国际商事仲裁的监督与协助。国际商事仲裁司法监督的必要性主要体现在以下几个方面。

第一,仲裁的性质决定了司法监督的必要性。关于仲裁的性质大体上有契约论、司法权论、自治论和混合论四种观点。③ 近年来,我国有学者主张"广义混合说",认为与其将仲裁的性质简单理解为司法性、契约性或自治性,不如全面地将其视为兼具契约性、自治性、民间性和准司法性的一种争议解决方式。④ 无论学者如何认识仲裁的性质,都不能否认仲裁的本质是契约性,仲裁庭的权力来自于当事人之间的仲裁协议,仲裁庭没有强制性权力。因此,在整个仲裁过程中,它既缺乏必要的强制性权力和物质手段以保障仲裁程序的顺利进行,更无相应的强制力确保仲裁裁决的执行,在这些方面,仲裁都需要得到法院的支持与协助。⑤

第二,仲裁所追求的价值目标要求司法监督。国际商事仲裁不仅追求公

---

① 黄进、宋连斌、徐前权著:《仲裁法学》,中国政法大学出版社 2008 年版,第 205 页。
② 朱克鹏:《论国际商事仲裁中的法院干预》,《法学评论》1995 年第 4 期。
③ 关于商事仲裁的性质,具体论述见本书第 1 章 1.4 节的内容。
④ 黄进、宋连斌、徐前权著:《仲裁法学》,中国政法大学出版社 2008 年版,第 12 页。
⑤ 赵健著:《国际商事仲裁的司法监督》,法律出版社 2000 年版,第 4 页。

正,同时又追求效益。为了保证仲裁公平价值,实现仲裁公平价值,由法院对仲裁进行监督,能有效防止仲裁员的武断,纠正仲裁活动中的程序性错误,保障社会公平的实现,从而实现仲裁公平。在仲裁制度所追求的效益价值方面,由法院行使国家强制力对仲裁给予支持与协助,对保全证据和财产、强制执行仲裁裁决加以司法监督,保证仲裁目的的实现,从而提高仲裁的效率,实现仲裁效益。[1]

第三,仲裁司法监督必要性的制度基础。仲裁司法监督是仲裁各项制度发挥有效作用的重要保障。其一,协议仲裁制度需要相应的司法监督。国际商事仲裁的基石是当事人意思自治,仲裁庭根据当事人自愿达成的仲裁协议取得管辖权。但是意思自治若任意泛滥,势必导致权力的滥用,所以世界各国对意思自治原则均予以限制。其二,一裁终局制度需要相应的司法监督。为了实现仲裁制度的快捷与效率,克服诉讼程序周期长、效率低等缺陷,国际商事仲裁制度一般采取一裁终局制度。但是,一裁终局制度也存在相当的风险,即仲裁员由于主客观条件的限制作出错误的裁决,或者由于仲裁员武断、枉法裁决而导致当事人无法进行申诉或纠正错误。为了尽可能减少和及时纠正仲裁活动中可能出现的错误,有必要通过司法监督作为救济措施,保证仲裁公正价值的实现。其三,仲裁不公开审理制度需要相应的司法监督。仲裁与诉讼实行公开审判制度不同,是以不公开审理为原则,使仲裁活动的透明度大为降低,社会监督难度加大。因此,为保证仲裁的合法公正,有必要建立完善的司法监督制度。[2]

第四,仲裁司法监督必要性的现实基础。对仲裁进行司法监督也有来源于社会现实的需要。一方面仲裁员受自身学识、实践经验、主观认识局限性等方面因素的影响;另一方面还会受到社会现实中各种不良思想的影响,错裁、误裁,甚至枉法裁决情况时有出现,对仲裁的司法监督是国家保证仲裁公正的最后一道屏障,具有十分重要的作用。在仲裁实践中,无论是仲裁地的法院,还是裁决地的法院都没有完全放弃对仲裁活动的司法监督。另外,法院代表国家行使审判权,负有维护社会公正以及保障国家法律统一的任务。在仲裁活动中,仲裁庭依照仲裁协议,通过一定的程序,根据法律的规定或者按照公允善良原则,作出裁决,划分当事人之间的权利义务。仲裁的程序尤其是仲裁的结果,既关乎当事人的切身利益,又维系着社会的公正问题;仲裁

---

[1] 李祖军、王嘎利:《论我国仲裁司法监督制度的完善》,《仲裁研究》第3期。
[2] 杨陈睿:《法院对仲裁监督探析》,高顺龄主编《当代中国仲裁制度若干问题研究》,武汉出版社2004年版,第186页。

庭是否适用法律以及如何理解和适用法律,还关系到一国法律的适用是否统一、是否完整,因此,法院对仲裁不可能放任自流,不可能不实施必要的审查和控制。①

最高人民法院前院长肖扬曾指出,由于仲裁具有"民间性"的特点,需要司法的支持与监督。一方面,法院对仲裁进行监督,可以有效防止仲裁员的武断,纠正仲裁活动中的错误,实现社会公正;另一方面,法院行使强制力,在传唤证人、保全财产和证据、执行仲裁裁决等方面给仲裁以支持,可以有效保障仲裁程序的顺利进行,提高仲裁效率,切实维护当事人的合法权益。同时他还认为,司法监督对于维护仲裁裁决的权威、确保仲裁公正、维护国家法制统一和法律权威、科学地发挥仲裁制度的作用与功能有十分重要的意义。②

5.1.3 国际商事仲裁司法监督的法律依据

无论是仲裁地国还是裁决执行地国法院对国际商事仲裁进行司法监督,主要是依据该国的国内法进行,也包括该国缔结或参加的国际条约。

以我国内地为例,在国内法方面主要是1994年制定的《中华人民共和国仲裁法》以及1991年制定的《中华人民共和国民事诉讼法》(1991年4月9日第七届全国人民代表大会第四次会议通过。根据2007年10月28日第十届全国人民代表大会常务委员会第三十次会议《关于修改〈中华人民共和国民事诉讼法〉的决定》第一次修正。根据2012年8月31日第十一届全国人民代表大会常务委员会第二十八次会议《关于修改〈中华人民共和国民事诉讼法〉的决定》第二次修正)中的相关规定。《中华人民共和国仲裁法》是中国内地制定的第一部商事仲裁法,其适用于平等主体的公民、法人和其他组织之间发生的合同争议和其他财产权益争议,确立了民商事法律争议或裁或审、一裁终局的原则,它的实施有利于促进和维护国际商事仲裁自治、效益、公正、公平的价值观念的实现。③ 该法对国际商事仲裁司法监督作出了比较系统的规定,是我国内地法院实施国际商事仲裁司法监督的主要法律依据。其颁布以后,中国最高人民法院专门发出通知,要求各级人民法院认真学习、宣传和贯彻执行《仲裁法》,依法审理和执行涉及仲裁的各种案件。从实际情况看,自《仲裁法》实施以来,各级人民法院严格遵守法律的规定,及时审理涉及仲

---

① 赵健著:《国际商事仲裁的司法监督》,法律出版社2000年版,第6-7页。
② 高菲:《中国法院对仲裁的支持与监督·访最高法院院长肖扬》,《中国仲裁》2001年第4期。
③ 张潇剑:《论商事仲裁的司法监督》,《清华法学》(第一卷)2002年第1期。

裁的各种案件,依法认真执行仲裁裁决,维护仲裁裁决的权威。[①]

除《中华人民共和国仲裁法》外,《中华人民共和国民事诉讼法》也是中国内地法院监督国际商事仲裁的重要依据,其在商事仲裁管辖权、商事仲裁中的证据保全和财产保全,以及国际商事仲裁的承认与执行等问题上也作出了若干规定。

在有关国际商事仲裁的国际立法方面,中国是1958年《纽约公约》的缔约国。根据该公约,中国法院对请求承认与执行的外国仲裁裁决有权进行司法监督,决定是否给予承认与执行。

此外,中国最高人民法院一系列的司法解释对国际商事仲裁的司法监督发挥极其重要的指导功能。由于历史的局限,仲裁法的某些规定未能体现支持仲裁的精神,某些规定则缺乏可操作性,同时对国际上普遍采纳的一些旨在支持仲裁的制度还付之阙如,不符合司法与仲裁关系发展的一般潮流。随着时间的推移和实践的发展,仲裁法关于仲裁司法监督的规定的一些弊端逐步显现出来。为此,最高人民法院及时总结审判经验,通过司法解释和个案批复等方式,对仲裁法拾遗补缺,推动着仲裁司法监督制度的实践发展。特别是2005年12月26日通过、2006年9月8日施行的《最高人民法院关于适用〈中华人民共和国仲裁法〉若干问题的解释》,对中国仲裁司法监督制度作出新的发展。[②] 这些司法解释体现了人民法院充分尊重当事人的仲裁意愿、鼓励和支持国际商事仲裁发展的态度,成为中国法院对国际商事仲裁进行司法监督重要的法律依据。

需要指出的是,某些法院为了支持特殊区域的仲裁案件,制定了对仲裁案件司法审查的意见。尽管意见是否具有法律性质有待商榷,但其也是该法院对特殊区域的仲裁案件进行司法监督的依据。2014年5月4日,上海市第二中级人民法院制定了《关于适用〈中国(上海)自由贸易试验区仲裁规则〉仲裁案件司法审查和执行的若干意见》(以下简称《意见》),该《意见》指出,上海市第二中级人民法院是上级法院指定管辖上海国际经济贸易仲裁委员会(上海国际仲裁中心)所仲裁案件的司法审查单位。为服务中国(上海)自由贸易试验区的建设和发展,充分发挥仲裁制度在解决纠纷中的重要作用,依法履行仲裁司法审查和执行仲裁裁决职能,根据《中华人民共和国仲裁法》、《中华人民共和国民事诉讼法》及相关司法解释的规定,结合本院工作实际,提出如

[①] 高菲:《中国法院对仲裁的支持与监督·访最高法院院长肖扬》,《中国仲裁》2001年第4期。
[②] 万鄂湘、于喜福:《我国仲裁司法监督制度的最新发展——评最高人民法院关于适用仲裁法的司法解释》,《法学评论》2007年第1期。

5 国际商事仲裁的司法监督

下意见。该《意见》的基本原则是司法审查和执行应当遵循依法原则,支持仲裁制度发展与创新原则,尊重当事人意思自治原则,公正、便捷、高效原则。该《意见》在仲裁司法监督方面作出了诸多的创新。

5.1.4 国际商事仲裁司法监督的内容与范围

国际商事仲裁司法监督的内容指的是法院对仲裁活动中哪些方面进行监督。根据仲裁活动的运行过程,可以将国际商事仲裁司法监督内容划分为三个方面:一是对仲裁管辖权的监督,主要包括对仲裁协议效力的认定以及对可仲裁性和仲裁庭是否在当事人约定的范围内行使仲裁权的认定;二是对仲裁过程的监督,主要包括仲裁员的指定和撤销、中间措施、证据的获取等方面的监督;三是对仲裁裁决的监督,主要包括对国际商事仲裁裁决的承认与执行、国际商事仲裁裁决的撤销或不予执行等方面的监督。

国际商事仲裁司法监督范围是一个重要的问题,即国际商事仲裁司法监督是否涉及程序问题或实体问题。据此,可以将国际商事仲裁司法监督划分为程序审查和实体审查。程序审查主要是指对仲裁程序是否正当性进行的审查,即仲裁程序是否遵守了自然正义(natural justice)的要求,以及按照当事人适用的法律,该仲裁协议是否有效;①实体审查主要是指对商事仲裁裁决的是非曲直进行的审查,一般包括对事实部分的审查和法律部分的审查。以上两种司法监督又被称之为程序性监督和实体性监督。

在中国,目前法律中区分国际商事仲裁与国内商事仲裁,采取了内外有别的司法监督机制。这样一来,以程序性监督和实体性监督为基础,同时综合考虑到国内商事仲裁和国际商事仲裁的司法监督机制,商事仲裁司法监督可以分为四种类型,即统一全面监督论、双轨程序监督论、单轨程序监督论以及修正的全面监督论。

统一全面监督论主张对国际商事仲裁和国内商事仲裁一视同仁地实行程序运作和实体内容的双重监督。其主要理由如下。其一,国内仲裁与涉外仲裁监督分轨,不是国际社会的普遍做法。陈安教授在考察了19个国家的仲裁监督机制后指出,这些国家的立法都对其本国境内作出的国内仲裁裁决与涉外仲裁裁决实行"一视同仁"的监督,而不实行"内外有别"的分流机制,都是既监督程序又审查实体。其二,从公平性角度考虑,对于已经发生法律效力的涉外裁决,只要当事人提出确凿证据足以证明该裁决确有重大错误或重

---

① [英]施米托夫著,赵秀文译:《国际贸易法文选》,中国大百科全书出版社1993年版,第675页。

大违法情事,则不论其为程序上的错误或违法,抑或实体上的错误或违法,都属于法院应当依法实行仲裁监督之列。其三,中国仲裁法第34条和第38条所规定的监督制度不足以保障实体内容的正确性。①

双轨程序监督论主张区分国际仲裁与国内仲裁,对国际仲裁的监督应仅限于仲裁程序问题,不应过问裁决的实体内容。其主要理由如下。其一,对国际商事仲裁与国内商事仲裁作出区分是国际社会的普遍做法。其二,关于法院对国际商事仲裁的监督,各国的普遍做法不是扩大法院的监督范围,而是缩小司法监督范围,弱化法院对仲裁的监督。其三,允许法院对涉外仲裁进行实质审查,无异于使仲裁程序从属于法院的诉讼程序,不利于维护仲裁裁决的终局性。②

单轨程序监督论主张统一国内仲裁与涉外仲裁的司法监督范围,将之限定在程序审查上。其主要理由如下。其一,国内仲裁和涉外仲裁的区别不是仲裁本质上的差异,而只是仲裁形式上的差异。其二,对仲裁进行实体监督有悖于仲裁本质,无论对国内仲裁案件,还是对涉外仲裁案件,法院都只应对仲裁实行程序监督。其三,我国不同性质的仲裁委员会的仲裁管辖权正在趋于融合,趋于一体化,采取双轨制将使法院的监督复杂化。其四,主张仲裁监督范围的统一性,并不是否定涉外仲裁的特殊性及在立法上针对涉外仲裁所作出特殊的规定。③

修正的全面监督论不区分国内仲裁和国际仲裁,要对程序性事项和实体性事项进行监督,但是不同于统一全面监督论,它在监督实体事项时有所限制。1996年英国仲裁法中的司法监督采用该做法,在监督范围上,虽然仍赋予法院对仲裁裁决中的实体问题进行审查,但同时规定了当事人可以约定排除这种审查,并对当事人提请法院就法律问题进行审查设置了一系列的条件。④

目前,尽管各国法律对仲裁监督事项的规定有趋同的势头,但由于各国文化背景、法律传统、民族习惯等方面的差异,有些国家的法院只审查程序方面的事项,而另一些国家的法院既审查程序事项,又审查实体事项。⑤ 中国商事仲裁的司法监督区分国内仲裁和涉外仲裁,对国内仲裁实行全面监督,对

---

① 陈安:《中国涉外仲裁监督机制申论》,《中国社会科学》1998年第2期。
② 肖永平:《内国、涉外仲裁监督机制之我见——对〈中国涉外仲裁监督机制评析〉一文的商榷》,《中国社会科学》1998年第2期。
③ 张斌生主编:《仲裁法新论》,厦门大学出版社2004年版,第383-384页。
④ 邓瑞平等著:《国际商事仲裁法学》,法律出版社2010年版,第414页。
⑤ 宋连斌:《论中国仲裁监督机制及其完善》,《法制与社会发展》2003年第2期。

5 国际商事仲裁的司法监督

涉外仲裁实行程序监督。为了促进我国仲裁事业的发展,考虑到各国商事仲裁司法监督立法的发展趋势,我国应在国内仲裁法制得到较充分的发展以后,可以将对国内仲裁和涉外仲裁的两种监督机制并轨,但并轨的目的不是扩大法院的监督范围,而是缩小法院的监督范围,也就是国内仲裁的监督机制向涉外仲裁靠拢。①

5.2 国际商事仲裁管辖权的司法监督

国际商事仲裁管辖权是指仲裁协议赋予仲裁庭对有关商事仲裁案件进行审理并作出裁决的权限。商事仲裁管辖权的确定,与对商事仲裁协议的效力认定密不可分。对商事仲裁协议的效力认定,直接关系到商事仲裁庭对仲裁案件的管辖权。因为如果认定仲裁协议有效,仲裁庭对有关的仲裁案件就具有管辖权;相反,如果认定仲裁协议无效,仲裁庭对有关仲裁案件就没有管辖权。所以,对仲裁管辖权进行司法监督主要包含两个方面的内容:一是法院在受理当事人诉讼请求时,审查当事人之间是否有仲裁协议,如果有则驳回起诉,告之到仲裁机构申请仲裁;二是应当事人的申请,对仲裁庭决定自身对某一具体案件具有管辖权的决定进行审查。据此,对仲裁管辖权的司法监督,主要包括对仲裁协议的效力和可仲裁性的认定。

5.2.1 仲裁协议的效力认定

有效的仲裁协议是仲裁管辖权的基础,同时也排除了法院的诉讼管辖权。法院对仲裁协议效力的认定在司法实践中主要有两种情形。

一种情形是在仲裁程序开始前,具有仲裁协议的一方当事人就有关的争议向法院提起诉讼,另一方当事人要求法院将争议提交仲裁。1958年《纽约公约》第2条第3款规定了此种情形,即如果缔约国的法院受理一个案件,而就这案件所涉及的事项,当事人已经达成本条意义内的协议时,除非该法院查明该项协议是无效的、未生效的或不可能实行的,应该依一方当事人的请求,令当事人把案件提交仲裁。也就是说,仲裁协议无效、仲裁协议未生效、仲裁协议内容含糊不清、仲裁协议无法执行,法院具有诉讼管辖权。反之,如

---

① 肖永平:《也谈我国法院对仲裁的监督范围》,《法学评论》1998年第1期。

果存在有效的仲裁协议,法院应当终止诉讼,要求当事人将案件提交仲裁。在这种情形下,仲裁与诉讼出现了明显的冲突。毫无疑问法院必须对仲裁协议的效力加以认定。法院在决定仲裁协议是否有效时,对其司法审查的范围有所不同。有的国家采取对案件的事实和涉及情形全面审查,有的国家采取形式审查。在美国,两种方法都存在。适用全面审查的目的旨在避免有缺陷的仲裁协议,如果不实行全面审查,可能会导致仲裁庭根据该仲裁协议作出的裁决无效,使得仲裁庭在仲裁程序中的一切努力白费,浪费仲裁庭的时间与资源。实行形式审查旨在阻止当事人对案件的拖延,以及减少诉讼成本。[1]
对于是采取形式审查,还是采取实质审查,1958年《纽约公约》并没有明确规定。与《纽约公约》一样,《示范法》第8条规定:仲裁协议和向法院提出的实体性申诉。(1)就仲裁协议的标的向法院提起诉讼时,一方当事人在不迟于其就争议实体提出第一次申述时要求仲裁的,法院应让当事人诉诸仲裁,除非法院认定仲裁协议无效、不能实行或不能履行。(2)提起本条第(1)款所指诉讼后,在法院对该问题未决期间,仍然可以开始或继续进行仲裁程序,并可作出裁决。从《示范法》的整体结构以及原则来看,起草者非常重视防止拖拉和阻碍的行为。对仲裁协议采取形式审查,与当事人的目标和期望是一致的。

另一种情形是一方当事人申请仲裁,另一方当事人向法院提起诉讼。在此种情况下,是仲裁庭,还是法院来确定仲裁协议的效力。从国际社会有关仲裁的实践来看,仲裁机构和法院都有权确定仲裁协议的效力。仲裁庭有权对自身的管辖权作出决定,这就是国际商事仲裁庭管辖权自裁原则。

自裁管辖权是指仲裁庭有权对自己是否有管辖权作出决定的权力,也就是说,仲裁庭被授权审理或仲裁之前决定审理争议的管辖权。简单地说,就是仲裁庭有权对自己是否有管辖权作出决定,所以亦称管辖权/管辖权理论。从逻辑上说,自己决定自己的管辖权肯定是存在问题的,所以遭到了一些学者的批评,认为如果仲裁员为了私利,往往会认定自己有管辖权的。然而,既然当事人选择仲裁解决争议,选择他们信任的仲裁员组成仲裁庭,他们也有理由相信仲裁员可以作出正确的判断,一般不会出现上述情况。自裁管辖权理论与法院是否对仲裁协议有效性采取全面审查或形式审查有密切关联,因为如果一国强调自裁管辖权理论,通常会导致法院尽量少的审查,更容易采取形式审查。国际条约以及有关的仲裁规则大多规定了仲裁庭的自裁管辖权。

---

[1] Margaret L. Moses, The principles and Practice of International Commercial Arbitration, Cambridge University Press, 2008, p86.

5 国际商事仲裁的司法监督

例如,《联合国国际商事仲裁示范法》第 16 条规定:仲裁庭对其管辖权作出裁定的权力。(1)仲裁庭可以对其管辖权包括对仲裁协议的存在或效力的任何异议,作出裁定。为此目的,构成合同一部分的仲裁条款应视为独立于合同其他条款的一项协议。仲裁庭作出关于合同无效的决定,不应在法律上导致仲裁条款无效。(2)有关仲裁庭无权管辖的抗辩不得在提出答辩书之后提出。当事一方已委任或参与委任仲裁员的事实,不妨碍其提出此种抗辩。有关仲裁庭超越其权力范围的抗辩,应在仲裁程序中被指越权之情事出现后立即提出。在这两种情况下,仲裁庭如认为有正当理由,均可准许推迟提出抗辩。(3)仲裁庭可以根据案情将本条第(2)款所指抗辩作为一个初步问题裁定或在实体裁决中裁定。如果仲裁庭作为一个初步问题裁定它有管辖权,当事任何一方均可在收到裁定通知后三十天内要求第 6 条规定的法院对这一问题作出决定,该决定不容上诉;在等待对这种要求作出决定的同时,仲裁庭可以继续进行仲裁程序和作出裁决。

《联合国国际贸易法委员会仲裁规则》第 21 条也作出了同样的规定。世界各国的仲裁立法和各常设仲裁机构的仲裁规则,也都对商事仲裁机构或仲裁庭就协议的效力作了专门的规定。例如《中华人民共和国仲裁法》第 20 条规定:当事人对仲裁协议的效力有异议的,可以请求仲裁委员会作出决定或者请求人民法院作出裁定。一方请求仲裁委员会作出决定,另一方请求人民法院作出裁定的,由人民法院裁定。当事人对仲裁协议的效力有异议,应当在仲裁庭首次开庭前提出。

2014 年《上海国际经济贸易仲裁委员会(上海国际仲裁中心)仲裁规则》第 6 条则作出了更为详细的规定:对仲裁协议及/或管辖权的异议。(1)仲裁委员会有权对仲裁协议的存在、效力以及仲裁案件的管辖权作出决定。如有必要,仲裁委员会也可以授权仲裁庭作出管辖权决定,仲裁庭依此授权作出管辖权决定的,可在仲裁程序中单独作出,也可在裁决书中作出。(2)如果仲裁委员会依表面证据认为存在对当事人有约束力的由仲裁委员会进行仲裁的协议,则可根据表面证据作出仲裁委员会有管辖权的决定,仲裁程序继续进行。仲裁委员会依表面证据作出管辖权决定后,如果仲裁庭在审理过程中发现与表面证据不一致的事实及/或证据,可以授权仲裁庭重新作出管辖权的规定。(3)当事人对仲裁协议及/或管辖权的异议,应在仲裁庭首次开庭前书面提出;书面审理的案件,应该在第一次实体答辩前提出。(4)当事人对仲裁协议及/或管辖权的异议,不影响仲裁程序的进行。(5)上述管辖权异议及/或决定包括对仲裁案件主体资格的异议及/或决定。

如果仲裁机构就仲裁协议的有效性做出的决定与法院对此问题作出的

裁定相抵触,法院的裁定应居优先。否则,依照该项有争议的仲裁协议所做出的裁定,在日后的承认与执行问题上便会遇到麻烦。① 例如,《仲裁法》第20条第1款规定:当事人对仲裁协议的效力有异议的,可以请求仲裁委员会作出决定或者请求人民法院作出裁定。一方请求仲裁委员会作出决定,另一方请求人民法院作出裁定的,由人民法院裁定。但是,该条规定存在一定的模糊性,为了解决有权确定仲裁协议效力的机构问题上,《最高人民法院关于确认仲裁协议效力的几个问题的批复》(以下简称《批复》)(1998年10月26日法释[1998]27号)进一步作出如下具体的规定:……(3)当事人对仲裁协议的效力有异议的,一方当事人申请仲裁机构确认仲裁协议效力,另一方当事人请求人民法院确认仲裁协议无效,如果仲裁机构先于人民法院接受申请并已作出决定,人民法院不予受理;如果仲裁机构接受申请后尚未作出决定,人民法院应予受理,同时通知仲裁机构中止仲裁。(4)一方当事人就合同纠纷或者其他财产权益纠纷申请仲裁,另一方当事人对仲裁协议的效力有异议,请求人民法院确认仲裁协议无效并就合同纠纷或者其他财产权益纠纷起诉的,人民法院受理后应当通知仲裁机构中止仲裁。人民法院依法做出仲裁协议有效或者无效的裁定后,应当将裁定副本送达仲裁机构,由仲裁机构根据人民法院的裁定恢复仲裁或者撤销仲裁案件。……该《批复》还强调:人民法院依法对仲裁协议作出无效的裁定后,另一方当事人拒不应诉的,人民法院可以缺席判决;原受理仲裁申请的仲裁机构在人民法院确认仲裁协议无效后仍不撤销其仲裁案件的,不影响人民法院对案件的审理。

  国际商事仲裁庭管辖权自裁原则主要是由仲裁庭对其自身的管辖权问题作出决定,但我国的情况有所不同。根据我国《仲裁法》的规定,有权对特定仲裁案件所涉及的仲裁协议的效力作出决定的不是仲裁庭,而是仲裁委员会这一常设仲裁机构。上述《仲裁法》第20条第1款对此作出了明确的规定。这种做法与国际社会普遍由仲裁庭作出决定的做法不一致,我国学者对这种做法作出了一定的批评。在实践中,有关仲裁机构进行了一定的变通,可以授权仲裁庭作出决定。例如,2015年《中国国际经济贸易仲裁委员会仲裁规则》第6条规定:

  对仲裁协议及/或管辖权的异议

  (一)仲裁委员会有权对仲裁协议的存在、效力以及仲裁案件的管辖权作出决定。如有必要,仲裁委员会也可以授权仲裁庭作出管辖权决定。

  (二)仲裁委员会依表面证据认为存在有效仲裁协议的,可根据表面证据

---

① 张潇剑:《论商事仲裁的司法监督》,《清华法学》(第一卷)2002年第1期。

作出仲裁委员会有管辖权的决定,仲裁程序继续进行。仲裁委员会依表面证据作出的管辖权决定并不妨碍其根据仲裁庭在审理过程中发现的与表面证据不一致的事实及/或证据重新作出管辖权决定。

(三)仲裁庭依据仲裁委员会的授权作出管辖权决定时,可以在仲裁程序进行中单独作出,也可以在裁决书中一并作出。

(四)当事人对仲裁协议及/或仲裁案件管辖权的异议,应当在仲裁庭首次开庭前书面提出;书面审理的案件,应当在第一次实体答辩前提出。

(五)对仲裁协议及/或仲裁案件管辖权提出异议不影响仲裁程序的继续进行。

(六)上述管辖权异议及/或决定包括仲裁案件主体资格异议及/或决定。

(七)仲裁委员会或经仲裁委员会授权的仲裁庭作出无管辖权决定的,应当作出撤销案件的决定。撤案决定在仲裁庭组成前由仲裁委员会仲裁院院长作出,在仲裁庭组成后,由仲裁庭作出。

从大多数国家的立法来看,仲裁庭虽然有权就其自身的管辖权作出决定,但仍然要受到法院的控制,法院有最终的决定权。因此仲裁庭所作出的决定以后可能会因对裁决的异议而受到法院的重新审查。如法院经审查决定撤销裁决,所进行的仲裁程序可能会浪费时间。为了防止这一弱点,较为普遍的做法是,一般情况下,仲裁庭必须对管辖权异议以初步裁决形式作出,这样当事人可在较早时间内得到管辖权问题的最终决定。① 例如《联合国国际商事仲裁示范法》第16条第3款规定:仲裁庭可以根据案情将本条第(2)款所指抗辩作为一个初步问题裁定或在实体裁决中裁定。如果仲裁庭作为一个初步问题裁定它有管辖权,当事任何一方均可在收到裁定通知后三十天内要求第6条规定的法院对这一问题作出决定,该决定不容上诉;在等待对这种要求作出决定的同时,仲裁庭可以继续进行仲裁程序和作出裁决。

如果当事人之间订立有仲裁协议,一方当事人向有管辖权的法院提出驳回诉讼的申请,要求将案件交由仲裁,当然法院有此项的权力。如果案件在外国法院进行诉讼,一方当事人是否可以在本国有管辖权的法院请求发布禁止对方当事人在外国法院进行诉讼的命令。这就是英美法系的禁诉令问题。在美国有关的司法实践中,禁诉令也运用到国际商事仲裁领域。

禁诉令是指美国法院为终止在外国法院进行的诉讼而发布的命令。此类命令指示受美国法院属人管辖的一方当事人不得在外国法院起诉或参加预期的或未决的外国诉讼。禁诉令产生的原因通常是在法院有权在相同当

---

① 郭寿康、赵秀文主编:《国际经济贸易仲裁法》,中国法制出版社1999年版,第364页。

事人以及相同诉因被同时提起诉讼或仲裁时发布命令。禁诉令发布的潜在原因是外国的行为将会阻碍本国法院结果的生效,危及本国法院的管辖权,威胁到一些强大的国家政策,或者在外国管辖权范围内提交诉讼是背信弃义的并且是为了困扰对方当事人的。禁诉令根源于英国法律。在早期的英格兰,王室法院和教会法院之间存在管辖权上的冲突,为了抑制教会法院扩张其管辖权,王室法院就以禁诉令状对教会法院的管辖权范围加以限定。该令状是一种由大法官以国王的名义发布的、因案件被告人就教会对争讼事件的裁判权能提出质疑而禁止教会法院继续审理此案的禁令。后来,衡平法院将此种救济方式作为特定情况下阻止当事人在普通法院提起诉讼的手段,以免出现严重违反良知的情形。美国有学者认为,在国际民事诉讼中,禁诉令有时不失为一项具有吸引力的选择:它可以使当事人在本国的方便法院以及可能对自己具有同情心的法院获得此类命令,从而预先阻止在潜在的不方便或具有敌意的外国法院进行诉讼。[1]

在美国,对平行诉讼的中止或禁止都属于法院的自由裁量权。如果拒绝发布禁令将对寻求禁令救济的人造成不可挽回的损失且禁令的作出不会给禁令所针对的人造成不适当的困难,美国法院就可以作出一个初步的或最终的禁令。[2] 一般而言,在美国法院的司法实践中,需要发布禁诉令的情况有以下几种:①在预期的美国诉讼中占有优势的一方当事人可以要求发布禁诉令,以阻止处于劣势的对方当事人在外国法院就同一争议再行起诉;②美国法院诉讼的一方当事人为阻止对方当事人在外国法院进行有关同一争议的未决诉讼或预期诉讼而要求发布禁诉令;③如果在两国法院提出相关但不相同的诉讼请求,一方当事人为了将诉讼合并在他所选择的法院进行,可要求发布禁诉令;④法院可发布反禁诉令,以阻止一方当事人为反对在本院进行的诉讼而在外国法院取得一项禁诉令。[3]

在国际诉讼竞合的情况下,美国法院发布禁诉令,当事人就不能在外国法院继续进行诉讼。这种做法有违反外国国家主权,尤其是司法主权之嫌疑。美国法院普遍认为,对外国法院行使审判权进行司法干涉,可能令政府部门陷入尴尬境地,并损害与该国的外交关系。[4] 所以,美国对禁诉令的行使是比较谨慎的,只有在特别情况下使用。

国际商事仲裁中的禁诉令的运用与诉讼中的运用基本相同。由于美国

---

[1] 张茂著:《美国国际民事诉讼法》,中国政法大学出版社 1999 年版,第 117-118 页。
[2] 徐卉著:《涉外民商事诉讼管辖权冲突研究》,中国政法大学出版社 2001 年版,第 178 页。
[3] 李旺著:《国际诉讼竞合》,中国政法大学出版社 2002 年版,第 48 页。
[4] 李旺著:《国际诉讼竞合》,中国政法大学出版社 2002 年版,第 123 页。

5 国际商事仲裁的司法监督

支持仲裁的强烈政策，法院倾向使用禁诉令以保护当事人仲裁的权力。Paramedics Electromedicina Commercial Ltda. v. GE Medical Systems Information Technologies, Inc.[①]是美国运用禁诉令典型的案件。在本案中，GE Medical Systems Information Technologies, Inc.（以下简称 GE）要求进行仲裁，另一方当事人 Paramedics Electromedicina Comercial Ltda.（被称为 Tecnimed）在巴西提起诉讼，并且请求纽约州地方法院中止仲裁。GE 将在纽约地方的案件移送至纽约联邦地区法院，请求强制仲裁，并申请停止巴西诉讼的禁诉令。在本案件中有三个程序：①美国的仲裁程序；②Tecnimed 提起由法院解决实体争议而非仲裁进行解决的巴西诉讼；③Tecnimed 希望禁止仲裁程序和 GE 希望禁止巴西的诉讼并且强制 Tecnimed 仲裁的美国联邦法院的诉讼。最终，Tecnimed 被要求进行仲裁并采取措施撤回巴西的诉讼。Tecnimed 一开始拒绝履行并且蔑视判决。法院命令 Tecnimed 只要不履行，在前三个月每天给付 1000 美元，随后每天支付 5000 美元。最终，Tecnimed 履行了。因此，Tecnimed 案件是一方当事人禁止另一方当事人仲裁的典型案例，并且第二当事人通过禁止第一方当事人的诉讼来回应。

尽管在一般情况下，一方当事人可以直接向法院申请禁诉令。仲裁庭也可以作出部分裁决，可以签发一个部分的裁决要求反对的一方当事人仲裁或者禁止其在其他的法院起诉。这项裁决可以在《纽约公约》下生效，其就和禁诉令具有一样的效果。

5.2.2 可仲裁事项的认定

可仲裁事项是指当事人之间约定的事项在日后发生争议时，可以通过仲裁方式加以解决。由于各国社会、经济制度与所处的社会发展阶段的不同，对内实施的公共政策迥异，且《纽约公约》亦未给可仲裁事项划定统一的范围，而将该权利赋予仲裁裁决的执行地国法院，[②]所以各国关于可仲裁事项的规定，就不可能完全一致，在一国被认为是可仲裁的事项，在另一国则可能完全相反。例如，各国对于反垄断争议、证券争议等的可仲裁性认定不一。此时，在确定可仲裁事项问题上就需要国家法院的介入，以进行监督审查。如果一项争议不具有可仲裁性，则仲裁庭失去管辖权。同时，依据一国法律认定仲裁事项不可仲裁，则该仲裁协议即被认定无效。进一步地，依据该仲裁协议作出的仲裁裁决将有可能被相关国家的法院予以撤销，执行地国法院亦

---

① 369 F. 3d 645, 654 (2d, Cir. 2004).
② 杜新丽著：《国际商事仲裁理论与实践专题研究》，中国政法大学出版社 2009 年版，第 3 页。

可按照《纽约公约》第 5 条第 2 款第 1 项的规定拒绝承认与执行该仲裁裁决。由此可见,争议事项的可仲裁性,对仲裁机构的管辖权、仲裁协议的效力以及仲裁裁决的承认与执行均具有重大的意义。① 但从根本意义上,争议事项的可仲裁性是商事仲裁管辖权的基础。②

尽管各国以及国际社会对于商事仲裁中的可仲裁性问题有不同的理解,但在解决全球化进程的带动下,商事交往日趋广泛化与相关化,各国对仲裁所实施的监督与审查标准趋于统一,争议事项的可仲裁性问题也呈现普遍采用对仲裁发展有利的立场来解释争议事项的可仲裁性,其结果是仲裁事项的范围日渐扩大。在传统上被视为不可仲裁的事项,也逐步被相关国家认为可以进行仲裁。另外,随着国际商业客体对象的扩大,不断涌现的新经济现象也扩展了可仲裁事项的范围。在国际经济往来中逐渐受到重视的支付方式——保理,让仲裁庭的管辖权范围得以扩大到保理产生的争议。20 世纪 80 年代兴起的新的国际投资方式——BOT(Build Operate and Transfer),也使得 BOT 争议纳入仲裁管辖权范围成为可能。③

5.2.3 我国相关司法审查制度的发展

2005 年 12 月 26 日通过、2006 年 9 月 8 日施行的《最高人民法院关于适用〈中华人民共和国仲裁法〉若干问题的解释》对商事仲裁管辖权的司法监督(包括仲裁协议效力的司法审查以及可仲裁事项的司法审查)作出了新的发展,主要体现在以下几个方面。

第一,对仲裁协议的书面形式作出了宽泛界定。我国《仲裁法》第 16 条对其他书面形式并没有作出严格界定。该解释第 1 条则明确规定,"其他书面形式"的仲裁协议,包括以合同书、信件和数据电文(包括电报、电传、传真、电子数据交换和电子邮件)等形式达成的请求仲裁的协议。该规定几乎将所有现代通信手段囊括进来,减少了仲裁协议效力和仲裁庭管辖权被否定的机会。

第二,对解决的争议事项作出了宽泛的解释。一般而言,仲裁协议对于争议事项仅笼统规定"本合同发生的争议"或"本合同或与本合同有关的一切争议"应提交仲裁,各仲裁机构的示范条款也是作如此规定,例如上海仲裁委员会仲裁示范仲裁条款为:因本合同发生的争议,应当协商解决,协商不成

---

① 杜新丽著:《国际商事仲裁理论与实践专题研究》,中国政法大学出版社 2009 年版,第 3 页。
② 宋连斌著:《国际商事仲裁管辖权研究》,法律出版社 2000 年版,第 117 页。
③ 杜新丽著:《国际商事仲裁理论与实践专题研究》,中国政法大学出版社 2009 年版,第 9-10 页。

5 国际商事仲裁的司法监督

的,提请上海仲裁委员会按照其仲裁规则进行仲裁。法院在审查仲裁协议的效力时,如何解释这些概括性措辞,一定程度上决定了仲裁协议的效力范围。该解释第2条则明确规定:当事人概括约定仲裁事项为合同争议的,基于合同成立、效力、变更、转让、履行、违约责任、解释、解除等产生的纠纷都可以认定为仲裁事项。这种宽泛的解释,使尽可能多的争议被纳入仲裁协议的范围,体现了支持仲裁的精神。①

第三,对约定仲裁机构的规定作出了软化处理。我国《仲裁法》第17条规定"选定的仲裁委员会"是仲裁协议效力的必备要件。在实践中,当事人对于仲裁机构的约定往往出现模糊不明的情况,导致了仲裁协议的效力被否定。该解释从支持仲裁的角度出发,对《仲裁法》硬性要求选定的仲裁机构作出了软化的处理。其第3条规定,仲裁协议约定的仲裁机构名称不准确,但能够确定具体的仲裁机构的,应当认定选定了仲裁机构。例如,当事人约定了武汉市仲裁委员会,但在武汉只有武汉仲裁委员会,严格按照仲裁法的规定,该仲裁协议因仲裁机构约定不明确导致无效。根据该解释,因武汉只有一个仲裁机构,能够确定具体的仲裁机构,仲裁协议是有效的。其第4条规定,仲裁协议仅约定纠纷适用的仲裁规则的,视为未约定仲裁机构,但当事人达成补充协议或者按照约定的仲裁规则能够确定仲裁机构的除外。其第5条规定,仲裁协议约定两个以上仲裁机构的,当事人可以协议选择其中的一个仲裁机构申请仲裁;当事人不能就仲裁机构选择达成一致的,仲裁协议无效。其第6条规定,仲裁协议约定由某地的仲裁机构仲裁且该地仅有一个仲裁机构的,该仲裁机构视为约定的仲裁机构。该地有两个以上仲裁机构的,当事人可以协议选择其中的一个仲裁机构申请仲裁;当事人不能就仲裁机构选择达成一致的,仲裁协议无效。

第四,对或裁或审仲裁条款的效力采取灵活的做法。在仲裁实践中,当事人常常约定,或向法院提起诉讼,或向仲裁机构申请仲裁,按照《仲裁法》的要求,这类仲裁协议无效。但是该解释采取了灵活的做法。其第7条规定:当事人约定争议可以向仲裁机构申请仲裁也可以向人民法院起诉的,仲裁协议无效。但一方向仲裁机构申请仲裁,另一方未在仲裁法第20条第2款规定期间内提出异议的除外。根据《仲裁法》第20条第2款的规定,当事人对仲裁协议的效力有异议,应当在仲裁庭首次开庭前提出。也就是说,对于此类条款,主要当事人没有在仲裁庭首次开庭前明确提出异议,应该认定为有效的仲裁

---

① 万鄂湘、于喜福:《我国仲裁司法监督制度的最新发展——评最高人民法院关于适用仲裁法的司法解释》,《法学评论》2007年第1期。

协议。

第五,对仲裁协议的继承问题作出了明确规定。该司法解释第8条、第9条主要规定了以下三种情形:(1)当事人订立仲裁协议后合并、分立的,仲裁协议对其权利义务的继受人有效;(2)当事人订立仲裁协议后死亡的,仲裁协议对承继其仲裁事项中的权利义务的继承人有效;(3)债权债务全部或者部分转让的,仲裁协议对受让人有效,但当事人另有约定、在受让债权债务时受让人明确反对或者不知有单独仲裁协议的除外。这些规定扩大了仲裁协议的效力范围,体现了支持仲裁的精神。

第六,对仲裁协议自治原则的适用范围进行了扩大。我国《仲裁法》第19条第1款规定,仲裁协议独立存在,合同的变更、解除、终止或者无效,不影响仲裁协议的效力。仲裁法仅仅规定了四种形式,但是在实践中,还会出现其他情况。该司法解释第10条作出了进一步规定,合同成立后未生效或者被撤销,仲裁协议效力的认定适用《仲裁法》第19条第1款的规定。当事人在订立合同时就争议达成仲裁协议的,合同未成立不影响仲裁协议的效力。

第七,对通过援引方式达成仲裁协议的效力作出了有效规定。在仲裁司法实践中,常常会约定争议解决条款见合同的背面,或约定争议解决适用其他合同或文件中的仲裁条款。该司法解释第11条明确规定,合同约定解决争议适用其他合同、文件中的有效仲裁条款的,发生合同争议时,当事人应当按照该仲裁条款提请仲裁。涉外合同应当适用的有关国际条约中有仲裁规定的,发生合同争议时,当事人应当按照国际条约中的仲裁规定提请仲裁。

第八,对仲裁协议效力异议权的默示放弃制度作出了规定。仲裁协议效力异议权的默示放弃制度要求当事人必须在进行仲裁的首次实体答辩前提出对仲裁协议效力的异议。司法解释第13条对《仲裁法》第20条第2款的规定进一步作出了明确规定,依照仲裁法第20条第2款的规定,当事人在仲裁庭首次开庭前没有对仲裁协议的效力提出异议,而后向人民法院申请确认仲裁协议无效的,人民法院不予受理。仲裁机构对仲裁协议的效力作出决定后,当事人向人民法院申请确认仲裁协议效力或者申请撤销仲裁机构的决定的,人民法院不予受理。当然,该条规定也有些缺陷,其规定与国际社会普遍实行的首次实体答辩前提出不同,采取了仲裁庭首次开庭前提出。但是,在仲裁实践中也会出现有关案件不进行开庭审理,直接进行书面审理,那么在此种情况下,所谓的"仲裁庭首次开庭前"就不存在。尽管有此缺陷,其毕竟明确肯定了仲裁协议异议权的默示放弃制度,有利于维护仲裁协议效力的稳定。

第九,对涉外仲裁协议效力的法律适用作出了规定。因为仲裁协议独立于主合同而存在,需要单独规定涉外仲裁协议所适用的法律。司法解释第16条的规定弥补了我国《仲裁法》的不足,其规定:对涉外仲裁协议的效力审查,适用当事人约定的法律;当事人没有约定适用的法律但约定了仲裁地的,适用仲裁地法律;没有约定适用的法律也没有约定仲裁地或者仲裁地约定不明的,适用法院地法律。该规定为我国今后的立法打下了一定基础。2010年《中华人民共和国涉外民事关系法律适用法》第8条作出了类似的规定:当事人可以协议选择仲裁协议适用的法律。当事人没有选择的,适用仲裁机构所在地法律或者仲裁地法律。

5.3 国际商事仲裁程序的司法监督

一般而言,商事仲裁程序主要是由仲裁机构、仲裁庭以及仲裁双方当事人共同推进的。但由于仲裁机构的民间性,仲裁庭也不同于法庭,它们没有强制执行权,所以在国际商事仲裁程序中,包括仲裁庭的组成、发布中间措施以及合并仲裁等方面,仍然需要法院的支持与监督。

5.3.1 指定仲裁员

在通常情况下,指定仲裁员和组成仲裁庭是根据当事人之间达成的仲裁协议和仲裁机构的仲裁规则,或当事人选择的任何其他仲裁规则进行的,无需法院介入。但在当事人指定仲裁员或者仲裁庭组成发生困难时,可以应当事人请求,法院有权协助指定仲裁员以及协助当事人组成仲裁庭。①

大多数国家仲裁立法以及1985年联合国国际贸易法委员会制定的《示范法》都规定了法院在指定仲裁员方面拥有的权力。

例如法国《民事诉讼法典》第1493条规定,在法国进行的仲裁,或者仲裁地虽不在法国、但是当事人协商适用法国仲裁法的,如果仲裁庭的组成出现困难,除非有相反的规定,任何一方当事人都可以向巴黎大审法院院长申请指定仲裁员。第1454条还规定,当事人指定偶数人数仲裁员的,仲裁庭应有一名仲裁员补全。该仲裁员按照当事人设想的机制选定,或者无此机制的,由已指定的仲裁员选定,或者他们之间没有协议的,最终由巴黎大审法院院

---

① 赵健著:《国际商事仲裁的司法监督》,法律出版社2000年版,第116页。

长指定。1988年《瑞士联邦国际私法法规》第179条规定：(1)仲裁员，依照当事人的协议予以指定、撤销或者变更。(2)无前述协议时，可将此问题提交仲裁庭所在地的法院处理。该法院应类推适用各州法律中关于指定、撤销、更换仲裁员的规定。(3)法院被要求指定仲裁员时，即应作出此项指定，除非即决审查表明当事人之间不存在任何仲裁协议。

英美国家在协助当事人指定仲裁员以及组成仲裁庭方面，赋予了法院更为广泛的权限。例如1996年英国《仲裁法》第18条、第21条分别就法院指定仲裁员和公断人作出规定。其第18条规定，当事人可以自由决定指定仲裁员的程序未获得遵守时所采取的补救措施，如果当事人对此未作约定，那么，仲裁协议的任何一方当事人经通知另一方当事人后，可以向法院提出申请，请求法院对作出任何必要的指定发出指令，或者请求法院作出命令，命令仲裁员应当由已经指定的仲裁员组成，或者请求法院直接指定仲裁员。其第21条规定，在当事人约定设有公断人的情况下，如果仲裁庭对有关仲裁事项不能达成一致，且未将此情况通报，或其中任何一名仲裁员未参与通报，则仲裁程序任一方当事人经通知另一方当事人和仲裁庭，得向法院提出申请，法院可以命令公断人代替其他仲裁员，行使仲裁庭作出决定、裁定和裁决的权力，就如同其为独任仲裁员。美国《联邦仲裁法》第5条也规定，如果协议中已经规定指定仲裁员或仲裁长的方法，应当按照这个方法指定。如果没有规定，或者有规定而当事人不履行，或者由于任何原因拖延指定或者拖延补充缺额，法院根据任何一方当事人的请求，应当依照需要指定仲裁员或者仲裁长。由法院指定的仲裁员或者仲裁长处理案件，与协议所指定者有同样的权力和效力，除协议另有规定外，应当由仲裁员一人仲裁。①

《联合国国际贸易法委员会国际商事仲裁示范法》第11条规定了仲裁员的委任，即：

(1) 除非当事各方另有协议，否则不应以所属国籍为理由排除任何人担任仲裁员。

(2) 当事各方可以自由地就委任一名或数名仲裁员的程序达成协议，但须遵从本条第(4)和第(5)款的规定。

(3) 如未达成此种协议：

A. 在仲裁员为三名的仲裁中，当事每一方均应委任一名仲裁员，这样委任的两名仲裁员应委任第三名仲裁员；如当事一方未在收到当事他方提出如

---

① 仲裁长即公断人，是指在两位仲裁员意见不同时被邀请作出决定的第三人，不同于首席仲裁员。

5 国际商事仲裁的司法监督

此行事之要求的三十天内委任仲裁员,或两名仲裁员在被委任后三十天内未就第三名仲裁员达成协议,则经当事一方请求,应由第6条规定的法院或其他机构委任;

B. 在独任仲裁员的仲裁中,如当事各方未就仲裁员达成协议,则经当事一方请求,应由第6条规定的法院或其他机构委任。

(4) 根据当事各方协议的委任程序,如果:

A. 当事一方未按这种程序规定的要求行事,或

B. 当事各方或两名仲裁员未根据这种程序达成预期的协议,或

C. 第三者,包括机构,未履行根据此种程序所委托的任何职责,则当事任何一方均可请求第6条规定的法院或其他机构采取必要措施,除非委任程序的协议订有确保能委任仲裁员的其他方法。

(5) 就本条第(3)或第(4)款交由第6条规定的法院或其他机构的事情所作出的决定,不容上诉。该法院或其他机构在委任仲裁员时应适当顾及当事各方协议的仲裁员所需具备的任何资格,并适当顾及尽可能确保委任独立和公正的仲裁员的种种因素,而且在委任独任仲裁员或第三名仲裁员时,还应考虑到委任一名所属国籍与当事各方均不相同的仲裁员的适宜性。

根据其规定,当事人可自由约定指定仲裁员的程序,但是在下述情况下,则由有关法院或其他机构指定:(1)当事人没有约定指定仲裁员程序,在仲裁员为三人的仲裁案件中,当事一方在规定期限内未指定仲裁员的,或者双方当事人分别选定的仲裁员在规定的期限内未指定首席仲裁员的,则经一方当事人的请求,应由有关法院或者其他机构指定;(2)当事人没有约定指定独任仲裁员的程序,在仲裁程序中,又未对独任仲裁员的人选达成一致的,则由有关法院或其他机构指定;(3)当事各方虽然约定了指定仲裁员的程序,但是当事一方未按该程序的规定行事、或者双方当事人或双方当事人指定的两名仲裁员未能按照此程序达成预期的协议、或者第三者(包括机构)未履行双方当事人在该程序中委托给它的职责的,则任何一方当事人均可请求有关法院或者其他机构协助指定仲裁员。①

法院协助当事人指定仲裁员和组成仲裁庭必须由当事人提出请求,法院一般无权主动进行,且法院协助的情况大多出现在临时仲裁。在临时仲裁中,当事人没有就选定仲裁员达成一致,或者没有就选定仲裁员的程序作出完备细致约定,或者虽有约定却无法执行,此时就需要法院的协助。但是在机构仲裁中,仲裁机构一般都有完备的仲裁规则,对仲裁员的选定往往作出

---

① 赵健著:《国际商事仲裁的司法监督》,法律出版社2000年版,第116-117页。

了详细的规定,例如 2015 年《武汉仲裁委员会仲裁规则》第 23 条对仲裁庭的组成有如下规定:

(1) 除非当事人另有约定或者本规则另有规定,仲裁庭由三名仲裁员组成。由三名仲裁员组成的,设首席仲裁员。

(2) 双方当事人应当自收到仲裁通知书之日起十日内分别选定或者委托主任指定一名仲裁员。当事人未在上述期限内选定或者委托主任指定仲裁员的,由主任指定。

(3) 双方当事人应当自被申请人收到仲裁通知书之日起十日内共同选定或者共同委托主任指定首席仲裁员。

双方当事人也可以约定在上述期限内,各自推荐一至三名仲裁员作为首席仲裁员人选;经双方当事人申请或者同意,也可以由当事人选定的仲裁员分别推荐一至三名仲裁员作为首席仲裁员人选。推荐名单有一名相同的,为双方当事人共同选定的首席仲裁员;有一名以上相同的,由主任根据案件具体情况在相同人选中确定,确定的仲裁员仍为双方当事人共同选定的首席仲裁员;推荐名单中没有相同的人选的,由主任在推荐名单之外指定首席仲裁员。

(4) 双方当事人未按照上述规定共同选定首席仲裁员的,由主任指定。

(5) 案件有两个或者两个以上申请人或者被申请人的,在申请人之间或者被申请人之间各自协商选定或者委托本会主任指定一名仲裁员;申请人或被申请人未能在收到仲裁通知书后十日内各方共同选定或各方共同委托本会主任指定一名仲裁员,由本会主任指定。首席仲裁员应当按照本条第 3 款和第 4 款规定的程序选定或指定。

(6) 当事人选定外地仲裁员的,应当预交仲裁员的差旅费、食宿费等必要费用。如果未在本会规定的期限内预交的,视为未选定仲裁员。主任可以根据本规则的规定指定仲裁员。

根据我国 1994 年《仲裁法》第 18 条的规定,在有关仲裁协议效力的条款中,将仲裁协议是否约定或明确约定了仲裁机构,作为认定仲裁协议有效的标准之一。也就是说,我国现行法律制度不允许临时仲裁,也就不存在法院协助指定仲裁员的情形。在机构仲裁中,根据我国《仲裁法》第 32 条的规定,我国采取法院不干预的做法,一律交由机构作出处理。

从目前的发展趋势来看,由于机构仲裁的不断壮大,仲裁机构指定仲裁员的快捷、保密等优势,法院的协助和作用日渐弱化,仲裁机构的支持与帮助日趋增强。

5.3.2 中间措施

商事仲裁程序开始前或进行期间,或者在作出商事裁决前,一方当事人往往请求法院或仲裁机构对于争议有关的财产或行为采取中间措施,旨在避免因财产损耗、被申请人隐匿、变卖与转移财产等原因而导致将来的裁决得不到执行。

中间措施在不同的法律规范和不同的仲裁规则中有不同的称谓,有的称为临时性保全措施或临时性措施,英国在实践中称为"马瑞瓦禁令",我国《民事诉讼法》和《仲裁法》一般称为证据保全措施或财产保全措施或行为保全措施。① 中间措施一般是指法院或仲裁庭在特定情况下发布证据保全、财产保全或通过其他方式在仲裁程序结束前保持现状的裁定。

《示范法》第 17 条第 2 款规定,临时措施是以裁决书为形式的或另一种形式的任何短期措施,仲裁庭在发出最后裁定争议的裁决书之前的任何时候,以这种措施责令一方当事人实施以下任何行为:(a)在争议得以裁定之前维持现状或恢复原状;(b)采取行动防止目前或即将对仲裁程序发生的危害或损害,或不采取可能造成这种危害或损害的行为;(c)提供一种保全资产以执行后续裁决的手段;或(d)保全对解决争议可能具有相关性和重要性的证据。根据该款规定,中间措施可以分为四类,即为维持现状或恢复原状、防止对仲裁程序发生的危害或损害、财产保全、证据保全。我国仲裁机构的仲裁规则一般规定证据保全措施和财产保全措施,在 2014 年《中国(上海)自由贸易试验区仲裁规则》却以专门的第三章规定临时措施,其第 18 条规定,当事人可以根据临时措施执行地所在国家/地区的法律向仲裁委员会及/或具有管辖权的法院提出如下一种或数种临时措施的申请:(1)财产保全;(2)证据保全;(3)要求一方作出一定行为及/或禁止其作出一定行为;(4)法律规定的其他措施。其规定基本上与《联合国国际贸易法委员会国际商事仲裁示范法》第 17 条第 2 款的规定类似,也将中间措施分为财产保全、证据保全、行为保全与其他法律规定的措施。

目前,中间措施发布决定权归属主要有三种模式:法院专属权利、仲裁庭排他行使、仲裁庭与法院并存权力。

由于中间措施本质上是具有强制力的措施,一般是由法院单独行使。法院对仲裁中间措施的决定权,来源于体现一国国家政策、法律的授权,公权力

---

① 《民事诉讼法》第 81 条和第九章,《仲裁法》第 28 条、第 86 条。

进入仲裁不仅可以支持仲裁程序顺利进行，对仲裁中间措施这种严厉地处置当事人权益的强制性措施亦可起到潜在的监督作用。且不论其究竟是监督还是支持，只要这种决定权通过合理的程序在适当范围内采取，在国家允许的条件下进行，即不是对仲裁协议的违背。① 相对而言，仲裁庭只是依据当事人之间的协议而组成的民间性机构，缺乏强制执行力，即便是仲裁庭拥有发布中间措施的决定权，终究是要依靠司法机关的协助方能执行。因此法院的介入是必需的，为使争议得以顺利解决，法院是中间措施发布决定权的最适合的主体。②

随着仲裁不断发展，20世纪70年代中期以来，仲裁独立性理论得到了发展，具有排除法院管辖权的倾向，应由仲裁庭决定中间措施的观点逐渐为一些国家所接受。例如，经韩国最高法院1986年修正的《韩国商事仲裁院商事仲裁规则》第40条规定：在任何一方当事人提出申请的基础上，仲裁庭可以在不损害对方当事人利益、不影响争议结果的前提下决定采取必要的保全措施以保护仲裁项下的财产。

随着越来越多的国际与国家立法确认了仲裁当事人在程序与实体方面的自主权，当事人自主选择仲裁机构或法院来作出中间措施裁定的权利得到了诸多国家的尊重。③ 例如，2006年修改的《示范法》第17、第17A、第17B、第17C、第17D、第17E、第17F、第17G、第17H、第17I条（即前四节）主要规定了仲裁庭发布临时措施各种事项。而第17J则规定了法院下令采取的临时措施，即法院发布与仲裁程序有关的临时措施的权力应当与法院在法院诉讼程序方面的权力相同，不论仲裁程序的进行地是否在本国境内。法院应当根据自己的程序，在考虑到国际仲裁的具体特征的情况下行使这一权力。其第9条还规定：在仲裁程序开始前或进行期间，一方当事人请求法院采取临时保全措施和法院准许采取这种措施，并不与仲裁协议相抵触。《示范法》的规定充分尊重当事人的意思自治，当事人可以直接选择向法院或仲裁庭申请作出中间措施。这种做法具有较灵活的实践操作性，得到了采取或原则上采取《示范法》国家的肯定。1996年英国《仲裁法》虽然也采取仲裁庭与法院并存权力的做法，但其未采取与《示范法》的自由选择的做法，而是规定法院发布仲裁中间措施的权力须经双方当事人的合意授予，否则中间措施发布的决定权由仲裁庭行使。

---

① 乔欣、段莉：《仲裁财产保全决定机构之辩证和重构》，《仲裁研究》2004年第1期。
② 杜新丽著：《国际商事仲裁理论与实践专题研究》，中国政法大学出版社2009年版，第150页。
③ 杜新丽著：《国际商事仲裁理论与实践专题研究》，中国政法大学出版社2009年版，第153-154页。

5 国际商事仲裁的司法监督

需要指出的是,按照有关国家的立法与司法实践,尽管仲裁庭有权发布中间措施的决定权,但此项决定的执行权仍然在法院,仲裁庭无此项权力。

我国《民事诉讼法》和《仲裁法》关于中间措施发布决定权属于法院专属权力。在财产保全方面,《仲裁法》第 28 条规定:一方当事人因另一方当事人的行为或者其他原因,可能使裁决不能执行或者难以执行的,可以申请财产保全。当事人申请财产保全的,仲裁委员会应当将当事人的申请依照民事诉讼法的有关规定提交人民法院。申请有错误的,申请人应当赔偿被申请人因财产保全所遭受的损失。关于涉外仲裁程序中的财产保全,《民事诉讼法》第 272 条规定:当事人申请采取保全的,中华人民共和国的涉外仲裁机构应当将当事人的申请,提交被申请人住所地或者财产所在地的中级人民法院裁定。最新修改的《民事诉讼法》第 81 条规定的是证据保全,第九章规定的保全主要涉及财产保全,也涉及行为保全。在证据保全方面,《仲裁法》第 46 条规定了国内仲裁程序中的证据保全,即在证据可能灭失或者以后难以取得的情况下,当事人可以申请证据保全。当事人申请证据保全的,仲裁委员会应当将当事人的申请提交证据所在地的基层人民法院。第 68 条规定了涉外仲裁程序中的证据保全,即涉外仲裁的当事人申请证据保全的,涉外仲裁委员会应当将当事人的申请提交证据所在地的中级人民法院。从上述规定来看,法院是发布中间措施的唯一机构,仲裁机构相当于"二传手"的作用,将当事人的申请提交给相关的人民法院。① 将保全措施完全交由法院进行发布,在我国仲裁实践中造成了一系列问题。

第一,损害了仲裁的效率。仲裁之所以被商人们广泛接受,其主要的原因之一就是具有高效率的仲裁制度设计。例如一裁终局制度、仲裁程序的简化等,目的都是为了提高仲裁的效率。我国临时措施制度完全交由法院进行发布的制度设计,尽管体现了国家对仲裁的司法监督作用,但是一定程度上损害了仲裁的效率。一般而言,仲裁庭是仲裁案件的审理机构,对于双方当事人之间的争议比较了解,可以尽快地对于当事人临时措施的申请作出决定。财产保全与证据保全的目的主要是为了防止财产或证据可能出现的转移与灭失,需要尽快作出决定。如果仲裁机构在收到当事人的临时措施的申请时,只能转交给相关有管辖权的法院进行发布。一方面该转交程序增加了不必要的中间环节,拖延了时间;另一方面,由于法院对于该仲裁案件并不了解,其审理发布必然需要一定的时间,再次拖延了时间。在实践中,英瑞开曼有限公司与如皋市玻璃纤维厂的仲裁案件就是明显的例证。如皋市玻璃纤

---

① 刘晓红著:《国际商事仲裁专题研究》,法律出版社 2009 年版,第 343 页。

维厂于 2001 年 8 月 30 日向仲裁机构提出证据保全的申请,2011 年 9 月 6 日,仲裁机构将申请转交给有管辖权的人民法院,法院于 2012 年 2 月 6 日作出证据保全的裁定。从证据保全的提出到证据保全裁定的作出,前后一共有 5 个多月。这不仅增加了一定的司法成本,而且难以达到证据保全的目的,因为在这么长的时间里,证据的性质有可能发生了变化。①

第二,可能导致临时措施无法发布或者发布得不到执行。联合国国际贸易法委员会修改了其 1985 年制定的《示范法》,修改的重点就包括临时措施的问题,不断完善和丰富了临时措施的规定,肯定了仲裁庭与法院并存权力的模式。我国的立法规定仅仅由法院发布临时措施的做法,一方面可能导致临时措施发布的不能。根据我国的法律规定,临时措施只能由被申请人住所地或财产所在地或证据所在地的中级人民法院进行发布。假设被申请人的住所地或财产所在地或证据所在地均不在我国,而临时措施的执行地的法律规定此类措施只能由仲裁庭发布,那么根据我国的法律规定,仲裁庭无权发布临时措施;但是根据临时措施执行地又必须由仲裁庭作出,这就造成了临时措施的发布不能。另外,即使由我国有管辖权的中级人民法院发布临时措施,如果临时措施需要到国外进行执行,也未必能在其他国家得到承认与执行。这将使中方当事人陷入寻求仲裁财产保全救济的窘境。②

第三,违背了仲裁自愿与自治原则。国际商事仲裁以当事人的自愿为根本,当事人的同意授予仲裁员(仲裁庭)解决国际商事争议的权利基础。当事人意思自治原则是整个商事仲裁赖以存在的基石。当事人选择国际商事仲裁解决他们之间的争议,本意由仲裁庭就他们之间仲裁协议所约定的争议进行全面的处理。一般情况下,当事人会约定因合同或与合同有关的一切争议提交仲裁,其当然也包括要求仲裁庭作出与仲裁协议所产生争议有关的临时措施。根据我国现行法律规定,当事人只能在仲裁程序进行中,将临时措施的申请交由仲裁机构,再由仲裁机构转交给法院,当事人一方面不能直接向仲裁庭提出申请,也不能直接向法院提出申请,极大地限制了当事人的自愿原则。难怪有学者指出:仲裁庭一方面可以对争议作出裁决,另一方面又无权决定保全申请,令人感到费解。③ 国际商事仲裁也体现较大的自治性,当事人可以选择仲裁机构、仲裁的组织形式、仲裁地点、仲裁员、仲裁审理的程序、仲裁适用的法律。此外,仲裁庭也享有一定的自治权,例如仲裁庭可以决定

---

① 杜开林:《对一起仲裁证据保全案的评析》,《仲裁与法律》2003 年第 1 期。
② 杜新丽著:《国际商事仲裁理论与实践专题研究》,中国政法大学出版社 2009 年版,第 186 页。
③ 赵健著:《国际商事仲裁的司法监督》,法律出版社 2000 年版,第 138 页。

自身的管辖权。在当事人没有选择的情况下，决定仲裁地点、仲裁协议适用的法律、仲裁程序法、仲裁实体法，有权作出临时措施与仲裁裁决等。剥夺仲裁庭发布临时措施的权力，实际上有违仲裁的自治性原则。

我国大多数仲裁机构的仲裁规则关于财产保全和证据保全的规定，都没有突破《仲裁法》和《民事诉讼法》的规定。值得我们关注的是2014年《中国（上海）自由贸易试验区仲裁规则》作出了相对创新性的规定。其第18条规定当事人可以向仲裁委员会或具有管辖权的法院提出临时性措施的申请。第19条规定了仲裁前临时措施，当事人只能向具有管辖权的法院提出。第20条规定了仲裁程序中的临时措施，当事人向仲裁委员会提出申请的，仲裁委员会或向具有管辖权的法院转交，或者提交仲裁庭作出决定。第21条规定了紧急仲裁庭，主要是为了解决当事人需在仲裁案件受理后至仲裁庭组成前，提出临时措施申请的情况。

2014年《自贸区仲裁规则》则是在我国现有的法律制度的框架下有所创新，进行创造性的设计。其主要的创新体现在以下几个方面。

第一，扩展了临时措施的范围。一般来说，临时措施主要有三种类型：证据保全、维持现状以及确保终局裁决有效执行的措施。在新修订《民事诉讼法》之前，主要包括证据保全以及财产保全两类。2012年新修订的《民事诉讼法》增加了行为保全。《自贸区仲裁规则》第18条则明确规定了仲裁临时措施的范围，包括财产保全、证据保全、行为保全以及法律规定的其他措施。《自贸区仲裁规则》将行为保全纳入到临时措施中，不仅与新修订的《民事诉讼法》保持一致，也符合国际商事仲裁的国际惯例。同时，该规则还规定了法律规定的其他措施作为兜底性条款，因为临时措施种类多种多样，各国的规定也不尽相同，采取兜底性的规定，可以避免遗漏根据执行地所在国家或地区的法律所规定的种类。另外，《自贸区仲裁规则》不仅规定了仲裁庭组庭后的临时措施，还规定了仲裁前的临时措施以及仲裁案件受理之后仲裁庭组成之前的临时措施，非常全面。

第二，采取了法院与仲裁庭并存权力的模式。《自贸区仲裁规则》第18条、第19条、第20条等，均规定了临时措施的发布主体不仅包括法院，也包括仲裁庭。第18条的用语是：当事人可以根据临时措施执行地所在国家/地区的法律向仲裁委员会及/或具有管辖权的法院提出临时仲裁的申请。第19条的用语是：临时措施申请人在提起仲裁前，可以根据临时措施执行地所在国家/地区的有关法律规定，直接向具有管辖权的法院提出临时措施申请，也可以请求仲裁委员会协助其向具有管辖权的法院提出临时措施申请。如前文所述，越来越多的国家采取并存权力的模式，联合国国际贸易法委员会《国际商事仲裁示范法》及其《仲裁规则》以及大多数著名的仲裁机构的仲裁规则都规定了仲裁庭有权发布临时措施。但是根据我国现行的仲裁法以及民事诉讼法,我国目前采取法院发布的单一模式。《自贸区仲裁规则》采取了"根据临时措施执行地所在国家/地区的法律向仲裁委员会及/或具有管辖权的法院提出临时仲裁的申请"的措辞,巧妙地避免与我国现行法律相冲突的情况。在国际商事仲裁实践中,如果临时措施执行地在只采取法院单一发布的国家或地区(如中国内地),那么仲裁委员会将当事人的临时措施的申请转交给有管辖权的法院;如果临时措施执行地在只采取仲裁庭单一发布的国家或地区,那么仲裁庭或紧急仲裁庭可以直接发布有关的临时措施;如果临时措施执行地在采取法院与仲裁庭并存的模式,那么当事人既可以直接向仲裁庭提出临时措施的申请,也可以向法院提出临时措施的申请。《自贸区仲裁规则》的规定是在不违反我国现行法律制度的前提条件下的一种巧妙的创新与设计。

第三,创设了紧急仲裁庭制度。仲裁委员会受理案件后,根据仲裁规则的规定,双方当事人在一定的期限内选择仲裁员,如果没有选择仲裁员或者选择首席仲裁员达不成一致的,还需要仲裁委员会主任指定或者通过其他的方式指定。也就是说,从仲裁委员会受理案件之后到仲裁庭的组成前,有一定的期限。由于临时措施的目的就是为了防止一方当事人转移财产或者销毁证据,在某些仲裁案件中,如果临时措施在仲裁庭组成之前还得不到发布,临时措施就会失去其应有的作用。为了解决这一问题,有关仲裁机构的仲裁规则就创立了紧急仲裁员(庭)制度。2009年《美国仲裁协会国际仲裁规则》、2010年《瑞典斯德哥尔摩仲裁院仲裁规则》、2012年《国际商会仲裁规则》、2016年《新加坡国际仲裁中心仲裁规则》以及2014年《日本商事仲裁协会仲裁规则》都规定有紧急仲裁员制度。紧急仲裁员制度被越来越多的仲裁机构所采纳。《自贸区仲裁规则》在借鉴国外仲裁机构的实践基础上,其第21条规定了紧急仲裁员制度。需要说明的是,如果临时措施的执行地在我国,就必须由法院发布临时措施,紧急仲裁员制度没有适用的余地。该制度只有在执行地国家或地区的法律允许仲裁庭发布临时措施的情况下才有适用的空间。《自贸区仲裁规则》根据其自身的情况具体规定了以下几个方面:①仲裁委员会决定是否采取紧急仲裁庭制度;②当事人对于紧急仲裁庭成立的申请必须采取书面形式,并说明理由;③当事人必须根据执行地国家或地区有关法律的规定,提出成立紧急仲裁庭的申请;④仲裁委员会主任可以在三天内指定一名紧急仲裁员;⑤紧急仲裁员应承担披露义务;⑥紧急仲裁庭于仲裁庭组成之日解散;⑦紧急仲裁员不能担任与临时措施有关的争议案件的仲裁员;

5 国际商事仲裁的司法监督

⑧紧急仲裁员程序不影响仲裁程序的进行。

5.3.3 合并仲裁

合并仲裁是指在商事仲裁中,仲裁庭将仲裁标的为同一种类或者有关联的两个或两个以上的案件,合并进行审理的情况。在商事交易中,连环合同或者关联合同情况比较多见。在诉讼中,法院可以运用第三人制度将所有相关当事人的争议通过一次诉讼进行解决,避免矛盾的判决。但在商事仲裁中,除非当事人另有协议,大部分国家不允许合并仲裁。例如,1996年英国《仲裁法》第35条规定:当事人可以自由约定一个仲裁程序应与其他仲裁程序合并,或者"同步"开庭;除非当事人授权,否则,仲裁庭无权命令合并仲裁或者同步开庭。当然,也有国家在当事人没有相反约定的条件下命令合并仲裁,例如1986年荷兰《民事诉讼法典》第1046条规定:如果在荷兰的仲裁庭进行的一个仲裁程序所涉及的主要争议与在荷兰的仲裁庭进行的另一仲裁程序所涉及的主要争议相关联,除非当事人另有协议,任何当事人均可请求阿姆斯特丹地区法院院长作出合并程序的命令。也有的国家或地区规定法院在某些情况下可以命令合并仲裁。例如美国加利福尼亚州《民事诉讼法典》第1281条规定:仲裁协议的一方当事人可向法院申请合并各自独立的仲裁程序,法院在某些情况下可以命令合并仲裁程序。我国仲裁立法和大多数仲裁机构的仲裁规则对合并仲裁没有规定。但近来有的仲裁机构的仲裁规则对此问题有所涉及。例如,上海国际经济贸易仲裁委员会(上海国际仲裁中心)2014年《中国(上海)自由贸易试验区仲裁规则》第36条规定:

案件合并。

(1)仲裁标的为同一种类或者有关联的两个或者两个以上的案件,经一方当事人申请并征得其他当事人同意,仲裁庭可以决定合并审理。

(2)除非当事人另有约定,合并的仲裁案件应当合并于最先开始仲裁程序的仲裁案件。除非当事人一致同意作出一份裁决书,仲裁庭应就合并的仲裁案件分别作出裁决。

(3)仲裁庭组成人员不同的两个或者两个以上的案件,不适用本条的规定。

除了案件的合并外,还有其他类似于案件合并审理的情形,主要是加入仲裁程序的案件。上海国际经济贸易仲裁委员会(上海国际仲裁中心)2014年《中国(上海)自由贸易试验区仲裁规则》还规定了其他协议方和案外人加入仲裁程序的规定,其第37条规定:

其他协议方加入仲裁程序。

(1) 在仲裁庭组成前,申请人或被申请人请求增加同一仲裁协议下其他协议方为申请人或被申请人的,应当提交书面申请。由秘书处决定是否同意。秘书处作出同意决定的,多方申请人及/或多方被申请人不能共同选定该方仲裁员的,则该案仲裁员全部由仲裁委员会主任指定,即使当事人之前已选定仲裁员。

(2) 仲裁庭已组庭的,申请人及/或被申请人请求增加同一协议下其他协议方为被申请人,且该协议方放弃重新选定仲裁员并认可已进行的仲裁程序的,仲裁庭可以决定是否同意。

其第38条规定:

案外人加入仲裁程序。

在仲裁程序中,双方当事人可经案外人同意后,书面申请增加其为仲裁当事人,案外人也可以经双方当事人同意后书面申请作为仲裁当事人。案外人加入仲裁的申请是否同意,由仲裁庭决定;仲裁庭尚未组成的,由秘书处决定。

对于以上合并仲裁的案件或者非仲裁协议当事人加入仲裁程序的案件,上海第二中级人民法院给予了极大的支持,在其《关于适用〈中国(上海)自由贸易试验区仲裁规则〉仲裁案件司法审查和执行的若干意见》第10条以及第11条分别作出了司法审查的规定。其第10条规定:仲裁庭适用合并仲裁程序对两个及两个以上仲裁案件合并审理并分别作出仲裁裁决,当事人就该多份裁决申请撤销仲裁裁决或不予执行仲裁裁决的,经多方当事人同意,可以合并审理并分别作出裁定。第11条规定:经各方当事人书面申请或同意,非仲裁协议当事人自愿加入仲裁程序,仲裁庭或秘书处决定准许的,若加入程序符合《自贸区仲裁规则》的规定,且不违反我国法律的相关规定,在司法审查时,可以认可。

允许合并仲裁或其他当事人加入仲裁,其益处是显而易见的,可以避免前后矛盾的裁决,可以减少花费和时间,可以彻底解决相关的争议。但是,仲裁毕竟不同于诉讼,仲裁是以当事人的仲裁协议为基础的,又有严格的相对性,因此,除非所有当事人同意,立法不宜授权法院或者仲裁机构强制合并仲裁。2014年《中国(上海)自由贸易试验区仲裁规则》谨慎灵活的做法是可以借鉴的。

5.3.4 法院协助取证

证据保全与取证有明显的区别。根据《示范法》的规定,证据保全属于临时措施,取证是程序上的命令,其证据的取得需要开仲裁听证会。仲裁庭经

5 国际商事仲裁的司法监督

常发布程序性的命令,如仲裁程序的安排、取证等,以推动仲裁程序的顺利进行。程序命令与仲裁裁决不同,其可以由仲裁庭进行改变,也可以由仲裁地的法院协助执行,而仲裁裁决是对当事人实体权利义务的最终决定,执行地国家法院则会根据《纽约公约》进行承认与执行。根据国际商事仲裁的实践,当事人可以通过交换证据的方式获取对方的证据,也可以以获取文件的方式向对方当事人询问信息。如果对方当事人不合作,可以要求仲裁庭,由仲裁庭建议对方提供相关的证据材料。在绝大多数情况下,当事人还是乐意遵循仲裁庭的意见。但是,仲裁庭没有强制力要求当事人必须提供某些证据材料。如果当事人不进行合作,仲裁庭只有从不利于不提供证据材料的一方当事人进行考虑。如果该证据材料对案件结果具有重要的影响,仲裁庭只有向法院申请协助。另外如果仲裁庭需要第三方掌握的证据材料或要求证人出庭作证,由于这些人并不受仲裁协议的约束,仲裁庭没有强制的权力,在第三方不愿意合作的情况下,需要法院协助进行取证。

《示范法》以及许多国家的法律对法院协助获取证据方面作出了规定。例如《示范法》第27条规定:仲裁庭或一方当事人在仲裁庭同意之下,可以请求本国内的管辖法院协助取证。法院可以在其权限范围内并按照其关于取证的规则执行上述请求。《示范法》只是规定请求本国的管辖法院协助取证,对于能否在外国法院在其管辖权的范围内协助取证没有作出明确的规定。1988年《瑞士联邦国际私法法规》第184条规定:仲裁所需的有关证明,由仲裁庭负责收集。如果需要司法机关协助搜集证据的,仲裁庭和当事人可以向仲裁庭所在地的法院提出请求。法院依自己的法律规程进行活动。瑞士的规定与《示范法》不同,其没有规定仲裁庭所在地(本国法院)在管辖范围外取证的特别规定,也没有对法院的管辖范围加以特别的限制。因此,根据瑞士国际私法的规定,可以推断出仲裁庭所在地的法院不仅可以在其管辖范围内协助取证,也可以通过司法协助的方式进行域外取证,方式主要是根据国家间的司法协助公约进行,或者通过司法协助委托书的形式进行。如果是在欧盟国家范围内,则可以直接根据欧盟的有关规则进行。英国1996年《仲裁法》第43条规定:保证证人出席。(1)仲裁程序的一方当事人可以采用如同诉讼中使用的法院程序,以保证证人出席开庭,以便其可以提供口头证言或文书或其他重要证据。(2)前款做法只有经仲裁庭准许或其他当事人同意,才可适用。(3)法院程序仅在下列情况下适用:(a)证人在联合王国,及(b)仲裁程序是在英格兰和威尔士或者北爱尔兰进行。(4)不得根据本条强迫任何人提供任何文书或其他重要证据,如同不得强迫其在诉讼程序中提供此等证据一样。其第44条则规定:法院支持仲裁程序可行使之权力。(1)除非当事人另有约定,为仲裁程序之目的,法院有权就仲裁程序的下列事项作出命令,就如同它为诉讼目的对与诉讼有关的事项作出裁定。(2)此类事项是:(a)获取证人的证据……

美国《联邦仲裁法案》第7条规定了仲裁员传唤证人的方式、费用和强迫其出席,即不论是否依照本法案所指定的仲裁员全体或者过半数,都可以用书面传唤任何人出席作证,并且可以命令提出被认为是案件实质证据的簿册、记录、证件或者文件。证人的出席费用同美国法院证人的费用一样。传票应当用仲裁员全体或者过半数的名义签发,并且应当送达被传唤人,传票的送达方法同法院传票一样。如果被传唤作证的人拒绝或者拖延出席,仲裁员全体或者过半数所在地区的美国法院,根据请求,可以强迫他出席,或者按照美国法院关于保证证人出席或者处罚拖延、拒绝出席的规定,给予处罚。根据该条规定,美国联邦仲裁法赋予了仲裁员签发传票的权利。

5.4 结　　论

国际商事仲裁的司法监督问题主要是法院与仲裁的关系问题。从广义上,国际商事仲裁的司法监督包括法院对仲裁的支持与法院对仲裁的监督。从国际商事仲裁的发展趋势来看,法院更多的是给予国际商事仲裁以支持与帮助。由于国际商事仲裁是解决争议的民间体系,其民间性特点,需要司法的支持与监督。各国法院依据本国的法律或依据该国缔结或参加的国际条约,对国际商事进行监督,包括对仲裁管辖权的监督、对仲裁过程的监督和对仲裁裁决的监督。在仲裁管辖权的监督中,涉及法院对仲裁协议效力的认定问题以及可仲裁性认定,国际商事仲裁希望法院较少给予干预,于是在仲裁管辖权领域中出现了自裁管辖权理论,或称为管辖权/管辖权理论,仲裁庭有权对自己是否有管辖权作出决定的权限。美国在强烈支持仲裁的前提下,将司法诉讼中禁诉令运用到国际商事仲裁之中。在国际商事仲裁程序的监督中,法院对国际商事仲裁的协助主要体现在协助指定仲裁员、发布中间措施、合并仲裁以及协助取证。对于仲裁裁决的监督包括仲裁裁决的撤销以及仲裁裁决的承认与执行两个方面,只有裁决最终得到承认与执行,当事人之间的争议才得以最后解决。基于这两个问题的重要性,本书专门在第9章与第10章对此进行详细论述。

6

国际商事仲裁庭

仲裁庭由仲裁员组成。仲裁员的素质决定了国际商事仲裁程序能否顺利进行、当事人之间的争议能否得到有效的解决、仲裁裁决能否得到当事人自愿履行以及在当事人不愿履行的情况下能否得到执行地国家的承认与执行。在国际商事仲裁中,选择仲裁员可以说是当事人最重要的程序事项之一。仲裁员与法官不同,其比法官具有更大的自由裁量权,而且其所作出的裁决一般不会轻易地基于事实或法律问题被推翻,法院不能仅仅因为仲裁员认定事实的错误或适用法律的错误撤销仲裁员所作出的裁决。国际商事仲裁当事人在选择仲裁员的过程中具有非常大的自由,可以约定仲裁员的人数、仲裁员的选择程序等。仲裁员在处理当事人之间的争议时,具有一定的权利与义务。尽管仲裁员大多数情况下由当事人选择出来,但是其在处理案件时要保持独立性与公正性。如果仲裁员违反法律所规定的义务,也会承担一定的法律责任。

6.1 国际商事仲裁员的选择

国际商事仲裁员选择的重要特征就是注重当事人意思自治原则。无论是国际条约、国内立法以及国际商事仲裁规则,除了少数的限制之外,都赋予当事人广泛的选择自由。仲裁庭的设立与法院不同,并不存在所谓的常设仲裁庭,也没有事先设立的仲裁庭提供给当事人进行选择。几乎所有国际商事仲裁庭都是根据当事人的协议,由当事人进行设立的。

6.1.1 当事人选择仲裁员的意思自治

当事人选择仲裁员的意思自治被国际商事仲裁公约所承认。1923年《日内瓦仲裁条款议定书》第2条规定,仲裁庭的设立必须由当事人的意思自治以及仲裁地所在国家的法律支配。① 1927年《日内瓦执行外国仲裁裁决公约》的第1条第2款(d)项作出了类似的规定,仲裁庭的设立需要当事人的同意并由支配仲裁程序的法律确认。② 以上两公约要求当事人选择仲裁员的意思自治需得到确认,但是两公约都没有清晰地说明当事人的自由与仲裁地所属国法律之间的关系。从两公约的文字规定来看,表明了仲裁庭的设立要符合当事人的协议以及仲裁地所在国的法律规定。

1958年《纽约公约》没有直接规定当事人选择仲裁员的意思自治,其在第5条第1款(丁)项以及第2条的规定,表明了公约承认了当事人选择仲裁员的意思自治原则。但是,《纽约公约》第5条第1款(丁)项与第2条之间产生了一些矛盾与问题。

《纽约公约》第5条第1款(丁)项规定了拒绝承认与执行仲裁裁决的理由之一,即仲裁机关之组成或仲裁程序与各造间之协议不符,或无协议而与仲裁地所在国法律不符者。该条款的规定是有条件的递进关系,首先规定仲裁庭的组成如果与当事人的协议不符合;其次在当事人之间没有协议而与仲裁地所在国法律规定不符合。在这两种具体情况下,才能拒绝承认与执行仲裁裁决。前一种情况,注重了当事人的意思自治原则,赋予了当事人选择仲裁员的充分自由,当事人选择仲裁员的协议是否违反仲裁地所在国的法律并不是拒绝承认与执行的理由,只要仲裁庭的组成没有违反当事人之间的协议。与上述1923年《日内瓦仲裁条款议定书》以及1927年《日内瓦执行外国仲裁裁决公约》的规定要求符合仲裁协议以及仲裁地所在国的法律不同,《纽约公约》只要求符合当事人之间的仲裁协议。而《纽约公约》第2条规定:一、当事人以书面协定承允彼此间所发生或可能发生之一切或任何争议,如关涉可以仲裁解决事项之确定法律关系,不论为契约性质与否,应提交仲裁时,各缔约国应承认此项协定。二、称"书面协定"者,谓当事人所签订或在互换函电中所载明之契约仲裁条款或仲裁协定。三、当事人就诉讼事项订有本条所称之协定者,缔约国法院受理诉讼时应依当事人一造之请求,命当事人提交仲裁,但前述协定经法院认定无效、失效或不能实行者不在此限。第2条是关于仲裁协议的承认问题,除被法院认定无效、失效或不能实行的外,各国都应该承认仲裁协议,当然也包括仲裁庭的组成。与《纽约公约》第5条第1款(丁)项

---

① The arbitral procedure, including the constitution of the arbitral tribunal, shall be governed by the will of the parties and by the law of the country in whose territory the arbitration takes place.

② That the award has been made by the Arbitral Tribunal provided for in the submission to arbitration or constituted in the manner agreed upon by the parties and in conformity with the law governing the arbitration procedure.

6 国际商事仲裁庭

相比较,第 2 条并没有对第 5 条第 1 款(丁)项关于拒绝承认与执行问题上作出限制。第 2 条第 1 款以及第 3 款规定的关于包括选择仲裁庭的协议是整个公约的基础。当仲裁地所在国的仲裁强制性规定与仲裁协议关于仲裁庭的组成不相符合时,对于第 2 条第 3 款以及第 5 条第 1 款(丁)项关于当事人意思自治的规定会引发比较困难的问题,主要涉及当事人之间的仲裁协议和仲裁地所在国强制性法律关系问题以及当事人之间仲裁协议的解释问题。如果当事人之间同意仲裁庭的组成程序不符合仲裁地所在地国家的规定,例如,当事人可能同意选择偶数仲裁员来处理案件,但是仲裁地所在国强制性法律规定必须采取奇数仲裁员,或者当事人的仲裁协议中关于仲裁员国籍的规定或关于仲裁员披露的规定与仲裁地所在国法律相冲突。关于以上的冲突可以通过解释的方法协调两者之间潜在的冲突,或者对仲裁协议进行解释,使之符合仲裁地所在国的法律规定,或者对仲裁地所在国的法律进行解释,使之包括仲裁协议中规定的例外情况。但是在某些案件中,仲裁协议关于仲裁庭组成的规定与仲裁地所在国的强制性法律规定是无法进行协调的。根据第 2 条第 3 款的规定,仲裁协议可能会被法院认定无效、失效或不能实行,但是根据第 5 条第 1 款(丁)项的规定,仲裁庭的组成符合仲裁协议的规定,理应给予承认与执行,不能因为仲裁协议关于仲裁庭的组成不符合仲裁地所在国法的规定,就拒绝承认与执行。相反而言,仲裁协议的规定不符合仲裁地所在国的法律规定,如果仲裁庭的组成是按照仲裁地所在国法律的规定进行的,但是违反了当事人仲裁协议的规定,然而根据第 5 条第 1 款(丁)项的规定,执行地国家可以拒绝承认与执行该仲裁庭所作出的仲裁裁决。

《纽约公约》缔约国法院在处理涉及当事人仲裁协议关于仲裁庭的组成规定与仲裁地国内法规定相互冲突的案件时,对适用《纽约公约》第 2 条第 3 款以及第 5 条第 1 款(丁)项的规定是非常纠结的。在国际商会国际仲裁院 1986 年处理的一个案件中,[①]仲裁地在开罗。当事人依据国际商会的仲裁规则关于仲裁员选择的仲裁协议被认为与埃及的法律相冲突,埃及法律要求当事人的仲裁条款需要列明仲裁员的身份。仲裁庭依据《纽约公约》第 5 条第 1 款(丁)项的规定,认为当事人关于选择仲裁员的仲裁协议要高于仲裁地的法律。在本案中,如果强调了仲裁地的法律,就会事实上阻碍了当事人对于他们之间特殊的争议选择合适仲裁庭的自由。在特定情况下,《纽约公约》第 5 条第 1 款(丁)项以及第 2 条第 3 款应给予当事人仲裁协议的效力,而不管仲裁地相反的法律。美国法院在 2007 年处理了类似的案件,即 Certain

---

① Award in ICC Case No. 4406, 1986 Rev. arb, 469.

Underwriters at Lloyd's London v. Argonaut Ins. Co.①一案。在该案件中，仲裁协议规定当事人在申请人选择仲裁员后三十天内选择仲裁员。被申请人没有在三十天内选择仲裁员，而是在申请人选择了仲裁员后，第三十二天选择了仲裁员。被申请人提出了申请人选择仲裁员后第三十天是美国的法定节假日的事实。美国法院却支持了申请人因被申请人未在规定时间内选择仲裁员而作出了第二位合作仲裁员的选择。法院之所以支持申请人的理由是，在《纽约公约》下，当事人规定选择仲裁员的时间限定的仲裁协议应该赋予其效力，而不管仲裁地法律相反的规定。法院之所以如此决定，是因为当事人选择仲裁员的规定首先要符合仲裁协议的规定，否则其裁决可能在执行地得不到承认与执行。

在 Rederi Aktiebolaget Sally v. Srl Termarea② 一案中，意大利法院认为仲裁裁决违反了《纽约公约》第5条第1款（丁）项规定，拒绝承认与执行在英国作出的仲裁裁决。本案中，当事人的仲裁协议约定有三名仲裁员组成仲裁庭，仲裁地在伦敦。双方当事人各选择了一名仲裁员，但是两名仲裁员未能对第三名仲裁员达成一致意见。根据英国的法律规定，由两名仲裁员和一名所谓的公断人进行审理案件。如果两名仲裁员作出一致的仲裁裁决，就不需要公断人。如果两名仲裁员无法作出一致的意见，由公断人作出决定。在本案件中，两名仲裁员意见一致，并作出了仲裁裁决。意大利法院拒绝承认与执行该仲裁裁决，理由就是该仲裁裁决由两名仲裁员作出，仲裁庭的组成不符合当事人之间协议的约定。法院认为当事人在仲裁协议中约定由三名仲裁员解决争议，而不是两名，英国的法律不能推翻《纽约公约》第5条第1款（丁）项的规定。意大利法院的决定是有理由的，因为很难得出两名仲裁员的仲裁程序符合当事人所约定的三名仲裁的仲裁协议以及根据《纽约公约》第5条第1款（丁）项和第2条第3款的规定给予承认与执行。事实上，英国的立法（当时）推翻当事人关于约定三名仲裁员的仲裁协议，认为其是两名仲裁员和一名公断人的不同的仲裁体制，这种做法与《纽约公约》第5条第1款（丁）项是不相吻合的。但在另外的一个案件中，意大利法院得出了相反的结论。③同样，当事人将仲裁地约定在伦敦，由三名仲裁员解决他们之间的争议，其中每一方当事人各指定一名仲裁员，第三名仲裁员由该两名仲裁员任命。本案中，被申请人在仲裁中未能指定仲裁员，之后申请人根据英国仲裁法的规定，

---

① 500 F. 3d 571 (7th Cir. 2007).

② Judgment of 13 April 1978, IV Y. B. Comm. Arb. 294.

③ Judgment of 21 May 1976, III Y. B. Comm. Arb. 277.

其有权将其指定的仲裁员作为首席仲裁员审理仲裁案件。该仲裁员作出了有利于申请人的仲裁裁决。仲裁裁决得到了意大利法院的承认与执行。败诉方(被申请人)认为根据《纽约公约》第 5 条第 1 款(丁)项的规定,仲裁庭的组成不符合仲裁协议的约定,法院应该拒绝承认与执行。意大利法院认为,独任仲裁员的任命并没有违反仲裁协议,尽管当事人约定由三名仲裁员组成仲裁庭,但是当事人并没有约定当一方当事人没有指定仲裁员如何进行处理的问题。法院得出结论,认为在这种情况下,英国法律弥补了当事人仲裁协议约定的不足,允许独任仲裁员作出有效的仲裁裁决。意大利法院在本案的做法考虑到了《纽约公约》第 5 条第 1 款(丁)项与第 2 条第 3 款的关系。

在 Ministry of Public Works v. Société Bec Fréres① 一案中,法国法院得出了与意大利法院在 Rederi Aktiebolaget Sally v. Srl Termarea 案件中不同的结论。在本案中,当事人仲裁协议约定了两名仲裁员组成仲裁庭审理案件,仲裁地在突尼斯。但是根据仲裁地突尼斯的法律规定,不允许偶数仲裁员组成仲裁庭,只能由奇数仲裁员组成仲裁庭,于是两名仲裁员共同任命了第三位仲裁员作为首席仲裁员。法国法院承认了由该三名仲裁员作出的仲裁裁决,认为当事人约定两名仲裁员处理他们之间争议的仲裁协议不能违反仲裁地法律规定的奇数仲裁员的要求。根据仲裁地的仲裁强制性法律规定,两名仲裁员无法作出仲裁裁决。

总之,在国际商事仲裁庭组成的问题中,适用《纽约公约》第 5 条第 1 款(丁)项以及第 2 条第 3 款的规定,会造成复杂性的问题,尤其是在仲裁协议关于仲裁庭组成的约定与仲裁地法律规定不一致的案件。一方面,如果组成仲裁庭按照当事人的仲裁协议,则其仲裁裁决可以得到仲裁地外的缔约国的承认与执行,但是可能因为不符合仲裁地的强制性法律规定而被撤销。另一方面,如果仲裁庭的组成按照仲裁地的强制性法律规定进行,但不符合仲裁协议的约定,其仲裁裁决可以在仲裁地国家执行,但是很可能因为仲裁庭的组成与当事人的仲裁协议不符,被公约的缔约国拒绝承认与执行。根据公约的精神,对于缔约国的仲裁裁决只有在极少数情况下才能拒绝承认与执行。所以,当事人的仲裁协议与仲裁地的国内法要尽可能解释两者之间是一致的,而不是产生相反的结论。当然,当事人在订立仲裁协议关于仲裁庭的组成要充分考虑到仲裁地的强制性法律规定,避免引起适用公约的矛盾与困难。

1961 年《欧洲国际商事仲裁公约》的规定比 1958 年《纽约公约》的规定更进一步,其第 4 条第 1 款规定:(一)仲裁协议的当事人,可自行决定将其争议

---

① Judgment of 24 February 1994, XXII Y. B. Comm. Arb. 682, 688.

提交于：(1)常设仲裁机构,在这种情况下,仲裁程序应按该机构的规则进行；(2)临时仲裁,在这种情况下,当事人自行决定：甲、指派仲裁员,或者确定如果发生争议时指派仲裁员的方法；乙、确定仲裁地点；丙、规定仲裁员遵循的程序。《欧洲国际商事仲裁公约》清楚表明了当事人选择仲裁员的意思自治,没有国内法的限制。对于机构仲裁而言,根据该机构的仲裁规则规定选择仲裁员。对于临时仲裁,由当事人自行决定选择仲裁员或选择仲裁员的方法。也就是说,在承认与执行仲裁裁决时,只需要仲裁庭的组成符合当事人仲裁协议的约定,而不考虑仲裁地国内法的规定。1975 年《美洲国家国际商事仲裁公约》也同样比《纽约公约》更进一步,而且规定更加直接与明确,其第 2 条第 1 款规定：仲裁员由各方当事人依其约定的方式任命之。当事人可以委任第三人任命仲裁员,第三人可以是自然人,也可以是法人。根据该条款的规定,当事人可以自由约定仲裁员的选择方式,而不管仲裁地的法律规定。在规定拒绝承认与执行仲裁裁决的理由时,其规定与《纽约公约》的第 5 条第 1 款(丁)项基本一致,即其第 5 条第 1 款第 4 项规定：仲裁庭的组织或仲裁程序没有按照当事人所签署的协议里的规定办理,或者在没有此种协议时,没有按照仲裁地的国家的法律办理。按照 1975 年《美洲国家国际商事仲裁公约》第 2 条第 1 款以及第 5 条第 1 款第 4 项的规定,注重了当事人在仲裁庭组成中意思自治,只有在当事人协议中没有约定的情况下,仲裁地的国家法律的规定才起到补充的作用,克服了《纽约公约》相关规定之间的冲突与紧张。

在国内立法中,当事人选择仲裁员的意思自治原则也得到了强调,很少作出限制。《示范法》的规定是比较有代表性的,对当事人选择仲裁员的意思自治主要规定在第 10 条至第 14 条中。国内法对当事人选择仲裁员的自由的限制主要是公平以及正当程序。

关于选择仲裁员的意思自治,《示范法》第 11 条作出了规定,即其第 2 款规定：当事人可以自由约定指定一名或多名仲裁员的程序。如果当事人没有作出相反约定的,在仲裁员为三名的仲裁中,由一方当事人指定一名仲裁员,并由如此指定的两名仲裁员指定第三名仲裁员；在独任仲裁员的仲裁中,当事人未就仲裁员达成协议的,经一方当事人请求,由第 6 条规定的法院或其他机构加以指定。《示范法》第 11 条这些规定清楚地表明了当事人有选择仲裁员的自由。在大陆法系国家没有采取《示范法》的国家也同样承认当事人选择仲裁员的意思自治,1806 年《法国民事诉讼法典》第 1508 条和 1987 年《瑞士联邦国际私法法规》第 179 条的规定具有代表性。《瑞士联邦国际私法法规》第 179 条规定：当事人可以通过协议方式,指定、撤销或更换仲裁人员。当事人没有达成协议的,由仲裁庭所在地的法官类推适用地方有关仲裁员的指定、撤销、更换的法律规程决定有关事项。普通法国家的立法规定也与此相类似。例如,1996年《英国仲裁法》第16条第1款规定:当事人得自由约定委任仲裁员包括首席仲裁员和公断人的程序。1925年《美国联邦仲裁法》第5条同样规定:如果协议中已经规定指定仲裁员或仲裁长的方法,应当按照这个方法指定。如果没有规定,或者有规定而当事人不履行,或者由于任何原因拖延指定或者拖延补充缺额,法院根据任何一方当事人的请求,应当依照需要指定仲裁员或者仲裁长。由法院指定的仲裁员或者仲裁长处理案件,与协议所指定者有同样的权力和效力,另除协议有规定外,应当由仲裁员一人仲裁。

国内立法对于当事人选择仲裁员的意思自治的限制主要有:(1)不可接受利于一方当事人的选择机制;(2)仲裁员缺乏独立性与公正性;(3)最低资格的要求,如法律能力与经验;(4)国籍的要求。对于国籍的要求还是有争议的。一般来说,国内仲裁立法主要是前三个方面的限制。

不仅是国际立法与国内立法都最大限度地承认当事人选择仲裁员的自由,几乎所有的国际商事仲裁规则也都规定了当事人选择仲裁员的意思自治。当事人在订立仲裁协议时,一般不会具体规定仲裁员选择的方法与程序,通常都是将仲裁规则合并到仲裁协议之中。2010年《联合国国际贸易法委员会仲裁规则》第7条至第10条、2012年《国际商会国际仲裁院仲裁规则》第11条至第13条等都规定了当事人具有选择仲裁员的自由。

6.1.2 仲裁员人数

当事人有选择仲裁员的自由,其中也包括决定仲裁员人数的自由。尽管当事人可以约定仲裁员的人数,但是理性的当事人肯定会考虑到案件的具体情况以及聘请仲裁员费用等因素,来决定合理的仲裁员的人数。在国际商事仲裁中,通常情况下当事人选择一名或者三名仲裁员。当事人能否选择偶数仲裁员、当事人决定仲裁员人数考虑的因素是什么以及当事人如果没有在仲裁协议中约定仲裁员的人数,又如何决定仲裁员的人数,这些都是关于选择仲裁员人数的主要问题。

6.1.2.1 偶数仲裁员

尽管当事人自由选择仲裁员处理当事人之间的争议是国际商事仲裁的一般原则,但一些国家,例如法国、荷兰、比利时、意大利、埃及等禁止当事人选择偶数仲裁员。在这些国家中,有一些国家立法通过任命一名仲裁员的做法,改变仲裁协议约定的偶数仲裁员为奇数仲裁员。例如,《法国民事诉讼法典》第1451条规定,如果仲裁协议约定为偶数仲裁员,必须补充任命一名仲裁员。如果当事人对任命增加的仲裁员达不成一致意见,将由接受指定的仲裁员在一个月内共同任命一名仲裁员,如果他们未能任命,将根据第1459条的规定由法官进行任命。也有些国家立法直接规定当事人约定偶数仲裁员的协议无效。禁止偶数仲裁员的立法并不能最终解决争议。增加仲裁员的做法可能在适用1958年《纽约公约》遭到执行地国家拒绝承认与执行仲裁裁决,因为仲裁庭的组成不符合当事人订立的仲裁协议。美国、英国以及采纳《示范法》的国家允许偶数仲裁员。例如,在IBM-Fujitsu案件中,两名仲裁员成功解决了数亿美元的知识产权争议。[1] 两名仲裁员在某些特殊的案件中,可能会更好地进行沟通与谈判,有利于当事人达成妥协的结果。《示范法》第10条规定:(1)当事人可以自由确定仲裁员的人数。(2)未作此确定的,仲裁员的人数应为三名。根据该条规定当事人是可以约定偶数仲裁员的,从《示范法》起草历史也确认这一点。在采纳《示范法》国家的法院可以得出这样的结论,当事人约定偶数仲裁员的仲裁协议是当事人意思自治原则的体现,仲裁协议的效力并不取决于仲裁员的人数。

6.1.2.2 独任仲裁员

当事人基于一定因素的考虑,选择一名仲裁员组成独任仲裁庭处理他们之间的争议。独任仲裁员的优势在于当事人支付仲裁员的费用比较少,仲裁程序的开展与推进相对比较容易,仲裁程序比较快捷,因为独任仲裁员不需要花时间与其他仲裁员商讨就可以作出仲裁裁决。当然,独任仲裁员也有些不足的地方,因为在国际商事仲裁中,仲裁裁决很难被撤销,除非仲裁程序违反正当程序等少数的理由。完全将争议交付给一名仲裁员处理,万一该仲裁员在案件中认定事实错误或适用法律错误,当事人很难得到救济。所以,当事人对一名仲裁员处理涉及复杂的案件或者标的额较大的案件,较少对独任仲裁员具有信心。当事人选择独任仲裁员一般会考虑到案件的特殊情况以及仲裁员费用,如果案件事实比较清楚、法律关系比较简单,当事人还是比较偏向选择独任仲裁员。根据国际商会的调查,大约有40%的国际商会国际仲裁院的案件,当事人选择了独任仲裁员处理他们之间的争议。[2]

---

[1] Mnookin & Greenberg, Lessons of the IBM-Fujitsu Arbitration: How Disputes Can Work Together to Solve Deeper Conflicts, 4(3) Disp. Res. Mag. 1998, pp16-18.

[2] ICC, 2012 Statistical Report, 24(1) ICC Ct. Bull. 5, 11 (2013).

6.1.2.3 三人仲裁员

在国际商事仲裁中,当事人普遍倾向于三名仲裁员。三人仲裁庭的费用应比独任仲裁庭的费用要高,组成仲裁庭的程序更为复杂,仲裁程序的推进较为烦琐,但是对于国际商事仲裁,三人仲裁庭是更加合适的规模。由三名仲裁员组成仲裁庭,其优势在于允许当事人选择一名仲裁员,尊重当事人的意思自治,充分发挥当事人的主观能动性,有利于当事人之间争议的解决。同时,三人仲裁庭更能达到当事人的期望,选择来自不同的法律文化背景、不同国家的仲裁员,可以利用仲裁员的知识与经验,作出较为合理的仲裁裁决。特别是在比较复杂的案件中,当事人相信三人仲裁庭与独任仲裁庭相比,能够更好地处理争议,因为当事人选择的仲裁员一般与其选择的当事人有共同的文化背景和语言,可以营造出相对舒适的仲裁环境。根据国际商会的调查,大约有60%的国际商会国际仲裁院的案件,当事人选择了三名仲裁员处理他们之间的争议。①

6.1.2.4 其他

在国际商事仲裁中,除了普遍采取独任仲裁庭和三人仲裁庭的形式外,可能还有其他的形式。英国和其他普通法国家在历史上有采取两名仲裁员和一名公断人的做法。在某些国家国内仲裁立法仍然有采取公断人制度,例如爱尔兰在公断人制度中,由两名仲裁员和一名公断人处理仲裁案件。与首席仲裁员通常要提供仲裁裁决不同,公断人通常只是在当事人选择的仲裁员无法达成一致意见的情况下起作用。也就是说,如果两名仲裁员达成一致意见,无需公断人参与仲裁程序。如果达不成一致意见,公断人将作出决定性意见。当然,在这种制度下,两名仲裁员有义务保持其公正性。当两名仲裁员无法达成一致意见,公断人就成为由其一人组成的仲裁庭,此时,两名仲裁员就变成倡议人。目前,甚至在英国公断人制度也比较少见,很多从事仲裁实践的人认为这种制度已经过时了及不具有实践操作性。公断人制度在某些特定案件中还是有其可取之处,1996年《英国仲裁法》在一定程度上保留了公断人制度,例如其第15条第1款规定:当事人得自由约定组成仲裁庭的仲裁员人数以及是否设首席仲裁员或公断人。另外,在国际商事仲裁中,当事人较少选择五名或五名以上的仲裁员组成仲裁庭。但是在国家与国家之间的仲裁案件中,当事国可能选择五名或五名以上的仲裁员。

---

① ICC, 2012 Statistical Report, 24(1) ICC Ct. Bull. 5, 11 (2013).

6.1.2.5 当事人没有约定的处理

如果当事人之间不能对仲裁员的数量协商一致,国内立法以及仲裁机构的仲裁规则有不同的规定。《示范法》采取推定为三名仲裁员的做法,其第10条第2款规定:未作此确定的,仲裁员的人数应为三名。在特殊的案件中,法院也不能基于效率和案件标的额的大小为理由,改变《示范法》第10条第2款三名仲裁员的规定。德国、比利时、奥地利、丹麦、日本、韩国、俄罗斯等国家采取与《示范法》同样的做法。西班牙、荷兰、墨西哥、泰国等则采取独任仲裁员的做法。普通法国家大多数采取独任仲裁员的做法,例如美国《联邦仲裁法案》第5条规定:如果协议中已经规定指定仲裁员或仲裁长的方法,应当按照这个方法指定。如果没有规定,或者有规定而当事人不履行,或者由于任何原因拖延指定或者拖延补充缺额,法院根据任何一方当事人的请求,应当依照需要指定仲裁员或者仲裁长。由法院指定的仲裁员或者仲裁长处理案件,与协议所指定者有同样的权力和效力,另除协议有规定外,应当由仲裁员一人仲裁。1996年《英国仲裁法》第15条第3款规定:如对仲裁员人数没有约定,仲裁庭应由独任仲裁员组成。与国内立法一样,不同的仲裁机构的仲裁规则采取了不同的做法。《联合国国际贸易法委员会仲裁规则》、2010年《斯德哥尔摩商会仲裁院仲裁规则》以及2015年《中国国际经济贸易仲裁委员会仲裁规则》等少数仲裁规则规定为三名仲裁员。大多数仲裁机构的仲裁规则规定为独任仲裁员。例如2012年《国际商会国际仲裁院仲裁规则》、2014年《伦敦国际仲裁院仲裁规则》、2016年《新加坡国际仲裁中心仲裁规则》等。也有少数仲裁机构的仲裁规则没有包含明确补充规则或推定,而是交由仲裁机构根据具体案件进行决定,例如2012年《瑞士联邦苏黎世商会仲裁院调解与仲裁规则》第6条规定:(1)如果当事人并未就仲裁员的数目达成协议,仲裁委应在考虑所有相关情形后,决定应该把案件交由独任仲裁员还是交由三人仲裁庭进行审理。(2)原则上,仲裁委应将有关案件交由独任仲裁员审理,除非案件争议事项的复杂性和/或案件争议金额使得将案件交由三人仲裁庭审理更合适。(3)如果仲裁协议规定应组成多人仲裁庭,但是考虑到争议金额或其他情形这种安排并不适当,仲裁委应征求当事人意见将该争议交由独任仲裁员审理。(4)在争议金额不超过 CHF1 000 000(一百万瑞士法郎)时,应适用本规则第42条之第2款的规定(简易程序)。

6.1.3 仲裁员选择的程序

关于仲裁员选择的程序,各国以及仲裁机构没有统一的做法,也没有常

6 国际商事仲裁庭

设仲裁庭或事先存在的仲裁庭提供给当事人进行选择。仲裁案件的当事人根据约定的仲裁协议以及仲裁规则规定的选择程序进行选择,当事人在选择程序过程中必须谨慎地选择仲裁员。仲裁员的选择步骤依据当事人的协议以及仲裁规则也是可以改变的。如果当事人在仲裁协议中规定特别的选择仲裁员的程序,《纽约公约》以及国内立法都赋予了当事人选择程序的效力;如果当事人没有在仲裁协议中规定选择仲裁员的程序,就由他们选择的仲裁规则支配仲裁员的选择程序。通常情况下,当事人选择仲裁员的程序方法有:①仲裁规则与仲裁法给当事人提供充分的自由选择的机会,当事人可以在仲裁协议中约定具体的选择方法,也可以在仲裁过程中约定选择仲裁员的具体方法;②如果当事人没有约定选择方法,有些仲裁机构仲裁规则要求当事人在其提供的仲裁员名册中进行选择;③仲裁机构根据仲裁规则选择仲裁员。

6.1.3.1 三人仲裁庭

如果当事人选择了三人仲裁庭,通常做法是当事人各方各选择一名仲裁员,然后由当事人选择出来的两名仲裁员共同推选第三位仲裁员。当事人各方选择的仲裁员一般称为合作仲裁员,在中国被简称为边裁。第三位仲裁员一般被称为首席仲裁员或主持仲裁员,在中国被简称为首席。所以,在三人仲裁庭中,选择仲裁员的程序相对比较复杂,其包括两类仲裁员的选择问题,即合作仲裁员以及首席仲裁员的选择。而首席仲裁员的产生又比合作仲裁员的产生要复杂得多,不同的仲裁规则有不同的选择方法和程序。

1. 合作仲裁员的选择程序

各国仲裁法以及仲裁规则都赋予当事人选择合作仲裁员的自由,通常国内法除要求在一定时间选择以及要求选择的仲裁员具有独立性与公正性外,并不对当事人的选择加以限制。仲裁规则以及当事人的仲裁协议往往会规定不同的程序需要,例如选择的时间、选择仲裁员的资格等。如果当事人在仲裁协议中约定或者仲裁规则规定了具体的选择程序,当事人必须要遵守约定或规定,否则很容易被执行地国家根据《纽约公约》第5条第1款(d)项规定因为仲裁庭的组成与仲裁协议不符而被拒绝承认与执行。通常情况下,当事人在合同的仲裁条款中约定仲裁员人数以及仲裁规则,没有具体规定仲裁员的选择程序,则将仲裁规则的规定合并到仲裁条款中,所以一般都是按照仲裁规则规定的程序进行选择仲裁员。而仲裁规则通常都赋予当事人广泛的自由,让当事人在一定的时间内自己选择其认为合适的合作仲裁员。如果当事人选择了合作仲裁员后,按照有些仲裁规则的规定,当事人的选择还需要仲裁机构的确认,例如2012年《国际商会国际仲裁院仲裁规则》第11条第2款规定:在获得任命或确认前,仲裁员候选人应签署一份有关接受任命、有时间处理案件、具有中立性和独立性的声明。仲裁员候选人应向秘书处书面披露在当事人看来可能影响仲裁员独立性的任何事实或情形,以及任何可能导致对仲裁员中立性产生合理怀疑的情形。秘书处应将此信息书面通知各当事人,并规定期限要求其予以评论。也就是说,当事人选择的仲裁员并不是自动生效,而是要经过其选择的仲裁员做出声明、披露后,再由仲裁机构进行确认,才能任命为仲裁员。在国际商会国际商事仲裁实践中,主要是针对当事人选择的仲裁员独立性和中立性进行确认,一般情况下,当事人选择的仲裁员还是得到了确认。根据国际商会的数据调查,占整个仲裁案件的95%以上都得到了确认。[①]

以上说明了当事人在选择合作仲裁员时所起到的关键作用,仲裁员的质量决定了案件处理的质量。如果当事人选择不适当的仲裁员,可能导致不理想的结果。有经验的当事人代理人懂得仲裁员的选择可能决定当事人案件结果的一半,认为指定仲裁员是仲裁程序中重要的步骤。经验丰富的代理人在选择仲裁员的过程中都会按照一定的标准进行选择,他们有独特的选择方法和策略。

当事人选择合适的仲裁员时考虑的因素主要有个人的能力、知识结构、勤勉程度、国籍、适当性、声誉,个人的仲裁能力、语言能力,个人的诚信度、特定领域的专业技能、特殊合同的知识、对仲裁事业的热忱、法律资格以及与其他仲裁员的沟通与合作能力等,当然最重要的还是要符合仲裁规则和国内法要求的独立性与公正性的要求。每一个案件中当事人或其代理人所考虑的因素不同,以下是在仲裁员选择中的一般经验:(1)选择当事人或代理人认识或知晓的仲裁员。当事人选择其本来就认识的仲裁员,一方面知道其仲裁的能力与经验;另一方面能够较好地进行交流与沟通。即使当事人或代理人不认识,由于该仲裁员在国际仲裁界具有一定的声望,对该仲裁员的主要经历、法律观点以及道德素养都有充分的认识,认为以其仲裁水平与能力能够处理好当事人之间的争议。(2)选择仲裁员一定要谨慎,事先做好调查工作。随着网络技术的发展,在信息化时代,当事人或代理人可以通过网络平台充分了解仲裁员的各方面信息。在网络平台上,可能有对各种各样的职业人员评价的信息。例如对教师、医生的评价,也有对仲裁员的评价。通过这些信息可以对仲裁员进行全面的认识。当然,在利用这些信息时,要考虑到甄别信

---

① ICC, 2012 Statistical Report, 24(1) ICC Ct. Bull. 5, 11 (2013).

6 国际商事仲裁庭

息的真伪以及特定的环境与背景。(3)搜集潜在仲裁员所发表的论文、评论以及各种学术性的观点。判断潜在的仲裁员可能对于案件的理解与倾向性的观点,考虑潜在仲裁员的法律观点与认识是否有利于当事人这一方面。一位具有丰富国际商事仲裁经验的代理人曾说道,当我代表当事人选择仲裁员时,我为当事人真正寻找的仲裁员是能够最大限度地倾向我的当事人并且具有最低限度的偏见。① (4)选择期望的仲裁员一定要考虑到仲裁案件的特殊性与潜在仲裁员的适当性。在国际商事仲裁领域中,没有所谓万能的仲裁员、完美的仲裁员,适合所有的国际商事仲裁争议。如果当事人的争议有某种特殊能力的要求,如特殊的语言要求、特殊的技术能力要求、特殊领域的法律知识要求等,当事人尽量寻找符合案件要求的仲裁员。例如,在关于钢结构争议的仲裁案件中,当事人最好寻找既具有铸钢结构技术基本知识又具备法律知识的仲裁员。(5)一般而言,首席仲裁员的国籍与双方当事人的国籍不能一致,由第三国国籍的仲裁员担任首席仲裁员。但是,当事人可以选择与自己具有相同国籍的仲裁员。尤其是在中国当事人作为争议的一方时,选择具有中国国籍和具有中国法律知识背景的潜在仲裁员还是非常重要的。潜在的仲裁员不仅与当事人之间具有共同的文化背景以及法律背景,容易理解当事人在仲裁过程中所表达的法律观点以及对事实的看法,而且因为有共同的语言背景,更加容易沟通与交流。(6)一般不要选择"当月红人"作为仲裁员。当事人或代理人有时会考虑到潜在仲裁员的声望以及在仲裁机构的办案数量来进行选择。当事人选择基于仲裁员当月办理案件的数量作为标准,可能会适得其反。因为人的精力总是有限的,如果当事人都选择相同的仲裁员,会造成该仲裁员特别繁忙,时间安排比较紧张,可能会影响到案件审理的效率以及仲裁裁决的及时作出。

总而言之,当事人以及代理人要特别重视仲裁员的选择,毕竟仲裁员的选择是当事人一项重要的权利。有时候,选择合适的仲裁员可以很好地推动仲裁程序的进行和解决当事人之间的争议。尽管选择仲裁员是当事人在仲裁程序中非常关键的一个环节,但是在某些仲裁案件中,当事人和代理人由于未引起足够的重视,没有在规定的时间内选择仲裁员,或者由于疏忽,选择的仲裁员不符合仲裁协议的约定和仲裁规则的规定,造成选择仲裁员失败。在这种情况下,一般是根据仲裁规则的规定由有权指定的机构进行指定。

大多数仲裁协议都没有直接规定当事人没有选择仲裁员或仲裁员选择失败的后果。由于当事人在订立仲裁协议时将仲裁规则合并到仲裁协议中,

---

① Hunter, Ethics of the International Arbitration, 53 Arb. 1987, pp219-223.

关于这个问题主要还是根据仲裁机构的仲裁规则进行。大多数仲裁规则都是规定由对方当事人请求有权指定的机构进行指定。例如,《联合国国际贸易法委员会仲裁规则》第9条第2款规定:一方当事人收到另一方当事人指定一名仲裁员的通知书后,未在三十天内将其所指定的仲裁员通知另一方当事人的,该另一方当事人可请求指定机构指定第二名仲裁员。《国际商会国际仲裁院仲裁规则》第12条第4款也同样规定:如果当事人约定由三人仲裁庭解决争议,每一方当事人均应各自在其申请书或答辩书中提名一名仲裁员以供确认。当事人未提名仲裁员的,由仲裁院任命。2015年《中国国际经济贸易仲裁委员会仲裁规则》第27条第1款规定:申请人和被申请人应各自在收到仲裁通知后十五天内选定或委托仲裁委员会主任指定一名仲裁员。当事人未在上述期限内选定或委托仲裁委员会主任指定的,由仲裁委员会主任指定。其他大多数的仲裁规则的规定都基本类似。如果当事人仲裁协议以及仲裁规则都没有说明当事人没有选择仲裁员的处理办法,可能适用的国内法将作为后备规则进行规定。例如,1996年《英国仲裁法》第17条作出了详细规定,即(1)除非当事人另有约定,仲裁协议的双方当事人均应委任仲裁员,而其中一方当事人(不作为方当事人)拒绝或没有在规定的期限内委任仲裁员,则已经依约适当委任其仲裁员的另一方当事人可以书面通知不作为方当事人,建议委任其委任的仲裁员作为独任仲裁员。(2)如不作为方当事人未在收到上述通知整七日内,(a)按照要求委任,且(b)将此种情况通知对方当事人,对方当事人可以委任其委任的仲裁员作为独任仲裁员。该独任仲裁员作出的裁决应如同其为双方一致委任作出的裁决一样,对双方具有约束力。(3)如已按照第2款委任仲裁员,不作为方当事人(经通知委任方当事人后)可向法院申请撤销委任。(4)针对本条项下法院决定的上诉应取得法院的准许。英国仲裁法的规定将三人仲裁庭转换为独任仲裁庭的做法可能带来仲裁裁决的承认与执行问题。因为根据《纽约公约》第5条第1款(丁)项的规定,缔约国可以根据仲裁庭的组成不符合仲裁协议的规定为理由,拒绝承认与执行仲裁裁决。大多国家的立法,主要还是采取由法院进行任命仲裁员的做法。例如《示范法》第11条款第4款规定:根据当事人约定的指定程序,有下列情形之一的,(a)一方当事人未按这种程序规定的要求行事的,或(b)当事人或两名仲裁员未能根据这种程序达成预期的协议的,或(c)第三人(包括机构)未履行根据此种程序所委托的任何职责的,任何一方当事人均可请求第6条规定的法院或其他机构采取必要措施,除非指定仲裁员程序的协议订有确保能指定仲裁员的其他方法。《美国联邦仲裁法案》第5条同样规定:如果协议中已经规定指定仲裁员或仲裁长的方法,应当按照这个方法指定。如果没

6 国际商事仲裁庭

有规定,或者有规定而当事人不履行,或者由于任何原因拖延指定或者拖延补充缺额,法院根据任何一方当事人的请求,应当依照需要指定仲裁员或者仲裁长。由法院指定的仲裁员或者仲裁长处理案件,与协议所指定者有同样的权力和效力,另除协议有规定外,应当由仲裁员一人仲裁。

当事人在选择潜在或期望的仲裁员前或选择过程中能否与其进行接触的问题,在国际商事仲裁实践中也是一个比较敏感的问题。通常情况下,当事人或者其代理人或其顾问机构是可以与潜在的仲裁员进行接触的,但是这种接触仅限于仲裁员选择的适当性、可行性以及讨论选择首席仲裁员等事项,不能涉及争议的实质性问题。这种接触有时称为"会见合作仲裁员"。但是这一术语容易引起误会,以为当事人调查仲裁员关于争议实质问题的观点或看法。

2004年《国际律师协会关于国际仲裁中利益冲突问题指南》规定接触事项的范围,其规定绿色项目第5.1项为:仲裁员在委任前与委任他的当事人或当事人的关联机构(或各自的代理人)有初步接触;如该接触仅限于了解仲裁员的时间安排和专业资格以及首席仲裁员的可能人选,且未谈及争议的实体和程序事项。其他仲裁规则的规定基本类似,例如2014年《美国仲裁协会国际仲裁规则》第13条第6款规定,任何一方当事人或其代理人均不得就有关案件与任何仲裁员或当事人指定担任仲裁员的任何候选人进行单方联系,但下列情形除外:将争议的一般性质和预期的程序告知该候选人,与其商讨候选人的资格、接受指定的可能性或针对各方当事人的公正性和独立性,或者当各方当事人或当事人指定的仲裁员有权参与选定首席仲裁员时,与其商讨作为首席仲裁员候选人的适合性。任何当事人或其代理人不得就案件与首席仲裁员候选人单方联系。

2. 首席仲裁员的选择程序

当事人双方各自指定了一名仲裁员以后,接下来就是指定首席仲裁员。在国际商事仲裁中,首席仲裁员产生的方法是多种多样的,当事人可以在他们的仲裁协议中进行约定,也可以根据仲裁规则双方进行协商选择,还可以由双方当事人选择的两名仲裁员共同推荐。在以上方法都不能达成一致意见的情况下,由仲裁机构进行指定或由有权的法院帮助指定。

根据国际商事仲裁中的当事人意思自治原则,当事人可以在争议发生前在仲裁协议中约定特定的人作为仲裁员,也可以在国内法许可的原则下约定产生仲裁员的方法,包括首席仲裁员。在争议发生前事先约定仲裁员,可以明显地避免在争议发生时无法对首席仲裁员协商一致的可能性。在国际商事仲裁实践中,事先在仲裁协议中约定仲裁员是不多见的,也是不被推荐的。

因为事先约定的仲裁员,可能在当事人的争议发生后变得没有能力或者不合适。事先约定仲裁员的做法虽然不被禁止,但是存在巨大的风险,所以当事人很少事先在仲裁协议中约定仲裁员。

鉴于首席仲裁员的重要性,争议发生以后,当事人选择的仲裁员可以与当事人进行协商,促成双方当事人达成选择首席仲裁员的一致意见。但是,当事人一致选择首席仲裁员是比较困难的。在当事人无法就首席仲裁员达成一致意见的情况下,仲裁规则一般都规定了首席仲裁员的产生方法。通常做法是由当事人选择的仲裁员共同推荐确定首席仲裁员。

2010年《联合国国际贸易法委员会仲裁规则》采取首先由当事人选择的两名仲裁员选定,如果不能选定就由指定机构指定。其第9条规定:(1)指定三名仲裁员的,每一方当事人应各指定一名仲裁员。第三名仲裁员应由已被指定的两名仲裁员选定,担任首席仲裁员。(2)一方当事人收到另一方当事人指定一名仲裁员的通知书后,未在三十天内将其所指定的仲裁员通知另一方当事人的,该另一方当事人可请求指定机构指定第二名仲裁员。(3)指定第二名仲裁员后三十天内,两名仲裁员未就首席仲裁员人选达成约定的,应由指定机构按照第8条规定的指定独任仲裁员的方式,指定首席仲裁员。至于仲裁机构的指定方法,该仲裁规则采取了与指定独任仲裁员一样的名单制的做法,即:(1)指定机构应将至少列有三个人名的相同名单分送每一方当事人;(2)收到名单后十五天内,每一方当事人可删除其反对的一个或数个人名并将名单上剩余的人名按其选择顺序排列之后,把名单送还指定机构;(3)上述期限届满后,指定机构应从送还名单上经认可的人名中,按各方当事人所标明的选择顺序指定一人为首席仲裁员;(4)由于任何原因,无法按这一程序进行指定的,指定机构可行使其裁量权指定首席仲裁员。(第8条)

2012年《国际商会仲裁规则》则规定首席仲裁员由仲裁院任命,除非当事人按照其约定的程序选定首席仲裁员并得到仲裁院的确认,其第13条规定:如果争议由三人仲裁庭审理,担任首席仲裁员的第三名仲裁员由仲裁院任命,除非当事人约定另一种任命程序;通过当事人约定程序选定的第三名仲裁员应按照第13条由仲裁院确认。在前两名仲裁员得到确认或指定后三十日内按照当事人约定程序未能提名第三名仲裁员的,或在当事人约定或仲裁院确定的任何其他期限内未能提名第三名仲裁员的,第三名仲裁员由仲裁院任命。

2014年《美国仲裁协会国际仲裁规则》则规定首先由当事人达成指定仲裁员合意,当事人没有达成协议的,采取名单方式进行选择,无法选择的由仲裁管理人与仲裁庭协商后指定首席仲裁员,其第12条第6款规定:当事人未

6 国际商事仲裁庭

选择仲裁员且未就以其他方式指定仲裁员达成合意的,仲裁管理人可自行决定使用 ICDR 名单方式通过以下方法指定仲裁员。仲裁管理人应同时向各方当事人发送一份相同的可作为仲裁员的人选名单。鼓励当事人从该名单中选择仲裁员并达成合意,当事人应将协商结果告知仲裁管理人。在收到名单后当事人无法就仲裁员问题达成合意,各方应在文件寄出的十五天内删去反对的人名,将剩余人名按照优先顺序排序编号,并将名单回交仲裁管理人。不要求当事人之间交换选择名单。当事人在规定时间内未回交名单的,该名单上所有人选视为已被接受。仲裁管理人应从当事人已经认可的名单中,依照双方指定的优选顺序,邀请仲裁员。当事人未能就名单中列明的任何人选达成合意的,或已被接受仲裁员不能或无法接受指定的,或处于任何其他原因使得无法从已提交的名单中指定仲裁员的,仲裁管理人应有权作出指定,无需再次提交名单。如确有需要,仲裁管理人应在与仲裁庭协商后指定首席仲裁员。

2014 年《伦敦国际仲裁院仲裁规则》则规定采取了与以上不同的确定首席仲裁员的做法,规则从一开始就赋予机构指定首席仲裁员的权力,其第 5 条第 6 款仅仅简单规定首席仲裁员必须由伦敦国际仲裁院任命。尽管伦敦国际仲裁院在实践中通常不会忽视当事人关于首席仲裁员选择程序的仲裁协议,但是规则并没有任何措施鼓励当事人达成选择首席仲裁员一致的协议。

2015 年《武汉仲裁委员会仲裁规则》则规定首席仲裁员由当事人共同选定或者委托仲裁委员会主任指定。共同选定的做法采取反向的名单制度,即由当事人或者当事人选择的仲裁员提供一至三名首席仲裁员的候选名单,如果有相同的,则作为首席仲裁员。其仲裁规则 23 条第 3 款规定:双方当事人应当自被申请人收到仲裁通知书之日起十日内共同选定或者共同委托主任指定首席仲裁员。双方当事人也可以约定在上述期限内,各自推荐一至三名仲裁员作为首席仲裁员人选;经双方当事人申请或者同意,也可以由当事人选定的仲裁员分别推荐一至三名作为首席仲裁员人选。推荐名单有一名相同的,为双方当事人共同选定的首席仲裁员;有一名以上相同的,由主任根据案件具体情况在相同人选中确定,确定的仲裁员仍为双方当事人共同选定的首席仲裁员;推荐名单中没有相同的人选,由主任在推荐名单之外指定首席仲裁员。第 4 款规定:双方当事人未按照上述规定共同选定首席仲裁员的,由主任指定。

分析以上仲裁规则的做法,所有的仲裁规则都肯定了当事人在选择首席仲裁员的意思自治,不过仲裁规则对于当事人意思自治原则的重视程度不一样。如果当事人事先或者争议发生后在仲裁庭组成的程序中未能对首席仲裁员达成一致意见,仲裁规则的做法主要有以下几种:①当事人指定的两名仲裁员共同选定,未能选定的,由指定机构提供三名或三名以上仲裁员的方式,当事人删除其中不愿意的名单并排序,然后进行确定。无法确定的,由指定机构任命。②重视当事人的约定,给予一定的时间,无法约定的,直接由仲裁机构任命。③直接由仲裁机构任命,不排除当事人的约定。④发送名单,鼓励达成合意,未能达成的,采取名单删除后排序的做法,再不能的,采取仲裁机构与仲裁庭协商确定。⑤当事人或者其代理人推荐一至三名仲裁员作为首席仲裁员候选人,有相同的确认为首席仲裁员,未能的由仲裁委员会指定机构指定。以上做法各有优势与不足。第一种和第四种采取列名单的方式,容易导致选择的拖延,有时其提供的名单并不符合当事人或其代理人的要求;其优势在于最大程度上允许了当事人的参与,注重了当事人的意思自治,由当事人选择的仲裁员共同推选首席仲裁员,能够得到两位合作仲裁员的认可,容易推动仲裁程序的顺利开展。第二种和第三种做法基本一致,其优势在于能够迅速组成仲裁庭,选择首席仲裁员。第三种做法比第二种更加快捷,但是仲裁机构任命的首席仲裁员并不总是符合案件的需要,可能不是处理案件的最佳人选,空降当事人不知晓的首席仲裁员,犹如轮盘赌,当事人不知道其是否能够与其他仲裁员和谐相处,是否有能力处理案件。第五种做法不足在于当事人提供首席仲裁员的候选名单在实践中几乎不可能有相同的,要双方当事人在众多的仲裁员挑选几名候选人,双方当事人挑选相同的概率比较小。与其这样,还不如直接由仲裁机构任命。

当事人在选择首席仲裁员可能考虑到诸多的因素,不同的案件考虑的因素可能不同。以下的因素应该是当事人选择首席仲裁员共同考虑的:①富有智慧与博学;②公正;③独立;④有判断力;⑤适当的权威性;⑥能够倾听;⑦勤于思考,有决断;⑧勤勉,富有效率;⑨真诚、不傲慢;⑩可以起草一份漂亮的裁决书。

需要指出的是,尽管当事人达成了选择首席仲裁员的一致意见,可以指定首席仲裁员或者由他们指定的合作仲裁员来指定首席仲裁员,但是一些机构主张他们有权确认当事人指定。例如,国际商会(ICC)通常可以确认指定的仲裁员,但该等人士必须已提交了无条件的独立声明书,或虽然提交的是附条件的独立声明书,但当事人未提出异议的。其仲裁规则第13条第2款规定:秘书长可以确认当事人提名的或根据他们之间协议提名的人选担任仲裁员、独任仲裁员和首席仲裁员,但该人选提交的声明不得载有对于其中立性或独立性的任何限制,或者,即使提交的声明载有对于其中立性或独立性的限制,但未引起当事人反对。该确认应在下一次仲裁院会议上向仲裁院报告。秘书长认为不应确认某位仲裁员、独任仲裁员或首席仲裁员的,应提交仲裁院办理。

6.1.3.2 独任仲裁庭

独任仲裁庭中独任仲裁员的选择方法与首席仲裁员选择的方法基本相同,除首席仲裁员可以由双方当事人选择的仲裁员共同指定外。几乎所有的仲裁规则都允许当事人事先确定一名仲裁员作为独任仲裁员。如前所述,事先在仲裁协议中写明独任仲裁员的名字并不是一个好主意。事先写明独任仲裁员可能会存在极大的风险,其所确定的独任仲裁员在争议发生时,有可能难以胜任,或因其缺乏特定问题所具备必要的专业知识和条件,甚至出现该名仲裁员因健康原因无法担任仲裁员。因此,对当事人来说,等到争议发生之后再协商独任仲裁员会避免此类的风险。但是在争议发生后再去协商选择独任仲裁员往往难度比较大,即使仲裁规则都尊重当事人的意思自治。在国际商事仲裁实践中,经验表明由当事人在争议发生后就独任仲裁员协商一致的情况比较少。但是,如果当事人愿意试着就独任仲裁员达成一致意见,最好采取名单交换的方式:一方面可以缩小选择独任仲裁员的范围;另一方面,即使没有相同的名单,也可以由当事人在对方名单挑选其认可的仲裁员。首先,当事人可以协商挑选独任仲裁员的条件,确定独任仲裁员选择的条件范围,并达成一致意见;其次,当事人各自在达成条件允许的范围内,提供三名或三名以上的独任仲裁员的候选名单,如果有相同的,即可以作为独任仲裁员,如果相同的超过一人的,按照当事人提供名单的顺序进行确认,排序在前的得到确认;再次,如果没有相同的,当事人双方应该试着从对方当事人列的名单中寻找自己可能会接受的人;最后,当事人尽最大努力无法达成一致的,则根据仲裁机构的仲裁规则由指定机构根据规则规定的方法来指定或任命。其指定或任命的方法与上述的首席仲裁员是基本一致的。当然,仲裁机构应该促进当事人尽最大努力达成一致意见,因为当事人对于自己选择的独任仲裁员具有更多的信心与信任,能够促使仲裁程序的顺利进行,也能配合仲裁员解决当事人之间的争议。

6.1.3.3 多方当事人仲裁员的选择程序

在当事人选择仲裁员的程序中,存在一种比较特殊的情况,即多方当事人选择仲裁员的情况。多方当事人可能存在三种情形:一是申请人有两个或两个以上当事人;二是被申请人有两个或两个以上当事人;三是双方都有两个或两个以上的当事人。一般情况下,仲裁机构的仲裁规则事先由多方当事人协商一致选择仲裁员,如果多方当事人不能达成一致意见的,仲裁机构仲裁规则一般规定为所有当事人指定仲裁员。国内仲裁立法较少特别规定多方当事人选择仲裁员的程序,多是由仲裁规则进行规定。① 1998年《国际商会仲裁规则》规定由国际仲裁院在多方当事人案件中任命仲裁庭的所有仲裁员,2012年修订的《国际商会仲裁规则》仍然保留这种规定,没有做更改。2012年《国际商会仲裁规则》规定在多方当事人的案件中,如果是三人仲裁庭,多方当事人必须联合一起选择一名合作仲裁员。如果多方当事人未能联合选择的,由国际商会国际仲裁院任命仲裁庭的全部成员并指定其中一人担任首席仲裁员。其第12条第(6)款、第(7)款以及第(8)款规定:……(6)如果存在多方申请人或多方被申请人且争议由三人仲裁庭审理,则应由多方申请人共同提名一名仲裁员,由多方被申请人共同提名一名仲裁员,以供按照第13条的规定进行确认。(7)如果追加仲裁当事人,且争议由三人仲裁庭审理,追加当事人可与申请人或被申请人一起提名仲裁员,以供按照第13条的规定进行确认。(8)如果不能按照第12条第(6)款或第(7)款共同提名仲裁员,且各当事人之间不能就仲裁庭的组成方式达成一致意见,则由仲裁院任命仲裁庭全部成员并指定其中一人担任首席仲裁员。在这种情况下,仲裁院可以自主选择其认为适当的任何人担任仲裁员,并在其认为适当的时候适用第13条的规定。根据2012年《国际商会仲裁规则》第12条第(8)款的规定,国际商会国际仲裁院在多方当事人的仲裁庭组成方面具有实质性的自由裁量权。2014年《伦敦国际仲裁院仲裁规则》第8条在多方当事人的案件中采取了类似的规定,伦敦国际仲裁院不管任何当事人的提名,将任命仲裁庭的所有成员。

2012年《瑞士联邦苏黎世商会调解与仲裁规则》规定在多方当事人案件中,首先,按照当事人的协议进行;其次,没有协议的,当事人在规定的期限内进行选择;再次,当事人一方或双方没有指定仲裁员,由仲裁机构指定全部仲裁员并确定首席仲裁员。其第8条第(3)款、第(4)款以及第(5)款规定:……(3)在多方当事人的仲裁程序中,仲裁庭的组成须按当事人的协议进行。(4)在多方当事人的仲裁程序中,如果当事人对仲裁庭的组成程序未达成协议,仲裁委应为申请人或全体申请人设定初始三十日的期限作为指定一名仲裁员的期限,并应为被申请人或全体被申请人设定后续三十日的期限作为指定

---

① Gary B. Born, International Commercial Arbitration (Volume II International Arbitration Procedures), Wolters Kluwer, 2ed, 2014, pp2610-2612.

一名仲裁员的期限。如果一方当事人全体或各方当事人全体已经各自指定了仲裁员,应参照本规则第8条第(2)款的规定指定首席仲裁员。(5)在多方当事人的仲裁程序中,如果一方当事人或各方当事人全体没有指定仲裁员,仲裁委可以指定全部仲裁员并确定首席仲裁员。

我国仲裁机构的做法与其他著名的仲裁机构做法基本一致,例如2015年《中国国际经济贸易仲裁委员会仲裁规则》第29条规定:(1)仲裁案件有两个或两个以上申请人及/或被申请人时,申请人方及/或被申请人方应各自协商,各方共同选定或共同委托仲裁委员会主任指定一名仲裁员。(2)首席仲裁员或独任仲裁员应按照本规则第27条第(2)、(3)、(4)款规定的程序选定或指定。申请人方及/或被申请人方按照本规则第27条第(3)款的规定选定首席仲裁员或独任仲裁员时,应各方共同协商,提交各方共同选定的候选人名单。(3)如果申请人方及/或被申请人方未能在收到仲裁通知后十五天内各方共同选定或各方共同委托仲裁委员会主任指定一名仲裁员,则由仲裁委员会主任指定仲裁庭三名仲裁员,并从中确定一人担任首席仲裁员。

6.1.4 仲裁员的资格与身份限制

6.1.4.1 仲裁员的资格

中国1994年《仲裁法》第13条规定:仲裁委员会应当从公道正派的人员中聘任仲裁员。仲裁员应当符合下列条件之一:(1)通过国家统一法律职业资格考试取得法律职业资格,从事仲裁工作满八年的;(2)从事律师工作满八年的;(3)曾任法官满八年的;(4)从事法律研究、教学工作并具有高级职称的;(5)具有法律知识、从事经济贸易等专业工作并具有高级职称或者具有同等专业水平的。仲裁委员会按照不同专业设仲裁员名册。我国仲裁法要求仲裁委员会采取仲裁员名册制度,对于仲裁委员会如何选择仲裁员提出了道德要求和专业要求。道德要求就是要求仲裁员具有公正性和独立性,即仲裁法中的具有公道正派;对于专业要求,仲裁法主要从从事特定职业的年限要求以及职称要求加以限制,以保障仲裁员具有一定的知识与能力。

我国仲裁法主要是针对国内仲裁而言,为仲裁委员会聘任仲裁员设定条件。在国际商事仲裁中,当事人选择仲裁员时,应考虑到仲裁员应具备的资格、条件、因素或者哪些人可以作为仲裁员。当事人可以考虑以下几个方面:(1)知识和经验。我国仲裁法之所以要求仲裁委员会从从事仲裁工作、律师工作等满8年以及具有高级职称的相关人员中选择,主要是希望仲裁员应该具有一定的专业知识和丰富的经验。仲裁与诉讼相比较而言,其中的一个优势是当事人可以选择对于特定争议具有专业知识和经验的决策者。而在诉讼中,当事人不能选择法官,法官也是固定的。法官可能缺乏对某一特定领域专业知识的了解,就需要花时间和精力来培养法官对特定领域与特定问题的了解。(2)律师或非律师人员。当事人在选择仲裁员的过程中,还会考虑是选择律师作为仲裁员,还是选择非律师的专业人员作为仲裁员的问题。如果仲裁纠纷是关于法律问题的,如合同的解释、效力等,当事人往往会选择律师仲裁员。如果是三人仲裁庭,又涉及特定领域的专业问题,当事人可以选择律师仲裁员作为首席仲裁员,两位边裁可以选择非律师具有特定领域专业知识的仲裁员,例如在建筑争议中,可以选择建筑师等。如果具体的专业知识并不是关键因素,当事人还是会倾向于选择一个有法律背景的作为仲裁员。当事人对于律师的偏爱是基于他们对非律师仲裁员有很多担忧,担心非律师仲裁员可能会利用专业知识不公正地影响仲裁庭,担忧非律师人员不理解关于程序性或者实质性的规定。基于这些担忧,如果非律师仲裁员既具有专业领域的知识,还精通法律,当事人就不会存在此种担忧。(3)专家仲裁员。不同法系国家对专家仲裁员有不同的认识,大陆法系国家当事人倾向于专家仲裁员,普通法系国家当事人可能担心专家仲裁员过于教条,缺乏足够的实践经验。当然,如果专家们既有丰富的实践经验,又有高深的理论水平,他们会成为仲裁庭中很有价值的成员。(4)流利的语言。仲裁员流利地掌握一种特定的语言或者有具备两种语言的能力可能对当事人来说是重要的。仲裁员如果在仲裁中缺乏对语言的熟练掌握,那他可能不能理解有利于争议解决的一些关键性问题。(5)可适用性。当事人选择的仲裁员一定要有充足的时间保障,能够及时安排仲裁的各项程序。(6)声望与名誉。当事人选择仲裁员往往会考虑其声望与名誉。公平、正直以及睿智的仲裁员总是能够较好地处理当事人之间的争议,推动仲裁程序的开展,增强当事人对仲裁的信心。

6.1.4.2 仲裁员的身份限制

尽管在国际商事仲裁中,当事人的意思自治原则是仲裁员选择程序中的核心,但是当事人选择仲裁员的自由还是受到一定的限制。这些限制可能来自于当事人的仲裁协议以及合并到当事人仲裁协议中的仲裁规则、国内仲裁立法以及国际仲裁条约。这些限制包括仲裁员的国籍、资格、经验以及公正性和独立性。

1. 仲裁员的国籍

国际商事仲裁规则以及国内法都会规定仲裁员国籍的限制。在仲裁规

6　国际商事仲裁庭

则中,主要是对首席仲裁员的国籍作出了一定的限制。在国内仲裁立法中对于国籍的限制规定不同,有的限制了外国国籍的仲裁员。限制外国国籍仲裁员的做法在一定程度上干预了当事人选择仲裁员人数以及仲裁庭的自由,这些限制有可能会违反《纽约公约》的规定。

几乎所有的仲裁规则都包含对首席仲裁员或独任仲裁员的国籍限制,对合作仲裁员的国籍基本上不做限制。对于首席仲裁员或独任仲裁员的国籍限制主要是基于在处理涉及不同国家当事人之间争议时而作出的客观公正的考虑,要求首席仲裁员或独任仲裁员的国籍应该不同于双方当事人的国籍。仲裁员的国籍中立性是良好仲裁庭的一个重要因素。对于这个问题,2010年《联合国国际贸易法委员会仲裁规则》的规定具有一定的代表性,其第6条第(7)款规定:指定机构应注意到任何有可能保证指定独立、公正仲裁员的考虑,并应考虑到指定一名与各方当事人国籍不同的仲裁员的可取性。该条规定的主要目的就是确保仲裁庭的中立性,防止仲裁庭可能具有潜在偏见的危险性。特别提出的是,该条款仅仅要求指定机构"注意"和"考虑",并不是一种绝对强制性规则,而且也是仅仅适用于指定机构。其并不限制当事人根据第6条以及第7条的规定对首席仲裁员或独任仲裁员的国籍作出约定,当事人可以自由地约定仲裁员,不管其国籍是否与一方当事人的国籍相同。其他仲裁规则对于首席仲裁员或独任仲裁员的国籍限制的规定还是比较严格的,例如2012年《国际商会仲裁规则》第13条第5款规定:独任仲裁员或首席仲裁员的国籍应与各当事人的国籍不同。但是,在适当的情况下,若任何当事人均未在仲裁院规定的期限内提出异议,独任仲裁员或首席仲裁员也可以从任何当事人的国籍国选定。该条款的规定比《联合国国际贸易法委员会仲裁规则》的规定要严格,一般都禁止首席仲裁员或独任仲裁员具有与当事人相同的国籍。大多数仲裁规则的规定基本类似。也有一些仲裁规则并没有作出强制性规定,而是赋予指定机构一定的自由裁量权,例如,2015年《中国国际经济贸易仲裁委员会仲裁规则》第30条规定:仲裁委员会主任根据本规则的规定指定仲裁员时,应考虑争议的适用法律、仲裁地、仲裁语言、当事人国籍,以及仲裁委员会主任认为应考虑的其他因素。在国际商事仲裁实践中,即使仲裁规则没有限制首席仲裁员或独任仲裁员的国籍,主要的仲裁机构也不情愿任命与当事人一方国籍相同的首席仲裁员或独任仲裁员。如果任命相同国籍的首席仲裁员或独任仲裁员往往会遭到对方当事人的质疑,可能会违反仲裁程序中立性的基本原则。

在国内仲裁立法中对于仲裁员国籍问题有不同的态度,采取《示范法》国家的仲裁立法以及其他现代仲裁立法都不限制任命外籍仲裁员,例如,《示范法》第11条第(1)款规定:除非当事人另有协议,不应以所属国籍为由排除任何人担任仲裁员。当然,对于首席仲裁员或者独任仲裁员应该考虑到国籍因素。《示范法》第11条第(5)款还规定:本条第(3)或(4)款交托由第6条规定的法院或其他机构受理的事项一经作出裁定,不得上诉。该法院或其他机构在指定仲裁员时应适当顾及当事人约定的仲裁员所需具备的任何资格,并适当顾及有可能确保指定独立和公正的仲裁员的考虑因素;在指定独任仲裁员或第三名仲裁员时,还应考虑到指定一名非当事人国籍的仲裁员的可取性。也有少数国家对于仲裁员的国籍进行限制,不允许任命外籍仲裁员,不管当事人是否同意。例如,1985年《沙特阿拉伯仲裁规定》第3条规定,仲裁员必须具有沙特国籍或放弃原国籍的穆斯林信徒。该规定在2012年的《沙特阿拉伯仲裁规定》中已经废除,其第14条规定要求仲裁员必须具有:(1)法律知识;(2)良好的行为与声望;(3)具有伊斯兰教教法或法律科学的大学学位。新的规定并没有规定国籍的要求。现代国家的仲裁立法很少对聘请仲裁员的国籍加以限制,因为正如前面所述,这种规定违反了1958年《纽约公约》第2条以及第5条第1款(丁)项的规定。

2. 国内法与当事人对于仲裁员身份的限制

有一些国家的仲裁立法除了规定国籍方面的限制之外,还有其他方面的限制。这些限制主要有:(1)仲裁员必须是自然人。例如,《法国民事诉讼法典》第1450条规定,对于国内仲裁,仲裁员必须是自然人。相比较而言,一些发达国家的仲裁立法允许法人作为仲裁员,尽管在国际商事仲裁实践中非常少见。有的国际公约也允许法人作为仲裁员,例如1975年《美洲国家国际商事仲裁公约》第2条第1款规定:仲裁员由各方当事人依其约定的方式任命之。当事人可以委任第三人任命仲裁员,第三人可以是自然人,也可以是法人。(2)仲裁员必须具有法律行为能力。(3)仲裁员必须具有法律资格。例如,我国《仲裁法》第13条的规定。(4)仲裁员必须具备能力行使民事权利,例如《法国民事诉讼法典》第1451条的规定。(5)仲裁员必须不是国内法院的在职法官。

当事人在仲裁协议中往往会约定一定的条件,限制寻找仲裁员的范围。当事人约定仲裁员的资格限制主要体现在以下几方面。(1)国籍限制。限制首席仲裁员或独任仲裁员的国籍是非常普遍的做法。当事人在仲裁协议中往往不会具体作出规定,其是将仲裁规则合并到仲裁协议中,仲裁规则对于首席仲裁员或独任仲裁员的限制同样适用于当事人选择仲裁员的程序。限制首席仲裁员或独任仲裁员的目的主要是基于仲裁庭的中立性的考虑。(2)名单制度。名单制度以前比较流行,在当今的仲裁实践中较少。仲裁规

6 国际商事仲裁庭

则规定当事人在其提供的名单中进行仲裁员的选择。(3)语言的需要。(4)专业知识的需要。(5)法律资格的需要。(6)宗教信仰的需要。(7)独立性与公正性的需要。①

6.2 仲裁员的异议与更换

在国际商事仲裁中,当事人在仲裁程序的过程中因不满意选择的仲裁员可能会提出异议与更换。通常情况下,当事人提出异议与更换的理由是基于对选择的仲裁员的公正性与独立性产生怀疑。原则上当事人可以对所有选择的仲裁员提出异议,包括仲裁机构指定的仲裁员、仲裁协议约定的仲裁员、对方当事人选择的仲裁员,甚至也包括自己选择的仲裁员。当事人提出仲裁员的异议可以依据机构的仲裁规则或依据仲裁地的仲裁法。在当今的国际商事仲裁实践中,经验表明越来越多的仲裁案件当事人可能会提出仲裁员的异议。在临时仲裁中,由于其特殊的性质,没有确切的统计数据。在机构仲裁中,某些仲裁机构进行了数据调查,例如国际商会2012年的调查数据表明约占仲裁案件的3.5%的当事人提出了仲裁员的异议。② 尽管如此,对仲裁员提出异议也只是在少数案件中出现,支持当事人异议的仲裁案件更少。

6.2.1 仲裁员的异议

对仲裁员的异议主要包括当事人提出异议的程序、提出异议的理由、当事人对仲裁员异议的放弃以及司法审查等问题。一般来说,当事人在仲裁庭组建时以及在仲裁过程中发现新的事实,都可以对仲裁员提出异议。对仲裁员提出异议的理由主要是对于仲裁员的独立性或公正性提出合理的怀疑,或者是仲裁员具有某种不适当的行为。如果当事人没有在规定时间内提出仲裁员的异议,说明其放弃了仲裁员异议的权利。各国的法律对于当事人提出仲裁员异议失败后,能否进行司法审查具有不同的立法规定。一旦当事人提出异议失败,在一定程度上可能会影响被异议仲裁员的态度。

---

① Gary B. Born, International Commercial Arbitration (Volume II International Arbitration Procedures), Wolters Kluwer, 2ed, 2014, pp1751-1757.
② ICC, 2012 Statistical Report, 24(1) ICC Ct. Bull. 5, 11 (2013).

6.2.1.1 仲裁员异议的程序

大多数仲裁规则都有关于仲裁员异议的规定。例如,2010 年《联合国国际贸易法委员会仲裁规则》第 13 条规定当事人在仲裁员任命通知书发给当事人或得知情况后的十五天内,提出异议的通知,该通知必须发给所有当事人以及所有仲裁员,包括被异议的仲裁员,并且附具理由,即其第 1 款和第 2 款的规定,具体内容是:(1)一方当事人意图对一名仲裁员提出回避,应在被要求回避的仲裁员的任命通知书发给该当事人后十五天内,或在该当事人得知第 11 条和第 12 条所提及的情况后十五天内,发出其回避通知。(2)回避通知应发给其他所有当事人、被要求回避的仲裁员以及其他仲裁员。回避通知应说明提出回避的理由。第 3 款规定了仲裁员回避两种的情况:(1)一方当事人对一名仲裁员提出回避,其他所有当事人可以附议;(2)该仲裁员也可在回避提出后辞职。在这两种情况下,不表示提出回避的理由成立。如果未提出异议的一方当事人不同意异议或被提出异议的仲裁员拒绝辞职,第 4 款则规定,该当事人应自回避通知发出之日起三十天内,请求指定机构就回避申请作出决定。其他主要仲裁机构的仲裁规则基本上采取了相同的方式。也就是说,当事人提出仲裁员异议的时间主要限定在:(1)仲裁庭组建后的一定时间范围内;(2)知晓新的情况后的一定时间范围内。当事人提出异议必须采取书面形式,并将通知书给予仲裁机构、未提出异议的所有当事人以及所有的仲裁员。未提出异议的当事人通常被允许以书面形式对异议做出回应,仲裁机构通常也会征求被提出异议仲裁员的意见。在当事人提出仲裁员异议程序时,通常不会进行证据披露、证据收集以及不会接受当事人的口头提出异议。仲裁机构在审查当事人提出的异议以及仲裁员的意见后,将迅速做出仲裁员是否回避的决定,决定不需要附具理由并是最终的和有约束力的。仲裁机构之所以快速做出决定,主要是因为担心当事人可能滥用仲裁员异议程序达到拖延仲裁的目的以及担心仲裁费用的增加。特别提出的是,当当事人将仲裁规则合并到仲裁协议时,仲裁规则关于仲裁员异议的规定将取代国内仲裁立法中的仲裁员异议的规定,例如,《示范法》第 13 条规定了当事人可自由约定申请仲裁员回避的程序。

6.2.1.2 仲裁员异议的理由

大多仲裁规则关于仲裁员异议的理由的规定基本相同,都主要集中在仲裁员的独立性和公正性方面。在国际商事仲裁实践中,仲裁员没有能力、行为不当、疏于参与仲裁程序以及不符合仲裁协议规定的资格条件也可以成为仲裁员异议的理由。2010年《联合国国际贸易法委员会仲裁规则》第12条第1款规定了如果存在可能对任何仲裁员的公正性或独立性产生有正当理由怀疑的情况，均可要求该仲裁员回避。第3款规定了仲裁员不作为，或者仲裁员因法律上或事实上的原因无法履行其职责的，当事人也可以按照规定的程序申请仲裁员回避。2012年《国际商会仲裁规则》与2010年《联合国国际贸易法委员会仲裁规则》的规定类似，其第14条第1款规定异议的理由为：仲裁员缺乏中立性或独立性还是出于其他原因。对于其他原因该规则并没有明确规定，但是从其第15条第2款的规定，可以推断出主要包括仲裁院认为仲裁员在法律上或事实上不能履行仲裁员职责，或者未按照仲裁规则或未在规定期限内履行职责的。2015年《中国国际经济贸易仲裁委员会仲裁规则》第32条第2款规定仲裁员回避的理由是仲裁员的公正性和独立性产生具有正当理由的怀疑的，未提及其他的理由，但在第33条第1款提及了可更换仲裁员的理由，即仲裁员在法律上或事实上不能履行职责，或没有按照本规则的要求或未在本规则规定的期限内履行应尽职责的。其所做出的规定在仲裁实际操作中起到了与其他仲裁规则规定同样的效果。其他仲裁机构仲裁规则所规定的理由基本一致。

在国际商事仲裁实践中，当事人可能在仲裁协议中修改在仲裁规则中关于仲裁员独立性和公正性标准的规定。这种修改是否允许目前并不清楚。例如，根据2012年《国际商会仲裁规则》第13条第5款规定，即独任仲裁员或首席仲裁员的国籍应与各当事人的国籍不同。但是，在适当的情况下，若任何当事人均未在仲裁院规定的期限内提出异议，独任仲裁员或首席仲裁员也可以从任何当事人的国籍国选定。当事人可以在仲裁协议中约定选择与一方当事人相同国籍的首席仲裁员或独任仲裁员。不少学者对这种做法提出了质疑，认为仲裁员的独立性与公正性是强制性的要求。① 正如前面所述，有些国内的仲裁立法将独立性与公正性作为强制性的规定，并不允许当事人通过约定进行修改。

6.2.1.3 仲裁员异议的放弃

如上所述，几乎所有的仲裁规则都规定当事人在仲裁庭组建后或知晓新的情况后的一定时间内提出仲裁员的异议，无论是以仲裁员的独立性和公正性为理由，还是以其他的理由。例如，2010年《联合国国际贸易法委员会仲裁规则》第13条第1款规定：一方当事人意图对一名仲裁员提出回避，应在被要

---

① Y. Derains & E. Schwartz, A Guide to the ICC Rules of Arbitration 116 (2d ed. 2005).

求回避的仲裁员的任命通知书发给该当事人后15天内,或在该当事人得知第11条和第12条所提及的情况后15天内,发出其回避通知。对于当事人提出仲裁员异议的时间要求是非常明确的,不允许当事人一方面保守仲裁员异议理由的秘密,另一方面又给予其无限制地提出仲裁员的回避。如果当事人没有在规定的时间范围内迅速地提出仲裁员的异议,其将被认为放弃了提出仲裁员异议的权利。在国际商事仲裁规则以及国内仲裁立法都坚持了当事人提出仲裁员异议必须在一定的时间范围内进行。当然,判断当事人知晓新的情况的时间是比较困难的,其中可行的做法就是要求当事人负有调查的义务,判断其知晓的标准就是从当事人应当知晓的时间开始。2015年《中国国际经济贸易仲裁委员会仲裁规则》第32条第3款的规定具有一定借鉴意义,规定了当事人提出异议的最晚时间,即不晚于最后一次开庭终结。在实践中,当事人提出异议的时间越早,就越有成功的可能性。国际商会等仲裁机构的数据调查也证明此观点。[①] 在所有的案件中,如果当事人在最初阶段就提出仲裁员的异议,被异议的仲裁员可能自行回避。仲裁机构也鼓励仲裁员自行回避。另一方面,仲裁机构也不希望当事人利用仲裁员异议的机制,故意拖延仲裁程序。所以,仲裁规则都规定在一定的时间内提出异议,否则就视为当事人放弃了提出仲裁员异议的权利。

6.2.1.4 仲裁员异议的司法审查

如果当事人提出的异议没有成功,一些国家的仲裁立法允许当事人向法院提出诉讼。例如,《示范法》第13条第(3)款规定:根据当事人约定的任何程序或本条第(2)款的程序而提出的回避不成立的,提出回避申请的一方当事人可以在收到驳回其所提出的回避申请的决定通知后三十天内,请求第6条规定的法院或其他机构就是否回避作出决定,该决定不得上诉;在对该请求未决期间,仲裁庭包括被申请回避的仲裁员可以继续进行仲裁程序和作出裁决。《示范法》的规定对临时仲裁和机构仲裁都适用,但是必须在当事人收到驳回其所提出的回避申请的决定通知后三十天内提出。即使当事人向法院提出诉讼,也不影响仲裁庭的程序开展并作出仲裁裁决,而且法院所作出的决定不能进行上诉。该条款规定的目的是为了确保对仲裁员公正性的异议进行司法上的决定,同时又不延误仲裁程序的进行和避免较长时间的诉讼。法院在决定是否同意仲裁员的异议,不仅仅是审查仲裁庭或仲裁机构先前的决定,而是重新作出独立的决定。1996年英国《仲裁法》第24条也规定法院

---

① ICC, 2012 Statistical Report, 24(1) ICC Ct. Bull. 5, 11 (2013).

有作出仲裁员异议的权力,而且规定非常具体明确。其具体内容为:(1)基于下列理由,仲裁程序的一方当事人(经通知另一方当事人、当事仲裁员和其他仲裁员后)可申请法院撤换仲裁员:(a)存在当事人对该仲裁员的公正性产生具有正当理由的怀疑的事由;(b)该仲裁员不具备仲裁协议所要求的资格;(c)该仲裁员身体或心智上不能进行仲裁程序或对其进行仲裁程序的能力产生具有正当理由的怀疑;(d)该仲裁员拒绝或没有:(ⅰ)适当进行仲裁程序,或(ⅱ)合理迅捷地进行仲裁程序或作出裁决。且已经或将对申请方产生实质性的不公正。(2)如当事人已经授权某个仲裁机构或其他机构或某个人撤换仲裁员,则法院就不能行使其撤换权,除非认为申请方已首先用尽了前述机构或个人的救济。(3)根据本条向法院提出的申请尚未审结,仲裁庭可以继续仲裁程序直至作出裁决。(4)法院撤换仲裁员时,可以作出其认为合适的关于该仲裁员对报酬或开支的请求权(如有)或返还已支付的报酬或开支的命令。(5)法院根据本条作出命令之前,当事仲裁员有权出席并接受法院的聆讯。(6)针对本条项下法院决定的上诉应取得法院的准许。

也有一些国家法律仅仅允许临时仲裁中当事人提出仲裁员异议被驳回的,才允许当事人到相关的法院提出诉讼,对于机构仲裁,仲裁机构的决定程序是排他性的,排除了法院撤销仲裁员的权力。例如,《法国民事诉讼法典》第1456条规定,巴黎大审法院在国内仲裁案件中,如果当事人不同意其他程序,有权审理仲裁员异议以及解决关于仲裁庭组成方面的争议。该条第(2)款规定也适用于国际商事仲裁案件,不过仅仅限于仲裁地在法国的国际商事的临时案件。瑞士的立法也基本类似。1988年《瑞士联邦国际私法法规》第179条和第180条对此作出了规定,第179条规定:当事人可以通过协议方式,指定、撤销或更换仲裁人员。当事人没有达成协议的,由仲裁庭所在地的法官类推适用地方有关仲裁员的指定、撤销、更换的法律规程决定有关事项。第180条规定:当事人可以拒绝下述人员充当仲裁员:(1)如果他们不符合当事人协议的条件;(2)当事人所选定的仲裁规则规定有该拒绝的理由的;(3)如果案情表明他们与案件有利害关系的。当事人一方除由其单独指定的仲裁员,或授权指定仲裁员后又发现有拒绝理由的以外,不得单方拒绝仲裁员。如果要单方拒绝仲裁员的,应及时将拒绝理由告知仲裁庭和对方当事人。发生争议的,由仲裁庭所在地法官作出裁定。根据第179条规定,其特别强调了当事人可以通过协议方式,指定、撤销或更换仲裁人员。当事人没有达成协议的,由仲裁庭所在地的法官进行处理。也就是说,在机构仲裁中,当事人选择了仲裁机构,一般就将仲裁规则合并到仲裁协议中,所以该条规定不适用机构仲裁的情况,只能用于临时仲裁的案件中。

尽管《美国联邦仲裁法案》没有明确规定法院是否具有审理仲裁员异议的最终管辖权,但是根据其第10条关于仲裁裁决撤销的规定,法院可以对仲裁裁决进行审查,包括仲裁员是否具有公正性的理由,但是法院不能对于仲裁员的公正性问题以及资格问题进行中间的司法审查。也就是说根据美国的仲裁立法规定,不允许对仲裁员的异议进行中间的司法审查。在司法实践中,美国法院大多坚持不能司法审查的观点。

6.2.1.5 仲裁员异议失败的后果

现代国际商事仲裁的对抗性变得越来越强,当事人有可能利用仲裁员异议的机制作为拖延仲裁程序的一种策略或一种武器。在国际商事仲裁中,如果当事人对仲裁员缺乏必要的信心,根据充分的理由提出仲裁员异议,可能使得仲裁员自行回避。但是,如果当事人仅仅是为了拖延仲裁程序,作为一种策略进行利用,仲裁员的异议很难成功。那么有可能对被异议的仲裁员造成了不好的影响,甚至产生某种程度上的怨恨,也会因为提出仲裁员异议当事人在仲裁庭前丧失信誉,导致仲裁结果朝着不利于提出仲裁员异议当事人的方向发展。所以,当事人还是要谨慎行使仲裁员异议的权利。

6.2.2 仲裁员的更换

仲裁员的更换与仲裁员的异议有联系,也有区别。如果仲裁员异议成功,不管是仲裁员自行进行回避,还是由仲裁机构决定或者法院决定回避,都涉及补充仲裁员问题。但是,仲裁员更换不仅出现在仲裁员异议的情况下,也可能出现在其他的一些情况中,例如仲裁员死亡、不能履行职责等情况。在临时仲裁中,如果当事人没有约定相关的规则,也没有在更换仲裁员上达成一致意见,通常由仲裁地的法院来进行任命替代的仲裁员。在机构仲裁中,则根据仲裁规则规定的程序与方法来更换仲裁员。仲裁机构的仲裁规则都作出了仲裁员更换的具体规定,例如,2012年《国际商会仲裁规则》第15条规定:(1)仲裁员死亡时、仲裁院接受仲裁员辞呈时、仲裁院支持当事人的回避申请时或者仲裁院接受全体当事人要求时,仲裁员应予以替换。(2)仲裁院认为仲裁员在法律上或事实上不能履行仲裁员职责,或者未按照仲裁规则或未在规定期限内履行职责时,可对该仲裁员予以替换。(3)仲裁院根据所知情况考虑适用第15条第(2)款时,应当先给予有关仲裁员、各方当事人和仲裁庭其他成员在适当期限内提出书面评论的机会,然后才做出决定。前述评论应当告知各当事人和仲裁员。(4)替换仲裁员时,是否按照原提名程序重新提名仲裁员由仲裁院斟酌决定。仲裁庭重新组成并要求当事人进行评论后,仲裁庭应对已经进行的程序作出是否以及在何种程度上重新进行的决定。(5)程序终结后,仲裁院在其认为适当的情形下可以决定对死亡的仲裁员或根据第15条第(1)款或第15条第(2)款免职的仲裁员不进行替换,而由余下的仲裁员继续仲裁。做出该决定时,仲裁院应考虑余下的仲裁员和各当事人的意见以及其认为适当的其他因素。2010年《联合国国际贸易法委员会仲裁规则》第14条规定:(1)在不违反第(2)款的情况下,如果仲裁程序进行期间有必要替换仲裁员,应适用第8条至第11条规定的指定或选定被替换仲裁员的程序,指定或选定一名替代仲裁员。在指定拟被替换仲裁员的过程中,即使一方当事人未行使其指定或参与指定的权利,该程序仍应适用。(2)经一方当事人请求,如果指定机构确定,鉴于案情特殊,有理由取消一方当事人指定替代仲裁员的权利,在给予各方当事人和其余仲裁员发表意见的机会之后,指定机构可以:(a)指定替代仲裁员;或(b)在审理终结后,授权其他仲裁员继续进行仲裁并做出决定或裁决。第15条规定:如果一名仲裁员被替换,应从被替换的仲裁员停止履行职责时所处的阶段继续进行程序,除非仲裁庭另有决定。2015年《中国国际经济贸易仲裁委员会仲裁规则》第33条规定:(1)仲裁员在法律上或事实上不能履行职责,或没有按照本规则的要求或在本规则规定的期限内履行应尽职责时,仲裁委员会主任有权决定将其更换;该仲裁员也可以主动申请不再担任仲裁员。(2)是否更换仲裁员,由仲裁委员会主任做出终局决定并可以不说明理由。(3)在仲裁员因回避或更换不能履行职责时,应按照原选定或指定仲裁员的方式在仲裁委员会仲裁院规定的期限内选定或指定替代的仲裁员。当事人未选定或指定替代仲裁员的,由仲裁委员会主任指定替代的仲裁员。(4)重新选定或指定仲裁员后,由仲裁庭决定是否重新审理及重新审理的范围。其他仲裁规则与上述仲裁规则的规定基本相同。

分析以上仲裁规则,主要有以下几个方面的规定:(1)规定仲裁员更换的情形,主要有仲裁员死亡、辞职、回避、不能履行职责、未能在期限内履行职责等。(2)规定仲裁员更换的程序,首先给予当事人和仲裁员发表意见的机会,其次由仲裁机构决定是否更换仲裁员,最后是按照原来方式进行选定或由仲裁机构指定新仲裁员。(3)规定新仲裁员如何参与仲裁程序,或重新审理,或在中断的地方继续审理。在仲裁实践中,多数情况下由新仲裁员阅读案件材料的副本,继续原来的仲裁程序。(4)有的规定特殊情况下仲裁员的更换问题,例如在仲裁程序终结后,也可以决定对死亡的仲裁员或其他情况下的仲裁员不进行替换,而由余下的仲裁员继续仲裁。

6.3 仲裁员的独立与公正

国际商事仲裁员有独立与公正的义务。无论是国内立法还是国际立法以及仲裁规则都规定此项重要的义务。独立与公正的需要是国际商事仲裁程序的基础，尤其是在仲裁员的选择程序、仲裁员的异议程序以及仲裁裁决的撤销和执行程序中。仲裁员的独立性要求仲裁员与仲裁案件当事人、案件本身或与案件结果没有任何的经济利益，不受任何外在的利益的影响处理当事人之间的争议。也就是仲裁员不依靠一方当事人谋求任何利益，不存在与当事人之间存在雇佣关系、业务联系。仲裁员的公正性要求仲裁员在审理仲裁案件时，不能有任何先入为主的观念或偏见，不能没有理由地偏向一方当事人，要公平等待当事人。随着国际社会的联系越来越紧密，跨国公司成倍增长，仲裁员的公正与独立的问题变得越来越复杂。如果仲裁员与案件及当事人存在某种严重的利益冲突，那么其就不应该接受当事人的选择或仲裁机构的指定。如果仲裁员与案件及当事人存在某种可能不是严重的利益冲突，其应该及时地向当事人披露该冲突，以便由当事人决定是否质疑仲裁员的任命。国内立法、国际条约、仲裁规则以及当事人之间的仲裁协议都会对仲裁员的独立性与公正性作出规定，以便正确合理地审理当事人之间的争议。

6.3.1 国内仲裁立法中的仲裁员独立与公正义务

几乎所有国内的仲裁立法都规定仲裁员负有独立与公正义务。在国内仲裁法律制度下，如何正确地认定仲裁员独立性与公正性是非常复杂的。国内法院以及国际商事仲裁学者对于独立与公正的标准有着不同的认识。

国内仲裁立法下公正与独立标准的适用取决于当事人仲裁协议的上下文以及案件的具体事实情况。尽管国内仲裁立法清晰明确规定了相关的标准，当事人仲裁协议的语言以及他们关于仲裁员作用的期望，对仲裁员的独立与公正标准有着重要的影响。对于仲裁员的独立性与公正性的异议必须考虑到仲裁程序的不同阶段，主要包括：(1)在任何其他工作完成前，仲裁开始时，对仲裁员的异议与回避阶段；(2)在仲裁裁决做出前，仲裁程序过程中，对仲裁员的挑战与异议；(3)在仲裁裁决做出后，提出仲裁裁决的撤销以及拒绝承认仲裁裁决的阶段。法院在不同的阶段可能适用不同的标准与方式，尤其是在仲裁员的更换与仲裁裁决的撤销和拒绝承认的阶段。

6 国际商事仲裁庭

需要特别强调的是,在国际商事仲裁中,往往由律师担任首席仲裁员或者合作仲裁员(边裁)。各国仲裁立法都规定仲裁员与当事人之间不能存在雇佣关系,即不能既是当事人的仲裁员,又是当事人的法律顾问。作为当事人的法律顾问,其专业与道德义务与仲裁员的独立与公正义务是不相符合的。所以,几乎所有的国内法以及职业行为准则都要求当事人与仲裁员之间不存在律师-客户关系。

对于仲裁员的独立性与公正性的标准,在现代仲裁立法中,《示范法》的规定具有代表性。《示范法》第12条第2款规定:只有存在引起对仲裁员的公正性或独立性产生正当怀疑的情况或仲裁员不具备当事人约定的资格时,才可以申请仲裁员回避。当事人只有根据其作出指定之后知悉的理由,才可以对其所指定的或其所参与指定的仲裁员提出回避。《示范法》第12条第2款规定了所有仲裁庭的成员必须满足独立与公正的实质性的标准,即"正当"(justifiable)怀疑标准,并提供了仲裁员的异议或反对期望仲裁员的基础。该标准不需要不公正或不独立可能性的确定证明,仅仅是正当"怀疑"(doubts)。一些国家采取了《示范法》"正当怀疑"的标准,但是对于"正当怀疑"的确切含义,《示范法》并没有说明,法院或仲裁机构在适用该标准时,有极大的自由裁量权。《德国民事诉讼法》第1036条第2款第1项几乎做出了同样的规定,强调了仲裁员独立与公正的正当怀疑的需要。

《美国联邦仲裁法案》与其他国家的仲裁立法相比较,对仲裁员的独立性与公正性没有做出直接和明确的规定,其仅在第10条关于仲裁撤销的理由中做出关于仲裁员公正性的规定,其(2)项规定了仲裁裁决可能被撤销——如果仲裁员全体或者任何一人显然有偏袒(evident partiality)或者贪污情形。《美国联邦仲裁法案》没有条款规定关于仲裁员更换的中间司法审查,也没有直接说明仲裁员独立与公正的标准。所以,几乎所有的考虑仲裁员的独立与公正都集中在仲裁裁决撤销和仲裁裁决承认的阶段。在这一阶段,美国采取的是"明显偏袒"的做法。

1996年《英国仲裁法》第24条第1款(a)项与《示范法》一样规定了"正当怀疑"的标准,法院基于仲裁一方当事人的申请,如果存在当事人对该仲裁员的公正性产生具有正当理由的怀疑的事由,法院可以撤销仲裁员。对于什么是正当怀疑,英国法院采取了多样性判断方法,有偏见的"合理怀疑"(reasonable suspicion)[①]、偏见的"真实危险"(real danger)或"真实可能性"(real

---

[①] R. v. Mulvihill [1990] 1 All F.R. 436, 441 (English Ct. App.).

possibility)[①]以及在涉及仲裁员金钱利益案件中的自动不适格的规则[②]。

其他国家的仲裁立法关于仲裁员的独立性与公正性的标准的规定,也基本一致。例如,《瑞士联邦国际私法法规》第180条第1款(c)项规定了如果对仲裁员的独立性有正当怀疑的情形,该仲裁员可能被提出异议。

6.3.2 首席仲裁员与合作仲裁员可能适用不同的标准

在国际商事仲裁中,由于首席仲裁员在仲裁庭中的独特地位与作用,一般都会适用独立与公正的严格标准。合作仲裁员一般都是由当事人选择出来的,大多数情况下,当事人或者其代理人与合作仲裁员事先可能就认识。合作仲裁员在独立性与公正性问题上,是否与首席仲裁员适用同一标准,还是说可以适用较为宽松点的标准。这是国际商事仲裁经常出现的问题,也是比较复杂的问题。

在三人仲裁庭中,双方当事人可以各自选择一名仲裁员作为合作仲裁员(边裁)。正如前面所述,一般情况下,当事人或其代理人在选择仲裁员的时候,其都是尽量选择最大限度地倾向自己的仲裁员。[③] 如果当事人之间没有相反协议的规定,当事人选择的仲裁员通常都会被认为倾向指定他的当事人。正如有评论道:被选择的裁判者将会寻找有利于选择他的当事人的论据。[④] 在美国的商事仲裁实践中,当事人选择的合作仲裁员一定程度上偏向选择他的当事人是非常普遍的。但是,许多现代国际商事仲裁的立法对于仲裁员的独立性与公正性的标准,无论是合作仲裁员还是首席仲裁员都适用同样的标准。例如,《示范法》的第12条、《瑞士联邦国际私法法规》第180条、《英国仲裁法》第24条等,没有区分首席仲裁员还是合作仲裁员,都适用正当怀疑的标准,即"对仲裁员的公正性或独立性产生正当怀疑"的标准。大多数仲裁规则都作出了同样的规定。有学者评论道:在国际商事仲裁中,仲裁庭的所有成员,不管是否由当事人任命,都必须坚持适用独立性的统一标准,这是毫无疑问的。[⑤] 尽管如此规定,许多法律制度也承认首席仲裁员与合作仲

---

① AT & T Corp. v. Saudi Cable Co. [2000] 2 Lloyd's Rep. 127, 134, 135 (English Ct. App.).
② R. v. Gough [1993] 2 All F. R. 724, 732 (House of Lords).
③ Hunter, Ethics of the International Arbitration, 53 Arb. 1987, pp219-223.
④ Sinai, Arbitration as An Ideal Judicial Procedure, in J. Fleishman (ed.), Jewish Law Association Studies XVIII: The Bar-Han Conference Volume 279, 286 (2008).
⑤ Tupman, Challenge and Disqualification of Arbitrators in International Commercial Arbitration, 38 Int'l & Comp. L. Q. 26, 49 (1989).

6 国际商事仲裁庭

裁员有不同的地位与作用。当事人在选择仲裁员时,肯定会根据自己的利益来进行。当事人还可以会见其选择的仲裁员,可以与其商讨首席仲裁员推选的问题。而对于首席仲裁员来说,大多数国家的法律以及仲裁规则规定当事人是不能会见首席仲裁员的。

6.3.3 仲裁规则的规定

大多数仲裁机构的仲裁规则也都对仲裁员的独立性和公正性做出了规定,其主要体现在仲裁员的任命机制、仲裁员的异议以及更换等方面。在国际商事仲裁实践中,这些标准以及程序机制被国际商事仲裁协议采纳为其实质性的组成部分。在大多数仲裁案件中,仲裁机构的标准以及程序机制在仲裁庭的组成过程中起到重要的作用,很大程度上取代了国内法院的作用。一些先进的仲裁机构的仲裁规则对仲裁员的独立与公正义务采取了类似的方法。一般来说,这些方法与《示范法》的规定基本相同。2010年《联合国国际贸易法委员会仲裁规则》第12条第1款的规定具有代表性,规定了如果存在可能对任何仲裁员的公正性或独立性产生有正当理由怀疑的情况,均可要求该仲裁员回避。同样是采取了"正当怀疑"(justifiable doubts)的标准。第13条第3款接着规定了仲裁员回避的两种情形,一种是一方当事人对一名仲裁员提出回避,其他所有当事人表示同意;另一种情形是被提出异议的仲裁员主动辞职。这种规定最大限度地通过约定同意的方式解决仲裁员的异议问题,而不需要求助于法院。其他仲裁规则也做出了类似的规定,例如,2012年《国际商会仲裁规则》第11条第1款规定了每位仲裁员均必须是保持中立和独立于各当事人。《国际商会仲裁规则》还规定了对期望仲裁员的反对以及对既存仲裁员异议的程序,第11条第4款规定了仲裁院关于仲裁员任命、确认、回避或替换的决定均为终局决定并无须披露理由。其他仲裁规则,例如2014年《伦敦国际仲裁院仲裁规则》第5条第2款也规定了仲裁员在解决仲裁案件时,必须在任何时候对当事人保持公正与独立,不能在仲裁中有支持任何当事人的行为。2015年《中国国际经济贸易仲裁委员会仲裁规则》规定略微不同,其第24条规定:仲裁员不代表任何一方当事人,应独立于各方当事人,平等地对待各方当事人。

以上著名仲裁机构的仲裁规则有两个方面的共同点:(1)均规定了独立性与公正性两个方面。1998年《国际商会仲裁规则》仅仅规定了仲裁员的独立,但是规则制定的历史表明没有公正性的规定,并不暗示仲裁员可以具有偏袒的行为。2012年《国际商会仲裁规则》则规定独立与公正的两个方面。(2)所有仲裁规则都规定所有仲裁庭的成员应承担独立与公正的义务。无论是首席仲裁员,还是合作仲裁员都承担同样的义务。

　　许多仲裁机构的仲裁规则还要求期望的仲裁员在接受为仲裁员前,作出其独立性与公正性的声明与保证。例如,2010年《联合国国际贸易法委员会仲裁规则》提供了声明的范文,包括无情况披露与有情况披露的两种。对于无情况披露的声明范文为:"本人公正不偏,独立于每一方当事人,今后亦将如此行事。尽本人所知,过去、现在均不存在会对本人公正性或独立性产生有正当理由怀疑的任何情形。本案仲裁期间随后一旦出现可能引起本人注意的任何此种情形,本人当迅速通知各方当事人和其他仲裁员。"有情况披露的声明范文为:"本人公正不偏,独立于每一方当事人,今后亦将如此行事。根据《贸易法委员会仲裁规则》第11条,谨此附上有关以下方面的声明:(a)本人过去、现在与各方当事人在专业、业务和其他方面的关系,和(b)其他任何有关情形。[列入声明]本人确认,这些情形不影响本人的独立性和公正性。本案仲裁期间随后一旦出现可能引起本人注意的任何此种进一步关系或情形,本人当迅速通知各方当事人和其他仲裁员。"《联合国国际贸易法委员会仲裁规则》还认为,任何一方当事人均可考虑要求仲裁员对独立性作出补充声明,即"本人确认,根据本人目前掌握的情况,本人可以投入必要时间,按照本《规则》确定的时限,勤勉、高效地进行本案仲裁。"2012年《国际商会仲裁规则》第11条第2款明确要求当事人签署一份关于中立性与独立性等事项的声明,此项要求是强制性的,是成为仲裁员的前提,即在获得任命或确认前,仲裁员候选人应签署一份有关接受任命、有时间处理案件、具有中立性和独立性声明。仲裁员候选人应向秘书处书面披露在当事人看来可能影响仲裁员独立性的任何事实或情形,以及任何可能导致对仲裁员中立性产生合理怀疑的情形。秘书处应将此信息书面通知各当事人,并规定期限要求其予以评论。2015年《武汉仲裁委员会仲裁规则》的规定更加具体明确,其第25条第1款规定了被选定或者被指定的仲裁员应当签署声明书,向本会书面披露可能引起对其独立性或者公正性产生合理怀疑的任何事实或者情况。与2012年《国际商会仲裁规则》的规定不同的是,前者规定声明的时间在仲裁员任命和确认前,后者是已经被选定或者被指定时,没有确认的程序。2015年《武汉仲裁委员会仲裁规则》的规定可能存在一个问题,即如果仲裁员已经被选择或指定,之后再做出声明,如果当事人提出异议的,只能启动仲裁员的回避程序。而2012年《国际商会仲裁规则》则直接出具不予任命与确认程序。相比较而言,还是《国际商会仲裁规则》的规定比较合理。当然2015年《武汉仲裁委员会仲裁规则》在随后做出了有关的通知与回避的规定,即第25条第3款规定了声明的通知:本会应当及时将仲裁员的声明书和书面披露的信息转交

6 国际商事仲裁庭

当事人。规定中采取了"及时",没有明确具体的时间,在实践中,具体案件应该做出具体分析与判断。第26第2款规定了当事人就声明事项没有在规定时间内提出仲裁员回避的,表明了当事人就该声明事项放弃了仲裁员异议的权利,即当事人应当自收到仲裁员的声明书或者书面披露之日起三日内就是否申请仲裁员回避提出意见。当事人在三日内没有申请仲裁员回避的,不得再以仲裁员曾经披露的事项为由申请仲裁员回避。

6.3.4 道德准则与指南的要求

由于仲裁员的独立性与公正性对国际商事仲裁来说是非常重要的,加之如何判断仲裁员的独立与公正又是一个非常复杂与困难的问题,所以一些仲裁机构、律师协会以及其他社会团体作出努力,制定有关仲裁员的道德准则以及指南,希望对仲裁机构在涉及仲裁员的独立与公正问题上予以指导,也为仲裁员在进行国际商事仲裁中提供切实可行的具体要求。

国际律师协会理事会2004年5月22日通过了《国际律师协会关于国际仲裁中利益冲突问题指南》(以下简称《指南》),制定了国际商事仲裁中关于利益冲突的指导原则。《指南》在导言中指出:当事人、仲裁员、仲裁机构以及法院都面临着对披露内容和应当适用的标准的复杂抉择,仲裁机构和法院还要就披露后当事人提出的仲裁员异议作出艰难的决定。尽管法律和仲裁规则提供了一些标准,但对其适用也缺乏详细的指导。这导致国际仲裁业内人士对于披露和仲裁员异议适用不同的标准。所以《指南》希望能够体现一般标准的原则精神的当今国际最佳仲裁实践的理解。《指南》分为两个部分:一是一般标准,即关于公正性、独立性和披露的一般标准;二是一般标准的实际适用。

《指南》第一部分规定了处理利益冲突与披露义务的七个一般标准,包括一般原则、利益冲突、仲裁员的披露义务、当事人的弃权、范围、关系以及仲裁员和当事人的义务。一般标准是一般原则,在一般原则中,《指南》指出,仲裁员在整个仲裁程序中,从开始的仲裁员的选择到仲裁裁决的作出,都应该保持公正与独立。一般标准二的标题是利益冲突,指出了仲裁员拒绝指定的以下四项标准。第一项标准是主观性的标准:仲裁员对自身保持公正和独立的能力有任何怀疑。第二项标准是客观性的标准:如果从了解相关事实的合理第三人的角度来看,存在或因指定仲裁员而产生了对于仲裁员公正性和独立性的合理怀疑的事实和情况。对仲裁员不适格的客观标准不仅要求可能引起对仲裁员的公正性和独立性产生怀疑的情势存在,而且这些情势必须能引起对仲裁员中立性的正当的怀疑。第三项标准也是客观性标准:如果合理的知情第三人认为,仲裁员在作出裁决时可能会受到当事人陈述的案件是非之外的因素的影响,则怀疑是正当的。第四项标准既客观又具体:对仲裁员公正性和独立性的正当怀疑必然存在,如果当事人和仲裁员之间存在同一性,如果仲裁员是作为当事人之法律实体的法律代表,或如果仲裁员对争议事项有实质的经济或私人利益。一般标准三是关于仲裁员的披露,该规定是属于主观性的:仲裁员必须披露当事人可能会产生对仲裁员公正性和独立性怀疑的情势。因此,仲裁员必须把他自己放在当事人的位置上,来决定什么情况可能会引起当事人对自己的独立性和公正性的怀疑。这项标准提供了更为广泛的披露,不仅仅因为它是主观的,而且因为没有要求怀疑是"正当的"。一般标准四是关于当事人的弃权,即当事人没有及时行使相关权利,表明其放弃了权利,其目的是为了促使当事人尽快行使权利,而不能将其作为延迟仲裁程序的一种策略或武器;一般标准五是适用范围,即所有的仲裁员,不区分首席仲裁员与合作仲裁员,还是独任仲裁员。一般标准六是关于各种关系的事实引起必要的披露。一般标准七是关于仲裁员与当事人的义务,即仲裁员和当事人都有职责去调查他们之间直接的和间接的关系。

根据该指导原则,一个仲裁员的不披露不应该自动导致任何不利后果,例如仲裁员的免职或一项仲裁裁决的撤销。在工作组看来,不披露不能导致仲裁员具有偏见或缺乏独立性,除非其没有披露的事实或情事能够导致偏见或使其缺乏独立性。这种立场与一些国家的法律相冲突,这些国家一个仲裁员没有披露重要的情事会成为一项裁决被撤销的理由。

《指南》的第二个部分是一般标准的实际适用。《指南》提供了第一个部分一般标准在实际中如何进行适用的情形。具体适用《指南》采取了清单的做法,以交通信号灯的颜色命名:红色、黄色和绿色三组清单。第二部分采取列举的形式,而且是非穷尽的,第一部分的一般标准的适用情形也可以列入这些清单中。

红色清单属于严重的利益冲突的情形,包括不可放弃的红色清单和可放弃的红色清单的两个部分。不可放弃的红色清单是指存在利益冲突非常严重的情形,不允许当事人放弃,仲裁员不能继续参与仲裁程序,主要情形包括:当事人和仲裁员具有某种同一性,或仲裁员是作为当事人之法律实体的法律代表;仲裁员是当事一方的经理、董事或监事会成员,或对当事一方有相似的控制性影响;仲裁员对当事一方或案件结果有实质的经济利益;仲裁员为委任他的当事人或该当事人的关联机构提供日常服务,且仲裁员或其所在的事务所从中获取实质经济收入。可放弃的红色清单是指虽然存在较为严重的利益冲突的情形,但是如果当事人被告知而且同意,那么仲裁员可以接受任命。一些仲裁员称可放弃的红色清单为粉红清单,主要包括:仲裁员与争议存在某种关系;仲裁员对争议具有某种直接或间接利益;仲裁员与当事人或其代理人存在某种关系。列在可放弃的红色清单(或称粉色清单)里的情形大部分看起来似乎是不可能被放弃的。然而,工作组显然相信,如果当事人被完全告知,还仍然想指定这名仲裁员,那么允许当事人放弃这项冲突。无论是何种红色清单,仲裁员必须全面披露红色清单里描述的情形。

黄色清单是指存在较严重的利益冲突的情形,仲裁员必须披露,但是如果当事人没有在规定的时间里反对,则推定为当事人接受仲裁员的选择,且丧失对于这些披露的事实与情形提出异议的权利。例如,其3.1.1规定,仲裁员在过去的三年内就与争议无关的事项担任过当事一方或其关联机构的代理人,或在先前就与争议无关的事项为当事人或其关联机构提供过意见或接受过咨询,但是该仲裁员与当事人或其关联机构没有持续性关系。黄色清单包括仲裁员必须披露的情形。在披露之后,如果当事人没有及时反对,那么就认为当事人接受其担任仲裁员,而且放弃了任何基于这些披露的事实和情形对仲裁员的潜在利益冲突提出反对的权利。在黄色清单中,三年被认为是分界点。如果一些情形是在三年以前发生,就没有必要披露,可能会被列入绿色清单中。在这些清单的介绍中,有一点必须承认,三年的期限在某些特定的情形中可能会太长而在其他的情形中又太短。

绿色清单是指存在不会引起公正性和独立性问题而不需要披露的情形。绿色清单提供了一个安全的港湾。其有助于限制在通用标准三中提出的主观标准,即使当事人认为应当披露,但是如果这种情形被列在绿色清单之中,仲裁员不需要去披露。例如绿色清单4.4.2中仲裁员与当事一方的律师或另一仲裁员先前曾经一起担任过仲裁员或共同担任代理律师。在以上的情形中,如果一个仲裁员曾经和另一方当事人的律师共同担任过代理律师,当事人可能会认为仲裁员应当披露这种情形。一方当事人可能会很感兴趣地想知道两个仲裁员先前是否一起共事过,尤其是首席仲裁员和另一方当事人选定的仲裁员之间。一方当事人可能想知道这两个仲裁员是否会因为先前共同的经历趋向意见一致,而不是完全独立地处理当下这个问题。然而,这里指导原则的立场是,这种有共同的先前经历的情形不需要披露。当然,一般标准三里规定:任何关于仲裁员是否应披露特定的情事的怀疑应从有利于披露的角度来解决。因为依据一些国家的法律,关于披露的必要性可能会得出和工作组不同的结论,如果一个仲裁员有任何怀疑,他最好进行披露,而不是依赖绿色清单。

《指南》的工作值得肯定,但是仍然要看《指南》中的规定对法院或仲裁机构是否有说服力。尽管一些仲裁机构可能适用更严格的标准,对《指南》没有表现出极大的热情,但是《指南》的规定还是在国际商事仲裁实践中提供了一种可能的具体操作方法与原则。

关于《指南》与国际律师协会在1986年制定的《国际仲裁员的道德准则》(以下简称《道德准则》)的关系问题,《指南》中说道:《道德准则》包含的内容多于本指南,因此对于指南未涉及的问题准则仍然有效,指南所涉及的问题取代了道德准则的相关规定。也就是说,国际律师协会没有将这两个文件进行合并,《指南》中有规定的,将取代《道德准则》的规定,没有规定的,《道德准则》仍然有效,即《道德准则》中的3(公正性和独立性)和4(披露的职责)现在被《指南》所取代,剩下1—2和5—9规定仲裁员的勤勉义务、接受任命和当事人的交流以及保密等内容仍然有效。

除了国际律师协会制定的《道德准则》以及《指南》外,还有一些国家的律师协会或仲裁机构制定了相关的准则。例如,美国仲裁协会和美国律师协会于1977年制定、2004年修订的《商事争议中仲裁员行为的道德规范》;瑞典斯德哥尔摩商会仲裁院于2010年制定的《仲裁员指南》以及中国国际经济贸易仲裁委员会于1993年制定并于1994年修订的《仲裁员守则》等。这些仲裁机构制定仲裁员的道德规范,在一定程度上弥补了仲裁规则关于仲裁员独立性与公正性规定的不足,具有实际的可操作性,指导仲裁机构以及当事人、仲裁员在该问题上的具体做法。

6.3.5 当事人的合意

在国际商事仲裁实践中,还可能会出现当事人在其约定的仲裁协议中具体规定仲裁员独立性与公正性的标准。当事人的约定可能会改变国内仲裁立法或仲裁规则中关于仲裁员独立性与公正性的标准。这种改变可能体现为两种情况:(1)当事人加重独立与公正标准要求的意思自治;(2)当事人允许减损独立与公正标准要求的意思自治。

当事人可以在仲裁协议中提高仲裁员公正与独立的标准,这是当事人意思自治的表现。对于当事人提高标准的做法很难发现禁止的理由,当事人可以自由地约定他们选择的仲裁员必须具备特定的资格,例如金融、会计、建筑、房地产等方面的专业知识与经验,特定的身份,例如律师等,特定的国籍等等,当事人还可以约定仲裁员必须全然地与争议和当事人没有任何联系。在国际商事仲裁实践中,还没有任何当事人约定的加重独立与公正标准的仲裁协议被拒绝其效力。

当事人是否可以约定不公正或有偏见的仲裁员,即减损了仲裁员独立与

6 国际商事仲裁庭

公正标准的合意是否可行,这个问题是比较复杂的。在有些国家中,还不清楚减损标准的仲裁协议是否有效。正如前面所述,国际商事仲裁具有契约性以及仲裁当事人关于选择仲裁员的意思自治是国际商事仲裁的基础,所以当事人具有处理与规定选择何种仲裁员的自由,只要减损标准的做法是透明的并对双方当事人是平等的。有一些国家的仲裁立法采取了这种观点,例如在《美国联邦仲裁法案》下,当事人可以自由选择非中立的合作仲裁员。相比较而言,在许多国家的国内法制度中,当事人是否可以同意合作仲裁员或首席仲裁员采取不同的标准,目前仍然不太清楚。《示范法》也没有作出清晰明确的规定,当事人是否可以减损其第 12 条第 2 款的规定,即只有存在引起对仲裁员的公正性或独立性产生正当怀疑的情况或仲裁员不具备当事人约定的资格时,才可以申请仲裁员回避。当事人只有根据其作出指定之后知悉的理由,才可以对其所指定的或其所参与指定的仲裁员提出回避。采取《示范法》的国家目前也没有报告认为第 12 条第 2 款的规定是强制性的规定。大多国内仲裁立法中对此也没有作出规定。相反,有一些国家仲裁立法禁止当事人选择偏见的合作仲裁员的仲裁协议,例如 1996 年《英国仲裁法》第 4 条第 1 款规定:本编之强制性规定列于附录 1,当事人之相反约定不影响其效力。而第 33 条第 1 款(a)项则属于强制性规定,当事人不能约定更改,其具体规定为"仲裁庭应公平及公正地对待当事人,给予各方当事人合理的机会陈述案件并抗辩对方当事人的陈述。也就是说,当事人不能通过协议形式减损仲裁员公平及公正对待当事人的要求。

  对于该问题,更好的方法就是承认当事人具有减损的权利,同时对当事人选择非中立的仲裁员的意思自治加以一定的限制。主要理由有:(1)当事人意思自治原则是国际商事仲裁的基本原则,其也体现了当事人在仲裁程序中选择仲裁员的自由,也是当事人之所以选择国际商事仲裁解决他们之间争议的主要原因;(2)根据《纽约公约》第 5 条第 1 款(丁)项,即"仲裁机关之组成或仲裁程序与各造间之协议不符,或无协议而与仲裁地所在国法律不符者"的规定,如果当事人约定了减损选择仲裁员的标准被推翻,就可能造成仲裁庭的组成与当事人的协议不符的情况,可能被执行地国家拒绝承认与执行;(3)根据大多数国家仲裁立法,当事人对仲裁员的独立与公正的异议权利可以被放弃,适用当事人约定减损的做法应该被承认。例如,2004 年《国际律师协会关于国际仲裁中利益冲突问题指南》中规定的红色清单中就有可放弃的部分,即所谓的粉色清单,尽管粉色清单属于比较严重的情形,但是如果当事人被告知而且同意,那么仲裁员可以接受任命。也就是说,当事人本身约定放弃某种可以放弃的利益冲突,应该是被允许的。

6.4 仲裁员的权利与义务

在国际商事仲裁中,仲裁员决定了仲裁的质量。仲裁员在仲裁过程中应该正确行使权利,并承担当事人约定或仲裁规则以及仲裁法所规定的义务。与仲裁庭的组成不同,该问题主要包括仲裁员的地位、权利与义务等。

6.4.1 仲裁员的地位

仲裁员的地位是仲裁员的权利与义务中的核心问题,但是该问题没有引起足够的重视,无论是国际公约以及国内立法都没有明确的规定。

《纽约公约》以及其他一些国际商事仲裁公约没有包含仲裁员地位、权利与义务的条款。《纽约公约》在规定缔约国承认与执行仲裁协议时,在某些情况下,间接触及仲裁员的地位、权利与义务问题。在实践中,公约对这些问题并没有起到说明的作用,完全将这些问题交由国内法进行解决。同样,国内仲裁立法事实上也同样没有规定这一问题,没有规定仲裁员在其与当事人之间关系中的地位,没有任何规定解释与说明仲裁员与当事人之间关系的性质。这些问题完完全全地交由国内法院以及学者进行阐明。具有代表性并被许多国家采取的《示范法》对仲裁员的地位以及其与当事人的关系完全保持沉默。从《示范法》规定的内容上下文也无任何指引,说明仲裁员与当事人之间是契约关系,还是其他法律关系的形式。事实上,从《示范法》起草历史的评论来看,法律并没有处理仲裁员的法律责任以及其他属于仲裁员与当事人契约性的关系问题。[①] 其他国家的立法也类似。无论是仲裁发达国家(如美国、英国、法国等),还是仲裁的发展中国家(如中国),几乎都没有作出全面的规定。即使有一些规定,也主要限制在仲裁员的费用、仲裁员的豁免或者保密性义务等方面。仲裁规则也仅仅在零星的条文中作出了一些规定,例如仲裁员披露潜在的利益冲突、保持独立性与公正性以及遵守仲裁特定时间表、仲裁员的报酬、保密性的需要以及特殊情况下仲裁员的豁免等问题。没有任何仲裁规则阐述仲裁员与当事人之间的关系问题。

国际商事仲裁学者以及法院在实践中构建了仲裁员与当事人之间关系

[①] H. Holtzmann & J. Neuhaus, A Guide to the UNCITRAL Model Law on International Commercial Arbitration: Legislation History and Commentary 218, 464-465, 473 (1989).

6 国际商事仲裁庭

的各种理论,其中被广泛接受的是契约理论。该理论认为仲裁员与当事人之间是一种契约关系。在契约理论下,仲裁员与仲裁协议的当事人之间达成相互独立的契约,根据该契约,仲裁员履行特定的职责,相应地,当事人以报酬、合作与给予仲裁员豁免作为回报。① 英国法院认为,仲裁员的权利与义务来源于合同与地位的结合,仲裁员接受任命,就变为与当事人之间"仲裁契约"的一方当事人,承担勤勉地履行仲裁行为的义务,作为回报获得报酬。仲裁员接受任命,成为当事人之间原有仲裁协议的一方当事人,与当事人之间形成了三方契约。② 法国、美国、瑞士、德国、奥地利、芬兰等国家法院具有类似的观点。与契约理论相反的观点,就是司法权理论或法律授权理论,认为仲裁员的权利与义务来源于法律授权,而不是合同。仲裁员的权力、仲裁员的审理行为都取决于有关国家的法律。如果没有仲裁地国家的授权,仲裁员就不能行使通常只能由法官才能行使的权力。③ 仲裁员的地位犹如法院的法官,从本国法律中取得裁判权,其所做出的裁决与法院判决相同。

必须强调的是,所有仲裁法律制度都认为国际商事仲裁员与任何当事人之间不形成一种律师与委托人之间的关系。

如果说仲裁员与当事人之间形成了一种所谓的契约关系,那么该契约又具有何种性质、又是如何形成的和终止的,都是需要进一步探讨。关于仲裁员契约的性质有不同的观点:有的认为仲裁员参加原有的仲裁协议,形成了三方契约;有的认为与原有的仲裁协议相分离,形成了单独的双方契约。④ 目前来看,单独的契约观点具有一定说服力。另外仲裁员契约是属于代理合同、服务合同、雇佣合同,抑或独特的或混合契约,不同的学者有不同的观点。代理合同论认为仲裁员被看做是当事人的代理人;服务合同论认为仲裁员被看做是提供仲裁服务并获得报酬的人;雇佣合同论则认为仲裁员是当事人受雇佣人;混合契约论认为仲裁员权利与义务具有独立性,并不能将其归入到某类合同中,其形成了独特的一种合同。关于仲裁员契约的处理取决于当事人之间仲裁以及仲裁员任命的具体情况。一般来说,当事人提出选择仲裁员的请求,属于发出要约。潜在的仲裁员可以接受,也可以不接受。如果其接受,表明其发出了承诺,仲裁员契约此时成立,双方各自承担合同上的义务,

---

① Fouchard, Relationships Between the Arbitrator and the Parties and the Arbitral Institution, in ICC, The Status of the Arbitrator 12, 13 (ICC Ct. Bull. Spec. Supp. 1995).
② K/S Norjarl A/S v. Hyundai Heavey Indus. Co. [1992] 1 QB 863-865 (English Ct. App.)
③ 黄进、宋连斌、徐前权著:《仲裁法学》,中国政法大学出版社 2008 年版,第 7 页。
④ Fouchard, Relationships Between the Arbitrator and the Parties and the Arbitral Institution, in ICC, The Status of the Arbitrator 12 (ICC Ct. Bull. Spec. Supp. 1995).

并享受合同上的权利。在大多数仲裁案件中,仲裁员如果作出仲裁裁决,仲裁程序终结,仲裁员合同终止。如果当事人之间达成调解或和解,调解或和解正式生效时,仲裁员契约终止。当然,仲裁员契约也有在仲裁终结前终止的情况,例如当事人提出仲裁员异议成立,仲裁员自行回避或被动回避,或者仲裁员被更换,都可能导致仲裁员协议的终止。

6.4.2 仲裁员的权利

仲裁员在承担义务的同时,享有一定的权利,包括:(1)获得报酬的权利;(2)在仲裁过程中要求当事人合作的权利;(3)仲裁员民事责任豁免的权利。前两种权利能够容易理解,后一种权利无论是在立法上还是在学术上,都有一定的争论。

承认仲裁豁免的主要理由有:(1)仲裁员的地位犹如法官,在仲裁案件中,执行准司法的职能。其享有如法官一样的豁免;(2)仲裁豁免可以使仲裁员能够客观公正地处理仲裁案件,不受到外在因素的影响,本着内心的公正公平处理案件,有助于确保仲裁裁决的作出;(3)如果仲裁员要承担法律责任,尤其是民事责任,可能会遭受支付损害赔偿金的惩罚。很大程度上当事人可以利用这一制度在仲裁程序中恐吓仲裁员,暗示仲裁员将对其提出诉讼的可能性;(4)如果不给予仲裁员豁免,就会导致许多优秀的人不愿意进行仲裁。反对仲裁豁免的主要理由有:(1)给予仲裁员豁免,就是变相鼓励仲裁员不尽心尽责,鼓励仲裁员粗心、滥用权力以及欺诈;(2)仲裁员与当事人之间是一种契约关系,仲裁员没有履行合同的义务,必须承担法律责任;(3)如果给予仲裁豁免,就没有惩罚性措施来限制仲裁员的不当行为。

不管是赞成仲裁豁免的,还是反对仲裁豁免的,都有其正确的一面。法律体系应该平衡各种以上的担忧,不同的法律制度关注的重点不同,对仲裁员的豁免采取了不同的态度与方法。一般来说,几乎所有的法律制度中都规定仲裁员不享有刑事豁免,中国已经通过刑法的修正案的形式,将仲裁员的刑事责任纳入到法律规定之中。但是对于仲裁员民事法律责任的豁免各国的法律规定不同,尤其是大陆法系与普通法系存在较大的差别。普通法系国家一般认为仲裁员承担的是准司法职能,提供仲裁员豁免。尤其是在美国,其从有利于仲裁事业发展的角度出发,对仲裁员给予强有力的保护,几乎提供了仲裁员的绝对豁免。大陆法系国家一般不会给予仲裁员的绝对豁免,给予一种有限的豁免,仲裁员不会因为一般疏忽而负法律责任。如果仲裁员具有明显的疏忽或者故意的行为,其是要承担民事法律责任的。民事责任是基于合同或者侵权。仲裁员有时被视为与当事人订立了一个法律服务的合同。

与其他的专业人士一样,如果不按照约定履行,其要承担合同上的法律责任。仲裁员的行为可能被视为注意义务的违反,其可能要承担侵权上的法律责任。

关于仲裁员的豁免问题,如其他仲裁员的地位问题一样,无论是《纽约公约》,还是《欧洲国际商事仲裁公约》和《美洲国家国际商事仲裁公约》都没有规定仲裁员的豁免问题。相比较而言,1965年《解决国家与他国国民之间投资争议公约》(简称 ICSID 公约)规定了仲裁员宽泛的仲裁豁免,包括民事责任的豁免以及免于国内法院的管辖。除《示范法》在这个问题上完完全全保持沉默外,许多国内仲裁立法对此作出了规定,例如1996年《英国仲裁法》第29条规定:(1)仲裁员不对其在履行或试图履行其职权过程中的任何作为或不作为承担责任,除非该作为或不作为表明其违反了诚信原则。(2)本条第1款之规定如同适用于仲裁员本人一样适用于其雇员或代理人。(3)本条不影响因仲裁员辞职而产生的责任(除外情况见第25条)。《英国仲裁法》第29条的规定是强制性条款,当事人不能通过协议进行更改。其他国家,如爱尔兰、苏格兰、葡萄牙、澳大利亚都采取与英国类似的"否定方法"。西班牙、意大利、奥地利等国家则采取"肯定方法",即规定仲裁员在什么情况下承担法律责任,例如西班牙仲裁立法规定,如果仲裁员没有忠诚地履行其责任,将承担由于其违反诚信、疏忽以及欺诈原因引起的损失的责任。中国《仲裁法》的规定基本类似,其第38条规定:仲裁员有本法第34条第4项规定的情形,情节严重的,或者有本法第58条第6项规定的情形的,应当依法承担法律责任,仲裁委员会应当将其除名。无论是否定方法,还是肯定方法,其实都是一样的,犹如硬币的两面,在仲裁员民事责任的豁免上,大多数仲裁规则也都规定了仲裁员民事责任的豁免。例如,2012年《国际商会仲裁规则》第40条规定:仲裁员、仲裁庭任命的任何人士、紧急仲裁员、仲裁院及其成员、国际商会及其职员和国际商会国家委员会和小组及其职员和代表,不因与仲裁有关的任何作为或不作为对任何人承担责任,除非适用法律禁止本项责任限制。其他仲裁规则尽管没有采用《国际商会仲裁规则》第40条的比较绝对的用语,但是也大多规定了仲裁员的豁免问题。1976年《联合国国际贸易法委员会仲裁规则》并没有规定豁免问题,但在2010年修订的《联合国国际贸易法委员会仲裁规则》第16条作出了规定,即除蓄意不当行为外,在适用法律允许的最大限度内,各方当事人放弃以与本仲裁有关的作为或不作为为由,向仲裁员、指定机构以及仲裁庭指定的任何人提出任何索赔。

6.4.3 仲裁员的义务

在国际商事仲裁中,仲裁员从接受时到仲裁裁决作出时,甚至仲裁裁决作出之后,都要承担一定的义务。仲裁员有许多义务,一些体现在仲裁规则或仲裁立法中,一些依据道德的观念或当事人的期望,还有一些依据国际仲裁的普遍实践。其最基本的义务是作出一个有执行力的仲裁裁决,或至少尽最大努力去作出一个有执行力的仲裁裁决。尽管这可能被认为是一个伦理的或道德的义务,但是一些仲裁机构把这项义务强加在他们的仲裁规则中。仲裁员应该仔细地阅读仲裁协议,分析当事人有无强加一些具体的义务。例如,当事人可能已经同意仲裁员应当按照公平合理原则来仲裁,也就是说,当事人同意仲裁员根据公平善良原则以及国际贸易的实践处理当事人的争议,可以不依据法律来作出裁决。仲裁员也可能有由仲裁机构或仲裁规则强加的一些具体的职责,例如公正和独立的义务。此外,仲裁员可能会被仲裁地的法律要求公正和公平地、谨慎地、平等地对待当事人和给每一个当事人全面展示案情的机会。各种各样的道德行为规范也提出了仲裁员的职责。例如,1986 年国际律师协会《国际仲裁员的道德准则》强加了以下义务:(1)勤勉地进行并且有效地提供给当事人一个公平高效的解决方案;不能偏袒。(2)禁止为了得到指定去联系当事人;禁止接受指定除非:不偏袒、有能力决定这个争议、对仲裁的语言很熟悉、能够给这个问题合理的时间和关注。(3)保持公正性和独立性。(4)披露关于引起对公正性和独立性产生合理怀疑的事实和情形。(5)禁止与当事人或其代理人接触,除非限于程序性事项。(6)禁止单方面地安排收费。(7)投入必要的时间和精力。(8)如果当事人要求或者同意,可以为解决争议提出建议。(9)要始终保持仲裁庭的审议和仲裁裁决的内容的机密性。

  根据国内仲裁立法、仲裁规则以及仲裁员的道德准则等,可以将仲裁员的义务分为以下几个方面:(1)解决当事人之间争议;(2)按照当事人仲裁协议进行仲裁;(3)仲裁保密性的维持;(4)在某些情况下为当事人提出解决方案;(5)完成仲裁员受命的工作;(6)具有并保持独立性与公正性。

  如果仲裁员违反了其应承担的义务,对当事人造成一定的影响与损失,仲裁规则以及国内、国际仲裁立法都具有一定的救济手段。由于大多数国家仲裁立法对于仲裁员民事法律责任给予豁免,当事人不能对仲裁员提起民事方面的请求。对于仲裁员违反义务所采取的措施与手段包括:(1)丧失获得仲裁员报酬的权利,例如 1996 年《英国仲裁法》第 24 条第 4 款规定:法院撤换仲裁员时,可以做出其认为合适的关于该仲裁员对报酬或开支的请求权(如有)或返还已支付的报酬或开支的命令。(2)仲裁员委任终止,例如《示范法》第 14 条第 1 款的规定:仲裁员无履行职责的法律行为能力或事实行为能力或者由于其他原因未能毫无不过分迟延地行事的,其若辞职或者当事人约定其

6 国际商事仲裁庭

委任终止的,其委任即告终止。但对上述任何原因仍有争议的,任何一方当事人可以请求第6条规定的法院或其他机构就是否终止委任作出决定,该决定不得上诉。(3)仲裁员的更换,例如中国1994年《仲裁法》第37条规定:仲裁员因回避或者其他原因不能履行职责的,应当依照本法规定重新选定或者指定仲裁员。(4)禁止将来任命为仲裁员,中国1994年《仲裁法》第38条规定:仲裁员有本法第34条第4项规定的情形,情节严重的,或者有本法第58条第6项规定的情形的,应当依法承担法律责任,仲裁委员会应当将其除名。(5)承担刑事责任,例如我国刑法修正案(六)规定的枉法仲裁罪,仲裁员在仲裁活动中故意违背事实和法律做出枉法裁决情节严重的,承担一定的刑事责任。

6.5 成本和花费

国际商事仲裁的优势之一可能是仲裁比较经济。如果从仲裁与整个诉讼程序相比较,因为仲裁是一裁终局性,仲裁的费用比多层次的诉讼便宜,但是就仲裁与诉讼的初审比较,仲裁未必比诉讼更便宜。当事人在仲裁中不得不支付仲裁员的费用以及代理人的费用,有时候这些费用还是很大的。在机构仲裁中,仲裁员的费用通常是由仲裁机构决定,当事人一般不与仲裁员商讨仲裁员的费用。在临时仲裁中,所有当事人应该参与仲裁员费用的讨论,决定仲裁员费用的数量以及支付方式。仲裁员履行其义务同时有权获得报酬,由于首席仲裁员比合作仲裁员要承担更多的义务,有时候需要起草仲裁裁决书,花费更多的时间,其得到的费用要比合作仲裁员(边裁)更多。一般情况下,当事人需要提前支付相关的费用,如果当事人拒绝支付相关的费用,可能会导致仲裁程序无法进行。在实践中,如果被申请人拒绝支付相关的费用,申请人可以进行支付,其支付的费用会在最终的仲裁裁决书中由仲裁员根据案件的具体情况进行分配。

6.6 结　　论

仲裁庭由仲裁员组成,仲裁的质量取决于仲裁员的质量。当事人意思自治原则在国际商事仲裁员选择中起到重要的作用。在国际商事仲裁实践中,通常采取独任仲裁庭或三人仲裁庭的形式。在三人仲裁庭中,当事人双方各自选择一名仲裁员,然后通常由他们选定的两名仲裁员共同推选第三名仲裁员,作为首席仲裁员。仲裁员在仲裁程序中必须保持公正与独立,否则将受到当事人的异议,要求其进行回避。仲裁员在履行其义务的同时,也享有权利。为了使仲裁员更好地从事仲裁事业,多数国家的仲裁立法以及仲裁规则都规定了一定条件下仲裁员民事责任的豁免。

7

国际商事仲裁的程序

　　国际商事仲裁程序与国际民事诉讼程序以及国内的民事诉讼程序有很大的区别。在国际商事仲裁程序中,当事人的意思自治原则起到重要的作用。当事人可以约定支配他们仲裁的程序规则,如果当事人没有约定,仲裁庭享有较大的自由裁量权决定特殊的仲裁程序。国内仲裁立法以及国际仲裁条约对当事人的意思自治以及仲裁庭的自由裁量权,都较少进行限制。当事人以及仲裁庭共同推进仲裁程序的进程。无论是当事人约定的仲裁程序,还是仲裁庭自由裁量决定的仲裁程序,其过程主要包括仲裁请求的提出、文书送达、仲裁请求的接受、回复与反请求的提出、仲裁庭的组成、仲裁员的回避、开庭前的准备、开庭审理、证据的提交、庭审过程以及仲裁员做出裁决。在国际商事仲裁的程序中,涉及一些非常重要的问题,主要包括庭审的过程、仲裁文书的送达、证据规则、多方当事人问题等。仲裁的保密性问题也是在仲裁过程中一个问题,但是在仲裁裁决以及后续的阶段也存在仲裁的保密性问题,本章对该问题一并进行阐述。至于仲裁程序过程中的中间措施的发布以及法院的协助等问题,本书的第4章国际商事仲裁的监督中已经涉及,本章不再具体阐述。

　　当事人同意将争议提交仲裁,除了仲裁所具有其他优势外,国际商事仲裁程序的灵活性以及效率性,也是当事人选择仲裁的原因之一。当事人将争议提交仲裁,需要公正和中立的程序规则处理他们之间的争议。当事人可以根据争议的具体情况和性质,自由约定并裁剪适合具体争议的仲裁程序。与法院诉讼程序的形式化与机械化相比较而言,国际商事仲裁可以根据具体情况进行改变,这得到了当事人的欢迎。

　　国际商事仲裁程序的目标就是程序的中立性、公平以及效率。程序的中立性是最为重要的目标。在国际民事诉讼中,无论是在哪一方当事人所在国家审理案件,另一方当事人肯定不熟悉对方当事人国家的程序规则。尽管国际商事仲裁的当事人可能来自于不同的国家,有时候甚至来自于不同法系的国家,但国际商事仲裁程序的目标就是确保程序的中立性。程序的公平是国际商事仲裁的内在要求,给予双方当事人同等庭审的机会,仲裁员基于法律与当事人提供的证据公正与客观地解决当事人之间的争议,保障当事人的程序权利。仲裁的快捷来源于对具体案件上的程序设计,避免程序上的机械性与国内法上程序的僵化与多层次。基于以上目标的考虑,仲裁程序通常与国内的诉讼程序有很大的区别。国际商事仲裁程序是为特定争议和当事人量身定做的仲裁程序。

7.1 国际商事仲裁程序的主要步骤

在主要的国际商事仲裁规则中,其程序的步骤都已经得到合理的安排。仲裁规则中制定的步骤都是在该仲裁机构中得到了实践的充分检验,相对是比较完善的。不同仲裁机构的仲裁规则所规定的程序步骤有其自身的特点,但是从整个仲裁程序的步骤来看,大体上相同。首先,申请人需要提出并呈交由被申请人进行答复的仲裁请求或仲裁通知。根据相关规则和法律的规定,通知和答复必须包含具体的仲裁请求。其次,仲裁庭的组成程序。根据当事人的约定或仲裁规则的规定,双方当事人选择仲裁员或通过仲裁机构的指定,组成仲裁庭审理双方当事人的争议。再次,仲裁庭审理案件。案件可以进行书面审理,但是书面审理必须符合一定的条件。通常情况下,案件需要进行开庭审理。有些案件只需要一次开庭,有些案件需要多次开庭。开庭审理主要采取口头听审的形式。开庭审理有时需要数小时,有时可能持续数天或数周,或者甚至更长的时间。仲裁规则或仲裁机构庭审指南一般也都规定庭审的主要步骤,主要有开庭前的准备工作,宣布开庭,当事人陈述与答辩,仲裁员确定仲裁裁决的形式。这是基本的程序,但是不同的仲裁规则的规定以及不同的具体案件,仲裁程序却是多样化的。尽管当事人可以约定仲裁程序,仲裁规则也都规定了仲裁程序。无论是规定也好,还是约定也好,都不可能面面俱到,仲裁庭在仲裁程序的决定上有很大的自由裁量权。由于国际商事仲裁经常牵涉来自不同法律体系的当事人和仲裁员,仲裁中适用的程序趋向于一个体系影响另一个体系,通常会被首席仲裁员的背景所影响。下面是按照仲裁程序进程简要分析仲裁程序中所涉及的主要事项,但是必须要说明的是,由于仲裁程序的复杂性以及多样性,有些程序事项的分类可能在其他程序中出现。下文只是为了叙述的方便将其归入到特定的阶段,在实践中可能会出现跨阶段的情况以及可能在其他阶段出现的情况。

7.1.1 仲裁开始阶段

当事人签订合同以后,有可能会出现相关的争议。当当事人之间无法解决争端时,一方当事人根据合同中的仲裁条款或仲裁协议书决定开始进行仲裁。决定仲裁的当事人首先阅读仲裁协议,浏览并遵循当事人约定的仲裁条款,进行提起仲裁的各种准备。由于制度不同,开始仲裁的程序也是多种多样的。

7.1.1.1 仲裁请求书或仲裁通知

在大多数仲裁中,第一步程序是提交仲裁请求书或仲裁通知。仲裁请求一般采取书面形式,也可以采用口头形式,但是在仲裁实践中,事实上口头形式还从未出现并且采取口头形式会引起形式有效性的问题。仲裁请求书或仲裁通知由希望提请仲裁的当事人提出,该当事人在仲裁中一般称为仲裁申请人(claimant)。仲裁通知或仲裁请求必须送交给对方当事人,该当事人一般称为被申请人(respondent)。仲裁通知的目的是通知被申请人,告知仲裁程序已经开始以及特别请求将提交仲裁,通知被申请人针对其请求的一般情况,让被申请人决定将来的行动过程。此外,仲裁请求将通常确定申请人的索赔与要求的救济、管辖权的基础、提供申请人提名的仲裁员等。

仲裁请求书的内容因当事人的仲裁协议、适用的仲裁规则以及适用的国内仲裁法而不同。所有这些都要求仲裁请求书或仲裁通知包含特定的内容与信息。在临时仲裁以及当事人没有约定的情况下,国内仲裁立法有时规定了仲裁请求的内容。《示范法》在这个问题上完全没有作出规定,将其留给当事人的仲裁协议或仲裁规则进行规定。1996年《英国仲裁法》第14条规定,除非当事人有约定,仲裁请求要求书面通知递交给提名或指定的仲裁员,或者要求委任仲裁员。法国法律则要求仲裁请求必须作出明确的仲裁意图的声明。《德国民事诉讼法典》第1044条则要求仲裁请求必须列出当事人、争议的性质以及涉及的仲裁协议。对于该问题,仲裁规则主要规定了仲裁请求的两种基本方法:仲裁通知与仲裁申请书相结合的方法和单一仲裁申请书的方法。前一种方法通常考虑到两步骤的程序,首先是初步的通知,然后申请人必须在索赔声明中提交索赔的事实和法律依据。后一种方法由申请人提交一份较长的包括争议所依据的事实和法律理由的申请书。

采取两步骤方法代表是2010年《联合国国际贸易法委员会仲裁规则》。其第3条第3款规定短格式请求仲裁通知所包含的内容:(1)将争议提交仲裁的要求;(2)各方当事人的名称和联系方式;(3)指明所援引的仲裁协议;

(4)指明引起争议的或与争议有关的任何合同或其他法律文书,无此类合同或文书的,简单说明相关关系;(5)对仲裁请求作简单说明,涉及金额的,指明其数额;(6)寻求的救济或损害赔偿;(7)各方当事人事先未就仲裁员人数、仲裁语言和仲裁地达成协议的,提出这方面的建议。第4款规定仲裁通知还可包括:(1)关于指派指定机构的建议;(2)关于指定一名独任仲裁员的建议;或者(3)指定一名仲裁员的通知书。随后,当事人将提交较为详细说明仲裁请求所依据事实和法律的仲裁申请书。根据第20条第2款的规定,申请书内容包括:(1)各方当事人名称和联系方式;(2)支持本仲裁请求的事实陈述;(3)争议点;(4)寻求的救济或损害赔偿;(5)支持本仲裁请求的法律依据或观点。当然,《联合国国际贸易法委员会仲裁规则》还规定仲裁通知书可以当做仲裁申请书对待,但要求其符合第20条第2款、第3款、第4款的规定。第2款就是上面的仲裁请求书的内容,第3款要求将引起争议或与争议有关的任何合同或其他法律文书副本,以及仲裁协议副本,附于申请书之后。第4款要求申请书应尽可能附具申请人所依据的所有文件和其他证据,或注明这些文件和证据的来源出处。

采取单一仲裁申请书的代表是2012年《国际商会仲裁规则》。根据该规则第4条第3款的规定,申请书的内容应该包括:(1)各方当事人名称全称、基本情况、地址和其他联系信息;(2)在仲裁中代表申请人的任何人士的名称全称、地址和其他联系信息;(3)请求仲裁的争议的性质及情况,以及提出请求的依据;(4)所请求的救济,连同任何已量化的请求的数额,以及对其他任何请求可能得出的金额估值;(5)列明任何有关协议,特别是仲裁协议;(6)如果仲裁请求是按照多项仲裁协议提出的,应写明每项仲裁请求所依据的仲裁协议;(7)确定仲裁员人数及仲裁员选择方式的所有相关说明及任何意见或建议,以及根据上述条款提名的仲裁员人选;(8)所有关于仲裁地、适用的法律规则和仲裁语言的相关说明、意见或建议。此外,申请人可以在提交申请书时,一并提交其认为适宜的或可能有助于有效解决争议的其他文件或信息。

由于仲裁的开始时间关系到仲裁的时效问题,确定某一具体的时间点有利于确定仲裁时效的计算点。仲裁开始的时间可以由当事人在仲裁协议中自由约定。如果当事人没有约定的,主要有两种仲裁开始的时间点:被申请人收到仲裁通知的具体日期和仲裁机构收到仲裁申请书的具体日期。前者规定的代表是2010年《联合国国际贸易法委员会仲裁规则》第3条第2款的规定,即仲裁程序应视为自被申请人收到仲裁通知之日起开始。后者规定的代表是2012年《国际商会仲裁规则》第4条第2款的规定,即秘书处收到申请书的日期在各种意义上均应视为仲裁开始的日期。此外,有的国家仲裁立法

7 国际商事仲裁的程序

则是根据不同的情况来确定仲裁开始的时间,例如1996年《英国仲裁法》第14条作出了具体规定:(1)按照本编及时效法之规定,当事人自由约定仲裁程序被视为开始的时间。(2)如无此类约定,则适用以下规定。(3)如仲裁协议中已提名或选定仲裁员,关于某事项的仲裁程序,自一方当事人向另一方当事人送达书面通知,要求其将该事项提交前指仲裁员时开始。(4)如仲裁员需由当事人委任,关于某事项的仲裁程序,自一方当事人向另一方当事人送达书面通知,要求其委任仲裁员或同意关于该事项之仲裁员之委任时开始。(5)如仲裁员需由当事人之外的其他人委任,关于某事项的仲裁程序,自一方当事人向该人发出书面通知,请求其就该事项委任仲裁员时开始。

7.1.1.2　仲裁请求书的送达

为了有效地开始仲裁,大多数国内仲裁立法都规定仲裁通知或仲裁请求书必须送达到被申请人。在极少数案件,当事人仲裁协议要求仲裁通知送达到所有仲裁协议的当事人。有人建议仲裁通知或者仲裁请求书的送达可以采取与国内法院同样的送达方式,总体上看,此种建议是错误的,并且在仲裁实践中一般不会采用同样的方式。所以,无论是国内的民事诉讼中还是国际民事诉讼的送达方式一般不采纳到国际商事仲裁之中。国际商事仲裁规则一般都会规定相关的送达机制与送达方式。例如,2012年《国际商会仲裁规则》第3条第2款规定了送达方式,可以采取回执函、挂号信、特快专递、电子邮件或者其他任何能提供投递记录的电信方式送达。送达地址是当事人自己提供的,或对方当事人提供的当事人或其代表人的最终地址。其第3款规定了送达日期,应视为在当事人或其代表收到或应当收到之日送达。2010年《联合国国际贸易法委员会仲裁规则》规定更加具体送达方法,其第2条第1—4款规定:(1)通知包括通知书、函件或建议,可通过任何能够提供或容许传输记录的通信手段进行传输。(2)凡一方当事人已为此目的专门指定某一地址,或者仲裁庭已为此目的同意指定某一地址的,均应按该地址将任何通知送达该当事人;照此方式递送的,视为收到通知。使用传真或电子邮件等电子方式的,只能将通知递送到按上述方式指定或同意指定的地址。(3)没有指定地址或没有同意指定地址的:(a)通知直接交给收件人,即为收到;或者(b)通知递送到收件人的营业地、惯常住所或通信地址,即视为收到。(4)经合理努力仍无法根据第2款或第3款递送通知的,用挂号信或以能够提供递送记录或试图递送记录的方式,将通知递送到收件人最后一个为人所知的营业地、惯常住所或通信地址,即应视为已收到通知。在国际商事仲裁中,文书的送达是一个比较重要的问题,不仅包括仲裁开始时的文书送达,也包括仲裁程序过程中各种文书的送达以及仲裁裁决等的送达,所以本章将在后面单独对商事仲裁的送达方式等问题进行阐述。

7.1.1.3 仲裁请求书的接受

仲裁申请书送达被申请人并由被申请人接受对仲裁程序有重要的作用。被申请人拒绝接受仲裁通知的,但有证据证明仲裁通知事实上已经发出和送达,对随后的仲裁裁决的撤销以及拒绝承认与执行程序起到一定作用。仲裁申请书或仲裁通知接受的时间会产生重要的法律后果。一般来说,仲裁申请书接受的日期是被申请人在一定时间范围内提交答复的起始时间。例如,2012年《国际商会仲裁规则》第5条第1款规定,被申请人应当在收到秘书处转来的申请书之日起30天内提交答辩书。如果计算期间,其第3条第4款作出了具体规定,自通知或通信送达之次日开始计算。若送达之次日在通知或通信送达地国为公共假日或非工作日时,该期限自随后第一个工作日开始计算。公共假日和非工作日应计算在该期限内。当期限届满日在通知或通信地国为公共假日或非工作日时,该期限于随后第一个工作日结束时届满。在有的仲裁规则中,其接受时间也是决定仲裁的开始时间。例如,2010年《联合国国际贸易法委员会仲裁规则》第3条第2款的规定。

7.1.1.4 被申请人的回复与反请求

国内仲裁立法较少专门规定被申请人的回复与反请求问题,一般留给当事人的仲裁协议以及合并到仲裁协议的仲裁规则进行规定。大多数仲裁规则都规定给予被申请人一定的回复时间,回应申请人的仲裁请求、提出任何的仲裁反请求或者提出管辖权的异议。仲裁规则一般规定的回复时间为30天。2012年《国际商会仲裁规则》第5条第1款规定,被申请人应当在收到秘书处转来的申请书之日起30天内提交答辩书。2014年《美国仲裁协会国际仲裁规则》第3条第1款、2013年《香港国际仲裁中心机构仲裁规则》第5条第1款、2010年《联合国国际贸易法委员会仲裁规则》第4条第1款等也都规定了30天的回复期。有时,30天的回复期间比较短,当事人可以在仲裁协议规定延长答复期,或者由仲裁机构根据实际情况决定是否延长。例如,2012年《国际商会仲裁规则》第5条第2款规定:秘书处可以准予延长被申请人提交答辩书的期限,但被申请人的延期请求必须包括被申请人对于仲裁员人数、仲裁员选择方式及第12、13条要求提名的仲裁员人选的意见或建议。如果被申请人没有按上述规定行事,仲裁院将按照本仲裁规则的规定继续进行

7 国际商事仲裁的程序

仲裁程序。

至于回复的内容,某些仲裁规则作出了规定,例如 2010 年《联合国国际贸易法委员会仲裁规则》第 4 条第 1 款规定,被申请人应在收到仲裁通知 30 天内向申请人递送对仲裁通知的答复,其应包括:(1)每一被申请人的名称和联系方式;(2)对仲裁通知所载信息内容的答复。第 2 款还规定对仲裁通知的答复还可以包括:(1)任何关于根据本规则组成的仲裁庭缺乏管辖权的抗辩;(2)关于指派指定机构的建议;(3)关于指定一名独任仲裁员的建议;(4)指定一名仲裁员的通知书;(5)提出反请求或为抵消目的提出请求的,对其作简单说明,包括在有关情况下指明所涉金额以及所寻求的救济或损害赔偿;(6)被申请人对不是申请人的仲裁协议当事人提出仲裁请求的,应按第 3 条规定的发出仲裁通知。2010 年《联合国国际贸易法委员会仲裁规则》是采取仲裁通知和仲裁申请书的两个步骤,所以对仲裁通知的答复是对应仲裁通知的内容进行的。2012 年《国际商会仲裁规则》是采取单一仲裁申请书的形式,所以被申请人的回复要针对争议的实质问题的,其第 5 条第 1 款规定,答复应该包括以下内容:(1)被申请人名称全称、基本情况、地址和其他联系信息;(2)在仲裁中代表被申请人的任何人士的名称全称、地址和其他联系信息;(3)对于请求仲裁的争议的性质、情况以及请求依据的意见;(4)对于所请求的救济的答复;(5)基于申请人的建议,确定仲裁员人数及仲裁员选择方式的任何意见或建议,以及提名的仲裁员人选;(6)关于仲裁地、适用的法律规则和仲裁语言的任何意见或建议;(7)被申请人可以在提交答辩书时,一并提交其认为适宜的或可能有助于有效解决争议的其他文件或信息。

如果被申请人对仲裁管辖权有异议,最好在回复中作出反应。这样做的目的是为了避免以后在仲裁管辖权异议的抗辩中被认为放弃了异议的权利。此外,大多数仲裁规则规定,被申请人应该在其回复的期间同时提出反请求。至于反请求的内容与形式与仲裁请求书是一致的。如果被申请人提出了反请求,申请人与被申请人一样在规定的期限内对反请求进行回复。例如,2012 年《国际商会仲裁规则》第 5 条第 5 款、6 款规定:被申请人提出的任何反请求应当与答辩书一起提交并载明以下内容:(a)引起反请求的争议的性质及情况,以及提出反请求的依据;(b)所请求的救济,连同任何已量化的反请求的数额,以及对任何其他反请求可能得出的金额估值;(c)任何有关协议,特别是仲裁协议;以及(d)如果反请求是按照多项仲裁协议提出的,应写明每项反请求所依据的仲裁协议。被申请人可以在提交反请求时,一并提交其认为适宜的或可能有助于有效解决争议的其他文件或信息。申请人应当在其收到秘书处发送的反请求之日起 30 天内提交书面答复。秘书处在将案卷移交仲裁庭之前,可以准予延长申请人提交书面答复的期限。

7.1.2 仲裁庭的组庭及相关事项

7.1.2.1 仲裁庭的组成

关于仲裁庭的组成方法以及仲裁员人数的选择等问题,在第6章已经具体进行了阐述。总之,仲裁庭的组成是在仲裁中非常重要的程序阶段。

7.1.2.2 仲裁员的异议

正如第6章所述,许多仲裁立法以及仲裁规则都规定了对当事人选择的仲裁员以及仲裁机构指定的仲裁员可以提出异议。当事人提出异议或回避的中心在于仲裁员的独立性以及公正性。在仲裁实践中,大多数仲裁是机构仲裁,仲裁规则都具体规定了仲裁员回避的事项。2010年《联合国国际贸易法委员会仲裁规则》的规定具有代表性,其第11条、第12条规定了仲裁员回避的理由,第13条第1款规定了仲裁员回避的提出的时间,即一方当事人意图对一名仲裁员提出回避,应在被要求回避的仲裁员的任命通知书发给该当事人后15天内,或在该当事人得知第11条和第12条所提及的情况后15天内,发出其回避通知。2012年《国际商会仲裁规则》、2013年《香港国际仲裁中心机构仲裁规则》、2014年《美国仲裁协会国际仲裁规则》以及2014年《伦敦国际仲裁院仲裁规则》都作出了类似的规定。当事人将面临是否对仲裁员提出异议的艰难的抉择:一方面,如果当事人提出仲裁员的回避没有成功,被提出回避的仲裁员将可能会对该当事人产生消极的印象,可能对该当事人产生怀疑,怀疑其提出回避的目的是为了寻求延迟仲裁程序或者阻碍仲裁程序的顺利开展;另一方面,如果当事人不提出仲裁员的异议,将可能产生该当事人丧失对仲裁员提出回避的权利,当事人只好接受该可能与争议有某种利益冲突的仲裁员来处理案件。

7.1.2.3 首席仲裁员的程序性权威

在三人仲裁庭中,其中一名仲裁员将作为主持仲裁员,具体负责仲裁程序的开展与进行工作,其也被称为首席仲裁员。首席仲裁员在仲裁程序中起到非常重要的作用,在仲裁庭审中负责程序事项,监督仲裁庭的审议以及在仲裁员对案件争议产生分歧时具有关键的投票和起草仲裁裁决。

有些仲裁立法授予了首席仲裁员特别的权威,例如,1988年《瑞士联邦国际私法法规》第189条第2款的规定:当事人未作选择的,裁决实行少数服从

7 国际商事仲裁的程序

多数的原则。无法确定多数仲裁员意见的,由首席仲裁员裁定。仲裁裁决应采用书面形式,记录裁决的理由,注明日期,并经首席仲裁员签字。《示范法》第29条规定:在有一名以上仲裁员的仲裁程序中,除非当事人另有约定,仲裁庭的任何决定应当按其全体成员的多数作出。但是,经各方当事人或仲裁庭全体成员授权的,首席仲裁员可以就程序问题作出决定。仲裁规则中也作出了具体的规定,例如2010年《联合国国际贸易法委员会仲裁规则》第33条第2款规定:出现程序问题时,达不到多数的,或者经仲裁庭授权,首席仲裁员可单独作出决定,但仲裁庭可作出任何必要修订。当事人也可以约定授权首席仲裁员宽泛的程序权威,例如对于某些程序事项独立地作出决定。

7.1.2.4 仲裁过程中与仲裁庭的书面联系

在仲裁过程中,当事人有必要通过书面方式与仲裁庭建立联系,目的是为了确保当事人都有公平的听审机会以及禁止当事人单方面就当事人之间的实质问题进行联系。仲裁庭应该在仲裁开始阶段就组织好联系的方式,设定好联系事项的清单以及联系途径,避免随后当事人文件是否发出以及接受的困难与尴尬。随着科学技术的发展,电子邮件方式逐步得到广泛的运用,大多数的文件材料可以通过电子邮件的方式进行传输。但是对于特别重要的正式文书,例如仲裁申请书、仲裁裁决书等仍然需要通过当面递交以及通过注册的邮箱进行传输。

仲裁庭组庭后,当事人或者其代理人一般被限制进行单方面与仲裁庭对争议的实质事项进行沟通与交流。这是仲裁程序公平性的要求,一般没有例外。对于这个问题,《示范法》第24条第3款作出了规定:一方当事人向仲裁庭提供的一切陈述书、文件或其他资料应当送交对方当事人。仲裁庭在作出决定时可能依赖的任何专家报告或证据性文件也应当送交各方当事人。国际商事仲裁规则也都禁止单方面的交流,规定一方当事人应该将提供的材料复印给对方当事人,例如2010年《联合国国际贸易法委员会仲裁规则》第17条第4款规定:一方当事人应将其提交仲裁庭的所有函件发送其他各方当事人。除仲裁庭可以根据适用法另外允许的情形外,所有此类函件应同时发送。

7.1.3 组庭后的仲裁准备工作

仲裁庭组庭后,仲裁庭便开始为仲裁案件的审理进行各种各样的准备工作,包括程序方面的安排以及召开程序的预备会议等工作。

7.1.3.1 程序命令

在仲裁程序过程中,仲裁庭将作出许多程序性的决定与安排,主要包括听审的时间安排、会议安排、电话会议安排、意见书的提交时间安排、证据提交的时间安排、补充证据的时间安排、证据披露请求的规则、仲裁程序中止的批准与拒绝、仲裁保密事项、新的仲裁请求或反请求的准予与拒绝、听审顺序、作出合并审理和加入仲裁的决定等事项。这些决定主要是采取程序命令的形式。仲裁庭作出的程序命令长短不一,主要视仲裁庭决定的事项而定。这些程序命令主要采取书面函件的形式通过电子邮件发送给当事人。特别指出的是,仲裁的程序命令并不是仲裁裁决,并不涉及撤销和拒绝承认与执行问题。

7.1.3.2 管辖权的异议

一方当事人将争议提交仲裁进行解决,另一方当事人可能对于仲裁协议的解释以及有效性产生争议,就会引起管辖权的异议问题。尽管国内法院可以在仲裁程序开始阶段作出仲裁管辖权的决定,但是仲裁庭也有权对自己的管辖权作出决定。这就是本书前面所阐述的仲裁庭自裁管辖权原则,或者是管辖权/管辖权规则。关于仲裁庭作出仲裁管辖权异议的时间,有的仲裁规则作出了具体的时间规定,大多数仲裁规则规定仲裁庭可以在仲裁裁决中自由裁量地进行决定。也有些仲裁规则规定仲裁机构可以对仲裁管辖权进行表面的判断,例如 2012 年《国际商会仲裁规则》第 6 条第 4 款规定,对于提交仲裁院决定的所有案件,仲裁院应就仲裁是否继续进行以及应在何等范围内继续进行作出决定。如果仲裁院基于表面所见,认为一个仲裁规则要求的仲裁协议可能存在,则仲裁应继续进行。

7.1.3.3 仲裁语言

仲裁程序中使用的语言具有实践重要性的问题。仲裁程序中所使用的语言不仅会影响到仲裁员的选择问题,还会影响到仲裁文书的翻译以及证人的翻译等问题。仲裁机构的推荐示范仲裁条款中一般都有仲裁语言的规定。当事人可以自由约定仲裁程序中所使用的语言,也可以约定改变他们仲裁程序中使用的语言。在国际商事仲裁中,英语通常是许多仲裁机构的备用选择。如果当事人没有约定仲裁使用的语言,大多机构的仲裁规则都规定由仲裁庭进行选择仲裁程序中使用的一种语言或多种语言。如果仲裁程序中确定了所使用的语言,一般情况下,所有的文书以及书面证据必须翻译为仲裁程序所使用的语言文字。在仲裁案件中,证人可以以其母语进行作证,也就需要对其作证提供翻译。

7.1.3.4 程序的预备会议

仲裁庭组庭后,第一步通常组织由双方当事人参加的仲裁程序的预备会议。有些仲裁员认为程序的预备会议很重要并要求仲裁庭与当事人进行能够尽早召开程序的预备会议。在程序的预备会议中,仲裁庭将会对仲裁程序作出介绍并讨论将来仲裁程序的安排。程序的预备会议可以促进仲裁庭与当事人之间的良好关系以及充分讨论仲裁程序事项和案件管理事项。在程序的预备会议中,当事人可以就仲裁程序的适当性以及仲裁程序的时间安排发表意见。在现代国际商事仲裁实践中,程序的预备会议可以通过现代通信手段,例如视频会议、电话会议等方式进行,没有必要进行面对面的会议。这样可以为不同国家的当事人解决了交通、住宿等方面的困难。2012年《国际商会仲裁规则》第24条规定了强制性的初步会议,即案件管理会议,并在附件四中规定了具体的案件管理方法,鼓励仲裁庭应结合案件管理会议来考虑案件管理方法。

7.1.3.5 案件管理

案件管理在国际商事仲裁中特别重要。与国内诉讼相比较,国际商事仲裁没有如国内诉讼统一适用的程序规则,当事人可以为自己具体的争议量身定制其程序规则。所以,为了仲裁程序的快捷以及顺利开展,当事人之间的仲裁案件就需要进行必要的管理。案件管理可以促进仲裁的效率以及当事人之间公平的程序对待。当事人通过案件管理,可以根据案件的时间表进行仲裁。一些仲裁机构对案件管理的程序进行了规定与编撰,以便为仲裁庭与当事人进行案件管理作出指导。例如,1996年联合国国际贸易法委员会制定的《贸易法委员会组织仲裁程序的说明》(简称《说明》)提供附有说明的仲裁庭在仲裁程序期间希望做出决定的事项清单,旨在为仲裁执业人员提供帮助,包括就仲裁规则、仲裁使用的语言和仲裁地点以及与保密有关的问题作出决定,另外还涉及诸如庭审的实施、取证以及对裁决的备案或下达可能提出的要求等。案文不具约束力,但可以在临时仲裁和机构仲裁中使用。《说明》前言确认仲裁庭具有管理仲裁程序的自由裁量权。前言认为仲裁庭作出有关安排仲裁程序的决定,可以事先与当事双方进行协商,也可以不经过协商。《说明》提出了安排仲裁程序时可能需要考虑的事项清单:(1)议定一套仲裁规则(《说明》14—16);(2)语言、翻译、费用(《说明》17—20);(3)仲裁地和仲裁听审地点(《说明》21—23);(4)仲裁庭履行其职能所需的行政服务以及任命秘书(《说明》24—27);(5)仲裁费用交存款(《说明》28—30);(6)有关仲裁信息的保密(《说明》31—32);(7)当事方与仲裁员相互间送交信函的方式(《说明》33—34);(8)以传真及其他电子手段发送书面材料(《说明》35—37);(9)交换书面申诉的安排(《说明》38—41);(10)处理书面材料和证据的具体细节(材料提交方法、份数、编号、标注等)(《说明》42);(11)确定争议点、裁决事项的先后次序、确定所寻求的补救或补偿(《说明》43—46);(12)可能的解决办法谈判及其对时间安排的影响(《说明》47);(13)书面证据的提交时间、迟交的后果、是否提交、认可文件来源及收到以及复印件、当事双方是否愿意共同提交一套单一的书面证据、对于数量庞大而且复杂的书面证据,应否提出内容摘要、列表、图示、摘录或样品的真实性假定正确无误(《说明》48—54);(14)提出实物证据时的安排、需要实地查验时应作出的安排(《说明》55—58);(15)证人,包括当事一方意欲提出证人的事前通知、证人的书面陈述、获取证人口头证词的方式、传唤证人的顺序、举行听讯前先与证人面谈、当事一方的听证代表等(《说明》59—68);(16)专家和专家证人(《说明》69—73);(17)听讯,包括是否举行听讯的决定、只举行一个阶段听讯或分成几个阶段、确定听讯日期、双方口头论辩和询问证人应否有一个总的时间限制、双方提出申辩和证据的次序、听讯时间的长短、编写听讯记录的安排、可否允许当事双方提交以及何时提交口头答辩的书面摘要等(《说明》74—85);(18)多方当事人类型的仲裁(《说明》86—88);(19)对送达裁决书的可能要求(《说明》89—90)。

7.1.3.6 仲裁时间限制

仲裁的快捷属性要求仲裁案件的审理要有一定的时间限制,仲裁裁决必须在一定的时间范围内作出。仲裁国内立法,例如采取《示范法》的国家以及大多数其他国家的仲裁立法基本上都没有规定,其主要由当事人的仲裁协议以及仲裁庭自由裁量权作出规定。如果当事人在仲裁协议中约定仲裁程序的期限,一般都是允许的和有效的,得到了《纽约公约》和仲裁国内立法的承认。有的仲裁规则也规定了仲裁程序的期限,主要有一般仲裁程序的期限和加速仲裁程序(简易仲裁)的期限。例如,2012 年《国际商会仲裁规则》第 30 条第 1 款规定了一般仲裁的期限,即仲裁庭必须作出终局裁决的期限为六个月。该期限自仲裁庭成员在审理范围书上最后一个签名之日或者当事人在审理范围书上最后一个签名之日起算,或者自秘书处通知仲裁庭仲裁院已批准审理范围书之日起算。仲裁院制定的程序时间表,另行确定一个不同的期限。2015 年《中国国际经济贸易仲裁委员会仲裁规则》第 62 条规定了简易仲裁程序的期限为仲裁庭组庭后的3个月,仲裁庭应该在此期限内作出裁决。当然,由于某些案件的复杂性或者其他原因可能导致案件在规定的期限内无法作出裁决,仲裁机构可以根据仲裁庭的意见或自身作出延长期限的决定,例如2015年《中国国际经济贸易仲裁委员会仲裁规则》第48条第2款规定:经仲裁庭请求,仲裁委员会仲裁院院长认为确有正当理由和必要的,可以延长该期限。再例如2012年《国际商会仲裁规则》第30条第2款规定:仲裁院可依仲裁庭说明理由的请求延长该期限,或在其认为必要时自行决定延长该期限。

由于仲裁程序有一定的期限,仲裁庭在仲裁早期阶段作出一个仲裁程序时间表,规定仲裁程序的每一个阶段的时间安排,并发出预备仲裁程序命令。仲裁庭以及当事人都应该按照仲裁程序的时间表进行具体的仲裁程序。

7.1.3.7 国际商会(ICC)的审理范围书

国际商会国际仲裁院的特色之一就是设立了审理范围书制度。根据2012年《国际商会仲裁规则》第23条的规定,仲裁庭在收到秘书处转来的案卷后,根据书面材料或会同当事人,并按照当事人最近提交的文件,拟定一份文件界定其审理范围。审理范围书的内容包括:(1)各方当事人及在仲裁中代表当事人的任何人士的名称全称、基本情况、地址和其他联系信息;(2)在仲裁过程中的通知或通信可送达的地址;(3)当事人各自的请求和所请求的救济摘要,连同任何已量化的请求的数额,以及对任何其他请求可能得出的金额估值;(4)待决事项清单,但仲裁庭认为不适宜的除外;(5)每一位仲裁员的姓名全名、地址和其他联系信息;(6)仲裁地;以及(7)可适用的程序规则的详细说明;当事人授权仲裁庭充当友好调解人或以公平合理原则作出裁决的,应予注明。

审理范围书应当经当事人和仲裁庭签署。仲裁庭应当在收到案卷之日起两个月内向仲裁院提交经当事人和仲裁员签署的审理范围书。仲裁院可依仲裁庭附有说明理由的请求,延长该期限,或在其认为必要时自行决定延长该期限。若任何当事人拒绝参与拟定或签署审理范围书,该审理范围书应提交仲裁院批准。审理范围书经签署,或经仲裁院批准后,仲裁应继续进行。审理范围书签署或经仲裁院批准后,任何当事人均不得提出超出审理范围书的新请求,除非仲裁庭在考虑该项新请求的性质、仲裁审理阶段以及其他有关情形后准许当事人提出。

国际商会国际仲裁院要求仲裁庭在拟定审理范围书时,或在拟定后尽可能短的时间内,召集案件管理会议,并在会议期间或之后,仲裁庭应制定一份其打算为进行仲裁而遵循的程序时间表。该程序时间表及其任何修改内容均应通知仲裁院和各方当事人。国际商会的仲裁规则关于审理范围书以及案件管理和程序时间表等相关的要求是有争议的。其他大多数仲裁机构的仲裁规则都没有在仲裁案件的初期强加于仲裁庭上述类似的义务。有学者认为审理范围书作为是一种官僚性的措施,其价值不高并且增加费用和引起不必要的延迟。[①] 其实,上述关于国际商会的审理范围书、案件管理会议以及程序时间表的看法是片面的。从国际商会国际仲裁院的实践来看,这些措施具有有效的功能,能够促进仲裁程序的顺利进行。这也是国际商会国际仲裁院的仲裁规则经过多次修改,仍然保留这些措施的原因,也是其实施国际商事仲裁管理中的特色。

7.1.4 仲裁听审前的程序工作

国际商事仲裁庭以及当事人在听审前还需要进行一些程序工作,主要包括费用的预交、书面呈递以及开庭前的证据披露等问题。

7.1.4.1 预交费用

大多数仲裁规则都规定要求当事人预先交付仲裁费用,包括仲裁员的报酬以及仲裁机构的行政费用,譬如案件管理费以及案件处置费等。如果当事人无正当理由没有预先交付相关费用的,仲裁将不会进行。如果一方当事人没有预交费用,另一方当事人为了自身利益,将所有的费用补齐,仲裁程序可以继续进行。一般地,仲裁裁决中将会对费用分担作出裁决,预交所有费用的一方当事人将在仲裁裁决中得到补偿。

7.1.4.2 书面呈递

所有的国际商事仲裁规则都要求当事人在仲裁开始阶段提交仲裁请求书或仲裁通知书,答复及提出反请求以及任何反请求的答复。根据仲裁规则的规定或当事人仲裁协议的约定,当事人最初的仲裁请求书可以比较简洁,仲裁庭可能要求当事人再呈递一份详细的书面申请书。如果当事人最初的仲裁请求书提供了比较详细的信息,仲裁庭可能不再要求提供额外的书面呈递。一些国内仲裁立法对书面呈递作出了具体的规定。《示范法》的规定具有代表性。其第 23 条规定了申请书和答辩书。根据第 23 条第 1 款的规定,

---

① Wetter, The Present Status of the International Court of Arbitration of the ICC: An Appraisal, 1 Am. Rev. Int'l Arb. 1990, pp91-101.

7　国际商事仲裁的程序

当事人提交申请书和答辩书的义务是强制性的,申请人应当(shall)申述支持其请求的各种事实,被申请人应当(shall)逐项作出答辩。第23条还规定了当事人可以修改或补充其请求或答辩。其具体内容为:(1)在当事人约定的或仲裁庭确定的时间期限内,申请人应当申述支持其请求的各种事实、争议点以及所寻求的救济或补救,被申请人应当逐项作出答辩,除非当事人就这种申述和答辩所要求的项目另有约定。当事人可以随同其陈述提交其认为相关的一切文件,也可以附带述及其将要提交的文件或其他证据。(2)除非当事人另有约定,在仲裁程序进行中,任何一方当事人可以修改或补充其请求或答辩,除非仲裁庭考虑到为时已迟,认为不宜允许作此更改。

2010年《联合国国际贸易法委员会仲裁规则》第25条做出了进一步的规定,仲裁庭确定的传递书面陈述(包括仲裁申请书和答辩书)的期间不得超过45天。但是,仲裁庭认为延长期间正当的,可以延长该期间。这些进一步的书面呈递通常在证据听审前提交,也有的在听审后提交,包括事实声明、法律争论、书面证人证言、专家意见等。

仲裁庭有时候为了了解当事人的争议和推进仲裁程序,应当对当事人需要提供的书面呈递提供指引,例如希望讨论的争点、具体的法律问题以及需要提供的事实文件等。

7.1.4.3　证据披露或证据开示

在国际商事仲裁中,证据披露或证据开示起到重要的作用。证据开示术语可能会被误解,尽管其源自于美国诉讼制度中的证据规则,但是国际商事仲裁还是与普通法国家的立法不同,其通常更加实质性,不像诉讼中具有太大的广泛性。证据披露在某种程度上与证据开示具有同等的含义,没有特别的说明,本书在同等意义上使用这两个术语。国际商事仲裁的证据披露并没有自动的权力,当事人必须根据程序命令或指令提供披露。通常情况下,关于披露的命令与案件的程序时间表一起发布。仲裁庭发布披露命令,设立当事人要求披露请求以及回复请求的程序与时间安排,建立披露请求和命令披露的规则。仲裁庭必须决定在仲裁程序的过程中何时当事人可以寻求向对方要求披露。当事人或者仲裁庭根据国内法也可以向法院请求司法帮助,获得要求当事人或其他人强制性披露的命令。

大多数仲裁立法对于国际商事仲裁庭的披露权力仅仅作出了有限的规定,但是所有的仲裁立法都承认在国际商事仲裁范围内当事人在披露的存在、时间、范围等上具有意思自治,作为当事人一般程序上的意思自治的一个方面。许多国家同时也承认,如果当事人没有相反的协议,仲裁庭具有发布披露命令的固有或隐含的权力。很少有国家的仲裁立法明确规定仲裁庭的发布披露命令事项。例如，《示范法》也没有特别的条款规定此问题。其第19条第1款规定：在不违背本法规定的情况下，当事人可以自由约定仲裁庭进行仲裁时所应当遵循的程序。这是对于当事人之间一般程序上的意思自治的规定，当然也隐含地包括仲裁庭的披露权力。如果当事人没有约定，《示范法》其他条款也隐含地规定仲裁员有权命令仲裁的当事人提交证据材料。其第19条第2款规定：未达成此种约定的，仲裁庭可以在不违背本法规定的情况下，按照仲裁庭认为适当的方式进行仲裁。授予仲裁庭的权力包括对任何证据的可采性、相关性、实质性和重要性的决定权。第27条授予了仲裁员有权寻求在获取证据方面的司法帮助。第26条第1款(b)通过承认仲裁庭可以要求一方当事人向专家提供任何相关资料，或出示或让他接触任何相关的文件、货物或其他财产以供检验，表明了仲裁庭具有命令披露的权力。美国仲裁立法的规定更加明确，《美国联邦仲裁法案》第7条规定：不论是否依照本法案所指定的仲裁员全体或者过半数，都可以用书面传唤任何人出席作证，并且可以命令提出被认为是案件实质证据的簿册、记录、证件或者文件。证人的出席费用同美国法院证人的费用一样。传票应当用仲裁员全体或者过半数的名义签发，并且应当送达被传唤人，传票的送达方法同法院传票一样。如果被传唤作证的人拒绝或者拖延出席，仲裁员全体或者过半数所在地区的美国法院，根据请求，可以强迫其出席，或者按照美国法院关于保证证人出席或者处罚拖延、拒绝出席的规定，给予处罚。1996年《英国仲裁法》的规定比《示范法》以及《美国联邦仲裁法案》更为具体详细。其第32条第2款(d)项规定了仲裁庭有权决定是否及何种文件或文件类别在何阶段应在当事人间披露并由当事人提供。《英国仲裁法》授予了仲裁庭宽泛地命令当事人披露的权力。某些大陆法国家的仲裁立法也作出较《示范法》更为明确的规定，例如《法国民事诉讼法典》第1467条第3款规定了在法国的仲裁员可以命令当事人提交证据材料。1998年《比利时司法典》第1696条第3款规定仲裁庭也可以命令提交由一方当事人持有的文件。

　　大多数仲裁规则都规定了仲裁庭具有发布要求当事人披露证据材料的权力。2014年《伦敦国际仲裁院仲裁规则》第22条第1款(c)、(d)、(e)项的规定非常具体明确，具有代表性。其具体内容为：……(c)进行仲裁庭认为有必要或有用处的查询，包括仲裁庭是否应该和应该到什么程度，去主动找出问题并确定有关的事实和适用于该仲裁的法律或法律规范、当事人争议以及仲裁协议的实质性问题；(d)指令任何当事人将任何由其控制并与仲裁事项主题有关的财产、现场或对象提供给仲裁庭、任何其他当事人、其专家或仲裁庭的任何专家查验;(e)指令任何当事人向仲裁庭和其他当事人提供任何仲裁庭认为有关的并在其占有、保管或权力范围之内的文件和任何类别文件以供查阅并提供副本。2014年《伦敦国际仲裁院仲裁规则》的规定授予了伦敦国际仲裁院仲裁庭命令当事人相互之间进行披露文件以及其他材料广泛的权力。其他仲裁规则也作出了类似的规定,例如2010年《联合国国际贸易法委员会仲裁规则》第27条第3款规定:在仲裁程序进行期间的任何时候,仲裁庭均可要求各方当事人在应由仲裁庭决定的期限内出示文件、证物或其他证据。

7.1.4.4 书面证据

通常情况下,仲裁庭倾向于依赖文件证据以及证人书面声明,给予书面证据以特别的权重,不太重视口头证据。在仲裁实践中,各方当事人向对方当事人以及仲裁庭在听审前提供与案件有关的书面证据。通常许多相关的书证附随在当事人最初的书面呈递中,其他一些证明材料可以与请求或声明分开单独提交。尽管书证附随仲裁请求书一起提交是较好的实践,但是并没有一般的规则规定一方当事人必须在第一次书面呈递中提交所有的书证。如果当事人仅仅在最初的书面呈递中提交部分的或不充分的书证,其请求并不受到拒绝或被侵蚀。当事人可以根据仲裁庭发布的截止日期,自由地提供文件或其他证明材料。所以,当事人在国际商事仲裁中,根据仲裁庭发布的仲裁程序时间表以及自己的仲裁策略,决定披露书面证据的时间以及数量。特别说明的是,当事人提交的书面证据并不需要原件,提供复印件就可以了。

7.1.4.5 证人书面声明

如果当事人同意或者仲裁庭发布命令,证人证言可以首先以证人书面声明形式提交。这些声明由证人进行签署、宣誓以及证明,并于口头听审前提交仲裁庭与对方当事人。2010年《联合国国际贸易法委员会仲裁规则》第27条第2款规定:当事人提出的就任何事实问题或专业问题向仲裁庭作证的证人,包括专家证人,可以是任何个人,无论其是否为仲裁的一方当事人或是否与一方当事人有任何关系。除非仲裁庭另有指示,证人的陈述,包括专家证人的陈述,可以书面形式呈递,并由其本人签署。

7.1.4.6 新的仲裁请求及抗辩

国际商事仲裁,与国内法院诉讼一样,并不希望当事人修改或补充他们的请求或抗辩。在大多数案件中,当事人提出新的仲裁请求或修改仲裁请求以及仲裁抗辩是被允许的。大多数仲裁国内立法没有对当事人修改请求或抗辩作出特别的限制。《示范法》第 23 条第 2 款规定:除非当事人另有约定,在仲裁程序进行中,任何一方当事人可以修改或补充其请求或答辩,除非仲裁庭考虑到为时已迟,认为不宜允许作此更改。同样仲裁规则也给予了当事人自由修改其仲裁请求或答辩的自由,例如 2010 年《联合国国际贸易法委员会仲裁规则》第 22 条规定:在仲裁程序进行过程中,当事人可更改或补充其仲裁请求或答辩,包括更改或补充反请求或为抵消目的而提出的请求,除非仲裁庭考虑到所提出的更改或补充过迟或对其他当事人造成损害,或者考虑到其他任何情况而认为不宜允许此种更改或补充。但是,对仲裁请求或答辩提出更改或补充,包括对反请求或为抵消目的而提出的请求提出更改或补充,不得使更改后或补充后的仲裁请求或答辩超出仲裁庭的管辖权。

仲裁庭可以自由裁量决定是否准许当事人修改其仲裁请求或答辩,或者是否同意当事人提交新的仲裁请求或答辩。当然,一项修改必须根据当事人的仲裁协议属于仲裁庭管辖范围内的事项。

7.1.4.7 截止日期

为了提高仲裁的效率以及促使当事人尽快仲裁,仲裁庭常常规定某一仲裁程序进行的截止日期,例如提交书面证据的日期,超出规定的时间点,仲裁庭将不接受当事人进一步提供的文件材料。这样做的目的主要是为了阻止当事人在听审中的突然袭击。在有些案件中,当事人试图在截止日期后提交证据,其提交的理由可能是发现新的证据、提交困难或者疏忽,并认为截止日期太武断,排除了关键实质性的证据可能导致当事人提交案件的机会。一般情况下,仲裁庭都会拒绝当事人截止日期后提交的证据。在特殊案件中,为了审理案件的必须,仲裁庭也可能允许当事人在截止日期后提交证据,但是必须给予对方当事人同等的机会以及对新证据评估与答复的机会。

7.1.5 听审

大多数仲裁制度或仲裁规则要求仲裁庭应举行听审,除非当事人有相反的约定。当事人可以依照约定同意仲裁庭书面审理案件。在国际商事仲裁实践中,书面审理案件不多见,大多数辩护人更倾向于开庭审理案件,以便当庭提出他们的辩护意见以及回答仲裁庭的问题。听审的一般程序为:(1)主席安排程序问题;(2)安排听审;(3)听审地点;(4)听审语言;(5)当地禁止请求;(6)听审具体过程;(7)程序记录;(8)各方时限;(9)加急程序。

7.1.5.1 口头听审的强制性要求

除非当事人有相反的约定,在所有国际商事仲裁中,听审是强制性的。2010年《联合国国际贸易法委员会仲裁规则》第17条第3款规定:如有任何一方当事人在仲裁程序的适当阶段请求开庭审理,仲裁庭应开庭审理,由证人包括专家证人出示证据或进行口头辩论。未提出此种请求的,仲裁庭应决定是进行开庭审理,还是根据书面文件和其他资料进行程序。一些国内仲裁立法也作出了类似的规定,例如《示范法》第24条第1款规定:除当事人有任何相反约定外,仲裁庭应当决定是否举行开庭听审,以便出示证据或进行口头辩论,或者是否应当以文件和其他材料为基础进行仲裁程序。但是除非当事人约定不开庭听审,一方当事人请求开庭的,仲裁庭应当在进行仲裁程序的适当阶段举行开庭听审。

7.1.5.2 听审安排与计划

在国际商事仲裁实践中,尤其在仲裁庭由三名仲裁员组成的情况下,听审安排通常是比较困难的。仲裁庭与当事人应该尽最大的努力作出听审的日期安排。听审日期安排将涉及仲裁庭的仲裁员、各方当事人以及其代理人、相关的证人,还要考虑到仲裁地的节假日等情况。如果由于一方当事人不合作或者其他原因,听审日期无法达成一致的,仲裁庭可以确定听审日期。一旦确定了听审日期,仲裁庭应该确保所有当事人收到听审日期的通知。仲裁庭应特别避免在仲裁地的法定节假日进行听审,同时也要注意双方当事人的法定节假日以及宗教节日。仲裁庭的听审有时候可以分阶段进行,明确各个阶段所要进行的具体事项。

仲裁庭为了节省时间,可以与当事人商讨听审计划,包括任何安排听审、书面呈递以及庭审前的电话联系等。

7.1.5.3 听审时间的安排

听审一般安排在法律事务所的办公室、宾馆的会议室或者仲裁机构提供专门开庭的会议室。这些地方必须要满足听审的设备要求。仲裁庭的听审可以是数小时,也可能是数天或者更长的时间,那么仲裁庭有必要对听审时间做出具体的安排,包括听审双方当事人在具体程序中的时间以及仲裁员提问等时间安排。安排必须根据仲裁庭的听审时间总长度进行,一般每天听审的时间为5小时到9小时之间。

7.1.5.4 事实证人可允许性

一般而言,有利益的人和其公司的职员根据国家的有关法律传统,在司法程序中不允许提交证言。但是普通法系国家的证据规则则不同,有利益的人是可以作为事实证人的。国际商事仲裁当事人偶尔会根据国内的法律规定反对有利益的证人以及公司的代表作出的证言,认为这些证据本质上是偏袒的和不可靠的。事实上,国际商事仲裁庭总是拒绝排除利益方或其雇员的证言,因为其认为应该给予当事人通过自己及其代表人的证言来证明其案件的机会。当然,仲裁庭也应该允许对方当事人同样有对这种证言的可信性以及可靠性异议的机会。

7.1.5.5 专家证人

有些仲裁案件,例如建筑案件,可能涉及复杂的技术问题,仲裁庭有必要听取专家证人的意见。专家证人有无必要还要看具体案件的性质以及争议的争点。一般而言,仲裁庭有权但较少独立地任命专家。如果仲裁庭任命了任何专家,可能会造成对仲裁员作为专家处理当事人之间争议的适当性产生怀疑。同时,多数仲裁立法以及仲裁规则允许当事人自己聘请专家呈递专家证据。实践中,不同的仲裁庭对于专家证据采取了不同的方法。如果仲裁庭主要由普通法系国家的仲裁员组成,一般都会允许当事人呈递专家证据,这与普通法的法律制度相吻合。相比较而言,大陆法系国家仲裁员组成的仲裁庭,更加怀疑当事人单方任命专家提出证据的利益与费用,通常在双方当事人同意的前提下,由仲裁庭任命独立的专家来提供证据。

7.1.5.6 证人证言

证人证言的质证通常包括询问、交叉质证以及再询问。不同国家的仲裁员以及不同法律背景的仲裁员对于证人证言的质证态度不一。例如,如果仲裁员都是来自于同一国家,一般会按照本国的方法进行;如果来自于不同的国家,就不会按照任何国家的国内法的方法进行。大陆法系国家诉讼制度中,证人证言的重要性比不上普通法系国家。大陆法系国家一般采取问题-回答的模式,普通法系国家更多采取交叉质证的方式。如果仲裁庭的仲裁员来自于不同法系国家,许多仲裁员将寻求综合大陆法系、普通法系以及其他法律传统来进行证人证言质证。

7 国际商事仲裁的程序

7.1.5.7 听审记录

国际商事仲裁庭一般强烈倾向进行听审记录。随着科学技术的发展,听审过程还可以进行全程录像,以备产生争议时进行查证。书面的听审记录将在庭审后交由双方当事人及其代理人进行审阅与修改。修改后的最终听审记录可以为以后仲裁庭作出仲裁裁决所依据与引用。

7.1.5.8 证据规则与举证责任

1. 证据规则

在国际商事仲裁中,有关取证的规则或程序往往是属于仲裁庭的自由裁量权。仲裁庭通常有权决定证据是否被接受以及其证明力。绝大多数仲裁员不会运用仲裁地的程序法的证据规则。相反,他们会用灵活的方法来确定案件事实。《示范法》第 19 条第 2 款规定:未达成此种约定的,仲裁庭可以在不违背本法规定的情况下,按照仲裁庭认为适当的方式进行仲裁。授予仲裁庭的权力包括对任何证据的可采性、相关性、实质性和重要性的决定权。《示范法》的起草历史强调了仲裁员在证据的可采性、相关性问题上具有广泛的自由裁量权。其他仲裁立法也都赋予了仲裁庭在取证上较大的自由裁量权。国际商事仲裁规则或包含一般条款规定,肯定了仲裁庭具有仲裁程序的控制权,或仲裁庭具有决定证据可采性、重要性的权力。2010 年《联合国国际贸易法委员会仲裁规则》的规定具有一定的代表性,其第 27 条第 4 款规定:仲裁庭应就所出示证据的可采性、关联性、实质性和重要性作出决定。2014 年《伦敦国际仲裁院仲裁规则》第 22 条第 1 款(f)规定:除非当事人于任何时候另有书面约定,仲裁庭有权根据任何一方当事人的申请或依照仲裁庭自己的动议进行下列事项,但必须事先给予各方当事人合理的机会表达他们的意见:……(f)裁定对一方当事人提出的任何有关事实或专家意见方面的材料的可采纳性、关联性和重要性,是否适用任何严格的举证规则(或其他规则);并确定当事人之间交换或向仲裁庭出示此类材料的时间、方式和形式。《IBA 证据规则》第 9 条第 1 款也作出了类似的规定,仲裁庭必须决定证据的可采性、关联性、实质性和重要性。尽管有些仲裁规则没有此类条款,仲裁庭还是具有隐含的权力处理证据的可采性、关联性、实质性和重要性的问题。

由于大陆法系和英美法系国家采用了不同的证据方法。为了协调两大法系不同的证据规则,国际律师协会(IBA)仲裁委员会希望制定出协调两大法系的证据规定。国际律师协会组织了包括不同法律文化背景的仲裁专家在内的工作组,针对国际仲裁中的证据问题于 1983 年制定了《IBA 证据规则》,并于1999年与2010年两次进行修改,提供了更完备和更适合国际商事仲裁实践的证据规则,以适应发展变化的国际仲裁实践。《IBA证据规则》具有指导性意义,仲裁庭可以完全或部分采纳。《IBA证据规则》在序言中也认可了规则的灵活性:当事人和仲裁庭可以在仲裁程序中全部或部分采用《IBA证据规则》,也可以酌情修改规则或以规则为指导安排程序。本规则无意限制国际仲裁的灵活性优势,当事人和仲裁庭可以根据每件仲裁案件的特定情况自行对本规则进行修改。《IBA证据规则》在促进国际仲裁取证方面作出了很大贡献。绝大多数仲裁员和当事人更希望《IBA证据规则》成为一种指南,而不是由当事人协议强加在仲裁员身上。这就使得仲裁程序有足够的灵活性来适应特定案情的需求。

2010年《IBA证据规则》包括序言与正文两个部分,正文包括适用范围、证据事项的意见征询、文件材料、事实证人、当事人指定专家、仲裁庭指定专家、勘验、证据听证会以及对证据的采信及评定九个条款。2010年《IBA证据规则》强调了国际商事仲裁中证据提供与获取的两个基本原则:一是当事人提供与获取证据应遵从善意原则;二是强调当事人的证据获悉权,即每一方当事人在任何证据听证前的合理时间内都有权获知其他当事人所依赖的证据。

2010年《IBA证据规则》第1条是适用范围,主要有两种形式:当事人约定适用或仲裁庭决定适用。对条款含义有争议的,仲裁庭根据规则的宗旨并以最适合具体仲裁案件的方式予以解释。第2条是证据事项的意见征询,涉及取证范围、时机以及方式,具体包括:(1)证人陈述及专家报告的准备和提交;(2)证据听证会上口头证言的取证;(3)出示文件材料所适用的要求、程序和格式;(4)仲裁过程中对证据采取的保密度;(5)提高取证的效率和积极性,并保护资源。第3条是文件材料,在仲裁庭规定的期限内,每一方当事人均应向仲裁庭和其他当事人提供其可获得并依赖的所有文件材料,包括公开的文件材料和公知领域的文件材料。任何一方当事人都可以在仲裁庭规定的期限内,向仲裁庭会对方提交出示请求。该条款还规定了出示请求的内容、对出示请求的异议及处理、请求仲裁庭采取或仲裁庭自动取证、补充提交材料、文件材料的形式要求、保密以及针对不同问题不同阶段提交材料等问题作出了具体的规定。第4条是事实证人,要求当事人在仲裁庭规定的期限内,证明证人及所涉及的问题。证人的范围包括当事人或当事人的高级职员、雇员或其他代理人。该条款还规定了当事人提交证人陈述及其内容格式要求、证人陈述的补充或修改、证人不出席听证会的处理等事项。第5条是当事人指定专家,允许当事人指定专家,规定了专家报告的格式与内容、补充与修改、专家会面以及要求出席而不出席听证会的处理等。第6条是仲裁庭指定专家,仲裁庭与当事人协商可以指定专家,该条款具体规定了仲裁庭指定专家的程序以及当事人的义务、专家报告的内容与格式、专家报告异议与质询、专家报告评定以及费用分担等问题。第7条是勘验,仲裁庭应一方当事人的请求或自行决定,以适当的方式进行勘验。第8条是证据听证会,规定证据听证会的时间以及过程。第9条是对证据的采信及评定,仲裁庭应当决定证据的可采信、关联性、重要性及证明力。该条款还规定了排除在证据或出示范围内的情形、适用强制性法律及道德准则考虑的因素、证据的保密性、未出示证据的处理、未提出证据异议的处理等事项。

2. 举证责任

国际商事仲裁中没有关于举证责任分配统一的权威规定。国际商事仲裁公约、国内仲裁立法、仲裁规则,甚至仲裁庭的实践对举证责任分配的标准都保持沉默。一般来说,每一方当事人都对自己提出的请求或抗辩负有举证责任。仲裁规则尽管没有明确规定,但还是有少数仲裁规则作出了抽象的规定,例如2010年《联合国国际贸易法委员会仲裁规则》第27条第1款规定:每一方当事人应对其仲裁请求或答辩所依据的事实负举证责任。大多数仲裁庭都是采取该基本原则行事。对于举证责任分配的标准,在国内法中主要有:(1)"证据优势"和"概率的平衡"的标准,采取了"较有可能"的做法;(2)"超越合理怀疑"标准;(3)大陆法系的"自由心证"标准。在英美法系,"超越合理怀疑"标准通常只被运用在刑事法律案件中。在国际商事仲裁中,它可能只会被运用在包含行贿、欺骗或者腐败的案件中。在绝大多数国际商事仲裁案件中,英美法系中的"概率的平衡"或者"证据优势"通常会被接受。在一些大陆法系国家,"自由心证"原则被应用在刑事以及民事案件中。在任何情况下,仲裁庭通常会考虑在运用何种标准确定案件事实时拥有完整的自由裁量权,作为他们在决定所有证据证明价值方面的固有权力。

7.1.6 听审后期程序

听审后的工作包括当事人提交相关的法律意见书以及仲裁裁决的作出等问题。

7.1.6.1 法律意见书

国际商事仲裁当事人及其代理人可以在听审期间发表法律意见。口头法律意见一般在证据质证完毕后进行发表,主要针对争点、证据的解释以及法律适用等问题发表意见。应当事人的请求或仲裁庭的命令,当事人可以提交听审后的法律意见书。书面法律意见书的提交一般在证据听审后。仲裁庭还是比较欢迎当事人提交书面的法律意见书,其可以帮助仲裁庭判断相关的事实以及有助于起草仲裁裁决书。

7.1.6.2　听审程序的结束

仲裁庭应明白无误地通知当事人听审程序结束,当事人不能再提交任何材料、意见或证据,并确信仲裁裁决将要作出。2012年《国际商会仲裁规则》第27条对此作出了规定,即在就裁决书中所需认定的事项进行最后一次开庭之后,或在当事人经授权就该等事项最后一次提交文件之后(以发生在后者为准),仲裁庭应当尽快:(a)宣布对于裁决中所需裁定事项的程序终结;并(b)通知秘书处和各方当事人仲裁庭预计向仲裁院提交裁决书草案供仲裁院根据第33条批准的日期。在程序终结之后,对于裁决书中所需裁定的事项,非经仲裁庭要求或授权,当事人不得再提交任何材料、意见或证据。2010年《联合国国际贸易法委员会仲裁规则》第31条、2013年《香港国际仲裁中心机构仲裁规则》第30条第1款、2010年《斯德哥尔摩商会仲裁院仲裁规则》第34条等都对此作出了规定。

7.1.6.3　仲裁裁决的作出与通知

仲裁程序的最后一步就是作出仲裁裁决并告知当事人。仲裁裁决采取书面形式,由仲裁庭的仲裁员签署,包括相关程序的描述、事实、法律争论以及结论。仲裁裁决书的书面形式是仲裁地的仲裁法以及机构仲裁规则的要求。仲裁裁决书一式数份,并由仲裁庭签署并标注日期。有些仲裁规则则有进一步的要求,例如2012年《国际商会仲裁规则》第33条规定:仲裁庭应在签署裁决书之前,将其草案提交仲裁院。仲裁院可以对裁决书的形式进行修改,并且在不影响仲裁庭自主决定权的前提下,提醒仲裁庭注意实体问题。裁决书形式未经仲裁院批准,仲裁庭不得作出裁决。也有的不仅要求仲裁机构进行核阅,还要求在发出的仲裁裁决书上要加盖仲裁机构的印章,例如2015年《中国国际经济贸易委员会仲裁规则》第51条规定:仲裁庭应在签署裁决书之前将裁决书草案提交仲裁委员会核阅。在不影响仲裁庭独立裁决的情况下,仲裁委员会可以就裁决书的有关问题提请仲裁庭注意。第49条第4款规定:裁决书应加盖"中国国际经济贸易仲裁委员会"印章。还有的规定仲裁机构在不影响仲裁庭独立裁决的前提下对裁决书的形式进行修改,例如2015年《武汉仲裁委员会仲裁规则》第63条第3款规定:仲裁庭应当在签署裁决书前,将裁决书草案提交本会核阅。在不影响仲裁庭独立裁决的前提

7　国际商事仲裁的程序

下,本会可以对裁决书的形式进行修改,也可以提请仲裁庭注意实体问题。仲裁裁决书必须送达给当事人。

7.1.6.4　仲裁费用

许多国家的仲裁立法以及仲裁规则都规定仲裁庭可以在仲裁裁决书中对仲裁费用作出决定,包括决定所考虑的因素。例如,2015年《中国国际经济贸易委员会仲裁规则》第52条规定:(1)仲裁庭有权在裁决书中裁定当事人最终应向仲裁委员会支付的仲裁费和其他费用。(2)仲裁庭有权根据案件的具体情况在裁决书中裁定败诉方应补偿胜诉方因办理案件而支出的合理费用。仲裁庭裁定败诉方补偿胜诉方因办理案件而支出的费用是否合理时,应具体考虑案件的裁决结果、复杂程度、胜诉方当事人及/或代理人的实际工作量以及案件的争议金额等因素。2010年《联合国国际贸易法委员会仲裁规则》第40条第1款规定,仲裁庭应在最终裁决书中并在其认为适当的其他任何决定中确定仲裁费用。接着在第2款说明了仲裁费用,包括:(1)按每位仲裁员分别开列并由仲裁庭根据第41条自行确定的仲裁庭收费;(2)仲裁员所花费的合理旅费和其他开支;(3)仲裁庭征询专家意见的合理费用和所需其他协助的合理费用;(4)证人的合理旅费和其他开支,以仲裁庭核准的开支额度为限;(5)各方当事人与仲裁有关的法律费用和其他费用,以仲裁庭确定的此种费用的合理数额为限;(6)指定机构的任何收费和开支,以及常设仲裁院秘书长的收费和开支。2012年《国际商会仲裁规则》第37条也详细规定了仲裁费用问题:(1)仲裁费包括仲裁院按照仲裁开始时适用的收费表确定的仲裁员报酬、仲裁员开支和国际商会管理费,也包括仲裁庭聘请专家的费用和开支以及当事人为进行仲裁而发生的合理的法律费用和其他费用。(2)基于案件的特殊情况,在其认为必要时,仲裁院确定的仲裁员报酬数额可以高于或低于按照仲裁收费表计算出的数额。(3)除仲裁院所确定的费用以外,仲裁庭可在仲裁程序进行过程当中随时就其他费用作出决定,并裁令进行付款。(4)终局裁决中应确定仲裁费用,决定由何方承担此费用或明确各方分担此费用的比例。(5)在作出有关费用的决定时,仲裁庭可以考虑其认为相关的情况,包括每方当事人迄今以快捷及具有成本效益的方式进行仲裁的程度。(6)如果在终局裁决书作出之前,全部仲裁请求被撤回或仲裁终止,仲裁院应确定仲裁员的报酬和开支以及国际商会管理费。如果当事人对仲裁费的分担以及有关费用的其他事宜未能达成一致,则该等事项应由仲裁庭作出决定。如果在仲裁请求撤回或仲裁终止时,尚未组成仲裁庭,任何当事人均可要求仲裁院继续按照仲裁规则组成仲裁庭,以便仲裁庭就费用问题作出决定。

7.1.7 加速仲裁

前面所叙述的是一般仲裁的程序。当事人可以根据案件的实际情况,同意整个仲裁程序在缩短的时间范围内进行。这就是所谓的加速仲裁,也可以称为简易程序。有一些仲裁规则没有规定加速仲裁,例如国际商会、伦敦商会国际仲裁院、新加坡国际仲裁中心以及香港国际仲裁中心都没有提供加速仲裁的程序,但是当事人可以约定缩短仲裁的时间。也有一些仲裁规则在最近几年采取了加速仲裁的做法,以促进仲裁的效率。例如 2012 年《瑞士苏黎世商会仲裁院调解与仲裁规则》第 42 条规定:(1)如果当事人各方同意,或者如果本规则第 42 条第 2 款适用,仲裁程序应按照简易程序进行。该简易程序适用于本规则前述条款的规定,但有以下修正:(a)文件资料只有在根据附件 B(费用说明表)第 1.4 条要求的临时费用预存支付之后才会被转交给仲裁庭;(b)在提交对仲裁通知的回复后,当事人原则上有权提交一份仲裁请求,一份仲裁答辩(及反请求)及在情形适用时一份对反请求的仲裁答辩;(c)除非各方当事人同意仅在书面证据的基础上对争议作出裁决,仲裁庭应举行一次庭审以进行口头辩论并质证证人证言及专家证人证言;(d)裁决书应在秘书处向仲裁庭移交文件之日起的六个月内作出。在特殊情形下,仲裁委可以展延该期限;(e)仲裁庭应在裁决书中简要说明其裁决理由,除非各方当事人同意不必说明理由。(2)除非仲裁委根据所有相关情形另行决定,下列条款应适用于包括请求和反请求(或任何抵消抗辩)在内争议金额总计不超过 CHF1000000(一百万瑞士法郎)的所有案件:(a)仲裁审理程序应按照本规则第 42 条第 1 款的规定以简易程序进行;(b)除非仲裁协议规定须提交多人仲裁庭审理,案件应提交独任仲裁员审理;(c)如果仲裁协议确定了多人仲裁庭方式,秘书处应建议当事人各方同意将案件提交独任仲裁员审理。如果当事人不同意将案件提交独任仲裁员审理,仲裁员的费用应按照附件 B(费用说明表)的规定予以确定,但任何情况下都不得低于根据附件 B 第 2.8 条规定的小时费率而确定的费用。中国仲裁机构的仲裁规则往往都会规定简易程序,适用简易程序的仲裁案件一般根据标的额的大小以及在没有争议金额或争议金额不明确的情况下,根据案件的复杂程度、涉及利益的大小以及其他有关因素综合考虑决定是否适用简易程序。简易程序采取独任仲裁庭的形式,仲裁程序的期限以及仲裁裁决作出的期限一般比普通程序短许多。

7.2 国际商事仲裁送达

国际商事仲裁送达是指仲裁机构将有关仲裁材料送交给仲裁当事人及其他仲裁参与人的活动。[①] 其不仅直接涉及仲裁程序的顺利进行,而且影响着当事人权益的保护。虽然国内外大多数仲裁机构的仲裁规则对送达问题均有规定,但规则之间存在一定的差异。

7.2.1 送达的功能

7.2.1.1 公正与效率

国际商事仲裁最直接的功能和最重要的作用在于解决社会纠纷,维护当事人的合法权益。送达作为国际商事仲裁制度的一个组成部分,或者说作为国际商事仲裁程序中的一个重要链条,其终极的价值和目的,也是为国际商事仲裁的目的服务。在国际商事仲裁中,它是一项不可或缺的商事仲裁行为,它就像一根链条,把国际商事仲裁的各个环节连接起来,使之形成一个连贯和谐的整体,缺少了它,整个国际商事仲裁进程就变得支离破碎,无法有效运作和进行。[②]

国际商事仲裁的目的在于实现程序正义,程序正义的价值是在一项程序进行过程中体现出来的。公平、参与以及对当事人尊严的充分尊重作为程序的内在价值构成了程序正义的全部内容。在国际商事仲裁中,立案通知书、仲裁规则、仲裁申请书副本、答辩书副本等文书以及材料的送达,不仅给所有与案件有直接利害关系的当事人提供了一个充分为自己辩解的机会,确定自己如何行使仲裁权利和承担仲裁义务,也使国际商事程序因为裁判者的中立而体现出其公平价值。效率是商事仲裁所追求的另一个目标。当事人之所以选择仲裁解决他们之间的商事争议,主要是因为商事仲裁的快捷。在现代商事交往中,时间就是金钱。一项争议,虽然得到了合理的解决,但经过了漫长的时间,当事人也因此丧失了许多商机。正如古老的谚语中"迟到的正义是非正义"。效率的提高,不仅使稀缺的仲裁资源得到有效的利用,也使仲裁

---

① 邱冬梅、宋连斌:《从一起撤销仲裁裁决案看仲裁中的送达问题》,《北京仲裁》2006年第1期。
② 何其生著:《域外送达制度研究》,北京大学出版社2006年版,第21页。

的效益得到了实现,保护了当事人的仲裁权利。送达作为整个国际商事仲裁程序的重要组成部分,其送达方式的合理设置将极大地促进商事仲裁的效率。正义与效率均是商事仲裁的价值追求,那么国际商事仲裁中的送达制度必须在商事仲裁公正与商事仲裁效率两个价值之间寻求平衡。国际商事仲裁与民事诉讼的最大区别就在于国际商事仲裁的民间性,国际商事仲裁的送达制度就可以采取灵活的措施,极少受到国家主权的限制,可以采取邮寄送达、电子送达、传真送达等域外诉讼送达难以采取的方式。国际商事仲裁机构在制定仲裁规则时就必须合理地利用简化的送达程序,尤其是充分运用现代科学技术手段,提高送达以及整个国际商事仲裁的效率。

7.2.1.2 通知与程序保障

就国际商事仲裁的送达制度本身来说,其最主要和最直接的功能就是通知。送达的理论依据是程序参与原则,仲裁机构以适当的方式进行送达是正当程序的基本要求。从诉讼的角度来看,程序参与原则是指那些利益或权利受到民事裁判或诉讼结果直接影响的人应当有充分的机会富有意义地参与诉讼进程,并对裁判结果的形成发挥其有效的影响和作用。具体来说,在涉及当事人利益、地位、责任或权利义务的审判程序中,应从实际上保障其享有参与该程序以影响裁判形成的程序权利;而且在裁判作出之前,应保障当事人能够及时、正确地提出诉讼资料、陈述意见,或进行辩论,在未被赋予这种机会的情况下所收集的事实及证据材料,不能直接作为法院裁判的基础。[①]虽然这段论述是针对民事诉讼的,同样也适用于国际商事仲裁。保证当事人充分参与的机会,成功的送达毫无疑问是必不可少的前提。[②]

送达制度的通知功能可以说贯穿于整个国际商事仲裁的程序之中,包括:(1)商事仲裁程序的开始,主要有仲裁申请受理通知书、仲裁规则、仲裁申请书、仲裁答辩书等文书的送达;(2)商事仲裁程序的进行,主要有组庭通知、仲裁庭的各种决定与安排、开庭通知等;(3)仲裁裁决书的送达。仲裁裁决书的送达不是可有可无的,其涉及双方当事人对裁决书内容的知悉以及提出有关的异议的权利。

总之,国际商事仲裁的送达核心功能就是通知当事人与商事仲裁有关的情况和资料,给当事人提供维护自己权利的机会。没有完成送达或者没有及时完成送达,当事人就可能在辩护和提交证据等方面处于不利的地位。因

[①] 章武生等著:《司法现代化与民事诉讼制度的建构》,法律出版社 2003 年版,第 85-86 页。
[②] 何其生著:《域外送达制度研究》,北京大学出版社 2006 年版,第 23 页。

此,送达尽管体现为通知的功能,但没有它,很难实现程序公正,就可能产生非正当化的法律效果。①

国际商事仲裁中的送达不仅仅具有通知的功能,还具有商事仲裁程序保障的功能,它是国际商事仲裁行为之间相互联系的基本方式。只有通过送达,才能启动国际商事仲裁程序,才能选择仲裁员,组成仲裁庭,将申请人、仲裁庭和被申请人联系起来。国际商事仲裁中的送达就好像润滑剂,是仲裁庭以及当事人之间的仲裁行为的基本联系方式和传递仲裁信息的手段。在国际商事仲裁中,送达制度虽然只是起到辅助的作用,但它在商事仲裁实践中发挥不容忽视的作用。如果商事仲裁中的送达制度缺失,必然导致联系、沟通各方的手段残缺,环环相扣的商事仲裁程序在运作中也因此遭受制度上的阻滞。② 缺失送达制度,仲裁程序很难开展。送达作为程序保障的作用,最主要体现为使仲裁裁决正当化。

7.2.1.3 裁决的执行及仲裁权利

是否进行送达以及是否进行有效的送达还将影响到仲裁裁决的执行问题。如果未能有效送达或者未送达,将是法院撤销或不予执行仲裁裁决的一个重要理由。1958年《纽约公约》将未能有效送达或者未送达作为违反正当程序情形而导致拒绝承认与执行仲裁裁决。《纽约公约》第5条第1款(乙)项规定了不予承认与执行的一种情形,即"受裁决援用之一造未接获关于指派仲裁员或仲裁程序之适当通知,或因他故,致未能申辩者。"正当程序是西方国家诉讼和仲裁程序的基本理论和原则,它深深根植于西方法律文化和法律理念中。英国上诉法院法官丹宁勋爵曾说道:"正当程序是指法律为了保持日常司法工作的纯洁性而认可的各种方法,保证审判和调查公正地进行,逮捕和搜查的适当采用,法律救济顺利地取得,以及消除不必要的延误等等。"③ 一般而言,其包含两条最根本的规则:一是听取双方当事人陈述;另一个是任何人不能为自己的法官,即任何人不能审判自己的或者有利害关系的案件。在英美学者看来,这两项规则是实现公平正义必须的手段。④《纽约公约》第5条第1款(乙)项体现了这一原则。根据《纽约公约》,反对承认和执行仲裁裁决的一方当事人"没有被给予指定仲裁员或者进行仲裁程序的适当通知",或

---

① 何其生著:《域外送达制度研究》,北京大学出版社2006年版,第23页。
② 王福华:《民事送达制度正当化原理》,《法商研究》2003年第4期。
③ [英]丹宁著,李克强等译:《法律的正当程序》,群众出版社1984年版,第7页。
④ Sir Mark Saville, The Origin of the New English Arbitration Act 1996: Reconciling Speed with Justice in the Decision-making Process, Arbitration International Vol. 13, n. 3, 1997, p238.

"由于其他原因而不能对案件提出意见",承认与执行地法院可拒予承认与执行该仲裁裁决。对当事人而言,正当程序抗辩是保障自身权益,防止仲裁庭审判不公的重要手段。① 当然,对有关《纽约公约》裁决的司法判例进行考查的结果表明,以违反正当程序提出抗辩在公约中允许提出的辩由中占有较高的比例,但其成功的不多,只有在情节很严重的情况下,法院才接受违反程序的抗辩。② 法院对拒绝执行的理由一般都作出比较狭义的解释,其明显的例子就是:当裁决是外国裁决时,法院时常判定,本国关于违反正当程序的概念并不必然适用于涉及外国裁决的案件。③

另外,无论送达成功与否,都将产生一定的法律效果,可以以送达的日期确定当事人实施仲裁行为、行使仲裁权利和履行仲裁义务的开始日期。例如2010年《联合国国际贸易法委员会仲裁规则》第2条第6款规定,本规则规定的期间,应自收到通知之日的次日起算。期间的最后一天是收件人住所或营业地法定假日或非营业日的,期间顺延至其后第一个营业日。期间持续阶段的法定假日或非营业日应计入期间。另外,送达还涉及当事人的仲裁权利。对当事人而言,送达关于仲裁程序的通知等材料意味着向被申请人通知申请人的仲裁请求或仲裁程序,并向其提供出庭答辩或以其他方式主张其权利的机会。当事人只有收到仲裁文书并获悉文书的内容,才能确定自己任何行使仲裁权利和承担仲裁义务。为了实现程序正义,对于被申请人没有出庭的情况都要进行分析,以保证被申请人受到公正对待。如果申请人无正当理由不出庭,将会被撤回仲裁请求;如果被申请人收到合法送达后不出庭,将会面临被缺席裁决的后果。

7.2.2 送达的方式

关于具体送达方式,我国1994年《仲裁法》并没有作出规定。纵观我国以及国际仲裁机构的仲裁规则,主要有两种规定方式:一种是没有规定具体的送达方式,只是概括地规定将有关通知送交当事人。例如,2010年《联合国国际贸易法委员会仲裁规则》第2条第1款规定:通知包括通知书、函件或建议,可通过任何能够提供或容许传输记录的通信手段进行传输。第2款特别强调了电子送达方式问题,即凡一方当事人已为此目的专门指定某一地址,或者

---

① 赵建著:《国际商事仲裁的司法监督》,法律出版社2000年版,第161页。
② Albert Jan van den Berg, The New York Arbitration Convention of 1958, London: Kluwer Law and Tavation Publishers, 1981, p.297.
③ 韩健著:《现代国际商事仲裁法的理论与实践》(修订本),法律出版社2000年版,第411页。

仲裁庭已为此目的同意指定某一地址的,均应按该地址将任何通知送达该当事人;照此方式递送的,视为收到通知。使用传真或电子邮件等电子方式的,只能将通知递送到按上述方式指定或同意指定的地址。另一种是在仲裁规则中详细列举了各种送达的方式。因为不可能将所有的方式都进行列举,为了避免列举的不足,仲裁规则一般都进行了例外规定,即规定以适当的其他方式送达当事人或者其代理人。例如,2012年《国际商会仲裁规则》第3条第2款规定:秘书处和仲裁庭发出的所有通知或通信都必须发往当事人自己提供的或对方当事人提供的当事人或其代表人的最终地址。该等通知或通信可以采用回执函、挂号信、特快专递、电子邮件或者其他任何能提供投递纪录的电信方式送达。2015年《中国国际经济贸易仲裁委员会仲裁规则》第8条规定:(1)有关仲裁的一切文书、通知、材料等均可采用当面递交、挂号信、特快专递、传真或仲裁委员会仲裁院或仲裁庭认为适当的其他方式发送。(2)上述第(1)款所述仲裁文件应发送当事人或其仲裁代理人自行提供的或当事人约定的地址;当事人或其仲裁代理人没有提供地址或当事人对地址没有约定的,按照对方当事人或其仲裁代理人提供的地址发送。(3)向一方当事人或其仲裁代理人发送的仲裁文件,如经当面递交收件人或发送至收件人的营业地、注册地、住所地、惯常居住地或通信地址,或经对方当事人合理查询不能找到上述任一地点,仲裁委员会仲裁院以挂号信或特快专递或能提供投递记录的包括公证送达、委托送达和留置送达在内的其他任何手段投递给收件人最后一个为人所知的营业地、注册地、住所地、惯常居住地或通信地址,即视为有效送达。(4)本规则所规定的期限,应自当事人收到或应当收到仲裁委员会仲裁院向其发送的文书、通知、材料等之日的次日起计算。

一般而言,仲裁机构采取的送达方式主要有直接送达、邮寄送达、专递送达、电报送达、传真送达、电子送达和公告送达等。从目前仲裁机构的实践来看,各仲裁机构主要还是采用邮寄送达方式,包括使用挂号信或特快专递。从效率、节约仲裁资源以及送达效果角度来看,邮寄送达方式是一种较为理想的方式,尤其是使用特快专递更是如此。在此种送达方式中,送达地址显得尤为重要。由于国际商事仲裁的双方当事人存在商事交往,应该知晓对方的通信地址。仲裁规则一般都规定向当事人或者其代理人发送的仲裁文书、通知、材料等,如邮寄至受送达人或者对方当事人提供的受送达人的营业地点、经常居住地或者其他通信地址,即视为已经送达。如果经合理查询不能找到受送达人的营业地点、经常居住地或者其他通信地址的,邮寄给受送达人最后一个为人所知的营业地、注册地、住所地、惯常居住地或通信地址,即应视为已经送达。

随着科学技术及互联网技术的发展,电子送达会得到越来越广泛的运用。在民事诉讼中,我国逐步采用电子送达的方式。电子送达在其他国家也得到了广泛的运用,例如美国、英国、新西兰以及欧盟国家。① 在实践中,1996年4月11日英国皇室法院后座法庭所属分庭法官授权律师通过电子邮件向国外送达指令,这是世界范围内第一个通过电子邮件送达司法指令的案件。② 美国联邦上诉法院在 Rio Props. v. Rio Int'l Interlink 一案中也首次确认了美国域外当事人采取电子邮件送达的方式。③ 在美国当前的民事诉讼中,电子邮件的运用已经不断增多,例如进行电子证据开示、接收电子邮件作为证据使用,等等。这些进展都表明了一种普遍采用电子送达的新趋势。④

在国际商事仲裁中采取电子送达的方式,其主要的优势在于快捷,能够迅速地将各种文书、材料以及有关通知传递给受送达人,缩短了送达时间,大大提高了送达的效率,这与注重效率的商事仲裁的理念是一致的;同时还降低了送达成本,减少费用负担。采用电子送达,只需要鼠标轻轻一点,送达就可以完成,不需要耗费大量的人力和物力,减轻了仲裁资源的负担。但是,采取电子送达存在技术和法律两个层面上的障碍:从技术层面上来看,其最大的隐患是安全性问题。电子送达借助于网络,如果网络黑客非法入侵电子信箱,伪造、篡改仲裁文书,冒用仲裁机构的名义发送仲裁文书,或者冒用当事人名义回复文书,都将导致仲裁程序的混乱,并干扰正常的仲裁审理工作。⑤ 因而,要想使电子送达得到广泛的运用,需要保障电子邮件在送达过程中的安全性,使得电子邮件的内容不能被第三方知晓,邮件能够完全可靠地到达被送达人,送达人能够知悉邮件送达到被送达人的准确时间,并能够得到完整详细的送达证明。⑥ 随着数据加密、电子签名等技术的发展,电子送达的安全性得到大大提高,为电子送达创造了技术条件。从法律层面来看,其主要障碍有送达证明问题、受送达人的知情权问题以及电子送达的文书范围问题。在电子送达中,由于仲裁机构和当事人没有正面接触,如何确认仲裁机构已将仲裁文书送达给受送达人,是一个难以解决的问题。送达的目的之一是保证受送达人得到充分通知,这是仲裁程序的正当性前提,否则,仲裁程序

---

① 何其生:《域外电子送达与〈海牙送达公约〉》,《诉讼法论丛》(第10卷),法律出版社2005年版,第534-538页。

② 何其生:《域外电子送达第一案及其思考》,《法学》2005年第3期。

③ Rio Props. v. Rio Int'l Interlink, 284 F. 3d 1007 (9th Cir. 2002).

④ 杨剑:《美国联邦民事诉讼中采用电子送达的新趋势》,《诉讼法论丛》(第11卷),法律出版社2006年版,第394页。

⑤ 张淑钿:《电子邮件送达方式的域外实践及启示》,《人民法院报》2006年1月23日法治时代周刊。

⑥ 鞠海亭著:《网络环境下的国际民事诉讼法律问题》,法律出版社2006年版,第233页。

7 国际商事仲裁的程序

就无法正常进行。因此,采用电子送达时,受送达人的电子邮箱的真实与否,文书是否送达受送达人的邮箱,以及受送达人是否阅读并知悉了所送达文书的内容,这些在认定上还存在一定的难度。国际商事仲裁中电子送达的文书的范围也是需要明确的一个问题,不是所有的文书都可以采用电子送达的方式。一般而言,仲裁通知、仲裁员名册、仲裁规则、申请书的副本、答辩书的副本等都可以通过电子送达,但裁决书等仲裁文书就不宜使用电子送达方式了。由于电子文件的存在格式与媒体是分离的,且易被复制、数字信息不稳定、容易被修改、丢失或者毁坏等,与传统送达方式中以书面文字为准来确认送达相比,电子文件代替书面文件确实存在弊端。

虽然电子送达存在诸多需要解决的问题,但我们相信在国际商事仲裁中电子送达方式将得到越来越广泛的运用。正如有学者所言:电子送达从无到有,并开始为一些国家所认可与接受,走出了一个逐渐发展的过程。电子送达无疑具有自身的优势地位,它可使当事人很快知晓文件内容,简化传送方式;对于执行国际司法协助的有关当局而言,可以大大方便相互间的沟通,避免文件在传送过程中的延误和耽搁。如果能在实践中得以广泛应用,无疑会有利于争议迅速、及时地解决,有利于当事人合法权益的保护。但电子技术的发展毕竟为时不长,很多技术有待完善和普及。从目前的情况来看,电子技术真正深入到人们日常生活的每一个领域尚有一段距离。尤其是由于网络的虚拟性常常给人们以不安全感,再加上病毒、黑客、网络堵塞等问题,使人们并不能完全接受和认可这一方式,它的安全性更是人们顾虑的焦点。不过,随着技术的成熟,人们在实践中不断地运用并逐步认可,这一送达方式终将会在各国的立法上得到越来越多的规定,并有可能代表着未来送达方式的发展趋势。①

国际商事仲裁中的送达是整个商事仲裁程序中的重要组成部分,体现了商事仲裁程序正义和效率的价值。其不仅具有通知和程序保障功能,还影响到商事仲裁裁决的执行以及当事人仲裁权利的实施。商事仲裁中的送达与诉讼中的送达最主要的不同就是商事仲裁不涉及国家主权问题,其送达制度具有相当的灵活性,可以采取电子送达等比较灵活的方式。国际商事仲裁的双方当事人在签订有关仲裁协议或仲裁条款时,为了保证仲裁文书得到迅速、准确的送达,可以在仲裁协议或仲裁条款中约定具体的送达方式。如果约定邮寄送达的,应写明接受仲裁文书、通知及其他仲裁材料的具体地址;如果约定电子送达或传真送达的,应提供具体有效的电子邮箱或传真号码。

---

① 何其生:《域外电子送达第一案及其思考》,《法学》2005 年第 3 期,第 128 页。

7.3 合并审理和加入仲裁

7.3.1 合并审理和加入仲裁概述

随着科学技术的发展,国际贸易越来越复杂,其往往会涉及数个当事人。与此同时,国际商事交易的多方当事人特征促使多方当事人之间的国际商事仲裁增加。根据国际商会的统计,在国际仲裁院审理的2012年所有的国际商事仲裁案件中,大约有三分之一的案件涉及多方当事人。[1] 在国际民事诉讼中或者国内民事诉讼中,多方当事人的案件的诉讼程序相对比国际商事仲裁要简单,一方面法院可以采取一定的强制性措施要求没有参加诉讼的当事人加入到诉讼中。对于非诉讼当事人,还设立诉讼第三人制度,可以加入到诉讼程序中。另一方面,法院可以将相关联的两个诉讼案件合并进行审理。例如在总包分包合同中,甲乙之间签订一份总承包合同,乙丙之间签订了分包合同,由于承包合同发生争议,甲乙之间、乙丙之间两个单独的诉讼可以合并为一个单独的诉讼;或者丙加入到甲乙之间的诉讼。在以上情况下,法院具有自由裁量权基于公正与效率的考虑发布合并审理或加入某一诉讼的命令。允许合并或加入诉讼不仅提高了诉讼效率,而且可以避免两个相互矛盾的判决。但是多方当事人的国际商事仲裁问题比诉讼更为复杂。由于国际商事仲裁庭的管辖权是建立在当事人意思自治原则的基础上,如果未加入国际商事仲裁的多方当事人或者其他当事人与仲裁当事人之间没有仲裁协议,仲裁庭也无法强制他们加入仲裁或者强制性合并仲裁。另外国际商事仲裁所谓第三人制度与诉讼中的第三人制度有本质上的区别。

国际商事仲裁中的合并审理和加入仲裁,主要是关于多方当事人的仲裁问题,其问题相对复杂。如果在国际商事仲裁中允许合并两个相互关联独立的国际商事仲裁或者相关当事人加入到国际商事仲裁,具有许多明显的好处:(1)与诉讼一样,一个单独的国际商事仲裁,从某种意义上说,比两个国际商事仲裁更加有效率,更加节省仲裁费用以及当事人和证人的时间成本。(2)合并仲裁可以避免两个或两个以上仲裁所作出相互矛盾仲裁裁决的风

---

[1] ICC, 2012 Statistical Report, 24(1) ICC Ct. Bull. 5, 10 (2013).

险。当然,合并仲裁或者加入仲裁也有其不利的方面:(1)也是最主要的,合并多方当事人的仲裁中,存在组成仲裁庭和选择仲裁员的困难。例如,在三人仲裁庭中,各方当事人选择一名仲裁员。不管是申请人,还是被申请人,如果是两个或两个以上的当事方,那么该多方当事人必须对选择一名仲裁员达成一致的意见。如果达不成,就可能按照仲裁规则的规定,由仲裁机构进行指定或采取其他仲裁庭的方式。但是当事人就可能丧失选择仲裁员这一重要的权利。(2)国际商事仲裁的优势之一就是其保密性。如果允许第三方参加仲裁或不同的当事方加入既存的仲裁,仲裁的保密性的优势可能受到侵害。这个方面的劣势可能被夸大,但是这毕竟与双方当事人签订仲裁协议的初衷相违背的。(3)尽管多方当事人的仲裁程序从总体上看,更加快捷,更加节省费用与仲裁时间、经济成本,但是所节省的成本并不是平均到每个当事人的头上。在特殊的情况下,有可能会出现一方当事人成本上升的可能性。同时,由于合并进行审理,其仲裁裁决可能会比两个单独仲裁所作出的裁决需要更长的时间,也会造成当事人延迟执行裁决。

尽管有以上的各种不利的一面,现代国际商事仲裁竭力建立多方当事人仲裁制度。多方当事人的仲裁构建的基础是当事人意思自治原则以及合同相对性原则。也就是说,国际商事仲裁中合并仲裁或加入仲裁必须建立在多方当事人同意的基础上,没有当事人的同意就无法进行合并仲裁或加入仲裁。对于该问题,国际商事仲裁国际公约、国内仲裁立法较少进行规定,但目前修订的著名仲裁机构的仲裁规则或多或少都有所规定。

7.3.2　国际条约的规定

国际商事仲裁公约一般都没有明确规定合并仲裁以及加入仲裁的问题。该问题可以从《纽约公约》在仲裁协议的承认以及仲裁裁决的承认与执行方面的规定的上下文中进行分析。《纽约公约》第 2 条第 1 款以及第 3 款规定:各缔约国应承认并确认当事人之间约定的国际商事仲裁协议。此处的国际商事仲裁协议可以扩展到在仲裁程序中关于合并、加入仲裁的协议。也就是说,如果当事人之间就合并仲裁以及加入仲裁问题达成一致的意见,根据《纽约公约》第 2 条第 1 款以及第 3 款的规定,缔约国有义务承认当事人合并仲裁以及加入仲裁的约定。反之,如果当事人根据自身合同的约定提起单独的仲裁,并没有进行合并审理或加入相关的仲裁,根据《纽约公约》第 2 条第 1 款以及第 3 款的规定,缔约国也必须维护其权利。所以,在合并仲裁或加入仲裁中,当事人意思自治非常重要。《纽约公约》第 5 条第 1 款规定了拒绝承认与执行的情形,其(丙)项规定:裁决所处理之争议非为交付仲裁之标的或不在其条款之列,或裁决载有关于交付仲裁范围以外事项之决定者,但交付仲裁事项之决定可与未交付仲裁之事项划分时,裁决中关于交付仲裁事项之决定部分得予承认及执行。如果一项仲裁裁决是在合并仲裁或加入仲裁中所作出,但是当事人的仲裁协议并没有允许这种情形,根据其第5条第1款(丙)项的规定,认为裁决处理了仲裁范围事项之外的事项,缔约国可以拒绝承认与执行该项裁决。如果当事人同意进行合并仲裁或加入仲裁,就不能以此为理由拒绝承认与执行该仲裁裁决。

7.3.3 国内立法的规定

一般而言,仲裁协议所适用的法律也是支配合并仲裁与加入仲裁问题的法律,其中当事人意思自治原则起到重要的作用。正如前面章节所述,当事人一般不会专门对仲裁协议所适用的法律作出选择,支配仲裁协议的法律往往是仲裁地的法律。许多国家的仲裁立法几乎没有明确规定该问题,例如采用《示范法》的国家以及美国、意大利、法国、瑞典、日本等大多数国家。但是,这些国家的司法实践却涉及这一问题。在所有的案件中,国内法所采用的方法是建立在当事人意思自治原则的基础上,仲裁庭或法院也仅仅根据当事人的协议发布合并仲裁或加入仲裁的命令。如果当事人没有此种协议,法院或仲裁庭就丧失发布命令的权力。1996年《英国仲裁法》第35条作出了原则性的规定,即(程序合并及同时庭审)(1)当事人得自由约定,以按其可能达成一致的条件:(a)合并两个仲裁程序;或(b)同时举行庭审。(2)除非当事人同意将此种权力授予仲裁庭,仲裁庭无权命令程序合并或同时举行庭审。

7.3.4 仲裁规则的规定

从历史上看,大多数国际商事仲裁机构的仲裁规则都没有关于合并仲裁与加入仲裁的规定。但是随着国际商事仲裁事业的发展以及国际商事交易的复杂化,近年来,许多仲裁机构的仲裁规则纷纷对此作出具体详细的规定。例如,1976年《联合国国际贸易法委员会仲裁规则》几乎没有涉及合并仲裁以及加入仲裁的规定,但在2010年《联合国国际贸易法委员会仲裁规则》第17条作出了规定,其第5款规定:仲裁庭可根据任何一方当事人的请求,允许将一个或多个第三人作为一方当事人并入仲裁程序,前提是此种人是仲裁协议的一方当事人,除非仲裁庭在给予各方当事人,包括拟被并入仲裁程序的一人或多人陈述意见的机会后认定,由于并入仲裁程序会对其中任何一方当事人造成损害而不应准许此种并入。对于仲裁程序如此涉及的所有当事人,仲裁庭可作出单项裁决,也可作出若干项裁决。该条款允许仲裁庭准许第三人作为一方当事人加入仲裁。此外,该条款限制了加入仲裁的第三人的范围,即第三人是正在进行仲裁程序的仲裁协议的一方当事人。联合国国际贸易法委员会工作组考虑到给予当事人陈述意见的机会。如果加入仲裁程序将给任何一方当事人造成损害,仲裁庭将不允许此种加入。在第17条第5款下,如果是多方当事人之间的存在两个或两个以上的关联合同,将不允许此种加入。所以,2010年《联合国国际贸易法委员会仲裁规则》的规定仅仅限于单一合同下多方当事人的加入仲裁,对于两个或两个以上相关联仲裁合并的问题没有作出明确的规定。但如果此种情况下,多方当事人明确表示合并两个或两个以上的仲裁,2010年《联合国国际贸易法委员会仲裁规则》也不能阻止仲裁庭执行合并仲裁的协议。任何仲裁的合并范围是有限的,仅仅限于两个或两个以上的仲裁具有相同的仲裁庭。

2012年《国际商会仲裁规则》对其1998年仲裁规则作出了发展,规定了数条关于合并仲裁以及加入仲裁的规定。对于合并仲裁问题,其规则第10条作出了具体的规定:经一方当事人要求,仲裁院可将仲裁规则项下未决的两项或多项仲裁案合并为单个仲裁案。关于合并仲裁的决定权在该规则下是仲裁院,而不是仲裁庭,也不管当事人在仲裁什么阶段提出合并仲裁的请求,只要当事人符合以下的一种条件:(1)当事人已经同意进行该合并;(2)各仲裁案的所有仲裁请求依据同一份仲裁协议提出;(3)若各仲裁案的所有仲裁请求是依据多份仲裁协议提出的,各仲裁案当事人相同且各争议所涉及的法律关系相同,且仲裁院认为各仲裁协议彼此相容。第10条所规定的合并仲裁的情况主要是涉及同一合同或者相互关联的合同的案件,所有依据的仲裁协议都是属于ICC的仲裁协议。仲裁院在决定是否可以合并仲裁时,可考虑其认为相关的各种情况,包括有无一名或多名仲裁员已经在一个以上仲裁案中得到确认或任命,如有,所确认或任命的是相同人员还是不同人员。合并仲裁的,除非全体当事人另行约定,否则,各仲裁案件并入最先提起的仲裁案件。2012年《国际商会仲裁规则》还允许来源于多份合同请求的合并,其第9条规定,因多份合同引起的或与多份合同有关的仲裁请求,可以在单次仲裁中提出,无论该请求是依据仲裁规则项下一份仲裁协议还是多份仲裁协议提出。

2012年《国际商会仲裁规则》同时还规定加入仲裁的问题。其第7条第1款规定了加入仲裁需要当事人在一定期限内提出申请:如果任何当事人希望追加仲裁当事人,应向秘书处提交针对该追加当事人的仲裁申请书("追加仲裁当事人申请")。秘书处收到追加仲裁当事人申请之日在各种意义上均应视为针对该追加当事人的仲裁开始之日。追加当事人应遵守第 6 条第(3)款至第(7)款和第 9 条。确认或任命任何仲裁员之后,不得再追加仲裁当事人,除非包括追加当事人在内的全体当事人另行同意。提交追加仲裁当事人申请的期限,可由秘书处确定。第 2 款规定了追加仲裁当事人申请应包含的内容,主要有:(1)现有仲裁案的案号;(2)包括追加当事人在内的每一方当事人的名称全称、基本情况、地址及其他联系信息;(3)仲裁规则第 4 条第(3)款第 c)、d)、e)和 f)项中所规定的信息。当事人可以在提交追加当事人申请时,一并提交其认为适宜的或可能有助于有效解决争议的其他文件或信息。第 3 款规定第 4 条第 4 款和第 5 款关于仲裁申请书的份数以及费用等事项的规定在细节上作必要修正后适用于追加仲裁当事人申请。第 4 款规定了追加当事人应在细节上作必要修正后按照第 5 条第 1 款至第 4 款的规定,提交答辩书。追加当事人可按照第 8 条的规定,针对任何其他当事人提出仲裁请求。

2015 年《中国国际经济贸易仲裁委员会仲裁规则》第 18 条规定追加当事人的问题,第 19 条规定了合并仲裁的问题。其规定非常具体,并具有可操作性。其第 18 规定:(1)在仲裁程序中,一方当事人依据表面上约束被追加当事人的案涉仲裁协议可以向仲裁委员会申请追加当事人。在仲裁庭组成后申请追加当事人的,如果仲裁庭认为确有必要,应在征求包括被追加当事人在内的各方当事人的意见后,由仲裁委员会作出决定。仲裁委员会仲裁院收到追加当事人申请之日视为针对该被追加当事人的仲裁开始之日。(2)追加当事人申请书应包含现有仲裁案件的案号,涉及被追加当事人在内的所有当事人的名称、住所及通信方式,追加当事人所依据的仲裁协议、事实和理由,以及仲裁请求。当事人在提交追加当事人申请书时,应附具其申请所依据的证据材料以及其他证明文件。(3)任何一方当事人就追加当事人程序提出仲裁协议及/或仲裁案件管辖权异议的,仲裁委员会有权基于仲裁协议及相关证据作出是否具有管辖权的决定。(4)追加当事人程序开始后,在仲裁庭组成之前,由仲裁委员会仲裁院就仲裁程序的进行作出决定;在仲裁庭组成之后,由仲裁庭就仲裁程序的进行作出决定。(5)在仲裁庭组成之前追加当事人的,本规则有关当事人选定或委托仲裁委员会主任指定仲裁员的规定适用于被追加当事人。仲裁庭的组成应按照本规则第 29 条的规定进行。在仲裁庭组成后决定追加当事人的,仲裁庭应就已经进行的包括仲裁庭组成在内的仲裁程序征求被追加当事人的意见。被追加当事人要求选定或委托仲裁委员会主任指定仲裁员的,双方当事人应重新选定或委托仲裁委员会主任指定仲裁员。仲裁庭的组成应按照本规则第 29 条的规定进行。(6)本规则有关当事人提交答辩及反请求的规定适用于被追加当事人。被追加当事人提交答辩

7 国际商事仲裁的程序

及反请求的期限自收到追加当事人仲裁通知后起算。(7)案涉仲裁协议表面上不能约束被追加当事人或存在其他任何不宜追加当事人的情形的,仲裁委员会有权决定不予追加。

关于合并仲裁,其第 19 条规定:(1)符合下列条件之一的,经一方当事人请求,仲裁委员会可以决定将根据本规则进行的两个或两个以上的仲裁案件合并为一个仲裁案件,进行审理。①各案仲裁请求依据同一个仲裁协议提出;②各案仲裁请求依据多份仲裁协议提出,该多份仲裁协议内容相同或相容,且各案当事人相同、各争议所涉及的法律关系性质相同;③各案仲裁请求依据多份仲裁协议提出,该多份仲裁协议内容相同或相容,且涉及的多份合同为主从合同关系;④所有案件的当事人均同意合并仲裁。(2)根据上述第(1)款决定合并仲裁时,仲裁委员会应考虑各方当事人的意见及相关仲裁案件之间的关联性等因素,包括不同案件的仲裁员的选定或指定情况。(3)除非各方当事人另有约定,合并的仲裁案件应合并至最先开始仲裁程序的仲裁案件。(4)仲裁案件合并后,在仲裁庭组成之前,由仲裁委员会仲裁院就程序的进行作出决定;仲裁庭组成后,由仲裁庭就程序的进行作出决定。

其他仲裁规则,例如 2012 年《瑞士苏黎世商会仲裁院调解与仲裁规则》第 4 条、2014 年《伦敦国际仲裁院仲裁规则》第 22 条、2013 年《香港国际仲裁中心机构仲裁规则》第 27 条与第 28 条、2010 年《斯德哥尔摩商会仲裁院仲裁规则》第 11 条,或规定了合并仲裁与加入仲裁之一,或两者全部规定。其实,纵观主要仲裁机构的仲裁规则,关于合并仲裁也好,追加当事人也好,都是采取了开放的态度,允许在当事人意思自治原则基础上进行,尽管各仲裁规则规定的具体细节不一,但是总体上采取支持的精神。

7.4 国际商事仲裁保密性

与诉讼不同,国际商事仲裁还涉及保密性问题。当事人选择国际商事仲裁可能考虑到其具有保密性,甚至在仲裁程序过程中,所有当事人会签订仲裁的保密协议,所以为了叙述的方便,将国际商事仲裁保密性纳入本章的范围。

7.4.1 国际商事仲裁保密性概述

国际商事仲裁的支持者将保密性视为仲裁程序中的一个重要优势。[①] 仲裁保密性在某种意义上可以提高仲裁的效率以及公平合理地解决争议,减少暴露相关商业信息的风险。仲裁的保密性与仲裁私人性是两个有区别的概念。仲裁的私人性主要是指根据所有的仲裁立法以及仲裁规则,只有仲裁协议的当事人之间才能参加仲裁程序与审理,非仲裁协议当事人无法参与仲裁。当事人的意思自治原则是仲裁的基础,仲裁的私人性是当事人意思自治原则的要求,排除了非仲裁协议当事人干预或进入仲裁程序的可能性。而仲裁保密性则是指仲裁当事人以及相关人员承担不向仲裁外的第三人透露信息的义务,即具有仲裁保密的义务。仲裁保密性义务不仅禁止当事人允许仲裁案件之外的人参加仲裁听审,而且禁止当事人向第三人披露任何有关仲裁的信息,例如仲裁听审的副本、书面请求、证据材料、仲裁庭的命令以及仲裁裁决的内容与结果,也不能披露与仲裁有关的信息给报纸、公众媒体、竞争对手等。仲裁的私人性与仲裁的保密性又是相互关联的,仲裁程序中的私人性要求仲裁程序的保密性。现代公司治理结构的变化与仲裁的保密性产生一定的冲突,例如国家的法律规定上市公司必须向公众披露公司一切有关的信息,包括公司与其他公司存在的纠纷与争议的结果。如果上市公司与其他当事人产生争议,采取仲裁方式处理争议,就存在如何披露仲裁案件结果的问题。这在某种程度上与仲裁保密性相冲突。也就是说,仲裁的保密性并不是绝对的,有一定的范围。关于仲裁保密性范围、主体以及作用等问题,国际商事仲裁国际公约几乎没有作出规定,国内仲裁立法也较少涉及。随着国际商事仲裁事业的发展,主要的国际商事仲裁机构的仲裁规则越来越多地规定了仲裁保密性问题。

7.4.2 仲裁规则的规定

国际商事仲裁规则对于保密性义务的规定主要有以下两种做法。

有些仲裁规则规定了一般性的保密义务,例如 2012 年《瑞士苏黎世商会仲裁院调解与仲裁规则》第 44 条第 1 款的规定:除非当事各方以书面方式另有明确的相反表示,作为一项基本原则,当事人有义务对仲裁审理程序范围

[①] Hanotiau, International Arbitration in A Global Economy: The Challenges of the Future, 28 J. Int'l Arb. 2011, pp89-90.

内尚未进入公众领域的所有对方当事人提交的材料、所有的裁决和决定进行保密,除非一方当事人为保护或实现自己的合法权利或者为执行或推翻裁决而在司法机关进行的法律程序中负有披露的法定义务,并且该等披露应限于法定的披露义务的范围之内。本义务也适用于仲裁员、仲裁庭委任的专家,仲裁庭书记、瑞士商会仲裁院理事会成员、仲裁委委员、秘书处以及各商会的员工。类似地,2013年《香港国际仲裁中心机构仲裁规则》第42条第1款规定:除非当事人另有约定,任何当事人不得公布、披露或传送任何有关下述事项的任何信息:(a)根据一个或多个仲裁协议进行的仲裁;或(b)仲裁中作出的裁决。2015年《中国国际经济贸易仲裁委员会仲裁规则》第38条第2款规定:不公开审理的案件,双方当事人及其仲裁代理人、仲裁员、证人、翻译、仲裁庭咨询的专家和指定的鉴定人,以及其他有关人员,均不得对外界透露案件实体和程序的有关情况。

也有些仲裁规则含有更加有限的保密条款,例如2014年《美国仲裁协会国际仲裁规则》第37条规定:(1)仲裁员或仲裁管理人都不得泄漏在仲裁中由当事人或证人披露的保密信息。除本规则第30条规定外,除非当事人另有约定,或按照适用法律的要求,仲裁庭成员和仲裁管理人应当对与仲裁或裁决有关的所有事项保密。(2)除非当事人另有约定,仲裁庭可做出与仲裁的保密性或其他与仲裁有关的事项保密的指令,并可以采取措施保护商业秘密和保密信息。与上一种规定相比较,仲裁保密的义务人在这仅仅是仲裁员或仲裁管理人,而上一种规定包括的义务人相对比较宽泛的,一般是当事人,还有的规定包括仲裁员、仲裁庭委任的专家,仲裁庭书记、证人、翻译人员、秘书等所有相关的人员。2010年《联合国国际贸易法委员会仲裁规则》的规定更加有限,仅仅在仲裁听审以及仲裁裁决中涉及有关保密性问题,并没有规定总体性的保密性义务。其第28条第3款仅仅规定仲裁不公开审理,另外仲裁庭可在任何证人包括专家证人作证时,要求其他证人包括其他专家证人退庭。其第34条第5款规定了裁决可经各方当事人同意之后予以公布,为了保护或实施一项法定权利,或者涉及法院或其他主管机关法律程序的,也可在法定义务要求一方当事人披露的情况下和限度内予以公布。

一些国际商事仲裁机构出版了经过技术性处理的仲裁裁决书,隐去当事人的有关信息以及能体现当事人特征的描述,其目的是为了给将来的争议提供权威的先例以及指导,例如国际商会多年出版了经过处理的仲裁裁决书的节录,主要采取国际商会国际仲裁院的公告、仲裁年书、国际商会仲裁裁决的特别编录以及法学杂志等形式。在编辑出版时,隐去了当事人的名称以及其他具有身份特征的信息。

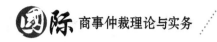

7.5 结　　论

　　总之,在国际商事仲裁中当事人意思自治原则起到重要作用。一般来说,当事人在仲裁协议中不会具有约定仲裁程序的具体内容,一般都是将仲裁规则的规定并入到当事人的仲裁协议之中。仲裁庭根据仲裁规则的规定安排仲裁程序,其具有极大的自由裁量权。仲裁程序一般有仲裁请求的提出、仲裁机构的送达文书、仲裁请求的接受、回复与反请求的提出、仲裁庭的组成、仲裁员的回避、开庭前的准备、开庭审理、证据的提交、庭审过程以及仲裁员作出裁决等。在仲裁程序过程中,仲裁文书的送达、合并仲裁与加入仲裁、仲裁的保密性以及仲裁中的证据等问题,都与国际民事诉讼或国内民事诉讼有诸多的差异。

8

国际商事仲裁的裁决

国际商事仲裁裁决对当事人具有约束力以及从其作出之日起具有既判力,当事人有义务遵守仲裁裁决。尽管大多数国际商事仲裁裁决得到了当事人的自愿遵守并得到履行,但是也有一些例外,仲裁败诉方有可能拒绝接受仲裁庭的裁决。在这种情况下,就要考虑仲裁裁决的法律效力以及仲裁裁决作出后的程序,包括仲裁裁决的撤销程序以及仲裁裁决承认与执行程序。后面的两个问题将在接下来的章节中作出详细阐述。一旦最终的裁决作出,仲裁庭的任期届满,其工作结束。有关仲裁裁决的后期程序,主要是当事人以及法院的事情了。仲裁庭的工作是作出裁决以及对裁决的修正、解释和补充。仲裁地法院的工作是仲裁裁决的执行或确认以及仲裁裁决的撤销。执行地的法院工作是承认与执行仲裁裁决。所有这些都涉及仲裁裁决的定义、仲裁裁决的效力等问题。

8.1 概 述

国际商事仲裁公约以及国内商事仲裁立法对于国际商事仲裁裁决的认识是不同的,但是以下几个方面是共同的:(1)仲裁裁决一经作出,即是确定的仲裁裁决;(2)仲裁裁决的对象是商事关系;(3)仲裁裁决涉及确定的法律关系;(4)仲裁裁决包括外国的、非国内的或国际的裁决;(5)仲裁裁决满足任何可适用的互惠的需要。无论如何,首先必须要确定什么是仲裁裁决。

8.1.1 什么是仲裁裁决

在国际商事仲裁中,仲裁庭可能会作出各种各样的决定、命令以及最终的裁决。对于什么是仲裁裁决,无论是国际商事仲裁条约,还是国内仲裁立法,都没有对仲裁裁决作出明确的定义,仅仅在规定中适用"裁决"一词。在国内仲裁立法中,仲裁裁决具有以下特点:(1)具有既判力;(2)根据国内仲裁立法可能遭受到撤销;(3)依据国际商事公约和大多数国内仲裁立法,可以得到承认与执行;(4)根据某些国内仲裁立法,满足在规定的时间期限内,处理当事人之间的仲裁请求的最终仲裁决定的要求;(5)符合国内仲裁立法以及国际商事仲裁规则要求的形式或程序步骤。在《纽约公约》以及其他一些国际商事仲裁公约的文本中,使用的是仲裁裁决的术语,而没有使用其他的术语,例如决定、判决等。联合国国际贸易法委员会在制定《示范法》的过程中,曾广泛地讨论对仲裁裁决作出定义的可能性,但最终在其文本中没有作出明确的定义。起草者曾对仲裁裁决的定义建议如下:裁决意味着处理提交给仲裁庭所有问题的一项最终裁决和其他任何仲裁庭作出的关于任何实质问题或其管辖权问题或其他任何程序问题的最终决定,但后一种情况只是在仲裁庭将其决定称作一项裁决时。[①] 但是,《示范法》的起草者们对于管辖权以及程序的决定是否被当做裁决无法达成一致意见。2006年修订《示范法》过程中,同样也没有达成一致意见。除了《新加坡国际仲裁中心仲裁规则》外,其他国际商事仲裁规则对仲裁裁决未作出明确定义。2010年《新加坡国际仲裁中心仲裁规则》第1条第3款规定,裁决是仲裁庭作出的任何关于实体争议的决定,包括部分裁决和最终裁决。但是在2013年《新加坡国际仲裁中心仲裁规则》中,将"裁决是仲裁庭作出的任何关于实体争议的决定"的定义删去,保留了后面的部分。其第1条第5款中对有关术语进行了定义,对于裁决采取了概括范围的做法,即在本规则下,裁决包括部分裁决或最终裁决以及由一名紧急仲裁员作出的一项裁决。部分裁决和最终裁决是保留了2010年的规定,增加由紧急仲裁员作出的一项裁决,说明了2013年规则将处理临时措施所作出的决定视为裁决,可以得到其他国家承认与执行。其最新的2016年规则基本上保留了2013年规则的规定。

无论是立法(包括国际商事仲裁公约以及国内仲裁立法),还是学者对于什么是仲裁裁决的看法都没有统一的观点,但对于仲裁裁决的概念,以下三个条件基础是共同的:(1)裁决必须是提交仲裁解决争议的协议的结果;(2)裁决必须具有某种最低限度的裁决概念内在的形式特征;(3)裁决必须最终解决一项实质性的问题,而不是处理程序性的问题。只有以上三个条件均得到满足,一项决定才被《纽约公约》以及国内仲裁立法认为是仲裁裁决。一项决定是否是仲裁裁决,不是取决于仲裁员适用裁决的术语。

第一,裁决必须是提交仲裁解决争议的协议的结果,也就是说只有存在

---

① Report of the Working Group on International Contract Practices on the Work of Its Seventh Session, U. N. Doc. A/CN. 9/246, XV Y. B. UNCITRAL 189, 211 (1984).

8 国际商事仲裁的裁决

仲裁协议,才可能有仲裁裁决。如果当事人之间不存在仲裁协议,只存在提交其他争议解决方式的协议,例如调解、诉讼、专家意见等协议,在这种情况下,不存在国际商事仲裁公约和国内仲裁立法下的仲裁裁决。关于仲裁协议的定义,我们在第2章进行了详细阐述。同样,仲裁协议也应该在仲裁裁决的背景下适用。根据以上的观点,国内法院的判决与决定、调解员作出的调解书以及专家作出的专家意见书等都不能视为仲裁裁决书。

第二,裁决必须符合最低的形式特征,并不是在一项仲裁的期间所有的活动和来自于仲裁庭的所有联系都构成一项仲裁裁决。只有在《纽约公约》和国内仲裁立法的意义范围内,由仲裁员作出的书面决定才构成一项裁决。也只有仲裁员才能作出仲裁裁决,仲裁机构、指定仲裁员的机构以及仲裁庭的秘书所作出的都不能认为是仲裁裁决。所以,关于仲裁机构所作出的关于仲裁员回避的决定、任命仲裁员的决定、仲裁地点选择的决定以及其他行政决定都不是仲裁裁决。同样,由专家作出的报告以及秘书或其他人员准备和执行的文件也都不构成仲裁裁决。

第三,裁决必须最终解决一项实质性的问题,而不是关于仲裁程序中的问题。仲裁庭对实质问题的最终决定才构成仲裁裁决。仲裁庭在最终裁决作出前的口头声明,甚至是结论性的声明,其本身不是仲裁裁决,仅仅是对未来裁决预先作出的指引。另外,对于实质问题的最终处理具有约束力的决定才被认为是一项裁决,没有约束力的决定、临时性的观点说明以及其他没有约束力的仲裁员的决定都不属于仲裁裁决。

仲裁裁决与仲裁过程中仲裁庭所作出的程序命令有本质的区别。仲裁庭在仲裁过程中,为了安排仲裁程序以及推动仲裁程序的进行,往往会发布有关仲裁程序的命令。这些往往会冠以"命令"、"程序命令"、"决定"或"指引"等名称。仲裁决定主要是处理行政或程序保障事项,安排听审、书面呈递、披露等事项。命令一般不会被法院复审,也不属于法院撤销、承认和执行的范围。所以,听审的安排表、当事人书面呈递的时间安排、其他程序安排的命令都不属于仲裁裁决。总之,命令通常关乎程序问题,这些程序问题不解决仲裁就难以进行。命令或许会涉及例如解决证据开示问题、证据本身的问题,又或是听审时间地点问题。它们本质上都是程序问题。然而裁决一般处理的是当事人的实质权利。通常情况下,裁决在《纽约公约》下具有强制执行力。

8.1.2 仲裁裁决的种类

大多数国内的仲裁立法以及仲裁规则都规定了不同种类的仲裁裁决,包括终局裁决(final awards)、部分裁决(partial awards)、临时裁决(interim awards)、和解裁决(consent awards)以及缺席裁决(default awards)。特别需要注意的是,以下讨论的裁决的种类,不同的机构以及不同的法律制度,有时对于同一术语有不同的含义,或者同一含义采取不同的术语。对于这些不同的术语的运用要特别谨慎。

8.1.2.1 终局裁决

终局裁决在不同的场合下具有不同的含义,常常会引起困惑。对于终局裁决的含义的理解主要有以下三个方面。

第一,从最终解决一个特别的请求或问题的排他效果意义上来理解,所有的仲裁裁决都是最终的(final)。这是泛指意义上的终局裁决,不是我们这里所说的一般意义上的终局裁决。按照这种解释,甚至准予临时救济的裁决,因为其最终处理了特别救济的请求,所以可以被视为终局裁决,尽管其被随后的救济所取代。同理,决定特殊问题的临时裁决也可以被视为终局裁决。

第二,一些国际商事仲裁公约以及国内仲裁立法规定仅仅对于终局裁决给予承认,非终局裁决不予承认。从这个意义上来说,所谓终局裁决仅指那些在仲裁地取得最终程度上的不再进行上诉或撤销的裁决。也就是说,仲裁庭作出的裁决仅在被准予可以执行后,或上诉被拒绝后,才被认为是终局意义上的裁决。

第三,一般意义上的终局裁决是指仲裁庭在解决了当事人所有争议后所作出的裁决,表明仲裁庭的任务已经完成。仲裁立法以及仲裁规则里的最终裁决就是在这种意义上使用的,例如《示范法》第32条第1款规定:仲裁程序依终局裁决或仲裁庭按照本条第(2)款发出的裁定宣告终止。再例如,2015年《中国国际经济贸易仲裁委员会仲裁规则》第49条第9款规定:裁决是终局的,对双方当事人均有约束力。任何一方当事人均不得向法院起诉,也不得向其他任何机构提出变更仲裁裁决的请求。此种终局裁决表明了作出裁决就意味着仲裁庭责任的终结,除了承担一些仲裁裁决的修正、补充、解释外,没有必要履行其他职责。其也还表明了败诉的一方当事人可以依据仲裁地的法律,对该终局裁决申请撤销或使之无效。该意义上的终局裁决应与下面论述的部分裁决相区别,仲裁庭作出部分裁决并不意味仲裁庭的任务终结。

8.1.2.2 部分裁决

部分裁决是在一项仲裁中针对当事人的部分请求,而不是所有的请求所作出一项仲裁决定。部分裁决没有涉及的请求留待仲裁庭在以后的仲裁程序中进一步进行审理。处理当事人部分请求的部分裁决可以是最终的和具有约束力的,可以得到承认与执行。一些国内法明确规定了仲裁庭有权作出部分裁决,例如1988年《瑞士联邦国际私法法规》第188条规定:仲裁庭可以就案件的部分问题作出部分裁决。但协议另有规定的除外。在许多国内的仲裁立法中,部分裁决与临时裁决不同,临时裁决主要决定的是与处理当事人请求相关的事项,例如法律适用、责任等问题,但并不是最终请求的处理。仲裁规则也通常规定部分裁决的可能性。例如2010年《联合国国际贸易法委员会仲裁规则》第34条第1款规定:仲裁庭可在不同时间对不同问题分别作出裁决。根据该条款规定,仲裁庭可以就当事人争议中的部分问题作出裁决。即使没有立法条文以及机构仲裁规则的规定,仲裁庭也具有作出部分裁决的权力,除非当事人有相反的意思表示。这种权力是当事人授予仲裁庭迅速地处理当事人之间争议的内在体现。部分裁决只能运用在当事人请求可以分割的情况下,例如当事人提出合同的请求以及非合同的请求,仲裁庭可以对其合同的请求作出部分裁决,或拒绝其合同的请求,或支持合同上的请求并作出赔偿,对于非合同上的请求留待在随后的仲裁程序中进行解决。仲裁庭也可以对合同上的部分请求进行处理,其他合同上的请求在以后进行处理。国际商事仲裁之所以规定部分裁决,其主要目的促进仲裁的效率,对于复杂的仲裁案件分阶段分步骤地进行处理,促使仲裁当事人聚焦并循序地解决问题,而不是在一次决定中解决所有的问题。这在某种程度上可以迅速快捷地解决争议。另外,在仲裁实践中,当事人请求中的部分事项比较清晰,仲裁庭容易作出判断,但是其他请求的事项比较复杂而且争议比较大,如果仲裁庭不采取部分裁决的形式作出决定,留待整体性解决,势必会影响到当事人的权利,有时候可能是关键的权利。如果当事人在仲裁协议中明确约定排除部分裁决,要求仲裁庭作出解决整个争议的单一裁决,那么仲裁庭必须尊重当事人这种约定,就不能作出部分裁决。

8.1.2.3 临时裁决

临时裁决,有时也被称为中间裁决(interlocutory awards)。国际商事仲裁适用的临时裁决的含义有时令人比较困惑。有学者认为临时裁决与部分裁决同义,没有本质性的区别。[①] 在仲裁实践中,临时裁决通常与部分裁决同义,两者经常被混合使用。临时裁决常常被认为是处理某种请求救济所作出

[①] Margaret L. Moses, The Principles and Practice of International Commercial Arbitration, Cambridge University Press, 2008, pp. 181-182.

的裁决,而不是对所有问题作出的决定。在此意义上,临时裁决与部分裁决没有本质的不同。但是,临时裁决有时候适用的范围更窄,主要是处理请求相关的先决事项,例如法律适用、责任、一个合同特别条款的解释等问题。在此意义上,临时裁决是通向处理当事人的部分请求,并不试图作出具有终局性的裁决。另外,临时裁决也可以用作于临时措施(中间措施)的决定。在此意义上,裁决是临时的,因为仲裁庭在随后的仲裁过程还要对其进行审查,在终局裁决中可以修正决定中对临时措施作出的处理。如此,临时裁决就不同于部分裁决,因为前者并不提供部分争议的最终处理,后者对临时措施的决定往往会受到以后仲裁庭的修正。

在仲裁实践中,仲裁庭经常混用部分裁决和临时裁决。最好的做法是对临时裁决作出精确的解释,是否运用于临时措施,还是用作最终决定特定的问题,或者用作其他事项。

8.1.2.4 和解裁决

在国际商事仲裁中,无论是国内立法,还是仲裁规则都充分尊重当事人的意思自治。仲裁当事人可以在仲裁的任何阶段以和解的方式处理他们之间的争议。如果当事人在仲裁过程中达成和解,当事人具有两种选择:一种是当事人撤回仲裁,达成有约束力的协议;另一种是当事人希望获得一份所谓的和解裁决,将他们之间的解决方案进行记录。也就是说,如果当事人要求,仲裁庭可以根据当事人的和解协议作出所谓的和解裁决。据此,和解裁决是指仲裁庭根据当事人的要求以及当事人之间的和解协议所作出的一种裁决。如果当事人签署和解协议,所有的费用和有关争议都得到解决,不存在执行的问题,一般就不需要仲裁庭作出和解裁决。如果签署和解协议之后,当事人还有其他需要履行的义务,仲裁庭往往建议当事人将和解协议转化为和解裁决。因为,仅仅是和解协议,如果一方当事人不履行,则是构成一种违约行为,承担的是违约责任。其和解协议不是《纽约公约》项下的仲裁裁决,肯定不能根据《纽约公约》要求承认与执行。当事人只能根据和解协议到有关的机构进行解决,这无形之中加大了当事人执行的难度。如果将和解协议转化为和解裁决,如果一方当事人不履行,可以直接向仲裁地的法院申请强制执行,或者依据《纽约公约》向非仲裁地的执行法院要求承认与执行。许多仲裁立法都明确地允许作出和解裁决的可能性。例如,《示范法》第30条规定:(1)在仲裁程序中,当事人就争议达成和解的,仲裁庭应当终止仲裁程序,经各方当事人提出请求而仲裁庭又无异议的,还应当按和解的条件以仲裁裁决的形式记录和解。(2)关于和解的条件的裁决应当依照第31条的规定作出,并应说明它是一项裁决。此种裁决应当与根据案情作出的其他任何裁决具有同等的地位和效力。

8.1.2.5 缺席裁决

在仲裁程序过程中,可能会出现被申请人没有参加仲裁程序或拒绝参加仲裁程序的情形。仲裁并不因此而中止,仲裁庭可以在被申请人缺席的情况下审理案件,作出仲裁裁决。此种裁决称为缺席裁决。在仲裁实践中也会出现申请人提起仲裁,但申请人无正当理由又不参加庭审的,仲裁庭可以驳回申请人的仲裁请求,而不是作出缺席裁决。如果仲裁被申请人未出庭或者无理由退庭的,仲裁庭也不能主动就本案案情作出对申请人有利的裁决。仲裁庭在作出裁决之前应当仔细审查证据,确保在仲裁中的每个环节,缺席方都是被通知过的,并且告知缺席方可以各种形式包括口头形式和书面形式参加仲裁。为了确保裁决的执行,仲裁庭必须证明其已做出合理的、连续的并且是实质的努力,以希望当事人出庭。最好的做法是仲裁庭在最后裁决中将其所作出的努力记录在案,并且提供明确有说服力的理由,说明裁决是如何作出决定的。缺席裁决并不构成对《纽约公约》第 5 条第 1 款(乙)项的违反,可以根据公约的规定得到承认与执行。仲裁规则也都规定了缺席裁决相关的问题,例如 2012 年《国际商会仲裁规则》第 23 条第 3 款规定:若任何当事人拒绝参与拟定或签署审理范围书,该审理范围书应提交仲裁院批准。审理范围书按 23 条第 2 款签署或经仲裁院批准后,仲裁应继续进行。第 26 条第 2 款规定:任何当事人经正式传唤无正当理由而未出庭的,仲裁庭有权继续开庭审理。

8.1.2.6 补充裁决

补充裁决(complementary or supplemental awards),是指根据仲裁一方当事人的请求,仲裁庭对仲裁裁决遗漏的事项作出的裁决。补充裁决与一般裁决没有区别,可以得到法院的承认与执行。2015 年《中国国际经济贸易仲裁委员会仲裁规则》第 54 条作出比较详细的规定,即(1)如果裁决书中有遗漏事项,仲裁庭可以在发出裁决书后的合理时间内自行作出补充裁决。(2)任何一方当事人可以在收到裁决书后 30 天内以书面形式请求仲裁庭就裁决书中遗漏的事项作出补充裁决;如确有漏裁事项,仲裁庭应在收到上述书面申请后 30 天内作出补充裁决。(3)该补充裁决构成裁决书的一部分,应适用本规则第 49 条第(4)至(9)款的规定。

8.1.3 一裁终局

与国际民事诉讼以及国内民事诉讼不一样,一般而言,国际商事仲裁采取一裁终局的做法。即使少数国家规定当事人可以对仲裁裁决提出上诉,其权利范围也是非常有限的。例如,1996 年《英国仲裁法》第 69 条第 1 款规定:除非当事人另有约定,仲裁程序的一方当事人(经通知其他当事人和仲裁庭)可就仲裁程序中所作的裁决的法律问题向法院上诉。仲裁裁决的一裁终局是国际商事仲裁中一项重要的制度,具有特别的作用与意义。

8.1.3.1 一裁终局产生的历史背景

一裁终局是仲裁的主要制度,即仲裁庭对当事人提交的案件做出裁决后即具有终局的法律效力,双方当事人不得向原仲裁机构或其他仲裁机关再次提起仲裁或向法院提起诉讼,也不得向其他机关提出变更仲裁裁决的请求。一裁终局作为仲裁制度的一项基本原则虽然极大地体现了仲裁的独立性与权威性,但是也断绝了当事人通过上诉程序纠正裁决可能出现错误的机会和权利。[①]

商事仲裁作为一种商事争议的解决方式也有很悠久的历史。自从有了商品交换活动,商人们就开始采用仲裁这样一种极为灵活、简便、高效的争议解决方式来处理他们之间在商事交往中所发生的各种各样的商事争议。特别是到了 11 世纪,随着民商交换活动在地中海北部沿岸、意大利各城邦国家之间的日益频繁,逐渐产生了专门用来调整商事关系中的商人习惯法,而商事仲裁是其中一项极为重要的内容。在发生商事争议时,商人们通常都会自己选择中间人,采用较为简单的形式和程序,依照公平合理的原则来处理。后来随着航海贸易的发展,这种商事仲裁方式也逐步扩展到了大西洋沿岸各主要国家。[②] 随着商品经济在西方社会的日益发达,商事仲裁也在迅速发展,并受到更加广泛的欢迎。商事仲裁之所以发展如此之快,就是因为它顺应了社会的需要,商人们更关注于利益,他们不愿意耗时耗钱进行程序上僵硬的诉讼,而选择这种更迅速解决纠纷的方式,从根本上说是因为仲裁制度中的一裁终局,这为更注重效率的商人们节约了大量的时间,时间上的快捷性也使得仲裁所需的费用大大减少,满足了经济性的要求,不会像诉讼那样经过几审,无休止地进行下去。

[①] 姚远:《论法院对民商事仲裁的制约》,《政治与法律》2005 年第 1 期。
[②] 谢石松主编:《商事仲裁法学》,高等教育出版社 2003 年版,第 15 页。

8.1.3.2 一裁终局的价值

商人们之所以发展了仲裁这一自律形式,主要是因为仲裁在效率与灵活上的优势,而不是因为仲裁比诉讼更能体现公正。法院是维护社会公正的最后防线,在这一点上,仲裁无法企及诉讼。① 但是,在当今社会,意思自治理论蓬勃发展,仲裁制度是意思自治理论在当事人解决纠纷的体现。当事人既然选择了仲裁,他就必然对其中的利弊进行分析,其可能追求的正是仲裁一裁终局所体现的效率价值。正如有学者指出的那样:仲裁要合法、合情、合理,还要加上合算。到底合算不合算,看看是不是真正省时、省钱、省事。②

仲裁实行一裁终局,绝大多数情况下不存在所谓上诉和申诉之说,这恰恰是诉讼制度的重要内容。如果说处理争议的程序以追求公正为最高目标,为了发现案件的客观事实,确保法律适用的准确性,理论上审级设置越多越好,动用的人力物力越多越好。③ 而仲裁正好相反,仲裁程序试图规避诉讼程序的繁琐和不经济,当然取向于效益。难怪有学者认为,仲裁最大的好处在于取消了纠正司法错误的上诉程序,能尽快了结当事人之间的争议,裁决的终局性给当事人带来的潜在利益比上诉程序带来的利益大得多。④ 可以这样说,仲裁中效益理念是特别重要的,而一裁终局正是这一重要理念的体现。

仲裁裁决具有终局性是合理的。首先,当事人之间的权利义务应该尽快地加以确定,才能使社会稳定,他们之间的争议不能一直处于不明确的状态。争议的解决的程序都应有一个完结的结果。这是符合社会发展的需要。由于人类的认识和实践能力有限,完全认识到终极公正理智是不可能的。更为重要的是,仲裁裁决具有终局效力也是当事人的要求。仲裁实质上是解决争议的一种合同制度,应受当事人意思自治原则的支配。在仲裁法中,当事人意思自治原则要求仲裁裁决必须是终局的。施米托夫教授指出:不应对裁决的正确与否进行司法复审,只要仲裁程序符合自然争议的要求,当事人一般就准备接受仲裁员在法律或事实方面的错误裁决。法官毕竟也可能犯错误。法院的上诉制度就是建立在法官可能犯错误的假定上,其目的就在于由上级法院的法官纠正下级法院法官所犯的错误。然而,纠正司法错误的程序缓慢且耗资巨大。在商业界看来,仲裁的最大好处之一就是取消了这一纠正司法

---

① 韩德培主编:《国际私法问题专论》,武汉大学出版社 2004 年版,第 336 页。
② 张斌生主编:《仲裁法新论》,厦门大学出版社 2002 年版,第 4 页。
③ 陈桂明:《诉讼公正与程序保障》,中国法制出版社 1996 年版,第 9 页。
④ [英]施米托夫著,赵秀文译:《国际贸易法文选》,中国大百科全书出版社 1993 年版,第 674-675 页。

错误的上诉程序……喜欢仲裁而不愿意涉诉的当事人至少期待着尽快了结它们之间的争议,避免上诉程序中金钱与时间的耗费。① 如果否定裁决的终局性,当事人可以就实体问题上诉到法院,仲裁的速度快捷、花费低廉、保密性强等优势就无从发挥,仲裁也就没有存在的价值了。②

从根本上讲,仲裁之所以存在并发扬光大,是因为它以效益为价值准则,即它通过当事人自愿选择,在不违背社会公共利益和尽量不动用公共权威、不花费公用的情况下解决纠纷,从而实现市场的有序运转及社会资源的合理配置,使当事人和社会都能得到较大受益或避免较大损失。另一方面,仲裁作用于市场交往行为,以平等主体间的合同纠纷和其他财产性纠纷为裁决对象,也必须以效益为其最高价值准则。在市场经济中,理性人(经济人)的行为都是以效益为取向,个体利益在充分的自由经济和当事人意思自治的基础上可能首先意味着利己,但市场中的认识互动的,利己的同时还必须利他,两种利益均应实现最大化,这在政府干预经济及私法社会化的背景下尤应如此,否则社会利益包括个体的长远利益必然受损。仲裁作为一种独特的社会冲突救济方式,以充分的当事人意思自治为核心,使个体利益和社会利益在最大化的基础上得到平衡,正好契合于市场经济的这一需要。③

从较表象的层面上看,一裁终局直接反映了仲裁对效率的追求。因此,法院对仲裁的监督问题就是如何处理仲裁裁决的终局性和司法审查权之间的关系。质言之,究竟如何行使法院的司法监督权才可以既达到确保仲裁维护社会正义的价值目标,又无损于仲裁一裁终局这一方便快捷的效益优势。关于这一点,正如施米托夫所言,仲裁最大的好处在于取消了纠正司法错误的上诉程序,能尽快了结当事人之间的争议,裁决终局性给当事人带来的潜在利益比上诉程序带来的利益大得多。而如果我们允许法院对仲裁的实体性事项进行审查的话,即使我们用尽世间最委婉隐讳的表达,在事实上都将造成"一裁一审"的情况,无异于使仲裁程序从属于法院程序,同仲裁的终局性相抵制,④这显然有悖于仲裁的效益价值。

仲裁的效益取向特别强调程序公正,不仅仲裁庭把程序公正当做头等大事,法院对仲裁裁决的监督也主要集中在程序性事项,但这并不是说实体公

---

① 〔英〕施米托夫著,赵秀文译:《国际贸易法文选》,中国大百科全书出版社 1993 年版,第 674-675 页。
② 赵健著:《国际商事仲裁的司法监督》,法律出版社 2000 年版,第 16 页。
③ 韩德培主编:《国际私法问题专论》,武汉大学出版社 2004 年版,第 336 页。
④ 〔英〕施米托夫著,赵秀文译:《国际贸易法文选》,中国大百科全书出版社 1993 年版,第 681 页。

8 国际商事仲裁的裁决

正不重要。仲裁对公正,包括实体公正与程序公正的追求,一直贯穿于仲裁的制度中。程序公正与实体公正的调和不是因为存在外在的实体司法监督,而是依赖于其自身保证实体公正和消解错案的内在素质。无论从仲裁员的选任、仲裁规则、仲裁机构的设置方面,都体现仲裁并没有忽视实体公正。

可见,仲裁中一裁终局在坚持效益价值取向的同时,尽量通过程序等事项真正体现法律的最高价值追求——正义。实现正义的途径是多种的,诉讼通过加大审判审级来实现只是其中的一种,仲裁作为有别于诉讼的一种解决争议的方式,它有它本身实现正义的方式,没有同诉讼一样的方式,并不等于它放弃或没有正义。

8.2 裁决书的形式与内容

仲裁庭有义务尽最大的努力作出一项有效的、可执行的仲裁裁决。大多数国内仲裁立法要求一项有效的裁决必须满足一定的法律条件,即裁决具有一定的形式、内容或其他事项。仲裁规则要求仲裁员有义务作出有效的裁决,如果仲裁员因为疏忽导致仲裁裁决得不到执行,那么其以后可能得不到当事人的信任,而不会被再次选择为仲裁员。当事人会认为,一名仲裁员如果无法提高自己的信誉,无法作出能够被执行的裁决,是在浪费当事人的时间与费用。

8.2.1 裁决书的形式

与国际商事仲裁协议一样,国际商事仲裁裁决必须符合特定的形式要求。如果其形式要求得不到满足,裁决很可能被仲裁地的法院撤销。有效的仲裁裁决必须符合国际公约、当事人选择的法律、仲裁地法律、仲裁规则以及当事人的仲裁协议规定的形式要求。

国际商事仲裁公约对于仲裁裁决的形式几乎没有明确的规定。《纽约公约》第4条第1款(甲)项规定,当事人向缔约国提出仲裁裁决的承认与执行的声请时,应提交原裁决之正本或其正式副本。根据该条款的规定,存在着仲裁裁决书面形式的先决条件,允许缔约国拒绝承认非书面形式的外国裁决。其实,在国际商事仲裁实践中,口头裁决的形式完全没有出现过。

尽管国际公约没有明确规定书面形式,国内的仲裁立法都强调了仲裁裁决的书面形式,并要求仲裁庭说明作出仲裁裁决的理由,所有仲裁员或部分仲裁员在裁决书上进行署名,标注仲裁裁决作出的时间、地点等。在某些仲裁案件中,这些要求是强制性的,当事人不能进行修改。《示范法》第31条的规定具有一定的代表性,即:(1)裁决应当以书面形式作出,并应当由仲裁员签名。在有一名以上仲裁员的仲裁程序中,有仲裁庭全体成员的多数签名即可,但须说明缺漏任何签名的理由。(2)裁决应说明其所依据的理由,除非当事人约定不需说明理由或该裁决是第30条所指的和解裁决。(3)裁决书应具明日期和依照第20条(1)中确定的仲裁地点。该裁决应视为是在该地点作出的。(4)裁决作出后,经仲裁员依照本条第(1)款签名的裁决书应送达各方当事人各一份。根据该条规定,除了裁决所依据的理由外,其他都是强制性的要求。也就是说,当事人能够约定的是仲裁裁决不需要说明理由。2010年《联合国国际贸易法委员会仲裁规则》第34条也作出了同样的规定:(1)仲裁庭可在不同时间对不同问题分别作出裁决。(2)所有仲裁裁决均应以书面形式作出,仲裁裁决是终局的,对各方当事人均具有拘束力。各方当事人应毫不延迟地履行所有仲裁裁决。(3)仲裁庭应说明裁决所依据的理由,除非各方当事人约定无须说明理由。(4)裁决书应由仲裁员签名,并应载明作出裁决的日期和指明仲裁地。仲裁员不止一名而其中有任何一名仲裁员未签名的,裁决书应说明未签名的理由。(5)裁决可经各方当事人同意之后予以公布,为了保护或实施一项法定权利,或者涉及法院或其他主管机关法律程序的,也可在法定义务要求一方当事人披露的情况下和限度内予以公布。(6)仲裁庭应将经仲裁员签名的裁决书发送各方当事人。

但也有一些国家的仲裁立法明确承认了当事人可以自由约定仲裁裁决的形式,例如1996年《英国仲裁法》第52条第1款规定:当事人可自由约定裁决的形式。如果当事人没有约定,其规定与《示范法》的规定没有多大差异,即第52条第3款、4款、5款规定:……(3)裁决应以书面形式作出,并由所有仲裁员或所有同意该裁决的仲裁员在裁决书上签名。(4)裁决书应附具理由,除非它是一个和解裁决或当事人约定不附具理由。(5)裁决书中应载明仲裁地以及裁决作出的日期。

根据以上规定,有效的仲裁裁决一般必须具备:(1)书面形式;(2)具有终局性与对当事人均有约束力;(3)裁决所依据的理由;(4)仲裁员签名;(5)裁决作出的日期并指明仲裁地;(6)送达给所有当事人;(7)如仲裁地的仲裁法有要求,仲裁庭应向有权机关申请注册。

所有的国内法都要求仲裁裁决是书面形式,这点是毫无争议的。关于仲裁员签名的要求则有所不同,有些国内法律要求所有的仲裁员都必须在仲裁

8 国际商事仲裁的裁决

裁决上签字。① 当然,并不需要所有仲裁员必须同时同地进行签字。这种要求所有仲裁员签字的做法会带来一些困难,如果持不同意见的仲裁员拒绝在仲裁裁决书上签字,就会阻止仲裁裁决的作出。在国际商事仲裁实践中,持不同意见的仲裁员拒绝签字的情况是存在的。所以,绝大多数仲裁规则和国内仲裁立法都规定,并不需要所有仲裁员签字,可以由所有同意裁决书的仲裁员签字或由首席仲裁员单独签字。但是裁决书中需要说明仲裁员未签名的理由。例如,1988年《瑞士联邦国际私法法规》第189条规定只需要首席仲裁员签字,即仲裁裁决得采用书面形式,载明裁决的理由,注明日期,并经首席仲裁员签字。

在仲裁裁决书上注明裁决作出的地点与日期具有重要的法律意义。对于地点来说,其决定了何地的法院具有撤销仲裁裁决的权力。为了避免争议,多数国内立法以及仲裁规则要求仲裁员在裁决书上明确仲裁地点。同样,仲裁裁决书被视为在仲裁地作出的,而不问仲裁员是在何地签署仲裁裁决书。所以,仲裁裁决书上注明的地点一般就是仲裁地,也只有仲裁地的法院才能作出仲裁撤销的决定。仲裁地也是确定外国仲裁以及非内国仲裁的依据,如果仲裁需要到仲裁地以外的国家执行,当事人可以根据《纽约公约》的规定,向仲裁地以外的缔约国申请承认与执行。仲裁裁决作出日期的确定,一方面表明了仲裁庭任期的截止日期;另一方面也确定了仲裁裁决更正、补充、解释以及撤销的起止日期。

在许多情况下,如果仲裁裁决未能满足形式要求,其可能在随后的撤销程序中被认为是无效的。例如,1996年《英国仲裁法》第68条第2款(h)项规定"裁决形式不符合要求"被视为严重不规范行为,如果法院认为对申请方已造成或将造成实质性的不公正,裁决将会被全部或部分发回重审、或全部或部分撤销裁决、或宣布裁决全部或部分无效。如果仲裁裁决的形式错误(主要是技术上的错误)可以得到更正,许多仲裁规则都允许这种更正,其比直接撤销裁决做法更好。例如,《示范法》第33条规定了裁决的更正和解释的事项。

裁决的语言问题也是当事人常常关心的一个问题。一般来说,当事人可以约定仲裁语言,仲裁语言也将推广使用到仲裁裁决。如果当事人没有选择仲裁适用的语言,仲裁庭将决定所适用的语言,其一样使用到仲裁裁决上。

---

① Report of the UNCITRAL on the work of Its Ninth Session, U. N. Doc. A/31/17, Annex II,163, VII Y. B. UNCITRAL 66, 78 (1976).

8.2.2 时间限制、送达、登记

国内法、仲裁规则或者仲裁协议常规定仲裁裁决作出的时间限制以及仲裁裁决的送达、通知以及相关事宜。

关于仲裁裁决作出的期间,大多数国内法不作规定,也有少数国内仲裁法作出规定,例如《法国民事诉讼法典》规定国内仲裁其裁决必须在组庭六个月内作出。也有一些仲裁规则对仲裁裁决的作出时间作了规定,例如,2012年《国际商会仲裁规则》第 30 条规定:(1)仲裁庭必须作出终局裁决的期限为六个月。该期限自仲裁庭成员在审理范围书上最后一个签名之日或当事人在审理范围书上最后一个签名之日起算,或者,在第 23 条第(3)款的情况下,自秘书处通知仲裁庭仲裁院已批准审理范围书之日起算。仲裁院可基于第 24 条第(2)款制定的程序时间表,另行确定一个不同的期限。(2)仲裁院可依仲裁庭说明理由的请求延长该期限,或在其认为必要时自行决定延长该期限。"2015 年《中国国际经济贸易仲裁委员会仲裁规则》规定的期间也是六个月,即其第 48 条规定:(1)仲裁庭应在组庭后 6 个月内作出裁决书。(2)经仲裁庭请求,仲裁委员会仲裁院院长认为确有正当理由和必要的,可以延长该期限。(3)程序中止的期间不计入上述第(1)款规定的裁决期限。当事人对于仲裁庭履行严格的时间限制而不考虑延期的决定应当慎重,遵循严格的时间框架有双重的影响:第一,时间或许不够,让仲裁员无法做出裁决。第二,仲裁庭的匆忙裁决会成为败诉一方的把柄,败诉方会据此认为仲裁庭没有完全理清案件事实。因此任何时间上的规定都是只是指导意见,必要时仲裁时间应当延展。

一旦作出仲裁裁决,其必须以某种方式送达、通知给当事人,否则当事人如何知晓仲裁裁决书的内容,如何履行仲裁裁决以及对仲裁裁决提出撤销申请等。国际条约往往没有规定这个方面的问题,相反地,国内仲裁立法规定了仲裁裁决送达或通知给当事人。例如,《示范法》第 31 条第 4 款规定:裁决作出后,经仲裁员依照本条第(1)款签名的裁决书应送达各方当事人各一份。1988 年《瑞士联邦国际私法法规》第 190 条规定:裁决自送达当事人之日起即具有约束力。其他一些国家也作出了类似的规定,例如《芬兰仲裁法》第 37 条、《意大利民事诉讼法典》第 825 条、《印度仲裁与和解法》第 31 条第 5 款、《新西兰仲裁法》第 31 条第 4 款、《巴西仲裁法》第 29 条、《伊朗国际商事仲裁法》第 30 条、《德国民事诉讼法典》第 1054 条第 4 款、《荷兰民事诉讼法典》第 1508 条第 1 款、《奥地利民事诉讼法》第 606 条第 4 款等。

上述示范法的规定与《瑞士联邦国际私法法规》还是有点区别,就是关于

仲裁裁决送达的法律效果问题。前者的规定说明了即使仲裁裁决没有送达到当事人,只要其符合仲裁员签署、注明了作出的日期以及其他所有相关的形式要求,其仍然是一项裁决。送达是一项义务,裁决必须送达,但送达不是仲裁裁决一项形式要求。后者的规定是将送达作为一项形式要求,只有仲裁裁决送达到当事人,才最终具有效力,成为有效的仲裁裁决。另外,仲裁裁决的送达还产生仲裁程序上重要的法律效果,其可能是仲裁裁决更正的起止时间,例如《示范法》第33条第1款规定:除非当事人约定了另一期限,在收到裁决书后三十天内:(a)一方当事人可在通知对方当事人后请求仲裁庭更正裁决书中的任何计算错误、任何笔误或打印错误或任何类似性质的错误;(b)当事人有约定的,一方当事人可以在通知对方当事人后请求仲裁庭对裁决书的具体某一点或某一部分作出解释。仲裁庭认为此种请求正当合理的,应当在收到请求后三十天内作出更正或解释。解释应构成裁决的一部分。其还可能是仲裁当事人向仲裁地法院申请裁决撤销的起止时间,例如《示范法》第34条第3款规定:当事人在收到裁决书之日起三个月后不得申请撤销裁决;已根据第33条提出请求的,从该请求被仲裁庭处理完毕之日起三个月后不得申请撤销。

有些国家法律还规定当地仲裁所作出的裁决需要向当地法院或公证机关进行登记,例如《荷兰民事诉讼法典》第1060条的规定。这种登记的做法是传统仲裁立法的做法,现代仲裁制度较少采用登记的做法。

8.2.3 裁决的理由

除非当事人有相反的约定,仲裁庭必须说明其所作出的仲裁裁决的理由。1958年《纽约公约》并没有明确规定要求仲裁裁决必须附具理由,而1961年《欧洲国际商事仲裁公约》第8条作出了明确的规定,即除有下列情况外,当事人即被认为已协商同意对裁决应附具理由:(1)当事人明确表示不必附具理由;(2)当事人已赞成采用习惯上不需要裁决理由的仲裁程序,但以在审理结束前或者在裁决作出前(如没有审理程序的话),双方当事人都没有要求附具裁决理由时为限。该条款的规定被视为国际商事仲裁的一般原则。

国内仲裁立法在传统上没有要求仲裁裁决附具理由的统一规则,尤其在英美普通法系国家,未附具理由的仲裁裁决可以得到执行。在普通法国家仲裁实践中,未附具理由的仲裁裁决比较常见。但是,现代国际商事仲裁立法取代了普通法的规则,要求仲裁裁决必须附具理由,除非当事人有相反的约定。《示范法》第32条第2款是现代国际商事仲裁立法的代表,其规定是:裁决应说明其所依据的理由,除非当事人约定不需说明理由或该裁决是第30条所指的和解裁决。根据《示范法》所有的仲裁裁决都应说明其所依据的理由，例外的情况是当事人有相反的约定。其他大多数国家的立法以及仲裁机构的仲裁规则的规定基本上是一致的。

现代仲裁立法以及仲裁规则之所以规定裁决需要附具理由，是因为其被认为是仲裁程序的重要特征，限制了仲裁员的权力，降低仲裁员的武断、减少了仲裁员懒惰的风险，提高仲裁裁决的质量。其不仅提供当事人平等的听审机会，而且提供当事人所提交的书面材料得到充分的考虑以及他们之间的争议如何得到处理的机会。另一方面来说，仲裁裁决书附具理由并不要求仲裁员对于争议问题写出像学术论文一样的深度，也不要求必须有一定的长度。仲裁裁决并不是越长越好，只要仲裁员将所涉及的问题解释清楚明白就好。

8.2.4　多数裁决与首席仲裁员裁决

如果仲裁庭由三名仲裁员组成，三名仲裁员对于争议解决的意见一致，其所作出的裁决毫无问题。如果三名仲裁员的意见不一致，仲裁裁决根据何种原则作出，几乎所有的仲裁立法以及仲裁规则都作出了具体的规定。一般来说，可以由多数人作出裁决。如果三名仲裁员的意见各异，就由首席仲裁员作出裁决。

几乎所有仲裁立法都允许根据多数仲裁员的意见作出裁决。例如，《示范法》第29条规定：在有一名以上仲裁员的仲裁程序中，除非当事人另有约定，仲裁庭的任何决定应当按其全体成员的多数作出。但是，经各方当事人或仲裁庭全体成员授权的，首席仲裁员可以就程序问题作出决定。我国《仲裁法》第53条也规定：裁决应当按照多数仲裁员的意见作出，少数仲裁员的不同意见可以记入笔录。仲裁庭不能形成多数意见时，裁决应当按照首席仲裁员的意见作出。一般来说，仲裁员如有不同意见，便会拒绝签署裁决书。如果仲裁员不愿意签署裁决，裁决书应该作出其不签署理由的声明。例如，《示范法》第31条第2款规定：裁决应当以书面作出，并应当由仲裁员签名。在有一名以上仲裁员的仲裁程序中，有仲裁庭全体成员的多数签名即可，但须说明缺漏任何签名的理由。

正如刚才所说，如果三名仲裁员对于当事人争议的处理达不成一致的意见，没有所谓的多数意见，仅仅有三种不同的意见，一些仲裁立法以及仲裁规则规定由首席仲裁员作出裁决，如我国《仲裁法》第53条的规定。有些仲裁立法以及仲裁规则不允许首席仲裁员单独作出仲裁裁决，如2010年《联合国国际贸易法委员会仲裁规则》第33条第1款规定：仲裁员不止一名的，仲裁庭的任何裁决或其他决定均应以仲裁员的多数作出。在这种情况下，如果存在仲裁庭授权首席仲裁员作出决定的条款,则可以按照授权条款由仲裁庭授权首席仲裁员作出裁决。如果没有此种授权条款,仲裁庭必须继续进行商讨,直到存在多数意见为止。经过商讨以后,如果还没有多数意见,就可能会出现无法裁决的情况。

8.2.5 并存意见与不同意见

三人仲裁庭在仲裁裁决过程中很少会出现意见一致的情况,大多数会出现仲裁员个人分离的观点与不同的意见。如果存在不同的意见或观点,通常的做法是持不同意见的仲裁员拒绝在仲裁裁决上签字。在多数的仲裁立法中出现仲裁员未签字的裁决也不能妨碍仲裁裁决的有效性以及终局性,成为一项"裁决",但是将意味仲裁庭中有仲裁员不同意其他仲裁员对案件处理的结论或意见。在有些情况下,持不同意见的仲裁员希望将其不同的意见和理由写入裁决书中。这就是通常所说的裁决书的分离性或者不同意见的声明,其通常附加在裁决书上。并存意见或不同意见不属于裁决书的组成部分,也不是另外一个独立的裁决,其仅仅是不同意见仲裁员的一个分离的声明。不同意见不应当透露仲裁庭商议的内容,不应成为败诉方反驳裁决的依据。在某些法律制度中,不同意见和并存意见在国内诉讼以及国内仲裁中还是比较普遍,但是在国际商事仲裁中,尤其在民法体系国家的国际商事仲裁中,并不多见。

大多数国内法,包括《示范法》,没有规定不同意见的问题。尽管在《示范法》起草过程中,有建议允许不同意见,但工作组认为其没有充分的需要。①有一些仲裁规则规定了不同意见的问题。例如,2015年《中国国际经济贸易仲裁委员会仲裁规则》第49条第5款规定:由三名仲裁员组成的仲裁庭审理的案件,裁决依全体仲裁员或多数仲裁员的意见作出。少数仲裁员的书面意见应附卷,并可以附在裁决书后,该书面意见不构成裁决书的组成部分。在国际商事仲裁实践中,尽管仲裁规则允许不同意见,其仅仅也只能附在裁决书后。

8.2.6 救济与费用

仲裁裁决最重要的方面就是仲裁庭在裁决书中所作出的救济决定。如

---

① H. Holtzmann & J. Neuhaus, A Guide to the UNCITRAL Model Law on International Commercial Arbitration: Legislative History and Commentary 837,856 (1989).

果当事人寻求价款支付、服务费的支付、偿还债务或担保等,对于这些救济的性质较少有争议,仲裁庭有权作出这些方面救济的决定。但是如果案件涉及禁令(injunction)、宣告性命令、惩罚性赔偿或两倍/三倍赔偿、或者临时措施等救济,仲裁庭能否作出这些方面的救济是有争议的。

当事人选择国际商事仲裁解决他们之间的争议,也就意味仲裁庭具有作出救济的权力。这种权力来源于当事人的仲裁协议以及国际公约和国内立法的有关管辖权和其他仲裁程序的规定。原则上,当事人应自由地授权仲裁员为了解决争议作出任何形式的民事救济的权力。少数国家仲裁立法确认了仲裁庭具有与当地法院同样的发布救济的权力,例如《新加坡国际仲裁法》第15条第5款规定了仲裁员具有与新加坡法院同样作出任何救济的权力。有些国家仲裁立法明确表示允许当事人约定仲裁庭作出救济的权力,如果当事人没有约定的,规定了仲裁庭有权作出救济的补充条款。例如,1996年《英国仲裁法》第48条规定:(1)当事人可自由约定仲裁庭在救济上可行使的权力。(2)除非当事人另有约定,仲裁庭有下述权力。(3)仲裁庭可以对程序中任何待决事项作出宣告式决定。(4)仲裁庭可以裁定以任何币种为金钱性支付。(5)仲裁庭在如下方面与法院具有同样的权力:(a)命令或禁止当事人做某事;(b)命令合同的实际履行(与土地有关的合同除外);(c)命令对契据或其他文书的修改、撤销或取消。

在大多数国内仲裁法的制度下,仲裁员具有广泛的自由裁量权作出救济,甚至在某种程度上是法院不能作出的救济。但是特别要注意的是,如果仲裁庭超出当事人仲裁协议约定争议的范围作出裁决,即所谓的超裁,往往成为当事人申请仲裁裁决的撤销或申请拒绝承认与执行的重要理由。

8.2.6.1 金钱损害赔偿的裁决

国际商事仲裁中最普遍的救济方式就是支付金钱损失。1996年《英国仲裁法》第48条第4款规定了仲裁庭可以裁定以任何币种为金钱性支付,除非当事人另有约定。仲裁庭作出金钱支付的裁决还可以包含支付时间以及支付方式等具体内容。其他国家的仲裁立法的规定与英国的规定基本相同。至于以何种币种支付的问题属于实体法的问题,由当事人合同的规定以及适用的法律进行支配。

8.2.6.2 禁令和宣告性命令的裁决

关于仲裁庭是否做出禁令或宣告性命令的裁决,无论是国际公约,还是国内仲裁法一般都没有规定,除了极少数国家仲裁立法有规定外。1996年

8 国际商事仲裁的裁决

《英国仲裁法》第48条第5款就规定了仲裁庭与法院具有同等的发布禁令以及宣告性命令的权力。在仲裁实践中,如果当事人的协议约定或仲裁规则规定提供仲裁庭有此种权力,仲裁庭可以发布禁令或宣告性命令的救济。根据伦敦国际仲裁院的报告显示,有约占所有争议的30%的案件涉及特别履行或宣告性救济。[①] 甚至当事人的协议中没有明确的表达授权当事人此种权力,法院也通常支持仲裁庭作出禁令的救济,包括合同义务的特别履行。

8.2.6.3 惩罚性赔偿

在普通法系国家,尤其是美国的民事诉讼中,存在着惩罚性赔偿的判决。尽管在国际商事仲裁程序中很少有惩罚性赔偿的裁决,但在一些普通法系国家的国际商事仲裁裁决还是出现了惩罚性的仲裁裁决。即使可以作出惩罚性裁决,其在仲裁裁决的执行中也是存在问题的,可能被其他国家,尤其是民法法系国家,以公共政策的理由拒绝承认与执行。例如,如果美国的仲裁庭作出了一项惩罚性裁决,如果执行法院所属法院认为惩罚性赔偿违反其公共政策,惩罚性赔偿可能会在执行地遭到拒绝。

8.2.6.4 利息

在国际商事仲裁中,仲裁庭作出金钱支付的裁决,往往会包括利息的支付。关于利息问题,国内法以及仲裁规则较少作出规定,但2014年《伦敦国际仲裁院仲裁规则》第26条第6款却作出了明确的规定,仲裁庭可以指令任何当事人在仲裁庭认为适当的但不迟于裁决执行完毕之日的任何期间之内,按照仲裁庭认为适当而确定的利率,对裁定的款项支付单利或复利的利息,不受任何国家法院规定的法定利率的约束。根据该条款的规定,仲裁员有极大的自由裁量权,自由地确定适当的利率。

利息问题主要包括仲裁庭是否有权作出的问题以及利息计算的问题(包括计算方式以及计算标准)。利息是否包含在裁决中以及利息如何进行计算,各个国家的法律具有较大的差异。有些国家的法律明确赋予了仲裁员可以在裁决中作出利息支付,计算方式可以是单利的方式,也可能是复利的方式。当然,有些国家法律规定不允许复利的计算方式。至于利率问题,即由谁决定以及利率多少的问题,每个国家的规定也是不一致的。

至于仲裁庭是否具有作出利息裁决的权力,其法律适用是仲裁协议所适

---

① LCIA, Registrar's Report (2012).(2012年约29%,2011年约31%的案件涉及寻求宣告性救济以及特别履行。)

用的法律,还是仲裁地的法律,具有一定的争论。一般来说,在仲裁实践中,最好还是适用仲裁地的法律来支配仲裁庭作出利息裁决的权力问题。一方面,仲裁庭的权力问题通常与仲裁地的法律密切相关;另一方面,在实践中,当事人往往不会选择仲裁协议所适用的法律,如果当事人没有选择,也往往是适用仲裁地的法律。所以,仲裁协议所适用的法律与仲裁庭作出利息的权力问题所适用的法律往往都是仲裁地的法律,两者都适用统一的法律。

至于利息裁决标准所适用的法律,可能有以下几种法律:(1)支配当事人实体问题的法律;(2)仲裁地的法律;(3)货币所属国的法律;(4)适用所谓的国际标准。大陆法系国家一般将利息视为实体问题,而非程序问题,一般适用支配当事人实体问题的法律。而英美普通法系国家往往将利息视为程序性问题,一般适用支配程序问题的仲裁地的法律。在国际商事仲裁实践中,仲裁员往往将其作为实体问题进行处理,适用支配合同的法律。当然,也存在其他的方法,包括根据国际商事实践采取合理的利率、适用仲裁地的法律以及货币所属国的法律等。尽管仲裁庭可以根据仲裁实体问题所适用的法律处理利息问题,但是也必须注意仲裁地关于利息问题的强制性规定,因为仲裁地的法律可能存在一些限制或禁止性的规定。同时,裁决执行地的法律也会影响到利息是否能被包含在裁决之中。

即使根据有些国家,如一些伊斯兰国家,其法律规定明确禁止利息包含在裁决中,但国际仲裁员还是找到了在裁决中包含利息的方法,即用补偿性赔偿来代替利息。

8.2.6.5 费用

国际商事仲裁的费用可能比较昂贵,其包括仲裁员的费用、仲裁机构的费用、当事人代理人的费用以及其他一些费用。当事人可以对仲裁所产生的费用进行约定或由仲裁庭作出决定。仲裁庭对当事人的费用分担问题具有极大的自由裁量权,除非当事人作出了此种费用的约定。如果当事人对费用作出了具体约定,其必须明确费用的范围以及分配的原则和具体方法。如果当事人没有作出约定,仲裁庭则根据案件的具体情况作出裁决。此种裁决属于《纽约公约》以及国家法规定的仲裁裁决,可以视其为裁决进行撤销、承认与执行。《示范法》对此没有作出明确的规定,而1996年《英国仲裁法》对此作出了非常具体的规定,其第59条规定仲裁费用的范围,包括:(1)仲裁员的报酬和开支;(2)有关仲裁机构的报酬和开支;(3)当事人的律师费用或其他费用;(4)因确定可补偿仲裁费用的金额的程序而产生的费用或杂费。其第60条规定了由任何一方当事人支付全部或部分仲裁费用的协议仅在争议发生

8 国际商事仲裁的裁决

后订立方为有效。其第 61 条第 1 款规定了仲裁庭有权作出仲裁费用分担。第 2 款规定了分担费用的一般原则,即仲裁费用的承担应符合案件结果,除非仲裁庭认为,根据具体情况,一方当事人承担全部或部分仲裁费用是不合适的。其他一些国家,例如美国、法国、瑞士,对国际商事仲裁中的费用未作出规定。

大多数仲裁规则都明确授予仲裁庭有权作出仲裁费用的裁决,包括当事人法律代理人的费用。例如,2010 年《联合国国际贸易法委员会仲裁规则》第 40 条规定:(1)仲裁庭应在最终裁决书中并在其认为适当的其他任何决定中确定仲裁费用。(2)"费用"一词仅包括:(a)按每一仲裁员分别开列并由仲裁庭根据第 41 条自行确定的仲裁庭收费;(b)仲裁员所花费的合理旅费和其他开支;(c)仲裁庭征询专家意见的合理费用和所需其他协助的合理费用;(d)证人的合理旅费和其他开支,以仲裁庭核准的开支额度为限;(e)各方当事人与仲裁有关的法律费用和其他费用,以仲裁庭确定的此种费用的合理数额为限;(f)指定机构的任何收费和开支,以及常设仲裁院秘书长的收费和开支。(3)对于第 37 条至第 39 条述及的任何裁决书的解释、更正或补充完成,仲裁庭可收取第 2 款(b)项至(f)项述及的费用,但不得额外收费。再例如,2012 年《国际商会仲裁规则》第 37 条也作出了具体的规定,其第 1 款规定了仲裁费包括仲裁院按照仲裁开始时适用的收费表确定的仲裁员报酬、仲裁员开支和国际商会管理费,也包括仲裁庭聘请专家的费用和开支以及当事人为进行仲裁而发生的合理的法律费用和其他费用。第 4 款规定了终局裁决中应确定仲裁费用,决定由何方承担此费用或明确各方分担此费用的比例。其他仲裁规则也对此作出了具体的规定。

8.2.7 裁决草案的审查

有些仲裁机构为了保证仲裁裁决的质量以及与仲裁规则的一致性,其在正式发出仲裁裁决前,会对仲裁庭作出的裁决草案进行审查。必须强调的是,仲裁机构的审查可以对仲裁的形式作出修改,但是对仲裁实质性内容不能进行修改,只能向仲裁庭提出建议。仲裁庭对仲裁机构关于仲裁裁决实质内容所提出的建议可以接受,也可以不接受。也就是说,仲裁庭具有独立作出裁决的权力,有关实质性内容的决定权依旧归属于仲裁庭。这就是国际商会仲裁院颇具特色的核阅裁决书制度。2012 年《国际商会仲裁规则》第 33 条规定:仲裁庭应在签署裁决书之前,将其草案提交仲裁院。仲裁院可以对裁决书的形式进行修改,并且在不影响仲裁庭自主决定权的前提下,提醒仲裁庭注意实体问题。裁决书形式未经仲裁院批准,仲裁庭不得作出裁决。2015

年《中国国际经济贸易仲裁委员会仲裁规则》第51条也作出了类似的规定,即仲裁庭应在签署裁决书之前将裁决书草案提交仲裁委员会核阅。在不影响仲裁庭独立裁决的情况下,仲裁委员会可以就裁决书的有关问题提请仲裁庭注意。

这些仲裁规则规定仲裁裁决草案的审查制度主要为了保证裁决形式的准确性,还可以激励仲裁员更加谨慎地起草裁决书。

8.2.8 裁决的既判力

仲裁裁决的既判力意味着仲裁裁决具有终局性并对当事人产生约束力。只要仲裁裁决没有被有关法院撤销,相同的当事人就不能对于同一事项再次向其他仲裁机构提起仲裁或向有关法院提起诉讼。如前所述,不同国家的仲裁立法规定不同的裁决生效时间,有的规定为作出之日起生效,有的规定为送达到当事人之日起生效,甚至有的规定不能上诉之日起生效。仲裁裁决从其生效起就具有既判力。既判力排除了相同当事人之间就相同诉求再次起诉。如果在之前的仲裁中已经作出的事项,也可能根据间接再诉禁止原则,在其他当事人之间或不同诉因的仲裁中被禁止。

8.3 裁决书的更正、解释与补充

仲裁庭对当事人之间的争议作出最终的裁决,意味着其任务已经完成。但是,仲裁裁决可能会出现错误、模糊的内容以及遗漏某些应该裁决的问题。大多数仲裁规则规定仲裁庭可以采取措施纠正明显的技术性错误,如笔误、打印或印刷错误、计算错误,对裁决叙述不清楚的内容进行解释,对遗漏的事项进行补充裁决。

8.3.1 履行职责原则

传统上,仲裁庭一旦作出终局性裁决,其就丧失了重新考虑裁决、裁决更正、解释和补充的权力,这就是所谓的履行职责原则(functus officio)。functus officio是拉丁语,意思是责任履行完毕。在 T. Co. Metals, LLC v. Dempsey Pipe & Supply[①]一案中,法院指出:履行职责原则表明一旦仲裁员

---

① 529 F. 3d 329, 342 (2d Cir. 2010).

8 国际商事仲裁的裁决

全部行使其权力对提交给他们的问题作出法律决定,他们对于这些问题的权力就已经结束。如果当事人没有约定,仲裁员就没有进一步的权力去重新决定这些问题。《纽约公约》等国际商事仲裁公约没有涉及这一问题。大多数国内仲裁立法都明确规定,在仲裁员作出终局性裁决后,仲裁员任务终止,丧失进行仲裁进一步的权力,除了法律规定对仲裁裁决进行更正以及解释的有限权力。也就是说,国内仲裁立法都强调了履行职责原则,但又作出了一定的例外。《示范法》的规定具有代表性,其构建复杂且精细的系列规定。其第32条首先规定了仲裁程序依终局裁决或仲裁庭发出的裁定宣告终止,以及仲裁庭之委任随仲裁程序的终止而终止。接着其又规定该原则具有一定的例外,即第33条关于裁决的更正、解释、补充裁决规定的例外,以及第34条第4款关于法院给予一定时间让仲裁庭有机会重新进行仲裁程序或采取仲裁庭认为能够消除撤销裁决理由的其他行动规定的例外。大多数国内仲裁立法也都如《示范法》给予仲裁庭进行更正裁决、解释裁决以及补充裁决的权力。我国《仲裁法》第56条也作出了类似的规定,即对裁决书中的文字、计算错误或者仲裁庭已经裁决但在裁决书中遗漏的事项,仲裁庭应当补正;当事人自收到裁决书之日起三十天内,可以请求仲裁庭补正。其他大多数国家的仲裁立法也都作出这方面的规定。

8.3.2 裁决的更正

仲裁庭根据法律规定在一定期限内对仲裁裁决进行更正。《示范法》第33条规定,除非当事人约定了另一期限,在收到裁决书后三十天内,一方当事人可在通知对方当事人后请求仲裁庭更正裁决书中的任何计算错误、任何笔误或打印错误或任何类似性质的错误。《示范法》对于裁决更正的规定仅仅限于技术性错误,对仲裁的实质性内容不能进行更正,而且此种更正不能改变仲裁裁决实质性的效果。1996年《英国仲裁法》的规定与《示范法》类似,其57条第3款(a)项规定,仲裁庭可以根据当事人的约定或主动就消除因失误或忽略而引起的文字错误或者明确或消除裁决书中的含糊不清的内容等,对裁决书作出更正,该条规定更正的期限是自裁决书作出之日起二十八天内或当事人约定的更长的时间内提出。

所有的仲裁规则都采取了与《示范法》类似的机制。例如,2012年《国际商事仲裁规则》第35条规定两种提请更正的方法:第一种是仲裁庭主动地进行更正,即仲裁庭可以自行更正裁决书中的誊抄、计算、打印错误或者其他类似性质的错误,但该等更正必须在裁决书作出之日后三十天内提交仲裁院批准;第二种是当事人提请更正,即当事人要求更正错误的请求,或者要求解释裁决书的请求,必须在其收到裁决书之日后三十天内提交秘书处并按规定提供相应的份数。该请求应当转送仲裁庭。仲裁庭应给予其他当事人一个短的期限,一般不超过该当事人收到请求之后三十天,提交评论。仲裁庭应当在对方当事人评论期限届满后三十天内,或仲裁院规定的其他期限内,向仲裁院提交其就对请求的决定草案。

8.3.3 裁决的解释

与更正相关的问题就是裁决的解释。与更正相比,更正主要涉及技术性的错误,而仲裁的解释很可能涉及裁决的实质性内容。仲裁庭对裁决的解释应该特别谨慎,不能更改仲裁实质性内容以及计算,只是对相关的声明作出更清晰的解释或阐明。国际公约对此一般没有规定,《示范法》的规定具有代表性,其第33条第1款(b)项规定:当事人有约定的,一方当事人可以在通知对方当事人后请求仲裁庭对裁决书的具体某一点或某一部分作出解释。仲裁庭认为此种请求正当合理的,应当在收到请求后三十天内作出更正或解释。解释应构成裁决的一部分。该条款的规定比更正更为有限,解释是根据当事人的约定进行,且仲裁庭认为当事人的请求是正当合理的。这样规定就避免了当事人为延迟履行仲裁裁决而随意提请裁决解释的可能性。2010年《联合国国际贸易仲裁委员会仲裁规则》第37条规定:(1)一方当事人可在收到裁决书后三十天内,在通知其他各方当事人后,请求仲裁庭对裁决书作出解释。(2)裁决书解释应在收到请求后四十五天内以书面形式作出。裁决书解释应构成裁决书的一部分……。与《示范法》不同,该仲裁规则没有附加寻求解释的性质与类型。

8.3.4 裁决的补充

现代仲裁立法大多规定了裁决的补充。例如,《示范法》第33条第3款规定:除非当事人另有约定,一方当事人在收到裁决书后三十天内,可以在通知对方当事人后,请求仲裁庭对已在仲裁程序中提出但在裁决书中遗漏的请求事项作出补充裁决。仲裁庭如果认为此种请求正当合理,应当在六十天内作出补充裁决。1996年《英国仲裁法》也包含类似的条款,其第57条第3款(b)项规定:就任何已向仲裁庭提出但未经裁决处理的请求(包括关于利息或费用的请求)作出补充裁决。未首先给对方当事人提供合理的机会向仲裁庭陈述之前,上述权力不得行使。

8 国际商事仲裁的裁决

8.3.5 裁决的退回

有些国内仲裁立法规定,在仲裁裁决被提出撤销申请后,存在将仲裁裁决退回仲裁庭的可能性。事实上,裁决的退回是法院给予仲裁庭重新进行仲裁程序或作出行动的机会,以消除撤销裁决的理由。《示范法》第 34 条第 4 款规定:向法院申请撤销裁决时,如果适当而且一方当事人也提出请求,法院可以在其确定的一段时间内暂时停止进行撤销程序,以便仲裁庭有机会重新进行仲裁程序或采取仲裁庭认为能够消除撤销裁决理由的其他行动。《示范法》起草历史解释该条款是为了确认仲裁庭得到继续进行仲裁的授权并允许消除构成撤销裁决理由的缺陷。大多数仲裁规则都没有规定这种裁决退回的情况,而 2012 年《国际商会仲裁规则》第 35 条第 4 款作出了规定,即如果法院将裁决书退回仲裁庭,第 31、33、34 条和本条的规定在细节上作必要修正后,适用于根据该退回令的各项条款所作出的任何附件或裁决,仲裁院可以采取任何必要措施保证仲裁庭遵守上述条款,并可确定一笔预付金以支付仲裁庭的任何额外费用和支出及任何额外的国际商会管理费。

8.4 结　　论

裁决主要是仲裁庭作出的任何关于实体争议的决定,其主要类型有终局裁决、临时裁决、部分裁决、和解裁决、缺席裁决和补充裁决。仲裁裁决的一裁终局性是现代国际商事仲裁制度的重要特征。一项有效的裁决必须符合法律所规定的形式要求和内容要求。仲裁庭在作出裁决后的一定时间内,可以对裁决进行更正、解释和补充。

9

国际商事仲裁裁决的撤销

国际商事仲裁裁决的撤销主要涉及有关国家仲裁法规定国际商事仲裁裁决撤销的理由以及其被法院撤销后的司法后果。

9.1 概　　述

国际商事仲裁裁决作为仲裁庭对仲裁当事人交付仲裁的法律争议进行审理后所作出的结论性裁判,原则上具有终局的性质,对双方当事人均有约束力。但是,如果有关仲裁裁决确实存在问题,作为例外,有关当事人可以申请法院撤销有问题的仲裁裁决;或者在一方当事人申请法院强制执行时,另一方当事人可以申请法院不予执行有问题的仲裁裁决。对于仲裁败诉一方当事人来说,想要撤销或取消裁决是十分困难的。法院只有在极少数情况下才会推翻仲裁裁决,仅仅是对基于程序、仲裁员不当行为或者偏私的问题进行质疑,在大多数情况下不允许对裁决中的实体部分提起撤销申请。仲裁最大的优点就是裁决的终局性,仲裁法与仲裁规则都规定有严格的撤销要求以保证仲裁裁决的终局性。尽管如此,如果一方当事人坚信裁决不当仍然也是有途径可循的。

仲裁裁决的撤销,是指认为仲裁裁决存在问题的一方当事人,依法向有管辖权的法院提出申请,并经法院审查后裁定撤销该仲裁裁决的制度。这一概念包括以下四个方面的含义:第一,撤销仲裁裁决是管辖法院的行为,仲裁机构无权撤销已作出的仲裁裁决。第二,法院无权主动撤销仲裁裁决,它只能根据当事人提出的撤销仲裁裁决的申请,经审查后作出结论。第三,法院撤销仲裁裁决的权力是有限的,只能根据法律所规定的撤销事由。第四,对于当事人提出的申请,法院必须审查并核实其理由,只有符合法定情形,才能

9 国际商事仲裁裁决的撤销

宣告撤销仲裁裁决。[①]

建立撤销仲裁裁决制度的目的是为了加强司法对仲裁的监督,保障国际商事仲裁裁决的公正性和合法性,维护当事人的合法权益,督促仲裁员公正仲裁,而非否定一裁终局制度。撤销仲裁裁决的程序并不是所有仲裁案件的必经程序,而只是在仲裁裁决确实存在违反法律规定的情况下方可适用的程序。一般来说,如果仲裁裁决被仲裁地国家有管辖权的法院撤销,则该裁决无效,该裁决在本国将得不到执行,在其他国家也不会得到执行,即本国撤销仲裁裁决的裁定具有域外效力。1958年《纽约公约》第5条第1款规定:裁决唯有于受裁决援用之一造向声请承认及执行地之主管机关提具证据证明有下列情形之一时,始得依该造之请求,拒予承认及执行:……(戊)裁决对各造尚无拘束力,或业经裁决地所在国或裁决所依据法律之国家之主管机关撤销或停止执行者。也就是说,一旦仲裁裁决被裁决地国法院撤销,一般情况下它便不能在其他国家得到承认与执行。当然,也有少数国家(如法国等)的法院有承认与执行被仲裁裁决作出地国法院撤销的仲裁裁决的实践。不过,这种做法只是例外,而且已经受到了不少学者的批评,并没有成为普遍的做法。

当事人除了向有关法院提出撤销裁决申请之外,在一些特殊的仲裁领域中,也存在其他对裁决提出异议的方式。例如,根据ICSID公约,由解决投资争议国际中心所作出解决投资争议方面的裁决,当事人只能向ICSID仲裁庭提出申请撤销。如果仲裁庭宣告原裁决无效,任何一方当事人可以再次请求另外的仲裁庭作出仲裁裁决。再例如,在某些特殊的行业协会里,当事人可以向协会的上诉机构提出仲裁异议。当然,这些都不是国际商事仲裁所规范的领域。在大多数由国际合同而引发的国际商事仲裁中,对裁决的任何异议都只能向有关法院提出。如果当事人在仲裁地法院申请撤销失败,或者根本没有提起撤销申请,败诉方仍有其他方式来抵制裁决的执行,即在胜诉方向败诉方财产所在地法院申请承认与执行时提出异议。所以,败诉方有两次对仲裁裁决提出异议的机会,即向仲裁地法院提出以及向胜诉方申请承认与执行地的法院提出异议。

法院有时会混淆申请撤销之诉求和申请执行之诉求。在有些情形下,两种诉求可能向同一法院提出。例如,在中国进行的仲裁,同时败诉方财产也在中国,中国法院既要审理撤销请求也要审理执行请求。然而,通常情况下当事人都会选择一个中立地点进行仲裁,所以败诉方的财产所在地不太可能与仲裁地一致。这样的话,撤销裁决的申请是向仲裁地法院提出的,而执行

[①] 黄进、宋连斌、徐前权著:《仲裁法学》,中国政法大学出版社2008年版,第141页。

的申请将会向相关财产所在地法院提出。

9.2 国际商事仲裁裁决撤销理由

　　国际商事仲裁裁决撤销的理由一般是由仲裁地国家的法律所规定的,《纽约公约》以及其他一些国际商事仲裁公约都被认为对裁决撤销的理由没有施加任何限制,而是将这个问题完全留给国内法进行解决。大多数国内法规定法院撤销仲裁裁决的理由是有限的,基本上与《纽约公约》第 5 条第 1 款和第 2 款规定拒绝承认与执行仲裁裁决的理由,以及《示范法》第 34 条规定撤销仲裁裁决的理由以及第 36 条规定拒绝承认与执行的理由相同。《示范法》第 34 条规定:(1)不服仲裁裁决而向法院提出追诉的唯一途径是依照本条第(2)和(3)款的规定申请撤销。(2)有下列情形之一的,仲裁裁决才可以被第 6 条规定的法院撤销:(a)提出申请的当事人提出证据,证明有下列任何情况:(ⅰ)第 7 条所指仲裁协议的当事人有某种无行为能力情形;或者根据各方当事人所同意遵守的法律或在未指明法律的情况下根据本国法律,该协议是无效的;(ⅱ)未向提出申请的当事人发出指定仲裁员的适当通知或仲裁程序的适当通知,或因他故致使其不能陈述案情;或(ⅲ)裁决处理的争议不是提交仲裁意图裁定的事项或不在提交仲裁的范围之列,或者裁决书中内含对提交仲裁的范围以外事项的决定;如果对提交仲裁的事项所作的决定可以与对未提交仲裁的事项所作的决定互为划分,仅可以撤销含有对未提交仲裁的事项所作的决定的那部分裁决;或(ⅳ)仲裁庭的组成或仲裁程序与当事人的约定不一致,除非此种约定与当事人不得背离的本法规定相抵触;无此种约定时,与本法不符。或(b)法院认定有下列任何情形:(ⅰ)根据本国的法律,争议事项不能通过仲裁解决;或(ⅱ)该裁决与本国的公共政策相抵触。(3)当事人在收到裁决书之日起三个月后不得申请撤销裁决;已根据第 33 条提出请求的,从该请求被仲裁庭处理完毕之日起三个月后不得申请撤销。(4)向法院申请撤销裁决时,如果适当而且一方当事人也提出请求,法院可以在其确定的一段时间内暂时停止进行撤销程序,以便仲裁庭有机会重新进行仲裁程序或采取仲裁庭认为能够消除撤销裁决理由的其他行动。《示范法》关于法院撤销仲裁裁决的理由主要是程序上的事项。

　　在商事仲裁裁决中,法院只审查程序问题而不审查实体问题是一项为绝大多数国家所接受和遵守的基本原则,尤其在国际商事仲裁中更是如此。例

9 国际商事仲裁裁决的撤销

如,1996年《英国仲裁法》第68条第1款规定了当事人可基于仲裁管辖权的缺陷及仲裁中存在严重不规范行为对裁决提出异议。第2款列举了严重不规范的九种情况,即(1)仲裁庭违反其一般义务;(2)仲裁庭超越其权力范围;(3)仲裁庭未根据当事人约定的程序进行仲裁;(4)仲裁庭未审理当事人请求的所有事项;(5)由当事人授予有关仲裁程序或裁决权力的仲裁机构、其他机构或个人超越其授权范围;(6)裁决的效力不确定或模棱两可;(7)裁决因欺诈行为作出、所作的裁决或作出裁决的方式违背公共秩序;(8)裁决的形式不符合要求;(9)进行仲裁程序及裁决中存在不规范行为,且为仲裁庭或当事人授予其相关权力的仲裁机构、其他机构或个人无可否认。上述事由中除第(6)、(7)项可能直接涉及对案件的实体审查,而且被附加了极为严格的适用条件外,其他都属于程序性问题。

纵观各国商事仲裁立法以及有关国际条约的规定,法院可以撤销仲裁裁决的事由正逐步趋于一致。一般地,撤销仲裁裁决的事由大体上有:(1)缺乏有效的仲裁协议;(2)仲裁程序违反正当程序;(3)仲裁庭无权或越权仲裁;(4)仲裁庭的组成或仲裁程序与当事人的协议不一致,或违反了应予遵守的法律与规则;(5)裁决形式上不合法;(6)裁决的事项不具有可仲裁性;(7)违反公共政策。在上述七项事由中,除最后两项可能涉及实体内容外,其余都是程序性事由。此外,也有一些国家的仲裁立法将一些实体问题归入撤销仲裁裁决的事由,主要有:(1)认定的主要证据不足;(2)裁决根据的证据是伪造的;(3)对方隐瞒了足以影响公正裁决的证据;(4)适用法律确有错误;(5)仲裁员在仲裁时有索贿受贿、徇私舞弊、枉法裁决行为;(6)法院认为裁决违反其公共政策。下面对主要的理由进行进一步阐明。

9.2.1 仲裁协议不存在或无效

如果仲裁裁决是依据不存在的仲裁协议或无效的仲裁协议,或者一方当事人无缔约能力订立的仲裁协议作出的,根据所有国内仲裁法的规定,其可以被法院撤销。国际商事仲裁是建立在当事人同意的基础之上,没有当事人的同意,仲裁裁决也是无效的。《示范法》第34条第2款(a)(i)项规定一项仲裁裁决可以被撤销,如果仲裁协议的当事人有某种无行为能力情形,或者仲裁协议根据各方当事人所同意遵守的法律或在未指明法律的情况下根据本国法律是无效的。这些仲裁裁决撤销的理由与《纽约公约》第5条第1款(甲)项规定拒绝承认与执行仲裁裁决的理由是一致的。没有有效的仲裁协议,就没有国际商事仲裁以及国际商事仲裁裁决的基础。法国、瑞士、英国等国家的法律也作出了同样的规定。以仲裁协议不存在或无效作为仲裁裁决撤销的理由涉及举证责任、仲裁协议的可分离性、仲裁协议形式有效性、仲裁协议的适用法律、仲裁庭的管辖规则、当事人的行为能力以及管辖权异议的放弃等问题。

《示范法》第34条第2款(a)(ⅰ)项下规定仲裁协议无效的举证责任属于提出仲裁裁决撤销的申请人,也就是仲裁裁决的败诉一方当事人。关于仲裁协议无效的问题,不仅在仲裁裁决撤销问题中出现,也常常在仲裁协议的执行阶段出现,也当然会在承认与执行仲裁裁决阶段出现。在早期仲裁协议的执行阶段,如果一方当事人在法院提起诉讼,另一方当事人提出争议应该提交仲裁,该当事人负举证证明仲裁协议的有效性。所以,不同阶段当事人对于仲裁协议的有效性问题举证责任也是不一样的。但是,对于《示范法》第34条第2款(a)(ⅰ)项下的仲裁协议不存在时,是否由仲裁败诉方承担举证责任,《示范法》没有明确规定。

如前所述,现代国际商事仲裁都认为仲裁条款具有可分离性或独立性。仲裁条款可分离性涉及仲裁协议的存在以及实质有效性问题。也就是说,根据《示范法》第34条的规定申请撤销裁决,就必须证明仲裁协议本身,而不是合同的不存在或无效。合同的不存在或无效并不能证明仲裁协议的不存在或无效。如果仲裁员认为当事人的合同是无效的、不可执行的或非法的,仲裁裁决也不能以此为理由被撤销,这些请求与仲裁协议本身的有效性、可执行性以及仲裁协议的存在无关。相反地,如果一项请求直接是针对仲裁协议本身,例如违反公共政策或根本不是仲裁协议等,那么其的确与仲裁协议的有效性有关,并可以作为仲裁裁决撤销的理由。

许多国家要求仲裁协议具有一定的形式要件,这些要求传统上一般建立在《纽约公约》第2条第2款的基础上,即仲裁协议是当事人所签订或在互换函电中所载明之契约仲裁条款或仲裁协定。仲裁协议的形式有效性的法律适用问题,在裁决撤销程序阶段,一般是适用裁决撤销法院所属国家的法律。由于《纽约公约》对于仲裁协议的形式要求过于严格与狭窄,不少现代国内仲裁立法,包括《示范法》已经放松了仲裁协议的形式要求。尽管国内立法放松仲裁协议的形式要求,但在《示范法》第34条第2款(a)(ⅰ)项下以及国内仲裁立法的规定下,仲裁协议的形式无效仍然是仲裁裁决撤销的一项理由。这里就会产生一个问题,根据某一缔约国的国内法规定,缔约国可能不会撤销仲裁裁决,但是根据《纽约公约》,仲裁协议不符合其规定,得不到缔约国的承认与执行。

关于仲裁协议的法律适用问题,本书在第4章已经作出了详细的阐述。根据《示范法》以及国内法的规定,在仲裁裁决的撤销程序阶段,关于仲裁协议所适用的法律原则上与仲裁协议在承认程序阶段上是一致的。支配仲裁协议实质有效性的法律主要采取了当事人协议选择的法律,在当事人没有选择法律的情况下,一般适用仲裁地的法律。《纽约公约》第 5 条第 1 款(甲)项包含了在执行阶段当事人之间仲裁协议实质有效性的法律适用规则,其也适用于裁决的撤销阶段。该条款规定如果协定之当事人依对其适用之法律有某种无行为能力情形者,或该项协定依当事人作为协定准据之法律系属无效,或未指明以何法律为准时,依裁决地所在国法律系属无效者,缔约国可以拒绝承认与执行仲裁裁决。《示范法》第 34 条第 2 款(a)(ⅰ)项规定的法律适用原则与《纽约公约》的规定基本一致,即首先适用当事人选择的法律,当事人没有选择法律的,适用申请仲裁裁决撤销所属国家的法律。无论《纽约公约》规定的裁决地所在国,还是《示范法》规定的仲裁裁决撤销的本国,都应该属于同一国家,一般都是仲裁地国家。但是,在国际商事仲裁实践中,当事人很少专门对仲裁协议所适用的法律作出约定,所以适用仲裁协议实质有效性的法律大多是仲裁地国家的法律。

关于当事人缔结仲裁协议能力的法律适用问题,《示范法》第 34 条第 2 款(a)(ⅰ)项与《纽约公约》一样都没有具体规定,只是规定对其适用的法律。至于什么是对其适用的法律,留待国内法解决。不同的国家法律对于当事人能力的法律适用采取不同的方法,对于自然人行为能力的法律适用一般采取属人法为主、行为地法补充的做法;对于法人能力的法律适用一般采取法人国籍或住所地所属国的法律。

当事人可以在多个阶段提出管辖权异议的问题,可以在仲裁程序开始阶段提出,也可以在仲裁裁决执行阶段提出。如果当事人在最初阶段向仲裁庭提出管辖权异议,现代仲裁立法都规定仲裁庭具有决定自己管辖权的权力,即所谓的管辖权/管辖权规则,或仲裁庭自裁管辖权规则。如果仲裁庭作出自己具有管辖权的决定,裁决撤销的法院在仲裁裁决的撤销阶段是否赋予仲裁庭先前的管辖权决定的排他性效果,目前多数国内仲裁立法都没有提供指引。有一些国家法院采取了对于仲裁庭管辖权决定重新司法审查的标准。例如,采取《示范法》的国家以及法国、英国等国家。《示范法》在第 16 条第 3 款规定了法院的司法审查,即仲裁庭可以根据案情将抗辩作为一个初步问题裁定或在实体裁决中裁定。仲裁庭作为一个初步问题裁定其拥有管辖权的,任何一方当事人可在收到裁定通知后三十天内请求法院对此事项作出决定,该决定不得上诉;在对该请求未决期间,仲裁庭可以继续进行仲裁程序和作出裁决。《示范法》这里的规定用语是"对此事项作出决定",而不是对仲裁庭管辖权的决定作出认定。同样,《示范法》第 34 条第 2 款(a)(ⅰ)项的语言隐含法院可以审查仲裁协议的存在以及有效性,而不是简单的顺从仲裁庭的决定。尽管法院采取重新司法审查的标准,法院应该对仲裁庭作出管辖权的决定保持谨慎态度,较少干预仲裁庭的决定。[①] 相反地,也有一些国家,包括采取《示范法》的部分国家,给予仲裁庭关于管辖权决定一定的尊重。如此,仲裁庭裁决对于仲裁协议的存在问题作出了详细的判断,法院在仲裁裁决撤销程序阶段就不能再审查仲裁协议存在的问题。关于管辖权的异议问题,法院还应区别撤销理由是建立在仲裁协议不存在以及仲裁协议无效,还是建立在超越有效仲裁协议授予的权限范围上。如果当事人对仲裁裁决提出的管辖权异议是基于仲裁庭超越管辖权的理由而提出的,法院一般同意仲裁员在仲裁协议授权范围内所作出的决定,对于超越其权限的部分将会被撤销。例如,一方当事人仅请求一定数额的损害赔偿,而仲裁庭做出的裁决数额多于该请求,这样就是超越管辖权的体现。如果仲裁庭没有完全处理当事人的请求或者对当事人未提请处理的问题进行裁决,也可能会被提出异议。在某些情形下,如果法院发现仲裁庭存在越权管辖,将会撤销裁决中不当管辖的部分,保留裁决中其他合理部分。至于仲裁庭作出了没有管辖权的决定,仲裁庭也就不会对当事人的争议作出最终的裁决。对此问题,法院采取不同的观点与方法。有些国家立法认为仲裁庭作出没有管辖权的决定不能视为仲裁裁决,不能由法院进行撤销。有些国家(如德国)将仲裁庭作出没有管辖权的决定视为仲裁裁决,但法院对仲裁员在管辖权决定中的错误没有司法审查权,没有实质性的理由撤销仲裁员作出错误的管辖权决定的裁决。有些国家,如瑞士,将其作为与其他仲裁裁决一样,可以进行撤销。1988年《瑞士联邦国际私法法规》第190条规定:裁决自送达当事人之日起即具有约束力。但是遇有下述情况,当事人可以提出异议:……(2)仲裁员声明对该案无管辖权的;……对于附带仲裁的裁决,只有符合本条第2款第1和第2两项规定的,才得提出上诉。诉讼时效自裁决送达之日起计算。该条款是关于法院对于仲裁裁决司法审查的规定,其将仲裁员声明对案件无管辖权的决定视为裁决,可以进行正常的裁决撤销程序。

如果一方当事人在订立仲裁协议时没有缔约能力,所有的国内仲裁立法都允许法院以此为理由撤销仲裁裁决。《示范法》第34条第2款(a)(ⅰ)项规定具有典型性,即仲裁协议的当事人有某种无行为能力情形,法院可以撤销仲裁裁决。甚至在国内立法没有明确这种规定的情况下,法院仍然可以毫不

[①] United Mexican States v. Cargill Inc., [2011] ONCA 622, Internation law 46 (Ontario Ct. App.).

9 国际商事仲裁裁决的撤销

犹豫地以此为理由撤销仲裁裁决。对于当事人缺乏缔结仲裁协议能力的举证责任在于仲裁败诉的一方,即提出仲裁裁决撤销申请的一方当事人。同时,关于当事人缔结仲裁协议的能力问题也应该与当事人缔结合同的能力区别开来,因为仲裁协议具有分离性与独立性。

关于管辖权异议的放弃问题,即如果当事人在仲裁程序开始阶段没有提出管辖权的异议,多数国家法律规定在裁决撤销阶段一般不能再提出管辖权的异议。例如,当事人没有根据《示范法》第16条第2款的规定提出管辖权的异议,其随后根据《示范法》第34条提出管辖权的异议将被拒绝。大多数国家主张管辖权异议放弃的做法,是因为在最初提出管辖权异议明显比花费大量时间与精力作出裁决后更为有效。

9.2.2 拒绝陈述案情的机会

仲裁庭没有提供败诉一方当事人在仲裁程序中公平和充分陈述案情的机会,这是所有国家立法都规定裁决撤销的理由。《示范法》第34条第2款(a)(ⅱ)项规定了裁决撤销基于严重程序不公平的理由,即未向提出申请的当事人发出指定仲裁员的适当通知或仲裁程序的适当通知,或因他故致使其不能陈述案情。该条款规定与《纽约公约》第5条第1款(乙)项规定基本一致,直接指向拒绝通知或拒绝听审的机会以及其他类似的严重程序不公。其他国家也作出了基本相同的规定,例如《美国联邦仲裁法案》第10条第3款规定:遇到下列任何情形,仲裁裁决地所属区内的美国法院根据任何当事人的请求,可以用命令将仲裁裁决撤销:仲裁员有拒绝合理的展期审问的请求的错误行为,有拒绝审问适当和实质的证据的错误行为或者有损害当事人的权利的其他错误行为。1996年《英国仲裁法》的规定比较独特,其第68条采取了列举的方式列举了可以撤销裁决的严重不规范行为,其中包括程序方面的有:(1)仲裁庭未处理当事人请求的所有事项;(2)仲裁庭未根据当事人约定的程序进行仲裁;(3)裁决的效力不确定或模棱两可;(4)由当事人授予有关仲裁程序或裁决权力的仲裁机构、其他机构或个人超越其授权范围。其还规定,法院只有在严重不规范行为被其认为对申请方已造成或将造成实质性的不公正时,才能撤销该项裁决。

基于拒绝陈述案情机会的理由撤销裁决与基于未根据当事人约定的程序进行仲裁有一定的关联性,但还是有很大的区别。仲裁裁决可能仅仅是基于违反其所适用法律附加的强制性程序保护的规定而被撤销,而不管当事人仲裁程序的约定。即使当事人在仲裁程序中没有约定,仲裁庭也必须给予当事人听审的机会以及公平对待的权利。国际商事仲裁尊重当事人的意思自治,给予当事人意思自治原则重要的地位,其也不能约定减损当事人要求听审的机会以及公平对待的权力。这也是《纽约公约》第 2 条以及第 5 条(丁)项的要求,即仲裁机关之组成或仲裁程序不能与当事人之间的协议不符,或没有协议情况下,不能与仲裁地所在国法律不符。一些有关程序保障都可以并入到《示范法》第 34 条第 2 款(a)(ⅱ)项,包括公平对待、充分陈述案情的机会以及非武断性程序。

根据《示范法》第 34 条第 2 款(a)(ⅱ)项撤销裁决相伴随的一个问题是程序公正的标准问题,也就是什么是正当程序的问题。不同的国家对于正当程序的理解是不一致的,都有自身的不同标准。裁决撤销的法院通常适用其所属国家的法律进行支配正当程序的标准。例如,美国法院在 Generica Ltd v. Pharm. Basics Inc.[1]一案中认为,如果当事人提出其没有得到根据美国正当程序定义下的听审机会的抗辩,仲裁裁决将被拒绝或撤销。也就是说,在当事人没有选择外国程序法时,仲裁地法将支配仲裁程序。与此同时,国内法院也强调在仲裁裁决撤销程序中适用仲裁地法并不意味仲裁员必须适用当地的诉讼程序,仅仅是满足当地法中关于正当程序的保证。大多数国内法院所适用程序公正的标准不是纯粹的国内标准,而是其经过调整使之适合仲裁裁决撤销程序中程序标准。例如,法国法院适用在国际公共政策法国概念的范围内,正当程序的核心观念。[2] 所以,仲裁程序中正当程序既非国内法律标准,也非诉讼中适用的标准,其是特殊的国际标准。这与国际商事仲裁的国际性特征以及其为解决国际商事争议提供中立的程序解决机制密切相关。关于严重程序不公的举证责任以及标准的证明在于提出仲裁裁决申请的当事人,即仲裁败诉的一方当事人。

仲裁程序公正涉及多个方面:(1)公平对待,即在仲裁程序中要求公平对待所有当事人。如果仲裁庭授予一方当事人表达问题、提交证据或其他陈述案情的机会,而不给予另一方当事人公平对待的机会,不给予其相同的陈述案件的机会,这些都是仲裁裁决撤销的理由。当然,公平对待不能等同于相同对待。(2)听审以及其他事项的通知。如果在仲裁重要的程序上,一方当事人没有得到通知或通知不充分,这也是裁决撤销的理由。(3)拒绝主持听审。在仲裁程序中,仲裁案件可以进行口头听审,也可以进行书面审理。如果一方当事人提出请求,要求仲裁庭进行口头听审,仲裁庭拒绝口头听审的

---

[1] 125 F. 3d 1123,1129,1130 (7th Cir. 1997).

[2] Judgment of 27 November 1987, C. C. M. Sulzer v. Somagec, 1989 Rev. arb. 62 (Paris Cour d'appel).

行为就是拒绝当事人听审的机会,导致裁决的撤销。(4)听审安排或其他程序步骤。当事人有时候会提出仲裁庭的安排决定严重侵犯了其陈述案情的能力(例如,给予其代理人较少准备或呈递时间)或给予对方当事人一些好处(例如,较多的答复时间)等理由,寻求仲裁裁决撤销。(5)新请求的提出。如果仲裁庭允许给予一方当事人最后时间提出新请求,而不给予对方当事人充分和平等的答复机会,这也是当事人提出裁决撤销的理由。(6)证据的排除与接收。仲裁庭证据排除与接收的不当安排也可能是裁决撤销的一个潜在理由。因为仲裁庭在证据的排除与接收有较大的自由裁量权,当事人以此为理由提出撤销裁决一般很难成功,除非仲裁庭的安排严重不当导致一方当事人无法提交和介绍关键的证据或者没有允许一方当事人对于另一方当事人先前证据或争辩进行回复。(7)披露规定以及质证与交叉质证。当事人,尤其在英美普通法系国家的当事人有时可能会基于仲裁庭的不公平的披露决定或不恰当的质证与交叉质证决定,寻求撤销裁决,但是基于此理由的裁决请求一般会被法院拒绝。(8)拒绝允许当事人呈现证据和陈述抗辩。如果仲裁庭没有允许一方当事陈述或抗辩或允许对方当事人的证据或争辩进行回复,其随后所作出的裁决是非常有可能被撤销的。(9)仲裁员单方面接触当事人。仲裁员如果单方面接触当事人及其代理人谈及当事人争议的实体问题,可以作为撤销裁决的一项理由。但是仲裁员接触当事人仅仅涉及首席仲裁员选择等程序问题,或者双方当事人同意允许仲裁员单方面接触,只要是对双方当事人是公平同等对待,这种接触一般是允许的。

这里需要强调的是,大多数法院认为只有仲裁庭严重违反程序权力或存在严重的偏见,裁决才有可能被撤销。例如,1996年《英国仲裁法》第68条规定,法院只有在严重不规范行为被其认为对申请方已造成或将造成实质性的不公正时,才能撤销该项裁决。

9.2.3 未遵守当事人约定的仲裁程序

《示范法》第34条第2款(a)(ⅳ)项规定,仲裁庭的组成或仲裁程序与当事人的约定不一致,除非此种约定与当事人不得背离的本法规定相抵触,无此种约定时,与本法不符的,仲裁裁决才可以被法院撤销。这项规定与《纽约公约》第5条第1款(丁)项规定类似,即仲裁机关之组成或仲裁程序与各造间之协议不符。其他国家大多有此规定的理由。根据未遵守当事人约定的仲裁程序撤销裁决,是对于当事人意思自治原则的尊重。但是,当事人意思自治必须受到仲裁地法律强制性程序的限制。《示范法》第34条第2款(a)(ⅳ)项的规定与《纽约公约》第5条第1款(丁)项的规定有一点不同,前者规定了当事人的约定不得与当事人不得背离的本法规定相抵触,后者则没有这种限制性规定。《示范法》第34条第2款(a)(ⅳ)项的规定主要指向其第18条规定的规定,即当事人应当受到平等待遇,并应当被给予充分的机会陈述其案情。如果关于当事人仲裁庭组成或仲裁程序的约定违反了第18条的规定,根据其第34条第2款(a)(ⅳ)项的规定,尽管仲裁庭的组成或仲裁程序与当事人的约定不一致,也不能导致裁决的撤销。同样根据该理由提出撤销裁决的举证责任属于仲裁败诉一方当事人,即仲裁裁决撤销的请求人。

9.2.4　未遵守仲裁地法律规定的程序

《示范法》第34条第2款(a)(ⅳ)项还规定,在当事人没有约定的情况下,未遵守本法规定的程序,裁决可以被法院撤销。该规定同样借鉴了《纽约公约》第5条第1款(丁)项后半段的规定,即无协议而与仲裁地所在国法律不符者。美国、法国以及瑞士等国家除了公平对待以及同等听审的机会外,并没有如《示范法》强制性要求当事人仲裁程序符合其规定的程序。《示范法》规定该裁决撤销的理由意义不大,因为在国际商事仲裁中当事人意思自治原则得到充分的尊重,只要当事人的意思自治没有违反仲裁地法律的强制性规定,其约定都是有效的。在国际商事仲裁实践中,当事人一般将仲裁规则合并到仲裁协议中,仲裁程序一般都是安排他们选择的仲裁规则的规定进行。国内法对于程序的规定及需要,除了程序公平与公正保证外,其在国际商事仲裁中没有起到作用,所以未遵守仲裁地法律规定的程序一般不应该成为裁决撤销的理由。

9.2.5　仲裁员缺乏独立性与公正性

《示范法》第34条第2款以及《纽约公约》第5条都没有明确规定以仲裁员缺乏独立与公正为理由撤销裁决。但有一些国内法律规定,裁决将被撤销,如果仲裁员没有满足所适用法律规定的独立性与公正性的标准。例如,《美国联邦仲裁法案》第10条规定:遇到下列任何情形,仲裁裁决地所属区内的美国法院根据任何当事人的请求,可以用命令将仲裁裁决撤销:(1)裁决以贿赂、欺诈或者不正当方法取得。(2)仲裁员全体或者任何一人显然有偏袒或者贪污情形。(3)仲裁员有拒绝合理的展期审问的请求的错误行为,有拒绝审问适当和实质的证据的错误行为或者有损害当事人的权利的其他错误行为。……我国《仲裁法》第58条第6款规定,当事人如果有证据证明仲裁员在仲裁该案时有索贿受贿、徇私舞弊、枉法裁决行为的,可以向法院申请撤销

9　国际商事仲裁裁决的撤销

裁决。美国与中国的规定仅仅是针对国内仲裁裁决。根据以上的规定,法院可以以仲裁员的偏见以及缺乏独立为由撤销裁决。仲裁员偏见的请求往往与仲裁员不当行为的请求交织在一起,即仲裁员贪污、受贿行为一般会导致仲裁员缺乏独立性与公正性。即使有些国家没有明确作出此项规定,国内法院也经常得出结论,仲裁员缺乏独立性与公正性隐含地规定在《示范法》第34条第2款以及国内法裁决撤销的相关条款中。仲裁员缺乏独立与公正的请求可以根据《示范法》第34条第2款(a)(ⅱ)项的规定,因为仲裁员的偏见往往会拒绝当事人陈述其案情的机会;其还可以根据《示范法》第34条第2款(a)(ⅳ)项的规定,因为仲裁庭的偏见往往会在仲裁庭的组成方面不符合当事人的约定或不符合所适用的法律规定;其还可以根据《示范法》第34条第2款(b)(ⅱ)项规定,因为仲裁庭的偏见也是被视为违反了程序性的公共政策的概念。正如前面章节所说,仲裁员的独立性与公正性是仲裁程序的核心。裁决以此为由撤销被大多数国家所认可。

9.2.6　仲裁庭超越其仲裁权限

《示范法》第34条第2款(a)(ⅲ)项规定,裁决处理的争议不是提交仲裁意图裁定的事项或不在提交仲裁的范围之列,或者裁决书中内含对提交仲裁的范围以外事项的决定;如果对提交仲裁的事项所作的决定可以与对未提交仲裁的事项所作的决定互为划分,仅可以撤销含有对未提交仲裁的事项所作的决定的那部分裁决。这项规定也是借鉴了《纽约公约》第5条第1款(丙)项的规定,即裁决可以被拒绝承认与执行,如果裁决所处理之争议非为交付仲裁之标的或不在其条款之列,或裁决载有关于交付仲裁范围以外事项之决定者,但交付仲裁事项之决定可与未交付仲裁之事项划分时,裁决中关于交付仲裁事项之决定部分得予承认及执行。同样,其举证责任属于仲裁败诉一方当事人。

仲裁庭超越其仲裁权限体现在以下几个方面:(1)裁决处理的争议是当事人提交仲裁的范围之外的争议。这就是所谓"超裁"或"超越请求"。与其他裁决撤销的理由相比,法院更愿意接受仲裁员超越当事人提交仲裁范围的请求的理由。(2)仲裁庭未能处理当事人提交仲裁范围内的事项。与前面相反,仲裁庭没有考虑到当事人所有提交的事项。有些国内仲裁立法规定可以以此为由撤销裁决。例如,1996年《英国仲裁法》第68条第2款(d)项规定,仲裁庭未处理当事人请求的所有事项。《示范法》第34条第2款对此没有作出规定。(3)裁决处理的是仲裁协议范围之外的事项。仲裁协议是国际商事仲裁的基石,裁决处理不属于仲裁协议范围内的事项,其裁决将被撤销。事实上,这种情况被许多国家作为超裁的典型范例。《示范法》第34条第2款

(a)(ⅲ)项规定用语是不在提交仲裁的范围之列。尽管《示范法》的用语不是仲裁协议的范围内,但根据《示范法》的立法精神,也应该包括超越仲裁协议的范围的理由。

9.2.7 争议的不可仲裁性

争议的不可仲裁性原则是仲裁裁决撤销例外和不常用的理由。《示范法》第34条第2款(b)(ⅰ)项规定此项裁决撤销理由,即根据本国的法律,争议事项不能通过仲裁解决。这项规定来源于《纽约公约》第5条第2款(甲)项的规定,即依该国法律,争议事项系不能以仲裁解决者。《示范法》唯一的修改就是将"依该国法律"变为"根据本国的法律"。其实两者含义基本上是相同的,也就是说支配争议的不可仲裁性的法律是仲裁地法律。争议的不可仲裁性也被各国仲裁立法所承认。与其他裁决撤销的理由一样,争议的不可仲裁性的举证责任在于仲裁败诉一方。这与《示范法》第34条第2款(b)项由法院认定的规定并不矛盾。尽管该条款规定允许撤销的法院依照职权认定不可仲裁性问题,但其没有改变仲裁有效性的假设。

9.2.8 公共政策

大多数国家法律规定一项仲裁裁决可以根据违反公共政策或强制性法律被撤销。《示范法》第34条第2款(b)(ⅱ)项规定此项裁决撤销理由,即该裁决与本国的公共政策相抵触。《纽约公约》第5条第2款(乙)项也作出类似的规定。即使在没有明确规定公共政策为理由撤销裁决的国家,其法院在实践中也可以以违反公共政策为由,撤销裁决。在国际商事仲裁裁决撤销背景下的公共政策来源于国际私法,包括法律适用领域以及外国法院判决承认与执行领域中适用的公共政策。当事人一般不可以通过约定放弃公共政策或强制性法律的异议的权力。关于公共政策的法律适用一般适用撤销裁决法院所属国家的法律,《示范法》规定是"本国"的公共政策,这里的本国就是法院所属国家,通常也是仲裁地所属国家。这里的公共政策并不是指国内的公共政策,而是国际私法意义上的公共政策,即所谓的国际公共政策。《法国民事诉讼法典》第1502条第5款明确规定裁决撤销公共政策的理由是"国际公共政策"。在仲裁裁决撤销中,法院通常考虑的是本国的公共政策。但是在特别的案件中,法院也可能会考虑到外国的公共政策,给予外国公共政策一定的尊重。

法院在适用违反公共政策撤销裁决时,考虑是仲裁裁决本身违反了公共政策,还是争议违反公共政策(例如,当事人请求的实质性特征、仲裁程序中仲裁庭的决定或行为)。从严格意义上进行解释,公共政策仅仅是针对仲裁裁决中决定性的规定所要求的强制性法律所禁止的行为,例如,外汇转移违反了国家的外汇管制的规定。但其例外地可以适用于仲裁程序违反所适用的公共政策,例如,一方当事人的故意不当或欺诈行为、当事人从事国际上禁止的行为等。或其还可以适用于程序的不当,例如,仲裁程序中的欺诈或仲裁员的偏见等。违反公共政策的裁决撤销的举证责任由仲裁败诉的一方当事人承担。

经验表明,以违反公共政策撤销裁决具有不可预见性并且难以成功。每个国家的公共政策的规定都不同,而且都没有规定公共政策的明确含义,法院在适用过程无法精确地把握公共政策的确切含义。所以国内法院对违反公共政策撤销裁决的做法仅限定在一些特殊的范围内,较少适用该理由撤销裁决。在仲裁程序过程中,如果当事人没有提出违反公共政策的理由,是否意味着当事人在仲裁裁决撤销过程中放弃了公共政策抗辩的理由。对于这一问题,目前很难得出当事人可以放弃公共政策以及强制性法律的抗辩理由。所以,一些国家法院认为基于强制性法律或公共政策的请求不属于放弃的对象。

9.2.9 欺诈

《示范法》并没有规定欺诈撤销裁决的理由,但是其起草历史表明,《示范法》曾试图在第34条第2款(b)(ⅱ)项公共政策下规定欺诈理由。其他一些国家明确规定了欺诈撤销裁决的理由,例如,1996年《英国仲裁法》第68条第2款(g)项规定:裁决因欺诈获取,或裁决或获取裁决的方式违背公共政策。英国的仲裁法的规定是将欺诈与公共政策放在一个条款中,而且公共政策的违反仅仅限于裁决或获取裁决的方式。即使在没有明确规定欺诈裁决撤销理由的国家法院,也都通常愿意考虑以该理由进行撤销裁决。

9.3 撤销裁决申请的期限

当事人在仲裁裁决作出后必须迅速地提出撤销申请,没有在规定的时间里提出申请,当事人可能丧失撤销的请求权。关于提出撤销申请的期限,国内商事仲裁立法的规定都比较短。当事人提起撤销仲裁裁决之诉中,行使的撤销权,其性质为一种具有破坏性的权利,法律关系因之而发生变动。在该权利行使前,当事人之间的权利义务关系处于浮动状态,为了尽快确定当事人之间的法律关系,应当对当事人行使撤销权的期间予以限制,当事人如不按期提起,则是权利的"睡眠者",法律也无保护的必要。凡采纳撤销制度的,对当事人提起撤销之诉的时间均有限制。[①] 撤销仲裁裁决申请的提出必须及时。没有在限定的时间内提出申请就可能妨碍仲裁裁决的最终撤销。撤销申请的期间从二十八天(英格兰)、一个月(法国)到六个月(中国)不等。在《示范法》效力范围的国家以及美国,期间是三个月。但是,《示范法》是否许可法院一定的自由裁量权是有争议的,因为其规定从收到仲裁裁决之日起的三个月后,法院可以不受理撤销仲裁裁决的申请。另一方面,美国法要求撤销裁决申请必须自仲裁裁决投递或发出之日起三个月内送达给另一方当事人或仲裁委员会。此规定似乎未留下任何变通的余地。

《示范法》第 34 条第 3 款规定,当事人在收到裁决书之日起三个月后不得申请撤销裁决;已提出请求的,从该请求被仲裁庭处理完毕之日起三个月后不得申请撤销。采取《示范法》国家的法院对其第 34 条进行解释:很清楚地,第 34 条意味着不仅限制仲裁裁决撤销的理由,而且也确保任何异议在特定的时间范围内迅速地被提出。[②] 1996 年《英国仲裁法》第 70 条第 3 款规定,申请或上诉必须自仲裁裁决作出之日起二十八天内提出,或如已经存在仲裁上诉或复审程序,则自申请人或上诉人接到该程序结果的通知之日起二十八天内提出。2002 年《韩国仲裁法》第 36 条也规定,撤销裁决的申请须在提出申请的一方当事人收到生效裁决书之日起的三个月内。中国《仲裁法》第 59 条则规定,当事人申请撤销裁决的,应当自收到裁决书之日起六个月内。中国内地的规定较大多数国家规定的时限要长。

如果仲裁裁决在规定的时间内没有被提出撤销申请,当事人是否可以在仲裁裁决执行阶段进行抗辩,是非常重要的问题。根据《示范法》的规定,当事人可以选择不去寻求依据第 34 条进行仲裁裁决的撤销,随后可以依据第 36 条几乎相同的理由在仲裁裁决承认与执行阶段进行抗辩。《示范法》第 36 条的规定适用于在外国作出的裁决,也适用于在内国作出的裁决,其所设立的拒绝承认与执行的理由本质上与第 34 条规定撤销的理由等同。与此同时,第 36 条在拒绝执行的理由中并没有强加时间限制,明显地是为了让仲裁败诉一方当事人原则上不去寻求仲裁裁决的撤销,反而是在仲裁胜诉一方当事人

[①] 赵健著:《国际商事仲裁的司法监督》,法律出版社 2000 年版,第 246 页。
[②] PT First Media TBK v. Astro Nusantara Int'l BV, [2013] SGCA 57 (Singapore Ct. App.).

9　国际商事仲裁裁决的撤销

提起仲裁裁决承认与执行最初的过程时进行抗辩。上面的做法被《示范法》的国家所采纳,这也被《示范法》的起草历史所确定。其拒绝了在撤销没有被提出时限制拒绝仲裁裁决执行的理由的建议,并解释:优势的观点是……不采纳此种条文。其被指出是试图过分地限制一方当事人如何提出异议的决定的自由。在裁决撤销以及援引拒绝承认与执行裁决的理由的不同目的与效果的观点中,一方当事人必须自由地利用由 1958 年《纽约公约》所承认的替代的防御体系,并且其必须在《示范法》中得到保留。其进一步指出,如果条文仅仅被限制在国内裁决的承认与执行,其将不符合《示范法》一致对待裁决,而不管它们作出的原始地方的政策。①

相比较而言,有一些国家仲裁立法认为仲裁败诉一方当事人不能在寻求撤销的期限到期后,保有被动地反抗裁决的执行的权利,而应该坚决地在所适用条文规定的期限内寻求撤销。在这些国家里,如果当事人没有在期限内寻求裁决的撤销,其将会阻碍仲裁败诉一方当事人对仲裁胜诉一方当事人提起承认与执行的最初程序中提出异议。这些国家不提供对仲裁裁决的两次控制,而是需要任何裁决的异议在撤销程序中被提出。例如,《德国民事诉讼法典》第 1060 条第 2 款即作出了如此规定。

9.4　仲裁裁决撤销的后果

仲裁裁决被法院撤销与被法院拒绝承认与执行会产生不同的后果。对于后者而言,如果仲裁裁决被仲裁地外的法院拒绝承认与执行,该仲裁裁决仍然是存在的,并且是具有约束力的,其仍然可以向其他国家的法院重新提出承认与执行,没有任何司法行为认为其是无效的裁决或是不存在的,其仅仅在特定的国家得不到承认与执行。然而,如果仲裁裁决被仲裁地的法院撤销,那么仲裁裁决最起码在仲裁地国家,从法律效果上将会停止或不存在或无效。当被撤销的"裁决"被仲裁胜诉一方当事人拿到其他国家进行承认与执行,仲裁败诉一方当事人可以提出其不再是被承认的任何仲裁裁决作为抗辩。在《纽约公约》生效后的一段时间里,被撤销的裁决在仲裁地以外的国家也应该视为无效的裁决,是得不到承认的。《纽约公约》第 5 条第 1 款(戊)项

---

① UNCITRAL, Report of the Working Group on the Work of Its Seventh Session, U. N. Doc. A/CN. 9/246, ¶154 (1984).

规定,裁决对各造尚无拘束力,或业经裁决地所在国或裁决所依据法律之国家之主管机关撤销或停止执行者,执行地的缔约国法院拒予承认及执行。《示范法》第36条第1款(a)(Ⅴ)项也作出了执行地法院拒绝承认与执行仲裁裁决相类似的理由规定,即裁决对当事人尚无约束力,或者已经由裁决地所在国或裁决依据的法律的所属国的法院所撤销或中止执行。其他大多国家也作出如此规定。根据以上的规定,仲裁裁决被仲裁地国家法院撤销,其一般不可能得到其他国家法院承认与执行。但由于国际商事仲裁自治理论的发展,一些国家认为尽管仲裁裁决被仲裁地法院撤销,其也可以得到执行地国家法院的承认与执行。这一问题将在后面章节具体阐述。

上面分析了仲裁裁决被撤销后能否得到执行地国家法院承认的问题。除了涉及仲裁裁决的承认与执行问题,如果仲裁裁决被撤销后,当事人下一步还会采取何种行动或撤销法院将授权下一步何种行动。如果仲裁裁决是因为法院认为仲裁协议无效而被撤销的,假设没有时间障碍,那么获胜方应该能够向法院另行提起诉讼。土耳其法律明确规定,一旦仲裁裁决被最终撤销,法院的管辖权就会立即得到恢复。但是如果仲裁裁决主要是因为程序不当而被撤销的,案件是否应被重新交由仲裁员进行解决。如果交由仲裁员进行裁决,是交由原来的仲裁庭裁决还是另行组成仲裁庭。法院很大程度上会支持重新仲裁,这样对于当事人来说不至于使之前的努力付诸东流。如果仲裁裁决的问题在其被宣布无效后立即得到了解决,大多数法院将不会选择要求当事人从头开始的解决方式,付出双倍的精力、时间和资源对任何一方当事人都是不利的。例如,1996年《英国仲裁法》第69条第7款项明确规定:……将裁决全部或部分发回仲裁庭按照法院的决定重审。……除非法院认为将争议事项发回仲裁庭重审是不合适的,其不应行使全部或部分撤销裁决的权力。如果一项裁决需要被更正或进一步作出解释,法院一般会将案件发送给同一仲裁庭。《德国仲裁法》规定法院可以视情况而定,撤销裁决或将案件重新发送仲裁庭裁决。《德国仲裁法》还规定,如果没有其他相反的情形,裁决的撤销将导致涉及争议事项的仲裁协议重新开始生效。也有法律规定表明,如果法院没有将案件发回之前的仲裁庭,当事人可以将争议重新提交一个新的仲裁庭裁决。按照一般的逻辑,如果裁决的撤销出于程序的诚信问题,例如仲裁员偏私或其他仲裁员的不当行为,那么法院就不会将案件发回同一个仲裁庭。2000年修订后美国《统一仲裁法案》明确规定了法院撤销仲裁裁决后对案件应该如何处理的问题。按照该修正案,如果法院撤销仲裁裁决的事由不是出于仲裁协议的效力问题,法院可以指令仲裁庭重新仲裁。但是,如果撤销事由是仲裁员贿赂、欺诈或其他不正当行为或偏私,应当另行

9 国际商事仲裁裁决的撤销

组成仲裁庭进行重新仲裁。如果撤销事由涉及程序瑕疵,或者是因为仲裁员超裁,那么重新仲裁可以由之前作出裁决的仲裁员或者仲裁员的继任者进行。一般在后一种情形下,当事人可以通过协议帮助法院决定重新仲裁是由之前的仲裁员进行还是另行组成新的仲裁庭进行。

关于申请撤销仲裁裁决的后果,中国《仲裁法》和中国《民事诉讼法》规定了三种处理方式:(1)通知仲裁庭重新仲裁。这是中国《仲裁法》新增的做法,即其第 61 条规定:人民法院受理撤销裁决的申请后,认为可以由仲裁庭重新仲裁的,通知仲裁庭在一定期限内重新仲裁,并裁定中止撤销程序。仲裁庭拒绝重新仲裁的,人民法院应当裁定恢复撤销程序。这一规定在未减损法院对仲裁的监督力度的同时,尽可能让仲裁庭弥补缺陷,而不轻易撤销一项裁决,体现了支持仲裁的政策。但是,该条规定过于简单,《最高人民法院关于适用〈中华人民共和国仲裁法〉若干问题的解释》第 21 条、第 22 条、第 23 条进一步作了细化。其主要内容为:第一,中止撤销程序并通知重新仲裁适用的情形是仲裁裁决所依据的证据是伪造的,或者对方当事人隐瞒了足以影响公正裁决的证据。第二,人民法院在通知仲裁庭重新仲裁时,必须说明要求重新仲裁的具体理由。第三,如果仲裁庭在法院指定的期限内开始重新仲裁,人民法院应终止撤销程序;如果当事人对重新仲裁结果不服,可以向法院申请撤销。(2)撤销仲裁裁决。根据我国《仲裁法》第 60 条规定,人民法院受理撤销仲裁裁决的申请后,经审查核实当事人提出申请所依据的理由成立的,应当在受理撤销裁决申请之日起两个月内裁定撤销该裁决。如果当事人提出的理由只有部分成立,而仲裁裁决的各项内容可以分割开来,则法院只应部分撤销一项裁决。《最高人民法院关于适用〈中华人民共和国仲裁法〉若干问题的解释》第 19 条对此作了规定,即当事人以仲裁裁决事项超出仲裁协议范围为由申请撤销仲裁裁决,经审查属实的,人民法院应当撤销仲裁裁决中的超裁部分。但超裁部分与其他裁决事项不可分的,人民法院应当撤销仲裁裁决。仲裁裁决被法院依法撤销后,当事人之间的纠纷并没有得到解决,当事人可以重新寻求解决纠纷的方法,或重新达成仲裁协议,提交仲裁进行解决,或向有管辖权的法院提起诉讼。(3)驳回撤销仲裁裁决的申请。根据我国《仲裁法》第 60 条规定,人民法院受理撤销仲裁裁决的申请后,经审查未发现仲裁裁决具有法定可撤销的理由,应当在受理撤销裁决申请之日起两个月内作出驳回申请的裁定。

9.5 不予执行仲裁裁决

在我国,如果国际商事仲裁地在我国,仲裁庭作出的裁决需要到执行地国家承认与执行的,仲裁败诉一方只能提起撤销裁决的请求;如果外国仲裁裁决需要在我国承认与执行的,根据《纽约公约》的规定到有关有管辖权的法院承认与执行。如果仲裁庭所作出的国内裁决,根据我国《仲裁法》的规定,当事人既可以在裁决作出后提起撤销的请求,也可以在胜诉一方当事人向法院提请强制执行阶段,向法院提出不予执行的申请。

不予执行仲裁裁决,是指认为仲裁裁决存在问题的一方当事人,在对方当事人申请法院强制执行该仲裁裁决时,请求法院审查裁定不予执行的一种制度。这是针对一方当事人作为执行有根据的仲裁裁决而规定的一种消极补救措施,其消极表现在只否定仲裁裁决的强制执行力,而不改变仲裁裁决的内容。[①] 我国《民事诉讼法》第237条和第274条分别对不予执行国内商事仲裁裁决和不予执行国际商事仲裁裁决的情形作了规定。第237条规定,对依法设立的仲裁机构的裁决,一方当事人不履行的,对方当事人可以向有管辖权的人民法院申请执行。受申请的人民法院应当执行。被申请人提出证据证明仲裁裁决有下列情形之一的,经人民法院组成合议庭审查核实,裁定不予执行:(1)当事人在合同中没有订有仲裁条款或者事后没有达成书面仲裁协议的;(2)裁决的事项不属于仲裁协议的范围或者仲裁机构无权仲裁的;(3)仲裁庭的组成或者仲裁的程序违反法定程序的;(4)裁决所根据的证据是伪造的;(5)对方当事人向仲裁机构隐瞒了足以影响公正裁决的证据的;(6)仲裁员在仲裁该案时有贪污受贿、徇私舞弊、枉法裁决行为的。人民法院认定执行该裁决违背社会公共利益的,裁定不予执行。裁定书应当送达双方当事人和仲裁机构。仲裁裁决被人民法院裁定不予执行的,当事人可以根据双方达成的书面仲裁协议重新申请仲裁,也可以向人民法院起诉。第274条规定:对中华人民共和国涉外仲裁机构作出的裁决,被申请人提出证据证明仲裁裁决有下列情形之一的,经人民法院组成合议庭审查核实,裁定不予执行:(1)当事人在合同中没有订有仲裁条款或者事后没有达成书面仲裁协议的;(2)被申请人没有得到指定仲裁员或者进行仲裁程序的通知,或者由于其

---

① 车丕照主编:《仲裁法学》,吉林大学出版社1999年版,第148页。

9 国际商事仲裁裁决的撤销

他不属于被申请人负责的原因而未能陈述意见的;(3)仲裁庭的组成或者仲裁的程序与仲裁规则不符的;(4)裁决的事项不属于仲裁协议的范围或者仲裁机构无权仲裁的。人民法院认定执行该裁决违背社会公共利益的,裁定不予执行。我国《仲裁法》第63条和第71条则直接援引了我国《民事诉讼法》的上述条文,完全保留了我国《民事诉讼法》对仲裁裁决不予执行的相关规定。根据我国《民事诉讼法》第237条和第275条规定,仲裁裁决被人民法院裁定不予执行的,当事人可以根据双方达成的书面仲裁协议重新申请仲裁,也可以向人民法院起诉。

应该指出的是,中国内地对商事仲裁裁决的司法监督,规定了撤销裁决和裁定不予执行裁决两种方式。而且,法律规定的撤销裁决和裁定不予执行裁决的条件是一致的。根据有关规定,认为有关仲裁裁决存在问题的一方当事人既可以申请有管辖权的法院撤销仲裁裁决,也可以向执行法院申请裁定不予执行仲裁裁决。但是,由于法律对裁定撤销和裁定不予执行两种监督的关系未作规定,实践中存在着对同一仲裁裁决实施双重监督的可能。有的当事人在撤销仲裁裁决的申请被驳回后,又在执行程序中申请法院裁定不予执行仲裁裁决,如果执行法院仍然对不予执行申请进行审查,既浪费司法资源,也存在作出相互矛盾的处理结果的可能。① 为此,《最高人民法院关于适用〈中华人民共和国仲裁法〉若干问题的解释》第25条、第26条作了专门规定。第25条规定:人民法院受理当事人撤销仲裁裁决的申请后,另一方当事人申请执行同一仲裁裁决的,受理执行申请的人民法院应当在受理后裁定中止执行。第26条规定:当事人向人民法院申请撤销仲裁裁决被驳回后,又在执行程序中以相同理由提出不予执行抗辩的,人民法院不予支持。上述规定,理顺了两种监督之间的关系,避免了对仲裁裁决的双重监督,也消除了作出矛盾处理结果的可能,体现了支持仲裁的精神。

9.6 中国内地商事仲裁裁决监督的双轨制

中国内地在商事仲裁裁决的监督方面,采取了对国内商事仲裁裁决与国际商事仲裁裁决内外有别的司法监督机制,即所谓的双轨制。其主要体现在

---

① 万鄂湘、于喜富:《我国仲裁司法监督制度的最新发展——评最高人民法院关于适用仲裁法的司法解释》,《法学评论》2007年第1期。

两个方面。

9.6.1 对国际商事仲裁裁决的监督建立了报告制度

为了避免法院执法不严的情况,1995年8月29日,最高人民法院发布了《关于人民法院处理与涉外仲裁及外国仲裁事项有关问题的通知》(法发[1995]第18号),对人民法院不认定国际商事仲裁协议效力及拒绝承认和执行国际商事仲裁裁决的裁定建立了报告制度。

关于不认定国际商事仲裁协议效力的监督,强调凡起诉到人民法院的涉外、涉港澳地区和涉台地区经济、海事海商纠纷案件,如果当事人在合同中订有仲裁条款或者事后达成仲裁协议,人民法院认为该仲裁条款或者仲裁协议无效、失效或者内容不明确无法执行的,在决定受理一方当事人起诉之前,必须报请本辖区所属高级人民法院进行审查;如果高级人民法院同意受理,应将其审查意见报最高人民法院。在最高人民法院未答复前,可暂不予受理。

关于拒绝承认和执行国际商事仲裁裁决的监督,规定凡一方当事人向人民法院申请执行我国涉外仲裁机构裁决,或者向人民法院申请承认和执行外国仲裁机构的裁决,如果人民法院认为我国涉外仲裁机构裁决具有民事诉讼法第260条情形之一的,或者申请承认和执行的外国仲裁裁决不符合我国参加的国际公约的规定或者不符合互惠原则的,在裁定不予执行或者拒绝承认和执行之前,必须报请本辖区所属高级人民法院进行审查;如果高级人民法院同意不予执行或者拒绝承认和执行,应将其审查意见报最高人民法院。待最高人民法院答复后,方可裁定不予执行或者拒绝承认和执行。

此外,最高人民法院1998年4月23日发布了《关于人民法院撤销涉外仲裁裁决有关事项的通知》(法发[1998]第40号),对人民法院撤销国际商事仲裁裁决建立了报告制度。其内容为:(1)凡一方当事人按照仲裁法的规定向人民法院申请撤销我国涉外仲裁裁决,如果人民法院经审查认为涉外仲裁裁决具有民事诉讼法第260条第1款规定的情形之一的,在裁定撤销裁决或通知仲裁庭重新仲裁之前,须报请本辖区所属高级人民法院进行审查。如果高级人民法院同意撤销裁决或通知仲裁庭重新仲裁的,应将其审查意见报最高人民法院。待最高人民法院答复后,方可裁定撤销裁决或通知仲裁庭重新仲裁。(2)受理申请撤销仲裁裁决的人民法院如认为应予撤销裁决或通知仲裁庭重新仲裁的,应在受理申请后三十天内报其所属的高级人民法院,该高级人民法院如同意撤销裁决或通知仲裁庭重新仲裁的,应在十五天内报最高人民法院,以严格执行仲裁法第60条的规定。

报告制度是最高人民法院为了遏制国际商事仲裁监督方面不严肃执法

9 国际商事仲裁裁决的撤销

的现象,通过司法解释创设的法院系统内部监控措施。从其实施的客观效果上看,体现了对国际商事仲裁的大力支持。然而,报告制度的本质就是最高人民法院将下级人民法院认定不予执行或撤销国际商事仲裁裁决、拒绝承认及执行外国仲裁裁决的权利收归己有;而且,报告制度缺乏透明度,在具体案件中,下级法院是否履行了报告制度,当事人不得而知;假如下级法院没有履行报告制度而作出了对申请人或原告不利的裁定,按照最高人民法院的司法解释,当事人无权上诉,不能申诉,人民检察院也不能提起抗诉,当事人没有合理的救济渠道。这种做法的公平性,很难得到国内外当事人的认同。报告制度是最高人民法院处理司法与仲裁管辖的现实选择,却未必是最佳选择。①而且我们认为,(1)这一报告制度不符合《中华人民共和国宪法》第 126 条和第 127 条第 2 款、《中华人民共和国法院组织法》第 4 条和第 10—12 条以及第 17 条、中国《民事诉讼法》第 6 条和第 10 条等法条的规定;(2)不符合一般的诉讼法理论;(3)这一报告制度事实上是让三级法院合审一个案件,是对中国内地正在进行的司法审判制度改革的一种反动,甚至是一种倒退;(4)应该彻底废除这一报告制度,取而代之以"两审终审"的正常监督程序制度;(5)应该规定由中级人民法院行使对商事仲裁活动的一审监督权,由高级人民法院行使二审监督权。

9.6.2 区分国内和国际商事仲裁裁决分别进行司法审查

对于国内商事仲裁裁决的司法审查,主要依据我国《仲裁法》第 58 条、第 63 条和我国《民事诉讼法》第 237 条的规定。而对于国际商事仲裁裁决的司法审查,主要依据我国《仲裁法》第 70 条、第 71 条和我国《民事诉讼法》第 274 条的规定。比较上述规定,与对国际商事仲裁裁决的司法审查不同,对于国内商事仲裁裁决的司法审查,除会审查程序事项外,还会审查:(1)裁决所根据的证据是伪造的;(2)对方当事人隐瞒了足以影响公正裁决的证据的;(3)仲裁员在仲裁该案时有索贿受贿、徇私舞弊、枉法裁决行为等。从比较中可以得知,对国内商事仲裁裁决的司法审查涉及仲裁的程序问题、实体问题以及仲裁员的行为等各个方面,使得商事仲裁裁决的终审性质因此受到了严重挑战。同为中国内地商事仲裁机构所作出的商事仲裁裁决,甚至是同一个商事仲裁机构所作出的商事仲裁裁决,因为其国内、国际的不同而在司法监督上存在如此巨大的差异,似乎没有合理的基础。②

---

① 黄进、宋连斌、徐前权著:《仲裁法学》,中国政法大学出版社 2008 年版,第 196-197 页。
② 宋连斌:《论中国仲裁监督机制及其完善》,《法制与社会发展》2003 年第 2 期。

9.7 结　　论

　　国际商事仲裁裁决撤销的理由一般是由仲裁地国家的法律所规定的。在商事仲裁裁决中,法院只审查程序问题而不审查实体问题是一项为绝大多数国家所接受和遵守的基本原则,尤其在国际商事仲裁中更是如此。根据各国商事仲裁立法以及有关国际条约的规定,法院可以撤销仲裁裁决的事由正逐步趋于一致。一般地,撤销仲裁裁决的事由大体上有:(1)缺乏有效的仲裁协议;(2)仲裁程序违反正当程序;(3)仲裁庭无权或越权仲裁;(4)仲裁庭的组成或仲裁程序与当事人的协议不一致,或违反了应予遵守的法律与规则;(5)裁决形式上不合法;(6)裁决的事项不具有可仲裁性;(7)违反公共政策。仲裁裁决作出后,最好的做法是将仲裁案件要求仲裁庭重新进行仲裁。

10

国际商事仲裁裁决的承认与执行

在许多国际商事仲裁案件中,败诉一方当事人一般都会自愿地履行国际商事仲裁裁决。如果当事人自愿履行仲裁裁决,就不存在仲裁的执行问题。如果败诉一方当事人不愿意自觉地履行仲裁裁决,胜诉一方当事人就必须启动司法执行程序。经验表明,国际商事仲裁裁决一般都能够得到执行地法院的承认与执行。正如第 1 章所述,当事人之所以选择国际商事仲裁作为他们之间争议的解决手段,在国际商事合同约定仲裁条款,很大程度上他们确信国际商事仲裁裁决将得到执行。到目前为止,有近 160 个国家是《纽约公约》的缔约国。《纽约公约》规定仅仅在有限的范围内执行地国家法院才能拒绝承认与执行仲裁裁决。只要符合《纽约公约》所规定的条件,仲裁裁决将在缔约国的法院得到承认与执行。《纽约公约》是专门关于承认及执行外国仲裁裁决的国际公约,其对于国际商事仲裁的发展起到极大的推动作用,对国际商事仲裁的成长做出了卓越的贡献。研究表明,国际商事交易当事人的法律顾问之所以推荐当事人选择国际商事仲裁而不是诉讼进行解决当事人之间的争议,其最重要的理由就是因为《纽约公约》的存在以及仲裁裁决的可执行性。本章以《纽约公约》为主,着重讨论《纽约公约》以及国内仲裁立法下的国际商事仲裁裁决的承认与执行问题,包括国际商事仲裁裁决的证明、《纽约公约》的适用原则与范围、拒绝承认与执行的程序与理由以及时效等问题。

10.1 国际商事仲裁裁决的证明

国际商事仲裁当事人获得仲裁裁决承认与执行的第一步工作就是证明仲裁裁决的存在。根据《纽约公约》以及大多国内的仲裁立法规定,当事人仅仅提出仲裁裁决和进行简单的仲裁裁决存在的证明即可。

《纽约公约》在第 4 条提出了当事人为了利用公约关于仲裁裁决承认与执行规定条款,必须满足正式证明的需要。这些规定是为了提供国际统一和明确的证明标准,其目的旨在禁止在外国仲裁裁决的承认方面,缔约国法院假借证明的正式需要行使地方保护。

《纽约公约》第 4 条规定:(1)声请承认及执行之一造,为取得前条所称之承认及执行,应于声请时提具:(甲)原裁决之正本或其正式副本,(乙)第二条所称协定之原本或其正式副本。(2)倘前述裁决或协定所用文字非为援引裁决地所在国之正式文字,声请承认及执行裁决之一造应备具各该文件之此项文字译本。译本应由公设或宣誓之翻译员或外交或领事人员认证之。《纽约公约》的规定清晰表明,国内仲裁立法不允许强加比《纽约公约》第 4 条包含的外国仲裁裁决或非内国仲裁裁决存在的证明更多的要求。《纽约公约》所规定的属于最高仲裁裁决证明的标准,缔约国不可以强加更为严格的和更为烦琐的证明需要。

根据第 4 条所规定的标准,证明一项仲裁裁决的存在由仲裁胜诉一方当事人承担举证责任。一旦胜诉一方当事人证明存在一项仲裁裁决,如果败诉一方当事人根据《纽约公约》第 5 条规定的理由,提出拒绝承认与执行仲裁裁决的请求,败诉方当事人必须承担举证责任证明仲裁裁决存在拒绝承认的理由。《纽约公约》第 4 条的规定目的是为了促进公约支持仲裁裁决执行的一般政策。也就是说,公约第 4 条必须采取符合公约的精神进行解释。缔约国希望尽可能地降低当事人在寻求外国仲裁裁决承认与执行中的义务。为了符合《纽约公约》的目的,国内法院在实践中通常拒绝强加当事人更为复杂的证明需要,对证明需要采取相关灵活的做法。

《纽约公约》第 4 条清楚表明,其规定不能解释为需要胜诉一方当事人证明一项形式和实质有效性仲裁协议的存在。其用语仅仅要求胜诉一方当事人"提具"(supply)公约第 2 条所指的仲裁协议原本或其正式副本。至于《纽约公约》第 5 条第 1 款(甲)项以及(丙)项所规定的仲裁协议的有效性以及范围,并不需要胜诉一方当事人提出证明,而是要求败诉一方当事人提出并证明。胜诉一方当事人仅仅被要求在申请的时候,提具仲裁协议原本或其正式副本即可。尽管对《纽约公约》作出如此解释,少数法院还是错误地坚持要求胜诉一方当事人承担举证责任证明《纽约公约》第 4 条所指的仲裁协议的实质有效性或者形式有效性,认为胜诉一方当事人所提交的仲裁协议满足第 2 条所规定的形式要件,即仲裁协议符合书面形式的要求。在 2003 年 China Minmetals Materials Imp. & Exp. Co. v. Chi Mei Corp. [①]一案中,美国联邦地区第三巡回法院法官在并存意见中指出:对于第 4 条最好的解读——与

---

① 334 F. 3d 274,293 (3d Cir. 2003).

10 国际商事仲裁裁决的承认与执行

仲裁根本原则一致——寻求执行的当事人需要:(1)提具声称仲裁解决当事人之间争议的协议的文件;(2)向其寻求执行的法院证明该文件实际上是第2条第2款意义范围内"书面仲裁协议"。相反地,大多数国内法院以及其他机构都正确地坚持第4条仅仅需要胜诉一方当事人提供仲裁协议的副本和推定的仲裁协议,既不需要胜诉一方当事人证明仲裁协议的形式有效性和实质有效性,也不需要其证明仲裁裁决处理争议的仲裁裁决的可适用性,即争议属于仲裁协议所约定的事项。

许多国家仲裁立法都包含与《纽约公约》关于仲裁裁决证明相类似的规定。例如,《示范法》第35条第2款规定:援用裁决或申请对其予以执行的一方当事人,应当提供裁决书正本或其副本。裁决书如不是以本国一种正式语文做成的,法院可以要求该方当事人出具该文件译成这种文字的译本。采纳《示范法》国家的法院都坚持上述主张。有些国家的立法甚至附加比《纽约公约》以及《示范法》更少的证明需要,例如《法国民事诉讼法典》第1515条规定省略了任何证明翻译的需要或仲裁裁决的原始文本复印的需要。《美国联邦仲裁法案》则规定较为烦琐,其第13条规定:请求法院发出确认、修改仲裁裁决的命令的当事人,在命令提交书记员以便对裁决进行裁判的时候,应当将下列文件一并提交书记员:(1)仲裁协议,并于选任追回仲裁员或者仲裁长的证件(如果有的话),延长裁决期限的证件(如果有的话);(2)仲裁裁决书;(3)同请求确认、修改裁决有关的一切通知、宣誓书或者其他文件,以及法院对请求作出的每一项命令的副本。判决应当如同诉讼案件中的判决一样做成记录。上述判决在一切方面都同诉讼判决有同样的效力,同时服从有关诉讼判决的一切法律规定,并且可以如同法院的诉讼判决一样执行。

10.2 《纽约公约》的适用范围、执行的原则、程序与推定义务

10.2.1 《纽约公约》的适用范围

《纽约公约》第1条规定:(1)仲裁裁决,因自然人或法人间之争议而产生且在声请承认及执行地所在国以外之国家领土内作成者,其承认及执行适用本公约。本公约对于仲裁裁决经声请承认及执行地所在国认为非内国裁决者,亦适用之。(2)"仲裁裁决"一词不仅指专案选派之仲裁员所作裁决,亦指

当事人提请仲裁之常设仲裁机关所作裁决。(3)任何国家得于签署、批准或加入本公约时,或于本公约第10条通知推广适用时,本着交互原则声明该国适用本公约,以承认及执行在另一缔约国领土内作成之裁决为限。任何国家亦得声明,该国唯于争议起于法律关系,不论其为契约性质与否,而依提出声明国家之国内法认为系属商事关系者,始适用本公约。根据以上的规定,可以得出《纽约公约》适用的范围限制:(1)外国仲裁;或(2)非内国仲裁;(3)临时仲裁;或(4)机构仲裁;(5)属于自然人或法人之间的争议的仲裁;(6)商事仲裁。

《纽约公约》意图适用于国际商事仲裁,即自然人或法人之间的国际商事仲裁,排除了与国家有关的仲裁。与国家有关的仲裁包括国家作为一方当事人与自然人或法人作为另一方当事人之间的仲裁以及国家之间的仲裁。一般来说,国家之间的仲裁属于国际公法调整的范畴,不属于国际商事仲裁的范围。国家作为一方当事人的仲裁最主要形式是国家和他国国民之间的投资争端的仲裁。对于此类仲裁,民法法系国家一般不将其视为国际商事仲裁,而普通法系国家有的将其视为国际商事仲裁。不管怎样,其都不属于《纽约公约》的调整范围,因其还涉及国家豁免问题,其是属于1965年《解决国家与他国国民之间投资争议公约》调整的范围。1965年的《华盛顿公约》设立了解决投资争议国际中心(简称ICSID),为解决各缔约国和其他缔约国国民之间的投资争端提供调解和仲裁的便利,以增进相互信任的气氛,促进私人投资的跨国流动。中心解决的争议必须是:(1)争议的一方当事人是公约的缔约国或其指派到中心的任何下属单位或机构,另一方当事人必须是另一缔约国的国民。(2)提交中心管辖的争议的性质必须是直接投资而产生的任何法律争议。(3)争议须经争议双方书面共同同意提交给中心解决。《纽约公约》规定的国际商事仲裁裁决包括两类:一是外国裁决;二是非内国裁决。外国裁决指的是被请求执行地国以外的国家做出的仲裁裁决。《纽约公约》同样允许被申请执行国的管辖机构认定为非内国仲裁的执行。至于所谓的非内国裁决,《纽约公约》并没有作出明确的定义,而是由缔约国自行决定。《美国联邦仲裁法案》在规定执行《纽约公约》时,作出了具体说明。其第202条规定:无论契约或非契约,凡是产生于法律关系的仲裁协议或仲裁裁决,并被视为包括本法案所述的交易,契约或协议在内的商事性质者,均属于公约管辖范围。产生于这种关系的仲裁协议或裁决,但完全系美国公民之间者,则不应视为公约管辖范围,除该关系涉及国外财产,履行或执行将来在国外进行,或与一个或多个外国有某种其他的合理联系者不在此限。根据本条款,如果一个公司设在美国或其主要营业地在美国,则该公司法人系美国公民。根

10 国际商事仲裁裁决的承认与执行

据以上的规定,仲裁裁决可能是非内国裁决,即完全产生于系美国公民之间的仲裁协议或裁决,如果该关系涉及国外财产,履行或执行将来在国外进行,或与一个或多个外国有某种其他的合理联系的,可以视为非内国裁决。《纽约公约》适用的范围不仅包括机构仲裁,也包括临时仲裁。在有些情况下,机构仲裁与临时仲裁还是难以区分的,例如当事人约定在新加坡举行仲裁,适用《国际商会仲裁规则》。如果新加坡国际仲裁中心负责了仲裁的组庭等工作,该仲裁难以区分是临时仲裁还是机构仲裁。至于机构仲裁与临时仲裁的定义,本书在第1章进行了详细说明。《纽约公约》适用的是商事仲裁。至于什么是商事仲裁,《纽约公约》并没有明确规定,留待缔约国的国内法进行解释。本书第1章也进行了详细阐明。

缔约国被允许在关于公约的适用范围的相关规定中作出两项保留。第一项是互惠保留:一个缔约国可以规定该国只在裁决是在另一缔约国的领土范围内作出时,适用该公约。该项保留被超过一半的缔约国采用。那也就是说,如果在一个提出了该项互惠保留的缔约国中提起了执行之诉,并且该项仲裁裁决是由一个非缔约方作出的,那么公约将不会被适用,即使双方当事人在缔约国境内有营业场所。当事人的公民国籍和所在地并不是决定适用公约的关键,重要的考量在于仲裁发生的地点。因此,在起草仲裁条款的时候,当事人被建议最好选择一个缔约国作为仲裁地。这将会避免因为缺乏互惠,而导致的在公约的主要缔约国的执行不能的问题。第二项被允许的保留是缔约国可以宣称只在争议是由于那些被认为是商事的法律关系而产生的情况下适用公约,无论这种法律关系是契约性或非契约性的。至少有四十个国家宣布了他们只在商事纠纷中适用该公约。因为公约中并没有对商事做出定义,因此被请求执行地的法律将决定商事的内涵。似乎并没有一个统一的关于商事的理解。然而,一般而言,刑事问题和家庭问题,比如离婚、监护和收养以及遗嘱和信托,都不被认为是商事。

我国加入《纽约公约》时作出了以上两项保留。在我国,对于国际商事仲裁是以仲裁机构性质进行划分的。如果仲裁机关是涉外仲裁机构,其作出的裁决就是涉外裁决。此种规定在实践中引起了一定的困难,例如,国际商会在我国上海进行仲裁,仲裁地在上海。按照其他国家法律规定理解,在仲裁地国家的仲裁属于内国仲裁,但是根据我国法律规定其又不是我国的仲裁。其主要问题就是该仲裁不属于我国监督的范围,我国法院不能按照内国裁决进行撤销或不予执行。如果胜诉一方当事人要在我国法院进行执行,按照《纽约公约》的规定,其仲裁地在我国境内,不属于外国仲裁裁决,不能按照《纽约公约》的规定进行承认与执行。同时,我国又作出了互惠保留,该仲

· 333 ·

裁决又不能视为"非内国裁决"依照《纽约公约》进行承认与执行。总之,该仲裁裁决在我国可能出现执行无门的尴尬境地。对于此,我国法院在司法实践中,还是将其视为非内国裁决适用《纽约公约》进行执行,也有的法院将其视为外国裁决适用《纽约公约》进行执行。

10.2.2　仲裁裁决承认与执行的原则

《纽约公约》第3条规定:各缔约国应承认仲裁裁决具有拘束力,并依援引裁决地之程序规则及下列各条所载条件执行之。承认或执行适用本公约之仲裁裁决时,不得较承认或执行内国仲裁裁决附加过苛之条件或征收过多之费用。根据第3条的规定,仲裁裁决承认与执行的原则,首先是缔约国应承认仲裁裁决;其次,根据《纽约公约》的规定以及裁决地的程序规则进行执行;最后,规定了仲裁裁决非歧视性待遇,仲裁裁决的承认与执行不得附加比国内仲裁裁决更严格的条件或收取更多的费用,即要求与内国仲裁裁决相同的执行条件和执行费用。

国际商事仲裁裁决的承认与执行通常被置于一起讨论,但是承认与执行是两个不同又相互关联的问题。承认就是要求缔约国依据公约的规定承认仲裁裁决具有约束力,只有仲裁裁决被承认后,才能依据相关的规定进行执行。当缔约国法院承认了一项裁决,就意味着法院承认其有效性并赋予其与该法院判决同等的拘束力。所以,一项被承认的仲裁裁决可以作为其他相关诉讼或仲裁中的抗辩被引用,而且仲裁裁决的事项通常不能重新进行诉讼或仲裁。有的国际商事仲裁只存在承认的问题,例如第8章所述的禁令和宣告性命令的裁决。当然,国际商事仲裁更多的是金钱损害赔偿的裁决以及有关费用、利息等方面的裁决,不仅需要承认,更需要执行。

10.2.3　仲裁裁决承认与执行的程序

《纽约公约》并没有具体规定统一的仲裁裁决承认与执行程序问题,除了第3条规定对外国仲裁裁决和内国仲裁裁决采取非歧视性待遇原则外,将此问题留给国内法进行规定。《纽约公约》在起草过程中,没有采纳执行外国仲裁裁决国际程序的标准,仅仅要求缔约国适用的程序不比国内执行程序更加的烦琐和更多的费用。相反地,《纽约公约》第3条明确表示缔约国执行裁决的法院适用其自身的程序规则。执行程序可能因为不同的国家、不同管辖区域而各不相同,缔约国将依照自身的法律以及实践规则进行执行仲裁裁决。

10 国际商事仲裁裁决的承认与执行

10.2.4 仲裁裁决承认的推定义务

现代国际商事仲裁立法在国际商事仲裁承认与执行上采取了支持执行的方法,假设只要胜诉一方当事人证明了仲裁裁决的存在,满足承认裁决的司法管辖需要。这种立法体制附加了法院在承认仲裁裁决上推定义务。除了非常狭窄的列举例外,《纽约公约》规定了承认仲裁裁决的推定义务。国家的立法大多也是强加了法院仲裁裁决承认的推定义务。无论是国际公约,还是国内仲裁立法都认为,仲裁裁决承认的推定义务的例外适用应该由反对仲裁执行的一方当事人负举证责任。即使推定义务的例外得到适用,法院仍然可以自由地承认仲裁裁决。在国际商事仲裁实践中,当事人大多自觉地履行国际商事仲裁裁决。如果当事人没有自愿履行,其通常能够得到承认与执行。

《纽约公约》的目的旨在为国际商事仲裁的承认与执行提供快捷、有效的国际机制,支持和促进仲裁裁决得到执行。为此,必须将《纽约公约》第3条的规定与第5条的规定相结合理解。第3条规定了仲裁裁决的推定义务与第5条规定有限的拒绝承认与执行的理由是从正反两个方面着手规定,其基本精神是一致的,即尽量促使仲裁裁决的执行。第5条规定,裁决唯有(only if)于受裁决援用之一造向声请承认及执行地之主管机关提具证据证明有下列情形之一时,始得依该造之请求,拒予承认及执行。《纽约公约》采用了"唯有(only if)"用语表明了在实质事项上,与国内仲裁裁决相比,没有强加国民待遇标准,而是规定仲裁裁决执行与执行的国际义务,仅仅在特别的、国际定义下的例外。《纽约公约》第3条与第5条强加特别执行的义务的规定,符合其起草者的促进仲裁裁决承认与执行的目标。因此,执行外国裁决和非内国裁决的义务是强制性的,而不是自由裁量的。进一步的,第5条列举拒绝承认与执行的理由是排他性,是完全的,而不是代表性的、部分性的。反之,《纽约公约》并没有强加法院不承认与执行仲裁裁决的义务。第3条要求缔约国承认在外国作出的仲裁裁决,并采取非歧视的对待外国裁决和内国裁决。第5条第1款与第2款的规定只是拒绝承认与执行的有限例外情况,也就是在承认与执行的原则下作出有限的例外。第5条在英文文本上适用"may",而不是"shall",即"recognition and enforcement of the award *may* be refused"。尽管英文文本用语是不清晰的,引起了一系列的争论,但有学者评论道:第5条自由裁量的性质目前被国际社会很好地接受。在第5条建议使用"可以"的单词理解为自由裁量的"可以",而不是相反强制性的"必须",其不再有任何争论

· 335 ·

或任何可持续的争论。① 《纽约公约》的俄文文本与中文文本和英文文本是相同的意思。西班牙文本也表明承认可以被拒绝,并没有指出是必须。唯一不同的是法文文本采用的是必须。《示范法》第 35 条以及第 36 条的规定也与《纽约公约》规定类似。第 35 条规定:(1)仲裁裁决不论在何国境内作出,均应当承认具有约束力,而且经向管辖法院提出书面申请,即应依照本条和第 36 条的规定予以执行。(2)援用裁决或申请对其予以执行的一方当事人,应当提供裁决书正本或其副本。裁决书如不是以本国一种正式语文做成的,法院可以要求该方当事人出具该文件译成这种文字的译本。第 36 条第 1 款规定:仲裁裁决不论在何国境内作出,仅在下列任何情形下(具体情形此处从略)才可拒绝予以承认或执行。1996 年《英国仲裁法》第 101 条第 2 款以及第 103 条也作出了类似的规定。

10.3　异议权的放弃

为了加快当事人之间争议解决程序以及防止当事人采取拖延的策略,当事人可以在仲裁协议中约定放弃对仲裁裁决与执行异议。在《纽约公约》、《示范法》以及大多数国内仲裁立法中都没有规定对外国裁决和非内国裁决承认与执行异议权力预先放弃的问题。少数国家,例如加拿大,司法实践中支持当事人反对仲裁裁决承认与执行的放弃权利的协议。瑞士、比利时、法国等一些国家的仲裁立法,明确规定允许当事人约定放弃仲裁裁决撤销的权利。例如,1988 年《瑞士联邦国际私法法规》第 192 条第 1 款规定:如果双方当事人都在瑞士既没有住所、习惯居所,又没有营业机构的,他们可以通过书面形式放弃就仲裁庭作出的有关实质问题的裁决而向瑞士法院提起上诉的权利。他们还可以就本法第 190 条第 2 款的规定,放弃上诉权利。当然,瑞士法律的规定仅限于在瑞士既没有住所、习惯居所,又没有营业机构当事人之间的仲裁。同理,这也可以扩展到允许当事人约定放弃仲裁裁决承认与执行的异议的权利。但瑞士的法律规定与此种推定观点不同,《瑞士联邦国际私法法规》第 192 条第 2 款规定:如果仲裁庭作出的这种裁决应在瑞士执行的,

---

① Cheng, Celebrating the Fiftieth Anniversary of the New York Convention, in A. van den Berg (ed.), 50 Year of the New York Convention: ICC International Arbitration Conference 680 (ICC Congress Series No. 14 2009).

则类推适用1958年6月10日《纽约公约》。瑞士法律明确表示放弃仲裁裁决撤销的异议不同于放弃仲裁裁决承认与执行的异议权利,暗示裁决的承认与执行不能通过约定放弃。

根据《纽约公约》的规定,当事人意思自治放弃仲裁裁决承认的一些抗辩理由应该被尊重。这符合国际商事仲裁程序中当事人意思自治原则的核心作用,也是《纽约公约》规定这种当事人意思自治的精神体现。当然,当事人的意思自治放弃一项仲裁裁决承认与执行的抗辩仅限于特定的理由,不能延展到公共政策和不可仲裁性等理由,这些规定涉及国家强制性的法律问题,同样也不能扩展到仲裁协议无效、欺诈等抗辩理由。

10.4 拒绝承认和执行仲裁裁决的理由

尽管《纽约公约》以及大多国内法建立了国际商事仲裁裁决有拘束力的一般假设,其必须得到承认与执行,但是在特殊的情况下,也允许不承认与执行仲裁裁决。为了支持仲裁裁决的承认与执行,《纽约公约》以及国内的仲裁立法只规定了拒绝承认与执行裁决的有限的抗辩理由,并且在适用中通常会作出限制性解释。一般立法中主要采取了穷尽的列举方式列举出当事人几种抗辩理由,当事人只能根据列举的理由进行抗辩,这些是不执行裁决的唯一依据。

10.4.1 概述

《纽约公约》列举了七种拒绝承认与执行仲裁裁决的理由。其他一些国际商事仲裁公约,如《美洲国家国际商事仲裁公约》,也作出了基本相同的规定。

《纽约公约》第5条第1款列举了拒绝承认与执行仲裁裁决的理由有:(1)协定之当事人依对其适用之法律有某种无行为能力情形者,或该项协定依当事人作为协定准据之法律系属无效,或未指明以何法律为准时,依裁决地所在国法律系属无效者;(2)受裁决援用之一造未接获关于指派仲裁员或仲裁程序之适当通知,或因他故,致未能申辩者;(3)裁决所处理之争议非为交付仲裁之标的或不在其条款之列,或裁决载有关于交付仲裁范围以外事项之决定者,但交付仲裁事项之决定可与未交付仲裁之事项划分时,裁决中关于交付仲裁事项之决定部分得予承认及执行;(4)仲裁机关之组成或仲裁程序与各造间之协议不符,或无协议而与仲裁地所在国法律不符者;(5)裁决对各造尚无拘束力,或业经裁决地所在国或裁决所依据法律之国家之主管机关撤销或停止执行者;(6)依该国法律,争议事项系不能以仲裁解决者;(7)承认或执行裁决有违该国公共政策者。

《美洲国家国际商事仲裁公约》也是在第5条作出规定,尽管规定基本相同,但也有一些差异,为了对比的方便,也在此一并列举:(1)协议双方当事人依所适用的法律是无能力人,或依照当事人自愿遵守的法律,协议是无效的,或者在这种法律未规定时,依裁决地的国家的法律,协议是无效的;(2)关于仲裁员的任命,关于应遵守的仲裁程序,均未及时通知于因裁决而受到不利的一方当事人,或者该当事人因其他理由未能出席辩护;(3)裁决中所涉及的争议并不是当事人间的协议所规定的提请仲裁的争议;但如裁决中关于提请仲裁的争点的决定同未提请仲裁的争点可以分开时,对于前一种争点的决定,可以予以承认和执行;(4)仲裁庭的组织或仲裁程序没有按照当事人所签署的协议里的规定办理,或者在没有此种协议时,没有按照仲裁地的国家的法律办理;(5)按照裁决地国家的法律,裁决尚未对当事人发生拘束力,或者裁决已经被裁决地国家的主管机关撤销或停止执行;(6)依照这个国家的法律,争议事件是不能以仲裁方式解决的;(7)对裁决予以承认和执行违反这个国家的公共政策。

至于国内仲裁立法关于拒绝仲裁裁决承认与执行的理由大体与《纽约公约》相同,也有些区别。国内仲裁立法涉及《纽约公约》下的外国仲裁裁决以及非公约下的外国仲裁裁决。有一些国家不区分是否属于公约范围内的外国裁决采取统一的执行标准和执行条件。有一些国家则区分两者,采取不同的做法。《示范法》第36条规定了拒绝承认或执行的理由,其规定基本拷贝了《纽约公约》第5条以及第6条的有关规定,同时这些不执行的例外理由对于所有外国仲裁裁决都适用,不管是否属于公约缔约国。其他一些国家也作出了类似的规定,例如《法国民事诉讼法典》第1520条与第1525条、《瑞士联邦国际私法法规》第190条与第194条(略有不同)。其他一些国家,如美国、英国,不同的外国仲裁裁决采取不同的做法。《美国联邦仲裁法案》第二章与第三章分别合并了《纽约公约》和《美洲国家国际商事仲裁公约》规定的理由,也就是说,第二章第207条规定专门是针对《纽约公约》缔约国作出的仲裁裁决的承认与执行问题,第三章第302条的规定专门是针对《美洲国家国际商事仲裁公约》缔约国的仲裁裁决的承认与执行问题。非上述两公约缔约国作出的仲裁裁决,其承认与执行问题适用第一章国内仲裁法的规定,即非公约的理由仍然适合抵抗仲裁裁决的承认。英国也采取了类似的方法。

10.4.2 仲裁协议无效

《纽约公约》目的旨在促进仲裁裁决得到缔约国的承认与执行,对仲裁裁决的承认与执行规定了有限的抗辩理由。尽管当事人成功地反对仲裁裁决的机会较小,仲裁败诉的一方当事人仍然会坚持提出裁决的拒绝承认与执行的申请。因此,全面理解公约规定的抗辩理由显得特别重要。《纽约公约》第5条第1款(甲)项规定的抗辩理由有两个部分,其中之一就是仲裁协议无效,即该项协定依当事人作为协定准据之法律系属无效,或未指明以何法律为准时,依裁决地所在国法律系属无效者。

如前所述,仲裁协议是国际商事仲裁的基石。仲裁协议无效或者没有仲裁协议,就无所谓国际商事仲裁,也就不存在所谓的国际商事仲裁裁决的承认与执行问题。《纽约公约》第5条第1款(甲)项规定与第2条第1款、第3款关于有效仲裁协议承认的规定紧密相关联。所以,有关管辖机关处理在第2条下的仲裁协议的存在和有效性问题也是与第5条第1款(甲)项有关联。所有的国内仲裁立法几乎一致地将仲裁协议无效作为拒绝仲裁裁决承认与执行重要的抗辩理由。例如,《示范法》第36条第1款(a)(i)项的规定了不执行一项仲裁裁决如果所声称的仲裁协议根据各方当事人所同意遵守的法律或在未指明何种法律的情况下根据裁决地所在国法律,是无效的。

仲裁胜诉一方当事人向执行地法院申请裁决的承认与执行时,只要提交协定之原本或其正式副本即可,无需举证证明仲裁协议的有效性。如果败诉一方当事人提出以此理由的抗辩,必须承担举证责任证明仲裁协议是无效的。《纽约公约》第5条第1款前段明确作出了规定:裁决唯有于受裁决援用之一造向声请承认及执行地之主管机关提具证据证明有下列情形之一时,始得依该造之请求,拒予承认及执行。《纽约公约》第5条第1款(甲)项仅规定仲裁协议无效和当事人无行为能力的两种抗辩理由,没有具有说明仲裁协议的不存在问题。对该条款规定的仲裁协议无效最好进行宽泛的解释,应该是"第二条所称协定"有效性所有相关的问题,包括当事人的能力、仲裁协议的存在以及有效性问题。所以,败诉一方当事人也需要承担举证责任证明仲裁协议是不存在的。

这里必须说明的是,仲裁协议的无效或不存在与当事人之间签订的合同是分离的,合同的无效、失效、不存在并不影响仲裁协议的效力,即所谓的仲裁协议独立性原则,或称为仲裁协议分离性原则。该原则与仲裁协议的存在以及实质有效性密切相关。仲裁协议独立性原则也完全适用于执行程序的背景中,为了根据《纽约公约》第5条第1款(甲)项规定拒绝裁决承认与执行,败诉方必须证明仲裁协议，而不是当事人签订的合同无效或不存在。该条款的规定直接指向了公约第 2 条规定的仲裁协议，不允许执行地法院考虑合同无效、终止、不可执行、非法、不存在等请求，这些请求与仲裁协议的有效性及其存在无关，仅仅关乎合同的效力及其存在。

仲裁协议的有效性包括形式有效性与实质有效性两个方面。对于仲裁协议的形式，《纽约公约》第 2 条作出了明确的规定：称"书面协定"者，谓当事人所签订或在互换函电中所载明之契约仲裁条款或仲裁协定。该条款要求仲裁协议必须采取书面形式和需要签署或书面交换。第 2 条规定是有争议的，其规定并不是十分明确。这里产生一个有争议的问题，即第 2 条所规定的形式要求是否及于《纽约公约》第 4 条以及第 5 条第 1 款（甲）项规定下的拒绝承认与执行仲裁裁决的理由。有一些法院认为第 2 条所规定的形式要求适用于第 5 条第 1 款（甲）项下的执行程序，[1]而其他一些法院得出相反的结论，认为仲裁协议形式有效性问题仅与第 2 条规定下的仲裁协议执行阶段有关。[2] 从《纽约公约》整体上来看，公约第 2 条仲裁协议书面形式的要求应该及于第 4 条以及第 5 条。第 4 条规定要求执行裁决的申请人提交"第二条所称协定之原本或其正式副本"，说明第 4 条存在仲裁协议的书面最低要求，提供原本或正式副本意味着仲裁协议必须是书面的。而第 5 条第 1 款（甲）项条文中具体采取了"第二条所称协定"，并没有排除第 2 条的形式要求。如果第 5 条第 1 款（甲）项既指向了第 2 条，又排除第 2 条中规定形式要求的重要内容，这是非常难以理解的。正如前面所述，《纽约公约》应该从整体上理解，应该将第 2 条与第 5 条合并，作为综合协调机制共同支配仲裁协议与裁决的承认与执行以及所有的仲裁程序的阶段。如果坚持这种观点，在大多数仲裁裁决执行程序中，第 2 条所规定的形式要求必须得到满足。这里又会产生一个重要的问题，如果仲裁地法律对于仲裁协议的形式要求比较宽松，但是又不符合《纽约公约》第 2 条的要求，仲裁庭根据该仲裁协议作出了有效的仲裁裁决。当事人根据《纽约公约》到执行地国家法院申请执行，其产生了仲裁裁决是否有效的问题。例如，假设一方当事人向另一方当事人发布了一份包含仲裁条款的采购订单，另一方当事人通过直接船运货物形式表示接受该采购订单。但是他们之间从未签署一份合同。在某些国家，这样的仲裁协议依据内国法是有效的，尽管没有当事人签署的合同，也没有互相交换的文件。因为这样的协议

---

[1] Guang Dong Light Headgear Factory Co. v. ACI Int'l Inc., 2005 WL 1118103, at *4.
[2] China Minmetals Materials Imp. & Exp. Co. v. Chi Mei Corp., 334 F. 3d 274, 286 (3d Cir. 2003).

10　国际商事仲裁裁决的承认与执行

不满足公约第 2 条规定的标准,所以依据这样的仲裁协议作出的仲裁裁决将会是有争议的。

对于第 2 条的理解,本书在第 2 章中进行了具体的阐述。同样,理解第 2 条与第 5 条的关系,其实就是如何对第 2 条作出符合现代通信技术发展的要求,而不是僵化地在仲裁裁决执行程序中适用第 2 条严格的书面形式要求。在第 2 章,本书阐述道:《纽约公约》对于仲裁协议的书面要求一般应理解为对于仲裁协议形式的最高要求。在具体的国际商事仲裁实务中,法院并不总是以《纽约公约》的第 2 条来取代本国法律的规定。即使法院在适用《纽约公约》时,对其适用的解释仍然受到国内立法的影响。例如,法院可能会认为公约的规定存在歧义、公约的规定不明确,或者认为公约的规定已经不符合时代发展的要求,所以法院会根据本国的仲裁法律或者根据联合国国际贸易法委员会制定的《示范法》第 7 条的相关规定对公约的第 2 条第 2 款进行解释。尽管法院运用《示范法》或者国内法律对仲裁协议的形式进行了扩大性解释,使得仲裁协议的书面形式范围变得更加宽松,不仅仅局限于当事人之间的来往书信和电报,也包括现代通信发展出现的新的手段与方法。这一解释同公约促进仲裁协议和裁决的执行的目的是一致的,因为适用更宽松的方式检验争议协议的有效性将更有可能促进仲裁协议的执行。另外,第 2 条并没有对"书面协议"进行排他性的定义,表现出排除其他、更宽松的书面协议定义。拒绝一项依据它的准据法,或者仲裁裁决作出地法律有效仲裁协议作出的裁决,似乎会违反公约的目的和规定。

正如第 2 章所论述,联合国国际贸易法委员会在 2006 年发布了《关于 1958 年 6 月 10 日在纽约制定的〈承认及执行外国仲裁裁决公约〉第 2 条第 2 款和第 7 条第 1 款的解释的建议(2006 年)》(简称《建议》)认为《纽约公约》第 2 条第 2 款所述情形并非详尽无遗,鼓励各国通过《示范法》经修订的第 7 条。经修订的第 7 条的两个备选案文为承认及执行仲裁裁决建立的机制比《纽约公约》下提供的这种机制更为有利。《建议》明确指出,根据《纽约公约》第 7 条第 1 款所载的"更为有利的法律规定",应当允许任何利害关系方运用在寻求在一国依赖一仲裁协议的情况下根据该国的法律或条约而可能享有的权利,寻求该仲裁协议的有效性获得承认。① 该建议支持在一个更宽松的国内法的环境下,执行有效的仲裁协议。这同公约促进仲裁裁决执行的目的是一致的。

如果依据被请求执行国的法律,仲裁协议是有效的,通过将公约第 2 条第

---

① http://www.uncitral.org/uncitral/zh/uncitral_texts/arbitration/2006recommendation.html,2016 年 6 月 2 日访问。

2款关于书面定义的非穷尽性解释,以及第7条第1款如同适用于仲裁裁决一样可以适用于仲裁协议的解释,法院不能以仲裁协议不符合第2条第2款关于书面狭隘的规定而拒绝执行。联合国国际贸易法委员会的建议如果得到法院的遵守,将更有可能促进裁决的执行,并阻止法院基于书面形式的要求拒绝执行。

关于仲裁协议的准据法问题,首先适用当事人协议选择的法律,如果当事人未选择的,适用仲裁裁决地所在国的法律。此问题,本书第4章已进行详细阐述。

10.4.3 无行为能力

《纽约公约》第5条第1款(甲)项前半段规定:第2条所称协定之当事人依对其适用之法律有某种无行为能力情形者,允许不执行仲裁裁决基于当事人没有行为能力订立一项有效的仲裁协议。这里涉及的主要问题是当事人无行为能力的法律适用问题、举证责任问题、有某种无行为能力问题等。

关于法律适用问题,《纽约公约》使用的用语是"依对其适用之法律"。公约没有对此作进一步的解释。"依对其适用之法律"不是完整的冲突规范,充其量只能是一个"半路"的冲突规范,甚至不能当做一条冲突规范。从表面上进行理解,该条款的规定是让国内法决定当事人行为能力的法律适用。依对其适用之法律英文表述是"by the law applicable to them",其"them"在文本中指向各方当事人,那么对其适用的法律就是各方当事人的属人法。由于当事人行为能力法律适用问题各国规定不一致,公约也无法作出统一的规定,无法作出特别具体的法律选择规定指导如何选择法律,只能笼统规定依其适用的法律。所以,《纽约公约》第5条第1款(甲)项没有解决当事人行为能力的法律适用问题,留给国内法院适用其本国的法律选择规则。关于行为能力的法律适用各国的规定各异。对于自然人的行为能力的法律适用,大陆法系国家一般采取当事人的国籍国法;英美普通法系一般采取当事人的住所地法。当然,有些国家采取行为地法律进行补充。关于法人能力的法律适用,普通法系国家一般采取设立地法;大陆法系国家一般采取法人的住所地法。

关于举证责任的分摊问题,依据《纽约公约》第5条第1款同样是由仲裁败诉一方当事人承担。

《纽约公约》第5条第1款(甲)项规定不执行裁决是仲裁协议的当事人"有某种无行为能力"。《示范法》第36条第1款(a)(ⅰ)项作出了同样的规定:仲裁协议的当事人有某种无行为能力情形。其他国家的仲裁立法也有这样的规定。《纽约公约》第5条第1款(甲)项规定的仲裁协议当事人包括自然人以及法人,其也清晰指向的是当事人缺乏能力签订约束他们的仲裁协议,与签订合同的能力以及其他事项相区别。同样,该条款清晰说明了当事人缺乏签订仲裁协议的能力的时间是当事人签订仲裁协议时,因为英文文本用的是过去时态(were...under some incapacity)。《纽约公约》第5条第1款(甲)项没有具体规定不执行仲裁裁决有某种无行为能力的种类,其规定是不充分的,没有提供更好的指引。

10.4.4 拒绝当事人陈述案情的机会

依据《纽约公约》第5条第1款(乙)项以及国内仲裁法的相关条款,仲裁裁决可以基于程序不公或拒绝当事人陈述案情的机会被拒绝承认与执行。《纽约公约》第5条第1款(乙)项规定一项仲裁裁决可能被拒绝承认与执行,其理由是"受裁决援用之一造未接获关于指派仲裁员或仲裁程序之适当通知,或因他故,致未能申辩者"。该条款的规定也就是欧洲国家常常所说的拒绝程序公正、公平对待或者自然正义,美国所讲的拒绝正当程序。在国际商事仲裁背景下,最好是使用程序公正,而不是适用国内法诸如正当程序的术语。《纽约公约》第5条第1款(乙)项最好是被看做提供了程序公正统一国际标准的基础。该条款规定的程序保护在范围上比较广,除了缺乏通知外,还包括他故未能申辩的。"他故"英文用语是"otherwise"。这样规定将所有当事人在仲裁庭未能陈述案情的所有潜在理由都包括进来,而不仅仅是缺乏有关的通知。当然,《纽约公约》的目的是为了促进仲裁裁决在缔约国的承认与执行,那么该条文所规定的拒绝理由应该在严重程序不公并造成仲裁程序或决定实质性影响的情况下使用。一般情况下,国内法院很少支持或鼓励适用该理由。

与第5条的其他规定一样,依据《纽约公约》第5条第1款(乙)项规定的理由,由败诉方当事人承担举证责任。关于证明的标准,大多数国家主张应该从《纽约公约》促进仲裁裁决承认与执行的目的出发,对"拒绝当事人陈述案情的机会"进行从严解释。这里还有一个问题需要说明,如果当事人约定了仲裁程序,法院在裁决的执行程序中通常会拒绝当事人针对他们约定的仲裁程序的公正性所提出的异议。但是,如果当事人约定的仲裁程序属于根本不公,法院还是可以根据《纽约公约》第5条第1款(乙)项的规定,拒绝裁决的承认与执行。另外,《纽约公约》没有明确规定何国法律以及何种国际标准适用于判断其第5条第1款(乙)项情形。仲裁公正所适用的标准可能来自法院所属国的法律、仲裁地所属国家的法律、国内法中特别针对国际商事仲裁适用所发展的标准、直接来源于第5条第1款(乙)项的国际统一标准。不同的法院采取不同的方法选择上述标准,最有可能的是选择执行地法院所属国的法律以及第5条第1款(乙)项所述的国际标准。

各国法律制度在仲裁程序需要某种程度的最低程序公正,使用了陈述案情的机会、自然正义以及正当程序等不同的术语。例如,《示范法》第18条规定:当事人应当受到平等待遇,并应当被给予充分的机会陈述其案情。然而第34条第2款(a)(ⅱ)项规定的撤销裁决理由以及第36条第1款(a)(ⅱ)项规定的拒绝承认或执行的理由是:未向当事人发出指定仲裁员的适当通知或仲裁程序的适当通知,或因他故致使其不能陈述案情。其他国家也有类似的规定,例如《瑞士联邦国际私法法规》第182条第3款,仲裁庭必须确保公平对待当事人以及在对抗程序中当事人听审的权利。美国一般表述为正当程序的基本原则和程序公正。在适用《纽约公约》第5条第1款(乙)项时,许多国内法院主张由仲裁裁决执行地法院所属国的法律决定是否当事人被拒绝陈述其案情的机会。如此,法院就可能采取基本程序公正的国家标准,而不是特别的国内程序规则。即使在这种情况下,法院通常会强调在采取国家标准时会考虑到国际商事仲裁的国际性的特征,纯粹的国内程序标准不会适用在仲裁承认与执行程序。

除了上述国内法上的标准,也可将《纽约公约》第5条第1款(乙)项解读为设立了程序公正的统一国际标准。从《纽约公约》文本进行分析,很难得出其考虑到适用国内标准。该条款没有作出任何适用国内法的指引,直接规定了指派仲裁员或仲裁程序之适当通知和申辩。从其语言看是建立一项国际标准,这也符合《纽约公约》促进仲裁裁决执行的目的。

10.4.5 超越权限

作出的仲裁裁决如果超越了当事人授予仲裁员的权限范围,将毫无争议地被拒绝承认与执行。《纽约公约》第5条第1款(丙)项规定:裁决所处理之争议非为交付仲裁之标的或不在其条款之列,或裁决载有关于交付仲裁范围以外事项之决定者,但交付仲裁事项之决定可与未交付仲裁之事项划分时,裁决中关于交付仲裁事项之决定部分得予承认及执行。《示范法》以及大多国内仲裁立法都作出了类似的规定。国际商事仲裁是建立在当事人意思自治原则的基础上,仲裁庭或仲裁员的权力来源于当事人的同意。如果仲裁员超越了当事人约定的仲裁协议所赋予其的权力,缔约国就可以根据《纽约公约》第5条第1款(丙)项的规定拒绝承认与执行仲裁员超越其权限所作出的仲裁裁决。该条款的适用首先是存在仲裁协议的,其关注在仲裁员是否超越权限。至于仲裁协议是否存在以及是否有效则是《纽约公约》第5条第1款

(甲)项规定的事项。同时,该条款也不能适用于对仲裁庭根据当事人争议之事实作出实质性的决定所提出的异议。也就是说,法院对仲裁裁决审查,主要是在程序性事项方面,一般不能审查实质性事项。

《纽约公约》第 5 条第 1 款(丙)项规定的超越权限主要体现在两个方面:(1)国际商事仲裁存在有效的仲裁协议,但是一项仲裁裁决所决定的事项或请求超越了或不同于仲裁中当事人提交给仲裁庭的事项或请求。例如,当事人提出了某请求,仲裁庭却处理了例外的请求或也处理了该请求之外的事项。(2)仲裁庭所作出的仲裁裁决的请求或救济超越了仲裁协议的范围。例如,仲裁协议约定了合同问题,而仲裁庭作出了侵权的救济。

该条款下的举证责任仍然属于仲裁败诉一方当事人。在国际商事仲裁实践中,应该要分析败诉一方当事人依《纽约公约》第 5 条第 1 款(丙)项的规定提出以下几种形式的异议:(1)仲裁员实质决定的异议。此种异议主要是当事人基于反对仲裁员对于实质合同解释或法律结论。一般来说,这种情况不属于《纽约公约》第 5 条第 1 款(丙)项规定的抗辩理由。因为仲裁败诉方当事人对于仲裁庭决定法律依据的异议属于实质性问题的抗辩,《纽约公约》第 5 条并不允许此种抗辩。(2)仲裁员作出法律适用决定的异议。仲裁败诉一方当事人往往会提出异议,认为仲裁员没有适用当事人约定的法律,或者作出错误适用法律的决定。一般来说,仲裁员没有适用当事人选择的法律等是一种实质问题的错误,不属于超越权限。(3)仲裁员作出程序裁定的异议。依据《纽约公约》第 5 条第 1 款(丙)项,这种异议一般会被拒绝。如果当事人提出仲裁程序不公的异议,则属于第 5 条第 1 款(甲)项的范畴;如果当事人提出仲裁员没有遵守当事人仲裁程序的约定,则属于第 5 条第 1 款(丁)项的范畴。

对于仲裁庭部分超越权限,《纽约公约》第 5 条第 1 款(丙)项规定了一项补救方法:交付仲裁事项之决定可与未交付仲裁之事项划分时,裁决中关于交付仲裁事项之决定部分得予承认及执行。

10.4.6 违反当事人约定的仲裁程序或仲裁地的法律

《纽约公约》以及大多国家仲裁立法允许仲裁裁决的异议基于仲裁程序实质性背离当事人约定的仲裁程序,或在当事人没有约定的,仲裁地的程序法律。《纽约公约》第 5 条第 1 款(丁)项规定:仲裁机关之组成或仲裁程序与各造间之协议不符,或无协议而与仲裁地所在国法律不符者。

首先,需要明确《纽约公约》第 5 条第 1 款(丁)项与(乙)项之间的关系。两者都是关于仲裁程序中程序缺陷问题,前者提供两种不执行仲裁裁决的潜在理由:(1)没有遵守当事人约定的仲裁程序;(2)在当事人未约定的,没有遵守仲裁地的法律。后者则主要集中在程序公正一般适用和强制性标准方面。一般来说,违反了《纽约公约》第5条第1款(乙)项的规定,也肯定违反了当事人约定的仲裁程序或仲裁地的法律。反过来说,违反了当事人约定的仲裁程序或者仲裁地的法律,并不一定违反了《纽约公约》第5条第1款(乙)项规定基本程序公正的需要。

其次,需要明确《纽约公约》第5条第1款(丁)项所规定两种不同理由的差异。第一种理由是仲裁庭的组成或仲裁程序与当事人之间的仲裁协议不符。在国际商事仲裁实践中,当事人往往不会具体约定仲裁程序,一般是将约定所适用的仲裁规则合并到仲裁协议中。所以,在机构仲裁中,往往是分析仲裁程序是否符合机构的仲裁规则。因为无论是仲裁规则,还是仲裁地的法律,都赋予了仲裁庭以较大的自由裁量权,所以所谓与当事人仲裁协议不符应该是严重违反约定的仲裁程序并对当事人的权利造成了实质性的影响。如果仅仅是一般性与当事人约定的仲裁程序不符,法院通常会拒绝此种违反的理由,这也与《纽约公约》促进仲裁裁决执行的目的一致。第二种理由是在当事人无协议情况下,与仲裁地所在国法律不符。《纽约公约》直接指向了仲裁地的法律,而不是执行地的法律或其他法律。这里所述的法律应该是仲裁地的仲裁法,而不是一般的程序法。例如,《示范法》、中国《仲裁法》、《英国仲裁法案》、《美国联邦仲裁法案》、《瑞士联邦国际私法法规》中关于国际商事仲裁的规定。同理,违反仲裁地的仲裁程序法也必须达到严重的程度并对当事人的程序权利造成实质性的影响。

10.4.7 仲裁员缺乏独立性与公正性

所有国家仲裁立法都强调国际商事仲裁程序中的仲裁员的独立性与公正性。但是,《纽约公约》以及其他一些国际商事仲裁公约,都没有规定关于仲裁员缺乏独立性或公正性的条款,或关于仲裁员的不当行为条款,作为拒绝承认与执行仲裁裁决的基础。《纽约公约》第5条所规定的不执行裁决的理由,没有条款直接规定仲裁员缺乏独立性或者仲裁员的不当行为。与此类似的,大多数国家仲裁法律在仲裁裁决的撤销或拒绝执行方面,没有专门规定以仲裁员缺乏独立性理由以及仲裁员不当行为的理由的条款。但是,法院确实可以以仲裁员缺乏独立性与公正性为由拒绝裁决的执行,《纽约公约》的相关规定用来进行分析。第一,正如前面所述,《纽约公约》第5条第1款(丁)项允许不执行一项仲裁裁决,如果仲裁机关的组成与当事人之间的协议不符,或无协议而与仲裁地所在国法律不符。当事人的仲裁协议或仲裁地的法

10 国际商事仲裁裁决的承认与执行

律通常可以并且也会包含仲裁员缺乏独立性或公正性的相关标准。第二，《纽约公约》第5条第1款(乙)项允许不执行仲裁裁决,如果当事人未能陈述其案情,其在某种程度上也包含仲裁员偏见的一些形式。第三,仲裁员缺乏独立性或公正性的请求也可以考虑运用《纽约公约》第5条第2款(乙)项的公共政策的理由。仲裁员缺乏公正与独立,即仲裁员的偏见违反执行地法院的强制性法律规则或公共政策。

10.4.8 仲裁裁决无拘束力

国际商事仲裁公约以及现代国际商事仲裁国内立法都要求被承认与执行的仲裁裁决必须是某种程度的终局性且有约束力的。终局性以及约束力的程度需要取决于公约与所适用的法律。《纽约公约》第5条第1款(戊)项规定:一项裁决可能被拒绝承认,如果裁决对各造尚无拘束力。

1958年《纽约公约》以前的国际公约一般都要求被执行的仲裁裁决必须是终局(final)的。1923年《关于执行外国仲裁裁决的日内瓦公约》第1条第2款(d)项规定仲裁裁决终局性是由寻求裁决执行方承担举证责任,证明仲裁裁决是不能进行上诉以及没有关于仲裁效力的未决程序。所以,在《关于执行外国仲裁裁决的日内瓦公约》下,当事人如果寻求外国仲裁裁决的执行必须要遵循所谓的"双重许可"程序,即需要在仲裁地的法院获得仲裁裁决终局性的司法确认后,然后才能到国外寻求司法执行。制定《纽约公约》的目的之一,就是通过取消双重许可制度中的第一项程序来简化执行程序。所以,一个有约束力仲裁裁决在没有得到仲裁裁决地确认的情况下也可以得到执行。要求裁决是"有拘束力的",而不是《日内瓦公约》所要求的"在仲裁裁决地是终局的"。仲裁裁决一般不可以因为仲裁的实质问题而被上诉,仲裁裁决将最有可能被认为是有效的。基于同样的理由,仲裁员所作出的部分裁决是有效的,并且是可执行的。所以《纽约公约》改革了《关于执行外国仲裁裁决的日内瓦公约》的规定,认为"双重许可"程序没有效率和繁琐的,废弃终局性的要求。《纽约公约》第3条规定,各缔约国应承认仲裁裁决具有拘束力,并依援引裁决地之程序规则及下列各条所载条件执行之。除非根据《纽约公约》第5条第1款(戊)项规定,裁决是无拘束力的或被仲裁地国家法院撤销或停止执行。所以,根据《纽约公约》规定,只要仲裁裁决是有拘束力的,缔约国都应该给予承认与执行。败诉方当事人承担举证责任证明仲裁裁决是没有拘束力的。

尽管《纽约公约》废弃了"双重许可",不再要求仲裁裁决的终局性,但是对于要求有拘束力裁决的含义并没有作出明确的规定。从《纽约公约》的文本以及起草历史都没有能够完全解决其含义的不确定性。从拘束力的字面上以及公约的文本结构上看，公约意义上有拘束力的裁决可能有以下：(1)仲裁裁决由仲裁庭作出，依据任何外国法不存在司法的、机构的或其他审查的可能性或未决程序；(2)仲裁裁决由仲裁庭作出，在相关仲裁机构请求的范围内，没有国内上诉审查的可适用性；(3)仲裁裁决由仲裁庭作出，在仲裁地国家没有司法审查的请求被提起；(4)仲裁裁决由仲裁庭作出，依据仲裁地的法律对仲裁裁决提起撤销的请求时间已经过期或任何此类审查的申请已经被拒绝；(5)仲裁裁决由仲裁庭作出，依据仲裁地法寻求特殊的司法审查的时间已经过期，或任何此类审查的申请已经被拒绝；(6)仲裁裁决由仲裁庭作出，仲裁裁决已经得到仲裁地法院确认；(7)仲裁裁决由仲裁庭作出，所有的上述司法审查已经穷尽或者时间已经过期。

10.4.9　裁决被仲裁地国家撤销或停止执行

《纽约公约》第5条第1款(戊)项也规定一项裁决可能被拒绝承认，如果裁决业经裁决地所在国或裁决所依据法律之国家之主管机关撤销或停止执行者。《示范法》第36条第1款(a)(ⅴ)以及其他国家的仲裁立法也包含有类似的条款。在国际商事仲裁实践中，仲裁地法院极少撤销一项国际商事仲裁裁决。如果其被仲裁地所属国家的法院撤销，其是否一定被执行地国家法院拒绝承认与执行。《纽约公约》的规定存在一定的漏洞，给执行地国家法院承认与执行被撤销裁决的可能性。一般而言，如果裁决被仲裁地法院撤销，大多数执行地法院认为其不能得到承认与执行。但也有一些国家，例如法国、比利时、奥地利以及美国等国家的法院认为一项裁决可以或者在一些情况下必须得到承认与执行，尽管其被仲裁地法院撤销。

《纽约公约》没有对仲裁裁决的撤销以及不承认的效果进行规定。《纽约公约》第6条规定：倘裁决业经向第五条第一项(戊)款所称之主管机关声请撤销或停止执行，受理援引裁决案件之机关得于其认为适当时延缓关于执行裁决之决定，并得依请求执行一造之声请，命他造提供妥适之担保。《美洲国家国际商事仲裁公约》与《纽约公约》的规定以及架构是一致的，其第5条第1款第5项规定的拒绝承认与执行仲裁裁决的情形是：按照裁决地国家的法律，裁决尚未对当事人发生拘束力，或者裁决已经被裁决地国家的主管机关撤销或停止执行。接着其第6条规定：第5条第1款第5项里的主管机关收到撤销仲裁裁决或停止其执行的申请时，主管机关在作出决定之前，在认为适当时，可以暂不作出执行仲裁裁决的决定，而依要求执行的当事人的申请，命对方当事人提供相当的担保。从上述规定可以看出，《纽约公约》的规定清晰表明

10 国际商事仲裁裁决的承认与执行

了允许缔约国以仲裁裁决被撤销为理由不予执行。那么《纽约公约》的规定存在一个漏洞,即《纽约公约》第5条第1款(戊)项允许根据当地的法律标准撤销裁决,使得根据《纽约公约》有限的执行抗辩产生了漏洞。其使得仲裁裁决撤销的法院可以寻求《纽约公约》第5条规定狭窄理由之外的理由撤销仲裁裁决。按照传统的观点,如果裁决被撤销了,《纽约公约》的成员国可以拒绝承认与执行,因为该项裁决已经被仲裁地法院撤销了。但是,同样情况下,当事人成功通过基于《纽约公约》第5条的规定之外的理由获得了撤销裁决的决定,该当事人也不能确保另一个国家会拒绝执行该裁决。尽管在大多数案件中,仲裁庭会遵循《纽约公约》第5条第1款(戊)项的规定,不会强制执行被撤销的仲裁裁决。但是《纽约公约》第5条给予了法院一定的自由裁量权。如果在该条中的抗辩成立,《纽约公约》第5条第1款的规定仲裁裁决的承认和执行是"可能"(may)会被拒绝,而不是"一定"(shall)会被拒绝。所以,法院有自由裁量权来决定是否执行在其他国家被撤销的仲裁裁决。

  同时,《纽约公约》第7条第1款更有利条款的规定,使得法院更有可能以此为理由执行被撤销的裁决。其第7条第1款规定:本公约之规定不影响缔约国间所订关于承认及执行仲裁裁决之多边或双边协定之效力,亦不剥夺任何利害关系人可依援引裁决地所在国之法律或条约所认许之方式,在其许可范围内,援用仲裁裁决之任何权利。其允许当事人选择比公约、执行法院地规定外,任何更为有利于裁决执行的法律或者条约。《纽约公约》起草者并没有意图使该"更有利"的条款运用到执行被撤销的裁决,但是从《纽约公约》的相关规定来看,公约并不排除这种解释。例如,《欧洲国际商事仲裁公约》比《纽约公约》的规定更进一步,仲裁裁决只有在条约规定的排他性情况下才会被停止执行。其第9条规定:(1)一缔约国撤销按本公约作出的仲裁裁决,只有在下列情况下,才构成另一缔约国拒绝承认和执行裁决的理由。即裁决是由在该国或按该国法律作出裁决的国家撤销的,并且具有下述理由之一:①仲裁协议的当事人,按对其适用的法律规定,是无能力人;或者按当事人所依据的法律,协议是无效的,如协议中未规定此项法律,依裁决地国家的法律规定,这项协议无效;②请求撤销裁决的当事人,没有得到关于仲裁员任命或仲裁程序的正式通知,或者有其他理由未能出席仲裁;③裁决涉及仲裁申请中没有提及的或不属于仲裁申请项目的一种争议,或者裁决中包含了超出仲裁申请范围的裁决事项;如果仲裁申请范围内的裁决事项可以同仲裁申请范围外的裁决事项分开,则申请范围内的裁决事项可以不予撤销;④仲裁机构的组成和仲裁程序不是按照当事人的协议办理的,或者如无此项协议,不是按照本公约第4条的规定办理的。(2)缔约国同时是1958年6月10日关于承认和执行外国仲裁裁决的《纽约公约》的参加国时,在缔约国的关系中,本条第 1 款对纽约公约第 5 条第 1 款第 5 项,仅在按本条第 1 款规定撤销裁决的情况下,予以限制。《欧洲国际商事仲裁公约》和《纽约公约》相比,在拒绝承认执行仲裁裁决的范围上是更加狭小的,因为《欧洲公约》没有包括《纽约公约》中的第 5 条所规定的没有约束力,或者被仲裁机构所在地停止执行的仲裁裁决,或者是缺乏可仲裁性和违法公共政策。《欧洲国际商事仲裁公约》只适用于在缔结仲裁协议时,当事人的惯常居所地或者所在地在不同缔约国的情形。依据《欧洲国际商事仲裁公约》第 9 条第 1 款的规定,如果撤销仲裁裁决的理由是基于仲裁庭决定的实质性审查或基于当地的公共政策,其撤销仲裁裁决的司法决定将不属于拒绝执行的理由。在这种情况下,一个外国法院可能会根据《纽约公约》第 7 条的规定,适用《欧洲国际商事仲裁公约》,允许此类仲裁裁决的执行,而可能不会考虑仲裁地的仲裁裁决的撤销。

法国、比利时、美国是承认与执行被撤销裁决的典型国家。在法国,因为其适用于国际商事仲裁的法律规定了五种拒绝承认与执行仲裁裁决的理由,并不包括停止执行的理由。所以,法国法院会根据《纽约公约》第 7 条的规定,允许撤销仲裁裁决的当事人通过适用更有利的法国法律,或者如果是属于《欧洲国际商事仲裁公约》适用范围内的仲裁裁决,允许当事人通过适用更有利的《欧洲国际商事仲裁公约》,在法国承认与执行该项被撤销的仲裁裁决。法国司法实践中的典型案例有:1984 年的 Panalk Ticaret Ltd Sirketi v. Norsolor SA[①]、1993 年的 Société Polish Ocean Line v. Société Jolasry[②]、1997 年 Omnium de Traitement et de Valorisation v. Hilmarton[③]、2007 年 PT Putrabali Adyamulia v. Rena Holding et Société Mnogutia Est Epices[④] 以及 2013 年 République Démocratique Populaire du Lao v. Thai Lao Lignite Co.[⑤] 等案。美国的典型案例是 1996 年的 Chromalloy Aeroservices Inc v. Arab Republic of Egypt[⑥] 一案。在该案中,美国的一个公司获得了一项针对埃及政府的裁决,该裁决被埃及法院停止执行。美国法院根据《纽约公约》第 5 条

[①] Judgment of 9 October 1984, XI Y. B. Comm. Arb. 484 (French Cour de cassation civ. Le) (1986).

[②] Judgment of 20 October 1993, XXVIa Y. B. Comm. Arb. 919 (French Cour de cassation civ. Le) (1994).

[③] Judgment of 10 June 1997, 1997 Rev. Arb. 376 (French Cour de cassation civ. Le) (1997).

[④] Judgment of 29 June 2007, 2007 Rev. Arb. 507 (French Cour de cassation civ. Le) (2007).

[⑤] Judgment of 19 February 2013, Case No. 12/09983 (Paris Cour d'appel).

[⑥] 939 F. Supp. 907 (D. D. C. 1996).

的规定,法院有自由裁量权来决定是否执行被撤销的裁决。通过适用《纽约公约》第 7 条,美国法院认为《美国联邦仲裁法案》是更有利的法律,所以被埃及撤销的仲裁裁决是可以执行的。法院同时还认为,在仲裁条款中,双方当事人同意不会援引抗辩裁决的条款。然而,该案件关于执行裁决的决定,并没有对美国的后续案件产生非常大的影响。有一些案件的处理和这个案件的结果很不相同,或者是说直接的否定了处理这个案件的理由。就目前而言,关于该案件的理由规定了执行被撤销裁决的理由,并没有表现出巨大的先例价值。

通过本国法律可以阻碍仲裁裁决的轻松执行,当事人很可能会对仲裁程序失去信心。但是,如果当事人没有恰当的理由对不公平或者不合理的仲裁庭和程序提出质疑,这也会损害当事人对仲裁的信心。无论是通过撤销仲裁裁决,还是通过执行被撤销的仲裁裁决,法院必须保证仲裁程序的公正性。毫无疑问,这是《纽约公约》规定了裁决违反了公共政策和不可仲裁性两项抗辩的原因。

10.4.10 仲裁裁决违反公共政策

《纽约公约》第 5 条第 2 款(乙)项规定,倘声请承认及执行地所在国之主管机关认定有"承认或执行裁决有违该国公共政策者"情形,亦得拒不承认及执行仲裁裁决。除《纽约公约》外,《美洲国家国际商事仲裁公约》第 5 条第 2 款第 2 项也作出了同样的规定,即向之请求承认和执行仲裁裁决的国家的主管机关发现裁决有"对裁决予以承认和执行违反该国家的公共政策"的情形,可以拒绝承认和执行。《纽约公约》规定了"逃避条款策略",允许缔约国例外地根据本国法律,而不是公约第 5 条所建立的统一国际标准进行拒绝承认与执行仲裁裁决。《示范法》第 36 条第 1 款第(b)(ⅰ)项也作出了同样规定,即法院认定有"承认或执行该裁决与本国的公共政策相抵触"情形,可拒绝予以承认或执行。英国、瑞士、德国、澳大利亚、比利时、奥地利、挪威、苏格兰、丹麦、新加坡、日本、印度、埃及、中国及中国香港地区等都作出了此种规定。其举证责任是由败诉方当事人承担。《纽约公约》以及国内仲裁立法都没有明确规定公共政策的含义,以至于让公共政策成为拒绝承认和执行仲裁裁决巨大的漏洞。但是从国际商事仲裁的实践来看,缔约国非常慎重使用这一理由拒绝承认与执行仲裁裁决,尽量对公共政策抗辩进行限制性解释,所以运用该理由的仲裁案件并不多见。尽管许多国家作出限制性解释,但其仍然给保护国家政治利益留下了一定的空间,在一定程度上破坏了《纽约公约》执行裁决的目的以及其适用的有效性。

关于《纽约公约》第 5 条第 2 款（乙）项所规定的公共政策所适用的法律，该条款用语"该国公共政策者"，应该是执行地国家的公共政策。无论是英美法系国家，还是大陆法系国家，在国际商事仲裁司法实践中，都适用执行地法国家的公共政策。当然，每个国家的公共政策都是不一致的，同样每个国家对于公共政策的规定也是含糊不清的。公共政策如此不确定以及难以定义，犹如一匹脱缰的野马。依据《纽约公约》第 5 条第 2 款（乙）项的规定，在可能的情况下，以与《纽约公约》的目的、其他缔约国的公共政策以及利益相一致的态度解释其公共政策。其两种主要路径：(1)适用所谓的"国际"公共政策，而不是内国的公共政策；(2)对公共政策适用国际限制。在依据《纽约公约》第 5 条第 2 款（乙）项作出执行的决定，法院可以对适用公共政策行使实质性的控制与节制。

从《纽约公约》的结构以及目的来看，第 5 条第 2 款（乙）项所规定的公共政策应该是"国际"公共政策，而不是纯粹的"内国"公共政策。尽管各国法院在国际商事仲裁司法实践中，采取不同的认识与理解，但是有一些国家立法明确表明是国际公共政策。例如，《法国民事诉讼法典》第 1520 条第 5 款明确采用违反"国际公共政策"为由拒绝仲裁裁决的承认与执行。其他的如《魁北克民法典》第 3155 条、《葡萄牙民事诉讼法典》第 1096 条等。即使在没有作出明确规定的国家，也有不少国家的司法实践采取了国际公共政策的概念。对于什么是国际公共政策，不同国家也有不同的理解。有的认为应该从国际法而不是内国法来寻找国际公共政策，例如欧洲国家运用的"纯粹的国际公共政策"或"跨国公共政策"等术语。有的认为国际公共政策可以被解释意指法院可以考虑执行地法院的公共政策，但仅仅是被其他国家承认的国际规则相一致构成重要的公共政策。

如何寻找公共政策，不同的国家有不同的考虑和做法。一般来说，依据《纽约公约》第 5 条第 2 款（乙）项所规定的公共政策，可以考虑以下有限的种类：(1)刑法中的强行规定，例如恐怖主义犯罪、海盗、贩运奴隶、毒品走私、刑讯逼供、谋杀、绑架以及抢劫等；(2)贪污贿赂；(3)贸易制裁、出口控制、外汇管制以及其他类似规定；(4)非法合同；(5)破产；(6)罚款和违约金；(7)利息；(8)惩罚性赔偿；(9)已决案件；(10)监禁；(11)时效；(12)有约必守、诚实信用以及相关原则；(13)适用不正确的实体法；(14)比例原则。

10.4.11 不可仲裁性

《纽约公约》第 5 条第 2 款（乙）项规定，倘声请承认及执行地所在国之主管机关认定有"依该国法律，争议事项系不能以仲裁解决"的情形，亦得拒不

10 国际商事仲裁裁决的承认与执行

承认及执行仲裁裁决。《纽约公约》以及《示范法》等都没有对不可仲裁性下一个国际性定义或提供不可仲裁的类型。其留待于国内法进行解决,即依据执行地国家的法律,判断争议事项是否具有可仲裁性。一个国家的法律可能会规定特定事项是不可仲裁的,例如儿童监护权争议、婚姻争议、刑事案件、破产、反不正当竞争、商标或者专利的有效性,以及其他会影响到第三方的或者社会公共领域造成某些影响的争议,这些事项争议通常由法院决定。《示范法》也没有具体规定可仲裁案件的范围,其对《示范法》进行了注释性说明:对"商事"一词应作广义解释,使其包括不论是契约性或非契约性的一切商事性质的关系所引起的事项。商事性质的关系包括但不限于下列交易:供应或交换货物或服务的任何贸易交易;销售协议;商事代表或代理;保理;租赁;建造工厂;咨询;工程;使用许可;投资;筹资;银行;保险;开发协议或特许;合营和其他形式的工业或商业合作;空中、海上、铁路或公路的客货载运。① 随着国际商事仲裁的发展,一些国家不断扩展可仲裁的范围,将传统上认为不能进行仲裁的反垄断、反不正当竞争、证券等领域纳入可仲裁的范畴。每个国家根据自己的实际情况,规定了不同的可仲裁的范围。所以,在国际商事仲裁实践中,当事人在订立仲裁条款前或者提起仲裁请求前,应该咨询有关国家的机构,以确保其争议具有可仲裁性。总体来看,只有少数案件因为不可仲裁性被拒绝承认与执行仲裁裁决。

10.5 延缓执行裁决

如果败诉一方当事人在规定的时间内在仲裁地提请仲裁裁决的撤销,胜诉一方当事人在执行地提起仲裁裁决的承认与执行,这就出现了执行地法院如何处理的问题。《纽约公约》第 6 条对此情况作出了明确的规定,即倘裁决业经向第 5 条第 1 项(戊)款所称之主管机关声请撤销或停止执行,受理援引裁决案件之机关得于其认为适当时延缓关于执行裁决之决定,并得依请求执行一造之声请,命他造提供妥适之担保。《示范法》第 36 条第 2 款也作出了类似的规定。《纽约公约》起草工作小组主席在准备第 6 条时解释道:"如果其满足一项撤销或停止执行的申请在裁决作出地国家基于正当的理由被作出,工

---

① See http://www.uncitral.org/uncitral/zh/uncitral_texts/arbitration/1985Model_arbitration.html,2016 年 6 月 18 日访问。

作小组建议采取该条款是为了允许执行机关延缓作出决定。以此同时，败诉方可能仅仅为了延迟或阻扰裁决的执行，在没有一个有效的理由情况下开始撤销程序。为了阻止该条款被其滥用，执行机关在这种情况下，有权即可立刻执行裁决或仅在反对执行的对方提供妥当的担保情况下，延缓执行裁决。"由此，该条款授予了执行法院中止执行裁决行为比较宽泛的自由裁量权。

10.6　仲裁裁决承认的时效

《纽约公约》没有条款规定外国仲裁裁决或非内国仲裁裁决承认与执行的时效问题。《示范法》同样也没有条款规定该时效问题。大多数国家的仲裁立法强加了仲裁裁决承认与执行的时效，不同的国家规定的时效长短也不一致。各国立法中规定的时效是否违反了《纽约公约》的规定，这是一个有争议的问题。根据《纽约公约》第3条规定，即各缔约国应承认仲裁裁决具有拘束力，并依援引裁决地之程序规则及下列各条所载条件执行之。承认或执行适用本公约之仲裁裁决时，不得较承认或执行内国仲裁裁决附加过苛之条件或征收过多之费用，如果时效问题被看做是程序问题，那么基于超过时效的理由，拒绝承认与执行外国仲裁裁决就是合法的；如果将时效问题看做是实体问题，那么基于超过时效的理由，拒绝承认与执行外国仲裁裁决就是违反《纽约公约》的规定。《纽约公约》第3条仅仅规定的是适用裁决地的程序规则，而不是实体法。时效问题是程序问题还是实质问题将由执行地国家的程序法进行判断。大多数国家的国际私法（冲突法）都认为执行仲裁裁决的时效问题被解释为实质问题，而不是程序规则。但是，这并不能说明《纽约公约》在承认裁决上禁止所有国家的时效限制。在国际商事仲裁实践中，大多数缔约国通常还是采用了时效规则。对于该问题，最好的观点就是《纽约公约》允许缔约国在承认与执行外国仲裁裁决或非内国仲裁裁决时，适用其时效规则。

10.7　结　　论

国际商事仲裁之所以被商人们普遍接受，就是因为国际商事仲裁裁决容

10　国际商事仲裁裁决的承认与执行

易得到承认与执行。1958年《纽约公约》为仲裁裁决承认与执行提供了公约基础。根据《纽约公约》的规定,仲裁裁决仅仅在有限的范围内被拒绝承认与执行,即(1)仲裁协议无效或当事人无行为能力;(2)拒绝当事人陈述案情的机会;(3)仲裁庭超越权限;(4)违反当事人约定的仲裁程序或仲裁地的法律;(5)裁决被撤销或停止执行;(6)不可仲裁性;(7)违反公共政策。

附 录

附录 A
《承认及执行外国仲裁裁决公约》(1958年)

第一条

一、仲裁裁决,因自然人或法人间之争议而产生且在声请承认及执行地所在国以外之国家领土内作成者,其承认及执行适用本公约。本公约对于仲裁裁决经声请承认及执行地所在国认为非内国裁决者,亦适用之。

二、"仲裁裁决"一词不仅指专案选派之仲裁员所作裁决,亦指当事人提请仲裁之常设仲裁机关所作裁决。

三、任何国家得于签署、批准或加入本公约时,或于本公约第十条通知推广适用时,本交互原则声明该国适用本公约,以承认及执行在另一缔约国领土内作成之裁决为限。任何国家亦得声明,该国唯于争议起于法律关系,不论其为契约性质与否,而依提出声明国家之国内法认为系属商事关系者,始适用本公约。

第二条

一、当事人以书面协定承允彼此间所发生或可能发生之一切或任何争议,如关涉可以仲裁解决事项之确定法律关系,不论为契约性质与否,应提交仲裁时,各缔约国应承认此项协定。

二、称"书面协定"者,谓当事人所签订或在互换函电中所载明之契约仲裁条款或仲裁协定。

三、当事人就诉讼事项订有本条所称之协定者,缔约国法院受理诉讼时应依当事人一造之请求,命当事人提交仲裁,但前述协定经法院认定无效、失效或不能实行者不在此限。

第三条

各缔约国应承认仲裁裁决具有拘束力,并依援引裁决地之程序规则及下列各条所载条件执行之。承认或执行适用本公约之仲裁裁决时,不得较承认或执行内国仲裁裁决附加过苛之条件或征收过多之费用。

第四条

一、声请承认及执行之一造,为取得前条所称之承认及执行,应于声请时提具:

(甲)原裁决之正本或其正式副本;

(乙)第二条所称协定之原本或其正式副本。

二、倘前述裁决或协定所用文字非为援引裁决地所在国之正式文字,声请承认及执行裁决之一造应备具各该文件之此项文字译本。译本应由公设或宣誓之翻译员或外交或领事人员认证之。

第五条

一、裁决唯有于受裁决援用之一造向声请承认及执行地之主管机关提具证据证明有下列情形之一时,始得依该造之请求,拒予承认及执行:

(甲)第二条所称协定之当事人依对其适用之法律有某种无行为能力情形者,或该项协定依当事人作为协定准据之法律系属无效,或未指明以何法律为准时,依裁决地所在国法律系属无效者;

(乙)受裁决援用之一造未接获关于指派仲裁员或仲裁程序之适当通知,或因他故,致未能申辩者;

(丙)裁决所处理之争议非为交付仲裁之标的或不在其条款之列,或裁决载有关于交付仲裁范围以外事项之决定者,但交付仲裁事项之决定可与未交付仲裁之事项划分时,裁决中关于交付仲裁事项之决定部分得予承认及执行;

(丁)仲裁机关之组成或仲裁程序与各造间之协议不符,或无协议而与仲裁地所在国法律不符者;

(戊)裁决对各造尚无拘束力,或业经裁决地所在国或裁决所依据法律之国家之主管机关撤销或停止执行者。

二、倘声请承认及执行地所在国之主管机关认定有下列情形之一,亦得拒不承认及执行仲裁裁决:

(甲)依该国法律,争议事项系不能以仲裁解决者;

(乙)承认或执行裁决有违该国公共政策者。

第六条

倘裁决业经向第五条第一项(戊)款所称之主管机关声请撤销或停止执行,受理援引裁决案件之机关得于其认为适当时延缓关于执行裁决之决定,并得依请求执行一造之声请,命他造提供妥适之担保。

第七条

一、本公约之规定不影响缔约国间所订关于承认及执行仲裁裁决之多边或双边协定之效力,亦不剥夺任何利害关系人可依援引裁决地所在国之法律或条约所认许之方式,在其许可范围内,援用仲裁裁决之任何权利。

二、1923年日内瓦仲裁条款议定书及1927年日内瓦执行外国仲裁裁决公约在缔约国间,于其受本公约拘束后,在其受拘束之范围内不再生效。

第八条

一、本公约在1958年12月31日以前听由任何联合国会员国及现为或嗣后成为任何联合国专门机关会员国或国际法院规约当事国之任何其他国家,或经联合国大会邀请之任何其他国家签署。

二、本公约应予批准。批准文件应送交联合国秘书长存放。

第九条

一、本公约听由第八条所称各国加入。

二、加入应以加入文件送交联合国秘书长存放为之。

第十条

一、任何国家得于签署、批准或加入时声明将本公约推广适用于由其负责国际关系之一切或任何领土。此项声明于本公约对关系国家生效时发生效力。

二、嗣后关于推广适用之声明应向联合秘书长提出通知为之,自联合国秘书长收到此项通知之日后第90日起,或自本公约对关系国家生效之日起发生效力,此两日期以较迟者为准。

三、关于在签署、批准或加入时未经将本公约推广适用之领土,各关系国家应考虑可否采取必要步骤将本公约推广适用于此等领土,但因宪政关系确有必要时,自须征得此等领土政府之同意。

第十一条

下列规定对联邦制或非单一制国家适用之:

(甲)关于本公约内属于联邦机关立法权限之条款,联邦政府之义务在此范围内与非联邦制缔约国之义务同;

(乙)关于本公约内属于组成联邦各州或各省立法权限之条款,如各州或各省依联邦宪法制度并无采取立法行动之义务,联邦政府应尽速将此等条款提请各州或各省主管机关注意,并附有利之建议;

(丙)参加本公约之联邦国家遇任何其他缔约国经由联合国秘书长转达请求时,应提供叙述联邦及其组成单位关于本公约特定规定之法律及惯例之情报,说明以立法或其他行动实施此项规定之程度。

第十二条

一、本公约应自第三件批准或加入文件存放之日后第 90 日起发生效力。

二、对于第三件批准或加入文件存放后批准或加入本公约之国家，本公约应自各该国存放批准或加入文件后第 90 日起发生效力。

第十三条

一、任何缔约国得以书面通知联合国秘书长宣告退出本公约。退约应于秘书长收到通知之日 1 年后发生效力。

二、依第十条规定提出声明或通知之国家，嗣后得随时通知联合国秘书长声明本公约自秘书长收到通知之日 1 年后停止适用于关系领土。

三、在退约生效前已进行承认或执行程序之仲裁裁决，应继续适用本公约。

第十四条

缔约国除在本国负有适用本公约义务之范围外，无权对其他缔约国援用本公约。

第十五条

联合国秘书长应将下列事项通知第八条所称各国：

（甲）依第八条所为之签署及批准；

（乙）依第九条所为之加入；

（丙）依第一条、第十条及第十一条所为之声明及通知；

（丁）依第十二条本公约发生效力之日期；

（戊）依第十三条所为之退约及通知。

第十六条

一、本公约应存放联合国档库，其中文、英文、法文、俄文及西班牙文各本同一作准。

二、联合国秘书长应将本公约正式副本分送第八条所称各国。

附录 B
《国际商事仲裁示范法》(2006 年)

(1985 年 6 月 21 日联合国国际贸易法委员会通过,2006 年 7 月 7 日联合国国际贸易法委员会修订)

第一章 总　　则

第 1 条　适用范围①

(1) 本法适用于国际商事②仲裁,但须服从在本国与其他任何一国或多国之间有效力的任何协定。

(2) 本法之规定,除第 8、9、17H、17I、17J、35 及 36 条外,只适用于仲裁地点在本国领土内的情况。(第 1(2)条经由委员会 2006 年第三十九届会议修订)

(3) 有下列情形之一的,仲裁为国际仲裁:

(a) 仲裁协议的各方当事人在缔结协议时,其营业地点位于不同的国家;或

(b) 下列地点之一位于各方当事人营业地点所在国以外:

(ⅰ) 仲裁协议中确定的或根据仲裁协议而确定的仲裁地点;

(ⅱ) 履行商事关系的大部分义务的任何地点或与争议事项关系最密切的地点;或

(c) 各方当事人明确同意,仲裁协议的标的与一个以上的国家有关。

(4) 就本条第(3)款而言:

(a) 一方当事人有一个以上营业地点的,营业地点为与仲裁协议关系最密切的营业地点;

(b) 一方当事人没有营业地点的,以其惯常住所为准。

(5) 本法不得影响规定某些争议不可交付仲裁或仅根据本法之外的规定才可以交付仲裁的本国其他任何法律。

---

① 条文标题仅供索引,不作解释条文之用。

② 对"商事"一词应作广义解释,使其包括不论是契约性或非契约性的一切商事性质的关系所引起的事项。商事性质的关系包括但不限于下列交易:供应或交换货物或服务的任何贸易交易;销售协议;商事代表或代理;保理;租赁;建造工厂;咨询;工程;使用许可;投资;筹资;银行;保险;开发协议或特许;合营和其他形式的工业或商业合作;空中、海上、铁路或公路的客货载运。

第2条 定义及解释规则

在本法中：

(a)"仲裁"是指无论是否由常设仲裁机构进行的任何仲裁；

(b)"仲裁庭"是指一名独任仲裁员或一个仲裁团；

(c)"法院"是指一国司法系统的一个机构或机关；

(d) 本法的规定,除第28条外,允许当事人自由决定某一问题时,这种自由包括当事人授权第三人(包括机构)作出此种决定的权利；

(e) 本法的规定提到当事人已达成协议或可能达成协议的事实时,或在任何其他情况下援引当事人的一项协议时,此种协议包括其所援引之任何仲裁规则；

(f) 本法的规定,除第25(a)和32(2)(a)条外,提及请求时,也适用于反请求；提及答辩时,也适用于对这种反请求的答辩。

第2A条 国际渊源和一般原则(经由委员会2006年第三十九届会议通过)

(1) 在解释本法时,应考虑到其国际渊源和促进其统一适用及遵循诚信原则的必要性。

(2) 与本法所管辖的事项有关的问题,在本法中未予明确解决的,应依照本法所基于的一般原则加以解决。

第3条 收到书面通信

(1) 除非当事人另有约定：

(a) 任何书面通信,经当面递交收件人,或投递到收件人的营业地点、惯常住所或通信地址的,或经合理查询不能找到上述任一地点而以挂号信或能提供作过投递企图的记录的其他任何方式投递到收件人最后一个为人所知的营业地点、惯常住所或通信地址的,视为已经收到；

(b) 通信视为已于以上述方式投递之日收到。

(2) 本条规定不适用于法院程序中的通信。

第4条 放弃提出异议的权利

一方当事人知道本法中当事人可以背离的任何规定或仲裁协议规定的任何要求未得到遵守,但仍继续进行仲裁而没有不过分迟延地或在为此订有时限的情况下没在此时限内对此种不遵守情事提出异议的,应视为已放弃其提出异议权利。

第5条 法院干预的限度

由本法管辖的事情,任何法院不得干预,除非本法有此规定。

第 6 条　法院或其他机构对仲裁予以协助和监督的某种职责

第 11(3)、11(4)、13(3)、14、16(3)和 34(2)条所指的职责,应由……[本示范法每一颁布国具体指明履行这些职责的一个法院或多个法院或其他有管辖权的机构]履行。

第二章　仲 裁 协 议

备选案文一

第 7 条　仲裁协议的定义和形式

（经由委员会 2006 年第三十九届会议通过）

(1)"仲裁协议"是指当事人同意将他们之间一项确定的契约性或非契约性的法律关系中已经发生或可能发生的一切争议或某些争议交付仲裁的协议。仲裁协议可以采取合同中的仲裁条款形式或单独的协议形式。

(2)仲裁协议应为书面形式。

(3)仲裁协议的内容以任何形式记录下来的,即为书面形式,无论该仲裁协议或合同是以口头方式、行为方式还是其他方式订立的。

(4)电子通信所含信息可以调取以备日后查用的,即满足了仲裁协议的书面形式要求;"电子通信"是指当事人以数据电文方式发出的任何通信;"数据电文"是指经由电子手段、磁化手段、光学手段或类似手段生成、发送、接收或储存的信息,这些手段包括但不限于电子数据交换、电子邮件、电报、电传或传真。

(5)另外,仲裁协议如载于相互往来的索赔声明和抗辩声明中,且一方当事人声称有协议而另一方当事人不予否认的,即为书面协议。

(6)在合同中提及载有仲裁条款的任何文件的,只要此种提及可使该仲裁条款成为该合同一部分,即构成书面形式的仲裁协议。

备选案文二

第 7 条　仲裁协议的定义（经由委员会 2006 年第三十九届会议通过）

"仲裁协议"是指当事人同意将其之间一项确定的契约性或非契约性的法律关系中已经发生或可能发生的一切争议或某些争议交付仲裁的协议。

第 8 条　仲裁协议和向法院提出的实体性申诉

(1)就仲裁协议的标的向法院提起诉讼时,一方当事人在不迟于其就争议实体提出第一次申述时要求仲裁的,法院应让当事人诉诸仲裁,除非法院认定仲裁协议无效、不能实行或不能履行。

(2)提起本条第(1)款所指诉讼后,在法院对该问题未决期间,仍然可以开始或继续进行仲裁程序,并可作出裁决。

第 9 条　仲裁协议和法院的临时措施

在仲裁程序开始前或进行期间,一方当事人请求法院采取临时保全措施和法院准予采取这种措施,并不与仲裁协议相抵触。

第三章　仲裁庭的组成

第 10 条　仲裁员人数

(1) 当事人可以自由确定仲裁员的人数。

(2) 未作此确定的,仲裁员的人数应为三名。

第 11 条　仲裁员的指定

(1) 除非当事人另有协议,不应以所属国籍为由排除任何人担任仲裁员。

(2) 当事人可以自由约定指定一名或多名仲裁员的程序,但须遵从本条第(4)和(5)款的规定。

(3) 未达成此种约定的:

(a) 在仲裁员为三名的仲裁中,由一方当事人指定一名仲裁员,并由如此指定的两名仲裁员指定第三名仲裁员;一方当事人在收到对方当事人提出指定仲裁员的要求后三十天内未指定仲裁员的,或两名仲裁员在被指定后三十天内未就第三名仲裁员达成协议的,经一方当事人请求,由第 6 条规定的法院或其他机构加以指定;

(b) 在独任仲裁员的仲裁中,当事人未就仲裁员达成协议的,经一方当事人请求,由第 6 条规定的法院或其他机构加以指定。

(4) 根据当事人约定的指定程序,有下列情形之一的,

(a) 一方当事人未按这种程序规定的要求行事的,或

(b) 当事人或两名仲裁员未能根据这种程序达成预期的协议的,或

(c) 第三人(包括机构)未履行根据此种程序所委托的任何职责的,任何一方当事人均可请求第 6 条规定的法院或其他机构采取必要措施,除非指定仲裁员程序的协议订有确保能指定仲裁员的其他方法。

(5) 本条第(3)或(4)款交托由第 6 条规定的法院或其他机构受理的事项一经作出裁定,不得上诉。该法院或其他机构在指定仲裁员时应适当顾及当事人约定的仲裁员所需具备的任何资格,并适当顾及有可能确保指定独立和公正的仲裁员的考虑因素;在指定独任仲裁员或第三名仲裁员时,还应考虑到指定一名非当事人国籍的仲裁员的可取性。

第 12 条　回避的理由

(1) 在被询及有关可能被指定为仲裁员之事时,被询问人应该披露可能引起对其公正性或独立性产生正当怀疑的任何情况。仲裁员自被指定之时起并在整个仲裁程序进行期间,应毫不迟延地向各方当事人披露任何此类情

况,除非其已将此情况告知各方当事人。

(2) 只有存在引起对仲裁员的公正性或独立性产生正当怀疑的情况或仲裁员不具备当事人约定的资格时,才可以申请仲裁员回避。当事人只有根据其作出指定之后知悉的理由,才可以对其所指定的或其所参与指定的仲裁员提出回避。

第 13 条　申请回避的程序

(1) 当事人可自由约定申请仲裁员回避的程序,但须遵从本条第(3)款的规定。

(2) 未达成此种约定的,拟对仲裁员提出回避申请的当事人应在知悉仲裁庭的组成或知悉第 12(2) 条所指的任何情况后十五天内向仲裁庭提出书面陈述,说明提出回避申请的理由。除非被申请回避的仲裁员辞职或对方当事人同意所提出的回避,仲裁庭应就是否回避作出决定。

(3) 根据当事人约定的任何程序或本条第(2)款的程序而提出的回避不成立的,提出回避申请的一方当事人可以在收到驳回其所提出的回避申请的决定通知后三十天内,请求第 6 条规定的法院或其他机构就是否回避作出决定,该决定不得上诉;在对该请求未决期间,仲裁庭包括被申请回避的仲裁员可以继续进行仲裁程序和作出裁决。

第 14 条　未行事或不能行事

(1) 仲裁员无履行职责的法律行为能力或事实行为能力或者由于其他原因未能毫无不过分迟延地行事的,其若辞职或者当事人约定其委任终止的,其委任即告终止。但对上述任何原因仍有争议的,任何一方当事人可以请求第 6 条规定的法院或其他机构就是否终止委任作出决定,该决定不得上诉。

(2) 依照本条或第 13(2) 条一名仲裁员辞职或者一方当事人同意终止对一名仲裁员的委任的,并不意味着本条或第 12(2) 条所指任何理由的有效性得到承认。

第 15 条　指定替代仲裁员

依照第 13 或 14 条的规定或因为仲裁员由于其他任何原因辞职或因为当事人约定解除仲裁员的委任或在其他任何情况下终止仲裁员的委任的,应当依照指定所被替换的仲裁员时适用的规则指定替代仲裁员。

第四章　仲裁庭的管辖权

第 16 条　仲裁庭对其管辖权作出裁定的权力

(1) 仲裁庭可以对其管辖权,包括对关于仲裁协议的存在或效力的任何异议作出裁定。为此目的,构成合同一部分的仲裁条款应当视为独立于合同其他条款的一项协议。仲裁庭作出关于合同无效的决定,在法律上不导致仲裁条款无效。

（2）有关仲裁庭无管辖权的抗辩不得在提出答辩书之后提出。一方当事人指定或参与指定仲裁员的事实，不妨碍其提出此种抗辩。有关仲裁庭超越其权限范围的抗辩，应当在仲裁程序中出现被指称的越权事项时立即提出。在其中任何一种情况下，仲裁庭如认为迟延有正当理由的，可准许推迟提出抗辩。

（3）仲裁庭可以根据案情将本条第（2）款所指抗辩作为一个初步问题裁定或在实体裁决中裁定。仲裁庭作为一个初步问题裁定其拥有管辖权的，任何一方当事人可在收到裁定通知后三十天内请求第 6 条规定的法院对此事项作出决定，该决定不得上诉；在对该请求未决期间，仲裁庭可以继续进行仲裁程序和作出裁决。

第四 A 章　临时措施和初步命令（经由委员会 2006 年第三十九届会议通过）

第 1 节　临时措施

第 17 条　仲裁庭下令采取临时措施的权力

（1）除非当事人另有约定，仲裁庭经一方当事人请求，可以准予采取临时措施。

（2）临时措施是以裁决书为形式的或另一种形式的任何短期措施，仲裁庭在发出最后裁定争议的裁决书之前任何时候，以这种措施责令一方当事人实施以下任何行为：

（a）在争议得以裁定之前维持现状或恢复原状；

（b）采取行动防止目前或即将对仲裁程序发生的危害或损害，或不采取可能造成这种危害或损害的行动；

（c）提供一种保全资产以执行后继裁决的手段；或

（d）保全对解决争议可能具有相关性和重要性的证据。

第 17A 条　准予采取临时措施的条件

（1）一方当事人请求采取第 17(2)(a)、(b) 和 (c) 条所规定的临时措施的，应当使仲裁庭确信：

（a）不下令采取这种措施可能造成损害，这种损害无法通过判给损害赔偿金而充分补偿，而且远远大于准予采取这种措施而可能对其所针对的当事人造成的损害；以及

（b）根据索赔请求所依据的案情，请求方当事人相当有可能胜诉。对这种可能性的判定不影响仲裁庭此后作出任何裁定的自由裁量权。

（2）关于对第 17(2)(d) 条所规定的临时措施的请求，本条 1(a) 和 (b) 款的要求仅在仲裁庭认为适当的情况下适用。

第 2 节 初步命令

第 17B 条 初步命令的申请和下达初步命令的条件

(1) 除非各方当事人另有约定,一方当事人可以不通知其他任何当事人而提出临时措施请求,同时一并申请下达初步命令,指令一方当事人不得阻挠所请求的临时措施的目的。

(2) 当仲裁庭认为事先向临时措施所针对的当事人披露临时措施请求有可能阻挠这种措施目的时,仲裁庭可以下达初步命令。

(3) 第 17A 条中规定的条件适用于任何初步命令,条件是根据第 17A(1)(a)条估测的损害是下达命令或不下达命令而有可能造成的损害。

第 17C 条 初步命令的具体制度

(1) 仲裁庭就初步命令申请作出判定之后,应当立即通知所有当事人,使之了解临时措施请求、初步命令申请、任何已下达的初步命令以及任何一方当事人与仲裁庭之间与此有关的所有其他通信,包括指明任何口头通信的内容。

(2) 同时,仲裁庭应当在实际可行的最早时间内给予初步命令所针对的当事人陈述案情的机会。

(3) 仲裁庭应当迅速就任何针对初步命令的异议作出裁定。

(4) 初步命令自仲裁庭下达该命令之日起二十天后失效。但在向初步命令所针对的当事人发出通知并为其提供陈述案情的机会之后,仲裁庭可以下达对初步命令加以采纳或修改的临时措施。

(5) 初步命令对当事人具有约束力,但不由法院执行。这种初步命令不构成仲裁裁决。

第 3 节 适用于临时措施和初步命令的条文

第 17D 条 修改、中止和终结

仲裁庭可以在任何一方当事人提出申请时修改、中止或终结其已准予采取的临时措施或已下达的初步命令,在非常情况下并事先通知各方当事人后,亦可自行修改、中止或终结其已准予采取的临时措施或已下达的初步命令。

第 17E 条 提供担保

(1) 仲裁庭可以要求请求临时措施的一方当事人提供与这种措施有关的适当担保。

(2) 仲裁庭应当要求申请初步命令的一方当事人提供与这种命令有关的担保,除非仲裁庭认为这样做不妥当或者没有必要。

第 17F 条 披露

(1) 仲裁庭可以要求任何当事人迅速披露在请求或者准予采取临时措施

时而依据的情形所发生的任何重大变化。

（2）申请初步命令的一方当事人应当向仲裁庭披露一切可能与仲裁庭判定是否下达或维持该命令有关的情形，这种义务应当持续到该命令所针对的当事人有机会陈述案情之时。在此之后，应当适用本条第（1）款。

第 17G 条 费用与损害赔偿

如果仲裁庭之后裁定根据情形本不应当准予采取临时措施或下达初步命令，则请求临时措施或申请初步命令的一方当事人应当就该措施或命令对其所针对的当事人造成的任何费用和损害承担赔偿责任。仲裁庭可以在仲裁程序的任何时候判给这种费用和损害赔偿金。

第 4 节 临时措施的承认和执行

第 17H 条 承认和执行

（1）仲裁庭发出的临时措施应当被确认为具有约束力，并且除非仲裁庭另有规定，应当在遵从第 17I 条各项规定的前提下，经向有管辖权的法院提出申请后加以执行，不论该措施是在哪一国发出的。

（2）正在寻求或已经获得对某一项临时措施的承认或执行的当事人，应当将该临时措施的任何终结、中止或修改迅速通知法院。

（3）受理承认或执行请求的国家的法院如果认为情况适当，在仲裁庭尚未就担保作出决定的情况下，或者在这种决定对于保护第三人的权利是必要的情况下，可以命令请求方当事人提供适当担保。

第 17I 条 拒绝承认或执行的理由[①]

（1）只有在下列任何情形下，才能拒绝承认或执行临时措施：

（a）应临时措施所针对的当事人的请求，法院确信：

（ⅰ）这种拒绝因第 36(1)(a)(ⅰ)、(ⅱ)、(ⅲ)或(ⅳ)条中所述的理由而是正当的；或

（ⅱ）未遵守仲裁庭关于与仲裁庭发出的临时措施有关的提供担保的决定的；或

（ⅲ）该临时措施已被仲裁庭终结或中止，或被已获此项权限的仲裁发生地国法院或依本国法律准予采取临时措施的国家的法院所终结或中止的；或

（b）法院认定：

（ⅰ）临时措施不符合法律赋予法院的权力，除非法院决定对临时措施作

[①] 第 17I 条所载条件的目的是为了限制法院可拒绝执行临时措施的情形。如果一国将采用的可拒绝执行的情形少些，与这些示范条文力求达到的统一程度无相悖之处。

必要的重新拟定,使之为了执行该临时措施的目的而适应自己的权力和程序,但并不修改临时措施的实质内容的;或

(ⅱ)第36(1)(b)(ⅰ)或(ⅱ)条中所述任何理由适用于对临时措施的承认和执行的。

(2)法院根据本条第(1)款中所述任何理由作出的任何裁定,效力范围仅限于为了申请承认和执行临时措施。受理承认或执行请求的法院不应在作出这一裁定时对临时措施的实质内容进行审查。

第5节 法院下令采取的临时措施

第17J条 法院下令采取的临时措施

法院发布与仲裁程序有关的临时措施的权力应当与法院在法院诉讼程序方面的权力相同,不论仲裁程序的进行地是否在本国境内。法院应当根据自己的程序,在考虑到国际仲裁的具体特征的情况下行使这一权力。

第五章 仲裁程序的进行

第18条 当事人平等待遇

当事人应当受到平等待遇,并应当被给予充分的机会陈述其案情。

第19条 程序规则的确定

(1)在不违背本法规定的情况下,当事人可以自由约定仲裁庭进行仲裁时所应当遵循的程序。

(2)未达成此种约定的,仲裁庭可以在不违背本法规定的情况下,按照仲裁庭认为适当的方式进行仲裁。授予仲裁庭的权力包括对任何证据的可采性、相关性、实质性和重要性的决定权。

第20条 仲裁地点

(1)当事人可以自由约定仲裁的地点。未达成此种约定的,由仲裁庭考虑到案件的情况,包括当事人的便利,确定仲裁地点。

(2)虽有本条第(1)款的规定,为在仲裁庭成员间进行磋商,为听取证人、专家或当事人的意见,或者为检查货物、其他财产或文件,除非当事人另有约定,仲裁庭可以在其认为适当的任何地点会晤。

第21条 仲裁程序的开始

除非当事人另有约定,解决特定争议的仲裁程序,于被申请人收到将该争议提交仲裁的请求之日开始。

第22条 语文

(1)当事人可以自由约定仲裁程序中拟使用的语文。未达成此种约定的,由仲裁庭确定仲裁程序中拟使用的语文。这种约定或确定除非其中另外指明,适用于一方当事人的任何书面陈述、仲裁庭的任何开庭、裁决、决定或

其他通信。

（2）仲裁庭可以命令任何书面证据附具当事人约定的或仲裁庭确定的语文的译本。

第23条 申请书和答辩书

（1）在当事人约定的或仲裁庭确定的时间期限内，申请人应当申述支持其请求的各种事实、争议点以及所寻求的救济或补救，被申请人应当逐项作出答辩，除非当事人就这种申述和答辩所要求的项目另有约定。当事人可以随同其陈述提交其认为相关的一切文件，也可以附带述及其将要提交的文件或其他证据。

（2）除非当事人另有约定，在仲裁程序进行中，任何一方当事人可以修改或补充其请求或答辩，除非仲裁庭考虑到为时已迟，认为不宜允许作此更改。

第24条 开庭和书面审理程序

（1）除当事人有任何相反约定外，仲裁庭应当决定是否举行开庭听审，以便出示证据或进行口头辩论，或者是否应当以文件和其他材料为基础进行仲裁程序。但是除非当事人约定不开庭听审，一方当事人请求开庭的，仲裁庭应当在进行仲裁程序的适当阶段举行开庭听审。

（2）任何开庭和仲裁庭为了检查货物、其他财产或文件而举行的任何会议，应当充分提前通知当事人。

（3）一方当事人向仲裁庭提供的一切陈述书、文件或其他资料应当送交对方当事人。仲裁庭在作出决定时可能依赖的任何专家报告或证据性文件也应当送交各方当事人。

第25条 一方当事人的不为

除非当事人另有约定，在不提出充分理由的情况下：

（a）申请人未能依照第23(1)条的规定提交申请书的，仲裁庭应当终止仲裁程序；

（b）被申请人未能依照第23(1)条的规定提交答辩书的，仲裁庭应当继续进行仲裁程序，但不将此种缺失行为本身视为认可了申请人的申述；

（c）任何一方当事人不出庭或不提供书面证据的，仲裁庭可以继续进行仲裁程序并根据其所收到的证据作出裁决。

第26条 仲裁庭指定的专家

（1）除非当事人另有约定，仲裁庭：

（a）可以指定一名或多名专家就仲裁庭待决之特定问题向仲裁庭提出报告；

（b）可以要求一方当事人向专家提供任何相关资料，或出示或让他接触任何相关的文件、货物或其他财产以供检验。

(2) 除非当事人另有约定,经一方当事人提出请求或仲裁庭认为必要的,专家在提出其书面或口头报告后应当参加开庭,各方当事人可向其提问,专家证人就争议点作证。

第27条 法院协助取证

仲裁庭或一方当事人在仲裁庭同意之下,可以请求本国内的管辖法院协助取证。法院可以在其权限范围内并按照其关于取证的规则执行上述请求。

第六章 作出裁决和程序终止

第28条 适用于争议实体的规则

(1) 仲裁庭应当依照当事人选择的适用于争议实体的法律规则对争议作出决定。除非另有表明,指定适用某一国家的法律或法律制度应认为是直接指该国的实体法而不是其法律冲突规范。

(2) 当事人没有指定任何适用法律的,仲裁庭应当适用其认为适用的法律冲突规范所确定的法律。

(3) 仲裁庭只有在各方当事人明示授权的情况下,才应当依照公平善意原则或作为友好仲裁员作出决定。

(4) 在任何情况下,仲裁庭都应当按照合同条款并考虑到适用于该项交易的贸易惯例作出决定。

第29条 仲裁团作出的决定

在有一名以上仲裁员的仲裁程序中,除非当事人另有约定,仲裁庭的任何决定应当按其全体成员的多数作出。但是,经各方当事人或仲裁庭全体成员授权的,首席仲裁员可以就程序问题作出决定。

第30条 和解

(1) 在仲裁程序中,当事人就争议达成和解的,仲裁庭应当终止仲裁程序,经各方当事人提出请求而仲裁庭又无异议的,还应当按和解的条件以仲裁裁决的形式记录和解。

(2) 关于和解的条件的裁决应当依照第31条的规定作出,并应说明它是一项裁决。此种裁决应当与根据案情作出的其他任何裁决具有同等的地位和效力。

第31条 裁决的形式和内容

(1) 裁决应当以书面作出,并应当由仲裁员签名。在有一名以上仲裁员的仲裁程序中,仲裁庭全体成员的多数签名即可,但须说明缺漏任何签名的理由。

(2) 裁决应说明其所依据的理由,除非当事人约定不需说明理由或该裁决是第30条所指的和解裁决。

(3) 裁决书应具明其日期和依照第20(1)条确定的仲裁地点。该裁决应视为是在该地点作出的。

(4) 裁决作出后,经仲裁员依照本条第(1)款签名的裁决书应送达各方当事人各一份。

第32条 程序的终止

(1) 仲裁程序依终局裁决或仲裁庭按照本条第(2)款发出的裁定宣告终止。

(2) 仲裁庭在下列情况下应当发出终止仲裁程序的裁定:

(a) 申请人撤回其申请,但被申请人对此表示反对且仲裁庭承认最终解决争议对其而言具有正当利益的除外;

(b) 各方当事人约定程序终止;

(c) 仲裁庭认定仲裁程序因其他任何理由均无必要或不可能继续进行。

(3) 仲裁庭之委任随仲裁程序的终止而终止,但须服从第33和34(4)条的规定。

第33条 裁决的更正和解释;补充裁决

(1) 除非当事人约定了另一期限,在收到裁决书后三十天内:

(a) 一方当事人可在通知对方当事人后请求仲裁庭更正裁决书中的任何计算错误、任何笔误或打印错误或任何类似性质的错误;

(b) 当事人有约定的,一方当事人可以在通知对方当事人后请求仲裁庭对裁决书的具体某一点或某一部分作出解释。

仲裁庭认为此种请求正当合理的,应当在收到请求后三十天内作出更正或解释。解释应构成裁决的一部分。

(2) 仲裁庭可在作出裁决之日起三十天内主动更正本条第(1)(a)款所指类型的任何错误。

(3) 除非当事人另有约定,一方当事人在收到裁决书后三十天内,可以在通知对方当事人后,请求仲裁庭对已在仲裁程序中提出但在裁决书中遗漏的请求事项作出补充裁决。仲裁庭如果认为此种请求正当合理的,应当在六十天内作出补充裁决。

(4) 如有必要,仲裁庭可以将依照本条第(1)或(3)款作出更正、解释或补充裁决的期限,予以延长。

(5) 第31条的规定适用于裁决的更正或解释,并适用于补充裁决。

第七章 不服裁决的追诉权

第34条 申请撤销,作为不服仲裁裁决的唯一追诉

(1) 不服仲裁裁决而向法院提出追诉的唯一途径是依照本条第(2)和(3)

款的规定申请撤销。

（2）有下列情形之一的,仲裁裁决才可以被第 6 条规定的法院撤销：

(a) 提出申请的当事人提出证据,证明有下列任何情况：

（ⅰ）第 7 条所指仲裁协议的当事人有某种无行为能力情形；或者根据各方当事人所同意遵守的法律或在未指明法律的情况下根据本国法律,该协议是无效的；

（ⅱ）未向提出申请的当事人发出指定仲裁员的适当通知或仲裁程序的适当通知,或因他故致使其不能陈述案情；或

（ⅲ）裁决处理的争议不是提交仲裁意图裁定的事项或不在提交仲裁的范围之列,或者裁决书中内含对提交仲裁的范围以外事项的决定；如果对提交仲裁的事项所作的决定可以与对未提交仲裁的事项所作的决定互为划分,仅可以撤销含有对未提交仲裁的事项所作的决定的那部分裁决；或

（ⅳ）仲裁庭的组成或仲裁程序与当事人的约定不一致,除非此种约定与当事人不得背离的本法规定相抵触；无此种约定时,与本法不符；或

(b) 法院认定有下列任何情形：

（ⅰ）根据本国的法律,争议事项不能通过仲裁解决；或

（ⅱ）该裁决与本国的公共政策相抵触。

（3）当事人在收到裁决书之日起三个月后不得申请撤销裁决；已根据第 33 条提出请求的,从该请求被仲裁庭处理完毕之日起三个月后不得申请撤销。

（4）向法院申请撤销裁决时,如果适当而且一方当事人也提出请求,法院可以在其确定的一段时间内暂时停止进行撤销程序,以便仲裁庭有机会重新进行仲裁程序或采取仲裁庭认为能够消除撤销裁决理由的其他行动。

第八章　裁决的承认和执行

第 35 条　承认和执行

（1）仲裁裁决不论在何国境内作出,均应当承认具有约束力,而且经向管辖法院提出书面申请,即应依照本条和第 36 条的规定予以执行。

（2）援用裁决或申请对其予以执行的一方当事人,应当提供裁决书正本或其副本。裁决书如不是以本国一种正式语文做成的,法院可以要求该方当事人出具该文件译成这种文字的译本。[①]（第 35(2)条经由委员会 2006 年第三十九届会议修订）

[①] 本款所列的条件是意图订出一个最高标准。因而一国如果保留了即使是更为简单的条件,也不至于与示范法所要取得的协调一致相抵触。

第 36 条 拒绝承认或执行的理由

(1) 仲裁裁决不论在何国境内作出,仅在下列任何情形下才可拒绝予以承认或执行:

(a) 援用的裁决所针对的当事人提出如此请求,并向被请求承认或执行的管辖法院提出证据,证明有下列任何情况:

(ⅰ) 第 7 条所指仲裁协议的当事人有某种无行为能力情形;或者根据各方当事人所同意遵守的法律或在未指明何种法律的情况下根据裁决地所在国法律,该协议是无效的;或

(ⅱ) 未向援用的裁决所针对的当事人发出指定仲裁员的适当通知或仲裁程序的适当通知,或因他故致使其不能陈述案情;或

(ⅲ) 裁决处理的争议不是提交仲裁意图裁定的事项或不在提交仲裁的范围之列,或者裁决书中内含对提交仲裁的范围以外事项的决定;如果对提交仲裁的事项所作的决定可以与对未提交仲裁的事项所作的决定互为划分,内含对提交仲裁的事项所作的决定的那部分裁决得予承认和执行;或

(ⅳ) 仲裁庭的组成或仲裁程序与当事人的约定不一致;无此种约定时,与仲裁地所在国法律不符;或

(ⅴ) 裁决对当事人尚无约束力,或者已经由裁决地所在国或裁决依据的法律的所属国的法院所撤销或中止执行;或(b) 法院认定有下列任何情形:

(ⅰ) 根据本国的法律,争议事项不能通过仲裁解决;

或(ⅱ) 承认或执行该裁决与本国的公共政策相抵触。

(2) 在已向本条第(1)(a)(ⅴ)款所指的法院申请撤销或中止执行裁决的情况下,被请求承认或执行的法院如认为适当,可以延缓作出决定,而且经主张承认或执行裁决的一方当事人申请,还可以裁定对方当事人提供妥适的担保。

附录 C
《中华人民共和国仲裁法》(1994 年)

(1994 年 8 月 31 日第八届全国人民代表大会常务委员会第九次会议通过 根据 2009 年 8 月 27 日第十一届全国人民代表大会常务委员会第十次会议《关于修改部分法律的决定》第一次修正 根据 2017 年 9 月 1 日第十二届全国人民代表大会常务委员会第二十九次会议《关于修改〈中华人民共和国法官法〉等八部法律的决定》第二次修正)

第一章 总 则

第一条 为保证公正、及时地仲裁经济纠纷,保护当事人的合法权益,保障社会主义市场经济健康发展,制定本法。

第二条 平等主体的公民、法人和其他组织之间发生的合同纠纷和其他财产权益纠纷,可以仲裁。

第三条 下列纠纷不能仲裁:

(一)婚姻、收养、监护、扶养、继承纠纷;

(二)依法应当由行政机关处理的行政争议。

第四条 当事人采用仲裁方式解决纠纷,应当双方自愿,达成仲裁协议。没有仲裁协议,一方申请仲裁的,仲裁委员会不予受理。

第五条 当事人达成仲裁协议,一方向人民法院起诉的,人民法院不予受理,但仲裁协议无效的除外。

第六条 仲裁委员会应当由当事人协议选定。

仲裁不实行级别管辖和地域管辖。

第七条 仲裁应当根据事实,符合法律规定,公平合理地解决纠纷。

第八条 仲裁依法独立进行,不受行政机关、社会团体和个人的干涉。

第九条 仲裁实行一裁终局的制度。裁决作出后,当事人就同一纠纷再申请仲裁或者向人民法院起诉的,仲裁委员会或者人民法院不予受理。

第二章 仲裁委员会和仲裁协会

第十条 仲裁委员会可以在直辖市和省、自治区人民政府所在地的市设立,也可以根据需要在其他设区的市设立,不按行政区划层层设立。

仲裁委员会由前款规定的市的人民政府组织有关部门和商会统一组建。

设立仲裁委员会,应当经省、自治区、直辖市的司法行政部门登记。

第十一条 仲裁委员会应当具备下列条件：
（一）有自己的名称、住所和章程；
（二）有必要的财产；
（三）有该委员会的组成人员；
（四）有聘任的仲裁员。
仲裁委员会的章程应当依照本法制定。

第十二条 仲裁委员会由主任一人、副主任二至四人和委员七至十一人组成。

仲裁委员会的主任、副主任和委员由法律、经济贸易专家和有实际工作经验的人员担任。仲裁委员会的组成人员中，法律、经济贸易专家不得少于三分之二。

第十三条 仲裁委员会应当从公道正派的人员中聘任仲裁员。
仲裁员应当符合下列条件之一：
（一）通过国家统一法律职业资格考试取得法律职业资格，从事仲裁工作满八年的；
（二）从事律师工作满八年的；
（三）曾任法官满八年的；
（四）从事法律研究、教学工作并具有高级职称的；
（五）具有法律知识，从事经济贸易等专业工作并具有高级职称或者具有同等专业水平的。
仲裁委员会按照不同专业设仲裁员名册。

第十四条 仲裁委员会独立于行政机关，与行政机关没有隶属关系。仲裁委员会之间也没有隶属关系。

第十五条 中国仲裁协会是社会团体法人。仲裁委员会是中国仲裁协会的会员。中国仲裁协会的章程由全国会员大会制定。

中国仲裁协会是仲裁委员会的自律性组织，根据章程对仲裁委员会及其组成人员、仲裁员的违纪行为进行监督。

第三章　仲　裁　协　议

第十六条 仲裁协议包括合同中订立的仲裁条款和以其他书面方式在纠纷发生前或者纠纷发生后达成的请求仲裁的协议。

仲裁协议应当具有下列内容：
（一）请求仲裁的意思表示；
（二）仲裁事项；
（三）选定的仲裁委员会。

第十七条 有下列情形之一的，仲裁协议无效：

（一）约定的仲裁事项超出法律规定的仲裁范围的；

（二）无民事行为能力人或者限制民事行为能力人订立的仲裁协议；

（三）一方采取胁迫手段，迫使对方订立仲裁协议的。

第十八条　仲裁协议对仲裁事项或者仲裁委员会没有约定或者约定不明确的，当事人可以补充协议；达不成补充协议的，仲裁协议无效。

第十九条　仲裁协议独立存在，合同的变更、解除、终止或者无效，不影响仲裁协议的效力。

仲裁庭有权确认合同的效力。

第二十条　当事人对仲裁协议的效力有异议的，可以请求仲裁委员会作出决定或者请求人民法院作出裁定。一方请求仲裁委员会作出决定，另一方请求人民法院作出裁定的，由人民法院裁定。

第四章　仲　裁　程　序

第一节　申请和受理

第二十一条　当事人申请仲裁应当符合下列条件：

（一）有仲裁协议；

（二）有具体的仲裁请求和事实、理由；

（三）属于仲裁委员会的受理范围。

第二十二条　当事人申请仲裁，应当向仲裁委员会递交仲裁协议、仲裁申请书及副本。

第二十三条　仲裁申请书应当载明下列事项：

（一）当事人的姓名、性别、年龄、职业、工作单位和住所，法人或者其他组织的名称、住所和法定代表人或者主要负责人的姓名、职务；

（二）仲裁请求和所根据的事实、理由；

（三）证据和证据来源、证人姓名和住所。

第二十四条　仲裁委员会收到仲裁申请书之日起五日内，认为符合受理条件的，应当受理，并通知当事人；认为不符合受理条件的，应当书面通知当事人不予受理，并说明理由。

第二十五条　仲裁委员会受理仲裁申请后，应当在仲裁规则规定的期限内将仲裁规则和仲裁员名册送达申请人，并将仲裁申请书副本和仲裁规则、仲裁员名册送达被申请人。

被申请人收到仲裁申请书副本后，应当在仲裁规则规定的期限内向仲裁委员会提交答辩书。仲裁委员会收到答辩书后，应当在仲裁规则规定的期限内将答辩书副本送达申请人。被申请人未提交答辩书的，不影响仲裁程序的进行。

第二十六条 当事人达成仲裁协议,一方向人民法院起诉未声明有仲裁协议,人民法院受理后,另一方在首次开庭前提交仲裁协议的,人民法院应当驳回起诉,但仲裁协议无效的除外;另一方在首次开庭前未对人民法院受理该案提出异议的,视为放弃仲裁协议,人民法院应当继续审理。

第二十七条 申请人可以放弃或者变更仲裁请求。被申请人可以承认或者反驳仲裁请求,有权提出反请求。

第二十八条 一方当事人因另一方当事人的行为或者其他原因,可能使裁决不能执行或者难以执行的,可以申请财产保全。

当事人申请财产保全的,仲裁委员会应当将当事人的申请依照民事诉讼法的有关规定提交人民法院。

申请有错误的,申请人应当赔偿被申请人因财产保全所遭受的损失。

第二十九条 当事人、法定代理人可以委托律师和其他代理人进行仲裁活动。委托律师和其他代理人进行仲裁活动的,应当向仲裁委员会提交授权委托书。

第二节 仲裁庭的组成

第三十条 仲裁庭可以由三名仲裁员或者一名仲裁员组成。由三名仲裁员组成的,设首席仲裁员。

第三十一条 当事人约定由三名仲裁员组成仲裁庭的,应当各自选定或者各自委托仲裁委员会主任指定一名仲裁员,第三名仲裁员由当事人共同选定或者共同委托仲裁委员会主任指定。第三名仲裁员是首席仲裁员。

当事人约定由一名仲裁员成立仲裁庭的,应当由当事人共同选定或者共同委托仲裁委员会主任指定仲裁员。

第三十二条 当事人没有在仲裁规则规定的期限内约定仲裁庭的组成方式或者选定仲裁员的,由仲裁委员会主任指定。

第三十三条 仲裁庭组成后,仲裁委员会应当将仲裁庭的组成情况书面通知当事人。

第三十四条 仲裁员有下列情形之一的,必须回避,当事人也有权提出回避申请:

(一)是本案当事人或者当事人、代理人的近亲属;

(二)与本案有利害关系;

(三)与本案当事人、代理人有其他关系,可能影响公正仲裁的;

(四)私自会见当事人、代理人,或者接受当事人、代理人的请客送礼的。

第三十五条 当事人提出回避申请,应当说明理由,在首次开庭前提出。回避事由在首次开庭后知道的,可以在最后一次开庭终结前提出。

第三十六条 仲裁员是否回避,由仲裁委员会主任决定;仲裁委员会主任担任仲裁员时,由仲裁委员会集体决定。

第三十七条 仲裁员因回避或者其他原因不能履行职责的,应当依照本法规定重新选定或者指定仲裁员。

因回避而重新选定或者指定仲裁员后,当事人可以请求已进行的仲裁程序重新进行,是否准许,由仲裁庭决定;仲裁庭也可以自行决定已进行的仲裁程序是否重新进行。

第三十八条 仲裁员有本法第三十四条第四项规定的情形,情节严重的,或者有本法第五十八条第六项规定的情形的,应当依法承担法律责任,仲裁委员会应当将其除名。

第三节 开庭和裁决

第三十九条 仲裁应当开庭进行。当事人协议不开庭的,仲裁庭可以根据仲裁申请书、答辩书以及其他材料作出裁决。

第四十条 仲裁不公开进行。当事人协议公开的,可以公开进行,但涉及国家秘密的除外。

第四十一条 仲裁委员会应当在仲裁规则规定的期限内将开庭日期通知双方当事人。当事人有正当理由的,可以在仲裁规则规定的期限内请求延期开庭。是否延期,由仲裁庭决定。

第四十二条 申请人经书面通知,无正当理由不到庭或者未经仲裁庭许可中途退庭的,可以视为撤回仲裁申请。

被申请人经书面通知,无正当理由不到庭或者未经仲裁庭许可中途退庭的,可以缺席裁决。

第四十三条 当事人应当对自己的主张提供证据。

仲裁庭认为有必要收集的证据,可以自行收集。

第四十四条 仲裁庭对专门性问题认为需要鉴定的,可以交由当事人约定的鉴定部门鉴定,也可以由仲裁庭指定的鉴定部门鉴定。

根据当事人的请求或者仲裁庭的要求,鉴定部门应当派鉴定人参加开庭。当事人经仲裁庭许可,可以向鉴定人提问。

第四十五条 证据应当在开庭时出示,当事人可以质证。

第四十六条 在证据可能灭失或者以后难以取得的情况下,当事人可以申请证据保全。当事人申请证据保全的,仲裁委员会应当将当事人的申请提交证据所在地的基层人民法院。

第四十七条 当事人在仲裁过程中有权进行辩论。辩论终结时,首席仲裁员或者独任仲裁员应当征询当事人的最后意见。

第四十八条 仲裁庭应当将开庭情况记入笔录。当事人和其他仲裁参与人认为对自己陈述的记录有遗漏或者差错的,有权申请补正。如果不予补正,应当记录该申请。

笔录由仲裁员、记录人员、当事人和其他仲裁参与人签名或者盖章。

第四十九条 当事人申请仲裁后,可以自行和解。达成和解协议的,可以请求仲裁庭根据和解协议作出裁决书,也可以撤回仲裁申请。

第五十条 当事人达成和解协议,撤回仲裁申请后反悔的,可以根据仲裁协议申请仲裁。

第五十一条 仲裁庭在作出裁决前,可以先行调解。当事人自愿调解的,仲裁庭应当调解。调解不成的,应当及时作出裁决。

调解达成协议的,仲裁庭应当制作调解书或者根据协议的结果制作裁决书。调解书与裁决书具有同等法律效力。

第五十二条 调解书应当写明仲裁请求和当事人协议的结果。调解书由仲裁员签名,加盖仲裁委员会印章,送达双方当事人。

调解书经双方当事人签收后,即发生法律效力。

在调解书签收前当事人反悔的,仲裁庭应当及时作出裁决。

第五十三条 裁决应当按照多数仲裁员的意见作出,少数仲裁员的不同意见可以记入笔录。仲裁庭不能形成多数意见时,裁决应当按照首席仲裁员的意见作出。

第五十四条 裁决书应当写明仲裁请求、争议事实、裁决理由、裁决结果、仲裁费用的负担和裁决日期。当事人协议不愿写明争议事实和裁决理由的,可以不写。裁决书由仲裁员签名,加盖仲裁委员会印章。对裁决持不同意见的仲裁员,可以签名,也可以不签名。

第五十五条 仲裁庭仲裁纠纷时,其中一部分事实已经清楚,可以就该部分先行裁决。

第五十六条 对裁决书中的文字、计算错误或者仲裁庭已经裁决但在裁决书中遗漏的事项,仲裁庭应当补正;当事人自收到裁决书之日起三十日内,可以请求仲裁庭补正。

第五十七条 裁决书自作出之日起发生法律效力。

第五章 申请撤销裁决

第五十八条 当事人提出证据证明裁决有下列情形之一的,可以向仲裁委员会所在地的中级人民法院申请撤销裁决:

(一)没有仲裁协议的;

(二)裁决的事项不属于仲裁协议的范围或者仲裁委员会无权仲裁的;

（三）仲裁庭的组成或者仲裁的程序违反法定程序的；
（四）裁决所根据的证据是伪造的；
（五）对方当事人隐瞒了足以影响公正裁决的证据的；
（六）仲裁员在仲裁该案时有索贿受贿，徇私舞弊，枉法裁决行为的。

人民法院经组成合议庭审查核实裁决有前款规定情形之一的，应当裁定撤销。

人民法院认定该裁决违背社会公共利益的，应当裁定撤销。

第五十九条 当事人申请撤销裁决的，应当自收到裁决书之日起六个月内提出。

第六十条 人民法院应当在受理撤销裁决申请之日起两个月内作出撤销裁决或者驳回申请的裁定。

第六十一条 人民法院受理撤销裁决的申请后，认为可以由仲裁庭重新仲裁的，通知仲裁庭在一定期限内重新仲裁，并裁定中止撤销程序。仲裁庭拒绝重新仲裁的，人民法院应当裁定恢复撤销程序。

第六章 执 行

第六十二条 当事人应当履行裁决。一方当事人不履行的，另一方当事人可以依照民事诉讼法的有关规定向人民法院申请执行。受申请的人民法院应当执行。

第六十三条 被申请人提出证据证明裁决有民事诉讼法第二百一十七条第二款规定的情形之一的，经人民法院组成合议庭审查核实，裁定不予执行。

第六十四条 一方当事人申请执行裁决，另一方当事人申请撤销裁决的，人民法院应当裁定中止执行。

第七章 涉外仲裁的特别规定

第六十五条 涉外经济贸易、运输和海事中发生的纠纷的仲裁，适用本章规定。本章没有规定的，适用本法其他有关规定。

第六十六条 涉外仲裁委员会可以由中国国际商会组织设立。

涉外仲裁委员会由主任一人、副主任若干人和委员若干人组成。

涉外仲裁委员会的主任、副主任和委员可以由中国国际商会聘任。

第六十七条 涉外仲裁委员会可以从具有法律、经济贸易、科学技术等专门知识的外籍人士中聘任仲裁员。

第六十八条 涉外仲裁的当事人申请证据保全的，涉外仲裁委员会应当将当事人的申请提交证据所在地的中级人民法院。

第六十九条 涉外仲裁的仲裁庭可以将开庭情况记入笔录,或者作出笔录要点,笔录要点可以由当事人和其他仲裁参与人签字或者盖章。

第七十条 当事人提出证据证明涉外仲裁裁决有民事诉讼法第260条第1款规定的情形之一的,经人民法院组成合议庭审查核实,裁定撤销。

第七十一条 被申请人提出证据证明涉外仲裁裁决有民事诉讼法第260条第1款规定的情形之一的,经人民法院组成合议庭审查核实,裁定不予执行。

第七十二条 涉外仲裁委员会作出的发生法律效力的仲裁裁决,当事人请求执行的,如果被执行人或者其财产不在中华人民共和国领域内,应当由当事人直接向有管辖权的外国法院申请承认和执行。

第七十三条 涉外仲裁规则可以由中国国际商会依照本法和民事诉讼法的有关规定制定。

第八章 附 则

第七十四条 法律对仲裁时效有规定的,适用该规定。法律对仲裁时效没有规定的,适用诉讼时效的规定。

第七十五条 中国仲裁协会制定仲裁规则前,仲裁委员会依照本法和民事诉讼法的有关规定可以制定仲裁暂行规则。

第七十六条 当事人应当按照规定交纳仲裁费用。

收取仲裁费用的办法,应当报物价管理部门核准。

第七十七条 劳动争议和农业集体经济组织内部的农业承包合同纠纷的仲裁,另行规定。

第七十八条 本法施行前制定的有关仲裁的规定与本法的规定相抵触的,以本法为准。

第七十九条 本法施行前在直辖市、省、自治区人民政府所在地的市和其他设区的市设立的仲裁机构,应当依照本法的有关规定重新组建;未重新组建的,自本法施行之日起届满一年时终止。

本法施行前设立的不符合本法规定的其他仲裁机构,自本法施行之日起终止。

第八十条 本法自1995年9月1日起施行。

附录 D
《联合国国际贸易法委员会仲裁规则》(2010 年)

(新增 2013 年通过的第 1 条第 4 款)

第一章 绪 则

适用范围①

第 1 条

1. 凡各方当事人同意,一项确定的法律关系不论是合同性还是非合同性的,彼此之间与此有关的争议应根据《贸易法委员会仲裁规则》提交仲裁的,此类争议均应按照本《规则》进行解决,但须服从各方当事人可能协议对本《规则》作出的修改。

2. 除非各方当事人约定适用本《规则》某一版本,否则应推定各方当事人于 2010 年 8 月 15 日之后订立的仲裁协议适用仲裁程序开始之日现行有效的本《规则》。在 2010 年 8 月 15 日之后通过接受该日之前所作要约而订立仲裁协议的,此推定不适用。

3. 仲裁应按照本《规则》进行,但本《规则》任一条款与仲裁所适用的某项法律规定相抵触,且各方当事人又不得背离该法律规定的,以该法律规定为准。

4. 对于依照为投资或投资人提供保护的条约提起的投资人与国家间的仲裁,本《规则》包括《贸易法委员会投资人与国家间基于条约仲裁透明度规则》(《透明度规则》),但以《透明度规则》第 1 条的规定为限。

通知和期间计算

第 2 条

1. 通知包括通知书、函件或建议,可通过任何能够提供或容许传输记录的通信手段进行传输。

2. 凡一方当事人已为此目的专门指定某一地址,或者仲裁庭已为此目的同意指定某一地址的,均应按该地址将任何通知送达该当事人;照此方式递送的,视为收到通知。使用传真或电子邮件等电子方式的,只能将通知递送到按上述方式指定或同意指定的地址。

---

① 合同中的示范仲裁条款载于本《规则》附件。

3. 没有指定地址或没有同意指定地址的,

(a) 通知直接交给收件人,即为收到;或者

(b) 通知递送到收件人的营业地、惯常住所或通信地址,即视为收到。

4. 经合理努力仍无法根据第 2 款或第 3 款递送通知的,用挂号信或以能够提供递送记录或试图递送记录的方式,将通知递送到收件人最后一个为人所知的营业地、惯常住所或通信地址,即应视为已收到通知。

5. 根据第 2 款、第 3 款或第 4 款送达通知的日期,或者根据第 4 款试图递送通知的日期,应视为已收到通知的日期。以电子方式传递通知的,通知发出的日期视为已收到通知的日期,但以电子方式传递的仲裁通知除外,仲裁通知视为已收到的日期,只能是其抵达收件人电子地址的日期。

6. 本《规则》规定的期间,应自收到通知之日的次日起算。期间的最后一天是收件人住所或营业地法定假日或非营业日的,期间顺延至其后第一个营业日。期间持续阶段的法定假日或非营业日应计入期间。

仲裁通知

第 3 条

1. 提起仲裁的一方或多方当事人(以下称"申请人")应给予另一方或多方当事人(以下称"被申请人")一项仲裁通知。

2. 仲裁程序应视为自被申请人收到仲裁通知之日起开始。

3. 仲裁通知应包括下列各项:

(a) 将争议提交仲裁的要求;

(b) 各方当事人的名称和联系方式;

(c) 指明所援引的仲裁协议;

(d) 指明引起争议的或与争议有关的任何合同或其他法律文书,无此类合同或文书的,简单说明相关关系;

(e) 对仲裁请求作简单说明,涉及金额的,指明其数额;

(f) 寻求的救济或损害赔偿;

(g) 各方当事人事先未就仲裁员人数、仲裁语言和仲裁地达成协议的,提出这方面的建议。

4. 仲裁通知还可包括:

(a) 第 6 条第 1 款中述及的关于指派指定机构的建议;

(b) 第 8 条第 1 款中述及的关于指定一名独任仲裁员的建议;

(c) 第 9 条或第 10 条中述及的指定一名仲裁员的通知书。

5. 任何关于仲裁通知充分性的争议不得妨碍仲裁庭的组成,最终应由仲裁庭解决。

对仲裁通知的答复
第 4 条

1. 被申请人应在收到仲裁通知 30 天内向申请人递送对仲裁通知的答复,其中应包括:

(a) 每一被申请人的名称和联系方式;

(b) 对仲裁通知中根据第 3 条第 3 款(c)项至(g)项所载信息内容的答复;

2. 对仲裁通知的答复还可包括:

(a) 任何关于根据本《规则》组成的仲裁庭缺乏管辖权的抗辩;

(b) 第 6 条第 1 款中述及的关于指派指定机构的建议;

(c) 第 8 条第 1 款中述及的关于指定一名独任仲裁员的建议;

(d) 第 9 条或第 10 条中述及的指定一名仲裁员的通知书;

(e) 提出反请求或为抵消目的提出请求的,对其作简单说明,包括在有关情况下指明所涉金额以及所寻求的救济或损害赔偿;

(f) 被申请人对不是申请人的仲裁协议当事人提出仲裁请求的,第 3 条规定的仲裁通知。

3. 任何关于被申请人未递送对仲裁通知的答复或者关于对仲裁通知的不完整答复或迟延答复的争议,均不得妨碍仲裁庭的组成,最终均应由仲裁庭解决。

代表和协助
第 5 条

每一方当事人可由其选定的人员出任代表或给予协助。此类人员的姓名和地址必须通知各方当事人和仲裁庭。此种通知必须说明所作指定是为了代表目的还是为了协助目的。一人担任一方当事人代表的,仲裁庭可自行或应任何一方当事人的请求,随时要求按照仲裁庭决定的方式提供关于赋予该代表权限的证据。

指派和指定机构
第 6 条

1. 除非各方当事人已就选择指定机构达成约定,否则一方当事人可随时提名一个或数个机构或个人,包括海牙常设仲裁法院(以下称"常设仲裁院")秘书长,由其中之一担任指定机构。

2. 在其他各方当事人收到根据第 1 款的提名后 30 天内,如果各方当事人未能就选择指定机构达成约定,任何一方当事人均可请求常设仲裁院秘书长指派指定机构。

3. 本《规则》规定一方当事人必须在一期限内将某一事项提交指定机构处理而指定机构尚未约定或指派的,该期限自一方当事人启动对指定机构的约定或指派程序之日起暂停计算,直至达成此种约定或指派之日。

4. 指定机构拒不作为,或者指定机构收到一方当事人请求指定仲裁员的申请后 30 天内未指定一名仲裁员、在本《规则》规定的其他任何期限内不作为,或者在收到一方当事人要求一名仲裁员回避的申请后的合理时间内未就该申请作出决定的,任何一方当事人均可请求常设仲裁院秘书长指派替代指定机构,但第 41 条第 4 款述及的情形除外。

5. 指定机构和常设仲裁院秘书长行使本《规则》对其规定的职责,可要求任何一方当事人和仲裁员向指定机构和常设仲裁院秘书长提供其认为必需的信息,并以其认为适当的方式给予各方当事人以及在可能情况下给予仲裁员陈述意见的机会。与指定机构和常设仲裁院秘书长的所有此种往来函件也应由发件人提供给其他各方当事人。

6. 请求指定机构依照第 8 条、第 9 条、第 10 条或第 14 条指定一名仲裁员的,提出请求的当事人应向指定机构发送仲裁通知副本,对仲裁通知已作答复的,还应发送该答复副本。

7. 指定机构应注意到任何有可能保证指定独立、公正仲裁员的考虑,并应考虑到指定一名与各方当事人国籍不同的仲裁员的可取性。

第二章 仲裁庭的组成

仲裁员人数

第 7 条

1. 各方当事人未事先约定仲裁员人数,并且在被申请人收到仲裁通知后 30 天内各方当事人未就只应指定一名仲裁员达成约定的,应指定三名仲裁员。

2. 虽有第 1 款规定,一方当事人提出指定独任仲裁员的提议而其他各方当事人未在第 1 款规定的时限内对此作出答复,并且有关的一方或多方当事人未根据第 9 条或第 10 条指定第二名仲裁员的,指定机构可根据第 8 条第 2 款规定的程序,经一方当事人请求,指定独任仲裁员,但指定机构须根据案情确定这样做更适当。

仲裁员的指定(第 8 条至第 10 条)

第 8 条

1. 各方当事人已约定将指定独任仲裁员,而在其他各方当事人收到指定独任仲裁员的建议后 30 天内各方当事人未就选择独任仲裁员达成约定的,经一方当事人请求,应由指定机构指定独任仲裁员。

2. 指定机构应尽速指定独任仲裁员。在进行指定时,除非当事人约定不

使用名单法,或指定机构依其裁量权决定该案件不宜使用名单法,否则指定机构应使用下述名单法:

(a) 指定机构应将至少列有三个人名的相同名单分送每一方当事人;

(b) 收到名单后15天内,每一方当事人可删除其反对的一个或数个人名并将名单上剩余的人名按其选择顺序排列之后,将名单送还指定机构;

(c) 上述期限届满后,指定机构应从送还名单上经认可的人名中,按各方当事人所标明的选择顺序指定一人为独任仲裁员;

(d) 由于任何原因,无法按这一程序进行指定的,指定机构可行使其裁量权指定独任仲裁员。

第9条

1. 指定三名仲裁员的,每一方当事人应各指定一名仲裁员。第三名仲裁员应由已被指定的两名仲裁员选定,担任仲裁员首席仲裁员。

2. 一方当事人收到另一方当事人指定一名仲裁员的通知书后,未在30天内将其所指定的仲裁员通知另一方当事人的,该另一方当事人可请求指定机构指定第二名仲裁员。

3. 指定第二名仲裁员后30天内,两名仲裁员未就首席仲裁员人选达成约定的,应由指定机构按照第8条规定的指定独任仲裁员的方式,指定首席仲裁员。

第10条

1. 为第9条第1款之目的,在须指定三名仲裁员且申请人或被申请人为多方当事人的情况下,除非各方当事人约定采用其他方法指定仲裁员,否则多方当事人应分别作为共同申请人或共同被申请人,各指定一名仲裁员。

2. 各方当事人约定组成仲裁庭的仲裁员人数不是一名或三名的,应按照各方当事人约定的方法指定仲裁员。

3. 未能根据本《规则》组成仲裁庭的,经任何一方当事人请求,指定机构应组成仲裁庭,并可为此撤销任何已作出的指定,然后指定或重新指定每一名仲裁员,并指定其中一人担任首席仲裁员。

仲裁员披露情况和回避①(第11条至13条)

第11条

可能被指定为仲裁员的人,应在与此指定有关的洽谈中披露可能对其公正性和独立性产生有正当理由怀疑的任何情况。仲裁员应自其被指定之时起,并在整个仲裁程序期间,毫无延迟地向各方当事人以及其他仲裁员披露

---

① 第11条规定的独立性声明范文载于本《规则》附件。

任何此种情况,除非此种情况已由其告知各方当事人。

第 12 条

1. 如果存在可能对任何仲裁员的公正性或独立性产生有正当理由怀疑的情况,均可要求该仲裁员回避。

2. 一方当事人只能根据其指定仲裁员之后才得知的理由,对其所指定的仲裁员要求回避。

3. 仲裁员不作为,或者仲裁员因法律上或事实上的原因无法履行其职责的,应适用第 13 条中规定的程序申请仲裁员回避。

第 13 条

1. 一方当事人意图对一名仲裁员提出回避,应在被要求回避的仲裁员的任命通知书发给该当事人后 15 天内,或在该当事人得知第 11 条和第 12 条所提及的情况后 15 天内,发出其回避通知。

2. 回避通知应发给其他所有当事人、被要求回避的仲裁员以及其他仲裁员。回避通知应说明提出回避的理由。

3. 一方当事人对一名仲裁员提出回避,其他所有当事人可以附议。该仲裁员也可在回避提出后辞职。无论是其中哪一种情况,均不表示提出回避的理由成立。

4. 自回避通知发出之日起 15 天内,如果其他当事人不同意该回避,或者被要求回避的仲裁员不辞职,提出回避的当事人可以坚持要求回避。在这种情况下,该当事人应自回避通知发出之日起 30 天内,请求指定机构就回避申请作出决定。

替换仲裁员

第 14 条

1. 在不违反第 2 款的情况下,如果仲裁程序进行期间有必要替换仲裁员,应适用第 8 条至第 11 条规定的指定或选定被替换仲裁员的程序,指定或选定一名替换仲裁员。在指定拟被替换仲裁员的过程中,即使一方当事人未行使其指定或参与指定的权利,该程序仍应适用。

2. 经一方当事人请求,如果指定机构确定,鉴于案情特殊,有理由取消一方当事人指定替代仲裁员的权利,在给予各方当事人和其余仲裁员发表意见的机会之后,指定机构可以:(a)指定替代仲裁员;或(b)在审理终结后,授权其他仲裁员继续进行仲裁并作出决定或裁决。

在替换仲裁员的情况下继续进行审理

第 15 条

如果一名仲裁员被替换,应从被替换的仲裁员停止履行职责时所处的阶段继续进行程序,除非仲裁庭另有决定。

免责

第 16 条

除蓄意不当行为外,在适用法律允许的最大限度内,各方当事人放弃以与本仲裁有关的作为或不作为为由,向仲裁员、指定机构以及仲裁庭指定的任何人提出任何索赔。

第三章　仲　裁　程　序

通则

第 17 条

1. 在不违反本《规则》的情况下,仲裁庭可以其认为适当的方式进行仲裁,但须平等对待各方当事人,并在仲裁程序适当阶段给予每一方当事人陈述案情的合理机会。仲裁庭行使裁量权时,程序的进行应避免不必要延迟和费用,并为解决当事人争议提供公平有效的程序。

2. 仲裁庭一经组成,在请各方当事人发表意见后,仲裁庭即应根据实际情况尽快确定仲裁临时时间表。任何期间,不论是本《规则》规定的还是当事人约定的,仲裁庭均可在请各方当事人发表意见后随时予以延长或缩短。

3. 如有任何一方当事人在仲裁程序的适当阶段请求开庭审理,仲裁庭应开庭审理,由证人包括专家证人出示证据或进行口头辩论。未提出此种请求的,仲裁庭应决定是进行开庭审理,还是根据书面文件和其他资料进行程序。

4. 一方当事人应将其提交仲裁庭的所有函件发送其他各方当事人。除仲裁庭可以根据适用法另外允许的情形外,所有此类函件应同时发送。

5. 仲裁庭可根据任何一方当事人的请求,允许将一个或多个第三人作为一方当事人并入仲裁程序,前提是此种人是仲裁协议的一方当事人,除非仲裁庭在给予各方当事人,包括拟被并入仲裁程序的一人或多人陈述意见的机会后认定,由于并入仲裁程序会对其中任何一方当事人造成损害而不应准许此种并入。对于仲裁程序如此涉及的所有当事人,仲裁庭可作出单项裁决,也可作出若干项裁决。

仲裁地

第 18 条

1. 各方当事人未事先约定仲裁地的,仲裁庭应根据案情确定仲裁地。裁决应视为在仲裁地作出。

2. 仲裁庭可在其认为适当的任何地点进行合议。除非各方当事人另有约定,仲裁庭还可在其认为适当的任何地点为其他任何目的举行会议,包括进行开庭审理。

语言
第 19 条

1. 在不违反各方当事人约定的情况下,仲裁庭应在其被指定后迅速确定仲裁程序中所使用的一种或数种语言。此决定应适用于仲裁申请书、答辩书和任何进一步书面陈述;进行开庭审理的,亦适用于开庭审理中将使用的一种或数种语言。

2. 仲裁庭可下达指令,任何附于仲裁申请书或答辩书的文件,以及任何在仲裁程序进行过程中提交的补充文件或物证,凡是用其原语文提交的,均应附具各方当事人所约定的或仲裁庭所确定的一种或数种语言的译文。

仲裁申请书
第 20 条

1. 申请人应在仲裁庭确定的期间内,以书面形式将仲裁申请书传递给被申请人和每一名仲裁员。申请人可选择将第 3 条述及的仲裁通知当做仲裁申请书对待,只要该仲裁通知同样符合本条第 2 款至第 4 款的要求。

2. 申请书应包括以下各项:
(a) 各方当事人名称和联系方式;
(b) 支持本仲裁请求的事实陈述;
(c) 争议点;
(d) 寻求的救济或损害赔偿;
(e) 支持本仲裁请求的法律依据或观点。

3. 引起争议或与争议有关的任何合同或其他法律文书副本,以及仲裁协议副本,应附于申请书之后。

4. 申请书应尽可能附具申请人所依据的所有文件和其他证据,或注明这些文件和证据的来源出处。

答辩书
第 21 条

1. 被申请人应在仲裁庭确定的期间内,以书面形式将答辩书传递给申请人和每一名仲裁员。被申请人可选择将其对第 4 条述及的仲裁通知的答复当做答辩书对待,只要对该仲裁通知的答复同样符合本条第 2 款的要求。

2. 答辩书应对仲裁申请书中(b)项至(e)项(第 20 条第 2 款规定)的特定内容作出答复。答辩书应尽可能附具被申请人所依据的所有文件和其他证据,或注明这些文件和证据的来源出处。

3. 被申请人可在其答辩书中提出反请求或基于一项仲裁请求而提出抵消要求,仲裁庭根据情况决定延迟是正当的,被申请人还可在仲裁程序的稍后阶段提出反请求或基于一项仲裁请求而提出抵消要求,只要仲裁庭对此拥有管辖权。

4. 第20条第2款至第4款的规定应适用于反请求、根据第4条第2款(f)项提出的仲裁请求,以及为抵消目的而提出的请求。

对仲裁请求或答辩的变更

第22条

在仲裁程序进行过程中,当事人可更改或补充其仲裁请求或答辩,包括更改或补充反请求或为抵消目的而提出的请求,除非仲裁庭考虑到所提出的更改或补充过迟或对其他当事人造成损害,或者考虑到其他任何情况而认为不宜允许此种更改或补充。但是,对仲裁请求或答辩提出更改或补充,包括对反请求或为抵消目的而提出的请求提出更改或补充,不得使更改后或补充后的仲裁请求或答辩超出仲裁庭的管辖权。

对仲裁庭管辖权的抗辩

第23条

1. 仲裁庭有权力对其自身管辖权作出裁定,包括对与仲裁协议的存在或效力有关的任何异议作出裁定。为此目的,构成合同一部分的仲裁条款,应视为独立于合同中其他条款的一项协议。仲裁庭作出合同无效的裁定,不应自动造成仲裁条款无效。

2. 对仲裁庭无管辖权的抗辩,至迟应在答辩书中提出,涉及反请求或为抵消目的而提出的请求的,至迟应在对反请求或对为抵消目的而提出的请求的答复中提出。一方当事人已指定或参与指定一名仲裁员,不妨碍其提出此种抗辩。对仲裁庭超出其职权范围的抗辩,应在所指称的超出仲裁庭职权范围的事项在仲裁程序期间出现后尽快提出。仲裁庭认为延迟是正当的,可在上述任一情形中准许延迟提出抗辩。

3. 对于第2款述及的抗辩,仲裁庭既可作为先决问题作出裁定,也可在实体裁决书中作出裁定。即使法院审理对其仲裁庭管辖权的任何异议待决,仲裁庭仍可继续进行仲裁程序并作出仲裁裁决。

进一步书面陈述

第24条

仲裁庭应决定,除仲裁申请书和答辩书之外,还应要求各方当事人提交何种进一步书面陈述,或者各方当事人可提交何种进一步书面陈述,并应确定传递这些书面陈述的期间。

期间

第 25 条

仲裁庭确定的传递书面陈述(包括仲裁申请书和答辩书)的期间不得超过 45 天。但是,仲裁庭认为延长期间正当的,可以延长该期间。

临时措施

第 26 条

1. 经一方当事人请求,仲裁庭可准予临时措施。

2. 临时措施是仲裁庭在下达决定争议的终局裁决之前的任何时候下令一方当事人采取的任何临时性措施,比如且不限于:

(a) 争议未决之前维持或恢复现状;

(b) 采取行动防止,或者避免采取行动造成:(ⅰ)当前或即将发生的损害,或(ⅱ)对仲裁过程本身的妨碍;

(c) 为其后使用资产执行仲裁裁决提供一种资产保全手段;或者

(d) 保全与解决争议可能有关的实质性证据。

3. 当事人请求采取根据第 2 款(a)项至(c)项采取临时措施,应使仲裁庭确信:

(a) 如果不下令采取此种措施,所造成的损害可能无法通过损害赔偿裁决加以充分补偿,而且此种损害大大超出如果准予采取此种措施可能给该措施所针对的一方当事人造成的损害;并且

(b) 请求方当事人有在仲裁请求实体上获胜的合理可能性。对此种可能性的判定,不得影响仲裁庭以后作出任何裁定的裁量权。

4. 对于根据第 2 款(d)项请求采取的临时措施,第 3 款(a)项和(b)项的要求只应在仲裁庭认为适当的范围内适用。

5. 经任何一方当事人申请,仲裁庭可修改、中止或终结其准予的临时措施,或者在特殊情况下经事先通知各方当事人,仲裁庭可自行主动修改、中止或终结其准予的临时措施。

6. 一方当事人提出临时措施请求,仲裁庭可要求其为该措施提供适当担保。

7. 请求或准予临时措施所依据的情况发生任何重大变化的,仲裁庭可要求任何一方当事人迅速披露此种情况。

8. 如果仲裁庭事后确定,在当时的情况下本不应准予临时措施,则提出临时措施请求的一方当事人可能须对此种措施给任何当事人造成的任何费

用和损失承担赔偿责任。仲裁庭可在程序进行期间随时就此种费用和损失作出裁决。

9. 任何一方当事人向司法当局提出临时措施请求,不得视为与仲裁协议不符,或视为放弃仲裁协议。

证据

第 27 条

1. 每一方当事人应对其仲裁请求或答辩所依据的事实负举证责任。

2. 当事人提出的就任何事实问题或专业问题向仲裁庭作证的证人,包括专家证人,可以是任何个人,无论其是否为仲裁的一方当事人或是否与一方当事人有任何关系。除非仲裁庭另有指示,证人的陈述,包括专家证人的陈述,可以书面形式呈递,并由其本人签署。

3. 在仲裁程序进行期间的任何时候,仲裁庭均可要求各方当事人在应由仲裁庭决定的期限内出示文件、证物或其他证据。

4. 仲裁庭应就所出示证据的可采性、关联性、实质性和重要性作出决定。

开庭审理

第 28 条

1. 进行开庭审理的,仲裁庭应将开庭日期、时间和地点充分提前通知各方当事人。

2. 对证人包括对专家证人的听讯,可按照仲裁庭确定的条件和方式进行。

3. 各方当事人未另外约定的,审理不公开进行。仲裁庭可在任何证人包括专家证人作证时,要求其他证人包括其他专家证人退庭,但证人包括专家证人为仲裁一方当事人的,原则上不应要求其退庭。

4. 对证人包括对专家证人的讯问,仲裁庭可指示采用电信方式(例如视频会议)进行,不要求其亲自到庭。

仲裁庭指定的专家

第 29 条

1. 经与各方当事人协商后,仲裁庭可指定独立专家一人或数人以书面形式就仲裁庭需决定的特定问题向仲裁庭提出报告。仲裁庭确定的专家职责范围应分送各方当事人。

2. 原则上,专家应在接受任命之前向仲裁庭和各方当事人提交一份本人资质说明以及本人公正性和独立性声明。各方当事人应在仲裁庭规定的时间内,向仲裁庭说明其对专家资质、公正性或独立性是否持有任何反对意见。仲裁庭应迅速决定是否接受任何此种反对意见。专家任命之后,一方当事人对专家的资质、公正性或独立性提出反对意见,只能依据该当事人在专家任命作出之后才意识到的原因。仲裁庭应迅速决定将采取何种可能的行动。

3. 各方当事人应向专家提供任何有关资料,或出示专家可能要求其出示的任何有关文件或物件供专家检查。一方当事人与专家之间关于提供所要求的资料和出示文件或物件的必要性的任何争议,应交由仲裁庭决定。

4. 仲裁庭应在收到专家报告时将报告副本分送各方当事人,并应给予各方当事人以书面形式提出其对该报告的意见的机会。当事人应有权查阅专家在其报告中引以为据的任何文件。

5. 专家报告提交后,经任何一方当事人请求,专家可在开庭时听询,各方当事人应有机会出庭并质询专家。任何一方当事人均可在此次开庭时委派专家证人出庭,就争议点作证。本程序应适用第28条的规定。

缺席审理
第30条
1. 在本《规则》或仲裁庭确定的期间内:
(a) 申请人未递交仲裁申请书,不表明充分理由的,仲裁庭应下令终止仲裁程序,除非尚有未决事项可能需作出决定,且仲裁庭认为就未决事项作出决定是适当的;
(b) 被申请人未递交对仲裁通知的答复或答辩书,不表明充分理由的,仲裁庭应下令继续进行仲裁程序,不递交答复或答辩书之事本身不应视为承认申请人的主张;申请人未就反请求或为抵消目的提出的请求提交答辩书的,也适用本项规定。

2. 一方当事人经根据本《规则》适当通知后仍未出庭,不就此表明充分理由的,仲裁庭可继续进行仲裁程序。

3. 一方当事人经仲裁庭适当请求仍未在规定期限内出示文件、证物或其他证据,不就此表明充分理由的,仲裁庭可依据已提交给仲裁庭的证据作出裁决。

开庭终结
第31条
1. 仲裁庭可询问各方当事人是否有任何进一步证据要提出、是否有其他证人要听讯或者是否有其他材料要提交,没有的,仲裁庭即可宣布开庭终结。

2. 仲裁庭认为因特殊情形有必要的,可自行决定或经一方当事人申请后决定,在作出裁决之前的任何时候重新进行开庭审理。

放弃异议权
第32条
任何一方当事人未能迅速对不遵守本《规则》或仲裁协议任何要求的任

何情形提出异议,应视为该当事人放弃提出此种异议的权利,除非该当事人能够证明,其在当时情况下未提出异议有正当理由。

第四章 裁　决

决定

第 33 条

1. 仲裁员不止一名的,仲裁庭的任何裁决或其他决定均应以仲裁员的多数作出。

2. 出现程序问题时,达不到多数的,或者经仲裁庭授权,首席仲裁员可单独作出决定,但仲裁庭可作出任何必要修订。

裁决的形式和效力

第 34 条

1. 仲裁庭可在不同时间对不同问题分别作出裁决。

2. 所有仲裁裁决均应以书面形式作出,仲裁裁决是终局的,对各方当事人均具有拘束力。各方当事人应毫不延迟地履行所有仲裁裁决。

3. 仲裁庭应说明裁决所依据的理由,除非各方当事人约定无须说明理由。

4. 裁决书应由仲裁员签名,并应载明作出裁决的日期和指明仲裁地。仲裁员不止一名而其中有任何一名仲裁员未签名的,裁决书应说明未签名的理由。

5. 裁决可经各方当事人同意之后予以公布,为了保护或实施一项法定权利,或者涉及法院或其他主管机关法律程序的,也可在法定义务要求一方当事人披露的情况下和限度内予以公布。

6. 仲裁庭应将经仲裁员签名的裁决书发送各方当事人。

适用法律,友好和解人

第 35 条

1. 仲裁庭应适用各方当事人指定适用于实体争议的法律规则。各方当事人未作此项指定的,仲裁庭应适用其认为适当的法律。

2. 只有在各方当事人明确授权仲裁庭的情况下,仲裁庭才应作为友好和解人或按照公平合理的原则作出裁决。

3. 所有案件中,仲裁庭均应按照所订立的合同条款作出裁决,并应考虑到适用于有关交易的任何商业惯例。

和解或其他终止程序的理由

第 36 条

1. 裁决作出之前,各方当事人就争议达成和解协议的,仲裁庭应下令终止仲裁程序,或者经各方当事人请求并经仲裁庭接受,应记录此项和解协议并按照和解协议条款作出仲裁裁决。仲裁庭无须对此项裁决说明理由。

2. 裁决作出之前,仲裁程序不是由于第1款提及的原因而不必继续或不可能继续的,仲裁庭应将其下达程序终止令的意图通知各方当事人。仲裁庭有权力下达此项命令,除非尚有未决事项可能需作出决定,且仲裁庭认为就未决事项作出决定是适当的。

3. 仲裁程序终止令或按照和解协议条款作出的仲裁裁决书,经仲裁员签名后,应由仲裁庭发送各方当事人。按照和解协议条款作出仲裁裁决书的,应适用第34条第2款、第4款和第5款的规定。

裁决书的解释
第37条

1. 一方当事人可在收到裁决书后30天内,在通知其他各方当事人后,请求仲裁庭对裁决书作出解释。

2. 裁决书解释应在收到请求后45天内以书面形式作出。裁决书解释应构成裁决书的一部分,并应适用第34条第2款至第6款的规定。

裁决书的更正
第38条

1. 一方当事人可在收到裁决书后30天内,在通知其他各方当事人后,请求仲裁庭更正裁决书中的任何计算错误、任何笔误或排印错误,或任何类似性质的错误或遗漏。仲裁庭认为此项请求有正当理由的,应在收到请求后45天内作出更正。

2. 仲裁庭可在发送裁决书后30天内,自行主动作出此种更正。

3. 此种更正应以书面形式作出,并应构成裁决书的一部分。应适用第34条第2款至第6款的规定。

补充裁决
第39条

1. 一方当事人可在收到终止令或裁决书后30天内,在通知其他各方当事人后,请求仲裁庭就仲裁程序中提出而仲裁庭未作决定的请求作出裁决或补充裁决。

2. 仲裁庭认为裁决或补充裁决请求有正当理由的,应在收到请求后60天内作出裁决或补充完成裁决。如有必要,仲裁庭可延长其作出裁决的期限。

3. 作出此种裁决或补充裁决时,应适用第34条第2款至第6款的规定。

费用定义
第 40 条
1. 仲裁庭应在最终裁决书中并在其认为适当的其他任何决定中确定仲裁费用。
2. "费用"一词仅包括：
（a）按每一仲裁员分别开列并由仲裁庭根据第 41 条自行确定的仲裁庭收费；
（b）仲裁员所花费的合理旅费和其他开支；
（c）仲裁庭征询专家意见的合理费用和所需其他协助的合理费用；
（d）证人的合理旅费和其他开支，以仲裁庭核准的开支额度为限；
（e）各方当事人与仲裁有关的法律费用和其他费用，以仲裁庭确定的此种费用的合理数额为限；
（f）指定机构的任何收费和开支，以及常设仲裁院秘书长的收费和开支。
3. 对于第 37 条至第 39 条述及的任何裁决书的解释、更正或补充完成，仲裁庭可收取第 2 款（b）项至（f）项述及的费用，但不得额外收费。

仲裁员的收费和开支
第 41 条
1. 仲裁员的收费和开支数额应合理，需考虑到争议金额、案件复杂程度、仲裁员花费的时间以及案件的其他任何有关情况。
2. 有指定机构，且该指定机构对确定国际案件仲裁员收费适用或已声明将适用某一收费表或特定方法的，仲裁庭确定其收费时，应在仲裁庭认为适合案件情况的额度内，考虑到该收费表或方法。
3. 仲裁庭组成后，仲裁庭应将其如何确定收费和开支的提议，包括仲裁庭打算适用的任何费率，迅速通知各方当事人。收到该提议后 15 天内，任何一方当事人均可将该提议提请指定机构审查。收到审查请求后 45 天内，如果指定机构认为仲裁庭的提议与第 1 款不一致，指定机构应对该提议作出任何必要调整，该调整对仲裁庭具有约束力。
4.（a）向各方当事人通知根据第 40 条第 2 款（a）项和（b）项确定的仲裁员收费和开支时，仲裁庭还应解释相应金额的计算方式。
（b）收到仲裁庭收费和开支确定方法后 15 天内，任何一方当事人均可将此种确定方法提请指定机构审查。未约定或未指派指定机构的，或者指定机构在本《规则》列明的期限内不作为的，应由常设仲裁院秘书长审查。
（c）如果指定机构或常设仲裁院秘书长认为仲裁庭确定的费用和开支与仲裁庭根据第 3 款提议的费用和开支（及其任何调整）不一致，或者明显过高，指定机构或常设仲裁院秘书长应在收到审查请求后45天内,对仲裁庭的确定方法作出任何必要调整,使之符合第1款的标准。任何此种调整对仲裁庭具有约束力。

(d) 仲裁庭应将任何此种调整写入裁决书,裁决书已下达的,应适用第38条第3款规定的程序对裁决书作出更正,完成此种调整。

5. 在根据第3款或第4款进行的整个程序中,仲裁庭应根据第17条第1款继续进行仲裁程序。

6. 根据第4款提请的审查,不得影响裁决书中除仲裁庭收费和开支之外的其他任何事项的裁决,也不得延迟除收费和开支的确定之外裁决书中所有部分的承认和执行。

费用分担
第42条

1. 仲裁费用原则上应由败诉一方或败诉各方负担。但是,仲裁庭考虑到案件具体情况,认为分摊费用合理的,仲裁庭可裁决在当事人之间分摊每一项此种费用。

2. 仲裁庭应在最终裁决书中,或者在其认为适当的其他任何裁决中,裁决一方当事人须根据费用分摊决定向另一方当事人支付的任何数额。

费用交存
第43条

1. 仲裁庭可在其成立时要求各方当事人交存相等数额款项,以此作为第40条第2款(a)项至(c)项述及费用的预付金。

2. 仲裁程序进行期间,仲裁庭可要求各方当事人交存补充费用预付金。

3. 已约定或指派指定机构的,在一方当事人请求且指定机构也同意履行职责时,仲裁庭应同指定机构协商后方能确定任何交存款或补充交存款的数额,指定机构可就此项交存款或补充交存款的数额向仲裁庭提出其认为适当的任何意见。

4. 要求交存的款项未在接到付款要求后30天内缴齐的,仲裁庭应将此事通知各方当事人,以便一方或多方当事人可缴付要求交付的款项。不缴付此款项的,仲裁庭可下令暂停或终止仲裁程序。

5. 仲裁庭应在下达终止令或作出最终裁决后,将所收交存款账单送交各方当事人,并将任何未用余额退还各方当事人。

附件

合同中的示范仲裁条款

任何争议、争执或请求,凡由于本合同而引起的或与之有关的,或由于本合同的违反、终止或无效而引起的或与之有关的,均应按照《贸易法委员会仲裁规则》仲裁解决。

注-各方当事人应当考虑增列:
(a) 指定机构应为……(机构名称或人名);
(b) 仲裁员人数应为……(一名或三名);
(c) 仲裁地应为……(城市和国家);
(d) 仲裁程序中使用的语言应为……

可考虑增列的放弃声明

注-如果当事人希望排除可能根据适用法律对仲裁裁决提出的追诉,可以考虑加上一则条文,大意如下文所提议,但须考虑到此种排除条文的效力和条件取决于适用法律。

放弃

各方当事人放弃其就一项裁决向任何法院或其他主管机构提起任何形式追诉的权利,但根据适用法律放弃无效的除外。

根据《规则》第11条作出的独立性声明范文

无情况披露

本人公正不偏,独立于每一方当事人,今后亦将如此行事。尽本人所知,过去、现在均不存在会对本人公正性或独立性产生有正当理由怀疑的任何情形。本案仲裁期间随后一旦出现可能引起本人注意的任何此种情形,本人当迅速通知各方当事人和其他仲裁员。

有情况披露

本人公正不偏,独立于每一方当事人,今后亦将如此行事。根据《贸易法委员会仲裁规则》第11条,谨此附上有关以下方面的声明:(a)本人过去、现在与各方当事人在专业、业务和其他方面的关系,和(b)其他任何有关情形。〔列入声明〕本人确认,这些情形不影响本人的独立性和公正性。本案仲裁期间随后一旦出现可能引起本人注意的任何此种进一步关系或情形,本人当迅速通知各方当事人和其他仲裁员。

注-任何一方当事人均可考虑要求仲裁员对独立性声明作出如下补充:

本人确认,根据本人目前掌握的情况,本人可以投入必要时间,按照本《规则》确定的时限、勤勉、高效地进行本案仲裁。

附录 E
《中国国际经济贸易仲裁委员会仲裁规则》（2015 年）

第一章 总　　则

第一条　仲裁委员会

（一）中国国际经济贸易仲裁委员会（以下简称"仲裁委员会"），原名中国国际贸易促进委员会对外贸易仲裁委员会、中国国际贸易促进委员会对外经济贸易仲裁委员会，同时使用"中国国际商会仲裁院"名称。

（二）当事人在仲裁协议中订明由中国国际贸易促进委员会/中国国际商会仲裁，或由中国国际贸易促进委员会/中国国际商会的仲裁委员会或仲裁院仲裁的，或使用仲裁委员会原名称为仲裁机构的，均视为同意由中国国际经济贸易仲裁委员会仲裁。

第二条　机构及职责

（一）仲裁委员会主任履行本规则赋予的职责。副主任根据主任的授权可以履行主任的职责。

（二）仲裁委员会设有仲裁院，在授权的副主任和仲裁院院长的领导下履行本规则规定的职责。

（三）仲裁委员会设在北京。仲裁委员会设有分会或仲裁中心（本规则附件一）。仲裁委员会的分会/仲裁中心是仲裁委员会的派出机构，根据仲裁委员会的授权，接受仲裁申请，管理仲裁案件。

（四）分会/仲裁中心设仲裁院，在分会/仲裁中心仲裁院院长的领导下履行本规则规定由仲裁委员会仲裁院履行的职责。

（五）案件由分会/仲裁中心管理的，本规则规定由仲裁委员会仲裁院院长履行的职责，由仲裁委员会仲裁院院长授权的分会/仲裁中心仲裁院院长履行。

（六）当事人可以约定将争议提交仲裁委员会或仲裁委员会分会/仲裁中心进行仲裁；约定由仲裁委员会进行仲裁的，由仲裁委员会仲裁院接受仲裁申请并管理案件；约定由分会/仲裁中心仲裁的，由所约定的分会/仲裁中心仲裁院接受仲裁申请并管理案件。约定的分会/仲裁中心不存在、被终止授权或约定不明的，由仲裁委员会仲裁院接受仲裁申请并管理案件。如有争议,由仲裁委员会作出决定。

第三条　受案范围

(一)仲裁委员会根据当事人的约定受理契约性或非契约性的经济贸易等争议案件。

(二)前款所述案件包括:

1. 国际或涉外争议案件;

2. 涉及香港特别行政区、澳门特别行政区及台湾地区的争议案件;

3. 国内争议案件。

第四条　规则的适用

(一)本规则统一适用于仲裁委员会及其分会/仲裁中心。

(二)当事人约定将争议提交仲裁委员会仲裁的,视为同意按照本规则进行仲裁。

(三)当事人约定将争议提交仲裁委员会仲裁但对本规则有关内容进行变更或约定适用其他仲裁规则的,从其约定,但其约定无法实施或与仲裁程序适用法强制性规定相抵触者除外。当事人约定适用其他仲裁规则的,由仲裁委员会履行相应的管理职责。

(四)当事人约定按照本规则进行仲裁但未约定仲裁机构的,视为同意将争议提交仲裁委员会仲裁。

(五)当事人约定适用仲裁委员会专业仲裁规则的,从其约定,但其争议不属于该专业仲裁规则适用范围的,适用本规则。

第五条　仲裁协议

(一)仲裁协议指当事人在合同中订明的仲裁条款或以其他方式达成的提交仲裁的书面协议。

(二)仲裁协议应当采取书面形式。书面形式包括合同书、信件、电报、电传、传真、电子数据交换和电子邮件等可以有形地表现所载内容的形式。在仲裁申请书和仲裁答辩书的交换中,一方当事人声称有仲裁协议而另一方当事人不做否认表示的,视为存在书面仲裁协议。

(三)仲裁协议的适用法对仲裁协议的形式及效力另有规定的,从其规定。

(四)合同中的仲裁条款应视为与合同其他条款分离的、独立存在的条款,附属于合同的仲裁协议也应视为与合同其他条款分离的、独立存在的一个部分;合同的变更、解除、终止、转让、失效、无效、未生效、被撤销以及成立与否,均不影响仲裁条款或仲裁协议的效力。

第六条　对仲裁协议及/或管辖权的异议

（一）仲裁委员会有权对仲裁协议的存在、效力以及仲裁案件的管辖权作出决定。如有必要，仲裁委员会也可以授权仲裁庭作出管辖权决定。

（二）仲裁委员会依表面证据认为存在有效仲裁协议的，可根据表面证据作出仲裁委员会有管辖权的决定，仲裁程序继续进行。仲裁委员会依表面证据作出的管辖权决定并不妨碍其根据仲裁庭在审理过程中发现的与表面证据不一致的事实及/或证据重新作出管辖权决定。

（三）仲裁庭依据仲裁委员会的授权作出管辖权决定时，可以在仲裁程序进行中单独作出，也可以在裁决书中一并作出。

（四）当事人对仲裁协议及/或仲裁案件管辖权的异议，应当在仲裁庭首次开庭前书面提出；书面审理的案件，应当在第一次实体答辩前提出。

（五）对仲裁协议及/或仲裁案件管辖权提出异议不影响仲裁程序的继续进行。

（六）上述管辖权异议及/或决定包括仲裁案件主体资格异议及/或决定。

（七）仲裁委员会或经仲裁委员会授权的仲裁庭作出无管辖权决定的，应当作出撤销案件的决定。撤案决定在仲裁庭组成前由仲裁委员会仲裁院院长作出，在仲裁庭组成后，由仲裁庭作出。

第七条　仲裁地

（一）当事人对仲裁地有约定的，从其约定。

（二）当事人对仲裁地未作约定或约定不明的，以管理案件的仲裁委员会或其分会/仲裁中心所在地为仲裁地；仲裁委员会也可视案件的具体情形确定其他地点为仲裁地。

（三）仲裁裁决视为在仲裁地作出。

第八条　送达及期限

（一）有关仲裁的一切文书、通知、材料等均可采用当面递交、挂号信、特快专递、传真或仲裁委员会仲裁院或仲裁庭认为适当的其他方式发送。

（二）上述第（一）款所述仲裁文件应发送当事人或其仲裁代理人自行提供的或当事人约定的地址；当事人或其仲裁代理人没有提供地址或当事人对地址没有约定的，按照对方当事人或其仲裁代理人提供的地址发送。

（三）向一方当事人或其仲裁代理人发送的仲裁文件，如经当面递交收件人或发送至收件人的营业地、注册地、住所地、惯常居住地或通信地址，或经对方当事人合理查询不能找到上述任一地点，仲裁委员会仲裁院以挂号信或特快专递或能提供投递记录的包括公证送达、委托送达和留置送达在内的其他任何手段投递给收件人最后一个为人所知的营业地、注册地、住所地、惯常居住地或通信地址,即视为有效送达。

(四)本规则所规定的期限,应自当事人收到或应当收到仲裁委员会仲裁院向其发送的文书、通知、材料等之日的次日起计算。

第九条 诚实信用

仲裁参与人应遵循诚实信用原则,进行仲裁程序。

第十条 放弃异议

一方当事人知道或理应知道本规则或仲裁协议中规定的任何条款或情事未被遵守,仍参加仲裁程序或继续进行仲裁程序而且不对此不遵守情况及时地、明示地提出书面异议的,视为放弃其提出异议的权利。

第二章 仲裁程序

第一节 仲裁申请、答辩、反请求

第十一条 仲裁程序的开始

仲裁程序自仲裁委员会仲裁院收到仲裁申请书之日起开始。

第十二条 申请仲裁

当事人依据本规则申请仲裁时应:

(一)提交由申请人或申请人授权的代理人签名及/或盖章的仲裁申请书。仲裁申请书应写明:

1. 申请人和被申请人的名称和住所,包括邮政编码、电话、传真、电子邮箱或其他电子通信方式;

2. 申请仲裁所依据的仲裁协议;

3. 案情和争议要点;

4. 申请人的仲裁请求;

5. 仲裁请求所依据的事实和理由。

(二)在提交仲裁申请书时,附具申请人请求所依据的证据材料以及其他证明文件。

(三)按照仲裁委员会制定的仲裁费用表的规定预缴仲裁费。

第十三条 案件的受理

(一)仲裁委员会根据当事人在争议发生之前或在争议发生之后达成的将争议提交仲裁委员会仲裁的仲裁协议和一方当事人的书面申请,受理案件。

(二)仲裁委员会仲裁院收到申请人的仲裁申请书及其附件后,经审查,认为申请仲裁的手续完备的,应将仲裁通知、仲裁委员会仲裁规则和仲裁员名册各一份发送给双方当事人;申请人的仲裁申请书及其附件也应同时发送给被申请人。

(三)仲裁委员会仲裁院经审查认为申请仲裁的手续不完备的,可以要求申请人在一定的期限内予以完备。申请人未能在规定期限内完备申请仲裁手续的,视同申请人未提出仲裁申请;申请人的仲裁申请书及其附件,仲裁委员会仲裁院不予留存。

(四)仲裁委员会受理案件后,仲裁委员会仲裁院应指定一名案件秘书协助仲裁案件的程序管理。

第十四条 多份合同的仲裁

申请人就多份合同项下的争议可在同一仲裁案件中合并提出仲裁申请,但应同时符合下列条件:

1. 多份合同系主从合同关系;或多份合同所涉当事人相同且法律关系性质相同;

2. 争议源于同一交易或同一系列交易;

3. 多份合同中的仲裁协议内容相同或相容。

第十五条 答辩

(一)被申请人应自收到仲裁通知后45天内提交答辩书。被申请人确有正当理由请求延长提交答辩期限的,由仲裁庭决定是否延长答辩期限;仲裁庭尚未组成的,由仲裁委员会仲裁院作出决定。

(二)答辩书由被申请人或被申请人授权的代理人签名及/或盖章,并应包括下列内容及附件:

1. 被申请人的名称和住所,包括邮政编码、电话、传真、电子邮箱或其他电子通信方式;

2. 对仲裁申请书的答辩及所依据的事实和理由;

3. 答辩所依据的证据材料以及其他证明文件。

(三)仲裁庭有权决定是否接受逾期提交的答辩书。

(四)被申请人未提交答辩书,不影响仲裁程序的进行。

第十六条 反请求

(一)被申请人如有反请求,应自收到仲裁通知后45天内以书面形式提交。被申请人确有正当理由请求延长提交反请求期限的,由仲裁庭决定是否延长反请求期限;仲裁庭尚未组成的,由仲裁委员会仲裁院作出决定。

(二)被申请人提出反请求时,应在其反请求申请书中写明具体的反请求事项及其所依据的事实和理由,并附具有关的证据材料以及其他证明文件。

(三)被申请人提出反请求,应按照仲裁委员会制定的仲裁费用表在规定的时间内预缴仲裁费。被申请人未按期缴纳反请求仲裁费的,视同未提出反请求申请。

(四)仲裁委员会仲裁院认为被申请人提出反请求的手续已完备的,应向双方当事人发出反请求受理通知。申请人应在收到反请求受理通知后 30 天内针对被申请人的反请求提交答辩。申请人确有正当理由请求延长提交答辩期限的,由仲裁庭决定是否延长答辩期限;仲裁庭尚未组成的,由仲裁委员会仲裁院作出决定。

(五)仲裁庭有权决定是否接受逾期提交的反请求和反请求答辩书。

(六)申请人对被申请人的反请求未提出书面答辩的,不影响仲裁程序的进行。

第十七条 变更仲裁请求或反请求

申请人可以申请对其仲裁请求进行变更,被申请人也可以申请对其反请求进行变更;但是仲裁庭认为其提出变更的时间过迟而影响仲裁程序正常进行的,可以拒绝其变更请求。

第十八条 追加当事人

(一)在仲裁程序中,一方当事人依据表面上约束被追加当事人的案涉仲裁协议可以向仲裁委员会申请追加当事人。在仲裁庭组成后申请追加当事人的,如果仲裁庭认为确有必要,应在征求包括被追加当事人在内的各方当事人的意见后,由仲裁委员会作出决定。

仲裁委员会仲裁院收到追加当事人申请之日视为针对该被追加当事人的仲裁开始之日。

(二)追加当事人申请书应包含现有仲裁案件的案号,涉及被追加当事人在内的所有当事人的名称、住所及通信方式,追加当事人所依据的仲裁协议、事实和理由,以及仲裁请求。

当事人在提交追加当事人申请书时,应附具其申请所依据的证据材料以及其他证明文件。

(三)任何一方当事人就追加当事人程序提出仲裁协议及/或仲裁案件管辖权异议的,仲裁委员会有权基于仲裁协议及相关证据作出是否具有管辖权的决定。

(四)追加当事人程序开始后,在仲裁庭组成之前,由仲裁委员会仲裁院就仲裁程序的进行作出决定;在仲裁庭组成之后,由仲裁庭就仲裁程序的进行作出决定。

(五)在仲裁庭组成之前追加当事人的,本规则有关当事人选定或委托仲裁委员会主任指定仲裁员的规定适用于被追加当事人。仲裁庭的组成应按照本规则第二十九条的规定进行。

在仲裁庭组成后决定追加当事人的,仲裁庭应就已经进行的包括仲裁庭组成在内的仲裁程序征求被追加当事人的意见。被追加当事人要求选定或委托仲裁委员会主任指定仲裁员的,双方当事人应重新选定或委托仲裁委员会主任指定仲裁员。仲裁庭的组成应按照本规则第二十九条的规定进行。

（六）本规则有关当事人提交答辩及反请求的规定适用于被追加当事人。被追加当事人提交答辩及反请求的期限自收到追加当事人仲裁通知后起算。

（七）案涉仲裁协议表面上不能约束被追加当事人或存在其他任何不宜追加当事人的情形的,仲裁委员会有权决定不予追加。

第十九条　合并仲裁

（一）符合下列条件之一的,经一方当事人请求,仲裁委员会可以决定将根据本规则进行的两个或两个以上的仲裁案件合并为一个仲裁案件,进行审理。

1. 各案仲裁请求依据同一个仲裁协议提出；

2. 各案仲裁请求依据多份仲裁协议提出,该多份仲裁协议内容相同或相容,且各案当事人相同、各争议所涉及的法律关系性质相同；

3. 各案仲裁请求依据多份仲裁协议提出,该多份仲裁协议内容相同或相容,且涉及的多份合同为主从合同关系；

4. 所有案件的当事人均同意合并仲裁。

（二）根据上述第（一）款决定合并仲裁时,仲裁委员会应考虑各方当事人的意见及相关仲裁案件之间的关联性等因素,包括不同案件的仲裁员的选定或指定情况。

（三）除非各方当事人另有约定,合并的仲裁案件应合并至最先开始仲裁程序的仲裁案件。

（四）仲裁案件合并后,在仲裁庭组成之前,由仲裁委员会仲裁院就程序的进行作出决定；仲裁庭组成后,由仲裁庭就程序的进行作出决定。

第二十条　仲裁文件的提交与交换

（一）当事人的仲裁文件应提交至仲裁委员会仲裁院。

（二）仲裁程序中需发送或转交的仲裁文件,由仲裁委员会仲裁院发送或转交仲裁庭及当事人,当事人另有约定并经仲裁庭同意或仲裁庭另有决定者除外。

第二十一条　仲裁文件的份数

当事人提交的仲裁申请书、答辩书、反请求书和证据材料以及其他仲裁文件,应一式五份；多方当事人的案件,应增加相应份数；当事人提出财产保全申请或证据保全申请的,应增加相应份数；仲裁庭组成人数为一人的,应相应减少两份。

第二十二条　仲裁代理人

当事人可以授权中国及/或外国的仲裁代理人办理有关仲裁事项。当事人或其仲裁代理人应向仲裁委员会仲裁院提交授权委托书。

第二十三条　保全及临时措施

（一）当事人依据中国法律申请保全的，仲裁委员会应当依法将当事人的保全申请转交当事人指明的有管辖权的法院。

（二）根据所适用的法律或当事人的约定，当事人可以依据《中国国际经济贸易仲裁委员会紧急仲裁员程序》（本规则附件三）向仲裁委员会仲裁院申请紧急性临时救济。紧急仲裁员可以决定采取必要或适当的紧急性临时救济措施。紧急仲裁员的决定对双方当事人具有约束力。

（三）经一方当事人请求，仲裁庭依据所适用的法律或当事人的约定可以决定采取其认为必要或适当的临时措施，并有权决定由请求临时措施的一方当事人提供适当的担保。

第二节　仲裁员及仲裁庭

第二十四条　仲裁员的义务

仲裁员不代表任何一方当事人，应独立于各方当事人，平等地对待各方当事人。

第二十五条　仲裁庭的人数

（一）仲裁庭由一名或三名仲裁员组成。

（二）除非当事人另有约定或本规则另有规定，仲裁庭由三名仲裁员组成。

第二十六条　仲裁员的选定或指定

（一）仲裁委员会制定统一适用于仲裁委员会及其分会/仲裁中心的仲裁员名册；当事人从仲裁委员会制定的仲裁员名册中选定仲裁员。

（二）当事人约定在仲裁委员会仲裁员名册之外选定仲裁员的，当事人选定的或根据当事人约定指定的人士经仲裁委员会主任确认后可以担任仲裁员。

第二十七条　三人仲裁庭的组成

（一）申请人和被申请人应各自在收到仲裁通知后15天内选定或委托仲裁委员会主任指定一名仲裁员。当事人未在上述期限内选定或委托仲裁委员会主任指定的，由仲裁委员会主任指定。

（二）第三名仲裁员由双方当事人在被申请人收到仲裁通知后15天内共同选定或共同委托仲裁委员会主任指定。第三名仲裁员为仲裁庭的首席仲裁员。

（三）双方当事人可以各自推荐一至五名候选人作为首席仲裁员人选，并按照上述第（二）款规定的期限提交推荐名单。双方当事人的推荐名单中有一名人选相同的,该人选为双方当事人共同选定的首席仲裁员;有一名以上人选相同的,由仲裁委员会主任根据案件的具体情况在相同人选中确定一名首席仲裁员,该名首席仲裁员仍为双方共同选定的首席仲裁员;推荐名单中没有相同人选时,由仲裁委员会主任指定首席仲裁员。

（四）双方当事人未能按照上述规定共同选定首席仲裁员的,由仲裁委员会主任指定首席仲裁员。

第二十八条 独任仲裁庭的组成

仲裁庭由一名仲裁员组成的,按照本规则第二十七条第（二）、（三）、（四）款规定的程序,选定或指定独任仲裁员。

第二十九条 多方当事人仲裁庭的组成

（一）仲裁案件有两个或两个以上申请人及/或被申请人时,申请人方及/或被申请人方应各自协商,各方共同选定或共同委托仲裁委员会主任指定一名仲裁员。

（二）首席仲裁员或独任仲裁员应按照本规则第二十七条第（二）、（三）、（四）款规定的程序选定或指定。申请人方及/或被申请人方按照本规则第二十七条第（三）款的规定选定首席仲裁员或独任仲裁员时,应各方共同协商,提交各方共同选定的候选人名单。

（三）如果申请人方及/或被申请人方未能在收到仲裁通知后15天内各方共同选定或各方共同委托仲裁委员会主任指定一名仲裁员,则由仲裁委员会主任指定仲裁庭三名仲裁员,并从中确定一人担任首席仲裁员。

第三十条 指定仲裁员的考虑因素

仲裁委员会主任根据本规则的规定指定仲裁员时,应考虑争议的适用法律、仲裁地、仲裁语言、当事人国籍,以及仲裁委员会主任认为应考虑的其他因素。

第三十一条 披露

（一）被选定或被指定的仲裁员应签署声明书,披露可能引起对其公正性和独立性产生合理怀疑的任何事实或情况。

（二）在仲裁程序中出现应披露情形的,仲裁员应立即书面披露。

（三）仲裁员的声明书及/或披露的信息应提交仲裁委员会仲裁院并转交各方当事人。

第三十二条 仲裁员的回避

（一）当事人收到仲裁员的声明书及/或书面披露后,如果以披露的事实或情况为理由要求该仲裁员回避,则应于收到仲裁员的书面披露后10天内书面提出。逾期没有申请回避的,不得以仲裁员曾经披露的事项为由申请该仲裁员回避。

（二）当事人对被选定或被指定的仲裁员的公正性和独立性产生具有正当理由的怀疑时，可以书面提出要求该仲裁员回避的请求，但应说明提出回避请求所依据的具体事实和理由，并举证。

（三）对仲裁员的回避请求应在收到组庭通知后 15 天内以书面形式提出；在此之后得知要求回避事由的，可以在得知回避事由后 15 天内提出，但应不晚于最后一次开庭终结。

（四）当事人的回避请求应当立即转交另一方当事人、被请求回避的仲裁员及仲裁庭其他成员。

（五）如果一方当事人请求仲裁员回避，另一方当事人同意回避请求，或被请求回避的仲裁员主动提出不再担任该仲裁案件的仲裁员，则该仲裁员不再担任仲裁员审理本案。上述情形并不表示当事人提出回避的理由成立。

（六）除上述第（五）款规定的情形外，仲裁员是否回避，由仲裁委员会主任作出终局决定并可以不说明理由。

（七）在仲裁委员会主任就仲裁员是否回避作出决定前，被请求回避的仲裁员应继续履行职责。

第三十三条　仲裁员的更换

（一）仲裁员在法律上或事实上不能履行职责，或没有按照本规则的要求或在本规则规定的期限内履行应尽职责时，仲裁委员会主任有权决定将其更换；该仲裁员也可以主动申请不再担任仲裁员。

（二）是否更换仲裁员，由仲裁委员会主任作出终局决定并可以不说明理由。

（三）在仲裁员因回避或更换不能履行职责时，应按照原选定或指定仲裁员的方式在仲裁委员会仲裁院规定的期限内选定或指定替代的仲裁员。当事人未选定或指定替代仲裁员的，由仲裁委员会主任指定替代的仲裁员。

（四）重新选定或指定仲裁员后，由仲裁庭决定是否重新审理及重新审理的范围。

第三十四条　多数仲裁员继续仲裁程序

最后一次开庭终结后，如果三人仲裁庭中的一名仲裁员因死亡或被除名等情形而不能参加合议及/或作出裁决，另外两名仲裁员可以请求仲裁委员会主任按照第三十三条的规定更换该仲裁员；在征求双方当事人意见并经仲裁委员会主任同意后，该两名仲裁员也可以继续进行仲裁程序，作出决定或裁决。仲裁委员会仲裁院应将上述情况通知双方当事人。

第三节 审理

第三十五条 审理方式

（一）除非当事人另有约定，仲裁庭可以按照其认为适当的方式审理案件。在任何情形下，仲裁庭均应公平和公正地行事，给予双方当事人陈述与辩论的合理机会。

（二）仲裁庭应开庭审理案件，但双方当事人约定并经仲裁庭同意或仲裁庭认为不必开庭审理并征得双方当事人同意的，可以只依据书面文件进行审理。

（三）除非当事人另有约定，仲裁庭可以根据案件的具体情况采用询问式或辩论式的庭审方式审理案件。

（四）仲裁庭可以在其认为适当的地点以其认为适当的方式进行合议。

（五）除非当事人另有约定，仲裁庭认为必要时可以就所审理的案件发布程序令、发出问题单、制作审理范围书、举行庭前会议等。经仲裁庭其他成员授权，首席仲裁员可以单独就仲裁案件的程序安排作出决定。

第三十六条 开庭地

（一）当事人约定了开庭地点的，仲裁案件的开庭审理应当在约定的地点进行，但出现本规则第八十二条第（三）款规定的情形的除外。

（二）除非当事人另有约定，由仲裁委员会仲裁院或其分会/仲裁中心仲裁院管理的案件应分别在北京或分会/仲裁中心所在地开庭审理；如仲裁庭认为必要，经仲裁委员会仲裁院院长同意，也可以在其他地点开庭审理。

第三十七条 开庭通知

（一）开庭审理的案件，仲裁庭确定第一次开庭日期后，应不晚于开庭前20天将开庭日期通知双方当事人。当事人有正当理由的，可以请求延期开庭，但应于收到开庭通知后5天内提出书面延期申请；是否延期，由仲裁庭决定。

（二）当事人有正当理由未能按上述第（一）款规定提出延期开庭申请的，是否接受其延期申请，由仲裁庭决定。

（三）再次开庭审理的日期及延期后开庭审理日期的通知及其延期申请，不受上述第（一）款期限的限制。

第三十八条 保密

（一）仲裁庭审理案件不公开进行。双方当事人要求公开审理的，由仲裁庭决定是否公开审理。

（二）不公开审理的案件，双方当事人及其仲裁代理人、仲裁员、证人、翻译、仲裁庭咨询的专家和指定的鉴定人，以及其他有关人员，均不得对外界透露案件实体和程序的有关情况。

第三十九条　当事人缺席

（一）申请人无正当理由开庭时不到庭的，或在开庭审理时未经仲裁庭许可中途退庭的，可以视为撤回仲裁申请；被申请人提出反请求的，不影响仲裁庭就反请求进行审理，并作出裁决。

（二）被申请人无正当理由开庭时不到庭的，或在开庭审理时未经仲裁庭许可中途退庭的，仲裁庭可以进行缺席审理并作出裁决；被申请人提出反请求的，可以视为撤回反请求。

第四十条　庭审笔录

（一）开庭审理时，仲裁庭可以制作庭审笔录及/或影音记录。仲裁庭认为必要时，可以制作庭审要点，并要求当事人及/或其代理人、证人及/或其他有关人员在庭审笔录或庭审要点上签字或盖章。

（二）庭审笔录、庭审要点和影音记录供仲裁庭查用。

（三）应一方当事人申请，仲裁委员会仲裁院视案件具体情况可以决定聘请速录人员速录庭审笔录，当事人应当预交由此产生的费用。

第四十一条　举证

（一）当事人应对其申请、答辩和反请求所依据的事实提供证据加以证明，对其主张、辩论及抗辩要点提供依据。

（二）仲裁庭可以规定当事人提交证据的期限。当事人应在规定的期限内提交证据。逾期提交的，仲裁庭可以不予接受。当事人在举证期限内提交证据材料确有困难的，可以在期限届满前申请延长举证期限。是否延长，由仲裁庭决定。

（三）当事人未能在规定的期限内提交证据，或虽提交证据但不足以证明其主张的，负有举证责任的当事人承担因此产生的后果。

第四十二条　质证

（一）开庭审理的案件，证据应在开庭时出示，当事人可以质证。

（二）对于书面审理的案件的证据材料，或对于开庭后提交的证据材料且当事人同意书面质证的，可以进行书面质证。书面质证时，当事人应在仲裁庭规定的期限内提交书面质证意见。

第四十三条　仲裁庭调查取证

（一）仲裁庭认为必要时，可以调查事实，搜集证据。

（二）仲裁庭调查事实、搜集证据时，可以通知当事人到场。经通知，一方或双方当事人不到场的，不影响仲裁庭调查事实和搜集证据。

（三）仲裁庭调查收集的证据，应转交当事人，给予当事人提出意见的机会。

第四十四条 专家报告及鉴定报告

（一）仲裁庭可以就案件中的专门问题向专家咨询或指定鉴定人进行鉴定。专家和鉴定人可以是中国或外国的机构或自然人。

（二）仲裁庭有权要求当事人、当事人也有义务向专家或鉴定人提供或出示任何有关资料、文件或财产、实物，以供专家或鉴定人审阅、检验或鉴定。

（三）专家报告和鉴定报告的副本应转交当事人，给予当事人提出意见的机会。一方当事人要求专家或鉴定人参加开庭的，经仲裁庭同意，专家或鉴定人应参加开庭，并在仲裁庭认为必要时就所作出的报告进行解释。

第四十五条 程序中止

（一）双方当事人共同或分别请求中止仲裁程序，或出现其他需要中止仲裁程序的情形的，仲裁程序可以中止。

（二）中止程序的原因消失或中止程序期满后，仲裁程序恢复进行。

（三）仲裁程序的中止及恢复，由仲裁庭决定；仲裁庭尚未组成的，由仲裁委员会仲裁院院长决定。

第四十六条 撤回申请和撤销案件

（一）当事人可以撤回全部仲裁请求或全部仲裁反请求。申请人撤回全部仲裁请求的，不影响仲裁庭就被申请人的仲裁反请求进行审理和裁决。被申请人撤回全部仲裁反请求的，不影响仲裁庭就申请人的仲裁请求进行审理和裁决。

（二）因当事人自身原因致使仲裁程序不能进行的，可以视为其撤回仲裁请求。

（三）仲裁请求和反请求全部撤回的，案件可以撤销。在仲裁庭组成前撤销案件的，由仲裁委员会仲裁院院长作出撤案决定；仲裁庭组成后撤销案件的，由仲裁庭作出撤案决定。

（四）上述第（三）款及本规则第六条第（七）款所述撤案决定应加盖"中国国际经济贸易仲裁委员会"印章。

第四十七条 仲裁与调解相结合

（一）双方当事人有调解愿望的，或一方当事人有调解愿望并经仲裁庭征得另一方当事人同意的，仲裁庭可以在仲裁程序中对案件进行调解。双方当事人也可以自行和解。

（二）仲裁庭在征得双方当事人同意后可以按照其认为适当的方式进行调解。

（三）调解过程中，任何一方当事人提出终止调解或仲裁庭认为已无调解成功的可能时,仲裁庭应终止调解。

（四）双方当事人经仲裁庭调解达成和解或自行和解的,应签订和解协议。

（五）当事人经调解达成或自行达成和解协议的,可以撤回仲裁请求或反请求,也可以请求仲裁庭根据当事人和解协议的内容作出裁决书或制作调解书。

（六）当事人请求制作调解书的,调解书应当写明仲裁请求和当事人书面和解协议的内容,由仲裁员署名,并加盖"中国国际经济贸易仲裁委员会"印章,送达双方当事人。

（七）调解不成功的,仲裁庭应当继续进行仲裁程序并作出裁决。

（八）当事人有调解愿望但不愿在仲裁庭主持下进行调解的,经双方当事人同意,仲裁委员会可以协助当事人以适当的方式和程序进行调解。

（九）如果调解不成功,任何一方当事人均不得在其后的仲裁程序、司法程序和其他任何程序中援引对方当事人或仲裁庭在调解过程中曾发表的意见、提出的观点、作出的陈述、表示认同或否定的建议或主张作为其请求、答辩或反请求的依据。

（十）当事人在仲裁程序开始之前自行达成或经调解达成和解协议的,可以依据由仲裁委员会仲裁的仲裁协议及其和解协议,请求仲裁委员会组成仲裁庭,按照和解协议的内容作出仲裁裁决。除非当事人另有约定,仲裁委员会主任指定一名独任仲裁员成立仲裁庭,由仲裁庭按照其认为适当的程序进行审理并作出裁决。具体程序和期限,不受本规则其他条款关于程序和期限的限制。

第三章 裁 决

第四十八条 作出裁决的期限

（一）仲裁庭应在组庭后6个月内作出裁决书。

（二）经仲裁庭请求,仲裁委员会仲裁院院长认为确有正当理由和必要的,可以延长该期限。

（三）程序中止的期间不计入上述第（一）款规定的裁决期限。

第四十九条 裁决的作出

（一）仲裁庭应当根据事实和合同约定,依照法律规定,参考国际惯例,公平合理、独立公正地作出裁决。

（二）当事人对于案件实体适用法有约定的,从其约定。当事人没有约定或其约定与法律强制性规定相抵触的,由仲裁庭决定案件实体的法律适用。

（三）仲裁庭在裁决书中应写明仲裁请求、争议事实、裁决理由、裁决结果、仲裁费用的承担、裁决的日期和地点。当事人协议不写明争议事实和裁决理由的,以及按照双方当事人和解协议的内容作出裁决书的,可以不写明争议事实和裁决理由。仲裁庭有权在裁决书中确定当事人履行裁决的具体期限及逾期履行所应承担的责任。

(四)裁决书应加盖"中国国际经济贸易仲裁委员会"印章。

(五)由三名仲裁员组成的仲裁庭审理的案件,裁决依全体仲裁员或多数仲裁员的意见作出。少数仲裁员的书面意见应附卷,并可以附在裁决书后,该书面意见不构成裁决书的组成部分。

(六)仲裁庭不能形成多数意见的,裁决依首席仲裁员的意见作出。其他仲裁员的书面意见应附卷,并可以附在裁决书后,该书面意见不构成裁决书的组成部分。

(七)除非裁决依首席仲裁员意见或独任仲裁员意见作出并由其署名,裁决书应由多数仲裁员署名。持有不同意见的仲裁员可以在裁决书上署名,也可以不署名。

(八)作出裁决书的日期,即为裁决发生法律效力的日期。

(九)裁决是终局的,对双方当事人均有约束力。任何一方当事人均不得向法院起诉,也不得向其他任何机构提出变更仲裁裁决的请求。

第五十条 部分裁决

(一)仲裁庭认为必要或当事人提出请求并经仲裁庭同意的,仲裁庭可以在作出最终裁决之前,就当事人的某些请求事项先行作出部分裁决。部分裁决是终局的,对双方当事人均有约束力。

(二)一方当事人不履行部分裁决,不影响仲裁程序的继续进行,也不影响仲裁庭作出最终裁决。

第五十一条 裁决书草案的核阅

仲裁庭应在签署裁决书之前将裁决书草案提交仲裁委员会核阅。在不影响仲裁庭独立裁决的情况下,仲裁委员会可以就裁决书的有关问题提请仲裁庭注意。

第五十二条 费用承担

(一)仲裁庭有权在裁决书中裁定当事人最终应向仲裁委员会支付的仲裁费和其他费用。

(二)仲裁庭有权根据案件的具体情况在裁决书中裁定败诉方应补偿胜诉方因办理案件而支出的合理费用。仲裁庭裁定败诉方补偿胜诉方因办理案件而支出的费用是否合理时,应具体考虑案件的裁决结果、复杂程度、胜诉方当事人及/或代理人的实际工作量以及案件的争议金额等因素。

第五十三条　裁决书的更正

（一）仲裁庭可以在发出裁决书后的合理时间内自行以书面形式对裁决书中的书写、打印、计算上的错误或其他类似性质的错误作出更正。

（二）任何一方当事人均可以在收到裁决书后 30 天内就裁决书中的书写、打印、计算上的错误或其他类似性质的错误，书面申请仲裁庭作出更正；如确有错误，仲裁庭应在收到书面申请后 30 天内作出书面更正。

（三）上述书面更正构成裁决书的组成部分，应适用本规则第四十九条第（四）至（九）款的规定。

第五十四条　补充裁决

（一）如果裁决书中有遗漏事项，仲裁庭可以在发出裁决书后的合理时间内自行作出补充裁决。

（二）任何一方当事人可以在收到裁决书后 30 天内以书面形式请求仲裁庭就裁决书中遗漏的事项作出补充裁决；如确有漏裁事项，仲裁庭应在收到上述书面申请后 30 天内作出补充裁决。

（三）该补充裁决构成裁决书的一部分，应适用本规则第四十九条第（四）至（九）款的规定。

第五十五条　裁决的履行

（一）当事人应依照裁决书写明的期限履行仲裁裁决；裁决书未写明履行期限的，应立即履行。

（二）一方当事人不履行裁决的，另一方当事人可以依法向有管辖权的法院申请执行。

第四章　简 易 程 序

第五十六条　简易程序的适用

（一）除非当事人另有约定，凡争议金额不超过人民币 500 万元，或争议金额超过人民币 500 万元但经一方当事人书面申请并征得另一方当事人书面同意的，或双方当事人约定适用简易程序的，适用简易程序。

（二）没有争议金额或争议金额不明确的，由仲裁委员会根据案件的复杂程度、涉及利益的大小以及其他有关因素综合考虑决定是否适用简易程序。

第五十七条　仲裁通知

申请人提出仲裁申请，经审查可以受理并适用简易程序的，仲裁委员会仲裁院应向双方当事人发出仲裁通知。

第五十八条　仲裁庭的组成

除非当事人另有约定，适用简易程序的案件，依照本规则第二十八条的规定成立独任仲裁庭审理案件。

第五十九条 答辩和反请求

(一) 被申请人应在收到仲裁通知后 20 天内提交答辩书及证据材料以及其他证明文件;如有反请求,也应在此期限内提交反请求书及证据材料以及其他证明文件。

(二) 申请人应在收到反请求书及其附件后 20 天内针对被申请人的反请求提交答辩。

(三) 当事人确有正当理由请求延长上述期限的,由仲裁庭决定是否延长;仲裁庭尚未组成的,由仲裁委员会仲裁院作出决定。

第六十条 审理方式

仲裁庭可以按照其认为适当的方式审理案件,可以在征求当事人意见后决定只依据当事人提交的书面材料和证据进行书面审理,也可以决定开庭审理。

第六十一条 开庭通知

(一) 对于开庭审理的案件,仲裁庭确定第一次开庭日期后,应不晚于开庭前 15 天将开庭日期通知双方当事人。当事人有正当理由的,可以请求延期开庭,但应于收到开庭通知后 3 天内提出书面延期申请;是否延期,由仲裁庭决定。

(二) 当事人有正当理由未能按上述第(一)款规定提出延期开庭申请的,是否接受其延期申请,由仲裁庭决定。

(三) 再次开庭审理的日期及延期后开庭审理日期的通知及其延期申请,不受上述第(一)款期限的限制。

第六十二条 作出裁决的期限

(一) 仲裁庭应在组庭后 3 个月内作出裁决书。

(二) 经仲裁庭请求,仲裁委员会仲裁院院长认为确有正当理由和必要的,可以延长该期限。

(三) 程序中止的期间不计入上述第(一)款规定的裁决期限。

第六十三条 程序变更

仲裁请求的变更或反请求的提出,不影响简易程序的继续进行。经变更的仲裁请求或反请求所涉争议金额分别超过人民币 500 万元的案件,除非当事人约定或仲裁庭认为有必要变更为普通程序,继续适用简易程序。

第六十四条 本规则其他条款的适用

本章未规定的事项,适用本规则其他各章的有关规定。

第五章 国内仲裁的特别规定

第六十五条 本章的适用

（一）国内仲裁案件，适用本章规定。

（二）符合本规则第五十六条规定的国内仲裁案件，适用第四章简易程序的规定。

第六十六条 案件的受理

（一）收到仲裁申请书后，仲裁委员会仲裁院认为仲裁申请符合本规则第十二条规定的受理条件的，应当在5天内通知当事人；认为不符合受理条件的，应书面通知当事人不予受理，并说明理由。

（二）收到仲裁申请书后，仲裁委员会仲裁院经审查认为申请仲裁的手续不符合本规则第十二条规定的，可以要求当事人在规定的期限内予以完备。

第六十七条 仲裁庭的组成

仲裁庭应按照本规则第二十五条、第二十六条、第二十七条、第二十八条、第二十九条和第三十条的规定组成。

第六十八条 答辩和反请求

（一）被申请人应在收到仲裁通知后20天内提交答辩书及所依据的证据材料以及其他证明文件；如有反请求，也应在此期限内提交反请求书及所依据的证据材料以及其他证明文件。

（二）申请人应在收到反请求书及其附件后20天内针对被申请人的反请求提交答辩。

（三）当事人确有正当理由请求延长上述期限的，由仲裁庭决定是否延长；仲裁庭尚未组成的，由仲裁委员会仲裁院作出决定。

第六十九条 开庭通知

（一）对于开庭审理的案件，仲裁庭确定第一次开庭日期后，应不晚于开庭前15天将开庭日期通知双方当事人。当事人有正当理由的，可以请求延期开庭，但应于收到开庭通知后3天内提出书面延期申请；是否延期，由仲裁庭决定。

（二）当事人有正当理由未能按上述第（一）款规定提出延期开庭申请的，是否接受其延期申请，由仲裁庭决定。

（三）再次开庭审理的日期及延期后开庭审理日期的通知及其延期申请，不受上述第（一）款期限的限制。

第七十条 庭审笔录

（一）仲裁庭应将开庭情况记入笔录。当事人和其他仲裁参与人认为对自己陈述的记录有遗漏或有差错的，可以申请补正；仲裁庭不同意其补正的，应将该申请记录在案。

（二）庭审笔录由仲裁员、记录人员、当事人和其他仲裁参与人签名或盖章。

第七十一条　作出裁决的期限

（一）仲裁庭应在组庭后 4 个月内作出裁决书。

（二）经仲裁庭请求，仲裁委员会仲裁院院长认为确有正当理由和必要的，可以延长该期限。

（三）程序中止的期间不计入上述第（一）款规定的裁决期限。

第七十二条　本规则其他条款的适用

本章未规定的事项，适用本规则其他各章的有关规定。本规则第六章的规定除外。

第六章　香港仲裁的特别规定

第七十三条　本章的适用

（一）仲裁委员会在香港特别行政区设立仲裁委员会香港仲裁中心。本章适用于仲裁委员会香港仲裁中心接受仲裁申请并管理的仲裁案件。

（二）当事人约定将争议提交仲裁委员会香港仲裁中心仲裁或约定将争议提交仲裁委员会在香港仲裁的，由仲裁委员会香港仲裁中心接受仲裁申请并管理案件。

第七十四条　仲裁地及程序适用法

除非当事人另有约定，仲裁委员会香港仲裁中心管理的案件的仲裁地为香港，仲裁程序适用法为香港仲裁法，仲裁裁决为香港裁决。

第七十五条　管辖权决定的作出

当事人对仲裁协议及/或仲裁案件管辖权的异议，应不晚于第一次实体答辩前提出。

仲裁庭有权对仲裁协议的存在、效力以及仲裁案件的管辖权作出决定。

第七十六条　仲裁员的选定或指定

仲裁委员会现行仲裁员名册在仲裁委员会香港仲裁中心管理的案件中推荐使用，当事人可以在仲裁委员会仲裁员名册外选定仲裁员。被选定的仲裁员应经仲裁委员会主任确认。

第七十七条　临时措施和紧急救济

（一）除非当事人另有约定，应一方当事人申请，仲裁庭有权决定采取适当的临时措施。

（二）在仲裁庭组成之前，当事人可以按照《中国国际经济贸易仲裁委员会紧急仲裁员程序》（本规则附件三）申请紧急性临时救济。

第七十八条　裁决书的印章

裁决书应加盖"中国国际经济贸易仲裁委员会香港仲裁中心"印章。

第七十九条　仲裁收费

依本章接受申请并管理的案件适用《中国国际经济贸易仲裁委员会仲裁费用表（三）》（本规则附件二）。

第八十条　本规则其他条款的适用

本章未规定的事项，适用本规则其他各章的有关规定，本规则第五章的规定除外。

第七章　附　　则

第八十一条　仲裁语言

（一）当事人对仲裁语言有约定的，从其约定。当事人对仲裁语言没有约定的，以中文为仲裁语言。仲裁委员会也可以视案件的具体情形确定其他语言为仲裁语言。

（二）仲裁庭开庭时，当事人或其代理人、证人需要语言翻译的，可由仲裁委员会仲裁院提供译员，也可由当事人自行提供译员。

（三）当事人提交的各种文书和证明材料，仲裁庭或仲裁委员会仲裁院认为必要时，可以要求当事人提供相应的中文译本或其他语言译本。

第八十二条　仲裁费用及实际费用

（一）仲裁委员会除按照制定的仲裁费用表向当事人收取仲裁费外，还可以向当事人收取其他额外的、合理的实际费用，包括仲裁员办理案件的特殊报酬、差旅费、食宿费、聘请速录员速录费，以及仲裁庭聘请专家、鉴定人和翻译等费用。仲裁员的特殊报酬由仲裁委员会仲裁院在征求相关仲裁员和当事人意见后，参照《中国国际经济贸易仲裁委员会仲裁费用表（三）》（本规则附件二）有关仲裁员报酬和费用标准确定。

（二）当事人未在仲裁委员会规定的期限内为其选定的仲裁员预缴特殊报酬、差旅费、食宿费等实际费用的，视为没有选定仲裁员。

（三）当事人约定在仲裁委员会或其分会/仲裁中心所在地之外开庭的，应预缴因此而发生的差旅费、食宿费等实际费用。当事人未在仲裁委员会规定的期限内预缴有关实际费用的，应在仲裁委员会或其分会/仲裁中心所在地开庭。

（四）当事人约定以两种或两种以上语言为仲裁语言的，或根据本规则第五十六条的规定适用简易程序的案件但当事人约定由三人仲裁庭审理的，仲裁委员会可以向当事人收取额外的、合理的费用。

第八十三条　规则的解释

（一）本规则条文标题不用于解释条文含义。

（二）本规则由仲裁委员会负责解释。

第八十四条　规则的施行

本规则自 2015 年 1 月 1 日起施行。本规则施行前仲裁委员会及其分会/仲裁中心管理的案件,仍适用受理案件时适用的仲裁规则;双方当事人同意的,也可以适用本规则。

附录 F
《武汉仲裁委员会仲裁规则》(2015 年)

(第三届武汉仲裁委员会第六次全体会议 2015 年 4 月 22 日审议并通过,自 2015 年 5 月 1 日起施行)

第一章 总 则

第一条 规则的制定

为保证公正、及时地仲裁民商事争议,平等保护当事人的合法权益,依据《中华人民共和国仲裁法》(以下简称仲裁法)和其他相关法律,制定本规则。

第二条 武汉仲裁委员会

(一)武汉仲裁委员会(以下简称本会)系依法设立的受理和解决民商事争议的常设仲裁机构。

(二)本会主任履行仲裁法和本规则赋予的职责,副主任受主任委托可以履行主任的职责。

(三)本会设办公室,负责处理本会的日常事务。办公室指定工作人员担任仲裁庭秘书,承担仲裁案件的程序管理和服务工作。

(四)本会可以设立仲裁院、分会和仲裁中心。仲裁院、分会和仲裁中心是本会的组成部分。

第三条 规则的适用

(一)当事人约定将争议提交本会仲裁的,适用本规则。当事人约定简化本规则规定的程序事项且不违反法律强制性规定的,从其约定。

(二)当事人约定适用其他仲裁规则,从其约定,该约定无法实施或者与仲裁地法律的强制性规定相抵触的除外。当事人约定适用其他仲裁规则的,由本会履行相应的管理职责。

(三)当事人约定按本规则进行仲裁但未约定仲裁机构的,视为当事人同意将争议提交本会仲裁。

(四)当事人约定适用本会制定的专业仲裁规则的,从其约定,但其争议不属于该专业仲裁规则适用范围的,适用本规则。

(五)本会、仲裁庭、当事人及其代理人均应本着诚信、善意、合作及妥善解决争议的原则适用本规则。

第四条 放弃异议权

当事人知道或者应当知道本规则或者仲裁协议中规定的任何条款未被

遵守,但仍参加或者继续参加仲裁程序且未及时向本会或仲裁庭提出书面异议的,视为其放弃提出异议的权利。

第五条 受案范围

(一)本会依法受理平等主体的自然人、法人和其他组织之间发生的民商事争议。

(二)本会不受理以下争议:

1.婚姻、收养、监护、扶养、继承争议;

2.依法应当由行政机关处理的行政争议;

3.劳动争议;

4.农业集体经济组织内部的农业承包合同争议。

第六条 保密

(一)仲裁庭不公开审理案件。当事人约定公开的,可以公开,涉及国家秘密、当事人商业秘密、专有技术或者仲裁庭认为不适宜公开的情形除外。

(二)不公开审理的案件,当事人及其代理人、证人、仲裁员、仲裁庭秘书、提供咨询的专家、鉴定人以及其他有关人员,均不得对外透露案件实体和程序进行的情况,法律另有规定的除外。

第七条 一裁终局

本会作出的裁决是终局裁决。裁决作出后,当事人不得就生效裁决事项再申请仲裁或者向法院提起诉讼。

第二章 仲 裁 协 议

第八条 仲裁协议的定义和形式

(一)仲裁协议是指当事人同意将可能发生或已经发生的民商事争议提交仲裁的协议。仲裁协议包括合同中订立的仲裁条款或者当事人以其他书面形式订立的仲裁协议。

(二)仲裁协议应当采取书面形式。书面形式包括但不限于合同书、信件和数据电文(包括电传、传真、电子数据交换和电子邮件)等可以有形地表现所载内容的形式。

(三)在仲裁申请书和答辩书的交换中,一方当事人声称有仲裁协议而另一方当事人不作否认表示的,视为存在书面仲裁协议。

(四)当事人在合同中援引其他载有仲裁条款的书面文件解决有关的争议,且该文件构成合同的必要组成部分,视为存在书面仲裁协议。

第九条 仲裁协议的独立性

仲裁协议独立存在,其效力应当单独判断,无论合同是否成立、变更、解除、终止、无效、失效、未生效、被撤销,均不影响仲裁协议的效力。

第十条 仲裁协议的效力延伸

（一）合同中的仲裁条款适用于补充合同及合同附件项下的争议,当事人另有约定的除外。

（二）订立仲裁协议的当事人因合并、分立、终止、撤销等原因发生变更的,仲裁协议对权利义务的继受人有效,当事人另有约定的除外。

（三）订立仲裁协议的当事人死亡的,仲裁协议对承继其仲裁事项中权利义务的继承人有效,当事人另有约定的除外。

（四）债权债务全部或者部分转让的,仲裁协议对受让人有效,当事人另有约定、在受让债权债务时受让人明确反对或者不知有单独仲裁协议的除外。

第十一条 管辖权异议

（一）当事人对仲裁协议的存在、效力或者仲裁案件的管辖权有异议,可以向本会提出管辖权异议。管辖权异议应当在仲裁庭首次开庭之日前以书面形式提出;当事人约定书面审理的,应当在首次答辩期满前以书面形式提出。

（二）当事人未依据前款规定提出管辖权异议的,视为承认本会对仲裁案件的管辖权。

（三）当事人向本会或法院提出仲裁案件管辖权异议,不影响仲裁程序的进行。

（四）本会或者本会授权的仲裁庭有权就仲裁案件的管辖权作出决定。仲裁庭的决定可以在仲裁程序进行中作出,也可以在裁决书中作出。

（五）本会或本会授权的仲裁庭对仲裁案件作出无管辖权决定的,案件应当撤销。仲裁庭组成前,撤销案件的决定由本会作出;仲裁庭组成后,撤销案件的决定由仲裁庭作出。

第三章 申请和受理

第十二条 申请仲裁

（一）向本会申请仲裁,申请人应提交:

1.仲裁协议;

2.写明下列内容的仲裁申请书

(1)申请人和被申请人的基本情况。自然人应当写明姓名、性别、身份证号码、住址、邮政编码、联系电话、传真、电子邮箱和其他可能的快捷联系方式;法人或者其他组织应当写明名称、住所地、邮政编码、电话号码、传真以及法定代表人或者主要负责人的姓名、职务、住所、邮政编码、联系电话、传真、电子邮件和其他可能的快捷联系方式;

(2)具体的仲裁请求和所根据的事实、理由;

3.证据和证据来源并附清单,证人姓名和住所;

4.申请人身份证明文件。

(二)当事人申请仲裁,应当按照本规则附录的规定预交仲裁费用。当事人的请求没有明确争议金额的,由本会确定争议金额或者应当预交的仲裁费用。

(三)仲裁费用由提出仲裁请求或反请求的当事人预交。当事人预交仲裁费用有困难的,可以申请缓交,是否批准由本会决定。当事人不预交仲裁费用,又不提出缓交申请或者在本会批准的缓交期限内未预交全部仲裁费用的,视为撤回申请。

第十三条 受理

(一)本会经过审查,认为申请人的申请符合受理条件的,自当事人预交仲裁费用之日起五日内予以受理。本会自受理案件之日起五日内将受理通知书、本规则和仲裁员名册送达申请人,将仲裁通知书、仲裁申请书副本及其附件、本规则、仲裁员名册送达被申请人。

(二)本会经过审查,认为仲裁申请不符合第十二条第(一)款规定的,可以要求申请人在本会规定的期限内予以补正。申请人未能在规定的期限内补正的,视为撤回申请。

第十四条 答辩

(一)被申请人收到仲裁申请书副本后应当在十五日内向本会提交答辩书和有关证明文件。答辩书和证明文件应当包括:

1.被申请人的基本情况。被申请人是自然人的,应当写明姓名、性别、身份证号码、住址、邮政编码、联系电话、传真、电子邮箱以及其他可能的快捷联系方式;被申请人是法人或者其他组织的,应当写明其名称、住所地、邮政编码、联系电话、传真以及法定代表人或者主要负责人的姓名、职务、住所、邮政编码、联系电话、传真、电子邮件以及其他可能的快捷联系方式;

2.答辩要点和所根据的事实、理由;

3.证据和证据来源并附清单,证人姓名和住所;

4.被申请人身份证明文件。

(二)本会自收到答辩书之日起五日内,将答辩书副本及其附件送达申请人。

(三)被申请人未在答辩期内提交答辩书或者不进行答辩的,不影响仲裁程序的继续进行。

第十五条 反请求

(一)被申请人有权提出反请求。被申请人提出反请求的,应在其反请求申请书中写明具体的反请求事项及其所依据的事实和理由,并附具有关的证据材料以及其他证明文件。

(二)被申请人提出反请求,应当在答辩期内以书面形式提交本会。超过此期限提交反请求申请的,仲裁庭组成前由本会决定是否受理,仲裁庭组成后由仲裁庭决定是否受理。

(三)本会或者仲裁庭决定是否受理逾期提交的反请求时,应当考虑反请求与本请求合并在一个案件中解决的必要性、是否会造成程序的不必要拖延以及其他有关因素。

(四)反请求的申请、受理与答辩适用本章有关规定。

第十六条 仲裁请求、反请求的放弃、变更

(一)申请人可以放弃或者变更其仲裁请求,被申请人可以放弃或者变更其反请求。放弃或者变更仲裁请求或反请求应当采取书面形式。

(二)仲裁庭认为当事人变更其仲裁请求或者反请求过分迟延影响仲裁程序正常进行的,可以拒绝其变更。

第十七条 多方当事人之间的仲裁请求

(一)案件中有两个或两个以上的申请人或者被申请人时,任何一方当事人均可以依据相同的仲裁协议针对任何其他当事人提出仲裁请求。

(二)仲裁庭组成前,新提出的仲裁请求由本会决定是否受理;仲裁庭组成后,新提出的仲裁请求由仲裁庭决定是否受理。

(三)上述仲裁请求的提出、受理、答辩、变更等事项参照本规则第十二条至第十六条办理。

(四)上述仲裁请求受理后,各方当事人在仲裁程序中的身份不发生变更。

第十八条 仲裁保全

(一)一方当事人因另外一方当事人的行为或者其他原因,可能使裁决难以执行或者造成当事人其他损害的,可以提出申请,要求对另一方当事人的财产进行保全、责令其作出一定行为或者禁止其作出一定行为。

(二)证据可能灭失或者以后难以取得的情况下,当事人可以提出证据保全申请。

(三)当事人提出上述申请的,本会将当事人的申请转交至有管辖权的法院。

(四)利害关系人因情况紧急,不立即申请保全将会使其合法权益受到难以弥补的损害或者证据可能灭失以及难以取得的情况下,可以在申请仲裁前提出上述申请。

第十九条 代理人

当事人可以委托代理人代理仲裁活动;接受委托的代理人,应当向本会提交授权委托书。授权委托书应当注明委托的事项和权限。代理人代为提起、承认、放弃、变更仲裁请求或者反请求,进行和解,请求调解,签收调解书,必须有委托人的特别授权。

第二十条 提交仲裁文件和有关材料的份数

当事人提交申请书、答辩书、反请求申请书等仲裁文件和其他有关材料应当一式五份。当事人人数超过两人的,增加相应份数;仲裁庭由一名仲裁员组成的,减少两份;当事人提出保全申请的,应当相应增加一份仲裁申请书或者反请求申请书。

第四章 仲 裁 庭

第二十一条 仲裁庭的中立性

在仲裁程序中,仲裁庭成员应当保持中立,不得代表任何一方当事人。仲裁庭应当公正、平等地对待各方当事人。

第二十二条 仲裁员名册

当事人从本会提供的仲裁员名册中选择仲裁员。

第二十三条 仲裁庭的组成

(一)除非当事人另有约定或者本规则另有规定,仲裁庭由三名仲裁员组成。由三名仲裁员组成的,设首席仲裁员。

(二)双方当事人应当自收到仲裁通知书之日起十日内分别选定或者委托主任指定一名仲裁员。当事人未在上述期限内选定或者委托主任指定仲裁员的,由主任指定。

(三)双方当事人应当自被申请人收到仲裁通知书之日起十日内共同选定或者共同委托主任指定首席仲裁员。

双方当事人也可以约定在上述期限内,各自推荐一至三名仲裁员作为首席仲裁员人选;经双方当事人申请或者同意,也可以由当事人选定的仲裁员分别推荐一至三名仲裁员作为首席仲裁员人选。推荐名单有一名相同的,为双方当事人共同选定的首席仲裁员;有一名以上相同的,由主任根据案件具体情况在相同人选中确定,确定的仲裁员仍为双方当事人共同选定的首席仲裁员;推荐名单中没有相同的人选,由主任在推荐名单之外指定首席仲裁员。

(四)双方当事人未按照上述规定共同选定首席仲裁员的,由主任指定。

(五)案件有两个或者两个以上申请人或者被申请人的,在申请人之间或者被申请人之间各自协商选定或者委托本会主任指定一名仲裁员;申请人或被申请人未能在收到仲裁通知书后十日内各方共同选定或各方共同委托本会主任指定一名仲裁员,由本会主任指定。首席仲裁员应当按照本条第三款和第四款规定的程序选定或指定。

(六)当事人选定外地仲裁员的,应当预交仲裁员的差旅费、食宿费等必要费用。如果未在本会规定的期限内预交的,视为未选定仲裁员。主任可以根据本规则的规定指定仲裁员。

第二十四条　组庭通知

仲裁庭组成后,本会应当及时将仲裁庭的组成情况书面通知各方当事人。

第二十五条　披露

(一)被选定或者被指定的仲裁员应当签署声明书,向本会书面披露可能引起对其独立性或者公正性产生合理怀疑的任何事实或者情况。

(二)在仲裁过程中出现应当披露的情形的,仲裁员应当立即书面向本会披露。

(三)本会应当及时将仲裁员的声明书和书面披露的信息转交当事人。

第二十六条　仲裁员回避

(一)仲裁员有仲裁法第三十四条规定的情形的,应当回避。当事人对仲裁员的公正性或独立性产生合理怀疑的,有权提出回避申请。

(二)当事人应当自收到仲裁员的声明书或者书面披露之日起三日内就是否申请仲裁员回避提出意见。当事人在三日内没有申请仲裁员回避的,不得再以仲裁员曾经披露的事项为由申请仲裁员回避。

(三)当事人依据仲裁法提出回避申请应当在首次开庭之日前以书面形式提出,并说明申请回避所依据的事实和理由。回避事由在首次开庭后知道的,可以在最后一次开庭终结前提出;不再开庭或者书面审理的案件,应当在得知回避理由后五日内提出。

(四)一方当事人申请仲裁员回避,另一方当事人同意回避申请,或者被申请回避的仲裁员主动提出退出仲裁庭的,该仲裁员可以更换,但该情形并不表示当事人申请仲裁员回避的理由成立。

(五)除上述第(四)款规定的情形外,仲裁员是否回避,由本会主任决定。本会主任担任仲裁员时的回避,由本会决定。

(六)在仲裁员是否回避的决定做出前,被申请回避的仲裁员应当继续履行职责,该仲裁员主动要求暂停参与本案仲裁的除外。

第二十七条　仲裁员的更换

(一)仲裁员在法律上或事实上不能履行其职责,或者没有依据本规则的要求或在本规则规定的期限内履行应尽职责时,本会主任有权决定将其更换;该仲裁员也可以主动申请不再担任仲裁员。

（二）是否更换仲裁员，由本会主任作出终局决定并可以不说明理由。

（三）仲裁员因回避或更换不能履行职责时，应当按照原选定或指定该仲裁员的方式和期限，选定或指定仲裁员。当事人未按照原方式和期限选定仲裁员的，由本会主任指定仲裁员。

（四）重新选定或指定仲裁员后，由仲裁庭决定是否重新审理及重新审理的范围。

第二十八条　多数仲裁员继续仲裁程序

最后一次开庭终结后，三人仲裁庭中的一名仲裁员因死亡或被除名等情形不能参加合议或作出裁决，本会主任可以依据本规则第二十七条更换该仲裁员；在征得各方当事人和本会主任同意后，其他两名仲裁员也可以继续进行仲裁程序，作出决定或裁决。

第五章　证　　据

第二十九条　举证责任

（一）当事人应当对其申请、答辩和反请求所依据的事实提供证据加以证明。

（二）当事人未在规定期限内提交证据，或者提交的证据不足以证明其主张的，负有举证责任的当事人承担因此产生的不利后果。

第三十条　举证要求

（一）当事人应当对提交的证据逐一分类编号，签名或者盖章，对证据的来源、证明对象和内容作简要说明，注明提交日期，并根据仲裁庭成员人数和对方当事人人数提交副本。

（二）当事人提供书证应当提交原件，物证应当提交原物。提交原件或者原物确有困难的，可以提交复制品、照片、副本、节录本，但必须说明来源。一方当事人对另一方当事人提交的复制品、照片、副本、节录本的真实性没有表示异议，可以视为与原件或原物一致。

（三）除非当事人另有约定，提交的外文证据材料应当附有中文译本。仲裁庭认为必要时，可以要求当事人提供相应的中文译本或者其他语言的译本。

第三十一条　举证期限

（一）仲裁庭有权要求当事人在一定期限内提交证据材料。当事人应当在要求的期限内提交。当事人协商一致的，可以变更举证期限。

（二）当事人在举证期限内提交证据材料确有困难的，应当向仲裁庭书面申请延期举证，是否准许，由仲裁庭决定。

（三）当事人逾期提交证据的，仲裁庭有权拒绝接受。当事人另有约定或者仲裁庭认为必要，可以接受一方当事人逾期提交的证据，但应当给予对方当事人合理的期限进行准备和质证。

第三十二条 仲裁庭自行调查事实、搜集证据

（一）当事人申请且仲裁庭认为确有必要的，或者当事人虽未申请，但仲裁庭根据案件审理情况认为必要时，仲裁庭可以自行调查事实、搜集证据。仲裁庭调查事实、搜集证据时，认为有必要通知当事人到场的，应当及时通知。经通知，当事人未到场的，不影响仲裁庭调查事实和搜集证据。

（二）仲裁庭自行收集的证据应当转交当事人，由当事人发表质证意见。

第三十三条 证据交换

仲裁庭可以在开庭审理前召集各方当事人交换证据材料。仲裁庭决定接受当事人逾期提供的证据或者补充证据，在质证前应当交换证据。

第三十四条 证据核对

仲裁庭可以根据案件审理的需要，安排当事人核对已经提交的证据材料原件和复印件是否一致。仲裁庭可以委托秘书组织当事人核对上述材料。

第三十五条 质证

（一）开庭审理的案件，证据应当在开庭时出示，由当事人质证。

（二）依据书面文件审理的案件的证据材料，或者在开庭后提交的证据材料经仲裁庭同意，当事人可以书面质证，并应当在仲裁庭规定的期限内提交书面质证意见。

（三）当事人在证据交换过程中已经相互认可并记录在案的证据，经仲裁庭在庭审中说明后可以不经质证直接作为认定事实的依据。

（四）逾期提供的证据不纳入开庭审理的范围，仲裁庭许可的除外。仲裁庭决定不再开庭审理的，可以要求当事人在一定期限内对该证据提交书面质证意见。

第三十六条 专家咨询和鉴定

（一）仲裁庭对专门性问题可以向专家咨询，或者交由当事人约定的鉴定部门鉴定，仲裁庭也可以指定鉴定部门鉴定。

（二）当事人申请鉴定，应当提交鉴定申请书和鉴定所需的相关材料。

（三）当事人双方均拒绝鉴定的，仲裁庭可以依据已有的证据裁决。

（四）鉴定人应当提出书面鉴定意见。鉴定意见的副本，应当送交当事人，当事人可以对鉴定意见提出意见。鉴定人根据当事人的请求或者仲裁庭的要求，应当参加开庭，就鉴定意见进行说明，回答当事人或者仲裁庭的提问。

（五）当事人请求向专家咨询的，应当预付咨询费；仲裁庭提出向专家咨询的，咨询费用从案件处理费中列支。鉴定费用由要求鉴定的一方预交，或者根据仲裁庭决定，由双方当事人预交。当事人不预交咨询或鉴定费用的，

仲裁庭有权决定不进行相关咨询和鉴定。当事人实际应当承担的咨询和鉴定费用由仲裁庭裁决。

第三十七条 认定证据

（一）证据由仲裁庭认定。专家咨询意见和鉴定意见由仲裁庭决定是否采纳。

（二）仲裁庭在认定证据时，除依据相关法律、行政法规，参照司法解释外，还可以结合行业惯例、交易习惯等，综合案件整体情况认定。

（三）当事人在仲裁申请书、答辩书、仲裁庭询问时的陈述以及其他书面意见中承认的对己方不利的事实和证据，仲裁庭予以确认，当事人反悔并有相反证据足以推翻的除外。

（四）一方当事人对另一方当事人陈述的事实，既未表示承认也未否认，经仲裁庭充分说明并询问后，其仍不明确表示肯定或者否定的，视为对该项事实的承认。

（五）有证据证明一方当事人持有证据而拒不提供，且无正当理由的，在对方当事人主张该证据的内容不利于证据持有人时，可以推定该主张成立。

第三十八条 证据补充

（一）审理终结前，经当事人请求或者仲裁庭认为当事人有必要补充证据材料的，仲裁庭可以要求当事人在合理的期限内提交。逾期不提交的，仲裁庭可以根据已有的证据认定案件事实并作出裁决。

（二）当事人依据前款规定提交的补充证据材料应当依照本规则第三十三条和第三十五条进行证据交换和质证。

第六章 审　　理

第三十九条 审理方式

（一）仲裁庭开庭审理案件。

（二）当事人约定不开庭，或者仲裁庭认为没有必要开庭审理并征得各方当事人书面同意的，仲裁庭可以根据仲裁申请书、仲裁答辩书、仲裁反请求书以及其他证据材料审理并作出裁决。

（三）仲裁庭可以根据案件的具体情况按照其认为适当的方式审理案件，当事人另有约定的除外。仲裁庭应当平等对待当事人，给予当事人陈述与辩论的合理机会。

（四）在必要时，仲裁庭可以发布程序指令、发出问题清单、举行庭前会议、召开预备庭、制作审理范围书等，也可以就证据材料的交换、核对等作出安排，当事人另有约定的除外。

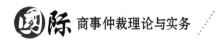

第四十条　开庭地点

（一）本会所在地为开庭审理地点。经本会主任同意，也可以在仲裁庭认为合适的或当事人约定的地点开庭审理案件。

（二）当事人约定在本会所在地以外的地点开庭的，应当预交由此产生的差旅费、食宿费等费用；当事人应当在本会规定的期限内按照约定或者仲裁庭确定的比例预交上述费用。未预交的，在本会所在地开庭。

第四十一条　开庭前准备

（一）仲裁庭在开庭前应当根据审理期限的要求合理安排各项工作，审阅当事人提交的书面材料，会见当事人，并制订审理计划。

（二）仲裁庭根据当事人请求或者经当事人同意，可以在开庭前组织调解。

第四十二条　开庭通知

（一）仲裁庭秘书应当在仲裁庭首次开庭五日前，将开庭日期和开庭地点通知当事人；当事人协商一致并经仲裁庭同意或者仲裁庭征得当事人同意的，可以提前开庭；当事人有正当理由的，可以在首次开庭三日前以书面形式请求延期开庭；是否延期，由仲裁庭决定。

（二）首次开庭后或者决定延期开庭的开庭日期的通知，不受五日期限的限制。

第四十三条　核对身份

（一）开庭审理前，仲裁庭秘书应当查明当事人、代理人和其他仲裁参与人是否到庭。

（二）开庭审理时，由首席仲裁员或者独任仲裁员核对当事人身份。

第四十四条　当事人缺席

（一）申请人经书面通知，无正当理由不到庭或者在开庭审理时未经仲裁庭许可中途退庭的，视为撤回仲裁申请；被申请人提出反请求的，不影响仲裁庭审理反请求，并作出裁决。

（二）被申请人经书面通知，无正当理由不到庭或者在开庭审理时未经仲裁庭许可中途退庭的，仲裁庭可以缺席审理并作出裁决；被申请人提出反请求的，视为撤回反请求。

第四十五条　庭审顺序

庭审可以按照下列顺序进行：

（一）申请人提出仲裁请求并陈述事实和理由；

（二）被申请人进行答辩并陈述事实和理由；

（三）被申请人提出仲裁反请求并陈述事实和理由；

（四）申请人对反请求进行答辩并陈述事实和理由；
（五）当事人出示证据和质证，仲裁庭核实证据；
（六）证人作证或宣读未到庭证人证言；
（七）鉴定人发表鉴定意见并接受仲裁庭和当事人提问。

第四十六条　庭审辩论

当事人在审理过程中有权辩论。庭审调查结束后，申请人和被申请人发表辩论意见并相互辩论。仲裁庭也可以根据审理情况要求当事人提交书面辩论意见。

第四十七条　最后陈述

仲裁庭在审理终结前，应当征询当事人的最后意见。当事人的最后意见可以在开庭时以口头方式提出，也可以在仲裁庭规定的期限内以书面方式提出。

第四十八条　陈述要求

（一）庭审调查、当事人辩论和最后陈述应当围绕当事人的争议焦点展开。当事人在开庭审理中陈述或者发表与案件争议无关的事项或者意见的，仲裁庭有权制止。

（二）当事人在开庭审理时发表侮辱性言论的，仲裁庭应当制止。

第四十九条　释明

案件审理过程中，当事人主张的法律关系的性质或者民商事行为的效力与仲裁庭根据案件事实作出的认定不一致的，仲裁庭可以告知当事人变更仲裁请求。

第五十条　庭审记录

（一）仲裁庭开庭审理时，应当制作庭审笔录，也可以录音或者录像。

（二）当事人和其他仲裁参与人认为对自己陈述的记录有遗漏或者差错的，有权申请补正。

（三）庭审笔录由仲裁员、记录人员、当事人和其他仲裁参与人签名或者盖章。

第五十一条　合并审理

（一）仲裁标的有关联的两个或者两个以上的案件，经一方当事人申请并征得其他当事人同意，仲裁庭可以决定合并审理。

（二）仲裁庭组成人员不同的两个或者两个以上的案件，不适用合并审理的规定。

（三）合并审理的案件应当合并于最先开始仲裁程序的案件，当事人另有约定的除外。仲裁庭应当就合并审理的案件分别作出裁决书，当事人一致同意作出一份裁决书的除外。

（四）合并审理的案件，仲裁庭可以根据情况决定合并审理的具体程序或方式。

第五十二条　其他协议方加入仲裁程序

（一）在仲裁庭组成前，申请人或被申请人请求增加同一仲裁协议下其他协议方为申请人或被申请人的，应当提交书面申请，由本会决定是否同意。本会作出同意决定的，多方申请人或多方被申请人不能共同选定该方仲裁员的，该方仲裁员由本会主任指定。

（二）在仲裁庭组成后，申请人或被申请人请求增加同一仲裁协议下其他协议方为被申请人，且该协议方放弃重新选定仲裁员并认可已进行的仲裁程序的，是否准许，由仲裁庭决定。

第五十三条　案外人加入仲裁程序

（一）在仲裁庭组成前，双方当事人可以经过案外人同意，书面申请增加其为仲裁当事人，案外人也可以经过双方当事人同意后书面申请作为仲裁当事人。案外人加入仲裁的申请是否准许，由本会决定。本会作出同意决定的，多方申请人或多方被申请人不能共同选定该方仲裁员的，该方仲裁员由本会主任指定。

（二）在仲裁庭组成后，双方当事人也可以经过案外人同意，书面申请增加其为仲裁当事人，案外人也可以经过双方当事人同意后书面申请作为仲裁当事人，在案外人放弃重新选定仲裁员并认可已进行的仲裁程序时，是否准许，由仲裁庭决定。

第五十四条　撤回仲裁申请和撤销案件

（一）当事人可以向本会提出撤回全部仲裁请求或者全部仲裁反请求。申请人撤回全部仲裁请求的，不影响仲裁庭就被申请人的反请求进行审理和裁决。被申请人撤回全部仲裁反请求的，不影响仲裁庭就申请人的仲裁请求进行审理和裁决。

（二）在仲裁庭组成前，申请人撤回仲裁申请的，撤销案件的决定由本会作出；在仲裁庭组成后，申请人撤回仲裁申请的，撤销案件的决定由仲裁庭作出。

（三）当事人撤回仲裁申请的，可以根据仲裁协议再次申请仲裁。

（四）因为法律上的原因使仲裁程序不需要或者不可能继续进行的，本会或者仲裁庭可以作出撤销案件的决定。

第五十五条　和解

（一）当事人可以自行和解。当事人自行达成和解协议的，可以请求仲裁庭根据其和解协议的内容作出裁决书或者调解书结案，也可以撤回仲裁申请。

（二）当事人达成和解协议后反悔但尚未撤回仲裁申请的，仲裁程序继续进行。已经撤回仲裁申请的，当事人可以根据原仲裁协议重新提出仲裁申请。

第五十六条 调解

（一）仲裁庭可以根据当事人的请求或者经当事人同意，先行调解。当事人自愿调解的，仲裁庭应当调解。

（二）调解达成协议的，仲裁庭应当制作调解书或者根据调解协议的结果制作裁决书。调解书与裁决书具有同等法律效力。

（三）调解书应当写明仲裁请求、当事人协议的结果和仲裁费用的负担情况。调解书由仲裁员签名，加盖本会印章，送达双方当事人。调解书经双方当事人签收后，即发生法律效力。当事人在调解书签收前反悔的，仲裁庭应当及时作出裁决。

（四）调解不成的，仲裁庭应当及时作出裁决。但是，任何一方当事人均不得在其后的仲裁程序、司法程序和其他任何程序中援引对方当事人或者仲裁庭在调解过程中的任何陈述、意见、观点或者建议作为其请求、答辩或者反请求的依据。

（五）调解书出现了文字、计算错误或者其他错误，仲裁庭应当补正。当事人也有权在签收调解书后三十日内要求补正。调解书的补正为调解书的组成部分，经送达当事人后生效。

第五十七条 仲裁程序中止和恢复

（一）各方当事人共同申请或者一方当事人申请、其他当事人未表示反对的，仲裁程序可以中止。任何一方当事人申请恢复仲裁程序或者本会或仲裁庭认为有必要恢复的，仲裁程序恢复。

（二）出现特殊情况需要中止仲裁程序的，仲裁程序可以中止。特殊情况消失后，仲裁程序恢复。

（三）中止和恢复仲裁程序的决定，仲裁庭组成前由本会作出；仲裁庭组成后可授权仲裁庭作出。程序中止的期间不计算在本规则第五十九条、第七十二条及第八十条规定的期限内。

第七章 决定和裁决

第五十八条 决定

（一）在审理案件过程中，仲裁庭有权就涉及的程序问题或程序事项作出决定。

（二）由三名仲裁员组成仲裁庭的，任何决定均应当按照多数意见作出。未能形成多数意见的，应当按照首席仲裁员的意见作出。

（三）经当事人同意或其他仲裁员授权，首席仲裁员也可以就程序事项作出决定。

第五十九条　作出裁决

（一）仲裁庭应当根据事实，符合法律规定，公平合理地作出裁决。

（二）仲裁庭由三名仲裁员组成的，应当按照多数仲裁员的意见作出裁决，少数仲裁员的不同意见可以记入笔录。仲裁庭不能形成多数意见时，应当按照首席仲裁员的意见作出裁决。

（三）仲裁庭由一名仲裁员组成的，由独任仲裁员直接作出裁决。

（四）仲裁庭应当自组成之日起四个月内作出裁决。有特殊情况需要适当延长的，由仲裁庭提请本会主任批准。

（五）上述期限不包括决定仲裁管辖权期间、对专门性问题审计、审核、评估、鉴定、检验、勘验和当事人在庭外自行和解等期间。

第六十条　确认裁决

（一）本会可以根据双方当事人达成的仲裁协议，对下列请求作出确认裁决：

1. 当事人请求确认合同效力的；

2. 当事人在本会之外已经就争议达成和解协议或者调解协议，请求本会制作裁决书或调解书的。

（二）当事人请求作出确认裁决不得损害社会公共利益或者第三人的利益，不得规避有关法律。

（三）仲裁庭应当审查当事人的请求、有关合同、和解协议或者调解协议和其他证据材料，必要时可以依据本规则第三十二条搜集证据。

（四）当事人的请求违反本条第（二）款规定的，仲裁庭应当拒绝作出确认裁决，驳回当事人的请求。

第六十一条　部分裁决

（一）仲裁庭认为必要或者当事人提出经仲裁庭同意，仲裁庭可以在最终裁决作出前，就当事人的某些请求事项作出部分裁决。

（二）当事人应当履行部分裁决，不履行部分裁决的，不影响仲裁程序的进行和最终裁决的作出。

第六十二条　费用承担

（一）仲裁庭有权裁决各方当事人应承担的仲裁费用和实际发生的其他费用，包括但不限于鉴定费用、评估费用、审计费用。

（二）仲裁费用原则上由败诉的当事人承担。当事人部分胜诉、部分败诉的，由仲裁庭根据当事人各方责任大小确定各自应当承担的仲裁费用的比例。当事人自行和解或者经仲裁庭调解结案的，当事人可以协商确定各自承担的仲裁费用的比例。

（三）仲裁庭有权根据当事人的请求，裁决败诉方补偿胜诉方因办理案件支出的合理费用，包括但不限于律师费、保全费、差旅费、公证费。仲裁庭在确定上述费用时，应考虑案件的裁决结果、复杂程度、当事人或代理人的实际工作量，以及案件的争议金额等有关因素。

第六十三条　裁决书

（一）裁决书应当写明案件受理情况、仲裁请求、争议事实、裁决理由、裁决结果、仲裁费用的负担和裁决日期。

（二）当事人协议不写明争议事实和裁决理由的，或者依据当事人和解协议、调解协议的内容作出裁决的，以及依据本规则第六十条作出确认裁决的，可以不写明争议事实和裁决理由。

（三）仲裁庭应当在签署裁决书前，将裁决书草案提交本会核阅。在不影响仲裁庭独立裁决的前提下，本会可以对裁决书的形式进行修改，也可以提请仲裁庭注意实体问题。

（四）裁决书由仲裁员签名。对裁决持不同意见的仲裁员可以签名，也可以不签名。不签名的仲裁员应当出具书面意见。本会将其书面意见附卷存档，也可以附裁决书后送达当事人，但该意见不属于裁决书的内容。

（五）裁决书经仲裁员签名后，应当加盖本会的印章。

（六）裁决书自作出之日起发生法律效力。

第六十四条　裁决书的补正和解释

（一）对裁决书中的文字、计算错误或者其他错误，当事人可以在收到裁决书之日起三十日内书面申请仲裁庭作出更正；确有错误的，仲裁庭应当在收到书面申请之日起三十日内作出书面更正。仲裁庭也可以在作出裁决书后的合理时间内自行以书面形式作出更正。该书面更正构成裁决书的组成部分。

（二）仲裁庭负责对裁决书作出解释。

第六十五条　裁决书的补充

裁决有漏裁事项的，任何一方当事人可以在收到裁决书之日起三十日内以书面形式请求仲裁庭就裁决中漏裁的事项作出补充裁决；确有漏裁事项的，仲裁庭应当在收到上述书面申请之日起三十日内作出补充裁决。仲裁庭也可以在发出裁决书后的合理时间内自行作出补充裁决。该补充裁决构成裁决书的组成部分。

第六十六条　裁决书或者调解书的履行

（一）当事人应当依据裁决书或者调解书确定的履行期限自觉全面履行；

没有规定履行期限的,应当立即履行。

(二)一方当事人不履行裁决书或者调解书的,另一方当事人可以向有管辖权的法院申请执行。

第八章 简 易 程 序

第六十七条 简易程序的适用

(一)涉案争议金额不超过人民币一百万元的,适用简易程序,当事人另有约定的除外;涉案争议金额超过人民币一百万元的,经当事人同意也可以适用简易程序。

(二)没有争议金额或者争议金额不明确的,由本会依据案件的复杂程度、涉及利益的大小和其他有关因素决定是否适用简易程序。

第六十八条 仲裁庭的组成

(一)适用简易程序的案件,由独任仲裁庭审理。

(二)独任仲裁庭由一名仲裁员组成,该独任仲裁员由双方当事人自被申请人收到仲裁通知书之日起七日内共同选定。

(三)双方当事人未依照前款规定共同选定独任仲裁员的,由本会主任指定。

(四)双方当事人也可以在上述期限内,各自推荐一至三名仲裁员作为独任仲裁员人选;推荐名单有一名相同的,为双方当事人共同选定的独任仲裁员;有一名以上相同的,由主任根据案件具体情况在相同人选中确定,确定的仲裁员仍为双方当事人共同选定的独任仲裁员;推荐名单中没有相同的人选,由主任在推荐名单之外指定独任仲裁员。

(五)案件有两个或者两个以上申请人或者被申请人的,应当在申请人之间或者被申请人之间各自协商后共同选定或者共同委托本会主任指定独任仲裁员;申请人或被申请人未能在收到仲裁通知书后七日内各方共同选定或共同委托本会主任指定的,由本会主任指定。

第六十九条 答辩和反请求

被申请人应当自收到仲裁通知书之日起十日内向本会提交答辩书和有关证明文件;提出反请求的,也应当在此期限内提交反请求申请书和有关证明文件。仲裁庭认为有正当理由的,可以适当延长期限。

第七十条 审理方式

开庭审理的案件,在仲裁庭确定开庭日期后,仲裁庭秘书应当于开庭三日前将开庭日期通知当事人。

仲裁庭可以依据当事人的约定、提交的书面材料和证据书面审理。

第七十一条 程序变更

（一）变更仲裁请求或者提出反请求导致案件争议金额超过人民币一百万元的,经一方当事人申请或者仲裁庭认为必要的,可以将简易程序变更为普通程序。是否变更程序,由仲裁庭提请本会主任决定。

（二）变更程序后,当事人应当自收到变更程序通知之日起五日内,依据本规则第二十三条各自选定或者各自委托本会主任指定一名仲裁员；没有在此期限内选定或者委托本会主任指定仲裁员的,由本会主任指定；原独任仲裁员作为首席仲裁员,当事人另有约定的除外。

（三）变更程序前已进行的仲裁程序是否重新进行,由仲裁庭决定。

第七十二条 作出裁决的期限

仲裁庭应当自组成之日起两个月内作出裁决。有特殊情况需要延长的,由仲裁庭提请本会主任批准。

第九章 国际商事仲裁的特别规定

第七十三条 适用范围

（一）本会国际商事案件适用本章规定；本章没有规定的,适用本规则其他有关规定；当事人另有约定的除外。

（二）涉及香港特别行政区、澳门特别行政区及台湾地区的商事案件,参照适用本章规定。

（三）当事人对案件是否具有涉外因素有争议的,由仲裁庭决定。仲裁庭的决定不影响此前已经进行的仲裁程序。在仲裁庭决定案件具有涉外因素后,案件适用本章规定的程序审理。

第七十四条 仲裁协议的形式和效力

适用于仲裁协议的法律对仲裁协议的形式和效力另有规定的,从其规定。

第七十五条 仲裁地

（一）当事人对仲裁地有约定的,从其约定。

（二）当事人对仲裁地没有约定或约定不明的,本会所在地为仲裁地。

（三）仲裁裁决视为在仲裁地作出。

第七十六条 答辩和反请求

被申请人应当自收到仲裁通知书之日起四十五日内向本会提交答辩书和相关证明文件；提出反请求的,也应当在上述期限内以书面形式提出；申请人应当自收到反请求申请书之日起四十五日内向本会提交答辩书和有关证明文件。

第七十七条 仲裁庭的组成

（一）当事人可以从本会提供的仲裁员名册中选择仲裁员,也可以从仲裁员名册外选择仲裁员。

（二）当事人在仲裁员名册外选定仲裁员的，应当向本会提供候选人的资历证明和具体联系方式。经本会确认后可以担任该案件的仲裁员。

（三）当事人应当自被申请人收到仲裁通知书之日起二十日内依据本规则第二十三条确定三人仲裁庭的组成人员或者依据本规则第六十八条确定独任仲裁员。

（四）当事人未能依据前款规定选定或者委托本会主任指定仲裁员的，由本会主任指定。

第七十八条　临时措施

（一）根据当事人申请，仲裁庭可以依据有关法律决定采取其认为适当的临时措施，采取临时措施的决定可以以仲裁庭决定、中间裁决或者有关法律认可的其他方式作出。确有必要的，仲裁庭有权要求申请临时措施的当事人提供适当的担保。

（二）当事人也可以依据有关法律直接向具有管辖权的法院提出临时措施申请。

第七十九条　开庭通知

仲裁庭秘书应当在开庭二十日前将开庭日期通知当事人；当事人协商一致并经仲裁庭同意，可以提前开庭。当事人有正当理由请求延期开庭的，可以在开庭十日前书面提出；是否延期，由仲裁庭决定。

第八十条　作出裁决的期限

仲裁庭应当自组庭之日起六个月内作出裁决。有特殊情况需要适当延长的，由仲裁庭提请本会主任批准。

第八十一条　法律适用

（一）仲裁庭应当根据当事人选择适用的法律作出裁决。当事人未选择的，仲裁庭应当适用与争议事项有最密切联系的法律。

（二）除非当事人另有约定，前款当事人选择的或者仲裁庭决定适用的法律系指实体法，而非冲突法。

（三）仲裁庭可以适用有关国际商事惯例作出裁决。

第十章　附　　则

第八十二条　仲裁语言

（一）本会以使用中文为原则。当事人约定使用其他语言文字的，可以从其约定。

（二）本会或者仲裁庭可以根据案件具体情况确定国际商事仲裁程序中的书面材料是否需要附具中文译本或者其他语言文字译本。

（三）当事人及其代理人、证人需要语言翻译，可以由本会提供，也可以由当事人自行提供译员。当事人约定使用其他语言文字的，本会可要求当事人提供翻译。翻译费用由当事人承担。

第八十三条　送达

（一）有关仲裁的文书、通知、材料等可以采用当面送达，也可以采用邮寄、专递、传真、电子邮件的方式或者本会或仲裁庭认为适当的其他方式送达当事人或者其代理人。

（二）向当事人或者其代理人发送的仲裁文书、通知、材料等，经当面递交或者邮寄至受送达人或者对方当事人提供的受送达人的营业地、注册地、居住地、身份证载明地址、户籍地址、当事人约定的送达地址或者其他通信地址的，视为已经送达。

（三）经合理查询不能找到受送达人的营业地、注册地、居住地、身份证载明地址、户籍地址、当事人约定的送达地址或者其他通信地址的，以邮寄、专递的方式或者可提供投递记录的其他任何方式投递给受送达人最后一个为人所知的营业地、注册地、居住地、身份证载明地址、户籍地址、当事人约定的送达地址或者其他通信地址，视为已经送达。

第八十四条　期间的计算

（一）期间以日、月、年计算。期间开始的日，不计算在期间内。期间届满的最后一日是节假日的，以节假日后的次日为期间届满日期。期间不包括在途时间。仲裁文书和与案件有关的其他材料在期满前交邮的，不视为逾期。

（二）当事人因不可抗力或者其他正当理由耽误期限的，在障碍消除后十日内可以申请顺延；是否准许，由本会或者仲裁庭决定。

第八十五条　规则的解释

本规则由本会负责解释。除非本会另有声明，本会发布的其他文件不构成本规则的组成部分。

第八十六条　规则的正式文本

本会公布的本规则的中文、英文文本，均为正式文本。不同文本的表述产生歧义时，以中文文本的表述为准。

第八十七条　规则的施行

本规则自 2015 年 5 月 1 日起施行。本规则施行前受理的案件，适用受理时施行的仲裁规则。当事人协商一致且本会同意的，可以适用本规则。

后 记

今日霜降，蒹葭苍苍，层林尽染，远山红黄。值《国际商事仲裁理论与实务》即将付梓之时，我不由思绪万端。

忘不了恩师，法学泰斗韩德培先生、张仲伯教授、黄进教授、刘仁山教授、卢现祥教授，绛帐授徒，谆谆教诲，使我步入法学、经济学的殿堂。

铭记着武汉仲裁委员会刘健勤、闵锐、李登华、李章波、唐云峰、陈迈等领导们的鼎力支持，批准了"中外仲裁理论与实务比较研究"的横向课题。

诚谢华中科技大学出版社彭中军老师的精心策划编辑。

承蒙中外法学界精英翘楚们的智慧启迪与最新成果的提供。

感激父母的精心呵护、妻子李雍雅的温馨关怀、爱女徐懿琳的如花解语及为本书所做的大量文献检索工作。

书至此，情未尽，调寄《鹧鸪天·谢恩》：

绛帐授徒意气稠，举手投足竞风流。

七彩粉笔画经纬，慷慨高歌讴九州。

天地人，岁月悠，演绎环宇是春秋。

奉献大爱销永昼，寸草春晖美名留。

徐伟功

丁酉年九月初四癸未日（2017 年 10 月 23 日）

于中南财经政法大学晓南湖畔